Ethik-Lesebuch

SERIE PIPER
Band 764

Zu diesem Buch

Philosophische Ethik nennen wir jenes gründliche, kontinuierliche und argumentative Nachdenken über das gute Leben und das richtige Handeln, das im 5. Jahrhundert v. Chr. in Athen begonnen hat und bis heute andauert. Es gibt vielfältige Moralvorstellungen. Ethik fragt nach einem Maßstab für deren Kritik oder Begründung. Die Weisen der Beantwortung dieser Frage sind freilich wiederum vielfältig und manchmal sogar einander widersprechend. Aber die Gegensätze zwischen denen, die über Moral nachdenken, sind von anderer Art als die Gegensätze zwischen unmittelbar gelebten Moralen. Sie sind nicht ein blindes Nebeneinander oder Gegeneinander, sondern ein Streit, der durch gegenseitiges Verstehenwollen charakterisiert ist. Jeder Philosoph versucht, das, was in einer anderen Sicht gesehen und gedacht wurde, selbst auch zu sehen, es im Zusammenhang seines eigenen Denkens neu zu entwickeln und den anderen schließlich besser zu verstehen, als dieser sich selbst versteht. Philosophische Ethik ist ein Ringen um die richtige und tiefste Weise, das Gemeinsame zu denken.

Das vorliegende Buch will nicht »Kostproben« philosophischer »Standpunkte« aufbereiten, aus denen man sich dann die sympathischsten aussuchen kann. Es soll vielmehr anhand wichtiger Texte in das zeitübergreifende Gespräch einführen, das philosophische Ethik heißt. Es soll das eigene Denken zur Teilnahme an dieser kontroversen, aber letzlich dennoch gemeinsamen Denkbemühung herausfordern und es so dem Leser, der dazu bereit ist, ermöglichen, sein eigenes Denken über das Gute im Licht dieses Gesprächs zu klären.

Einleitungen und Hinweise versuchen, klassische Texte von Platon bis in unsere Zeit so aufzuschließen, daß deren Beziehung zueinander sichtbar wird und daß der Leser selbst in einen Dialog mit ihnen eintreten kann. Die Bearbeitungsfragen sollen die Verwendung der Texte im Ethik-Unterricht an den Schulen erleichtern.

Robert Spaemann, geboren 1927 in Berlin. 1962 Ordinarius für Philosophie in Stuttgart, seit 1972 in München. Veröffentlichungen: Reflexion und Spontaneität, Stuttgart 1963; Zur Kritik der politischen Utopie, Stuttgart 1977; Moralische Grundbegriffe, München 1982; (zus. mit Reinhard Löw) Die Frage Wozu?, München 1985, u. a.

ETHIK-LESEBUCH

Von Platon bis heute

Herausgegeben von
Robert Spaemann

Piper
München Zürich

Von Robert Spaemann liegen in der Serie Piper außerdem vor:
(zus. mit Reinhard Löw) Die Frage Wozu? (420)
Das Natürliche und das Vernünftige (702)

ISBN 3-492-10764-8
Originalausgabe
Oktober 1987
© R. Piper GmbH & Co. KG, München 1987
Umschlag: Federico Luci
Gesamtherstellung: Clausen & Bosse, Leck
Printed in Germany

Inhaltsverzeichnis

Editorisches Vorwort 8

Einleitung: Was ist philosophische Ethik?
  (von Robert Spaemann) 9

I. Was heißt Ethik? (bearbeitet von
  Walter Schweidler) 25

  1. Die Tugend
     Aristoteles: Nikomachische Ethik, 2. Buch, 1–9 25
     Bearbeitungsfragen 48
  2. Das göttliche Gesetz
     Thomas von Aquin: Summa Theologica, II.I, quaestio
     94 48
     Bearbeitungsfragen 66
  3. Die Pflicht
     Immanuel Kant: Grundlegung zur Metaphysik der Sitten,
     Erster Abschnitt. 66
     Bearbeitungsfragen 87
  4. Die Werte
     Nicolai Hartmann: Ethik, I/5, Kapitel 16 87
     Bearbeitungsfragen 104

II. Wozu Ethik? (bearbeitet von
  Walter Schweidler) 105

  1. Ethik und Macht
     Platon: Gorgias, 482c–522e 106
     Bearbeitungsfragen 169
  2. Das Wort »gut«
     George Edward Moore: Principia Ethica, I. 5–10 . . . 170
     Bearbeitungsfragen 179

III. Freiheit als Ermöglichung der Sittlichkeit
(bearbeitet von Gisela Csik-Hopfensperger) . . . 181

1. Freiheit und Determination
   Henri Bergson: Zeit und Freiheit, III. Kapitel 181
   Bearbeitungsfragen 194

2. Freiheit und Sittengesetz
   Immanuel Kant: Grundlegung zur Metaphysik der Sitten, Dritter Abschnitt 195
   Bearbeitungsfragen 207

3. Das Böse
   Johann Gottlieb Fichte: Das System der Sittenlehre, § 16 208
   Bearbeitungsfragen 220

4. Das Gewissen
   a) Thomas von Aquin: Über die Wahrheit, quaestio 17 . 221
   Bearbeitungsfragen 236
   b) Joseph Butler: Predigt II: Über die Natur des Menschen 237
   Bearbeitungsfragen 251

5. Die Reue
   Max Scheler: Vom Ewigen im Menschen, 1. Kapitel: Reue und Wiedergeburt 252
   Bearbeitungsfragen 266

IV. Recht und Gerechtigkeit 267

1. Recht und Gesetz (bearbeitet von Walter Schweidler)
   Gustav Radbruch: Die Erneuerung des Rechts 268
   Bearbeitungsfragen 279

2. Recht und Staatsvertrag (bearbeitet von Wolfgang Schrader)
   Thomas Hobbes: Leviathan, 14. und 15. Kapitel 280
   Bearbeitungsfragen 306

3. Gerechtigkeit als Tugend (bearbeitet von Thomas Buchheim)
   Aristoteles: Nikomachische Ethik, 5. Buch, 1–9, 13–14 307
   Bearbeitungsfragen 330

V. Moral und sittliche Verhältnisse (bearbeitet von Rudolf von Gumppenberg) 333

1. Freundschaft
   Aristoteles: Nikomachische Ethik, 8. Buch, 1–10, 14–16 333
   Bearbeitungsfragen 354
2. Pflichten im institutionellen Rahmen
   Georg Wilhelm Friedrich Hegel: Pflichtenlehre für die
   Unterklasse, §§ 41–70 354
   Bearbeitungsfragen 373
3. Politik und Moral
   Jean-Jacques Rousseau: Politische Ökonomie, Abschnitt
   II, S. 49–73 374
   Bearbeitungsfragen 391

VI. Glück 393

1. Glück als Friede (bearbeitet von Rudolf von Gumppenberg)
   Aurelius Augustinus: Der Gottesstaat, Buch 19, Kapitel
   10–13 393
   Bearbeitungsfragen 407
2. Das Lebensschicksal (bearbeitet von Rudolf von Gumppenberg)
   Epikur: Brief an Menoikeus 408
   Bearbeitungsfragen 417
3. Das Glück als gutes Leben (bearbeitet von Rudolf von Gumppenberg)
   Aristoteles: Nikomachische Ethik, 1. Buch, 5–6, 8–12 417
   Bearbeitungsfragen 433
4. Glück und Nutzen (bearbeitet von Sharon Gruber)
   John Stuart Mill: Der Utilitarismus, 2. und 4. Kapitel . . 433
   Bearbeitungsfragen 458

Anhang 459

Biographische Angaben 461 · Personenregister 470 · Sachregister und Begriffserklärungen 471 · Weiterführende Literatur 473 · Quellenangaben 477

Editorisches Vorwort

Der vorliegende Band mit kommentierten Texten zur philosophischen Ethik soll einem Bedürfnis entsprechen, das zunächst aus der Schulpraxis an uns herangetragen wurde. Was die Menschen immer wußten, haben Hegel und Nietzsche deutlich ausgesprochen: Selbstdenken ist nicht das, was sich von selbst macht. Von selbst denkt man nur, was »man« denkt. Selbstdenken bildet sich im lernenden Umgang mit anderen, die bereits selbst gedacht haben.

Die Auswahl der Texte geschah in einer Arbeitsgruppe für Praktische Philosophie an der Universität München, der Professoren, wissenschaftliche Mitarbeiter und Studenten angehörten. Für die Kommentare sind die jeweils Unterzeichneten verantwortlich. Ohne die kontinuierliche Betreuung durch Dr. Walter Schweidler wäre das Buch allerdings nicht zustande gekommen.

Der Herausgeber

Einleitung

Was ist philosophische Ethik?

Von Robert Spaemann

Was ist philosophische Ethik? Fragen wir zuerst, was sie nicht ist. Sie ist nicht Wegweisung durch die Autorität eines erleuchteten Lehrers. Buddha war ein solcher Wegweiser, Konfuzius war es, Moses, Mohammed und der, der sich selbst »den Weg« nennt, Jesus Christus. Die Menschheit verdankt diesen Lehrern mehr als den Philosophen. Sie haben Möglichkeiten des guten Lebens eröffnet, die von den Menschen bis dahin ungeahnt waren. Sie haben ihnen bis dahin verborgene Dimensionen des eigenen Herzens erschlossen. Sie haben lebendige Traditionen gestiftet, die Jahrtausende überdauerten. Diese Lehrer haben nicht argumentiert, sondern einen Weg gezeigt und Jüngerschaft auf diesem Weg gesammelt. »Er redet wie einer, der Macht hat, nicht wie die Schriftgelehrten«, sagten die Leute von Jesus. Das Kriterium der Wahrheit der Wegweisung war nicht ein theoretisches, sondern ein praktisches: das Gelingen des Lebens desjenigen, der der Weisung folgt. »Wenn ihr tut, was ich euch sage, werdet ihr erkennen, daß ich die Wahrheit rede«, sagt Jesus im Johannesevangelium.

Philosophische Ethik ist etwas anderes. An ihrem Anfang steht die Gestalt des Sokrates, der von sich behauptet, er wisse nur, daß er nichts wisse. Er sagt niemandem, was er tun oder lassen soll, sondern er verwickelt die Leute in Diskussionen über ihre hergebrachten moralischen Ansichten. So läge es nahe, philosophische Ethik zu verstehen als eine wissenschaftliche Vergegenständlichung vorgefundener Auffassungen über das, was gut und böse ist, eine Analyse moralischer Vorstellungen und moralischen Sprachgebrauchs, eine Klassifizierung verschiedener sittlicher Auffassungen und Traditionen unter soziologischen, psychologischen oder logischen Gesichtspunkten. Es gibt die Auffassung, Philosophie könne nur dies, also nur »Metaethik« sein; sie dürfe sich selbst in die Fragen nach dem richtigen Leben nicht einmischen, sondern nur »objektiv« analysieren, was Menschen darüber denken und sagen. So wie theoretische Philosophie, nach dieser Auffassung, nicht selbst über die Wirklichkeit nachdenken, sondern nur – als Wissenschaftstheorie – die Aussagen der Naturwissenschaften unter logischem und methodologischem Aspekt analysieren dürfe.

Tatsächlich ist philosophische Ethik seit jeher etwas anderes gewesen. Indem Philosophen über das sprachen, was schon vor ihnen und unabhängig von ihnen über das gute und richtige Leben geglaubt, gewußt, gedacht und gesagt wurde, haben sie sich doch immer zugleich in das Gespräch über die Sache selbst eingemischt. Sie waren nie nur Zuschauer der »menschlichen Komödie«, sondern immer auch Teilnehmer. Sokrates typologisierte nicht die Antworten, die er bei seinen Interviews erhielt, sondern wollte das Wahre herausfinden. Seither haben Philosophen ein kontinuierliches, kritisches, d. h. nachdenkliches Gespräch über vorgefundene Meinungen in Gang gebracht. Und dieses Gespräch ist es, was wir Philosophie und speziell philosophische Ethik nennen. Die Moralphilosophie – ein Ausdruck für die gleiche Sache – setzt sittliche Erfahrung allemal voraus. Sie setzt voraus, daß wir schon einmal dankbar waren, schon einmal empört, daß wir schon einmal die Handlungsweise eines Menschen bewundert und eine andere verabscheut haben, daß wir selbst schon einmal glücklich darüber waren, jemandem Freude gemacht zu haben, und daß wir uns schon einmal vor uns selbst geschämt haben. Philosophische Ethik setzt voraus, daß wir schon einmal mit dem Wort »gut« einen anderen Sinn verbunden haben als »vorteilhaft für diesen oder für jenen«, daß wir dieses Wort schon einmal als »einstelliges Prädikat« und nicht nur als zweistelliges benutzt haben, d. h. nicht im Sinne von »gut für«, sondern im Sinne von »einfachhin gut«. Wenn das so ist, was fügt dann philosophische

Ethik solchen Erfahrungen, die bereits ohne sie und vor ihr gewonnen wurden, hinzu? Allgemeiner gefragt: Was fügt das Nachdenken über unsere Erfahrungen und über unsere Kenntnisse diesen Erfahrungen und Kenntnissen hinzu?

Wenn wir nachdenken, fügen wir unsere Erfahrungen und Kenntnisse zusammen bzw. wir entdecken eine ihnen zugrunde liegende tiefere Einheit. Von dieser Einheit fällt dann ein neues Licht auf das, was wir schon vorher wußten. Wir wissen es nun auf neue Weise, wir »verstehen« es besser. Dieses Verstehen aber läßt das Verstandene nicht unberührt. Denn das Verstandene ist nicht ein äußeres Objekt, sondern es war ja selbst schon von der Art verstehenden Verhaltens zur Welt und zu uns selbst. Philosophisch nachdenkend belehren wir uns selbst über uns selbst. Als Belehrte sind wir dann nicht mehr dieselben wie als Unbelehrte. Philosophische Ethik läßt also das, worüber sie nachdenkt, nicht, wie es ist. Sie mischt sich ein.

Das philosophische Nachdenken zielt, so sagte ich, auf Einheit, und dies in einem dreifachen Sinn: 1. Es versucht unsere eigenen, zunächst oft disparaten sittlichen Gefühle, Erfahrungen und Urteile miteinander in einen widerspruchsfreien Zusammenhang zu bringen und sie wechselseitig für das Verstehen fruchtbar zu machen. 2. Es versucht die sittlichen Gefühle, Erfahrungen und Urteile verschiedener Menschen, verschiedener Epochen und Kulturen in einen Zusammenhang zu bringen, zu vergleichen, aufeinander zu beziehen und aneinander zu messen. 3. Es versucht die Phänomene, die wir als sittliche bezeichnen und die alle auf die eine oder andere Weise mit den Worten »gut« und »böse« zu tun haben, als aus einem gemeinsamen Grund hervorgehend zu begreifen und diesen Grund zu benennen.

1. Sittliche Überzeugungen haben anfänglich die Form der Unmittelbarkeit und Unbedingtheit, die keine Relativierung zuläßt. Sie sind nicht verhandelbar, sondern bezeichnen die Grenze des Verhandelbaren. Gewissensurteile stehen nicht zur Disposition. Die Philosophie macht diese Überzeugungen gleichwohl zu einem Gegenstand des Gespräches. Dieses Gespräch dient nicht dem Zweck, jemanden mit Bezug auf seine

sittlichen Überzeugungen zu Kompromissen zu veranlassen. Kompromisse können sittlich geboten sein. Sie sind es sogar oft. Unbedingtheit am falschen Ort ist sogar unsittlich und zudem ruinös. »Jede unbedingte Tätigkeit macht zuletzt bankrott« (Goethe). Aber der Maßstab, an dem all unsere Tätigkeiten gemessen werden müssen, das sittliche Gebot, kann nicht seinerseits wieder kompromißfähig sein; sonst gäbe es keinen Unterschied zwischen guten und schlechten Kompromissen. Dem philosophischen Gespräch geht es darum, die eigentümliche Unbedingtheit des Sittlichen aus ihrem Grunde zu verstehen. Dieser Versuch führt freilich in Kontroversen, denn »jeder ausgesprochene Gedanke ruft den Gegensinn hervor« (Goethe). Aber diese Kontroversen gehen nicht um die Existenz des sittlichen Phänomens, das ein Faktum ist, sondern um dessen angemessene Deutung. Im Zuge dieses nachdenklichen Gesprächs steht zwar die eigentümliche Unbedingtheit des Sittlichen nicht zur Disposition, wohl aber der Inhalt einzelner sittlicher Überzeugungen. Denn es kann sich in einem solchen auf Einheit zielenden Gespräch mit sich selbst oder mit anderen zeigen, daß Urteile über die sittliche Qualität bestimmter Handlungen unvereinbar sind mit anderen Urteilen; es kann sich zeigen, daß bestimmte Gefühle unseren Urteilen oder bestimmte Urteile unseren Gefühlen nicht standhalten. Das ist dann ein Anlaß, der »Sache auf den Grund zu gehen«, d. h. nach dem Maßstab unserer sittlichen Überzeugungen zu fragen und von diesem Grund her den Konflikt wenn möglich zu lösen, um uns, wie die Griechen sagten, »mit uns selbst zu befreunden«. Zu diesem Prozeß gehört auch das, was man Ideologiekritik nennt, d. h. die Aufdeckung der Tatsache, daß bestimmte moralische Urteile von dem Maßstab her, den wir selbst anerkennen, in Wirklichkeit gar nicht gedeckt sind, daß wir uns selbst und anderen etwas vormachen, indem wir das, was wir gerne möchten, in eine Form bringen, in der es als Forderung einer unparteilichen sittlichen Wertung, z. B. als Forderung der Gerechtigkeit, erscheint. Der philosophische Diskurs ist geeignet, solche Täuschungen und Selbsttäuschungen aufzudecken.

2. Dramatischer noch ist die Situation, wo verschiedene

Menschengruppen oder Kulturen miteinander in Beziehung treten, deren sittliche Überzeugungen wesentlich voneinander abweichen. Dieses Erlebnis eines faktischen ethischen Pluralismus war es denn auch, was am Anfang philosophischer Ethik stand. Im Unterschied zu einer »Metaethik« historischer, soziologischer, psychologischer oder ethnologischer Art, die diese Pluralität einfach als eine letzte Gegebenheit zur Kenntnis nimmt, war Philosophie der Versuch der Selbstbehauptung der sittlichen Unmittelbarkeit gegen den Relativismus, der durch diese Erfahrung suggeriert wurde. Der Metaethiker muß ja seine eigene sittliche Überzeugung vergessen, wenn er diejenige anderer studiert, sonst gerät er in folgendes Dilemma: Entweder er macht – bewußt oder unbewußt – seine eigenen Überzeugungen zum Maßstab, an dem er die anderen Überzeugungen mißt, ohne zu begründen, warum ausgerechnet seine Überzeugungen die besseren sein sollten. Oder aber er verzichtet ausdrücklich darauf, das zu tun, und bezieht seine eigenen Überzeugungen in die wissenschaftliche Objektivierung mit ein. Dann ist er unter der Hand zum Relativisten geworden, d. h. er hat seine sittliche Überzeugung geopfert. Es gibt für ihn dann nicht mehr Gutes und Böses, sondern nur noch Meinungen über Gutes und Böses. Mit diesem Schritt hat er etwas Paradoxes getan: Er hat sich von denen, denen er durch seinen Relativismus gerecht werden wollte, radikaler getrennt, als wenn er mit ihnen in Streit geraten wäre. Denn er hat das preisgegeben, was ihn mit jenen verband: die für jede sittliche Überzeugung wesentliche Unbedingtheit. Und dies ohne Begründung. Der ethische Relativismus ist aber, weil er sich von der ursprünglichen sittlichen Erfahrung entfernt, begründungspflichtig. Der Hinweis auf die faktische Pluralität sittlicher Überzeugungen ist keine solche Begründung. Aus der gleichen Beobachtung kann man auch eine ganz andere Schlußfolgerung ziehen, nämlich die der philosophischen Ethik. Gerade weil die Griechen des 5. Jahrhunderts vor Christus beobachteten, daß verschiedene Völker verschiedene Sitten haben, stellten sie sich die Frage nach Kriterien, um bessere von schlechteren Sitten zu unterscheiden. Mit anderen über das

Richtige streitend, blieben sie mit ihnen in der Überzeugung verbunden, daß es das Richtige gibt, während der Relativist eine prinzipielle Kluft zwischen sich und denjenigen aufreißt, über die er spricht. Er kann nur noch *über* sie sprechen, nicht mehr *mit* ihnen. Sittliche Urteile können nämlich nicht wie bloße Geschmacksurteile friedlich nebeneinander bestehen. Denn es handelt sich bei ihnen nicht um die bloße Feststellung, daß mir etwas gefällt oder nicht gefällt, sondern um ein Urteil über bestimmte Handlungsweisen an sich selbst. Wer die Folter ablehnt, will nicht nur sagen, daß er persönlich niemanden foltern würde oder daß die Folterung für den Gefolterten schmerzlich ist – was ja dem Folterer nicht unbekannt ist. Was er sagen will, ist, daß der, der foltert oder foltern läßt, besser handeln würde, wenn er dies nicht täte – er will sagen, daß jener etwas Schlechtes tut. Während also der Satz »Mir schmeckt Spinat« der Feststellung eines anderen »Mir schmeckt Spinat nicht« nicht widerspricht, können sittliche Urteile einander widersprechen. Die Tatsache, daß einem anderen etwas anderes als sittlich gut erscheint als mir, enthält deshalb eine Herausforderung. Wer sich ihr durch Flucht in den Relativismus entzieht, opfert das Phänomen des Sittlichen selbst.

Philosophische Ethik nimmt die Herausforderung an. Sie fragt nach den Gründen der Verschiedenheit auf der Suche nach der am besten gegründeten Überzeugung. Dabei entdeckt sie übrigens, daß die divergierenden Sitten und ethischen Traditionen nicht so fundamental auseinanderliegen, wie es demjenigen scheint, dem das Gemeinsame so selbstverständlich ist, daß er es gar nicht bemerkt. Überall auf der Welt erwecken nämlich seit jeher Mut, Großzügigkeit, Gerechtigkeit, Dankbarkeit, Aufrichtigkeit und Güte Zustimmung und Bewunderung. Nur deren Gestalten und Ausdrucksformen erweisen sich als zeit- oder gruppenbedingt. Und überall werden Verrat, Feigheit, Tücke, sexuelle Zügellosigkeit, Willkürherrschaft, Grausamkeit und Geiz als verächtlich oder böse betrachtet. Wo einmal die besonderen Sitten einer Gesellschaft eine dieser Verhaltensweisen positiv auszeichnen, da zieht sich diese Gesellschaft die Mißachtung der Mitwelt und der Nachwelt zu. »Securus judicat orbis terrarum.«

Der konsequente ethische Relativismus ist im übrigen schon deshalb unmöglich, weil es Kulturen gibt, deren Moral ausdrücklich einen universalistischen Anspruch erhebt und z. B. die Forderung der Überzeugungstätigkeit und Mission einschließt. So etwa die europäische Idee der Menschenrechte. Der ethische Relativist, der universalistische Ansprüche prinzipiell verwirft, kann einer solchen Kultur gegenüber seine tolerante Kritikenthaltung nicht durchhalten. Er kann einer Moral also nicht gerecht werden, die ihrerseits den Relativismus verwirft. Der ethische Relativismus entpuppt sich so selbst als universalistisch, jedoch nur im negativen Sinne, im Sinne der Leugnung unbedingter, moralischer Geltungsansprüche. Diese muß er verwerfen, wo er auf sie trifft. Damit aber muß er fast alle gelebte Ethik in ihrem Selbstverständnis ablehnen; denn jede gelebte Ethik lehrt, man solle bestimmte Dinge tun, weil es gut sei, sie zu tun, und andere lassen, weil es böse sei. Die Verwerfung dieser Überzeugung, weit entfernt, Ausdruck der Toleranz zu sein, ist in Wirklichkeit gleichbedeutend mit der Leugnung der Ursprünglichkeit der ethischen Dimension des Lebens.

3. Wenn philosophische Ethik diese Ursprünglichkeit gegenüber dem Immoralismus verteidigt, dann beansprucht sie nicht, einen Menschen, dem jedes sittliche Gefühl fehlt, mit Argumenten davon zu überzeugen, daß die Worte »gut« und »böse« eine Bedeutung haben und daß sie etwas zu tun haben mit dem, was jeder Mensch tun und lassen sollte. Philosophische Ethik setzt, so sahen wir schon eingangs, sittliche Erfahrung voraus. Sie wird sich aber nicht leicht zu der Annahme verstehen, jemand sei ohne alle solche Erfahrung. Diese Annahme wäre nämlich gleichbedeutend mit der Unterstellung, der andere sei eigentlich kein Mensch, er verdiene nicht die Achtung, die wir jedem Mitglied der menschlichen Gemeinschaft schulden. Denn der konsequente Immoralist könnte ja diese Achtung von niemandem einfordern, ohne sich selbst zu widersprechen: Eine solche Forderung wäre ja bereits eine sittliche. Die philosophische Ethik »begründet« daher nicht eigentlich die sittliche

Dimension, sondern sie zeigt, daß diese selbst von der Art des Grundes ist, auf dem wir stehen. Sie zeigt, welches die Konsequenzen der Leugnung dieses Grundes wären, und erwartet, daß niemand diese Konsequenzen wirklich zu übernehmen bereit wäre. Nicht von ungefähr läßt Platon im 1. Buch der »Politeia« die konsequent immoralistische Position nicht von einem Gegner des Sokrates real vertreten, sondern von den Freunden des Sokrates, Glaukon und Adeimantos, fiktiv und hypothetisch. Er weist so darauf hin, daß diese Position eine gedankliche Konstruktion ist, eine Extrapolation faktischer, partieller Unmoralität, aber in ihrer letzten Konsequenz keine mögliche, gelebte Wirklichkeit. Darum gerät der reale Immoralist in Widersprüche mit sich selbst, und diese Widersprüche an den Tag zu bringen ist Sache der philosophischen Ethik.

Das Nachdenken über das richtige Leben und Handeln, das Nachdenken über die Intuition, die sich in den Worten »gut« und »böse« immer schon artikuliert hat, reicht über die bisher genannten Fragen hinaus. Es reicht in den Bereich der theoretischen Philosophie. Philosophie zielt auf innere Einheit des Denkens als eine Bedingung der Freundschaft mit sich selbst. Nun läßt sich eine innere Einheit unserer Handlungsorientierung nicht vollständig ablösen von dem, was wir über die Wirklichkeit denken, über das also, was vor und ohne uns ist, wie es ist. Nicht als ob sich aus Sätzen über bloße Tatsachen Sätze über ein Sollen ableiten ließen. Daß dies nicht möglich ist, haben Hume und Kant gezeigt. Dennoch war auch Kant der Meinung, daß bestimmte Tatsachenannahmen mit unserer sittlichen Intuition unvereinbar sind, und zwar so, daß, wenn wir sie für wahr halten müßten, diese Intuition zugleich als Illusion entlarvt wäre. Nun ist aber diese Intuition, die sich in Sätzen mit dem Prädikat »gut« artikuliert, ebenso stark oder sogar stärker als alle Intuitionen, auf die wir Tatsachenbehauptungen stützen. Eine solche mit unserer sittlichen Intuition unvereinbare Behauptung wäre z. B. die eines radikalen Determinismus. Belohnung und Strafe sind zwar allenfalls mit diesem vereinbar, wenn wir sie nämlich als Konditionierungsmaßnahmen verstehen. Nicht jedoch Lob und Tadel für Handlungen, auf deren Subjekt wir gar nicht mehr einwirken können, nicht Dankbarkeit, nicht Bewunderung und Empörung, nicht der Wunsch, etwas zu tun, einfach weil es gut ist, nicht Reue und Scham. Alle diese Haltungen setzen Freiheit voraus. Und so war es Kants Bestreben in der »Kritik der reinen Vernunft«, die Geltung des physikalischen Determinismus, an der er aus wissenschaftlichen Gründen festhalten zu müssen glaubte, auf den Bereich der »Erscheinung«, d. h. des Sich-Zeigens der Wirklichkeit als Gegenstand der Wissenschaft, einzuschränken und diesen Bereich von der Wirklichkeit selbst, dem »Ding an sich selbst«, zu unterscheiden. Das machte es ihm möglich, die sittliche Erfahrung, die das Postulat der Freiheit einschließt, unabhängig vom physikalischen Determinismus festzuhalten.

Zu den Tatsachenannahmen, die unserer sittlichen Intuition die Möglichkeit rauben würden, als Handlungsimpuls wirksam zu werden, würde ferner z. B. die Annahme gehören, daß die längerfristigen Resultate unserer Handlungen unsere Handlungsabsichten nicht nur manchmal, sondern regelmäßig und systematisch ins Gegenteil verkehren würden. Wo dies der Fall zu sein scheint, da versuchen wir die Ursache dafür nicht im Wirken eines moralischen »genius malignus«, einer dämonischen Verfassung der Wirklichkeit zu suchen, sondern in einer bestimmten Verfassung der sozialen Ordnung, die wir handelnd verändern können, ohne wieder auf die gleiche Weise genarrt zu werden. Eine dritte die sittliche Intuition frustrierende Annahme wäre die, daß ein Handeln, das dieser Intuition entspricht, mit dem Gelingen unseres eigenen Lebens in jedem möglichen Sinn unvereinbar wäre, also unvereinbar mit dem, was die Griechen »eudaimonia« nannten und was in unserer philosophischen Tradition »Glückseligkeit« heißt. Daß dies nicht so ist, daß der Gute nicht, weil er gut ist, letzten Endes unvermeidlich der Dumme ist, hat die Philosophie von Platon bis Kant immer wieder zu zeigen gesucht. Sie konnte dies indessen nur, indem sie die Idee der Glückseligkeit selbst beeinflußte, indem sie dasjenige, worin das Gelingen des Lebens besteht, so dachte, daß die sittliche Handlungsorientierung zum integrierenden Bestandteil dieses Gelingens wird. Sie konnte darauf hinweisen, daß der sittliche Impuls ein wesentlicher Bestand unserer vernünftigen Natur ist. Der Immoralismus muß daher diese Natur verstümmeln, während die Philosophie auch hier auf »Freundschaft mit sich selbst« zielt. Allerdings sind ihr hierbei Grenzen gesetzt, dann nämlich, wenn das Schicksal uns in eine Lage zwingt, in der die Befriedigung unserer elementaren Bedürfnisse, ja unsere Selbsterhaltung mit dem Tun des Guten unvereinbar ist. Das Festhalten an unverkürzter Freundschaft mit sich selbst ist unter diesen Bedingungen nur möglich, wenn wir dem Gedanken gelingenden Lebens eine Dimension geben, die die Beschränktheit irdischer Existenz sprengt, eine theologische Dimension also. Von Platon bis Kant ist daher der Gedanke einer jenseitigen Hoffnung Konsequenz philosophischer Ethik gewesen. Für Platon ist diese Hoffnung ein wesentliches Element philosophischer Existenz. Für Kant ist sie sittliche Pflicht. Und zwar deshalb, weil wir dort, wo wir nichts wissen können, verpflichtet sind, über die Wirklichkeit so zu denken, daß dieses Denken das Tun des Guten begünstigt.

Schopenhauer hat diese philosophische Hoffnung als unbegründetes Wunschdenken bezeichnet und überdies als unsittlichen Egoismus. Opfer müßten sich nicht »lohnen«. Aber der Preis, den Schopenhauer für die Preisgabe der philosophischen Hoffnung zahlte, war hoch. Er gab nämlich den Gedanken des gelingenden Lebens und der Freundschaft mit sich selbst auf. Das Sittliche ist für ihn vielmehr Feindschaft gegen sich selbst, Überwindung des Lebenswillens, Aufgabe des Ichs, Entwirklichung des Selbst und der Welt. Auch die Annahme der Freiheit wird preisgegeben, denn sie ist noch mit dem Gedanken der Wirklichkeit verbunden. Der Anstoß zur Überwindung des Ichs ist nicht ein freier Entschluß, sondern das Mitleid, das uns ohne unser Zutun überfällt. Gegenüber dieser Rezeption buddhistischer Lebenslehre gipfelt die philosophische Ethik des Abendlandes – und es gibt Philosophie, rationalen Diskurs über letzte Fragen nur im Abendland – nicht in »pathologischem«, d. h. unfreiem Mitleid, sondern in der Idee der Liebe oder des freien, vernünftigen Wohlwollens gegen den als wirklich erfahrenen anderen ebenso wie gegen sich selbst.

Auch diese Ethik hat theoretische, ontologische Implikationen. Aber diese Implikationen sind weder, wie es eine auf Metaphysik gegründete Ethik will, theoretische Einsichten in Sachverhalte, aus denen dann ein wie immer geartetes Sollen abgeleitet wird, noch sind sie, wie Kant meinte, bloße »Postulate«. Weiter führt uns in ihrem Verständnis Platons Satz, daß »das Gute Grund der Erkennbarkeit der Dinge« sei. Liebe im Sinne von Wohlwollen ist jene Einstellung, in der sich dem Liebenden das, was in rein theoretischer Einstellung nur den Charakter des Objektes hat, in die Wirklichkeit von Selbstsein verwandelt. Liebe ist das Wirklichwerden des Wirklichen für den Liebenden. Aus einem »objektiven« Sachverhalt für sich genommen folgt nie ein Sollen. Was aber das Wort »Sein« über das Objektsein hinaus bedeutet, das erschließt sich erst für das Wohlwollen. Denn »Sein« im Sinne von »Existenz« hat nicht eine objektive »Bedeutung«, sondern die Verwendung dieser Worte meint das Setzen von etwas außerhalb von jedem Bedeutungszusammenhang für mich, das Setzen von etwas als einem eigenen Zentrum möglicher Bedeutungen. Daß ein solches Für-sich-Sein für mich wirklich wird, ist nicht Resultat eines »Sollens«, es geht allem Sollen voraus. Es ist jene Grundintuition, in welcher Theorie und Praxis zusammenfallen. Der mittelalterliche Mönch Richard von S. Victor hat das schöne Wort geprägt »Ubi amor, ibi oculus«.

Unter Berufung auf das Prinzip des Wohlwollens haben sich nun allerdings verschiedene Konzeptionen normativer Ethik etabliert. Denn das Prinzip des Wohlwollens muß ja, ehe es zur Handlungsorientierung dienen kann, durch verschiedene Brechungen hindurch. Wir haben es handelnd mit vielen Menschen und Lebewesen zu tun, dazu mit Toten, Lebenden und künftig Lebenden. Es gibt ja offensichtlich so etwas wie eine Abstufung der Nähe und Ferne, aus der sich eine Rangordnung der Interessenberücksichtigung, ein »ordo amoris« ergibt. All diese Menschen – und auch wir selbst – haben verschiedenartige Interessen, Bedürfnisse, Wünsche, die wiederum in eine Rangordnung zu bringen sind. In Freundschaft mit uns selbst leben können wir nur, wenn wir mehr sind als ein Parallelogramm widerstreitender Antriebe und wenn wir nicht, das eine tuend, dem andern, das wir nicht tun können, nachweinen, d. h. wenn wir uns mit dem Gesichtspunkt, der unsere Wahl leitet, wirklich identifizieren können. Die philosophische Ethik sucht diesen Gesichtspunkt herauszuarbeiten.

Bei diesem Versuch ergeben sich sehr verschiedenartige Ansätze. Die Verschiedenartigkeit ist teilweise die Folge verschiedenartiger Fragestellungen und Interessenrichtungen. Die Frage nach dem Gelingen menschlichen Lebens, nach der »eudaimonia«, ist eine andere als die Frage nach der objektiven Rechtfertigung menschlicher Handlungen. Die Frage nach dem, was eine Handlung gut macht, ist eine andere als die nach den Eigenschaften, die einen Menschen gut machen. Und die Frage nach dem Wert der Güter, die wir erstreben, ist eine andere als die nach den Normen der Billigung und Mißbilligung, unter denen wir Handlungen beurteilen. So sind die historischen Ethik-Konzeptionen zunächst gar nicht immer unmittelbar aufeinander beziehbar, sondern es bedarf einer historisch-hermeneutischen Analyse, um sie fruchtbar aufeinander abzubilden. Wenn Kant den ethischen Eudaimonismus, die »Glückseligkeitsethik«, kritisiert, so hat er zunächst zeitgenössische Autoren vor Augen. Ob seine Kritik den Aristoteles trifft, ist nicht ebenso klar. Es könnte ja sein, daß Aristoteles nicht eine andere Antwort auf dieselbe Frage gegeben, sondern eine andere Frage gestellt hat als Kant.

Die gegenwärtige philosophische Ethik-Diskussion ist wesentlich bestimmt durch Fragen, die sich auf die Konkretisierung des Prinzips des Wohlwollens beziehen. Im Mittelpunkt steht dabei die Auseinandersetzung mit einer Position, die von ihren Vertretern auch als Konsequentialismus, Utilitarismus, »idealer Utilitarismus« oder als »teleologische Ethik« bezeichnet und von sogenannten »deontologischen Ethiken« abgegrenzt wird. Der Konsequentialismus betrachtet die Sittlichkeit jeder Handlung als Funktion einer Optimierungsstrategie. Sittlich ist eine Handlung, wenn sie die Welt besser macht als jede mögliche alternative Handlung; und das heißt, daß sie entweder die Glücksumme der Menschheit maximiert (Bentham,

Mill) oder die Welt reicher an wertvollen Ereignissen und Zuständen macht (G. E. Moore). Auf die Verfeinerung dieser Konzeption ist vor allen Dingen in der angelsächsischen Philosophie viel Scharfsinn verwendet worden. Denn sie entspricht einer Tendenz der modernen technischen Industriegesellschaft, die Unterscheidung einzuebnen, die Aristoteles gemacht hat zwischen »Poiesis« und »Praxis«, zwischen herstellendem Machen und jenem miteinander umgehenden Handeln, das allem Machen vorausliegt und in welches das Machen immer eingelassen bleibt. Die Tendenz, alle Weisen des Umgangs – z. B. Erziehung, ärztliche Heilung usw. – nach dem Modell von Optimierungsvorgängen zu verstehen, zeigt sich auch im konsequentialistischen Ethikmodell. Daß aber z. B. Gerechtigkeit in der Verteilung von Lasten und Entschädigungen, daß das Verbot, einen Unschuldigen aus Zweckmäßigkeitsgründen zu töten oder zu strafen, aus einem konsequentialistischen Modell nicht herleitbar ist, hat u. a. J. Rawls gezeigt. Und es ist mit unserer sittlichen Intuition auch ganz unvereinbar, unsere Pflicht, ein Versprechen zu halten, nicht als Pflicht gegen denjenigen zu verstehen, dem wir es gegeben haben, sondern als Pflicht gegenüber der Menschheit, die aus der Institution des Versprechens Vorteile zieht und deshalb durch die Schwächung dieser Institution geschädigt würde.

In einem gewissen Maße ist sittliches Handeln immer bestimmt von der Verantwortung für die Konsequenzen und Nebenfolgen unseres Tuns. Aber als Konkretisierung des fundamentalen Wohlwollens, in welchem uns der andere wirklich wird – und ich mir selbst –, kann eine Haltung nicht betrachtet werden, die als Gegenstand der Verantwortung das wirkliche personale Gegenüber des Handelnden ersetzt durch das Abstraktum eines zeitlich und räumlich unbegrenzten »Gesamtprozesses« der Welt. Eine Optimierungspflicht diesem Prozeß gegenüber würde uns im übrigen hoffnungslos überfordern.

Der Konsequentialismus ist deshalb so suggestiv, weil er den Anschein erweckt, so etwas wie ein exaktes Prinzip für Quantifizierungen zu geben. Demgegenüber beanspruchen andere Ethikformen nicht, solche eindeutigen Ableitungszusammenhänge aus einem strategischen Ziel wie dem der Verbesserung der Welt zu liefern. Die Weise, wie sie unsere sittliche Intuition rekonstruieren, soll in dieser Einleitung nicht nachgezeichnet werden. Das vorliegende Buch gibt einen Einblick in wesentliche Etappen dieser Versuche. Deutsche Leser mögen einen Beitrag aus dem Zusammenhang der sogenannten Diskursethik vermissen, die in den letzten beiden Jahrzehnten hierzulande mit dem Anspruch auftrat, die Kantische »Vernunftethik« in ein neues und tragfähigeres Paradigma zu überführen. Als sittlich soll danach jener Ausgleich von Begehrungen gelten, der in einem idealen, offenen und symmetrischen Diskurs aller Betroffenen Akzeptanz gefunden hat oder dessen Akzeptanz erwartet werden kann. Tatsächlich handelt es sich dabei jedoch im besten Falle eher um einen Anhang zur Kantischen Vernunftethik, eine Art »Methodenlehre«. Die Behauptung einer Lösung als vernünftig kann in der Tat nicht ernst genommen werden, wenn sie sich der diskursiven Ausweisung entzieht. Die Behauptung, etwas sei für einen anderen zumutbar, impliziert die Bereitschaft, diesem gegenüber die Zumutung zu rechtfertigen, diese Rechtfertigung den Einwänden des Betroffenen auszusetzen und im Licht dieser Einwendungen zu überprüfen. Hierauf aufmerksam gemacht zu haben ist ein Verdienst der Diskursethik. Was aber, wenn keine Einigung erzielt wird? Um einer Lösung, die mir Opfer abverlangt, unter Umständen zuzustimmen, muß ich bereits »gerecht denken«. Was dies ist, kann nicht wieder erst diskursiv ermittelt werden. Denn die Teilnehmer an einem solchen Diskurs müssen schon sittlich *sein,* um die Befriedigung eines Interesses überhaupt zur Disposition zu stellen. Mehr als das: Sie müssen schon eine inhaltliche Idee des gerechten Interessenausgleiches mitbringen, damit ein Diskurs stattfinden kann. Diskurse sind nämlich nicht der Ursprungsort der Gerechtigkeit, sondern sie beziehen sich immer schon auf bereits mitgebrachte Ideen von Gerechtigkeit. Über pure Interessen läßt sich gar nicht diskutieren. Aus einem Gespräch über pure Interessen würde nie die Idee einer gerechten Lösung hervorgehen. Solange jeder nur das Ziel verfolgt, ein Maximum an eigenen Interessen durchzusetzen, kann das Resultat immer nur ein machtbedingter Kompromiß sein, nicht eine gerechte Entscheidung. Mit anderen Worten: Der Diskurs testet das Vernunftprinzip, er kann es nicht ersetzen. Er setzt es voraus. Und er setzt auch so etwas wie eine objektive Wertrangordnung von Interessen voraus. Gäbe es eine solche nicht, sondern nur subjektive Einschätzungen des Gewichtes der eigenen Interessen, dann bestünde wiederum keine Chance auf intersubjektive Einigung. Da im übrigen jeder reale Diskurs unter zeitlichen Knappheitsbedingungen steht, ist auch der Übergang vom Reden zum Handeln stets Sache des einzelnen Handelnden, der selbst, mit seiner eigenen Vernunft, beurteilen muß, wann er eine Frage für sich selbst als hinreichend geklärt ansieht, um zum Handeln überzugehen.

So wie der Konsequentialismus eine Rekonstruktion der sittlichen Intuition mit Hilfe eines technischen Optimierungsmodells ist, so ist die Diskursethik, wenn sie mehr sein will als ein methodischer Anhang zur Vernunftethik Kants, eine Rekonstruktion des Ethischen mit Hilfe des Modells demokratischer Entscheidungsprozesse. Wenn indessen Technik und Politik sich in den Grenzen des sittlichen Wohlwollens halten sollen, so dürfen sie nicht selbst zu Modellen des Sittlichen werden. Sittlichkeit ist nicht die Fähigkeit zur Lösung von Aufgaben und zur Bewältigung von Problemen, sondern die Disposition, überhaupt zu sehen, auf welche Aufgaben es ankommt, welche Probleme wichtiger sind als andere und in welchen Grenzen wir uns bei der Bewältigung welcher Probleme auch immer halten müssen. Ethik verfehlt daher die sittliche Intuition, wenn sie sich als Variante von Technik oder Politik versteht.

I. Was heißt Ethik?

Bearbeitet von Walter Schweidler

Es ist für philosophische Untersuchungen überhaupt, ganz besonders aber für die Ethik charakteristisch, daß die grundlegenden Modelle, in denen sie sich vollziehen, nicht so einfach veralten wie etwa in den Naturwissenschaften. Was in der Antike, im Mittelalter und in der Neuzeit an wirklich Grundlegendem zum sittlichen Handeln des Menschen gesagt worden ist, bestimmt in bleibender Weise auch unseren heutigen Horizont. Natürlich werden in den verschiedenen Epochen ganz verschiedene Voraussetzungen in den Mittelpunkt der Problemsuche gestellt, und danach kann man die Zeitbedingtheit der jeweiligen Ansätze durchaus unterscheiden. Aber diese Voraussetzungen stellen nicht verschiedene Probleme dar, sondern verschiedene Weisen, jenes nie abschließend beantwortete Problem anzugehen, das der Mensch sich selbst bedeutet. Und als solche lösen sie sich nicht gegenseitig ab, sondern stehen nebeneinander, im Vorgehen unterscheidbar, aber im Ziel vereint. Man muß sich mit ihrer Verschiedenheit, ihrer Mehrzahl auseinandersetzen, um erst zu erfahren, was Ethik als einheitliches, unaufgebbares Ziel heißt und sein soll.

I.1 Die Tugend
Aristoteles: Nikomachische Ethik, Zweites Buch, 1–9

Aristoteles (384–322 v. Chr.), der größte Gelehrte der Antike und Erzieher Alexanders des Großen, ist neben Platon, dessen Schüler er war, der Hauptvertreter der griechischen Philosophie. Er hat die Ethik als philosophische Disziplin in ihrer Eigenständigkeit begründet. Sein gigantisches Werk umfaßt Untersuchungen zu fast allen Bereichen der Wirklichkeit, die, wie seine Physik, seine Logik oder seine Poetik, das abendländische Denken über Jahrtausende bestimmt haben. Die grundsätzliche Einteilung der Philosophie in theoretische und praktische Disziplinen (zu letzteren gehört die Ethik) ist auf seine Methodenlehre zurückzuführen. Theorie leitet sich als Wort vom griechischen Ausdruck für Schauen ab, und so ist für Aristoteles die theoretische Philosophie als reine Beobachtung der Ursprünge, Gesetzmäßigkeiten und Entwicklung dessen, was es überhaupt gibt, das umfangmäßig größte Aufgabengebiet. Daneben aber tritt die praktische Philosophie, nämlich die Erforschung des menschlichen Handelns. Sie, insbesondere die Ethik, die nach der Gestaltung des individuellen Lebens fragt (während es der Politik um die Ordnung der Gemeinschaft und des Staates geht), besteht zunächst ebenfalls in nichts anderem als der Darlegung und Beobachtung ihres Gegenstandes. Doch sie unterscheidet sich auf eine ganz bestimmte Weise von der reinen Theorie: Unser Interesse, das hinter der praktischen Philosophie steht, ist ein anderes als im Fall der theoretischen.

Wir betrachten, so formuliert es Aristoteles in dem vorliegenden Text, der aus der »Nikomachischen Ethik« stammt, »die Tugend nicht, um zu wissen, was sie ist, sondern um tugendhaft zu werden« (vgl. Ethik-Lesebuch S. 32). Die Nikomachische Ethik (benannt nach einem Sohn des Aristoteles namens Nikomachos) ist die wichtigste uns erhaltene Untersuchung des Aristoteles im Sinne dieses praktischen Interesses. Ethik heißt demnach jene Befassung mit dem menschlichen Handeln, die den Sinn hat, uns zu zeigen, wie wir selbst handeln sollen, nicht einfach, wie Menschen im allgemeinen nun einmal handeln. (Hier verläuft die Trennlinie zwischen Ethik und Soziologie oder auch Psychologie.) Und Aristoteles nennt sofort eine Konsequenz, die solch praxisgeleitetes Forschen in Kauf nehmen muß: Es kann niemals so exakt und bis zur Entscheidung des Einzelfalls hinab bestimmt sein wie das theoretische. Im »Bereich des sittlichen Handelns und des im Leben Nützlichen« kommt es bei aller gewonnenen Erkenntnis immer noch darauf an, was der »Handelnde selbst« im gegebenen Fall daraus macht (vgl. S. 32). Ethik als praktische Philosophie hat nicht nur einen Gegenstand, der zu ihr gehört; sie dient vielmehr selbst wieder gerade diesem Gegenstand, eben dem Menschen, also letztlich uns selbst.

Die Weise, in der Aristoteles nach dem sittlichen Handeln fragt, ist für die ganze antike Ethik typisch und grundlegend: Worum es uns in der Ethik wie bei allem praxisorientierten Fragen nach uns selbst letztlich geht, ist ein gutes, glückliches, gelungenes Leben. Wie müssen wir leben, damit wir glücklich werden? Freilich ist mit Glück hier nicht ein bloßer Bewußtseinszustand gemeint: Wer glaubt, sein Glück könnte darin bestehen, andere Menschen zu quälen, der täuscht sich und muß zu der entsprechenden Einsicht gebracht werden. Glück, Gutes, Zuträgliches, das sind objektive Größen, über die eben die Erforschung des Gegenstandes der Ethik die rechte Erkenntnis erbringen muß.

Die Tugend

Der Gegenstand der Ethik aber ist der Mensch, d. h. ein wahrhaft glückliches Leben muß dort gegeben sein, wo Menschsein vollkommen verwirklicht wird. So kann Ethik zwar nicht beanspruchen, jeden Einzelfall exakt zu lösen; aber Ethik ist doch nur sinnvoll, wenn es objektive Ansprüche an den Handelnden gibt, über die man sich rational verständigen kann.

Aristoteles hat als Voraussetzungen eines gelungenen Lebens zunächst äußere Umstände hervorgehoben. Ein vollkommenes menschliches Leben erfordert ein bestimmtes Grundmaß an Gesundheit, man muß auch Glück haben, was Familie und Freunde angeht, man darf politisch nicht in völliger Knechtschaft leben, man braucht – so Aristoteles im Sinne des griechischen Polis-Ideals, das freilich in seiner Zeit in der Realität gar nicht mehr gegeben war – einen überschaubaren Lebensraum, der einem geordneten bürgerlichen Leben Gestalt, Sinn und äußeren Schutz gibt. Und vor allem: Man braucht, um glücklich zu werden, eine rechte Erziehung (vgl. S. 34). Denn worin gutes Leben besteht, kann man nur von Menschen erfahren, die selbst gut leben.

Diese äußeren Umstände sind vorhanden oder nicht; auf sie kann Ethik keinen Einfluß nehmen. Sie kommt erst ins Spiel, wenn es nun um den geht, der in solchen Verhältnissen lebt. Denn auch wenn die äußeren Voraussetzungen guten Lebens gegeben sind, kann man immer noch das Ziel des Menschseins verfehlen. Damit das nicht geschieht, müssen wir auf das Entscheidende achten, und dies wird durch ethische Erkenntnis nicht etwa hervorgebracht, sondern nur offengelegt. Es handelt sich um etwas, was wir schon haben, was wir jedoch im Laufe unseres Lebensweges erst zur Entfaltung, zur Verwirklichung bringen müssen. Wir haben die »natürliche Anlage« (vgl. S. 31) zum vollkommenen Menschsein in uns, aber wir müssen etwas dafür tun, daß sie nicht verschüttet und verkehrt wird.

Diese Anlage hat wieder zwei Arten von Bestandteilen. Auf diese hat Aristoteles im 1. Buch der Nikomachischen Ethik hingewiesen, und daran knüpft der vorliegende Text direkt an. Es handelt sich einerseits um verstandesmäßige Fähigkeiten: Intelligenz, schnelle Auffassungsgabe, logisches Denken, auch Weisheit, andererseits aber um charakterliche Vorzüge. Zu beidem haben wir in mehr oder minder großem Maße die Anlagen, beides muß aber in einem Prozeß des Lernens, Erziehens und Übens erst zur Entfaltung gebracht werden. Gelingt dieser Prozeß, kommt die gute Anlage zur Entfaltung, dann erwerben wir das, was Aristoteles mit dem zentralen Begriff der Tugend bezeichnet. Wir erwerben dann Verstandestugenden, d. h. wir werden wirklich zu scharfen Denkern und weisen Menschen, und wir erwerben die charakterlichen oder sittlichen Tugenden, werden also besonnen, gerecht, großzügig, tapfer usw. Tugenden erwerben heißt also, das so vollkommen wie möglich auszubilden, was uns zum wahren Menschsein befähigt. Wie alle Dinge, auch Werkzeuge oder Häuser, ihren Zweck besser oder schlechter erfüllen können und wie wir uns bemühen, sie so gut wie möglich zu machen, so können wir selbst unsere Möglichkeiten besser oder schlechter verwirklichen und müssen versuchen, so gut wie möglich zu werden.

Die Frage nun, wie wir die sittlichen Tugenden erwerben, ist eine der Grundfragen der Ethik, und sie behandelt Aristoteles im 2. Buch der Nikomachischen Ethik. Charakterliche Tugenden sind keine Gefühle, keine Empfindungen, Affekte oder Vermögen, sondern sie bedeuten bestimmte Weisen, wie wir mit alledem umgehen. Mitleid, Jähzorn, Angst, Übermut überkommen uns einfach; aber wie wir handeln, ist dadurch noch nicht entschieden. Dafür kommt es vielmehr auf die freie Selbstbestimmung an. Denn wir fühlen nicht einfach irgendwelche instinktiven Neigungen, sondern wir haben ein Wissen um die Umstände, die uns beeinflussen, wir haben die Freiheit, zu entscheiden, was wir tun müssen, und wir haben Verantwortung gegen uns selbst. Besonnenheit ist eine Weise, mit Mitleid und Jähzorn umzugehen, Tapferkeit eine Weise, mit Angst und Übermut fertigzuwerden usf. Solches Umgehen muß zwar immer wieder neu gelingen, aber es hat doch gewisse Voraussetzungen, die nicht jeweils in jeder neuen Situation erst entstehen, sondern die wir vorher herbeigeführt haben. Sie bestehen darin, daß wir es geschafft haben, uns an besonnenes, tapferes, gerechtes Handeln zu gewöhnen. Charakterliche Tugenden erwerben wir, indem wir uns daran gewöhnen, auf eine bestimmte Weise mit dem, was uns passiert, und mit unseren eigenen Gefühlen und Bestrebungen umzugehen. Sittliche Tugend bedarf also der Gewöhnung (vgl. S. 30) und verleiht unserer Persönlichkeit eine bestimmte Tendenz, auf die wir uns selbst und auf die andere sich verlassen können. Diese Tendenz oder Disposition zu handeln nennt Aristoteles eine »hexis«, einen Habitus (vgl. S. 38). Charakterliche Tugenden gewinnen heißt, sich auf sich selbst verlassen können.

Wie aber sieht nun das verläßliche Handeln aus, damit es wirklich eine gute Weise des Umgangs mit uns selbst ist? Auf das Verhalten des Feigen kann man sich ja auch gewissermaßen verlassen, dennoch stellt es keinen sittlichen Vorzug dar. Wie also erkennt man, ob man sich an das Gute gewöhnt hat, an das, was uns im objektiven Sinn glücklich, also zu vollkommenen Menschen macht? Die Antwort lautet, der Tugend sei es eigentümlich, »gelobt zu werden und das Rechte zu tref-

Die Tugend

fen« (vgl. S. 40). Das heißt, wir müssen uns hier im Vergleich der Möglichkeiten, die wir haben, und in Hinblick auf das, was andere uns vorleben und von uns verlangen, ein sorgfältig erarbeitetes Urteil bilden. Wir können Charaktertugenden nur entwickeln, wenn wir mit Situationen konfrontiert werden, in denen wir sie brauchen. Welches solche Situationen sind und was wir in ihnen zu tun haben, müssen wir aber erst wieder lernen. Dazu hilft uns das Vorbild und das Urteil anderer. Wir kennen gerechte, besonnene, tapfere Menschen, und wenn wir das Glück einer guten Erziehung haben, wird deren Urteil für unser Handeln entscheidend. Andererseits müssen wir uns in jedem Fall auch selbst ein Urteil bilden, und dazu haben wir nur das Maß der »rechten Vernunft« (vgl. S. 32). Nach ihr zu handeln, daran müssen wir uns gewöhnen. Gibt es aber dafür noch ein Kriterium, können wir irgendwie erkennen, daß uns dies gelingt?

Die Antwort des Aristoteles lautet: Ob wir nach der rechten Vernunft handeln, erkennen wir daran, daß wir die Extreme vermeiden, die meist von zwei Seiten, der des Zuviel und der des Zuwenig, das rechte Handeln gefährden. Ob jemand tapfer handelt, kann er nur daran ersehen, daß er nicht feige und nicht tollkühn handelt; ob jemand mit Geld recht umgeht, sieht er daran, daß er nicht geizig und nicht verschwenderisch ist. Und nach diesen Vorbildern müssen wir, so Aristoteles, das ganze Handeln betrachten. Wo wir so gehandelt haben, daß wir wissen, für das Übermaß wären wir von vernünftigen, klugen und charakterlich hochstehenden Menschen ebenso getadelt worden wie für das Geringere, da haben wir richtig gehandelt. Insofern bedeutet Gewöhnung an tugendhaftes Handeln das Einhalten einer rechten Mitte zwischen den jeweiligen Extremen.

Selbstverständlich ist dies kein exakter Maßstab, nach dem man das rechte Handeln berechnen könnte. Für den Feigen ist der Tapfere schon tollkühn, und für den Geizigen ist der Großzügige verschwenderisch. Aber wir sollen und wollen eben nicht werden wie der Feige und der Geizige, sondern wie der Tapfere und Großzügige. Ethik im Sinne des Aristoteles kann uns nur erkennen helfen, wie wir den charakterlich hochstehenden Menschen finden. So zu werden wie er, ist eine Aufgabe, die an unseren Willen und unsere Ausdauer gerichtet ist; sie kann uns von keiner Wissenschaft abgenommen werden. Ein gutes Zeichen, daß wir die Mitte gefunden haben, ist in jedem Fall, wenn es Kraft erfordert, sie einzuhalten, und wenn eines der Extreme bequemer wäre. Das Verfallen in die Extreme ist im Bemühen um sittliches Handeln Zeichen der Schwäche, »weil die Mitte gewissermaßen Ende und Äußerstes ist« (vgl. S. 41).

Das Vorbild des ethisch hochstehenden Menschen, den Aristoteles im 10. Buch der Nikomachischen Ethik noch einmal auf vollkommenste Weise beschrieben hat, durchwirkt sein Verständnis von praktischer Philosophie und ist natürlich von der kulturellen und historischen Situation des griechischen Lebens und der antiken Gesellschaft bedingt. Das ändert jedoch nichts daran, daß die Konzeption der Ethik als Lehre von den Tugenden als Bedingungen glücklichen Lebens zu einer der bleibenden Gestalten philosophischer Ethik geworden ist und daß die Einsichten, die wir ihr verdanken, in jeder Lehre vom richtigen menschlichen Handeln Platz finden müssen.

Aristoteles: Nikomachische Ethik, Zweites Buch, 1–9

Erstes Kapitel

Wenn sonach die Tugend zweifach ist, eine Verstandestugend und eine sittliche Tugend, so entsteht und wächst die erstere hauptsächlich durch Belehrung und bedarf deshalb der Erfahrung und der Zeit; die sittliche dagegen wird uns zuteil durch Gewöhnung, davon hat sie auch den Namen erhalten, der nur wenig von dem Wort Gewöhnheit verschieden ist.

– Ein für das Aristotelische Verständnis von Ethik aufschlußreicher Ausgangspunkt: die Feststellung, daß das Sittliche im Sinne des griechischen Wortes Èthos etymologisch mit dem Wort für Sitte (Ethós) im Sinne von Brauch, Gewöhnung identisch ist.

Daraus erhellt auch, daß keine von den sittlichen Tugenden uns von Natur zuteil wird. Denn nichts Natürliches kann durch Gewöhnung geändert werden. Der Stein z. B., der sich von Natur nach unten bewegt, kann nicht gewöhnt werden, sich nach oben zu bewegen, wenn man ihn auch durch vieltausendmaliges Emporschleudern daran gewöhnen wollte, und ebensowenig kann das Feuer an die Bewegung nach unten oder sonst etwas an ein seiner Natur entgegengesetztes Verhalten gewöhnt werden. Darum werden uns die Tugenden weder von

Natur noch gegen die Natur zuteil, sondern wir haben die natürliche Anlage, sie in uns aufzunehmen, zur Wirklichkeit aber wird diese Anlage durch Gewöhnung.

Ferner bringen wir zu dem, was wir von Natur besitzen, zuerst das Vermögen mit, und dann erst äußern wir die entsprechenden Tätigkeiten, wie man an den Sinnen sehen kann. Wir haben ja nicht durch oftmaliges Sehen oder oftmaliges Hören den betreffenden Sinn bekommen, sondern es ist umgekehrt dem Besitz der Gebrauch gefolgt, nicht dem Gebrauch der Besitz. Die Tugenden dagegen erlangen wir nach vorausgegangener Tätigkeit, wie dies auch bei den Künsten der Fall ist. Denn was wir tun müssen, nachdem wir es gelernt haben, das lernen wir, indem wir es tun. So wird man durch Bauen ein Baumeister und durch Zitherspielen ein Zitherspieler. Ebenso werden wir aber auch durch gerechtes Handeln gerecht, durch Beobachtung der Mäßigkeit mäßig, durch Werke des Starkmuts starkmütig. Das bestätigen auch die Vorgänge im Staatsleben. Die Gesetzgeber machen die Bürger durch Gewöhnung tugendhaft; das ist wenigstens die Absicht jedes Gesetzgebers; wer es aber nicht recht anstellt, der verfehlt seinen Zweck, und darauf läuft der ganze Unterschied von guter und schlechter Staatsverfassung hinaus.

Ferner entsteht jede Tugend aus denselben Ursachen, durch die sie zerstört wird, gerade wie es bei den Künsten der Fall ist. Durch Zitherspielen wird man z. B. ein guter und auch ein schlechter Zitherspieler, und entsprechendes gilt vom Baumeister und jedem anderen Handwerker oder Künstler. Wer nämlich gut baut, wird dadurch ein guter Baumeister, und wer schlecht baut, ein schlechter. Wäre es nicht so, so bedürfte es keines Lehrers, sondern jeder käme als Meister oder als Stümper auf die Welt. Grade so ist es nun auch mit den Tugenden. Durch das Verhalten im kommerziellen Verkehr werden wir gerecht oder ungerecht; durch das Verhalten in Gefahren und die Gewöhnung, vor ihnen zu bangen oder ihnen zu trotzen, werden wir mannhaft oder feige. Und ganz ebenso ist es mit den Anlässen zur Begierde oder zum Zorn: die einen werden mäßig und sanftmütig, die anderen zügellos und jähzornig, je nachdem sie in solchen Fällen sich so verhalten oder so, mit einem Wort:

aus gleichen Tätigkeiten erwächst der gleiche Habitus. *Daher müssen wir uns Mühe geben, unseren Tätigkeiten einen bestimmten Charakter zu verleihen;* denn je nach diesem Charakter gestaltet sich der Habitus. Und darum ist nicht wenig daran gelegen, ob man gleich von Jugend auf sich so oder so gewöhnt; vielmehr kommt hierauf sehr viel, oder besser gesagt, alles an.

Zweites Kapitel

Da die gegenwärtige Untersuchung keine bloße Erkenntnis verfolgt, wie es sonst bei den Untersuchungen der Fall ist (denn wir betrachten die Tugend nicht, um zu wissen, was sie ist, sondern um tugendhaft zu werden; sonst wäre unsere Arbeit zu nichts nütze), so müssen wir unser Augenmerk auf die *Handlungen* und auf die Art ihrer Ausführung richten. Denn die Handlungen sind es, wie wir gesagt haben, durch welche die Beschaffenheit des Habitus bestimmt wird.

Daß man nun nach der rechten Vernunft handeln muß, ist eine allgemeine Regel, die wir hier zugrunde legen, um hernach zu bestimmen, was die rechte Vernunft ist, und wie sie sich zu den anderen Tugenden verhält. Das aber möge im voraus als zugestanden gelten, daß jede Theorie der Sittlichkeit nur allgemeine Umrisse liefern und nichts mit unbedingter Bestimmtheit vortragen darf. Darum haben wir ja auch gleich eingangs bemerkt, daß die Anforderungen an eine Erörterung sich je nach dem Stoff richten müssen. Was aber dem Bereich des sittlichen Handelns und des im Leben Nützlichen angehört, hat nichts an sich, was ein für allemal feststände, so wenig als das Gesunde. Und wenn das schon für die allgemeinen Regeln gilt, so läßt das Einzelne und Konkrete noch weniger genaue und absolut gültige Vorschriften zu, da es unter keine Kunst und keine Lehrüberlieferung fällt. Hier muß vielmehr der Handelnde selbst wissen, was dem gegebenen Fall entspricht, wie dies auch in der Heilkunst und in der Steuermannskunst geschieht. Aber trotz dieses Charakters unserer Disziplin müssen wir sehen, wie zu helfen ist.

Zuerst kommt in Betracht, daß Dinge dieser Art ihrer Natur nach durch Mangel und Übermaß zugrunde gehen. Man kann das, wenn man für Unbekanntes Bekanntes als Beweis benutzen soll, an der Stärke und der Gesundheit sehen. Übertriebene Körperübungen ebenso wie unzureichende führen den Verlust der Leibeskraft herbei. Desgleichen verdirbt ein Übermaß oder ein unzureichendes Maß von Speise und Trank die Gesundheit, während das rechte Maß sie hervorbringt, stärkt und erhält. Ebenso ist es nun auch mit der Mäßigkeit, dem Starkmut und den anderen Tugenden. Wer alles flieht und fürchtet und nichts erträgt, wird feig, dagegen wer gar nichts fürchtet und gegen alles angeht, tollkühn. Desgleichen wird, wer jede Lust genießt und sich keiner enthält, zügellos, wer aber jede Lust flieht, wie die sauertöpfischen Leute, verfällt in eine Art Stumpfsinn. Denn Mäßigkeit und Starkmut werden durch das Zuviel und Zuwenig aufgehoben, durch die rechte Mitte aber erhalten.

Aber nicht bloß die Entstehung, das Wachstum und der Untergang kommen aus denselben und durch dieselben Ursachen; auch die Tätigkeiten werden mit diesen Ursachen auf einem Feld liegen. So ist es ja auch bei den Dingen, die uns bekannter sind, wie bei der Stärke: sie entsteht dadurch, daß man viele Nahrung zu sich nimmt und viele Anstrengungen erträgt, und der Starke vermag wieder am besten dergleichen zu tun. Ebenso verhält es sich mit den Tugenden: durch die Enthaltung von sinnlichen Genüssen werden wir mäßig, und sind wir es geworden, so können wir uns ihrer am besten enthalten. Desgleichen mit dem Mute: indem wir uns gewöhnen, Gefahren zu verachten und zu bestehen, werden wir mutig, und sind wir es geworden, werden wir am leichtesten Gefahren bestehen können.

Als ein Zeichen des Habitus muß man die mit den Handlungen verbundene Lust oder Unlust betrachten. Wer sich sinnlicher Genüsse enthält und eben hieran Freude hat, ist mäßig, wer aber hierüber Unlust empfindet, ist zuchtlos. Und wer Gefahren besteht und sich dessen freut oder wenigstens keine Unlust darüber empfindet, ist mutig, wer aber darüber Unlust empfindet, ist feig. Denn die sittliche Tugend hat es mit der

Lust und der Unlust zu tun. Der Lust wegen tun wir ja das sittlich Schlechte, und der Unlust wegen unterlassen wir das Gute. Darum muß man, wie *Plato* sagt, von der ersten Kindheit an einigermaßen dazu angeleitet worden sein, über dasjenige Lust und Unlust zu empfinden, worüber man soll. Denn das ist die rechte Erziehung.

Die Tugenden bewegen sich ferner um das Tun und Leiden. Da aber mit allem, was man tut und leidet, Lust und Unlust verbunden ist, so wird die Tugend sich um Lust und Unlust bewegen.

Dies zeigen auch die Strafen an, die darin bestehen, daß Genußbringendes entzogen und Schmerzliches angetan wird. Sie sind gleichsam ein Heilverfahren; die Heilung eines Übels aber pflegt von seinem Gegenteil auszugehen.

Ferner bewegt sich, wie wir vorhin sagten, jeder Habitus bei seiner Betätigung von Natur aus in dem und um das, wodurch er geeignet ist, verschlechtert oder verbessert zu werden. Nun wird er aber verschlechtert durch Lust und Unlust, wenn er bei beiden sucht und flieht, was er nicht soll, oder wann er nicht soll, oder wie er nicht soll, oder wie sonst noch derartiges im Begriff unterschieden wird. Daher bestimmt man wohl auch die Tugend als eine gewisse Unempfindlichkeit und Ruhe, jedoch mit Unrecht, weil man Unempfindlichkeit schlechthin fordert, statt zu sagen, wie man unempfindlich sein muß und wie nicht, und wann, und was sonst noch hierher gehört. Als Voraussetzung gelte also, daß eine derartige Tugend überall da, wo es sich um Lust und Unlust handelt, das Beste vollbringt, wie die Schlechtigkeit das Gegenteil.

Eben dies kann uns auch noch durch folgendes klar werden. Da drei Dinge Gegenstand des freien Strebens und drei Gegenstand des Fliehens sind: das sittlich Gute, das Nützliche und das Angenehme oder Lusterregende, und deren Gegenteil: das Böse, das Schädliche und das Unangenehme oder Unlusterregende, so gilt zwar für alles dieses, daß der Tugendhafte darin das Rechte trifft und der Schlechte es verfehlt, am meisten aber gilt es für die Lust. Denn sie ist allen Sinnenwesen gemeinsam und mit allem, was unter die menschliche Wahl fällt, verbunden. Auch das sittlich Gute und das Nützliche erscheint ja als lustbringend.

Ferner ist die Lust mit uns allen von Kindesbeinen an verwachsen; daher fällt es schwer, dieses durch das Leben in uns festgewurzelte Gefühl abzustreifen.

Auch machen wir, die einen mehr, die anderen weniger, Lust und Unlust zur Richtschnur unserer Handlungen. Diese beiden Gefühle sind darum notwendig die Angelpunkte unserer ganzen Theorie. Denn es ist für das Handeln von der größten Wichtigkeit, ob man in der rechten oder in der verkehrten Weise Lust und Unlust empfindet.

Endlich ist es, wie *Heraklit* sagt, zwar schwer, den Zorn zu bezwingen, aber noch schwerer bezwingt man die Lust. Um das Schwerere aber bemüht sich allezeit wie die Kunst so die Tugend, und durch dieses wird das Gute noch besser. Und so dreht sich auch aus diesem Grunde das ganze Geschäft der Tugend und der Staatskunst um Lust und Unlust. Wer sich hier gut verhält, ist gut, und wer sich schlecht verhält, ist schlecht.

– Im Anschluß an Heraklit, einen der ersten und urtümlichsten griechischen Philosophen, der um 500 v. Chr. lebte und das unendliche Werden der Welt aus dem Urfeuer und das ewige Walten eines Weltgeistes lehrte, stellt Aristoteles hier klar, daß Ethik zwar ein Ringen mit der Lust bedeutet, aber nicht in dem Sinne, daß die Lust aus den Beweggründen des sittlichen Lebens verbannt werden müsse; vielmehr geht es darum, daß wir das glückliche Leben genau dann erreichen, wenn es uns gelingt, ethisch hochstehende Handlungsweisen freudig auszuführen, also in der rechten Weise und am rechten Ort Lust zu empfinden.

So hätten wir denn dargelegt, daß die Tugend es mit Lust und Unlust zu tun hat, daß sie in den Ursachen ihrer Entstehung auch die ihres Wachstums und, wenn sich an ihnen etwas ändert, auch ihres Untergangs besitzt; endlich, daß sie in denselben Dingen, woraus sie entsteht, sich tätig erweist.

Drittes Kapitel

Man könnte jedoch fragen, wie es gemeint ist, daß man durch Handlungen der Gerechtigkeit gerecht und durch Handlungen der Mäßigkeit mäßig werden müsse, da man doch, um sich gerecht und mäßig zu verhalten, schon gerecht und mäßig sein müsse, gerade wie man, um Grammatik und Musik zu üben, schon ein Grammatiker und Musiker sein muß.

Aber dieses ist ja nicht einmal bei den Künsten richtig. Man kann doch auch durch Zufall, oder wenn ein anderer einem vorspricht, so reden, wie die Sprachlehre es vorschreibt. So wird man denn erst dann ein Sprachkundiger sein, wenn man nicht bloß redet, wie die Grammatik vorschreibt, sondern auch, weil sie es so vorschreibt, was beides dann der Fall sein wird, wenn man gemäß selbsteigener Kenntnis der Grammatik redet.

Überdies ist es auch mit den Künsten nicht in gleicher Weise wie mit den Tugenden bestellt. Die Erzeugnisse der Künste haben ihre Güte in sich selbst, so daß es genügt, wenn man sie so hervorbringt, daß sie eine bestimmte Beschaffenheit haben. Eine dem sittlichen Bereich angehörende Handlung aber ist nicht schon dann eine Handlung der Gerechtigkeit und Mäßigkeit, wenn sie selbst eine bestimmte Beschaffenheit hat, sondern erst dann, wenn auch der Handelnde bei der Handlung gewisse Bedingungen erfüllt, wenn er erstens wissentlich, wenn er zweitens mit Vorsatz, und zwar mit einem einzig auf die sittliche Handlung gerichteten Vorsatz, und wenn er drittens fest und ohne Schwanken handelt.

– Hier nennt Aristoteles Voraussetzungen der Sittlichkeit, die dann in der Neuzeit, besonders bei Kant, völlig in den Mittelpunkt der Frage nach dem guten Handeln treten. Für die Bewertung unseres Tuns kommt es nicht nur darauf an, was wir damit erreichen, sondern ganz entscheidend auch darauf, warum, aus welchen Beweggründen, mit welchem Ziel wir es tun. Ob man z. B. jemandem hilft, weil man sich davon Belohnung oder öffentliche Anerkennung erhofft oder weil man selbstlos und mutig ist, kann äußerlich vielleicht nicht unterschieden werden, aber für den Wert des Tuns in sittlicher Hinsicht ist es entscheidend.

Für die Künste zählen diese Bedingungen nicht mit, da es bei ihnen nur auf das Wissen und Können ankommt. Für die Tugend aber bedeutet das Wissen wenig oder nichts, das andere dagegen, was nur durch fortgesetzte Übung der Gerechtigkeit und Mäßigkeit erworben wird, bedeutet nicht wenig, sondern alles. Die Werke werden mithin als Werke der Gerechtigkeit und Mäßigkeit bezeichnet, wenn sie solche sind, wie sie der Gerechte und Mäßige verrichtet. Dagegen ist gerecht und mäßig, nicht wer sie verrichtet, sondern wer sie so verrichtet, wie es der Gerechte und der Mäßige tun.

Es ist also richtig gesprochen, daß man durch Handlungen der Gerechtigkeit ein gerechter und durch Handlungen der Mäßigkeit ein mäßiger Mann wird. Niemand aber, der sie nicht verrichtet, ist auch nur auf dem Weg, tugendhaft zu werden. Aber die große Menge gibt sich damit nicht ab, sondern man glaubt schon, wenn man nur hohe Worte redet, ein Philosoph zu sein und so ein braver Mann zu werden. Und so macht man es wie die Kranken, die den Arzt zwar aufmerksam anhören, aber von seinen Anordnungen nichts befolgen. Sowenig also jene bei solchem Heilverfahren körperlich wohlfahren können, können diese es geistig, wenn das ihre Philosophie ist.

Viertes Kapitel

Hiernach müssen wir untersuchen, *was die Tugend ist*.

Da es dreierlei psychische Phänomene gibt: Affekte, Vermögen und jene dauernden Beschaffenheiten, die man Habitus nennt, so wird die Tugend von diesen dreien eines sein müssen. Als Affekte bezeichnen wir: Begierde, Zorn, Furcht, Zuversicht, Neid, Freude, Liebe, Haß, Sehnsucht, Eifersucht, Mitleid, überhaupt alles, was mit Lust oder Unlust verbunden ist; als Vermögen das, was uns für diese Gefühle empfänglich macht, was uns z. B. befähigt, Zorn oder Trauer oder Mitleid zu empfinden; als Habitus endlich das, was macht, daß wir uns in bezug auf die Affekte richtig oder unrichtig verhalten, wie wir uns z. B. in bezug auf den Zorn unrichtig verhalten, wenn er zu stark oder zu schwach ist, richtig dagegen, wenn er die rechte Mitte hält, und ähnliches gilt für die übrigen Affekte.

Affekte nun sind die Tugenden und die Laster nicht, weil wir nicht wegen der Affekte tugendhaft oder lasterhaft genannt werden, wohl aber wegen der Tugenden und Laster, und weil wir nicht wegen der Affekte gelobt und getadelt werden – denn man wird nicht gelobt, wenn man sich fürchtet oder wenn man zornig wird, und nicht getadelt, wenn man einfach zornig wird, sondern wenn es auf bestimmte Weise geschieht –, wohl aber wird uns wegen der Tugenden und der Laster Lob oder Tadel zuteil. Ferner werden wir zornig und geraten wir in Furcht ohne vorausgegangene Selbstbestimmung, die Tugenden aber sind Akte der Selbstbestimmung oder können doch von diesem Akt nicht getrennt werden. Überdies sagen wir, daß wir durch die Affekte bewegt, durch die Tugenden und Laster aber nicht bewegt, sondern in eine bestimmte bleibende Disposition gebracht werden.

Aus diesen Gründen sind die Tugenden auch keine Vermögen. Denn wir heißen nicht darum gut oder böse, weil wir das bloße Vermögen der Affekte besitzen, noch werden wir darum gelobt oder getadelt. Überdies sind die Vermögen Naturgabe, gut oder böse aber sind wir nicht von Natur, wie wir schon oben ausgeführt haben.

Wenn nun die Tugenden keine Affekte und auch keine Vermögen sind, so bleibt nur übrig, daß sie ein Habitus sind.

So hätten wir denn erklärt, was die Tugend der Gattung nach ist.

Fünftes Kapitel

Aber diese Bestimmung, daß die Tugend ein Habitus ist, reicht nicht hin; wir müssen auch angeben, welcher Art derselbe ist.

– Die Angabe von Gattung und Art gehört nach der von Aristoteles entwickelten Begriffslehre zur Definition eines Gegenstandes, um dessen Wesen zu bestimmen; der Mensch z. B. ist definiert als vernunftbegabtes Lebewesen.

Hier ist zu sagen, daß jede Tugend oder Tüchtigkeit einerseits dasjenige selbst, woran sie sich findet, vollkommen macht, andererseits seiner Leistung die Vollkommenheit verleiht. Die Tüchtigkeit des Auges macht z. B. das Auge selbst und seine Leistung gut, da sie bewirkt, daß wir gut sehen. Desgleichen macht die Tüchtigkeit des Pferdes, daß es selbst gut ist, und daß es gut läuft, den Reiter gut trägt und vor dem Feinde gut standhält. Wenn sich dieses nun bei allem so verhält, so muß auch die Tugend des Menschen ein Habitus sein, vermöge dessen er selbst gut ist und sein Werk gut verrichtet.

Wie das geschehen könne, haben wir schon angegeben; es stellt sich aber auch noch auf anderem Wege heraus, wenn wir betrachten, von welcher Art die Natur der Tugend ist. In allem, was kontinuierlich und was teilbar ist, läßt sich ein Mehr, ein Weniger und ein Gleiches antreffen, und zwar entweder mit Rücksicht auf die Sache selbst oder mit Rücksicht auf uns. Das Gleiche aber ist ein Mittleres zwischen Übermaß und Mangel. Mittleres der Sache nach nennen wir dasjenige, was von beiden Enden gleich weit entfernt ist, und dieses ist bei allem eines und dasselbe, dagegen Mittleres für uns, was weder ein Übermaß noch einen Mangel hat, und dieses ist nicht bei allem eines und dasselbe. Wenn z. B. zehn viel sind und zwei wenig, so nimmt man sechs für das der Sache nach Mittlere, weil es um gleich viel mehr und weniger ist. Das ist die Mitte nach dem arithmetischen Verhältnis. Das Mittlere für uns kann dagegen so nicht bestimmt werden. Wenn für jemanden zehn Pfund zu verzehren viel sind und zwei Pfund wenig, so wird der Ringmeister nicht sechs vorschreiben. Denn auch das ist vielleicht für den, der sie zu sich nehmen soll, viel oder wenig, wenig für einen Milo, viel für einen Anfänger in den Übungen. Dasselbe gilt für den Wettlauf und Ringkampf. So meidet denn jeder Kundige das Übermaß und den Mangel und sucht und wählt die Mitte, nicht die Mitte der Sache nach, sondern die Mitte für uns.

Wenn nun jede Wissenschaft und Kunst ihre Leistung dadurch zu einer vollkommenen gestaltet, daß sie auf die Mitte sieht und dieselbe zum Zielpunkt ihres Tuns macht – deswegen pflegt man ja von gut ausgeführten Werken zu sagen, es lasse sich nichts davon- und nichts dazutun, in der Überzeugung, daß Übermaß und Mangel die Güte aufhebt, die Mitte aber sie erhält –, wenn also die guten Künstler, wie gesagt, diese Mitte bei ihrer Arbeit im Auge behalten, und wenn die Tugend gleich der Natur sicherer und besser ist als alle Kunst, so muß wohl dies als Schlußsatz sich ergeben, daß die Tugend nach der Mitte zielt, die sittliche oder Charaktertugend wohlverstanden, da sie es mit den Affekten und Handlungen zu tun hat, bei denen es eben ein Übermaß, einen Mangel und ein Mittleres gibt. Beim Zagen z. B. und beim Trotzen, beim Begehren, Zürnen, Bemitleiden und überhaupt bei aller Empfindung von Lust und Unlust gibt es ein Zuviel und Zuwenig, und beides ist nicht gut; dagegen diese Affekte zu haben, wann man soll, und worüber und gegen wen und weswegen und wie man soll, das ist die Mitte und das Beste, und das ist die Leistung der Tugend. Ebenso gibt es bei den Handlungen ein Übermaß, einen Mangel und eine Mitte. Die Tugend aber liegt auf dem Felde der Affekte und Handlungen, wo das Übermaß verfehlt ist und der Mangel Tadel erfährt, die Mitte aber Lob erntet und das Rechte trifft. Beides aber, gelobt zu werden und das Rechte zu treffen, ist der Tugend eigentümlich. Mithin ist die Tugend eine Mitte, da es ihr wesentlich ist, nach dem Mittleren zu zielen.

Ferner kann man auf vielfache Weise fehlen – das Schlechte gehört ja zum Unbegrenzten, wie die *Pythagoreer* bildlich sagten, das Gute aber zum Begrenzten –, dagegen kann man es nur auf eine Weise recht machen; deshalb ist auch jenes leicht und dieses schwer. Denn es ist leicht, das Ziel zu verfehlen, aber schwer, es zu treffen. Auch aus diesem Grunde gehört demnach das Übermaß und der Mangel dem Laster an, die Mitte aber der Tugend. Denn »nur eine Weise kennt die Tugend, doch viele das Laster«.

Sechstes Kapitel

Es ist mithin die Tugend *ein Habitus des Wählens, der die nach uns bemessene Mitte hält und durch die Vernunft bestimmt wird, und zwar so, wie ein kluger Mann ihn zu bestimmen pflegt.* Die Mitte ist die zwischen einem doppelten fehlerhaften Habitus, dem Fehler des Übermaßes und des Mangels; sie ist aber auch noch insofern Mitte, als sie in den Affekten und Handlungen das Mittlere findet und wählt, während die Fehler in dieser Beziehung darin bestehen, daß das rechte Maß nicht erreicht oder überschritten wird.

Deshalb ist die Tugend nach ihrer Substanz und ihrem Wesensbegriff Mitte; insofern sie aber das Beste ist und alles gut ausführt, ist sie Äußerstes und Ende.

Doch kennt nicht jede Handlung oder jeder Affekt eine Mitte, da sowohl manche Affekte, wie Schadenfreude, Schamlosigkeit und Neid, als auch manche Handlungen, wie Ehebruch, Diebstahl und Mord, schon ihrem Namen nach die Schlechtigkeit in sich schließen. Denn alles dieses und ähnliches wird darum getadelt, weil es selbst schlecht ist, nicht sein Zuviel und Zuwenig. Demnach gibt es hier nie ein richtiges Verhalten, sondern immer lediglich ein verkehrtes, und das Gute und Schlechte liegt bei solchen Dingen nicht in den Umständen, wie wenn es sich z. B. beim Ehebruch darum fragte, mit wem und wann und wie er erlaubt sei, sondern es ist überhaupt gefehlt, irgend etwas derartiges zu tun. Ebensowenig nun darf man bei der Ungerechtigkeit, Feigheit und Zuchtlosigkeit nach einer Mitte oder nach einem Zuviel oder Zuwenig fragen. Denn so bekämen wir eine Mitte des Zuviel und Zuwenig und ein Zuviel des Zuviel und ein Zuwenig des Zuwenig. Wie es vielmehr bei der Mäßigkeit und dem Starkmut kein Zuviel und Zuwenig gibt, weil die Mitte gewissermaßen Ende und Äußerstes ist, so gibt es auch in jenen Dingen keine Mitte und kein Zuviel und Zuwenig, sondern wie man sie auch tun mag, immer ist es gefehlt. Denn es gibt beim Zuviel und Zuwenig überhaupt keine Mitte, wie bei der Mitte kein Zuviel und Zuwenig.

Siebentes Kapitel

Dies ist aber nicht nur so allgemein aufzustellen, sondern auch ins Einzelne zu verfolgen. In den Erörterungen, die das Handeln betreffen, sind die allgemeinen Sätze am leersten, während die partikulären einen größeren Inhalt an Wahrheit haben. Denn die Handlungen bewegen sich um das Einzelne, und mit ihm müssen die Behauptungen übereinstimmen. Dieses Einzelne wollen wir aus der Einteilung entnehmen.

Bei den Affekten der Furcht und der Zuversicht ist der Mut die Mitte. Wer hier durch Übermaß fehlt, hat, wenn es durch Furchtlosigkeit geschieht, keinen besonderen Namen – wie denn so manches keine eigene Benennung hat –, geschieht es aber durch ein Übermaß von Zuversicht, so heißt er tollkühn; wer aber durch ein Übermaß von Furcht und einen Mangel an Zuversicht fehlt, heißt feig.

Bei den Affekten der Lust und der Unlust, nicht bei allen jedoch und am wenigsten bei allen Unlustempfindungen, ist die Mitte Mäßigkeit, das Übermaß Zuchtlosigkeit oder Unmäßigkeit. Menschen, die auf dem Gebiete der Lustempfindungen zu wenig tun, gibt es wohl kaum. Darum haben auch sie keinen eigenen Namen erhalten. Wir wollen sie indessen unempfindlich nennen.

In Geldsachen, im Geben wie im Nehmen, ist die Mitte Freigebigkeit, das Übermaß und der Mangel Verschwendung und Geiz, und zwar so, daß beide Fehler beide Extreme aufweisen, jedoch umgekehrt zueinander. Der Verschwender gibt zu viel und nimmt zu wenig; der Geizige dagegen nimmt zu viel und gibt zu wenig. Diese allgemeinen und summarischen Daten mögen einstweilen genügen. Später wollen wir hierüber Genaueres feststellen.

Es gibt auch in Geldsachen noch andere Charaktereigenschaften: die Hochherzigkeit als Mitte (denn der Hochherzige unterscheidet sich von dem Freigebigen: bei ihm handelt es sich um Großes, bei dem anderen um Kleines), ferner die Sucht, geschmacklosen und großtuerischen Aufwand zu machen, als Übermaß, endlich die Engherzigkeit als Mangel. Diese Extreme decken sich nicht mit denen der Freigebigkeit. Inwiefern sie es nicht tun, soll später gesagt werden.

In bezug auf Ehre und Schande ist die Mitte Hochsinn, das Übermaß heißt Aufgeblasenheit, der Mangel ist niederer Sinn. Wie aber nach dem vorhin Gesagten die Freigebigkeit, deren unterscheidendes Merkmal darin liegt, sich im Kleinen zu betätigen, sich zu der Hochherzigkeit verhält, so verhält sich zum Hochsinn, der auf große Ehre gerichtet ist, eine gewisse Eigenschaft, die auf die Ehre im Kleinen ausgeht. Man kann nämlich auf die rechte Weise nach der Ehre verlangen und mehr, als recht ist, und weniger. Wer in diesem Verlangen zu weit geht, heißt ehrgeizig; wer nicht weit genug geht, heißt ein Mensch ohne Ehrgeiz; wer aber die Mitte einhält, für den fehlt die bezeichnende Benennung. Ebenso sind die Eigenschaften selbst ohne Namen; nur diejenige des Ehrgeizigen heißt Ehrgeiz. Und darum erheben hier die beiden Extreme Anspruch auf die Mitte, und wir nennen auch denjenigen, der hier die rechte Mitte einhält, bald ehrgeizig, bald frei von Ehrgeiz und haben bald für den Ehrgeizigen, bald für den Nichtehrgeizigen ein Lob. Warum wir dieses tun, soll später dargelegt werden. Jetzt wollen wir noch das Übrige in der begonnenen Weise besprechen.

Auch bei dem Zorn gibt es ein Übermaß, einen Mangel und eine Mitte. Da aber die Sprache fast keinen Namen dafür hat, so wollen wir den Menschen, der die Mitte einhält, sanftmütig und die Mitte entsprechend Sanftmut nennen. Von den Extremen soll der, der das Zuviel hat, zornmütig und sein Fehler Zornmütigkeit heißen, wer das Zuwenig hat, etwa zornlos und das Zuwenig Zornlosigkeit.

Es gibt auch noch drei andere Mitten, die zwar in einer Hinsicht miteinander übereinstimmen, aber im übrigen verschieden sind. Sie beziehen sich alle drei auf den geselligen Verkehr in Worten und Handlungen, unterscheiden sich aber dadurch, daß die eine sich auf die Wahrheit in denselben bezieht, die beiden anderen auf das Angenehme, einmal das Angenehme des Scherzes und dann das Angenehme im sonstigen Verkehr. Auch hierüber müssen wir sprechen, damit wir desto deutlicher erkennen, daß die Mitte in allem das Lobenswerte ist, die Extreme aber weder recht noch lobenswert sind, sondern tadelnswert. Für die meisten Eigenschaften fehlen hier wieder die Bezeichnungen. Wir wollen jedoch versuchen, ihnen wie den übrigen Namen zu geben um der Deutlichkeit und Verständlichkeit willen.

Bezüglich der Wahrheit soll, wer die Mitte einnimmt, wahrhaft, und die Mitte Wahrhaftigkeit heißen. Ihre Entstellung nach seiten des Zuviel heiße Prahlerei, und wem sie eigen ist, prahlerisch, die nach seiten des Zuwenig Ironie oder verstellte Unwissenheit, die Person ironisch.

Bei jener Annehmlichkeit, die der Scherz zu bereiten pflegt, heiße, wer die Mitte hält, artig, die Eigenschaft Artigkeit, das Übermaß Possenreißerei und die Person Possenreißer; wer endlich hier zu wenig hat, steif, und die Art Steifheit.

Bezüglich der Annehmlichkeit im Verkehr überhaupt heiße, wer sie uns in der rechten Weise bereitet, freundlich und die Mitte Freundlichkeit; wer hier zuviel tut, wird, wenn es ohne Eigennutz geschieht, gefallsüchtig, und wenn es aus Selbstsucht geschieht, schmeichlerisch genannt. Wer endlich hierin zurückbleibt und in allen Stücken widerwärtig ist, wird als streitsüchtig und eigensinnig bezeichnet.

Auch bei den Affekten und dem durch sie bestimmten Verhalten gibt es eine Mitte. So ist die Scham keine Tugend, und doch wird der Schamhafte gelobt. Denn auch hier redet man von einem, der die Mitte hält, von einem anderen, der die Sache übertreibt, wie der Blöde, der sich über alles schämt, und von einem dritten, der zu wenig oder gar kein Schamgefühl hat, dem Unverschämten. Wer aber die Mitte beobachtet, ist schamhaft. Ferner ist Entrüstung die Mitte zwischen Neid und Schadenfreude. Alle diese drei Affekte führen sich auf die Freude und die Betrübnis über das, was dem Nächsten begegnet, zurück. Wem die Entrüstung eigen ist, der betrübt sich, wenn es denen, die es nicht verdienen, gut geht; der Neidische, ihn überbietend, betrübt sich über alle, denen es gut geht, und der Schadenfrohe ist so weit davon entfernt, sich zu betrüben, daß er sich vielmehr freut.

Doch hierüber zu reden wird sich an einem anderen Ort Gelegenheit bieten. Von der Gerechtigkeit aber werden wir erst weiterhin handeln, indem wir sie, die einen doppelten Sinn hat, in ihre beiden Seiten zerlegen und von jeder zeigen, inwiefern sie eine Mitte ist. Desgleichen werden wir von den logischen oder Verstandestugenden erst später sprechen.

Achtes Kapitel

Da es somit dreierlei Eigenschaften gibt, zwei verkehrte, die eine an Übermaß krankend, die andere an Mangel, und eine gute, die Mitte, so ist jede jeder in gewisser Weise entgegengesetzt. Die Extreme sind der Gegensatz zur Mitte und zueinander, und die Mitte ist der Gegensatz zu den Extremen. Denn wie Gleiches gegen Kleineres gehalten größer und gegen Größeres gehalten kleiner ist, so ist die Mitte im Vergleich zum Mangel ein Übermaß und im Vergleich zum Übermaß ein Mangel, und dieses gilt gleichmäßig für die Affekte und für die Handlungen. Der Mutige erscheint gegen den Feigling als tollkühn und gegen den Tollkühnen als feig; desgleichen der Mäßige gegen den Unempfindlichen als zügellos und gegen den Zügellosen als unempfindlich, und der Freigebige gegen den Geizigen als Verschwender und gegen den Verschwender als geizig. Daher schieben die Extremen den Mittleren von sich weg, je einer dem anderen zu und nennen den Mutigen, wenn es der Feigling ist, tollkühn, und wenn es der Tollkühne ist, feig, und ähnlich geht es bei den übrigen Eigenschaften.

Während diese Dinge in der angegebenen Weise einander entgegengesetzt sind, stehen die Extreme doch in einem größeren Gegensatz zueinander als zur Mitte. Denn sie stehen voneinander weiter ab als von der Mitte, wie das Große vom Kleinen und das Kleine vom Großen weiter absteht als beide vom Gleichen. Auch zeigen manche Extreme eine gewisse Ähnlichkeit mit der Mitte, so die Tollkühnheit mit dem Mut, und die Verschwendung mit der Freigebigkeit. Dagegen haben die Extreme miteinander die größte Unähnlichkeit. Was aber am weitesten voneinander absteht, bestimmt man als Gegenteil oder als konträren Gegensatz, und so muß denn auch, was weiter voneinander absteht, in vollkommenerem Sinn Gegenteil voneinander sein.

Zu der Mitte bildet bald der Mangel, bald das Übermaß den größeren Gegensatz, so bei dem Mute nicht die Tollkühnheit, die ein Übermaß ist, sondern die Feigheit, die ein Mangel ist, dagegen bei der Mäßigkeit nicht die Stumpfsinnigkeit, die ein Defekt ist, sondern die Zuchtlosigkeit, die ein Übermaß ist. Dieses rührt von einer doppelten Ursache her. Die eine liegt in der Sache selbst. Weil das eine Extrem der Mitte näher und ähnlicher ist, so stellen wir nicht es selbst, sondern sein Gegenteil zu ihr in Gegensatz; so stellen wir, weil dem Mute die Tollkühnheit ähnlicher und näher zu sein scheint, die Feigheit aber unähnlicher, eher diese letztere in Gegensatz zum Mute, weil das von der Mitte Entferntere als mehr gegenteilig erscheint. Das ist also die eine, in der Sache liegende Ursache. Die andere liegt in uns selbst. Das, wozu wir von Natur irgendwie mehr geneigt sind, erscheint als der Mitte mehr entgegengesetzt. So neigen wir von Hause aus mehr zur Lust, weshalb wir leichter den Weg der Zuchtlosigkeit als der Wohlanständigkeit betreten. Diejenige Seite nun, der wir leichter zuneigen, gilt uns als der stärkere Gegensatz, und deshalb ist die Zuchtlosigkeit, ein Übermaß also, in höherem Grade der Mäßigkeit entgegengesetzt.

Neuntes Kapitel

Daß also die sittliche Tugend eine Mitte ist und in welchem Sinne, daß sie ferner eine Mitte zwischen zwei Fehlern, dem des Übermaßes und dem des Mangels, ist, daß sie das endlich ist, insofern sie bei den Affekten und Handlungen auf die Mitte abzielt, haben wir zur Genüge auseinandergesetzt.

Daher ist es auch schwer, tugendhaft zu sein. Denn in jedem Dinge die Mitte zu treffen ist schwer. So kann z. B. nicht ein jeder den Mittelpunkt eines Kreises finden, sondern nur der

Wissende. So ist es auch jedermanns Sache und ein Leichtes, zornig zu werden und Geld zu verschenken und zu verzehren. Aber das Geld zu geben, wem man soll und wie viel man soll, und wann und weswegen und wie, das ist nicht mehr jedermanns Sache und nicht leicht. Darum ist das Gute auch so selten, so lobenswert und so schön.

Wer daher die Mitte treffen will, muß sich vor allem von dem stärkeren Gegensatz zu ihr entfernen, wie auch Kalypso rät:

»Dort von dem dampfenden Gischt und dem Wirbel halte das Fahrzeug fern!«

Denn von den Extremen ist das eine schlimmer als das andere. Da es nun schwer ist, das Mittlere ganz genau zu treffen, so muß man nach dem Sprichwort mit der zweitbesten Fahrt zufrieden sein und das kleinere Übel wählen, und das wird sich am besten auf die von uns angegebene Weise bewerkstelligen lassen. Auch muß man beachten, wozu man selbst am meisten neigt, und in dieser Beziehung sind die Einzelnen von Haus aus sehr verschieden. Wohin jedoch unsere Neigung steht, verrät unsere besondere Art, Lust und Unlust zu empfinden. Da müssen wir uns mit eigener Anstrengung auf die andere Seite zu bringen suchen. Denn indem wir so dem Verkehrten recht weit aus dem Wege gehen, werden wir zur Mitte gelangen, ähnlich wie man es macht, um krummes Holz gerade zu biegen.

Bei allen Dingen müssen wir am meisten vor der Lust und dem, was sie hervorruft, auf der Hut sein, da wir hier nicht als unbestochene Richter urteilen. Wie die Volksältesten sich der Helena gegenüber verhielten, so müssen wir es der Lust gegenüber tun und uns das Wort der troischen Greise immer wiederholen. Denn wenn wir sie in dieser Art von uns weisen, werden wir am wenigsten fehlen. Dies also ist, summarisch gesprochen, das Verfahren, um nach Möglichkeit die Mitte zu treffen. Das mag, besonders in den einzelnen Fällen, schwer sein. Es ist nicht leicht, zu bestimmen, wie und wem und aus welcher Veranlassung und wie lange man zürnen soll, und wir loben bald die, die darin zu wenig tun, und nennen sie sanftmütig, bald rühmen wir cholerischen Personen männlichen Charakter nach. Wer aber das rechte Maß nur um ein Kleines verfehlt, sei es durch ein Zuviel oder ein Zuwenig, den trifft kein Tadel, wohl aber den, der es bedeutend verfehlt, weil er nicht unbemerkt bleibt. Von welchem Punkt und Grad an man aber Tadel verdient, läßt sich nicht leicht in Worte fassen, wie das ja überhaupt in der Natur des sinnlich Wahrnehmbaren liegt. Solches aber, was dem Bereich des Handelns angehört, ist singulär und konkret und untersteht deshalb dem Urteil des Sinnes.

Soviel jedoch gelte nun als ausgemacht, daß der mittlere Habitus zwar in allen Dingen lobenswert ist, daß man aber hin und wieder nach seiten des Zuviel oder des Zuwenig abweichen muß, um die Mitte und das Rechte leichter zu treffen.

Bearbeitungsfragen:

1. Warum ist die Erziehung in der Jugend für die Ausbildung des Charakters eines Menschen nach Aristoteles so wesentlich?
2. Warum sind Lust und Unlust untrennbar mit der Beurteilung der Tugend verbunden?
3. Was unterscheidet sittliches Handeln von einer Fertigkeit in »den Künsten«?
4. Warum ist die Tugend nicht ein Affekt?
5. Ist die Ethik des Aristoteles ein Lob der »Mittelmäßigkeit«?
6. Warum ist die Ethik nicht als »exakte Wissenschaft« zu gestalten?
7. Worin besteht der Unterschied zwischen Angst und Feigheit?

I.2 Das göttliche Gesetz
Thomas von Aquin: Summa Theologica, II.I, quaestio 94

Die Philosophie des Aristoteles wurde im hohen Mittelalter zum Leitfaden des abendländischen Denkens überhaupt. Der hl. *Thomas von Aquin* (1224/25 – 1274) errichtete, von ihr ausgehend und sich über weite Strecken in ihrem Rahmen haltend, das bedeutendste theologisch-philosophische Systemgebäude der Christenheit, indem er den Inhalt des Glaubens, soweit es ihm irgend möglich erschien, mit den begrifflichen Mitteln der Philosophie vernunftmäßig rekonstruierte. Die »Summa Theologica« ist die Zusammenfassung dieses Gebäudes*. Die Form der Darstellung ist aus dem damaligen (scholastischen) Schulbetrieb, aus der für die damalige Philosophie charakteristischen Form der Disputation, des Pro und Contra abwägenden Lehrgesprächs, hervorgegangen. Thomas beginnt, wenn er die jeweilige Themafrage seiner Darlegung behandelt, nicht gleich mit philosophischen Behauptungen und Begründungen, sondern mit überlieferten Worten oder Thesen, etwa aus der Heiligen Schrift oder von früheren Philosophen, die dem von ihm selbst vertretenen Standpunkt zuwiderlaufen. Er stellt ihnen dann (»sed contra«) einen anderen, ebenfalls aus der Überlieferung entnommenen Satz gegenüber, der ihnen wiederum widerspricht. Erst dann beginnt seine eigene »Antwort«, in der er nun philosophisch begründend nachzuweisen trachtet, wo die Wahrheit liegt. Im Anschluß daran folgt, inhaltlich noch einmal oftmals sehr wichtig, die Vermittlung der Antwort mit den eingangs genannten Gegenargumenten, die nun entweder widerlegt oder so interpretiert werden, daß sie mit der philosophisch erreichten Wahrheit vereinbar und von ihr her erst richtig verständlich werden.

An der vorliegenden Stelle des ersten Abschnitts des zweiten Teils der Summa Theologica führt Thomas einen für seine Ethik fundamentalen Begriff ein, den des »natürlichen Gesetzes«. An sich hält sich seine Ethik, wie sein gesamtes System, eng an Aristoteles; er stellt daher im Kern eine Lehre von der Tugend auf. Im tugendhaften Leben, also im Handeln im Sinne von Gerechtigkeit und Tapferkeit, Besonnenheit und Großzügigkeit, verwirklicht sich der Mensch auf die ihm größtmögliche Weise und wird glücklich. Aber die gedankliche Durchdringung dieser Tatsache braucht mit der Beschreibung der Tugenden noch nicht aufzuhören. Vielmehr versucht Thomas auch noch eine Antwort auf die Frage zu geben, wie es denn zu der Verbindung von Menschsein, Gutsein und Glück kommt, warum also gerade der tugendhafte Mensch der vollkommene Mensch ist. Aristoteles hatte die Tugend als einen Habitus, eine Weise sich zu verhalten bestimmt, die man durch Erziehung und Gewöhnung erlangt und in den Wechselfällen des Lebens beibehalten muß. Was aber ist, so könnte man nun fragen, wenn die Menschen diesen Habitus ablegen, sich anders verhalten, ihn nicht mehr durch Erziehung weitergeben? Warum soll-

---

* Eine theologische Synthese, in der große Abschnitte einer rein philosophischen, d. h. vernunftmäßigen, nicht auf Glaubensvoraussetzungen sich stützenden Lehre über Gott, den Menschen und die Welt integriert sind.

ten sie sich nicht auf ganz andere Weise viel wohler fühlen, wenn sie es nur einmal wagen, die alten Fesseln abzustreifen? Wenn tugendhaftem Verhalten nichts Objektives entspricht außer dem tatsächlichen Vorhandensein tugendhafter Menschen, wie soll man dann letztlich begründen, warum das tugendhafte Handeln der Natur des Menschen am vollkommensten gerecht wird*?

Thomas denkt nun das Ziel des Menschen mit seinem Ursprung zusammen, nämlich in seinem Geschaffensein durch Gott. Nur durch den Bezug auf einen Höheren als ihn selbst kann dem Menschen klarwerden, daß Tugend nicht nur ein ihm mögliches Handeln darstellt, sondern etwas, was ihm durch sein Wesen geboten, vorgeschrieben ist. Dem Habitus resp. »Gehaben« der Tugend entspricht, so Thomas im Artikel 1 der »quaestio« (Frage) 94, das, »was aufgrund eines Gehabens festgehalten wird«, und das sind Gebote, die uns unsere Natur, wenn wir ihr gerecht werden, als ein Gesetz vorgibt. Tugendhaft handeln heißt, das Gesetz unseres Seins, das »natürliche Gesetz« zu befolgen. In ihm und letztlich in unserem Schöpfer fallen das, was wir sind, und das, was wir tun sollen, das Gute, zusammen, und glücklich ist, wer dies begreift.

Thomas denkt das natürliche Gesetz als das praktische Pendant zu den theoretischen Gesetzen, die die Wissenschaften über die Welt aufstellen können. So wie wir theoretisch die Strukturen der Natur beschreiben und auf bestimmte höchste Grundgesetze zurückbeziehen können, so lassen sich die Richtlinien unseres Handelns in einem obersten Gebot zusammenfassen: »Das Gute ist zu tun und zu erstreben, das Böse ist zu meiden« (Artikel 2). Freilich, ganz wie Aristoteles muß auch Thomas die Einschränkung machen, daß die exakte Berechnung dessen, was im jeweiligen einzelnen Fall das Gute ist, nicht von der Ethik vorgelegt werden kann. Was jeweils das Gute ist, muß der handelnde Mensch selbst beurteilen, aber er muß es beurteilen nach dem Maßstab des ewig und ständig aufgrund seiner Natur gültigen Gesetzes. Denn in den obersten Grundsätzen gilt für das Handeln aller Menschen ein und dasselbe, während es in der Anwendung auf den einzelnen Fall durchaus zu Konflikten kommen kann, die sich nach den obersten Grundsätzen zwar lösen lassen, ohne daß aber diese Lösung exakt beweisbar wäre. Jedenfalls können wir nur dann

---

* Und warum schließlich sollte der Mensch unbedingt seiner Natur gerecht werden? Die Ethik des Aristoteles begründet nicht eigentlich ein Sollen, sie besteht eher in vernünftigen Empfehlungen.

hoffen, eine akzeptable Verknüpfung von allgemeinem Gesetz und einzelnem Fall zu finden, wenn wir in unserem Handeln demjenigen Vermögen den obersten Rang geben, das allein Allgemeines und Besonderes verbindet: der Vernunft. Im vernunftgemäßen Handeln verbinden wir, darauf zielen die Darlegungen von Thomas im Artikel 4 ab, universale Verantwortung gegenüber dem für alle Menschen gültigen Gesetz und die Toleranz, die sich aus unserer Fehlbarkeit und den wandelbaren Umständen des Erdenlebens gebietet. Ebenso können sich, so Artikel 5, einzelne Gebote des Gesetzes mit der Zeit wandeln, niemals aber das, was das Wesen des Menschen ausmacht.

Zu der Annahme eines solchermaßen feststehenden, alle Menschen vereinenden Gesetzes konnte Thomas von Aquin nur auf der Grundlage seines theologischen Denkens kommen; er fundiert es in der Summa Theologica im »ewigen Gesetz« der göttlichen Weltlenkung. Für Aristoteles war es noch klar gewesen, daß ein Sklave oder ein Barbar niemals zum hochstehenden Menschen im Sinne der ethischen Tugendlehre werden könnte. Was dann in der Rechtsphilosophie der Stoa grundgelegt wurde, ist erst durch das Christentum mit seiner Lehre von der Gottebenbildlichkeit und Erlösungsbedürftigkeit des Menschen zum großen Thema der praktischen Philosophie geworden: worin bei aller Wandelbarkeit und Vielfalt menschlicher Lebensverhältnisse das gefunden werden kann, was für alle Menschen verpflichtend und ihnen als solches auch, wenn man sie nur darauf aufmerksam macht, einleuchtend ist.

Thomas von Aquin: Summa Theologica, II.I
94. Frage
Das natürliche Gesetz

Hierauf ist das natürliche Gesetz zu untersuchen.
Dazu ergeben sich sechs Einzelfragen:
1. Was ist das natürliche Gesetz?
2. Welche sind die Gebote des natürlichen Gesetzes?
3. Fallen alle Tugendakte unter das natürliche Gesetz?
4. Ist das natürliche Gesetz ein einziges bei allen?
5. Ist es wandelbar?
6. Kann es aus dem Geist des Menschen getilgt werden?

1. Artikel

Ist das natürliche Gesetz ein Gehaben?

1. Aristoteles sagt: »Dreierlei ist in der Seele: Vermögen, Gehaben und Leidenschaft.« Das natürliche Gesetz ist aber nicht eines der Seelenvermögen und auch nicht eines der Leidenschaften, wie eine Aufzählung im einzelnen klarstellt [16]. Also ist das Naturgesetz ein Gehaben.

2. Basilius sagt, das Gewissen oder die Synderesis [17] sei das Gesetz unseres Verstandes. Das kann nur vom natürlichen Gesetz gelten. Die Synderesis ist aber ein Gehaben (I 79, 12: Bd. 6). Also ist das natürliche Gesetz ein Gehaben.

3. Das natürliche Gesetz bleibt allezeit im Menschen (94, 6). Die menschliche Vernunft aber, deren Sache das Gesetz ist, denkt nicht beständig an das natürliche Gesetz. Also ist das Naturgesetz kein Akt, sondern ein Gehaben.

Anderseits sagt Augustinus: »Ein Gehaben ist das, wodurch etwas getan wird, sooft es notwendig ist.« Das natürliche Gesetz ist aber nicht solcher Art; denn es ist [auch] in Kindern und Verdammten, die gar nicht kraft seiner handeln können. Also ist das natürliche Gesetz kein Gehaben.

Antwort: In zweifacher Weise kann etwas ein Gehaben genannt werden. Einmal *eigentlich und wesenhaft*. So ist das natürliche Gesetz kein Gehaben. Denn das natürliche Gesetz ist etwas durch die Vernunft Aufgestelltes, wie auch ein Satz ein gewisses Werk der Vernunft ist (90, 1 Zu 2). Nun ist aber das, *was* jemand wirkt, nicht dasselbe wie das, *wodurch* jemand wirkt; denn *durch* das Gehaben der Sprachkunde formt der Mensch eine wohlgestalte Rede. Da also das Gehaben das ist, *wodurch* jemand handelt, kann ein Gesetz nicht eigentlich und wesenhaft ein Gehaben sein.

Auf eine andere Weise kann dasjenige Gehaben heißen, was *aufgrund eines Gehabens* festgehalten wird, wie z. B. das, was im Glauben festgehalten wird, Glaube genannt wird. Und weil die Gebote des natürlichen Gesetzes mitunter augenblicklich von der Vernunft ins Auge gefaßt, mitunter jedoch nur nach Art eines Gehabens von ihr bewahrt werden, kann das natürliche Gesetz in dieser Weise als Gehaben bezeichnet werden. Ähnlich sind auch im Bereich des schauenden Erkennens die unbeweisbaren Grundsätze nicht das Gehaben der Grundsätze selbst, sondern die Grundsätze, auf die ein Gehaben sich richtet.

Zu 1: Aristoteles will an dieser Stelle das Gattungswesen der Tugend untersuchen. Da nun die Tugend offenbar ein gewisser Seinsgrund des Tätigseins ist, zählt er nur das auf, was Seinsgrund der menschlichen Tätigkeiten sein kann, nämlich die Vermögen, die Gehaben und die Leidenschaften. Außer diesen dreien gibt es aber manches andere in der Seele: z. B. gewisse Akte, so wie das Wollen im Wollenden ist; auch sind die erkannten Dinge im Erkennenden, und die natürlichen Eigentümlichkeiten der Seele, wie die Unsterblichkeit und andere mehr, sind ihr inne.

Zu 2: Die Synderesis heißt Gesetz unseres Verstandes, insofern es das Gehaben ist, das die Gebote des natürlichen Gesetzes enthält, die ihrerseits die ersten Grundsätze des menschlichen Handelns sind.

Zu 3: Dieser Grund folgert, daß das natürliche Gesetz nach Art eines Gehabens festgehalten wird. Und das geben wir zu.

Auf das jedoch, was anderseits vorgehalten wird, entgegnen wir: Mitunter kann jemand das nicht gebrauchen, was er nach Art eines Gehabens innehat, weil er irgendwie behindert ist; während der Mensch z. B. schläft, vermag er das Gehaben der Wissenschaft nicht zu gebrauchen. Ebenso ist ein Kind, weil noch nicht alt genug, außerstande, das Gehaben der Grundsätze des Einsehens oder auch das natürliche Gesetz, das ihm nach Art eines Gehabens innewohnt, zu gebrauchen.

2. Artikel

Enthält das Naturgesetz mehrere Gebote oder nur ein einziges?

1. Das Naturgesetz enthält nicht mehrere Gebote, sondern nur ein einziges. Denn das Gesetz fällt unter die Gattung der Gebote (92, 2). Gäbe es also viele Gebote des natürlichen Geset-

zes, müßte es folgerichtig mehr als ein natürliches Gesetz geben.

2. Das natürliche Gesetz folgt der Natur des Menschen. Als Ganzes betrachtet, ist die menschliche Natur jedoch nur eine, wenngleich sie mit Blick auf ihre Teile vielfältig ist. Es gibt daher nur *ein* Gebot des Naturgesetzes wegen der Einheit des Ganzen oder *viele* Gebote entsprechend den vielen Teilen der menschlichen Natur. Und demzufolge wird auch das, was den Hang des begehrenden Strebevermögens betrifft, zum natürlichen Gesetz gehören müssen.

3. Das Gesetz ist etwas, was zur Vernunft gehört (90, 1). Es gibt aber im Menschen nur eine Vernunft. Also kennt das natürliche Gesetz nur ein Gebot.

Anderseits verhält es sich im Menschen mit den Geboten des natürlichen Gesetzes hinsichtlich des Tuns so, wie es sich mit den Grundsätzen hinsichtlich der strengen Wissenschaften verhält. Der unbeweisbaren Grundsätze gibt es aber mehrere. Also gibt es auch mehrere Gebote des Naturgesetzes.

Antwort: Die Gebote des Naturgesetzes verhalten sich zu der auf das Tun gerichteten Vernunft ebenso, wie die Grundsätze der strengen Beweise sich zu der auf die Schau gerichteten Vernunft verhalten (91, 3): beide sind nämlich aus sich einleuchtende Grundsätze. In zweifacher Weise heißt aber etwas aus sich einleuchtend: einmal *an sich;* sodann *für uns*. An sich heißt jeder Satz aus sich einleuchtend, dessen Aussage zum Wesen des Satzgegenstandes gehört; es kommt freilich vor, daß ein solcher Satz dem, der das Wesen des Satzgegenstandes nicht kennt, nicht aus sich einleuchtet. So ist der Satz »Der Mensch ist vernunftbegabt« nach dem Wesenssinn seines Satzgegenstandes aus sich einleuchtend; denn wer »Mensch« sagt, sagt »vernunftbegabt«; und trotzdem leuchtet der Satz dem, der nicht weiß, was der Mensch ist, nicht aus sich ein. Es gibt daher gewisse »Vorrangsätze« oder Sätze, die allen insgesamt aus sich einleuchten (Boethius); zu dieser Art gehören Sätze, deren Worte alle kennen, wie der Satz »Jedes Ganze ist größer als sein Teil« oder »Was ein und demselben gleich ist, ist untereinander gleich«. Gewisse Sätze hingegen gibt es, die nur den Weisen aus sich einleuchten, welche verstehen, was die Worte in den Sätzen bedeuten; wer z. B. verstanden hat, daß der Engel nicht körperlich ist, dem leuchtet aus sich ein, daß der Engel nicht in umschränkter Weise am Ort ist; was jedoch den Ungebildeten, die das nicht begreifen, nicht offenkundig ist.

– Aus sich einleuchtend sind die Sätze, deren Wahrheit jeder unmittelbar erkennt, der nur die Wörter verstanden hat, aus denen sie bestehen. Wer nicht glaubt, daß das Ganze größer als sein Teil ist, hat einfach nicht verstanden, wie wir die Wörter »Ganzes« und »Teil« verwenden. Hingegen wäre etwa der Satz »Rom ist größer als München« nicht aus sich einleuchtend, sondern man kann und muß ihn auf seine Wahrheit überprüfen. Und sein Wahrheitswert könnte sich ändern, das heißt, München könnte eines Tages größer sein als Rom. Dagegen könnte der Teil nie größer als das Ganze sein, solange wir nicht unseren Sprachgebrauch ändern.

Parallel zu dieser Unterscheidung auf theoretischer nimmt Thomas nun auch auf praktischer Ebene an, daß einzelne Gebote zwar im allgemeinen gültig, in besonderen Situationen aber auch ungültig sein können, daß es jedoch oberste Sätze gibt, die sich auf unser Handeln beziehen und niemals falsch sein können. So wie es, wenn wir von etwas sprechen und etwas erkennen, immer etwas geben muß, was wir erkennen und wovon wir sprechen, etwas Seiendes, so ist es dadurch, daß wir überhaupt handeln, klar, daß es uns um etwas geht. Jedes Wesen, das handelt, handelt um eines Zieles willen, weil es ihm also um etwas geht. Wer dies leugnet, hat das Wort »handeln« nicht verstanden. Das aber, worum es letztlich jedem handelnden Wesen geht, ist, so Thomas, das Gute.

Nun findet sich aber in dem, was alle erfassen, eine gewisse Ordnung. Denn das, was zuallererst erfaßt wird, ist »Seiendes«, und die Einsicht »Seiendes« ist in allem eingeschlossen, was immer jemand erfaßt. Daher lautet der erste, des Beweises nicht bedürftige Satz: »Man kann etwas nicht zugleich bejahen und verneinen.« Dieser Grundsatz gründet in dem, was Sein und Nicht-Sein besagt, und auf diesen Grundsatz stützen sich alle anderen Grundsätze (Aristoteles). Wie jedoch »Seiendes«

das schlechthin Ersterfaßte ist, so ist »Gutes« das, was die auf das Tun gerichtete Vernunft zuerst erfaßt; denn alles, was handelt, handelt eines Zieles wegen, das die Bewandtnis des Guten hat. Deswegen gründet sich der erste Grundsatz der auf das Tun gerichteten Vernunft auf die Bewandtnis des Guten, die [in dem Satz ausgesprochen] ist: »Das Gute ist das, wonach alle streben.« Dies ist also das erste Gebot des Gesetzes: *Das Gute ist zu tun und zu erstreben, das Böse ist zu meiden.* Auf dieses Gebot gründen sich alle anderen Gebote des Naturgesetzes; d. h. alles, was die auf das Tun gerichtete Vernunft auf natürliche Weise als menschliches Gut erfaßt, zählt als zu tun oder zu lassen zu den Geboten des Naturgesetzes.

Das Gute aber hat die Bewandtnis des Zieles, das Böse aber die Bewandtnis des Gegenteils. Alles, wozu der Mensch von Natur aus geneigt ist, erfaßt die Vernunft daher auf natürlichem Wege als gut und folglich als in die Tat umzusetzen. Das Gegenteil erfaßt sie als böse und als zu vermeiden. Entsprechend der Ordnung der natürlichen Geneigtheiten gibt es also eine Ordnung der Gebote des Naturgesetzes. Nun ist dem Menschen erstens die Neigung zum Guten inne entsprechend der Natur, in der er mit allen *selbständigen Wesen* übereinkommt: jedes Selbstandwesen erstrebt nämlich die Erhaltung seines Seins gemäß seiner Natur. Und im Hinblick auf diese naturhafte Neigung gehört alles zum natürlichen Gesetz, wodurch das Leben des Menschen erhalten und das Gegenteil abgewehrt wird. – Zweitens ist im Menschen die Neigung zu gewissen, ihm schon mehr arteigenen Dingen, gemäß der Natur, die er mit anderen *Sinnen*wesen gemeinsam hat. Und hiernach heißt das zum natürlichen Gesetz gehörig, »was die Natur allen Sinnenwesen gelehrt hat« [Röm. Recht], wie die Vereinigung von Mann und Frau, die Aufzucht der Kinder und ähnliches mehr. – Drittens ist im Menschen die Neigung zum Guten gemäß der Natur der *Vernunft,* die ihm wesenseigentümlich ist; so hat der Mensch z. B. die natürliche Neigung, die Wahrheit über Gott zu erkennen und in der Gemeinschaft zu leben. Und demzufolge umgreift das natürliche

Gesetz alles, was auf diese Naturneigung Bezug hat: daß der Mensch z. B. die Unwissenheit überwinde, daß er andere, mit denen er zusammenleben muß, nicht verletze, und was sonst noch damit zusammenhängt.

Zu 1: Alle diese Gebote des Naturgesetzes haben, soweit sie auf ein einziges erstes Gebot bezogen sind, die Bewandtnis eines einzigen natürlichen Gesetzes.

Zu 2: Insofern sämtliche Neigungen gleich welcher Teile der menschlichen Natur – z. B. des begehrenden und überwindenden Strebevermögens – von der Vernunft reguliert werden, fallen sie unter das natürliche Gesetz und werden auf *ein* erstes Gebot zurückgeführt (Antwort). Und demnach gibt es, in sich gesehen, zwar viele Gebote des Naturgesetzes; sie haben aber eine einzige, gemeinsame Wurzel.

Zu 3: Wenngleich die Vernunft in sich nur eine einzige ist, so ist sie dennoch Ordnungskraft für alles, was die Menschen betrifft. Und somit unterliegt alles, was durch die Vernunft geregelt werden kann, dem Gesetz der Vernunft.

3. Artikel

Fallen alle Tugendakte unter das Naturgesetz?

1. Das Gesetz ist wesensgemäß auf das Gemeingut hingeordnet (90, 2). Es gibt aber Tugendakte, die auf das Eigengut des Einzelnen abzielen, wie es besonders bei den Akten der Maßhaltung klar ist. Also fallen nicht alle Tugendakte unter das Naturgesetz.

2. Alle Sünden sind irgendwelchen Tugendakten entgegengesetzt. Wenn also alle Tugendakte unter das Naturgesetz fallen, dann scheinen alle Sünden wider die Natur sein zu müssen. Das wird indes nur von einigen bestimmten Sünden gesagt.

3. Alle Menschen kommen in dem überein, was naturgemäß ist. In den Tugendakten kommen aber nicht alle überein; denn manches ist für den einen tugendhaft, für den anderen dagegen lasterhaft. Also fallen nicht alle Tugendakte unter das Naturgesetz.

Anderseits sagt Johannes von Damaskus: »Die Tugenden sind uns natürlich.« Also fallen auch die Tugendakte unter das Naturgesetz.

Antwort: Von den Tugendakten können wir in zweifacher Weise sprechen: einmal insofern sie *Tugend*akte sind; sodann insofern sie Akte von bestimmter Beschaffenheit sind, die in ihrer Eigenart betrachtet werden. Wenn wir also von den Tugendakten als *Tugend*akten reden, dann fallen sie alle insgesamt unter das Naturgesetz. Denn in den Bereich des Naturgesetzes gehört alles, wozu der Mensch seiner Natur nach hinneigt. Jedes Ding neigt aber von Natur aus zu der Tätigkeit, die ihm zufolge seiner Wesensform angemessen ist; das Feuer z. B. neigt zum Erwärmen. Da nun die vernunftbegabte Seele die dem Menschen eigene Wesensform ist, hat jeder Mensch eine natürliche Neigung, gemäß der Vernunft zu handeln. Das aber heißt tugendhaft handeln. Unter diesem Betracht umfaßt das natürliche Gesetz daher alle Tugendakte. Jedem sagt nämlich die eigene Vernunft von Natur aus, daß er tugendhaft handeln soll. – Sprechen wir dagegen von den Tugendakten, wie sie in sich selbst, d. h. in ihrer bestimmten Art ins Auge gefaßt werden, dann fallen sie nicht alle unter das Naturgesetz. Vieles nämlich geschieht der Tugend gemäß, wozu die Natur ursprünglich nicht hinneigt; vielmehr haben die Menschen das durch Untersuchung mit Vernunft entdeckt, weil es für ein gutes Leben ersprießlich ist.

Zu 1: Die Maßhaltung hat es zu tun mit den naturhaften Begierden nach Speise und Trank und geschlechtlicher Befriedigung. Diese aber sind bezogen auf das Gemeingut der Natur, wie auch andere gesetzliche Regelungen bezogen sind auf das sittliche Gemeingut.

Zu 2: Unter der Natur des Menschen kann verstanden werden entweder jene, die dem Menschen eigentümlich ist; und dann sind alle Sünden soweit wider die Natur, als sie wider die Vernunft sind (Johannes v. D.). Oder jene, die dem Menschen und den anderen Sinnenwesen gemeinsam ist; und dann heißen einige besonders geartete Sünden widernatürlich; so widerstreitet z. B. der geschlechtlichen Vereinigung von Mann und

Frau, die allen Sinnenwesen natürlich ist, der Geschlechtsverkehr unter Männern, der in besonderer Weise widernatürliches Laster genannt wird.

Zu 3: Dieser Grund geht aus von den Akten im Hinblick auf sie selbst. Denn so trifft es wegen der verschiedenen Lebensverhältnisse unter den Menschen zu, daß manche Handlungen für die einen tugendhaft sind, weil sie ihnen angepaßt sind und entsprechen, für die anderen dagegen lasterhaft, weil sie ihnen nicht angepaßt sind.

4. Artikel

Ist das Naturgesetz ein einziges für alle?

1. In den Dekreten heißt es: »Natürliches Recht ist, was im Gesetz und Evangelium enthalten ist.« Das aber ist nicht allen gemeinsam; denn Röm 10,16 steht: »Nicht alle gehorchen dem Evangelium.« Also ist das Naturgesetz nicht ein einziges für alle.

2. »Was in Übereinstimmung steht zum Gesetz, heißt gerecht« (Aristoteles). Nun gibt es aber nichts, was überall so sehr als gerecht gälte, daß es nicht hier und dort Unterschiede aufwiese (ebd.). Also ist auch das natürliche Gesetz nicht nur ein einziges für alle.

3. Unter das Naturgesetz fällt das, wozu der Mensch seiner Natur gemäß geneigt ist (Art. 2.3). Die verschiedenen Menschen neigen aber von Natur aus zu Verschiedenem: die einen zur Genußsucht, andere zur Ehrsucht, wieder andere zu wieder etwas anderem. Also gilt nicht für alle ein einziges natürliches Gesetz.

Anderseits sagt Isidor: »Das natürliche Recht ist allen Völkern gemeinsam.«

Antwort: Das Naturgesetz umfaßt das, wozu der Mensch von Natur aus geneigt ist: dazu aber gehört als dem Menschen wesenseinig, daß er geneigt ist, *vernunftgemäß zu handeln* (Art. 2.3). Die Vernunft besitzt jedoch die Eigenart, vom Allgemeinen zum Besonderen fortzuschreiten (Aristoteles). Diesbezüglich verhält sich allerdings die auf die Schau gerichtete Vernunft anders als die auf das Tun gerichtete Vernunft. Weil nämlich die auf die Schau gerichtete Vernunft sich vorzüglich beschäftigt mit den notwendigen Dingen, die unmöglich anders sein können, gibt es hier Wahrheit ohne Fehler in den einzelhaften Folgesätzen ebenso wie in den allgemeinen Grundsätzen. Die auf das Tun gerichtete Vernunft hingegen beschäftigt sich mit den zufälligen Dingen, mit denen es die menschlichen Handlungen zu tun haben; wenngleich es also im Bereich des Allgemeinen eine gewisse Notwendigkeit gibt, so unterläuft desto eher ein Fehler, je mehr man in den Bereich des Einzelnen absteigt. Mithin liegt im Bereich der Schau dieselbe Wahrheit für alle vor, sowohl in den Grundsätzen wie in den Folgesätzen; freilich erkennen nicht alle die Wahrheit in den Folgesätzen, wohl aber in den Grundsätzen, die »allgemeine Erfassungen« [Boethius] genannt werden. Im Bereich des Handelns dagegen liegt nicht für alle dieselbe tätigkeitsbezogene Wahrheit oder Rechtheit im Einzelnen vor, sondern nur hinsichtlich des Allgemeinen; und dort, wo im Einzelnen die nämliche Rechtheit für alle vorliegt, da ist sie nicht allen in gleicher Weise bekannt.

Soviel wird also klar: Hinsichtlich der allgemeinen Grundsätze sowohl der auf die Schau gerichteten wie der auf das Tun gerichteten Vernunft liegt für alle dieselbe Wahrheit oder Rechtheit vor, und diese ist allen gleicherweise bekannt. Hinsichtlich der ins Einzelne gehenden Folgesätze der auf die Schau gerichteten Vernunft liegt zwar dieselbe Wahrheit für alle vor, aber sie ist nicht allen in gleicher Weise bekannt; für alle ist es nämlich wahr, daß ein Dreieck drei Winkel gleich zwei rechten hat; nur wissen nicht alle darum. Hinsichtlich der ins Einzelne gehenden Folgesätze der auf das Tun gerichteten Vernunft hingegen liegt weder dieselbe Wahrheit oder Rechtheit für alle vor, noch ist diese Wahrheit dort, wo sie dieselbe ist, in gleicher Weise bekannt. Bei allen nämlich ist es recht und wahr, daß der Mensch vernunftgemäß handeln muß. Aus diesem Grundsatz ergibt sich nun als Einzelfolgerung, daß hinterlegtes Gut zurückzugeben ist. Das ist zwar wahr für die meisten Fälle; es kann aber der Fall eintreten, daß die Rückgabe hinterlegten Gutes verderblich und folglich unvernünftig ist; z. B.

wenn jemand sein Eigentum zurückfordert, um es im Kampf gegen sein Vaterland einzusetzen. Und die Gefahr einer Fehlentscheidung wird desto größer, je mehr man einzelnes berücksichtigen muß, z. B. wenn es heißt, daß hinterlegtes Gut unter diesem Vorbehalt oder in dieser Weise zurückgegeben werden muß; denn je mehr Einzelbedingungen hinzugefügt werden, desto vielfältiger kann man Fehler begehen und folglich unrecht tun, mag man nun etwas zurückgeben oder nicht zurückgeben.

Mithin muß gesagt werden: Hinsichtlich der ersten allgemeinen Grundsätze ist das Naturgesetz für alle dasselbe sowohl hinsichtlich seiner Rechtheit wie hinsichtlich seiner Kenntnis. Aber hinsichtlich gewisser Einzelheiten, die gleichsam Folgerungen aus den Grundsätzen darstellen, ist es in der Mehrzahl der Fälle nach Rechtheit und Kenntnis für alle dasselbe; in der Minderzahl der Fälle kann es hingegen fehlerhaft sein, sowohl hinsichtlich der Rechtheit, und zwar wegen besonderer Störungen, wie auch die dem Entstehen und Vergehen unterliegenden Naturen wegen eintretender Störungen manchmal verunstaltet sind, als auch bezüglich seiner Kenntnis; und das deswegen, weil es Menschen gibt, die eine verbogene Vernunft haben, sei es infolge ihrer Leidenschaft, sei es infolge böser Gewohnheit, oder infolge einer schlechten Naturveranlagung; so hielten z. B. die alten Germanen nach Julius Caesar den Raub nicht für ein Verbrechen, obwohl er doch klar und deutlich dem Naturgesetz widerspricht.

Zu 1: Dieses Wort muß nicht dahin verstanden werden, als falle alles, was im Gesetz und im Evangelium enthalten ist, unter das Naturgesetz; denn vieles wird darin überliefert, was die Natur übersteigt. Das Wort soll nur besagen, daß das, was unter das Naturgesetz fällt, dort vollgültig mitgeteilt wird. Deswegen fügt Gratian seiner Aussage »Naturrecht ist, was im Gesetz und Evangelium enthalten ist« zur Veranschaulichung sofort hinzu: »wodurch jeder angewiesen wird, dem anderen zu tun, was er sich selber getan sehen möchte«.

Zu 2: Das Wort des Aristoteles muß verstanden werden von dem, was natürlicherweise gerecht ist, nicht wie die allgemeinen Grundsätze, sondern wie Folgesätze, die aus diesen abgeleitet sind; diese besitzen in den meisten Fällen Rechtheit, in selteneren Fällen treffen sie nicht zu.

Zu 3: Wie im Menschen die Vernunft herrscht und den anderen Tätigkeitsvermögen befiehlt, so müssen alle naturhaften Neigungen der anderen Vermögen gemäß der Vernunft geordnet werden. Für alle insgesamt ist es deswegen recht, daß alle Neigungen der Menschen der Vernunft entsprechend gelenkt werden.

5. Artikel

Kann das Naturgesetz sich ändern?

1. Es heißt Sir 17,9: »Er fügte ihnen Einsicht zu und gab ihnen das Gesetz des Lebens.« Dazu sagt die Glosse: »Er ließ das Gesetz der Schrift, soweit es eine Berichtigung des natürlichen Gesetzes ist, aufzeichnen.« Was aber berichtigt wird, das wird geändert. Also kann das natürliche Gesetz sich ändern.

2. Tötung eines Unschuldigen wie Ehebruch und Diebstahl sind gegen das natürliche Gesetz. Nun finden wir aber, daß Gott in diesen Dingen eine Änderung vornahm: so befahl er dem Abraham, seinen unschuldigen Sohn zu töten (Gen 22,2); so gebot er den Juden, die von den Ägyptern geliehenen Gefäße zu entwenden (Ex 12,35 f.): so trug er dem Osee auf, eine Dirne zu nehmen (Os 1,2). Also kann das natürliche Gesetz sich ändern.

3. Isidor sagt: Daß »der Besitz gemeinsam ist und alle gleiche Freiheit genießen«, gehört zum natürlichen Recht. Wir sehen aber, daß dies durch menschliche Gesetze geändert worden ist. Also scheint das natürliche Gesetz sich ändern zu können.

Anderseits heißt es in den Dekreten: »Das natürliche Recht ist in Kraft, solange es vernunftbegabte Geschöpfe gibt. Es wandelt sich nicht im Laufe der Zeiten, sondern dauert unwandelbar fort.«

Antwort: Daß das natürliche Gesetz eine Änderung erfährt, kann in zweifacher Weise verstanden werden. Einmal dahin, daß ihm etwas *ergänzend beigefügt* wird. Und einer solchen

Änderung des natürlichen Gesetzes steht nichts im Wege. Denn sowohl durch das göttliche Gesetz wie durch menschliche Gesetze wurde dem natürlichen Gesetz vieles hinzugefügt, was dem menschlichen Leben dienlich ist.

Zum anderen kann Änderung des natürlichen Gesetzes *Wegnahme* bedeuten, so daß nämlich etwas, was bislang unter das natürliche Gesetz fiel, fürderhin nicht mehr unter das natürliche Gesetz fällt. Und so gesehen ist das Gesetz der Natur in seinen ersten Grundsätzen ganz und gar unwandelbar. Hinsichtlich der zweiten Gebote hingegen, die wir als ins einzelne gehende, den ersten Grundsätzen jedoch nahestehende Folgesätze kennzeichneten (Art. 4), ändert sich das natürliche Gesetz nur dergestalt, daß seine Forderungen für die Mehrzahl der Fälle immer recht bleiben. In einem einzelnen Sachverhalt aber, und auch das nur selten, kann es sich jedoch ändern, und zwar wegen gewisser besonderer Ursachen, die eine Beobachtung solcher Gebote verhindern (ebd.).

Zu 1: Wenn es heißt, das geschriebene Gesetz sei zur Berichtigung des Naturgesetzes erlassen, dann entweder deshalb, weil das geschriebene Gesetz ergänzte, was dem Naturgesetz fehlte; oder deshalb, weil das Gesetz der Natur in manchen Menschen bezüglich einiger Sachverhalte derart verderbt war, daß diese Menschen das, was von Natur aus schlecht ist, als gut ansahen; und eine derartige Verworrenheit bedurfte der Berichtigung.

Zu 2: Alle Menschen, schuldige wie unschuldige, müssen des naturgemäßen Todes sterben. Dieser natürliche Tod ist durch Gottes Macht eingeführt worden wegen der Ursünde, nach 1 Sam 2,6: »Der Herr tötet und macht lebendig.« Deswegen kann, wenn Gott es befiehlt, über jeden Menschen, ob schuldig oder unschuldig, ohne alle Ungerechtigkeit der Tod verhängt werden. – Ebenso besteht der Ehebruch im geschlechtlichen Verkehr mit der Frau eines anderen, die diesem nach einem gottgegebenen Gesetz zugewiesen ist. Wer daher auf göttlichen Befehl hin mit irgendeiner Frau geschlechtlich verkehrt, sündigt weder durch Ehebruch noch durch Unzucht. – Ebenso steht es beim Diebstahl, d. i. der Entwendung fremden Eigentums. Was immer jemand nimmt auf Geheiß Gottes, des Herrn aller Dinge, das nimmt er nicht ohne den Willen des Herrn, und [nur] das heißt stehlen. – Und nicht nur in den menschlichen Angelegenheiten hat das, was Gott gebietet, ohne weiteres die Bewandtnis des Geschuldeten; auch alles, was Gott in den Naturdingen wirkt, ist diesen gewissermaßen natürlich (I 105, 6 Zu 1: Bd. 8).

Zu 3: In doppelter Weise sagen wir, etwas sei natürlichen Rechtes. Einmal, weil die Natur eine Neigung dazu gibt; so ist es z. B. Naturrecht, daß dem Mitmenschen kein Unrecht geschehen darf. Zum anderen, weil die Natur nicht das Gegenteil herbeigeführt hat; so könnten wir sagen, es sei natürlichen Rechtes, daß der Mensch nackt ist, weil nicht die Natur ihm Kleidung gab, sondern die Kunstfertigkeit der Menschen diese erfand. In dieser Weise nennt man es natürlichen Rechtes, daß »das Eigentum allen gemeinsam ist und daß alle zur gleichen Freiheit geboren sind«; die Unterschiede im Besitz und das Dienstverhältnis sind nämlich nicht von der Natur, sondern durch die menschliche Vernunft zum Besten des menschlichen Lebens eingeführt worden. Und somit hat sich in diesen Belangen das Naturgesetz nur durch Ergänzung geändert.

6. Artikel

Kann das Naturgesetz aus dem Herzen des Menschen getilgt werden?

1. Zum Wort des Römerbriefes 2,14 »Wenn die Heiden, die das Gesetz nicht haben...« sagt die Glosse: »Dem Innern des durch die Gnade erneuerten Menschen wird das Gesetz der Gerechtigkeit eingeschrieben, das die Sünde zerstört hatte.« Das Gesetz der Gerechtigkeit ist aber das Gesetz der Natur. Also kann das Naturgesetz getilgt werden.

2. Das Gesetz der Gnade ist wirksamer als das Gesetz der Natur. Das Gesetz der Gnade wird aber durch die Schuld ausgelöscht. Also kann erst recht das Gesetz der Natur getilgt werden.

3. Was durch das Gesetz verfügt wird, das wird als gerecht eingeführt. Nun sind aber von den Menschen viele Dinge ver-

fügt, die gegen das Gesetz der Natur verstoßen. Also kann das Naturgesetz aus den Herzen der Menschen getilgt werden.

Anderseits sagt Augustinus: »Dein Gesetz ist den Herzen der Menschen eingeschrieben, und keine Ungerechtigkeit wird es jemals vernichten.« Aber das in den Herzen der Menschen eingeschriebene Gesetz ist das natürliche Gesetz. Also ist das natürliche Gesetz unaustilgbar.

Antwort: Wie gesagt (Art. 4.5), gehören zum Naturgesetz zuerst gewisse allgemeinste Gebote, die allen bekannt sind; sodann gewisse nachgeordnete, mehr ins einzelne gehende Gebote, die gleichsam Folgerungen sind, die den Grundsätzen nahestehen. Hinsichtlich jener allgemeinen Grundsätze kann nun das natürliche Gesetz in keiner Weise aus den Herzen der Menschen getilgt werden, was seine allumfassende Geltung anlangt. Dagegen kann es mit Bezug auf ein einzelnes Werk ausgelöscht werden, wenn die Vernunft infolge sinnlichen Begehrens oder sonstiger Leidenschaft daran gehindert ist, den allgemeinen Grundsatz auf das einzelne Werk anzuwenden (77,2: Bd. 12). – Hinsichtlich der anderen nachgeordneten Gebote indes kann das Naturgesetz aus den Herzen der Menschen getilgt werden, sei es infolge schlechter Überzeugungen – auf diese Weise kann es auch im schauenden Wissen zu Irrtümern hinsichtlich notwendiger Folgesätze kommen; sei es infolge übler Gewohnheiten und verderbter Gehaben – auch nach dem Zeugnisse des Apostels Röm 1,24ff. galten mancherorts Raub oder naturwidrige Laster nicht als Sünde (Art. 4).

Zu 1: Die Schuld zerstört das Gesetz der Natur in der Einzelanwendung, nicht aber in seiner umfassenden Geltung, es sei denn im beschriebenen Sinne (Antw.) hinsichtlich der nachgeordneten Gebote des Naturgesetzes.

Zu 2: Wenngleich die Gnade wirksamer ist als die Natur, so ist die Natur dennoch dem Menschen wesentlicher und deswegen von größerer Beständigkeit.

Zu 3: Dieser Grund befaßt sich mit den nachgeordneten Geboten des Naturgesetzes: gegen sie haben manche Gesetzgeber Verordnungen erlassen, die ungerecht sind.

Bearbeitungsfragen:

1. Was ist nach Thomas ein Gehaben oder »Habitus«?
2. »Das Gute ist zu tun und zu erstreben, das Böse ist zu meiden.« Hilft dieser Satz uns, wenn wir eine konkrete Entscheidung fällen müssen?
3. Was versteht Thomas unter einer »natürlichen Neigung« des Menschen?
4. Ist das »Naturgesetz« in seinem Sinne ein mathematisch-naturwissenschaftliches Gesetz, wie wir es heute kennen?
5. Wie sieht Thomas den Unterschied von theoretischer und praktischer Erkenntnis?
6. Wie sieht die innere Ordnung des Naturgesetzes aus?

I.3 Die Pflicht
Kant: Grundlegung zur Metaphysik der Sitten, Erster Abschnitt

Immanuel Kant (1724–1804) ist die Zentralfigur der Ethik in der Neuzeit. Kant, dessen Einfluß auf das deutsche Geistesleben in der Klassik und den folgenden Epochen ungeheuer war und dessen drei Kritiken (»Kritik der reinen Vernunft«, 1781, »Kritik der praktischen Vernunft«, 1788, »Kritik der Urteilskraft«, 1790) zu den bedeutendsten philosophischen Werken der Aufklärung gehören, hat der Philosophie auf mehreren Ebenen einen Neubeginn ermöglicht; auf dem Feld der praktischen Vernunft, das die Schrift zur »Grundlegung der Metaphysik der Sitten« von 1785 programmatisch absteckt, wird dies aber wohl am plastischsten deutlich. Der vorliegende Text setzt sich von der bis zu Kant nie ganz außer acht gelassenen Orientierung der Ethik am antiken Ideal der Glückseligkeit, des glücklichen, gelungenen Lebens als letztem Maßstabes menschlichen Handelns, ab. Worauf es ankommt, ist einzig und allein das Gute. Letztes Kriterium des Guten kann nur sein, was »ohne Einschränkung« gut genannt werden kann, das absolut und unverlierbar Gute. Tugenden, Charaktereigenschaften der Menschen gehören zwar zweifellos zu einem Leben, das aus dem Guten heraus getragen ist; aber sie sind es nicht, die ohne jede Einschränkung und notwendig gut sind. Denn die Einschränkung, die man in bezug auf sie immer machen kann, besteht darin, daß auch sie, ja gerade sie ins Gegenteil des Guten, ins Böse gewendet werden können. Mäßigung und Tapferkeit, Besonnenheit und Großzügigkeit können der Welt Tod und Verderben bringen, wenn »das kalte Blut eines Bösewichts« (vgl. S. 72) in den Adern dessen fließt, der über sie verfügt.

Ob menschliche Eigenschaften sich zum Guten oder zum Bösen auswirken, hängt von dem ab, was nicht mehr eine Eigenschaft der Person ist, sondern alles Handeln einer Person und damit auch den Charakter, den sie aus sich formt, trägt: vom Willen. »Es ist überall nichts in der Welt, ja überhaupt auch außer derselben zu denken möglich, was ohne Einschränkung für gut könnte gehalten werden, als allein ein guter Wille« (vgl. S. 71). Mit diesen berühmt gewordenen Worten leitet Kant die konsequente Entgegensetzung gegen jede Ethik ein, die das Gute mit irgendeinem früheren, jetzigen oder künftigen Zustand der Welt oder des Menschen identifizieren wollte. Wenn der Wille nur auf das Gute zielt, dann hat er den absoluten Wert in sich, egal ob das, was bei seiner Umsetzung herauskommt, letztendlich zum Erfolg führt und Nutzen bringt oder ob er total scheitert (vgl. S. 73). Und umgekehrt kann man es einer Tat, so heroisch oder segenbringend sie auch wirken mag, niemals ansehen, ob sie nicht aus Eitelkeit oder Gewinnsucht oder auch aus bloßem Mitleid geschehen ist. All dies sind, so Kant, Neigungen des Menschen, die den Wert einer Handlung nicht ausmachen können. Wo sie herrschen, ist eben nicht das Gute, sondern etwas anderes herrschend, ein Gefühl oder ein Instinkt, der nicht spezifisch menschlich ist. Sich und seine Artgenossen zu erhalten, danach streben viele oder alle Wesen; die Einzigartigkeit des Menschen steht für Kant aber so selbstverständlich fest, daß das wahrhaft menschliche und damit sittliche Handeln seinen Maßstab niemals aus dem eigenen oder dem Wohlergehen anderer Personen gewinnen kann. Was uns von allen anderen Wesen abhebt, ist vielmehr die Vernunft; daher muß der gute Wille ein durch die Vernunft bestimmter Wille sein, ein Wille also, der auf einen Zweck gerichtet ist, den »nur Vernunft bestimmt, ... sollte dies auch mit manchem Abbruch, der den Zwecken der Neigung geschieht, verbunden sein« (vgl. S. 76).

Für Kants Ethik ist entscheidend die Überzeugung, daß wir uns, wenn wir das zurückstellen, was wir gerne tun möchten, um das zu tun, was uns von der Vernunft geboten wird, nicht etwa unser innerstes Streben durch äußere Zwänge austreiben lassen. Nach Kant ist es gerade umgekehrt: Wenn wir den Neigungen, und seien es so edle wie Liebe oder Mitgefühl, gehorchen, dann lassen wir uns von etwas letztlich Äußerlichem bestimmen, während unser Innerstes immer schon bei uns wohnt und nicht etwa »gelehrt als vielmehr nur aufgeklärt zu werden bedarf« (vgl. S. 76). Ganz bei uns sind wir dann, wenn wir das tun, was wir zu tun haben, wofür wir da sind, und dies ist, wie Kant sagt, unsere Pflicht. Kants Ethik ist Pflichtethik.

Um Pflicht von anderen ethischen Prinzipien zu unterscheiden und um die Frage zu beantworten, wie Handlungen aus Pflicht beschaffen sein sollen, muß man den fundamentalen Gegensatz verstehen, den Kant zwischen Form und Materie der Bestimmung des Handelns aufstellt (vgl. S. 79). Die Wirkung, die man mit einer Handlung erzielen will, das Objekt, worauf sie zielt, sei es der eigene Gewinn oder das Wohlergehen eines anderen Menschen, bildet die Materie, aus der sich diese Handlung bestimmt. Die schlechthin sittliche Handlung, der absolut gute Wille, bestimmt sich nach Kant niemals aus der Materie. Vielmehr kommt es voll und ganz auf die Form an, und das heißt darauf, ob die Handlung geboten ist oder nicht. Wenn beispielsweise jemand sich in einer heiklen Situation durch eine Lüge aus der Affäre ziehen könnte, dies aber nicht tut, sondern bei der Wahrheit bleibt, so kann das geschehen, weil er Angst vor der Entdeckung der Wahrheit hat, weil er auf seinen Ruf achten will oder weil der, den er belügen müßte, ein guter Freund ist. All dies wären materielle Bestimmungsgründe. Verzichtet er hingegen auf die Lüge, weil er nach dem Grundsatz handelt, daß lügen immer schlecht und verboten ist, egal ob die Situation dadurch besser oder schlimmer wird, dann handelt er in rein formaler Bestimmtheit, das heißt, er wendet einen allgemeinen Grundsatz, ein Gesetz – man soll nicht lügen – auf den gegebenen, ihn selbst betreffenden Fall an.

Ein Grundsatz, nach dem man handelt, ist nach Kant eine »Maxime« (vgl. S. 79). Auf die Maxime als »das subjektive Prinzip des Wollens« (vgl. S. 81 Anm.) kommt für die Beurteilung einer Handlung alles an. Sittlich ist sie, wenn der Grundsatz, nach dem ich handle, mit dem Grundsatz übereinstimmt, der mir als Vernunftwesen objektiv vorgegeben ist; denn die Entsprechung zur sittlich wertvollen Maxime ist »das objektive Prinzip« des Wollens, das Gesetz. Wer also nicht fragt, was er hier und jetzt bewirken will, sondern was ihm pflichtmäßig zu tun aufgegeben ist, handelt »aus Achtung fürs Gesetz« (vgl. S. 80). Wie aber stellt man fest, was zum Gesetz gehört und was nicht? Warum kann der allgemeine Grundsatz, immer für meinen Vorteil zu kämpfen und alle anderen zu betrügen, nicht sittlich sein?

Kants Antwort lautet: Weil, wer solche Maximen hat, sich selber gar nicht kennt. Was er »Ich« nennt, ist gar nicht seine wahre Natur, der Kern seiner Persönlichkeit. Als Menschen sind wir Vernunftwesen und existieren um unser selbst willen. Wir sind uns Zweck unser selbst. Dies unterscheidet das vernünftige Wesen von allem anderen, was auf der Welt, und das heißt *für uns,* vorkommt. Das sittliche Gesetz gilt eben nicht für die toten Dinge der Natur, sondern für uns vernünftige Wesen. Wenn es aber wirklich ein Gesetz ist, dann muß es für alle vernünftigen Wesen gelten. Was für mich richtig ist, muß für alle richtig sein. Dann aber kann es nicht geboten sein, andere für einen selbst zu mißbrauchen. Wenn sittliches Handeln das Handeln nach einer Maxime ist, so »daß ich auch wollen könne, meine Maxime solle ein allgemeines Gesetz werden« (vgl. S. 82), dann ist hiermit immer gemeint, daß der Geltungsbereich dieses Gesetzes genau der Bereich aller vernünftigen und damit aller menschlichen Wesen ist. Darum formuliert Kant dann später, im zweiten Abschnitt der »Grundlegung zur Metaphysik der Sitten«, diese Regel, seinen berühmten »kategorischen Imperativ«, in anderer, inhaltlich aber gleicher Fassung: »Handle so, daß du die Menschheit, sowohl in deiner Person, als in der Person eines jeden andern, jederzeit zugleich als Zweck, niemals bloß als Mittel brauchest.« Wir handeln also richtig, wenn wir uns als Menschen behandeln, mithin als Wesen, die im Innersten durch die Vernunft miteinander verbunden sind.

Klar ist, daß wir gar nicht anders können, als uns zum Teil immer auch als Mittel zu behandeln: Jeder von uns ist beruflich, im Alltag, im Staatsleben, in der Wirtschaft oder wo auch immer Objekt und Mittel für viele andere; und umgekehrt arbeiten, leben, handeln viele andere auch für uns. Unverzichtbar jedoch ist, daß es beim »auch« bleibt und nicht ein Mensch *nur* als Mittel behandelt und betrachtet wird, daß uns also an ihm nicht allein das interessiert, was wir für uns an ihm gewinnen. Einen Menschen zum Mittel und nur zum Mittel machen, das geschieht nach Kant, sobald wir ihn anlügen, ihn betrügen, unterjochen, versklaven, foltern, in höchster Steigerung, wenn wir ihn als Unschuldigen ermorden. Dies und alles Vergleichbare sind Handlungen, in denen wir mit seinem zugleich unser eigenes Menschsein verraten und mit uns selbst in Widerspruch geraten. Versuchen wir dagegen zu tun, was uns als Menschen aufgegeben ist, so wird uns die Vernunft selbst das Gesetz unseres Tuns vorgeben. Bleiben wir mit uns in Einklang, dann brauchen wir von außen zur Bestimmung unseres Handelns keine Autorität mehr. Geraten wir mit uns in Widerspruch, dann schalten wir uns als Vernunftwesen aus und begeben uns auf die Stufe niedrigerer Kreaturen.

Daß dies unter Menschen, wie sie faktisch sind, passiert, kann natürlich auch die Kantische Ethik nicht verhindern. Auch sie setzt, wie die Aristotelische Tugendlehre oder die Thomasische Lehre von der Verantwortung vor dem göttlichen Gesetz, voraus, daß wir wahrhaft menschliche, durch unsere Vernunft von allen anderen Wesen abgehobene Personen sein wollen. Die Verbindung zwischen der allgemeinen Maxime und dem jeweils zu entscheidenden Einzelfall bleibt wieder Sache des sittlich handelnden Individuums. Philosophie kann uns nicht beweisen, daß wir hier und jetzt dies zu tun und jenes zu lassen haben, sie kann uns nur auf das Vermögen aufmerksam machen, das unserer Persönlichkeit gestattet, sich angesichts der ihr gestellten Aufgaben zurechtzufinden und mit dem Leben auf vernünftige Weise umzugehen; ein Vermögen, gegen dessen Dominanz in uns selbst, in unseren Neigungen und Trieben »ein mächtiges Gegengewicht« (vgl. S. 86) wirkt.

Kant vertraut also darauf, daß wir durch vernünftiges Nachdenken über unser Tun zu umfassender, bestimmter und ausreichender Einsicht über das uns jeweils gebotene Handeln kommen werden. Wenn wir uns nur über das mit uns selbst verständigen, was wir eigentlich wollen, dann wird uns unser Wille selbst Gesetz sein. Wenn wir auf vernünftigem Wege ausschalten, was in sich widersprüchlich ist, wird das übrigbleiben, was zugleich unser allgemeinmenschliches Wesen ausmacht und uns unser jeweils individuelles Handeln vorgibt. Man sieht hier Unterschied und Gemeinsamkeit der antiken und der neuzeitlichen Ethik, verkörpert in Aristoteles und Kant: Einmal wird gezeigt, wie wir werden müssen, damit wir uns in der Gestaltung unseres Lebens auf uns selbst verlassen können; im anderen Fall wird gezeigt, worauf wir uns stützen müssen, damit wir bei der aktuellen Entscheidung des verantwortlichen Handelns uns so entscheiden können, daß wir nicht mit uns selbst in Widerspruch geraten. Beidemale geht es darum, dem Menschen zum Einklang mit sich selbst zu verhelfen. Das glückliche Leben im Sinne des Aristoteles ist natürlich ein vernünftiges Leben, und umgekehrt ist Kant der Überzeugung, daß wir als Christen davon ausgehen können, daß Gesetz und Glückseligkeit in der letzten Bilanz doch vereint wohnen werden.

Kants Überzeugung, daß wir durch vernünftiges Nachdenken uns selbst Gesetz sein können, ist die Verkörperung des Optimismus des Aufklärungszeitalters. Es ist durchaus schwer, diesen Optimismus auch nur innerhalb des Kantischen Systems ausreichend zu begründen. Zumindest auf eines muß sich das Vertrauen auf die Selbstgesetzgebung unseres Willens stützen: auf das Faktum des Gewissens. Und ob unser Gewissen uns wirklich in jeder Situation das richtige Handeln vorgeben kann, ist eine sehr schwierige Frage. Auch wenn wir mit größter Gewissenhaftigkeit nach der pflichtmäßigen, vernünftigen Entscheidung suchen, bleibt Raum für Zweifel, Irrtum und Tragik.

Eines allerdings legt uns die Kantische Ethik doch mit großer Überzeugungskraft nahe: Auch wenn unsere Vernunft uns nicht im positiven Sinne totaler Führer durch das Leben sein kann, sind ihre Gebote hinreichend deutlich, daß zumindest negativ bestimmte Handlungsweisen mit Sicherheit als unmenschlich auszuschließen sind. Wer Kants Argumentation bezüglich der Unsinnigkeit einer Maxime, die das Lügen gebietet, akzeptiert, wird auf gleiche Weise auch Mord, Folter oder Ehebruch einschätzen müssen.

Immanuel Kant: Grundlegung zur Metaphysik der Sitten

Erster Abschnitt

Übergang von der gemeinen sittlichen Vernunfterkenntnis zur philosophischen

Es ist überall nichts in der Welt, ja überhaupt auch außer derselben zu denken möglich, was ohne Einschränkung für gut könnte gehalten werden, als allein ein *guter Wille*. Verstand, Witz, Urteilskraft und wie die *Talente* des Geistes sonst heißen mögen, oder Mut, Entschlossenheit, Beharrlichkeit im Vorsatze, als Eigenschaften des *Temperaments,* sind ohne Zweifel in mancher Absicht gut und wünschenswert; aber sie können auch äußerst böse und schädlich werden, wenn der Wille, der von diesen Naturgaben Gebrauch machen soll und dessen eigentümliche Beschaffenheit darum *Charakter* heißt, nicht gut ist. Mit den *Glücksgaben* ist es ebenso bewandt. Macht, Reichtum, Ehre, selbst Gesundheit und das ganze Wohlbefinden und Zufriedenheit mit seinem Zustande, unter dem Namen der *Glückseligkeit,* machen Mut und hierdurch öfters auch Übermut, wo nicht ein guter Wille da ist, der den Einfluß derselben aufs Gemüt und hiermit auch das ganze Prinzip zu handeln berichtige und allgemeinzweckmäßig mache; ohne zu erwähnen, daß ein vernünftiger und unparteiischer Zuschauer sogar am Anblicke eines ununterbrochenen Wohlergehens eines Wesens, das kein Zug eines reinen und guten Willens ziert, nimmermehr ein Wohlgefallen haben kann, und so der gute Wille die unerläßliche Bindung selbst der Würdigkeit, glücklich zu sein, auszumachen scheint.

Einige Eigenschaften sind sogar diesem guten Willen selbst beförderlich und können sein Werk sehr erleichtern, haben aber demungeachtet keinen inneren unbedingten Wert, sondern setzen immer noch einen guten Willen voraus, der die Hochschätzung, die man übrigens mit Recht für sie trägt, einschränkt und es nicht erlaubt, sie für schlechthin gut zu halten. Mäßigung in Affekten und Leidenschaften, Selbstbeherrschung und nüchterne Überlegung sind nicht allein in vielerlei Absicht gut, sondern scheinen sogar einen Teil vom *inneren* Werte der Person auszumachen; allein es fehlt viel daran, um sie ohne Einschränkung für gut zu erklären (so unbedingt sie auch von den Alten gepriesen worden). Denn ohne Grundsätze eines guten Willens können sie höchst böse werden, und das kalte Blut eines Bösewichts macht ihn nicht allein weit gefährlicher, sondern auch unmittelbar in unseren Augen noch verabscheuungswürdiger, als er ohne dieses dafür würde gehalten werden.

– Kants Begriff des guten Willens wäre gar nicht möglich ohne die Annahme der Möglichkeit eines bösen Willens, also von etwas in sich Bösem als kontradiktorischem Gegensatz zum in sich Guten. Aristoteles kennt, wie die ganze von Platon ausgehende Tradition antiker Ethik, einen derartigen Begriff des selbständigen Bösen nicht; vielmehr ist in dieser Tradition das Böse prinzipiell als ein Mangel an Gutem, nur das Gute aber als – eben mehr oder weniger vollkommen verwirklichtes – selbständiges Sein konzipiert worden. Erst das Christentum hat philosophische Ethik vor das Problem der Annahme des in sich Bösen gestellt, das zwar in seinem Ursprung mit dem Guten zusammenhängt und von diesem sogar geschaffen worden ist, dennoch aber den menschlichen Willen unter Umständen absolut in seinen Bann ziehen kann.

Der gute Wille ist nicht durch das, was er bewirkt oder ausrichtet, nicht durch seine Tauglichkeit zu Erreichung irgend eines vorgesetzten Zweckes, sondern allein durch das Wollen, d. i. an sich gut und, für sich selbst betrachtet, ohne Vergleich weit höher zu schätzen als alles, was durch ihn zu Gunsten irgend einer Neigung, ja wenn man will der Summe aller Neigungen, nur immer zu stande gebracht werden könnte. Wenngleich durch eine besondere Ungunst des Schicksals, oder durch kärgliche Ausstattung einer stiefmütterlichen Natur es diesem Willen gänzlich an Vermögen fehlte, seine Absicht durchzusetzen; wenn bei seiner größten Bestrebung dennoch nichts von ihm ausgerichtet würde, und nur der gute Wille (freilich nicht etwa als ein bloßer Wunsch, sondern als die Aufbietung aller Mittel, soweit sie in unserer Gewalt sind) übrig bliebe: so würde er wie ein Juwel doch für sich selbst glänzen als etwas, das seinen vollen Wert in sich selbst hat. Die Nützlichkeit oder Fruchtlosigkeit kann diesem Werte weder etwas zusetzen noch abnehmen. Sie würde gleichsam nur die Einfassung sein, um ihn im gemeinen Verkehr besser handhaben zu können, oder die Aufmerksamkeit derer, die noch nicht genug Kenner sind, auf sich zu ziehen, nicht aber um ihn Kennern zu empfehlen und seinen Wert zu bestimmen.

Es liegt gleichwohl in dieser Idee von dem absoluten Werte des bloßen Willens, ohne einigen Nutzen bei Schätzung desselben in Anschlag zu bringen, etwas so Befremdliches, daß unerachtet aller Einstimmung selbst der gemeinen Vernunft mit derselben dennoch ein Verdacht entspringen muß, daß vielleicht bloß hochfliegende Phantasterei insgeheim zum Grunde liege, und die Natur in ihrer Absicht, warum sie unserem Willen Vernunft zur Regiererin beigelegt habe, falsch verstanden sein möge. Daher wollen wir diese Idee aus diesem Gesichtspunkte auf die Prüfung stellen.

In den Naturanlagen eines organisierten, d. i. zweckmäßig zum Leben eingerichteten Wesens nehmen wir es als Grundsatz an, daß kein Werkzeug zu irgend einem Zwecke in demselben angetroffen werde, als was auch zu demselben das schicklichste und ihm am meisten angemessen ist. Wäre nun an einem Wesen, das Vernunft und einen Willen hat, seine *Erhaltung,* sein *Wohlergehen,* mit einem Worte seine *Glückseligkeit* der eigentliche Zweck der Natur, so hätte sie ihre Veranstaltung dazu sehr schlecht getroffen, sich die Vernunft des Geschöpfs zur Ausrichterin dieser ihrer Absicht zu ersehen. Denn alle Handlungen, die es in dieser Absicht auszuüben hat, und die ganze Regel seines Verhaltens würden ihm weit genauer durch Instinkt vorgezeichnet und jener Zweck weit sicherer dadurch haben erhalten werden können, als es jemals durch Vernunft geschehen kann; und sollte diese ja obenein dem begünstigten Geschöpf erteilt worden sein, so würde sie ihm nur dazu haben dienen müssen, um über die glückliche Anlage seiner Natur Betrachtungen anzustellen, sie zu bewundern, sich ihrer zu erfreuen und der wohltätigen Ursache dafür dankbar zu sein, nicht aber, um sein Begehrungsvermögen jener schwachen und trüglichen Leitung zu unterwerfen und in der Naturabsicht zu pfuschen; mit einem Worte, sie würde verhütet haben, daß Vernunft nicht in *praktischen Gebrauch* ausschlüge und die Vermessenheit hätte, mit ihren schwachen Einsichten ihr selbst den Entwurf der Glückseligkeit und der Mittel, dazu zu gelangen, auszudenken; die Natur würde nicht allein die Wahl der Zwecke, sondern auch der Mittel selbst übernommen und beide mit weiser Vorsorge lediglich dem Instinkte anvertraut haben.

In der Tat finden wir auch, daß, je mehr eine kultivierte Vernunft sich mit der Absicht auf den Genuß des Lebens und der Glückseligkeit abgibt, desto weiter der Mensch von der wahren Zufriedenheit abkomme, woraus bei vielen, und zwar den Versuchtesten im Gebrauche derselben, wenn sie nur aufrichtig genug sind, es zu gestehen, ein gewisser Grad von *Misologie* d. i. Haß der Vernunft entspringt, weil sie nach dem Überschlage alles Vorteils, den sie, ich will nicht sagen von der Erfindung aller Künste des gemeinen Luxus, sondern sogar von den Wissenschaften (die ihnen am Ende auch ein Luxus des Verstandes zu sein scheinen) ziehen, dennoch finden, daß sie sich in der Tat nur mehr Mühseligkeit auf den Hals gezogen als an Glückseligkeit gewonnen haben, und darüber endlich den gemeineren

Schlag der Menschen, welcher der Leitung des bloßen Naturinstinkts näher ist und der seiner Vernunft nicht viel Einfluß auf sein Tun und Lassen verstattet, eher beneiden, als geringschätzen. Und soweit muß man gestehen, daß das Urteil derer, die die ruhmredigen Hochpreisungen der Vorteile, die uns die Vernunft in Ansehung der Glückseligkeit und Zufriedenheit des Lebens verschaffen sollte, sehr mäßigen und sogar unter Null herabsetzen, keineswegs grämisch oder gegen die Güte der Weltregierung undankbar sei, sondern daß diesen Urteilen insgeheim die Idee von einer anderen und viel würdigeren Absicht ihrer Existenz zum Grunde liege, zu welcher und nicht der Glückseligkeit die Vernunft ganz eigentlich bestimmt sei, und welcher darum als oberster Bedingung die Privatabsicht des Menschen größtenteils nachstehen muß.

Denn da die Vernunft dazu nicht tauglich genug ist, um den Willen in Ansehung der Gegenstände desselben und der Befriedigung aller unserer Bedürfnisse (die sie zum Teil selbst vervielfältigt) sicher zu leiten, als zu welchem Zwecke ein eingepflanzter Naturinstinkt viel gewisser geführt haben würde, gleichwohl aber uns Vernunft als praktisches Vermögen, d. i. als ein solches, das Einfluß auf den *Willen,* haben soll, dennoch zugeteilt ist: so muß die wahre Bestimmung derselben sein, einen nicht etwa in anderer Absicht *als Mittel,* sondern *an sich selbst guten Willen* hervorzubringen, wozu schlechterdings Vernunft nötig war, wo anders die Natur überall in Austeilung ihrer Anlagen zweckmäßig zu Werke gegangen ist. Dieser Wille darf also nicht das einzige und das ganze, aber er muß doch das höchste Gut und zu allem übrigen, selbst allem Verlangen nach Glückseligkeit, die Bedingung sein, in welchem Falle es sich mit der Weisheit der Natur gar wohl vereinigen läßt, wenn man wahrnimmt, daß die Kultur der Vernunft, die zur ersteren und unbedingten Absicht erforderlich ist, die Erreichung der zweiten, die jederzeit bedingt ist, nämlich der Glückseligkeit, wenigstens in diesem Leben, auf mancherlei Weise einschränke, ja sie selbst unter Nichts herabbringen könne, ohne daß die Natur darin unzweckmäßig verfahre, weil die Vernunft, die ihre höchste praktische Bestimmung in der Gründung eines guten Willens erkennt, bei Erreichung dieser Absicht nur einer Zufriedenheit nach ihrer eigenen Art, nämlich aus der Erfüllung eines Zweckes, den wiederum nur Vernunft bestimmt, fähig ist, sollte dieses auch mit manchem Abbruch, der den Zwecken der Neigung geschieht, verbunden sein.

Um aber den Begriff eines an sich selbst hochzuschätzenden und ohne weitere Absicht guten Willens, sowie er schon dem natürlichen gesunden Verstande beiwohnt und nicht so wohl gelehrt als vielmehr nur aufgeklärt zu werden bedarf, diesen Begriff, der in der Schätzung des ganzen Wertes unserer Handlungen immer obenan steht und die Bedingung alles übrigen ausmacht, zu entwickeln: wollen wir den Begriff der *Pflicht* vor uns nehmen, der den eines guten Willens, obzwar unter gewissen subjektiven Einschränkungen und Hindernissen, enthält, die aber doch, weit gefehlt daß sie ihn verstecken und unkenntlich machen sollten, ihn vielmehr durch Abstechung heben und desto heller hervorscheinen lassen.

Ich übergehe hier alle Handlungen, die schon als pflichtwidrig erkannt werden, ob sie gleich in dieser oder jener Absicht nützlich sein mögen; denn bei denen ist gar nicht einmal die Frage, ob sie *aus Pflicht* geschehen sein mögen, da sie dieser sogar widerstreiten. Ich setze auch die Handlungen bei Seite, die wirklich pflichtmäßig sind, zu denen aber Menschen unmittelbar *keine Neigung* haben, sie aber dennoch ausüben, weil sie durch eine andere Neigung dazu getrieben werden. Denn da läßt sich leicht unterscheiden, ob die pflichtmäßige Handlung *aus Pflicht* oder aus selbstsüchtiger Absicht geschehen sei. Weit schwerer ist dieser Unterschied zu bemerken, wo die Handlung pflichtmäßig ist und das Subjekt noch überdem *unmittelbare* Neigung zu ihr hat. Z. B. es ist allerdings pflichtmäßig, daß der Krämer seinen unerfahrenen Käufer nicht übertheuere, und, wo viel Verkehr ist, tut dieses auch der kluge Kaufmann nicht, sondern hält einen festgesetzten allgemeinen Preis für jedermann, sodaß ein Kind ebenso gut bei ihm kauft als jeder andere. Man wird also *ehrlich* bedient; allein das ist lange nicht genug, um deswegen zu glauben, der Kaufmann habe aus Pflicht und Grundsätzen der Ehrlichkeit so verfahren; sein Vorteil erforderte es; daß er aber überdem noch eine unmittelbare Neigung zu den Käufern haben sollte, um gleichsam aus Liebe keinem vor dem anderen im Preise den Vorzug zu geben, läßt sich hier nicht annehmen. Also war die Handlung weder aus Pflicht noch aus unmittelbarer Neigung, sondern bloß in eigennütziger Absicht geschehen.

Dagegen sein Leben zu erhalten, ist Pflicht, und überdem hat jedermann dazu noch eine unmittelbare Neigung. Aber um deswillen hat die oft ängstliche Sorgfalt, die der größte Teil der Menschen dafür trägt, doch keinen inneren Wert und die Maxime derselben keinen moralischen Gehalt. Sie bewahren ihr Leben zwar *pflichtmäßig,* aber nicht *aus Pflicht.* Dagegen wenn Widerwärtigkeiten und hoffnungsloser Gram den Geschmack am Leben gänzlich weggenommen haben, wenn der Unglückliche, stark an Seele, über sein Schicksal mehr entrüstet als kleinmütig oder niedergeschlagen, den Tod wünscht und sein Leben doch erhält, ohne es zu lieben, nicht aus Neigung oder Furcht, sondern aus Pflicht: alsdann hat seine Maxime einen moralischen Gehalt.

Wohltätig sein, wo man kann, ist Pflicht, und überdem gibt es manche so teilnehmend gestimmte Seelen, daß sie, auch ohne einen anderen Bewegungsgrund der Eitelkeit oder des Eigennutzes, ein inneres Vergnügen daran finden, Freude um sich zu verbreiten, und die sich an der Zufriedenheit anderer, sofern sie ihr Werk ist, ergötzen können. Aber ich behaupte, daß in solchem Falle dergleichen Handlung, so pflichtmäßig, so liebenswürdig sie auch ist, dennoch keinen wahren sittlichen Wert habe, sondern mit anderen Neigungen zu gleichen Paaren gehe, z. E. der Neigung nach Ehre, die, wenn sie glücklicherweise auf das trifft, was in der Tat gemeinnützig und pflichtmäßig, mithin ehrenwert ist, Lob und Aufmunterung, aber nicht Hochschätzung verdient; denn der Maxime fehlt der sittliche Gehalt, nämlich solche Handlungen nicht aus Neigung, sondern *aus Pflicht* zu tun. Gesetzt also, das Gemüt jenes Menschenfreundes wäre vom eigenen Gram umwölkt, der alle Teilnehmung an anderer Schicksal auslöscht, er hätte immer noch Vermögen, anderen Notleidenden wohlzutun, aber fremde

Not rührte ihn nicht, weil er mit seiner eigenen genug beschäftigt ist, und nun, da keine Neigung ihn mehr dazu anreizt, risse er sich doch aus dieser tödlichen Unempfindlichkeit heraus und täte die Handlung ohne alle Neigung, lediglich aus Pflicht, alsdann hat sie allererst ihren echten moralischen Wert. Noch mehr: wenn die Natur diesem oder jenem überhaupt wenig Sympathie ins Herz gelegt hätte, wenn er (übrigens ein ehrlicher Mann) von Temperament kalt und gleichgültig gegen die Leiden anderer wäre, vielleicht weil er, selbst gegen seine eigenen mit der besonderen Gabe der Geduld und aushaltenden Stärke versehen, dergleichen bei jedem anderen auch voraussetzt oder gar fordert; wenn die Natur einen solchen Mann (welcher wahrlich nicht ihr schlechtestes Produkt sein würde) nicht eigentlich zum Menschenfreunde gebildet hätte, würde er denn nicht noch in sich einen Quell finden, sich selbst einen weit höheren Wert zu geben, als der eines gutartigen Temperaments sein mag? Allerdings! gerade da hebt der Wert des Charakters an, der moralisch und ohne alle Vergleichung der höchste ist, nämlich daß er wohltue, nicht aus Neigung, sondern aus Pflicht.

Seine eigene Glückseligkeit sichern, ist Pflicht (wenigstens indirekt); denn der Mangel der Zufriedenheit mit seinem Zustande in einem Gedränge von vielen Sorgen und mitten unter unbefriedigten Bedürfnissen könnte leicht eine große *Versuchung zu Übertretung der Pflichten* werden. Aber auch ohne hier auf Pflicht zu sehen, haben alle Menschen schon von selbst die mächtigste und innerste Neigung zur Glückseligkeit, weil sich gerade in dieser Idee alle Neigungen zu einer Summe vereinigen. Nur ist die Vorschrift der Glückseligkeit mehrenteils so beschaffen, daß sie einigen Neigungen großen Abbruch tut und doch der Mensch sich von der Summe der Befriedigung aller unter dem Namen der Glückseligkeit keinen bestimmten und sicheren Begriff machen kann; daher nicht zu verwundern ist, wie eine einzige in Ansehung dessen, was sie verheißt, und der Zeit, worin ihre Befriedigung erhalten werden kann, bestimmte Neigung eine schwankende Idee überwiegen könne, und der Mensch, z. B. ein Podagrist, wählen könne zu genießen, was ihm schmeckt, und zu leiden, was er kann, weil er nach seinem Überschlage hier wenigstens sich nicht durch vielleicht grundlose Erwartungen eines Glücks, das in der Gesundheit stecken soll, um den Genuß des gegenwärtigen Augenblicks gebracht hat. Aber auch in diesem Falle, wenn die allgemeine Neigung zur Glückseligkeit seinen Willen nicht bestimmte, wenn Gesundheit für ihn wenigstens nicht so notwendig in diesen Überschlag gehörte, so bleibt noch hier wie in allen anderen Fällen ein Gesetz übrig, nämlich seine Glückseligkeit zu befördern, nicht aus Neigung, sondern aus Pflicht, und da hat sein Verhalten allererst den eigentlichen moralischen Wert.

So sind ohne Zweifel auch die Schriftstellen zu verstehen, darin geboten wird, seinen Nächsten, selbst unseren Feind zu lieben. Denn Liebe als Neigung kann nicht geboten werden, aber Wohltun aus Pflicht selbst, wenn dazu gleich gar keine Neigung treibt, ja gar natürliche und unbezwingliche Abneigung widersteht, ist *praktische* und nicht *pathologische* Liebe, die im Willen liegt und nicht im Hange der Empfindung, in Grundsätzen der Handlung und nicht schmelzender Teilnehmung; jene aber allein kann geboten werden.

Der zweite Satz ist: eine Handlung aus Pflicht hat ihren moralischen Wert *nicht in der Absicht*, welche dadurch erreicht werden soll, sondern in der Maxime, nach der sie beschlossen wird, hängt also nicht von der Wirklichkeit des Gegenstandes der Handlung ab, sondern bloß von dem *Prinzip des Wollens*, nach welchem die Handlung unangesehen aller Gegenstände des Begehrungsvermögens geschehen ist. Daß die Absichten, die wir bei Handlungen haben mögen, und ihre Wirkungen, als Zwecke und Triebfedern des Willens, den Handlungen keinen unbedingten und moralischen Wert erteilen können, ist aus dem vorigen klar. Worin kann also dieser Wert liegen, wenn er nicht im Willen in Beziehung auf deren verhoffte Wirkung bestehen soll? Er kann nirgend anders liegen *als im Prinzip des Willens,* unangesehen der Zwecke, die durch solche Handlung bewirkt werden können; denn der Wille ist mitten inne zwischen seinem Prinzip *a priori,* welches formell ist, und zwischen seiner Triebfeder *a posteriori,* welche materiell ist, gleichsam auf einem Scheidewege, und da er doch irgend wodurch muß bestimmt werden, so wird er durch das formelle Prinzip des Wollens überhaupt bestimmt werden müssen, wenn eine Handlung aus Pflicht geschieht, da ihm alles materielle Prinzip entzogen worden.

– Prinzipien a priori sind nach Kant Strukturen, die uns durch die Vernunft so grundlegend vorgegeben sind, daß wir uns Erfahrung und damit Wirklichkeit überhaupt unabhängig von ihnen nicht vorstellen können; im theoretischen Feld etwa die Raum- und Zeitstruktur unserer Erfahrung, aber auch höchste logische Aussagen, wie etwa: A kann nicht zugleich B und nicht-B sein etc. Auf praktischem Gebiet sind es nach Kant die für jedes Wollen gültigen und notwendigen Sollensforderungen, durch die überhaupt ein vernünftiges Wesen als vernünftiges handlungsfähig wird. Das oberste Prinzip ist der »kategorische Imperativ«, den Kant im folgenden in erster Näherung entwickelt. Im Gegensatz zu den apriorischen Prinzipien stehen die aposteriorischen Inhalte unseres Verstandes und unseres Willens. Sie sind dadurch definiert, daß wir zu ihnen erst durch die jeweilige Erfahrung gelangen. Bestimmungen a posteriori sind auf theoretischem Gebiet die konkreten Abmessungen und Zusammenhänge der raumzeitlichen Gegenstände, auf praktischem der Wert und Nutzen, den wir aufgrund unserer Beobachtungen unseren wie den Handlungen der Menschen überhaupt zuschreiben. Wir wissen aus Erfahrung, wie wir etwas erreichen können, wenn wir es erreichen wollen. Aber was wir letztlich erreichen sollen, muß in uns vor aller einzelnen Erfahrung angelegt sein, und praktische Philosophie besteht darin, uns zu ihm zu befreien.

Den dritten Satz, als Folgerung aus beiden vorigen, würde ich so ausdrücken: *Pflicht ist Notwendigkeit einer Handlung aus Achtung fürs Gesetz.* Zum Objekte als Wirkung meiner vorhabenden Handlung kann ich zwar *Neigung* haben, aber *niemals Achtung,* ebendarum, weil sie bloß eine Wirkung und nicht Tätigkeit eines Willens ist. Ebenso kann ich für Neigung überhaupt, sie mag nun meine oder eines anderen seine sein, nicht Achtung haben, ich kann sie höchstens im ersten Falle billigen, im zweiten bisweilen selbst lieben, d. i. sie als meinem eigenen

Vorteile günstig ansehen. Nur das, was bloß als Grund, niemals aber als Wirkung mit meinem Willen verknüpft ist, was nicht meiner Neigung dient, sondern sie überwiegt, wenigstens diese von deren Überschlage bei der Wahl ganz ausschließt, mithin das bloße Gesetz für sich, kann ein Gegenstand der Achtung und hiermit ein Gebot sein. Nun soll eine Handlung aus Pflicht den Einfluß der Neigung und mit ihr jeden Gegenstand des Willens ganz absondern, also bleibt nichts für den Willen übrig, was ihn bestimmen könne, als objektiv das *Gesetz* und subjektiv *reine Achtung* für dieses praktische Gesetz, mithin die Maxime*, einem solchen Gesetze, selbst mit Abbruch aller meiner Neigungen, Folge zu leisten.

Es liegt also der moralische Wert der Handlung nicht in der Wirkung, die daraus erwartet wird, also auch nicht in irgend einem Prinzip der Handlung, welches seinen Bewegungsgrund von dieser erwarteten Wirkung zu entlehnen bedarf. Denn alle diese Wirkungen (Annehmlichkeit seines Zustandes, ja gar Beförderung fremder Glückseligkeit) konnten auch durch andere Ursachen zu stande gebracht werden, und es brauchte also dazu nicht des Willens eines vernünftigen Wesens, worin gleichwohl das höchste und unbedingte Gute allein angetroffen werden kann. Es kann daher nichts anderes als die *Vorstellung des Gesetzes* an sich selbst, *die freilich nur im vernünftigen Wesen stattfindet,* sofern sie, nicht aber die verhoffte Wirkung, der Bestimmungsgrund des Willens ist, das so vorzügliche Gute, welches wir sittlich nennen, ausmachen, welches in der Person selbst schon gegenwärtig ist, die danach handelt, nicht aber allererst aus der Wirkung erwartet werden darf**.

---

* *Maxime* ist das subjektive Prinzip des Wollens; das objektive Prinzip (d. i. dasjenige, was allen vernünftigen Wesen auch subjektiv zum praktischen Prinzip dienen würde, wenn Vernunft volle Gewalt über das Begehrungsvermögen hätte) ist das praktische *Gesetz*.

** Man könnte mir vorwerfen, als suchte ich hinter dem Worte *Achtung* nur Zuflucht in einem dunklen Gefühle, anstatt durch einen Begriff der Vernunft in der Frage deutliche Auskunft zu geben. Allein wenn Achtung gleich ein Gefühl ist, so ist es doch kein durch Einfluß *empfangenes,* sondern durch einen Vernunftbegriff *selbstgewirktes* Gefühl und daher von allen Gefühlen der ersteren

Was kann das aber wohl für ein Gesetz sein, dessen Vorstellung, auch ohne auf die daraus erwartete Wirkung Rücksicht zu nehmen, den Willen bestimmen muß, damit dieser schlechterdings und ohne Einschränkung gut heißen könne? Da ich den Willen aller Antriebe beraubt habe, die ihm aus der Befolgung irgend eines Gesetzes entspringen könnten, so bleibt nichts als die allgemeine Gesetzmäßigkeit der Handlungen überhaupt übrig, welche allein dem Willen zum Prinzip dienen soll, d. i. ich soll niemals anders verfahren als so, *daß ich auch wollen könne, meine Maxime solle ein allgemeines Gesetz werden*. Hier ist nun die bloße Gesetzmäßigkeit überhaupt (ohne irgend ein auf gewisse Handlungen bestimmtes Gesetz zum Grunde zu legen) das, was dem Willen zum Prinzip dient und ihm auch dazu dienen muß, wenn Pflicht nicht überall ein leerer Wahn und chimärischer Begriff sein soll; hiermit stimmt die gemeine Menschenvernunft in ihrer praktischen Beurteilung auch vollkommen überein und hat das gedachte Prinzip jederzeit vor Augen.

Art, die sich auf Neigung oder Furcht bringen lassen, spezifisch unterschieden. Was ich unmittelbar als Gesetz für mich erkenne, erkenne ich mit Achtung, welche bloß das Bewußtsein der *Unterordnung* meines Willens unter einem Gesetze ohne Vermittelung anderer Einflüsse auf meinen Sinn bedeutet. Die unmittelbare Bestimmung des Willens durchs Gesetz und das Bewußtsein derselben heißt *Achtung,* sodaß diese als *Wirkung* des Gesetzes aufs Subjekt und nicht als *Ursache* desselben angesehen wird. Eigentlich ist Achtung die Vorstellung von einem Werte, der meiner Selbstliebe Abbruch tut. Also ist es etwas, was weder als Gegenstand der Neigung noch der Furcht betrachtet wird, obgleich es mit beiden zugleich etwas Analogisches hat. Der *Gegenstand* der Achtung ist also lediglich das *Gesetz,* und zwar dasjenige, das wir *uns selbst* und doch als an sich notwendig auferlegen. Als Gesetz sind wir ihm unterworfen, ohne die Selbstliebe zu befragen; als uns von uns selbst auferlegt, ist es doch eine Folge unseres Willens und hat in der ersten Rücksicht Analogie mit Furcht, in der zweiten mit Neigung. Alle Achtung für eine Person ist eigentlich nur Achtung fürs Gesetz (der Rechtschaffenheit usw.), wovon jene uns das Beispiel gibt. Weil wir Erweiterung unserer Talente auch als Pflicht ansehen, so stellen wir uns an einer Person von Talenten auch gleichsam das *Beispiel eines Gesetzes* vor (ihr durch Übung hierin ähnlich zu werden), und das macht unsere Achtung aus. Alles moralische sogenannte *Interesse* besteht lediglich in der *Achtung* fürs Gesetz.

Die Frage sei z. B.: darf ich, wenn ich im Gedränge bin, nicht ein Versprechen tun in der Absicht, es nicht zu halten? Ich mache hier leicht den Unterschied, den die Bedeutung der Frage haben kann, ob es klüglich oder ob es pflichtmäßig sei, ein falsches Versprechen zu tun. Das erstere kann ohne Zweifel öfters stattfinden. Zwar sehe ich wohl, daß es nicht genug sei, mich vermittelst dieser Ausflucht aus einer gegenwärtigen Verlegenheit zu ziehen, sondern wohl überlegt werden müsse, ob mir aus dieser Lüge nicht hinterher viel größere Ungelegenheit entspringen könne, als die sind, von denen ich mich jetzt befreie, und da die Folgen bei aller meiner vermeinten *Schlauigkeit* nicht so leicht vorauszusehen sind, daß nicht ein einmal verlorenes Zutrauen mir weit nachteiliger werden könnte als alles Übel, das ich jetzt zu vermeiden gedenke; ob es nicht *klüglicher* gehandelt sei, hierbei nach einer allgemeinen Maxime zu verfahren und es sich zur Gewohnheit zu machen, nichts zu versprechen als in der Absicht, es zu halten. Allein es leuchtet mir hier bald ein, daß eine solche Maxime doch immer nur die besorglichen Folgen zum Grunde habe. Nun ist es doch etwas ganz anderes, aus Pflicht wahrhaft zu sein, als aus Besorgnis der nachteiligen Folgen: indem im ersten Falle der Begriff der Handlung an sich selbst schon ein Gesetz für mich enthält, im zweiten ich mich allererst anderwärtsher umsehen muß, welche Wirkungen für mich wohl damit verbunden sein möchten. Denn wenn ich von dem Prinzip der Pflicht abweiche, so ist es ganz gewiß böse; werde ich aber meiner Maxime der Klugheit abtrünnig, so kann das mir doch manchmal sehr vorteilhaft sein, wiewohl es freilich sicherer ist, bei ihr zu bleiben. Um indessen mich in Ansehung der Beantwortung dieser Aufgabe, ob ein lügenhaftes Versprechen pflichtmäßig sei, auf die allerkürzeste und doch untrügliche Art zu belehren, so frage ich mich selbst: Würde ich wohl damit zufrieden sein, daß meine Maxime (mich durch ein unwahres Versprechen aus Verlegenheit zu ziehen) als ein allgemeines Gesetz (sowohl für mich als andere) gelten solle? und würde ich wohl zu mir sagen können: es mag jedermann ein unwahres Versprechen tun, wenn er sich in Verlegenheit befindet, daraus er sich auf andere Art nicht ziehen kann? So werde ich bald inne, daß ich zwar die Lüge, aber ein allgemeines Gesetz zu lügen gar nicht wollen könne; denn nach einem solchen würde es eigentlich gar kein Versprechen geben, weil es vergeblich wäre, meinen Willen in Ansehung meiner künftigen Handlungen anderen vorzugeben, die diesem Vorgeben doch nicht glauben oder, wenn sie es übereilterweise täten, mich doch mit gleicher Münze bezahlen würden; mithin meine Maxime, sobald sie zum allgemeinen Gesetze gemacht würde, sich selbst zerstören müsse.

Was ich also zu tun habe, damit mein Wollen sittlich gut sei, dazu brauche ich gar keine weit ausholende Scharfsinnigkeit. Unerfahren in Ansehung des Weltlaufs, unfähig auf alle sich ereignenden Vorfälle desselben gefaßt zu sein, frage ich mich nur: Kannst du auch wollen, daß deine Maxime ein allgemeines Gesetz werde? Wo nicht, so ist sie verwerflich, und das zwar nicht um eines dir oder auch anderen daraus bevorstehenden Nachteils willen, sondern weil sie nicht als Prinzip in eine mögliche allgemeine Gesetzgebung passen kann; für diese aber zwingt mir die Vernunft unmittelbare Achtung ab, von der ich zwar jetzt noch nicht *einsehe,* worauf sie sich gründe (welches der Philosoph untersuchen mag), wenigstens aber doch soviel verstehe: daß es eine Schätzung des Wertes sei, welcher allen Wert dessen, was durch Neigung angepriesen wird, weit überwiegt, und daß die Notwendigkeit meiner Handlungen aus *reiner* Achtung fürs praktische Gesetz dasjenige sei, was die Pflicht ausmacht, der jeder andere Bewegungsgrund weichen muß, weil sie die Bedingung eines *an sich* guten Willens ist, dessen Wert über alles geht.

So sind wir denn in der moralischen Erkenntnis der gemeinen Menschenvernunft bis zu ihrem Prinzip gelangt, welches sie sich zwar freilich nicht so in einer allgemeinen Form abgesondert denkt, aber doch jederzeit wirklich vor Augen hat und zum Richtmaße ihrer Beurteilung braucht. Es wäre hier leicht zu zeigen, wie sie mit diesem Kompasse in der Hand in allen vorkommenden Fällen sehr gut Bescheid wisse zu unterscheiden, was gut, was böse, pflichtmäßig oder pflichtwidrig sei, wenn man, ohne sie im mindesten etwas Neues zu lehren, sie nur, wie Sokrates tat, auf ihr eigenes Prinzip aufmerksam macht, und daß es also keiner Wissenschaft und Philosophie bedürfe, um zu wissen, was man zu tun habe, um ehrlich und gut, ja sogar um weise und tugendhaft zu sein. Das ließe sich auch wohl schon zum voraus vermuten, daß die Kenntnis dessen, was zu tun, mithin auch zu wissen jedem Menschen obliegt, auch jedes, selbst des gemeinsten Menschen Sache sein werde. Hier kann man es doch nicht ohne Bewunderung ansehen, wie das praktische Beurteilungsvermögen vor dem theoretischen im gemeinen Menschenverstande so gar viel voraus habe. In dem letzteren, wenn die gemeine Vernunft es wagt, von den Erfahrungsgesetzen und den Wahrnehmungen der Sinne abzugehen, gerät sie in lauter Unbegreiflichkeiten und Widersprüche mit sich selbst, wenigstens in ein Chaos von Ungewißheit, Dunkelheit und Unbestand. Im Praktischen aber fängt die Beurteilungskraft dann eben allererst an sich recht vorteilhaft zu zeigen, wenn der gemeine Verstand alle sinnlichen Triebfedern von praktischen Gesetzen ausschließt. Er wird alsdann sogar subtil, es mag sein, daß er mit seinem Gewissen oder anderen Ansprüchen in Beziehung auf das, was recht heißen soll, chikanieren, oder auch den Wert der Handlungen zu seiner eigenen Belehrung aufrichtig bestimmen will, und, was das meiste ist, er kann im letzteren Falle sich ebenso gut Hoffnung machen, es recht zu treffen, als es sich immer ein Philosoph versprechen mag, ja ist beinahe noch sicherer hierin als selbst der letztere, weil dieser doch kein anderes Prinzip als jener haben, sein Urteil aber durch eine Menge fremder, nicht zur Sache gehöriger Erwägungen leicht verwirren und von der geraden Richtung abweichend machen kann. Wäre es demnach nicht ratsamer, es in moralischen Dingen bei dem gemeinen Vernunfturteil bewenden zu lassen und höchstens nur Philosophie anzubringen, um das System der Sitten desto vollständiger und faßlicher, imgleichen die Regeln derselben zum Gebrauche (noch mehr aber zum Disputieren) bequemer darzustellen, nicht aber um selbst in praktischer Absicht den gemeinen Menschenverstand von seiner glücklichen Einfalt abzubringen und ihn durch Philosophie auf einen neuen Weg der Untersuchung und Belehrung zu bringen?

Es ist eine herrliche Sache um die Unschuld, nur ist es auch wiederum sehr schlimm, daß sie sich nicht wohl bewahren läßt und leicht verführt wird. Deswegen bedarf selbst die Weisheit – die sonst wohl mehr im Tun und Lassen als im Wissen besteht – doch auch der Wissenschaft, nicht um von ihr zu lernen, sondern ihrer Vorschrift Eingang und Dauerhaftigkeit zu verschaffen. Der Mensch fühlt in sich selbst ein mächtiges Gegengewicht gegen alle Gebote der Pflicht, die ihm die Vernunft so hochachtungswürdig vorstellt, an seinen Bedürfnissen und Neigungen, deren ganze Befriedigung er unter dem Namen der Glückseligkeit zusammenfaßt. Nun gebietet die Vernunft, ohne doch dabei den Neigungen etwas zu verheißen, unnachlaßlich, mithin gleichsam mit Zurücksetzung und Nichtbeachtung jener so ungestümen und dabei so billig scheinenden Ansprüche (die sich durch kein Gebot wollen aufheben lassen), ihre Vorschriften. Hieraus entspringt aber eine *natürliche Dialektik,* d. i. ein Hang, wider jene strengen Gesetze der Pflicht zu vernünfteln und ihre Gültigkeit, wenigstens ihre Reinigkeit und Strenge, in Zweifel zu ziehen und sie womöglich unseren Wünschen und Neigungen angemessener zu machen, d. i. sie im Grunde zu verderben und um ihre ganze Würde zu bringen, welches denn doch selbst die gemeine praktische Vernunft am Ende nicht gutheißen kann.

So wird also die *gemeine Menschenvernunft* nicht durch irgend ein Bedürfnis der Spekulation (welches ihr, solange sie sich genügt, bloße gesunde Vernunft zu sein, niemals anwandelt), sondern selbst aus praktischen Gründen angetrieben, aus ihrem Kreise zu gehen und einen Schritt ins Feld einer *praktischen Philosophie* zu tun, um daselbst, wegen der Quelle ihres Prinzips und richtigen Bestimmung desselben in Gegenhaltung mit den Maximen, die sich auf Bedürfnis und Neigung fußen, Erkundigung und deutliche Anweisung zu bekommen, damit sie aus der Verlegenheit wegen beiderseitiger Ansprüche herauskomme und nicht Gefahr laufe, durch die Zweideutigkeit, in die sie leicht gerät, um alle echten sittlichen Grundsätze gebracht zu werden. Also entspinnt sich ebensowohl in der praktischen gemeinen Vernunft, wenn sie sich kultiviert, unvermerkt eine *Dialektik,* welche sie nötigt, in der Philosophie Hilfe zu suchen, als es ihr im theoretischen Gebrauche widerfährt, und die erstere wird daher wohl ebensowenig als die andere irgendwo sonst als in einer vollständigen Kritik unserer Vernunft Ruhe finden.

Bearbeitungsfragen:

1. Welche Bedeutung haben für Kant die Tugenden des Aristoteles?
2. Wie wichtig ist der Erfolg einer Handlung für ihren Wert?
3. Welchen Rang hat ein glückliches Leben für die Ethik im Sinne Kants?
4. Was geschieht nach der Beobachtung Kants mit Menschen, die unbedingt glücklich werden wollen?
5. Ist nach Kants Begriff der »Neigung« eine Handlung aus Mitleid besser zu bewerten als eine Handlung aus Habgier?
6. Man hat Kants Pflichtbegriff seine unattraktive »Trockenheit« vorgeworfen. Gibt der Kantische Text dazu Veranlassung?
7. Wie verhält sich Kants Gesetz zu dem, was Thomas von Aquin als göttliches Gesetz gefaßt hatte?
8. Was ist damit gemeint: Die Maxime, lügenhaft zu versprechen, zerstöre sich selbst, wenn sie zum allgemeinen Gesetz gemacht wird?
9. Gott und Gewissen: Welche Rolle spielen sie für Kants Pflichtbegriff?

I.4 Die Werte
Hartmann: Ethik, I/5, Kapitel 16

Gegen die Pflichtethik Kants ist im 20. Jahrhundert von den deutschen Philosophen Max Scheler (1874–1928) und *Nicolai Hartmann* (1882–1950) in entschiedenem Gegensatz eine Wertethik aufgebaut worden. Sie erblickt gerade in dem, was Kant für irrelevant hinsichtlich der Beurteilung des moralischen Handelns ansah, das »bedingende Prius aller Phänomene des moralischen Lebens« (Hartmann; vgl. S. 91), also die Grundvoraussetzung, ohne die es überhaupt keinen Sinn hätte, von gutem Willen oder sittlichen Grundsätzen zu reden. Kant hatte die Wertschätzungen, die die Menschen für das empfinden, was ihnen begegnet, auf die Seite der »Materie« der Bestimmung ihres Handelns gerechnet: Jeder schätzt etwas anderes besonders hoch ein, und Wertschätzungen ändern sich in der Geschichte sowie von Volk zu Volk. Immer gleich zu beurteilen ist nur die Sittlichkeit oder Unsittlichkeit der Maxime, aus der heraus man unabhängig von der jeweiligen Wertschätzung handelt.

Die Ethik Nicolai Hartmanns, deren fundamentalster Begriff in dem folgenden Text näher bestimmt wird, hält diese Abgrenzung für falsch. Was unser Handeln überhaupt erst wertvoll macht, kann nicht allein auf unserer Seite angesiedelt sein, sondern muß uns gegenüber selbständig und objektiv bestehen: der *Wert* selbt. Wenn wir ein Bild schön finden oder einer Handlung tapfer, so kann diese Einschätzung sich ändern, und andere Menschen mögen zu einer anderen Einschätzung kommen. Aber von diesen Unterschieden könnte man gar nicht mit irgendeiner Berechtigung sprechen, wenn es nicht die Schönheit des Bildes oder die Tapferkeit einer Handlung gäbe. Man kann darüber streiten, ob der Wert der Schönheit an einem bestimmten Bild vorfindbar ist oder nicht, aber gerade darin zeigt sich, daß dieser Wert etwas Reales ist, auch wenn man ihn nicht sieht und nicht so exakt beschreiben kann wie vielleicht die Größe des Bildes oder die verwendeten Farben, Formen und Motive.

Unsere gesamte Erkenntnis der Wirklichkeit ist nach Hartmann immer auch die Erkenntnis von Werten. Was wir kennenlernen, lernen wir auch als vornehm oder gemein, interessant oder gleichgültig, wichtig oder unbedeutend, schön oder häßlich, gut oder böse kennen. Wir können, etwa wenn wir die Einstellung des Naturforschers einnehmen, für bestimmte Zwecke von dieser Wertverknüpfung absehen; aber nichtsdestoweniger sind die Werte da, und sobald wir moralische Urteile abgeben, vor allem aber, wenn wir praktische Philosophie betreiben wollen, müssen wir uns mit ihnen befassen.

Es ist interessant, daß Hartmann die Seinsweise der Werte ganz nach dem Vorbild solcher Größen denkt, die mit Werterkenntnis wohl am allerwenigsten zu tun haben, nämlich der logisch-mathematischen Strukturen. Sie haben, wie Hartmann es nennt, ein »ideales Ansichsein« und werden apriorisch erschaut. Das bedeutet: Man trifft auf sie ständig, wenn man die Gegebenheiten der realen Welt erblickt und erforscht, aber man trifft sie nicht innerhalb dieser realen Welt so an, daß man sie sinnlich erfahren könnte. Die geometrischen Strukturen der Kreisform lassen sich unabhängig von allen runden Dingen der Wirklichkeit berechnen und bestimmen, aber unsere gesamte Technik beruht darauf, daß derartige Berechnungen auf die Wirklichkeit angewendet werden können, sie beruht auf der zumindest teilweisen, annähernden »Übereinstimmung idealer und realer Seinsstruktur« (vgl. S. 94). Solche Übereinstimmung wäre unmöglich, wenn es nicht die mathematischen Strukturen, die logischen Relationen und all das, worauf unsere Berechnungen beruhen, wirklich gäbe. Nur dem »naiven Denken« (vgl. S. 96) kommt es in den Sinn, die Existenz solcher nicht direkt erfahrbarer Größen zu leugnen, während doch offenkundig ist: Sie sind nicht real, aber es gibt sie, sie haben ein »ideales Sein«.

Ebenso verhält es sich nach Hartmann mit den Werten: Sie sind ideal existierende Wesenheiten, die dem Subjekt gegenüberstehen und gänzlich unberührt davon bleiben, ob es sie in seinem Handeln verwirklicht oder nicht. Zwar ist der Einsatz der Person erforderlich, um die ideale Wertsphäre mit den tatsächlichen Gegebenheiten des realen Lebens zu verbinden, aber keinesfalls braucht es den Willen des Subjekts, damit etwa Werte erst gesetzt werden. Weder Wille noch Vernunft sind gesetzgebend, sondern sittliches Handeln geschieht dort, wo der Wille des Menschen sich frei entscheidet, gemäß vernünftiger Einsicht die Ordnung der Werte zur Grundlage des Handelns zu machen, d. h. überhaupt wertvoll zu handeln und darüber hinaus den höheren Wert dem niedrigeren so gut als möglich vorzuziehen. Nur weil die Werte unverrückbar vorgegeben und in ihren Strukturen untereinander objektiv verbunden sind, ist sittliches Handeln möglich. Nur darum auch kann es Ethik geben als philosophische Untersuchung des Charakters menschlicher Freiheit sowie jenes »Reiches mit eigenen Strukturen, eigenen Gesetzen, eigener Ordnung« (vgl. S. 95), das die Werte bilden.

Hartmanns Auffassung von Ethik und von der Philosophie überhaupt ist in gewisser Hinsicht von großer Zurückhaltung und Vorsicht geprägt. »Philosophische Wertforschung kann nur erfassen«, so schließt der vorliegende Text, »was dem lebendigen moralischen Wertgefühl faßbar ist.« Ethik kann nur klarer und übersichtlicher darstellen, im Zusammenhang faßbar machen, was wir im normalen Wertblick schon direkt haben. Ja, nicht nur Umfang und Anspruch der Ethik werden durch »ihr Sekundärsein, ihre Abhängigkeit« gegenüber der lebendigen Moral bestimmt, sondern sogar die inhaltlichen Begründungen, die Beweisführungen nehmen bei Hartmann oft die Gestalt der Zurückweisung von Einwänden gegen ein faktisch vorhandenes Wert- oder Freiheitsbewußtsein ein, das als solches keiner weiteren Rechtfertigung bedürftig oder fähig ist. Das gibt dieser Wertethik einerseits große Konkretheit und Unaufdringlichkeit, läßt sie wissenschaftlich kühl und objektiv erscheinen. Doch auf der anderen

Seite fragt sich, ob damit nicht jene Dimension zu kurz kommt, die Aristoteles von Anfang an ins Blickfeld rückte, wenn er sagte, daß es der Ethik darauf ankommt, nicht zu zeigen, was wertvoll ist, sondern uns zu wertvollen, in seiner Sprache: tugendhaften Menschen zu machen. Kann Ethik als Wertlehre auch zeigen, warum Werte verwirklicht werden sollen? Wiederum nur, um einem idealen Sein, einem Wert zu entsprechen? Und warum dann dies? Und so weiter. Und wie weit trägt wirklich die Parallele von mathematischem und ethischem Sein? Mathematiker von zwei verschiedenen Orten an entgegengesetzten Enden der Welt werden zu übereinstimmender mathematischer Erkenntnis gelangen; aber wird die nach Hartmann doch vor aller Erfahrung gegründete, subjektunabhängige, in sich absolut feststehende Werteinsicht jemals von Westeuropäern, Schwarzafrikanern und Chinesen gleich oder auch nur konvergierend geteilt werden?

Damit tut sich freilich ein neues, sehr gewichtiges Problem auf, das bei der Vorstellung aller bisherigen ethischen Ansätze, ob sie sich auf die Tugend, das göttliche Gesetz, Pflicht und Gewissen oder auf die Werte stützten, noch nicht ausdrücklich berührt worden ist: das Problem des Verhältnisses von Ethik und Moral. In welcher Beziehung steht praktische Philosophie zur gelebten Moral, also zur Gesamtheit der tatsächlich bestehenden, anerkannten und mehr oder weniger befolgten Verhaltensregeln? Moral ist relativ und verändert sich, geschichtlich wie von Nation zu Nation, von Kultur zu Kultur. Ethik ist objektiv, philosophisch, will wissenschaftlich sein. Aber der Ethiker selber gehört ja auch einer bestimmten Gesellschaft in einer bestimmten Epoche an und teilt deren Begrenztheiten. Und nicht nur dies – auch innerhalb dieser Gesellschaft ist ja nicht ausgemacht, daß gerade der Ethiker es ist, dessen Ergebnisse allen anderen den Weg zum glücklichen, gerechten, pflichtgemäßen, wertvollen Leben weisen können. Die Ethik muß sich also von vornherein mit Zweifeln und Argumenten auseinandersetzen, die nicht nur gegen einzelne ihrer Ergebnisse, sondern gegen ihr Unterfangen als ganzes gerichtet sind. Wer sich einen Überblick darüber verschafft hat, was Ethik heißt, kommt ganz automatisch zur Frage: Wozu eigentlich Ethik?

Nicolai Hartmann: Ethik, I/5

16. Kapitel. Vom idealen Ansichsein der Werte

a) Gnoseologisches Ansichsein der Werte

Die These, daß Werte Wesenheiten sind, hat bisher von zwei Seiten Licht gewonnen. Erstens sind Werte ein bedingendes Prius aller Phämonene des moralischen Lebens, wobei die Apriorität des Wertbewußtseins nur ein Teilphänomen bildet. Und zweitens haben sie dem Subjekte als dem Wertenden gegenüber Absolutheit. Es zeigte sich, daß alle »Relativität auf das Subjekt« nur die Struktur der Materie betrifft. Der Wert der Materie ist aber nicht identisch mit dieser ihrer Struktur.

Materie und Wertcharakter decken sich nicht. Materie ist nur das inhaltliche Gebilde, das den Wertcharakter hat. Der sittliche Wert des Vertrauens ist nicht das Vertrauen selbst. Dieses ist nur die Materie – ein spezifisches und durchaus allgemein charakterisierbares Verhältnis zwischen Person und Person. Der Wertcharakter des Vertrauens ist nicht dieses Verhältnis – und zwar nicht nur nicht ein reales zwischen bestimmten Personen, sondern auch nicht die Idee eines solchen Verhältnisses überhaupt. »Materie« ist hier eben nur die Idee des Vertrauens. Sie ist, für sich genommen ein rein ontologisches Gebilde, kein axiologisches, die ideale Wesensstruktur eines besonders gearteten Seinsverhältnisses.

– Hartmann nimmt in seiner theoretischen Philosophie, ganz wie in der Ethik, die Existenz einer Vielzahl idealer Wesensstrukturen an. Zur philosophischen Analyse eines bestimmten Sachverhalts gehört die Darlegung sowohl der theoretischen wie der praktischen Komponenten seiner Wesensstruktur. Wenn ein Mensch zu einem anderen Vertrauen hat, dann existieren hier eben nicht nur zwei Lebewesen, die sich in bestimmter Weise verhalten, sondern es existiert genauso zwischen diesen beiden eine Struktur, die wir mit dem Wort »Vertrauen« bezeichnen. Diese Struktur macht das Wesen des Verhältnisses aus, das zwischen beiden besteht, das Wesen also eines realen Seinsverhältnisses. Hinsichtlich seiner philosophischen Beschreibung bildet es eine ontologische Größe, denn Ontologie ist herkömmlicherweise diejenige philosophische Disziplin, die sich als die Lehre von den allgemeinsten Strukturen dessen, was ist, versteht, als Lehre vom Seienden als Seienden (Aristoteles). Ganz abgesehen von der ontologischen Beschreibung ist nun erst die Frage zu stellen, inwiefern Vertrauen einen Wert besitzt, und damit, inwiefern es eine axiologische Größe darstellt.

Das eigentliche Wertvollsein an ihr ist etwas durchaus anderes, nicht weiter Zurückführbares, aber sehr wohl in dieser seiner Andersheit Fühlbares und im Wertgefühl Aufweisbares. Es ist aller ontischen Struktur und aller Relationalität in ihr heterogen, obgleich es an ihr haftet, – ein ens sui generis, eine Wesenheit anderer Art. Es ist ein Etwas, das zwar mit der Mannigfaltigkeit der Materien selbst mannigfaltig differenziert ist – denn verschieden ist keineswegs nur das materiale Wesen des Vertrauens etwa von dem der Treue, sondern durchaus auch der Wert des Vertrauens vom Wert der Treue, – und dennoch ein Etwas, das in aller Differenzierung immer noch von der Materie verschieden bleibt, sie gleichsam überbaut, überlagert, ihr den Schimmer eines Sinnes, einer Bedeutung höherer Ordnung verleiht, der ihrem ontischen Wesen ewig transzendent, jenseits, unvergleichbar bleibt und sie in eine andere Sphäre von Zusammenhängen, eine intelligible Ordnung der Werte einbezieht.

Der Sinn der Wert-»Wesenheit« ist aber damit nicht ausgeschöpft. Was seiner Seinsweise nach nicht relativ ist auf ein Subjekt, was dem erfassenden Subjekt als Unabhängiges, Unverrückbares entgegentritt, ihm eine selbständige Eigengesetzlichkeit und Eigenkraft entgegensetzt, welche das Subjekt nur erfassen oder verfehlen, aber nicht abwenden kann, das hat ihm gegenüber den Charakter eines Ansichseins.

Werte haben ein Ansichsein*. Diese These ist zunächst einfach die positive Formulierung dessen, was sich oben in der

---

* Gegen den hier eingeführten Begriff des Ansichseins hat sich seinerzeit – beim ersten Erscheinen dieses Buches – ein wahres Sturmlaufen der Kritik erhoben. Der Angriff traf indessen auch nicht einen einzigen der hier entwik-

Kritik des Kantischen Subjektivismus ergab. Werte bestehen unabhängig vom Bewußtsein. Dieses kann sie wohl erfassen oder verfehlen, aber nicht machen, nicht spontan »setzen«. Nicht von der Materie gilt das. Das Subjekt kann durch sein Zutun sehr wohl – in gewissen Grenzen – die Materie schaffen (z. B. ein Vertrauensverhältnis herstellen); aber es kann daran nichts ändern, daß eine solche Materie wertvoll, bzw. wertwidrig ist. Das »ist« schlechthin so, ohne sein Zutun, und gegebenenfalls gegen sein Andersmeinen. Von den Wertcharakteren selbst also gilt der Satz, daß Werte ein Ansichsein haben.

So kehrt denn an den Werten alles wieder, was gnoseologisch allgemein von allem Ansichseienden gilt. Sie sind Gegenstände möglicher Wertschau, aber sie entstehen nicht erst im Schauen, sind keine Anschauungen – so wenig als Gedanken oder Vorstellungen. Das ist es, was dem Gedanken der Wertschau (bzw. des Wertgefühls) erst das gnoseologische Gewicht verleiht. Werterkenntnis ist echte Seinserkenntnis. Sie steht in dieser Hinsicht durchaus auf einer Linie mit jeder Art theoretischer Erkenntnis. Ihr Gegenstand ist dem Subjekt gegenüber ein ebenso selbständiges Seiendes, wie Raumverhältnisse für geometrische Erkenntnis und Dinge für Dingerkenntnis. Ihr »Erfassen« – mag es auch im übrigen noch so sehr anders geartet sein – ist ein ebenso transzendenter Akt wie jeder echte Erkenntnisakt, und die ganze Schwere des erkenntnistheoretischen Transzendenzproblems kehrt an ihm wieder. In diesem »Schauen« ist das Subjekt rein rezeptiv, hinnehmend. Es sieht sich bestimmt durch sein Objekt, den ansichseienden Wert; es selbst aber bestimmt seinerseits nichts. Der Wert bleibt so unberührt durch die Wertschau wie nur je ein Erkenntnisgegen-

---

kelten Punkte. Das meiste von dem, was vorgebracht wurde, beruhte auf gröblicher Verwechselung mit dem Kantischen »Ding an sich«. Andere Mißverständnisse nahmen das Ansichsein für etwas Substantielles, oder wenigstens für etwas isoliert für sich Bestehendes. Vor allen solchen Verirrungen muß hier eindringlich gewarnt werden. Das »Ansichsein« besagt vielmehr etwas ganz Schlichtes, durchaus Nachweisbares: die Unabhängigkeit vom Dafürhalten des Subjekts – nicht mehr und nicht weniger.

stand durch das Erkanntwerden. Die Spontaneität des Subjekts im ethischen »Verhalten« dagegen setzt erst auf Grund primärer Wertschau ein. Sie ist aber nicht Spontaneität gegen den Wert, sondern gegen andere Personen.

Soweit ist der Begriff des Ansichseins der Werte noch ein bloß gnoseologischer. Die eigentliche Seinsweise der Werte ist damit noch gar nicht berührt. Die Ethik aber hat es nicht mit der Werterkenntnis allein zu tun, sondern mit den Werten selbst. Die Seinsweise der Werte ist also weiter zu bestimmen.

b) Ethische Wirklichkeit und ethisch ideale Sphäre

Die theoretische Philosophie kennt zwei wesensverschiedene Arten des Ansichseins: ein reales und ein ideales Ansichsein. Das erstere kommt allen Dingen und Geschehnissen zu, allem »Wirklichen«, allem was Existenz hat; das letztere den Gebilden der reinen Mathematik und Logik, und darüber hinaus den Wesenheiten aller Art, die über dem Wechsel des individuellen Daseins bestehen und sich von diesem abgehoben a priori erschauen lassen. Zwischen beiden besteht ein für das ganze Reich des Seienden und der Seinserkenntnis tief charakteristisches Wesensverhältnis: die Struktur des idealen Ansichseins kehrt in der des realen wieder – zwar nicht restlos und nicht die des letzteren erschöpfend, wohl aber so weit, daß die apriorische Erkenntnis des idealen Seins zugleich eine innere Grundlage aller Realerkenntnis ausmacht. Apriorische Realerkenntnis, soweit überhaupt sie reicht, beruht auf dieser partialen Übereinstimmung idealer und realer Seinsstruktur.

Auf praktischem Gebiet hat reales Ansichsein nur die »ethische Wirklichkeit«: alles was wirkliches moralisches Verhalten ist, wirkliche Handlung, wirkliche Gesinnung, wirkliche Willensentscheidung und Absicht; desgleichen aber auch wirkliches Werturteil, Schuldbewußtsein, Verantwortungsgefühl. Im weiteren Sinne aber gehört hierher auch alles ethisch Relevante, das ganze Reich der Güter, von wertvollen Dingen aufwärts bis zu den geistigen Gütern und zum anhängenden Gütersein der Tugend. Reales Ansichsein also hat alles das, was ein

Sein der Werte schon voraussetzt; dieses letztere aber selbst gehört nicht dazu.

Werte haben kein reales Ansichsein. Sie mögen als Prinzipien der Handlung die Wirklichkeit mit bestimmen, ja sie mögen in mannigfacher Abstufung selbst »realisiert« sein – ihr Wesen, ihre spezifische Seinsweise bleibt deswegen doch eine bloß ideale. Am eigentlichen Wertcharakter von etwas, d. h. von einer spezifischen »Materie«, etwa der Wahrhaftigkeit oder der Liebe, macht es gar keinen Unterschied aus, ob es Personen gibt, in deren wirklichem Verhalten es realisiert ist oder nicht. Zwar ist die Verwirklichung der Wertmaterie selbst wiederum wertvoll; aber dieser Wert ist ein anderer, abgeleiteter und wurzelt schon im Wert jener Materie. Die Werte als solche haben dem Wirklichen gegenüber immer nur den Charakter einer »Idee«, die zwar, wo das Wirkliche ihr entspricht, diesem selbst den Charakter eines Wertvollen verleiht, mit ihrem idealen Wesen aber auch der Verwirklichung noch jenseitig bleibt. »Verwirklicht« werden eben, streng genommen, gar nicht die Werte selbst (die Wertcharaktere der Materien), sondern allein die Materien, denen der Wertcharakter überhaupt – als idealen wie als realen – zugehört.

Die eigentliche Seinsweise der Werte ist offenkundig die eines idealen Ansichseins. Sie sind ursprünglich Gebilde einer ethisch idealen Sphäre, eines Reiches mit eigenen Strukturen, eigenen Gesetzen, eigener Ordnung. Diese Sphäre schließt sich der theoretisch idealen Sphäre, der logischen und mathematischen Seinssphäre, sowie derjenigen der reinen Wesenheiten überhaupt, organisch an. Sie ist deren Fortsetzung. Wie wesensverschieden auch ideale Seinsstrukturen jener Gebiete von den Werten sein mögen, sie teilen mit ihnen doch den modalen Grundcharakter des idealen Ansichseins.

Es erweist sich hier, daß die im Seinscharakter homogene ideale Sphäre inhaltlich durchaus heterogen ist. Sie überlagert gleichsam die ganze Sphäre des realen Seins, nicht nur die der ontischen Wirklichkeit, sondern auch die der ethischen Wirklichkeit. Und entsprechend der realen Seinssphäre gliedert sie sich. Ja, es ist auch leicht zu sehen, daß die ontisch ideale und die ethisch ideale Sphäre nicht ihre einzigen Glieder bleiben, daß sich ihnen eine breite ästhetisch ideale Sphäre anschließt und evtl. noch weitere Glieder, die eine weitere inhaltliche Differenzierung mitbringen. Im Seinscharakter aber bleibt die Sphäre einheitlich. Sie ist einheitlich auch der Erkenntnis gegenüber. Denn erkennbar sind ihre Gebilde auf allen Teilgebieten immer nur rein a priori – ohne Unterschied, ob die Akte, welche Träger dieser Erkenntnis sind, intellektualen oder emotionalen Charakter tragen. Wertgefühl und logischer Diskursus stehen in dieser Beziehung ganz auf einer Linie. Ideale Seinserkenntnis läßt nur einen, den apriorischen Erkenntnismodus zu.

– Daß Treue wertvoll, Verschlagenheit aber verwerflich ist, läßt sich nicht unter Hinweis auf die Beobachtung der Umstände und Folgen treuen oder verschlagenen Handelns begründen; man weiß es, sei es emotional oder verstandesmäßig, unmittelbar. Auch die Analyse der Rangfolge, also der Höher- oder Niederwertigkeit von Werten, beruht auf direkter, intuitiver Schau ihrer Natur, ihres Verhältnisses untereinander und ihres Bezugs auf die sie verwirklichende Person. Dies ist mit apriorischem im Gegensatz zum aposteriorischen (durch Beobachtung und gegebenenfalls Experiment gewonnenen) Erkenntniszugang gemeint.

c) Vom idealen Ansichsein überhaupt

Die Parallele mit den logischen und mathematischen Gegenständen ist für den Seinscharakter der Werte außerordentlich lehrreich. Denn das Ansichsein der Werte ist, obgleich nur ein ideales, mancherlei Zweifeln ausgesetzt. Ja man kann sogar in der Idealität selbst ein Bedenken gegen das Ansichsein erblicken. Damit greift man dann das Ansichsein der theoretisch idealen Gebilde mit an. Es liegt dem naiven Denken nur gar zu nahe, reale Wirklichkeit allein als Ansichsein anzuerkennen, das Ideale aber davon auszuschließen.

In dieser Voraussetzung stecken zwei Vorurteile.

Man setzt erstens fälschlich Realität und Sein gleich – wobei der Umkreis des »Realen« gar nicht auf das Dingliche beschränkt zu sein braucht. Alles Irreale gehört dann ohne weiteres zum Nichtseienden. Und versteht man dieses nicht im Platonischen Sinne als ein Sein anderer Art, so kann es einem nur das überhaupt Nichtige bedeuten.

Zweitens aber verwechselt man Idealität mit Subjektivität – eine Begriffsverwirrung, die der Doppelsinn des Terminus »Idee« verschuldet hat. Gilt »Idee« gleich »Vorstellung«, so ist Idealität die Seinsweise alles dessen, was bloß in der Vorstellung eines Subjekts besteht und bloß für sie, darüber hinaus aber bedeutungslos ist. Dieser Sinn der »Idee« hat auch den philosophischen »Idealismus« zum Subjektivismus degradiert. Eine »ideale Sphäre« in diesem Sinne kann natürlich kein Ansichsein haben. Unter dem Druck dieses Vorurteils ist die Logik des 19. Jahrhunderts subjektivistisch geworden und schließlich fast in Psychologie des Denkens aufgegangen.

Daß der rechtmäßige Sinn der Logik, und erst recht der Mathematik ein anderer ist, daß es sich hier um ein System von Gesetzlichkeiten, Abhängigkeiten und Strukturen handelt, die zwar ihrerseits das Denken beherrschen, selbst aber weder Denkgebilde sind noch vom Denken irgendwie beeinträchtigt werden können, ist eine Einsicht, die heute durch die Kritik des Psychologismus längst in vollem Umfange wiedergewonnen ist*. Logik und Mathematik sind gegenständliche Wissenschaften; dasselbe gilt vor allen Gebieten der Wesensschau, welche die Phänomenologie erschlossen hat. Die Gegenstände dieser Wissenschaften sind nicht weniger echte »Gegenstände« als die der Realwissenschaften; sie sind nur nicht reale Gegenstände.

Die Grundthese also, die allen speziellen Einsichten dieser Art das Rückgrat gibt, ist diese: es gibt ideale Gegenstände der Erkenntnis, die vom erkennenden Subjekt ebenso unabhängig sind, wie die realen, d. h. es gibt ideales Ansichsein.

Auf theoretischem Gebiet darf diese Grundthese als gesichert gelten. Es kommt dabei nicht auf eine metaphysische Bestimmung an, was ideales Ansichsein eigentlich ist. Es ist so

---

* Am schlagendsten wohl im I. Teil von Husserls Logischen Untersuchungen.

unmöglich diese Bestimmung zu geben, wie es unmöglich ist, metaphysisch zu bestimmen, was reales Ansichsein ist. Beides muß als Tatsache hingenommen werden. Daß sich über das Verhältnis der beiden Seinsweisen zu einander wohl einiges ausmachen läßt, ist demgegenüber von geringem Belang. Die Gewißheit des Phänomens aber liegt deutlich zu tage in der Art, wie die idealen Gebilde sich dem erkennenden Bewußtsein darbieten.

Das erkennende Bewußtsein nämlich ist es, welches die logischen und mathematischen Gebilde als ein von ihm Unabhängiges meint. Es hat ein Bewußtsein der Tatsache, daß a^0 nicht aufhört = 1 zu sein, wenn es nicht »gedacht« oder »erkannt« wird, sondern immer und unter allen Umständen = 1 »ist«. Es weiß, daß nicht nur im Denken aus zwei negativen »Urteilen« keine Konklusion resultiert, sondern auch unabhängig vom Denken die beiden negativen Sachverhalte der bloßen Form nach das Resultieren eines dritten Sachverhalts ausschließen. Diese gemeinte Unabhängigkeit vom Bewußtsein ist das gemeinte Ansichsein der idealen Gegenstände. Wendet man ein, das »Meinen« sei doch ein schwaches Zeugnis, der Träumende, der Getäuschte, der Irrende »meine« doch auch seinen Gegenstand als ansichseienden – so ist zu antworten: es gibt ein Erwachen aus dem Traum wie aus Irrtum und Täuschung, aber es gibt kein Erwachen aus logischer und mathematischer Einsicht. Das »Meinen« des idealen Ansichseins steht überdies vollkommen auf einer Stufe mit dem Meinen des realen Ansichseins. Denn auch daß Dinge existieren, können wir nicht beweisen, sondern nur wahrnehmend »meinen«. Der Grad der Überzeugungskraft ist hier nur für das allernaivste Bewußtsein ein verschiedener, weil dieses die natürliche Einstellung auf reale Gegenstände schon mitbringt, während die Einstellung auf ideale Gegenstände erst durch eine besondere Umstellung des Interesses gewonnen werden muß. Ist sie aber gewonnen, so ist die gemeinte Unabhängigkeit des Gegenstandes vom Bewußtsein hier wie dort die gleiche.

Wer also ideales Ansichsein in Zweifel zieht, muß auch reales in Zweifel ziehen. Die universale Skepsis, zu der das führt, ist zwar niemals ganz zu entwurzeln. Aber sie bleibt in der Luft schweben, ist die gewagteste aller Hypothesen. Und da sie der natürlichen Auffassung widerstreitet, so ist sie es, die ihr Recht erst zu beweisen hätte.

– Ein für Hartmanns Philosophieren typisches Argument: Die »natürliche Auffassung« wird so rein wie möglich herausgearbeitet und systematisiert, jedoch wird nicht der Anspruch erhoben, sie gegen extreme Gegenpositionen philosophischer Art mit letzter Sicherheit als berechtigt beweisen zu können. Vielmehr wird die Frage nach der Berechtigung eines Standpunktes zur Frage nach der Beweislastverteilung: Dem Skeptiker, der behauptet, alles sei nur Traum und Täuschung und auch wenn wir hier anwesend zu sein schienen und miteinander sprächen, könne dies sich als Schein herausstellen, kann man nicht mit erfahrungsmäßigen oder logischen Argumenten begegnen; aber man kann mit gutem Gewissen ihm die Beweislast seiner These aufbürden und davon ausgehen, daß, solange sich keine zwingenden Gegenbeweise zeigen, die Annahme doch zu machen ist, daß es die Dinge, Personen und Strukturen der Wirklichkeit, deren Existenz wir normalerweise voraussetzen, auch tatsächlich gibt. Ganz ähnlich verläuft Hartmanns Argumentation bezüglich der Annahme, daß wir als bewußt handelnde Menschen in unseren Entscheidungen ein bestimmtes Maß an Freiheit haben, wie auch hinsichtlich der Existenz von Werten überhaupt.

Das wahrgenommene Reale unterscheidet sich vom bloß Vorgestellten (dem bloß intentionalen Gegenstande) durch die Unmöglichkeit, es willkürlich zu verschieben, es anders wahrzunehmen, als es eben wahrgenommen wird. Genau ebenso unterscheidet sich aber auch der a priori erkannte ideale Gegenstand von einem »bloßen Gedanken«, den man auch anders denken könnte. Freilich, die Kantische Allgemeinheit und Notwendigkeit des Apriorischen ist keine psychologische, sie bedeutet nicht, daß tatsächlich ein jeder einsehen könne, daß $a^0 = 1$ ist. Tatsächlich kann das nicht jeder, sondern nur derjenige, der überhaupt den Blick, bzw. die mathematische Bildung dafür hat. Wer aber das Erkenntnisniveau dieser Einsicht besitzt, der kann nicht beliebig so oder so einsehen, sondern nur das, was a^0 an sich »ist«, nämlich sein objektiv notwendiges »$= 1$ Sein«.

Der ideale Gegenstand apriorischer Einsicht hat dieselbe Unverschiebbarkeit und Unabhängigkeit vom Subjekt. Er leistet jeder Willkür des Subjekts den gleichen absoluten Widerstand wie der reale Gegenstand der Wahrnehmung. Und dieser Widerstand ist sein »Gegenstand-Sein«. In ihm haben wir den gnoseologischen Sinn des idealen Ansichseins.

d) Das ethisch-ideale Ansichsein der Werte

Diese Gewißheit des idealen Ansichseins auf theoretischem Gebiet – die ohne jede metaphysische Deutung, rein als Gegenstandsphänomen und Faktum besteht – liefert die Analogie, nach der wir auch das ethisch ideale Ansichsein der Werte zu verstehen haben. Auch die Werte unterliegen jenen selben Mißverständnissen und Vorurteilen. Auch bei ihnen verleitet die Irrealität zur Annahme der Subjektivität. Aber auch hier gibt es ein Phänomen des Meinens und der aller Willkür enthobenen Unverrückbarkeit.

Das sittliche Werturteil, welches besagt »Vertrauensbruch ist empörend« oder »Schadenfreude ist verwerflich«, meint damit nicht das Empfinden als empörend oder verwerflich. Das Werturteil ist vielmehr selbst dieses Empfinden, bzw. sein Ausdruck. Aber was es »meint«, ist etwas anderes, ein objektives, vom Empfinden unabhängiges Empörend-Sein und Verwerflich-Sein. Es meint etwas Gegenständliches, Ansichseiendes. Aber freilich ein ideal Ansichseiendes.

Dem entspricht die Überzeugung, die jedes echte Werturteil begleitet, daß jeder Andere ebenso urteilen, das gleiche Wertempfinden haben müsse. Und auch hier bedeutet die Allgemeinheit und Notwendigkeit, die sich in solcher Überzeugung verrät, kein psychologisches Faktum. Denn tatsächlich empfinden und urteilen andere Personen gelegentlich auch anders. Und der Urteilende weiß, oder kann doch sehr wohl wissen um die Abweichung fremden Werturteils von dem seinen.

Aber es ist hiermit ebenso wie mit der mathematischen Einsicht. Nicht jeder ist ihrer fähig; nicht jeder hat den Blick, die ethische Reife, das geistige Niveau, den Sachverhalt zu sehen, wie er ist. Nichtsdestoweniger besteht die Allgemeinheit, Notwendigkeit und Objektivität des Werturteils in der Idee zu Recht. Denn diese Allgemeinheit bedeutet gar nicht, daß ein jeder der fraglichen Werteinsicht fähig sei. Sie bedeutet nur, daß, wer ihrer fähig ist, d. h. wer überhaupt geistig an ihren Sinn heranreicht, notwendig so und nicht anders empfinden und moralisch urteilen muß. Das ist im Grunde eine ganz triviale Wahrheit. Nicht jeder z. B. hat Sinn und Verständnis für den sittlichen Wert einer in der Stille vollbrachten hochherzigen Handlung, oder einer feinfühlig geübten Rücksicht; wohl aber muß jeder, der Sinn für sie hat, sie als etwas Wertvolles beurteilen, muß die Person des Täters darum achten.

In diesem Sinne – dem einzig in Betracht kommenden Sinn – ist das moralische Werturteil und das hinter ihm stehende primäre moralische Wertgefühl ein streng allgemeines, notwendiges und objektives. In diesem Sinne also ist der im Werturteil sich aussprechende Wert selbst ein vom Subjekt des Urteilenden unabhängiger. Er hat ein ebenso echtes ideales Ansichsein wie ein mathematisches Gesetz.

Der Satz, daß Werte ein ideales Ansichsein haben, ist von ausschlaggebender Bedeutung für die Ethik. Er besagt mehr als die bloße Apriorität der Wertschau und die Absolutheit der geschauten Werte. Er besagt, daß es ein an sich bestehendes Reich der Werte gibt, einen echten κόσμος νοητός, der ebenso jenseits der Wirklichkeit, wie jenseits des Bewußtseins besteht – eine nicht konstruierte, erdichtete oder erträumte, sondern tatsächlich bestehende und im Phänomen des Wertgefühls greifbar werdende ethisch ideale Sphäre, die ebenso neben der ethisch realen und ethisch aktualen Sphäre besteht, wie die logisch ideale neben der ontisch realen und der gnoseologisch aktualen*.

---

* Unter der »aktualen« Sphäre ist auf beiden Gebieten der Phänomenbereich der transzendenten Akte verstanden, also auf theoretischem Felde der Erkenntnisakte, auf ethischem der Handlungs-, Gesinnungs- und Willensakte.

e) Werttäuschung und Wertblindheit

Die Aprioritätsthese und die Ansichseinsthese fallen nicht zusammen. Sich von der ersteren zu überzeugen, ist relativ einfach; es genügte dafür einzusehen, daß Wertmaßstäbe die Voraussetzung der sittlichen Phänomene sind. Aber a priori können auch Vorurteile, willkürliche Annahmen, Vorstellungen, Gefühlseinstellungen sein. Nun kündigen sich Werte primär als Gefühlseinstellungen an. Sie sind also dem Zweifel an ihrer Objektivität um so viel mehr ausgesetzt, als Gefühle weniger objektiv sind als Einsichten.

Der Gedanke des Ansichseins erst erhebt sie über alle solche Zweifel. Er selbst aber wurzelt in der Tatsache, daß es so wenig möglich ist ein Wertgefühl willkürlich hervorzurufen, wie eine mathematische Einsicht willkürlich zu konstruieren. In beiden Fällen ist es ein objektiv geschautes Seiendes, das sich darbietet, welchem das Gefühl, das Schauen, der Gedanke nur folgen, aber nichts anhaben können. Man kann als wertvoll nur empfinden, was an sich wertvoll ist. Man kann freilich solchen Empfindens auch unfähig sein; aber wenn man seiner überhaupt fähig ist, so kann man mit ihm den Wert nur so empfinden, wie er an sich ist, nicht aber wie er nicht ist. Das Wertgefühl ist nicht weniger objektiv als die mathematische Einsicht. Sein Objekt ist nur durch den emotionalen Charakter des Aktes mehr verschleiert; es muß erst besonders aus ihm herausgehoben werden, wenn man es bewußt machen will. Aber auch dieses nachträgliche Bewußtmachen kann an der Struktur des Objektes (des Wertes) nichts mehr ändern.

Es drängt sich hier von selbst die Gegenfrage auf, ob die Evidenz der primären Wertschau nicht auch der Täuschung unterworfen ist. Und es liegt nahe zu glauben, daß wenn es Werttäuschung gibt, das Ansichsein der Werte wieder zweifelhaft wird und einer gewissen Wertrelativität weicht.

Das ist weit gefehlt. Im Gegenteil, wo es Täuschung und Irrtum gibt, da beruht das auf Nichtübereinstimmung mit der Sache. Die Sache als eine feste, von Wahrheit und Irrtum der Erkenntnis unabhängige, d. h. die Sache als ansichseiende ist also geradezu die Voraussetzung der Täuschung; sonst wäre eben die Täuschung gar nicht Täuschung. Die »Sache« aber ist in diesem Falle der Wert selbst. Wenn also irgend etwas beweisend ist für das Ansichsein der Werte, so ist es gerade das Phänomen der Täuschung.

Gäbe es die Werte nur als Setzungen des Subjekts, bestünden sie in nichts anderem als in der »Wertung«, d. h. in der wertenden Gefühlseinstellung als solcher, so müßte doch gerade jede beliebige Gefühlseinstellung mit jeder anderen gleichberechtigt sein. Werttäuschung wäre dann überhaupt unmöglich.

Nun gibt es aber sehr mannigfache nachweisbare Werttäuschungen – ja sogar Wertfälschungen, die auf perversem Wertgefühl beruhen, wie in den Ressentimentserscheinungen*. Diese Erscheinungen, sowie ihre Entlarvung durch das intakte moralische Wertgefühl, wären ein Ding der Unmöglichkeit, d. h. sie wären gar keine Fälschungen, wenn die in ihnen verfehlten echten Werte nicht ein von ihnen unabhängiges Ansichsein hätten. Verfehlen und Berichtigen ist eben nur möglich, wo der Gegenstand ein fester ist und eigene Bestimmtheit hat, die sich im Treffen und Verfehlen nicht ändert.

Die gewöhnliche Art der Werttäuschung freilich ist eine rein negative, die Unfähigkeit den Wert zu erschauen, die Wertblindheit. Aber sie ist nicht eigentliche Werttäuschung, sondern nur das Fehlen des Wertgefühls überhaupt auf einem bestimmten Punkt. Sie steht vollkommen auf einer Linie mit dem theoretischen Nichteinsehenkönnen des mathematisch Ungeschulten oder Unbegabten. Es gibt auch Unbildung und Bildung des Wertgefühls, Begabung und Unbegabtheit für Wertschau. Es gibt ein individuelles Reifen des Wertorgans im Einzelmenschen, und es gibt ein geschichtliches Reifen des Wertorgans in der Menschheit. Ob das letztere immer Fort-

---

* Bekannt aus Nietzsche; vgl. auch Scheler, Über Ressentiment und moralisches Werturteil, 1909. Gerade Nietzsche ist beweisend für den dargelegten Sachverhalt. In der Behauptung, daß es Wertverfälschung gebe, straft er tatsächlich den proklamierten Wertrelativismus Lügen.

schritt bedeute, muß dahingestellt bleiben; vielleicht bringt es die Enge des Wertbewußtseins mit sich, daß es auf der anderen Seite immer wieder verliert, was es auf der einen gewinnt. Vielleicht gibt es auch eine Erweiterung der Enge selbst. Tatsache aber ist, daß wir immer nur begrenzte Ausschnitte aus dem Wertreich übersehen, für seinen übrigen Umfang aber wertblind sind. Das ist der Grund, warum das geschichtliche Wandern des Wertblickes mit seinem Lichtkreise auf der Ebene der ansichseienden Werte – welches sich in der Vielheit und Vergänglichkeit der »Moralen« spiegelt – so überaus lehrreich für die philosophische Wertforschung ist (vgl. Kap. 6a). Und zugleich liegt hier der Grund, warum dieses Wandern und diese Variabilität nicht »Umwertung der Werte«, wohl aber Umwertung und Umorientierung des menschlichen Lebens ist. Nicht der Wert, wohl aber der Wertblick ist variabel. Aber er ist es eben deswegen, weil die Werte selbst und ihre ideale Ordnung seine Bewegungen nicht mitmachen, weil sie gegenständlich und ansichseiend sind.

Bearbeitungsfragen:

1. Was versteht Hartmann unter »Materie«, die Wertcharakter hat?
2. Wie stehen nach Hartmann Wert und Wirklichkeit zueinander?
3. Worin besteht die Gemeinsamkeit von logischen, mathematischen und ethischen »Gegenständen«? Sieht Hartmann die Unterschiede ebenso genau?
4. Welche Bedeutung hat nach Hartmann das Wertempfinden?
5. Wie unterscheidet sich Hartmanns Zuordnung von theoretischer und praktischer Philosophie von der des Aristoteles?

II. Wozu Ethik?

Bearbeitet von Walter Schweidler

Ob der philosophische Anspruch, Ethik zu betreiben, also zu bestimmen, was Menschen tun und werden sollen, gegenüber dem, was sie tatsächlich tun und womit sie womöglich durchaus zufrieden sind, überhaupt seine Berechtigung beweisen kann, ist nicht eine Frage, die man sich erst vorlegen kann, wenn man schon zu einer bestimmten Ethik gekommen ist. Vielmehr muß man sich, um zu erfahren, was Ethik ist und was sie uns konkret zu sagen hat, von Anfang an mit dem Problem beschäftigen, woher sie ihr Recht nimmt. Ethik ist immer auch eine Antwort auf diese Frage, und zwar durch und durch, in ihren Prinzipien, in ihren Folgerungen und in der Form ihrer Darstellung. Man muß wissen, daß Ethik nicht Rezepte angibt, die man irgendwo nachschlagen und durch deren Befolgung man glücklich oder zufriedener werden kann. Ethik ist Philosophie, und wer sich mit Philosophie befaßt, muß sich mit aller Kraft, mit seiner ganzen Persönlichkeit auf sie einlassen, um überhaupt zu verstehen, worum es in ihr geht. Keiner der ethischen Ansätze, die wir kennengelernt haben, weder der bei der Tugend noch der beim göttlichen Gesetz, bei der Pflicht oder beim Wert, konnte auf den Hinweis verzichten, daß für die Verwirklichung des Gesagten etwas getan werden, etwas verlangt werden muß, worauf alles ankommt und was dennoch nicht mehr in Rezepten vorgebbar ist. Wer Ethik versteht und selber ethische Erkenntnisse weitergeben kann (und nur letzteres ist ein Beweis dafür, daß er tatsächlich verstanden hat), bringt damit zum Ausdruck, was für ein Mensch er ist und sein will. Die Argumente, die gegen alle Ethik gerichtet sind und an denen niemand von uns achtlos vorbeigehen kann, zeigen, daß diesem möglichen Wollen gewaltige Gegenkräfte entgegenstehen. Ethik bedeutet die Anstrengung, diese Argumente durch bessere Argumente zu entkräften. Wo nicht argumentiert wird, wo Techniken zur Veränderung unseres psychischen Zustandes gelehrt oder nur bestimmten Erleuchteten zugängliche Geheimnisse entdeckt werden sollen, wird nicht Ethik betrieben. Sittliche Erkenntnis und sittliches Handeln sind zwei Seiten ein und desselben Geschehens. Niemand hat diese Natur des Ethischen deutlicher gesehen und, allein schon durch die Form seiner Darstellung, beleuchtet als Platon.

II.1 Ethik und Macht
Platon: Gorgias, 482c–522e

Platon (427–347 v. Chr.), Schüler des Sokrates und Lehrer des Aristoteles, hat die Philosophie in der Gestalt geschaffen, in der sie sich bis heute durch die Geistesgeschichte zieht. Seine Schriften, zumeist kunstvoll komponierte Dialoge, haben die Natur von Philosophie als argumentatives Nachdenken über die letzte Einheit der Wirklichkeit überhaupt und des Guten an sich unaufhebbar geprägt. Noch in unserem Jahrhundert hat ein Mathematiker und Philosoph, der Engländer Alfred North Whitehead, davon gesprochen, die abendländische Philosophie sei im Grunde eine Sammlung von Fußnoten zu Platon. Dabei wird niemals jemand ein endgültiges Urteil gewinnen können, wie groß die Leistung Platons eigentlich ist, denn eben durch die Wahl des Dialogs als Darstellungsform hat sich Platon auf kunstvolle Weise der Sphäre abstrakter Thesen und Forderungen entzogen und deutlich gemacht, daß Philosophie nicht Weisheit, sondern eben Liebe zur Weisheit bedeutet. Das Gespräch in seinen Dialogen wird fast immer von Sokrates bestimmt, jener rätselhaften Gestalt, die eine ungeheure Wirkung auf das griechische Leben gehabt haben muß, selbst aber nichts Schriftliches hinterlassen hat und die wir wiederum hauptsächlich durch Platon kennen. Sokrates ringt um die Wahrheit in der Auseinandersetzung mit Partnern, die ihm mehr oder weniger wohlwollend gesonnen sind. Und zudem läßt Platon seinen Sokrates von Zeit zu Zeit betonen, daß das Ringen um die Wahrheit nicht etwa daher rührt, daß die Partner noch nicht fähig sind, die Weisheit des Denkens einzusehen, sondern daß er selbst durchaus nicht weiß, wohin das Denken ihn führen wird. Platons Dialoge, Meisterwerke verzwicktester und genauester Argumentation oder, wie Sokrates sagt, Dialektik, führen oft nur bis zu jener Grenze, an der man einsehen muß, daß und warum Argumentation hier ein Ende hat. Philosophie ist bei Platon vollständig bestimmt durch das Ringen um die Wahrheit, aber die Wahrheit wird nicht vollständig erschöpft durch die Philosophie.

In dem Dialog »Gorgias«, benannt nach einer der in ihm als Gesprächspartner des Sokrates auftauchenden Figuren, geht es zunächst nur um die Frage nach Wert und Wesen der Rhetorik, der Redekunst, aber das Gespräch wird schnell zum Problem des guten Lebens und Handelns und des wahren Zieles des Menschen geführt. Gorgias von Leontinoi (ca. 485–380 v. Chr.) war ein Sophist, einer jener Intellektuellen, die das geistige Klima der griechischen Staaten und insbesondere Athens im 5. Jahrhundert vor Christus mit geprägt haben und deren Einschätzung bis heute schwankt: Bald werden sie als Aufklärer und Volkserzieher, bald als Relativisten und dekadente Zerstörer gesehen. Platons Dialoge, besonders die ersten, waren grundsätzliche Auseinandersetzungen mit den Sophisten, und der »Gorgias« bringt den direktesten Angriff gegen den sophistischen Anspruch vor, durch Argumentation alles beweisen und damit auch alles durchschauen und entkräften zu können, woran Menschen sich halten sollen oder nicht sollen. Platon läßt den Sokrates die Philosophie ins Feld führen als das Ringen um das Wahre und Gute; denn dies beides fällt immer in eins.

Für Platon gibt es keine prinzipielle Unterscheidung von theoretischer und praktischer Philosophie. Philosophie ist nicht eine Wissenschaft, die man zum Teil in Handeln umsetzen, zum Teil in Erkenntnis festhalten könnte, sondern sie besteht aus jener Erkenntnis, die die Wirklichkeit so vollständig zu erschließen sucht, daß, wer sie hat, auch weiß, was er zu tun hat. Schlecht und unglücklich zu leben ist für Platon eine Folge des Irrtums des Menschen über seine wahre Natur; und gut zu leben ist Ausdruck seiner Einsicht in die Wahrheit. Darum beginnt der »Gorgias« mit der Analyse dessen, was Menschen faktisch wollen, was ihnen Freude und Vergnügen bereitet, und führt hin zur vom Philosophen dargelegten Einsicht, daß das, was wir eigentlich wollen, immer identisch ist mit dem, was die höchste Einsicht uns lehrt.

Im »Gorgias« kommt Sokrates nacheinander mit drei Gesprächspartnern ins Gefecht. Der erste ist Gorgias selbst, als respektheischende Berühmtheit vorgestellt, der nur für die Einleitung der Untersuchung als Gegenüber des Sokrates herhält. Rhetorik wird bestimmt als das Verfahren, mit dem man über alles so reden kann, daß man andere Menschen zu überzeugen vermag. Wer reden kann, setzt insbesondere auch die Maßstäbe für das, was die Menschen als gut und schlecht, d. h. für die Griechen als zuträglich und unzuträglich, als wünschenswert und nicht wünschenswert gelten lassen; man denke nur an den Auftritt vor Gericht oder in der politischen Volksversammlung. Wenn es aber so ist – so lenkt Sokrates den Blick auf das Wesen solchen Redenkönnens –, dann kommt es für die Frage, ob Redekunst auch wirklich das Gute und das Richtige bewirken kann, gar nicht auf das Reden, sondern auf den Redner an. Muß er notwendig gerecht und gut sein? Der zweite Gesprächspartner, Polos, bestreitet, daß es dem Redner auf das »Schöne« ankommt. (»Schön« heißt in der Sprache der Griechen das sittlich Gute, das Lebenswerte.) Reden können, Rhetorik verleiht vor allem Macht. Der Rhetor ist mächtig, d. h. er kann tun, was er will. Hier reagiert dann Sokrates mit der klassischen Frage, ob denn der Mächtige, der tun kann, was ihm beliebt, wirklich tun kann, was er will. Über das, was man wirklich und eigentlich will, muß man sich erst mit sich selber verständigen, und betrachtet man es vernünftig, so kommt man zu dem Schluß, daß Macht, weit entfernt davon, es automatisch zu garantieren, einen eher davon abhalten kann, zu tun, was man will. Macht kann, muß aber nicht gut für den sein, der sie ausübt. Und die entscheidende These des Sokrates lautet, daß sie dann gut für einen ist, wenn sie gut für alle ist, wenn sie also gerecht ausgeübt wird. Erst wer erkannt hat, daß das Gute allen gemeinsam ist und alle verpflichtet, kann zu einem begründeten Urteil darüber kommen, worin das Gute besteht. Und wenn das Gute an sich – das Schöne – mit dem Guten für ihn identisch ist, dann ist es auch der Inhalt dessen, was er wirklich will. Deshalb ist Macht, die andere unterdrückt, weder schön, also gut an sich, noch gut für den, der sie ausübt. In einer verschlungenen Argumentationskette belegt Sokrates seinen Standpunkt, wonach Unrecht zu erleiden, also der Unterdrückung ausgeliefert zu sein, besser ist, als Unrecht zu tun, also zu unterdrücken.

Erst mit dem dritten Gesprächspartner erreicht die Auseinandersetzung ihr grundsätzliches Niveau. Mit Absicht hat Platon an den vorherigen Stellen Unzulänglichkeiten auch in der Position des Sokrates bestehen lassen, die weder von Gorgias noch von Polos ausgenutzt wurden, weil beide einen bestimmten moralischen Grundkonsens, der unabhängig von aller Philosophie in der Gesellschaft besteht, nicht aufgeben wollten. Daß man, daß der Redner überhaupt gerecht sein müsse, wie Gorgias zugegeben hatte, und daß Unrecht leiden zumindest schöner – also sittlicher – sei als Unrecht tun, was Polos eingeräumt hatte, all diese Zugeständnisse muß man, so die These des jetzt ins Gespräch eingreifenden Kallikles, nur machen, wenn man vor den Leuten spricht. Jeder gibt so etwas zu, weil er sich nicht unmöglich machen will. Aber in Wahrheit, so Kallikles, denkt doch jeder bei sich ganz anders. In Wirklichkeit geht es doch allen um ihren eigenen Vorteil, und der besteht darin, möglichst viel auf Kosten der anderen zu erlangen und die eigenen Triebe, so gut es eben geht, auszuleben. Die Gesetze und moralischen Normen, die uns in Schranken halten, sind nicht eine objektive Größe, die als unser wahres Wohl unseren Trieben und Neigungen entgegensteht, sondern sie sind selber künstlich gemacht und einem ganz bestimmten Interesse entsprungen, nämlich dem Interesse der Schwachen, die einfach zu kurz kommen würden, wenn die Starken, die keine Gesetze und Normen brauchen, wirklich ungehemmt tun könnten, was sie wollen.

Ethik und Macht

Mit diesem extremen Standpunkt läßt Platon den Kallikles die Position einnehmen, aus der später Nietzsche eine ganze Philosophie der Entlarvung von Interessen und des Durchschauens scheinbar objektiver Normen gemacht hat. Nicht nur dies – auch der zum Teil entgegengesetzte, zum Teil aber auch identische Ansatz von Marx, wonach die Gesetze von den Herrschenden gemacht sind, um ihr Interesse am Gehorchen der Beherrschten zu verschleiern und als Gebot der Gerechtigkeit hinzustellen, ist bei Platon vorweggenommen, nämlich in der Figur des Thrasymachos im »Staat«, dem wohl bedeutendsten Dialog Platons. Immer stellt Sokrates dagegen die Behauptung, Gerechtigkeit sei auf kein partikulares Interesse, weder das des Herrschenden noch das des Schwachen, zurückzuführen, sondern Gerechtigkeit, also das Tun des Guten, sei selbst das höchste Interesse, das jeder Mensch haben könne und das daher alle Menschen verbinde. Das eben ist der Standpunkt der Philosophie, und er wird dem mit aller Offenheit vertretenen, das unterschwellige Denken des Machtmenschen formulierenden Standpunkt des Kallikles in denjenigen Passagen des »Gorgias« entgegengesetzt, die uns hier vorliegen.

Kallikles beginnt mit einer Unterscheidung, in der einer der bedeutendsten Gegensätze nicht nur des griechischen, sondern allen weiteren ethischen und politischen Denkens aufgestellt wird: der von Natur und Gesetz. Vom Gesetz, das die Schwächlinge in die Welt gebracht haben, wird nach Kallikles »unrecht und häßlich genannt das Streben, mehr zu haben als die meisten«, die »Natur selbst aber, denke ich, beweist dagegen, daß es gerecht ist, daß der Edlere mehr habe als der Schlechtere und der Tüchtigere mehr als der Untüchtige« (vgl. S. 112). Das Recht, das menschliche Gesetze geben, ist das Recht des Schwachen, das natürliche Recht ist das Recht des Stärkeren. Und jeder, der etwas taugt, weiß dies, während die Philosophie mit ihrer Suche nach dem wahrhaft Guten, nach jener Natur, die Starke und Schwache noch einmal verbindet und verpflichtet, für erbauliche Reden ganz nützlich, ansonsten aber für gestandene Männer ziemlich lächerlich anmutet.

Sobald freilich nun Kallikles seine Meinung, die ihm doch die natürlichste von der Welt zu sein scheint, begründen soll, gerät er in erste Schwierigkeiten. Was soll eigentlich, so fragt Sokrates, Stärke heißen. Wenn die Schwachen es schaffen, durch ihre Gesetzgebung die Starken unter ihre Gebote zu zwingen, dann sind ja in Wahrheit die Schwachen die Stärkeren; sie haben nur erkannt, daß der Weg zur Stärke über den Umweg der Gesetze und des gesellschaftlichen Konsenses führt (vgl. S. 119). Also muß sich Kallikles verbessern: Mit Stärkersein meint er nicht etwas ganz und gar Tatsächliches, sondern eher eine

Charakter- oder Personeigenschaft, ein Würdigersein (vgl. S. 119). Der Edlere, der klüger und stärker ist als andere, soll das meiste haben, das will die Natur. Wenn Kallikles aber zugibt, daß zur Stärke Einsicht gehört, dann kann man ihm auch leicht zeigen, daß der Kluge mitunter auf etwas verzichtet und damit besser fährt, daß er nicht soviel nimmt wie andere. So muß Kallikles etwas suchen, von dem gerade ein Kluger und Würdiger gar nicht genug haben kann, und das ist, wie sich ihm nun klar herauszustellen scheint: die Macht. Wer einen Staat beherrschen kann, der ist von der Natur zum Besten erkoren, und was der sich leisten kann, das möchten wir im Grunde alle, und hätten wir es, so bräuchten wir keine Gesetze zu befolgen und wären glücklich.

Nun treibt Sokrates das Gespräch eine Ebene höher: Muß ein wahrer Herrscher, wenn er von Natur aus der Stärkste ist, so stark sein, sich selbst zu beherrschen (vgl. S. 123)? Kallikles ist konsequent: Was wir uns wünschen, wenn wir stark und mächtig sein wollen, ist selbstverständlich, uns alle Begierden erfüllen zu können. Wenn wir sein können, wie wir im Innersten sein wollen und nur nicht offen zeigen dürfen, dann gilt für jeden von uns: Das Gute besteht im Lustgewinn, die Lust und das Gute sind identisch (vgl. S. 127).

Erst mit der Formulierung dieser These setzt die eigentliche philosophische Argumentation des Sokrates ein, aber bis zu dieser These zu gelangen, ist durch den Verlauf des Dialogs als integrierender Bestandteil ethischen Denkens vorgeführt worden. Sokrates widerlegt die These, indem er Kallikles dazu bringt zuzugeben, daß Lust immer Befriedigung von etwas, von einem Bedürfnis ist, also Ausweg aus einem Zustand der Unlust. Lust bedeutet immer auch Übergang von Unlust zu Lust, beides gehört zusammen. Dann aber wäre erst beides zusammen das Gute, d. h. das schlechthin Erwünschte. Wenn wir um der Lust willen auch die Unlust wollen, kann Unlust nicht das absolut Ungewollte, Schlechte sein. Also ist Lust auch nicht das schlechthin Gute; eine Polarität kann gut sein, aber das schlechthin Gute kann nicht selbst Glied einer Polarität sein, nicht selbst durch das Schlechte bedingt (vgl. S. 132). Der zweite Gedankengang des Sokrates läuft auf die Beobachtung hinaus, daß ja die Guten wie die Schlechten Lust und Unlust haben können. Der Feige wie der Tapfere können Lust und Unlust empfinden, und dennoch ist der Tapfere nicht ebenso gut und ebenso schlecht wie der Feige (vgl. S. 134). So läßt sich die Identifikation, die Kallikles zwischen dem Lustbringenden und dem Guten behauptet hatte, nicht aufrechterhalten. Vielmehr, so muß er zugeben, gibt es gute und weniger gute und eben auch schlechte Lust

(vgl. S. 135), eine Differenzierung, die Platon in dem späteren Dialog
»Philebos« weiterentwickelt und systematisch ausgebaut hat.

Platon: Gorgias, 482 c–522 e

[38. Kallikles, über den Grund der Widerlegung des Polos. Unterschied des durch Gesetz und des von Natur Häßlichen]
Kallikles: O Sokrates, du scheinst blenden zu wollen mit deinen
Reden, wie ein rechter Volksschwätzer; und jetzt willst du uns
hiermit beschwatzen, da dem Polos dasselbe begegnet ist, was er
vorher dem Gorgias von dir begegnet zu sein schuld gab. Er sagte
nämlich, als du den Gorgias gefragt, wenn einer, um die Redekunst von ihm zu lernen, zu ihm käme, der das Gerechte noch
nicht verstände, ob er es ihn lehren würde, da habe Gorgias sich
geschämt und bejaht, daß er es ihn lehren würde, lediglich wegen der Gesinnung der Menschen, weil sie unwillig werden würden, wenn jemand dies leugnete, und durch dieses Eingeständnis sei er hernach in die Notwendigkeit gekommen, sich selbst zu
widersprechen, welches eben deine Freude wäre. Und hierüber
hat er dich damals, ganz mit Recht, wie mich dünkt, verspottet;
jetzt aber ist ihm seinerseits eben dasselbe begegnet. Und ich bin
nun wieder eben deshalb mit dem Polos unzufrieden, daß er dir
eingeräumt hat, das Unrechttun sei häßlicher als das Unrechtleiden. Denn gerade durch dieses Eingeständnis ist auch er wieder
von dir verwickelt worden in den Reden und zum Schweigen
gebracht, indem er sich schämte, was er dachte auch zu sagen.
Denn in der Tat, Sokrates, führst du immer, ungeachtet du behauptest, die Wahrheit zu suchen, die Rede auf solche verfänglichen Dinge, die gut sind vor dem Volke vorzubringen, auf das
nämlich, was von Natur nicht schön ist, wohl aber nach dem
Gesetz. Denn diese beiden stehn sich größtenteils entgegen, die
Natur und das Gesetz. Wenn sich nun jemand schämt und nicht
den Mut hat zu sagen, was er denkt: so wird er gezwungen, sich
zu widersprechen. Was auch du dir eben recht künstlich abgemerkt hast und andere damit übervorteilst in den Reden; wenn
jemand von dem Gesetzlichen spricht, schiebst du in der Frage

das Natürliche unter, wenn aber vom Natürlichen, dann du das Gesetzliche. So gleich beim Unrechttun und Unrechtleiden, als Polos vom gesetzlich Unschöneren sprach, verfolgtest du das Gesetzliche, als wäre es das Natürliche. Denn von Natur ist allemal jedes das Unschönere, was auch das Üblere ist, also das Unrechtleiden, gesetzlich aber ist es das Unrechttun. Auch ist dies wahrlich kein Zustand für einen Mann, das Unrechtleiden, sondern für ein Knechtlein, dem besser wäre zu sterben als zu leben, weil er beleidigt und beschimpft nicht imstande ist, sich selbst zu helfen, noch einem andern, der ihm wert ist. Allein ich denke, die die Gesetze geben, das sind die Schwachen und der große Haufen. In Beziehung auf sich selbst also und das, was ihnen nützt, bestimmen sie die Gesetze und das Löbliche, was gelobt, das Tadelhafte, was getadelt werden soll; und um kräftigere Menschen, welche mehr haben könnten, in Furcht zu halten, damit diese nicht mehr haben mögen als sie selbst, sagen sie, es sei häßlich und ungerecht, für sich immer auf mehr auszugehn, und das ist nun das Unrechttun, wenn man sucht, mehr zu haben als die andern. Denn sie selbst, meine ich, sind ganz zufrieden, wenn sie nur gleiches erhalten, da sie die Schlechteren sind.

[39. Das Gerechte der Natur fordert das Mehrhaben des Besseren]

Daher wird nun gesetzlich dieses unrecht und häßlich genannt, das Streben, mehr zu haben als die meisten, und sie nennen es Unrechttun. Die Natur selbst aber, denke ich, beweist dagegen, daß es gerecht ist, daß der Edlere mehr habe als der Schlechtere und der Tüchtigere als der Untüchtige. Sie zeigt aber vielfältig, daß sich dieses so verhält, sowohl an den übrigen Tieren als auch an ganzen Staaten und Geschlechtern der Menschen, daß das Gerechte so bestimmt ist, daß der Bessere über den Schlechteren herrsche und mehr habe. Denn nach welchem Recht führte Xerxes Krieg gegen Hellas, oder dessen Vater gegen die Skythen? Und tausend anderes der Art könnte man anführen. Also, meine ich, tun sie dieses der Natur gemäß und, beim Zeus, auch dem Gesetz gemäß, nämlich dem der Natur, aber freilich nicht nach dem, welches wir selbst willkürlich machen, die wir die Besten und Kräftigsten unter uns gleich von Jugend an, wie man es mit dem Löwen macht, durch Besprechung gleichsam und Bezauberung knechtisch einzwängen, indem wir ihnen immer vorsagen, alle müssen gleich haben, und dies sei eben das Schöne und Gerechte. Wenn aber, denke ich, einer mit einer recht tüchtigen Natur zum Manne wird: so schüttelt er das alles ab, reißt sich los, durchbricht und zertritt all unsere Schriften und Gaukeleien und Besprechungen und widernatürlichen Gesetze und steht auf, offenbar als unser Herr, er der Knecht, und eben darin leuchtet recht deutlich hervor das Recht der Natur. Auch Pindaros scheint mir das, was ich meine, anzudeuten in dem Liede, worin er sagt: »Das Gesetz, der Sterblichen König und Unsterblichen«, dies also, sagt er, »führt von Natur herbei rechtfertigend das Gewaltsamste mit übermächtiger Hand. Ich zeige es an den Taten des Herakles; denn ungekauft« – so ungefähr lautet es, denn ich weiß das Lied selbst nicht, er meint aber, weder gekauft noch geschenkt habe jener des Geryones Stiere weggetrieben, als ob also dieses das von Natur Gerechte wäre, daß eben Stiere und alles andere Eigentum der Schlechteren und Geringeren dem Besseren gebühre, der mehr ist.

[40. Philosophie eine Sache für Knaben]
Dies ist also eigentlich das Wahre, und das wirst du auch einsehn, wenn du zum Größeren fortschreitest und von der Philosophie endlich abläßt. Denn diese, o Sokrates, ist eine ganz artige Sache, wenn jemand sie mäßig betreibt in der Jugend; wenn man aber länger als billig dabei verweilt, gereicht sie den Menschen zum Verderben. Denn wie herrliche Gaben einer auch habe, wenn er über die Zeit hinaus philosophiert, muß er notwendig in allem dem unerfahren bleiben, worin erfahren sein muß, wer ein wohlangesehener und ausgezeichneter Mann werden will. Denn sowohl in den Gesetzen des Staates bleiben sie unerfahren als auch in der rechten Art, wie man mit Menschen umgehen muß bei allerlei Verhandlungen, eignen und öffentlichen, und mit den Gelüsten und Neigungen der Menschen und ihrer Gemütsart überhaupt bleiben sie unbekannt. Gehen sie

hernach in ein Geschäft, sei es nun für sich oder für den Staat, so machen sie sich lächerlich, wie, glaube ich, auch die Staatsmänner wiederum, wenn sie zu euren Versammlungen und Unterredungen kommen, lächerlich werden. Denn hier trifft die Rede des Euripides: »Darinnen wohl glänzt jeder, drängt auch dazu sich vorzüglich hin, die meiste Zeit gern widmend solcherlei Geschäft, worin er selbst der Beste leicht erfunden wird«; worin er aber schlecht ist, das meidet er und schmäht darauf, das andere hingegen lobt er aus Wohlmeinen mit sich selbst, weil er glaubt, so sich selbst zugleich zu loben. Das Richtigste aber, denke ich, ist, sich mit beidem einzulassen. Mit der Philosophie nämlich, soweit es zur Bildung dient, sich einzulassen ist schön, und keineswegs gereicht es einem Jüngling zur Unehre zu philosophieren. Wenn aber ein schon Älterer noch philosophiert, Sokrates, so wird das ein lächerlich Ding, und es geht mir mit dem Philosophieren gerade wie mit dem Stammeln und Tändeln. Wenn ich nämlich sehe, daß ein Kind, dem es noch ziemt, so zu sprechen, stammelt und tändelt: so macht mir das Vergnügen, und ich finde es lieblich und natürlich und dem Alter des Kindes angemessen. Höre ich dagegen ein kleines Kind ganz bestimmt und richtig sprechen, so ist mir das zuwider, es peinigt meine Ohren und dünkt mich etwas Erzwungenes zu sein. Hört man dagegen von einem Manne unvollkommene Aussprache und sieht ihn tändeln, das ist offenbar lächerlich und unmännlich und verdient Schläge. Ebenso nun geht es mir mit den Philosophierenden. Wenn ich Knaben und Jünglinge bei der Philosophie antreffe, so freue ich mich; ich finde, daß es ihnen wohl ansteht, und glaube, daß etwas Edles in solchen ist, den aber, der nicht philosophiert, halte ich für unedel und glaube, daß er es nie mit sich selbst auf etwas Großes und Schönes anlegen wird. Wenn ich dagegen sehe, daß ein Alter noch philosophiert und nicht davon loskommen kann, solcher Mann, o Sokrates, dünkt mich, müßte Schläge bekommen. Denn wie ich eben sagte, es findet sich bei solchem Menschen gewiß, wie schöne Gaben er auch von Natur besitze, daß er unmännlich geworden ist, das Innere der Stadt und die öffentlichen Orte flieht, wo doch erst, wie der Dichter sagt, sich Männer hervortun, und daß er versteckt in einem Winkel mit drei bis vier Knaben flüsternd sein übriges Leben hinbringt, ohne je edel, groß und tüchtig herauszureden.

[41. Rat an Sokrates, die Philosophie zu lassen]

Ich meines Teils, Sokrates, bin dir gut und gewogen; und es mag mir beinahe jetzt mit dir gehen wie beim Euripides, dessen ich vorhin schon gedacht, dem Zethos mit dem Amphion. Denn auch ich habe Lust dir dergleichen zu sagen, wie jener seinem Bruder, daß du, o Sokrates, versäumst, was du betreiben solltest, und ein Gemüt so herrlicher Natur durch knäbische Gebärdung ganz entstellst, daß weder wo das Recht beraten wird, du richtig vorzutragen weißt, noch scheinbar was und glaublich aufzustellen, noch auch je für andere, wo Raten gilt, mutvollen Schluß beschließen wirst. Und doch, lieber Sokrates – aber werde mir nicht böse, denn ich sage es aus Wohlmeinen gegen dich –, dünkt es dich nicht schmählich, in solchem Zustande zu sein, in welchem du bist, wie ich glaube, und alle, die es immer weiter treiben mit der Philosophie? Denn wenn jetzt jemand dich oder einen andern solchen ergriffe und ins Gefängnis schleppte, behauptend, du habest etwas verbrochen, da du doch nichts verbrochen hättest: so weißt du wohl, daß du nicht mehr wissen würdest, was du anfangen solltest mit dir selbst, sondern dir würde schwindlig werden, und du würdest mit offenem Munde stehn und nicht wissen, was du sagen solltest. Und wenn du dann vor Gericht kämest und auch nur einen ganz gemeinen und erbärmlichen Menschen zum Ankläger hättest: so würdest du sterben müssen, wenn es ihm einfiele, auf die Todesstrafe anzutragen. Und doch, wie könnte das wohl weise sein, Sokrates, wenn eine Kunst »den wohlbegabten Mann ergreifend, ihn schlechter macht«, so daß er weder sich selbst helfen und aus den größten Gefahren erretten kann, noch sonst einen, wohl aber von seinen Feinden aller seiner Habe beraubt werden kann und offenbar ehrlos im Staate leben muß? Einen solchen kann man ja, um es derber zu sagen, ins Angesicht schlagen ungestraft. Darum, du Guter, gehorche mir: »Hör auf zu lehren, üb' im Wohlklang lieber dich von schönen Taten«, in dem, wodurch du weise erscheinst, »laß andern jetzt dies ganze herrliche«, soll ich es Possenspiel nennen oder Geschwätz, »weshalb dein Haus armselig, leer und öde steht«, und eifere nicht denen nach, die solche Kleinigkeiten untersuchen, sondern die sich Reichtum erwerben und Ruhm und viel anderes Gute.

[42. Sokrates über die Befähigung des Kallikles als Prüfstein zur Wahrheitsfindung]

Sokrates: Wenn ich etwa eine goldne Seele hätte, Kallikles, glaubst du nicht, daß ich gar zu gern von jenen Steinen, an denen sie das Gold prüfen, den trefflichsten möchte gefunden haben, gegen welchen ich sie dann halten könnte, und wenn der Stein mir Zeugnis gäbe, daß meine Seele in gutem Stande wäre, nun ganz gewiß wüßte, daß ich zufrieden sein könne und keiner weiteren Prüfung bedürfe?

Kallikles: Weshalb fragst du das nur, o Sokrates?

Sokrates: Das will ich dir gleich sagen. Ich glaube nämlich, nun ich dich gefunden, ein solches Kleinod gefunden zu haben.

Kallikles: Wieso?

Sokrates: Ich weiß gewiß, daß, was du mir zugibst von meinen Meinungen, dieses dann gewiß die Wahrheit selbst ist. Ich denke mir nämlich, wer eine vollständige Prüfung anstellen soll mit einer Seele, ob sie recht lebt oder nicht, muß dreierlei haben, welches du alles hast, Einsicht, Wohlwollen und Freimütigkeit. Denn ich treffe auf gar viele, welche nicht imstande sind, mich zu erproben, weil sie nicht weise sind wie du. Andere sind zwar weise, wollen mir aber nicht die Wahrheit sagen, weil sie sich meiner nicht so annehmen wie du. Und wiederum diese beiden Fremden, Gorgias und Polos, sind zwar weise und mir auch gewogen, ermangeln aber etwas der Freimütigkeit und sind verschämter als billig. Oder wie kann es anders sein, da sie es so weit treiben mit der Verschämtheit, daß sie beide, weil sie sich schämen, es über sich bringen, sich selbst angesichts vieler Menschen zu widersprechen, und das in den wichtigsten Dingen. Du aber hast dieses alles, was die andern nicht haben. Denn unterrichtet bist du zur Genüge, wie gewiß die meisten

Athener eingestehn würden, und gegen mich bist du wohlmeinend. Woraus ich das schließe, will ich dir sagen. Ich weiß, Kallikles, daß ihr vier eine Gemeinschaft der Weisheit unter euch errichtet habt, du und Tisandros, der Aphidnaier, und Andron, der Sohn des Androtion, und Nausikydes, der Cholarger. Und ich habe euch einmal behorcht, als ihr beratschlagtet, wie weit man sich mit der Wissenschaft abgeben müsse, und weiß, daß eine solche Meinung unter euch die Oberhand behielt, man müsse es nicht bis aufs Äußerste treiben wollen mit der Philosophie, vielmehr ermahntet ihr euch untereinander, auf eurer Hut zu sein, damit ihr nicht weiser würdet als schicklich und dadurch unvermerkt in Unglück gerietet. Da ich nun höre, daß du mir denselben Rat erteilst wie deinen Vertrautesten: so ist mir dies ein hinreichender Beweis, daß du es wahrhaft wohl mit mir meinst. Daß du aber frei heraus zu reden verstehst, ohne dich zu schämen, sagst du ja selbst, und was du vorher sagtest, bezeugt es dir auch. Daher verhält es sich hiermit jetzt offenbar so: wenn du mit mir über etwas in unseren Reden übereinkommst, das wird alsdann hinlänglich erprobt sein durch mich und dich, und es wird nicht nötig sein, es noch auf eine andere Probe zu bringen. Denn du würdest es ja sonst nicht eingeräumt haben, weder aus Mangel an Weisheit noch aus Überfluß an Scham; noch auch um mich zu betrügen, würdest du es einräumen. Denn du bist mir freund, wie du auch selbst sagst. Gewiß also wird, was ich und du eingestehen, das höchste Ziel der Richtigkeit haben. Es gibt aber gewiß keine schönere Untersuchung, o Kallikles, als darüber, weshalb du mir eben Vorwürfe machtest, wie nämlich ein Mann sein muß und wonach er zu streben hat und wie weit, im Alter sowohl als in der Jugend. Denn wenn ich irgendwo nicht richtig handle in meinem Leben: so wisse nur, daß ich nicht freiwillig fehle, sondern in meinem Unverstande. Wie du also schon angefangen hast, mich zurechtzuweisen, so laß nicht ab; sondern zeige mir vollständig, was dasjenige ist, dessen ich mich bestreben soll, und auf welche Weise ich es wohl erlangen könnte. Und wenn du findest, daß ich dir jetzt zwar beistimme, in der Folge aber dasjenige nicht tue, worin ich dir beigestimmt: so halte mich nur ganz für einen Taugenichts und ermahne mich niemals wieder nachher, als einen, der nichts wert ist. Wiederhole mir aber noch einmal von Anfang an, wie du glaubst und Pindaros mit dir, daß es sich mit dem Gerechten verhalte, dem der Natur gemäßen? Daß der Würdigere gewaltsam wegführt, was dem Geringeren gehört, und der Bessere über den Schlechteren herrscht und der Edlere mehr hat als der Gemeinere? Ist nach deiner Rede das Gerechte etwas anderes, oder habe ich es richtig behalten?

[43. Erste Erklärung des Kallikles: Würdiger, besser und stärker identisch. Ihre Ungereimtheit]

Kallikles: Eben das sagte ich damals und sage es auch jetzt noch.

Sokrates: Meinst du aber dasselbe, wenn du sagst, einer ist besser, und wenn du sagst, einer ist würdiger? Denn das konnte ich auch schon damals nicht recht verstehn, wie du es meintest. Nennst du die würdiger, welche stärker sind, und soll der Schwächere auf den Stärkeren hören, wie mich dünkt, daß du auch damals zeigtest, daß die größeren Staaten nach dem natürlichen Recht die kleineren angriffen, weil sie nämlich würdiger sind und stärker, wonach dann würdiger und stärker und besser einerlei wäre? Oder kann man besser sein, aber geringer und schwächer, und würdiger, aber schlechter? Oder soll besser und würdiger einerlei besagen? Dieses gerade bestimme mir recht genau, ob das verschieden ist oder einerlei, würdiger und besser und stärker.

Kallikles: So sage ich dir denn ganz bestimmt, daß es einerlei ist.

Sokrates: Sind nun nicht die Vielen von Natur stärker als der Eine, da sie ja auch die Gesetze geben für den Einen, wie du auch selbst vorher sagtest?

Kallikles: Wie anders?

Sokrates: Was also den Vielen gesetzlich ist, ist es auch den Stärkeren.

Kallikles: Allerdings.

Sokrates: Also auch den Besseren? Denn die Stärkeren sind bei weitem die Besseren nach deiner Rede.

Kallikles: Ja.

Sokrates: Also das bei diesen Gesetzliche ist von Natur schön, da sie ja eben die Besseren sind?

Kallikles: Das gebe ich zu.

Sokrates: Setzen nun nicht die Vielen eben dieses fest, wie du auch selbst oben sagtest, es sei gerecht, das Gleiche zu haben, und Unrecht tun sei unschöner als Unrecht leiden? Ist dies so oder nicht? Und daß du hier nur ja nicht darauf ertappt wirst, daß du dich auch schämst. Setzen die Vielen dieses fest oder nicht, daß, das Gleiche zu haben und nicht mehr, gerecht sei? Nicht die Antwort hierauf mir vorenthalten, Kallikles, damit, wenn du mir beistimmst, ich dann befestigt werde durch dich, weil nun ein Mann, der wohl imstande ist, es zu beurteilen, mir beigestimmt hat.

Kallikles: Ja, die Vielen setzen dies so fest.

Sokrates: Also nicht nur dem Gesetze nach ist Unrecht tun unschöner als Unrecht leiden und das Gleiche haben gerecht, sondern auch der Natur nach. So daß du im vorigen nicht magst wahr gesprochen, noch mir mit Recht schuld gegeben haben, als du sagtest, Gesetz und Natur wären einander entgegen, was ich wohl wüßte und dadurch in meinen Reden den andern übervorteilte, indem ich, wenn es jemand nach der Natur meinte, ihn auf das Gesetzliche führte, wenn aber nach dem Gesetz, dann auf die Natur.

[44. Zweite Erklärung: Der Bessere ist der Einsichtsvollere]

Kallikles: Dieser Mann wird nie aufhören, leeres Geschwätz zu treiben. Sage mir, Sokrates, schämst du dich nicht, in deinem Alter auf Worte Jagd zu machen, und wenn jemand in einem Worte fehlt, dies für einen großen Fund zu achten? Glaubst du denn, daß ich etwas anderes meine unter dem Besser-Sein als Würdiger-Sein? Sage ich dir nicht schon immer, ich setze dies als einerlei, würdiger und besser? Oder glaubst du, ich meine, wenn sich ein Haufen Knechte versammelt oder allerlei andere Leute, an denen weiter gar nichts ist, als daß sie vielleicht körperliche Kräfte haben, und diese es behaupten, daß dann eben dieses das Gesetzliche sei?

Sokrates: Wohl, du weisester Kallikles! So meinst du es?
Kallikles: Freilich so.
Sokrates: Auch ich vermutete selbst schon lange, daß du so etwas meintest mit dem Würdiger-Sein, und fragte dich eben weiter, weil ich gern recht genau wissen wollte, wie du es meintest. Denn du hältst doch wohl nicht allemal zwei für besser als einen, noch deine Knechte für besser als dich, weil sie stärker sind als du. Also sage mir noch einmal von Anfang an, was du denn eigentlich verstehst unter den Besseren, wenn doch nicht die Stärkeren. Und, du Wunderlicher, lehre mich etwas sanftmütiger, damit ich nicht wegbleibe von dir.
Kallikles: Du spottest wieder, Sokrates.
Sokrates: Nein, beim Zethos, vermittels dessen du vor kurzem soviel Spott mit mir getrieben hast. Also komm und sage mir, wer du meinst daß die Besseren sind.
Kallikles: Die Edleren, meine ich.
Sokrates: Siehst du nun, daß du selbst nur Worte vorbringst und nichts erklärst? Willst du mir nicht sagen, ob du etwa unter denen, die würdiger und besser sind, die Einsichtsvolleren meinst oder andere?
Kallikles: Nun ja, eben diese meine ich, beim Zeus, ganz eigentlich.
Sokrates: Oftmals also ist *ein* Einsichtsvoller besser als zehntausend, die ohne Einsicht sind, nach deiner Rede, und dieser muß herrschen, jene aber beherrscht werden und der Herrschende mehr haben als die Beherrschten. Denn dies, dünkt mich, willst du sagen, und ich mache nicht Jagd auf Worte, wenn der eine besser ist als die zehntausend.
Kallikles: Eben das ist es auch, was ich meine. Denn dies, denke ich, ist das Gerechte von Natur, daß der Bessere und Einsichtsvollere herrsche und mehr habe als die Schlechteren.

[45. *Was bedeutet hier Mehrhaben und wovon?*]
Sokrates: Halt doch hier. Was sagst du nur wieder jetzt? Wenn, wie jetzt hier, unser sehr viele zusammen wären und hätten gemeinschaftlich hier vielerlei Speisen und Getränke, wären aber durcheinander von allerlei Art, Kräftige und Schwächliche,

einer aber unter uns wäre der Einsichtsvollste hierin, weil er ein Arzt wäre, wäre aber selbst, wie es ja wahrscheinlich ist, kräftiger als einige, schwächlicher als andere; nicht wahr, so wäre doch dieser, weil er einsichtsvoller wäre als wir, auch besser und stärker hierin?

Kallikles: Freilich.

Sokrates: Müßte er nun etwa von diesen Speisen mehr bekommen, weil er der Bessere ist? Oder müßte er, sofern er herrscht, eben alles verteilen, sofern er es aber genießt und verbraucht für seinen eigenen Leib, nicht nach dem meisten streben, wenn er nicht Schaden leiden wollte, sondern mehr haben als einige und weniger als andere; und wenn er zufälligerweise der Schwächlichste wäre, dann gerade am wenigsten, Kallikles, unter allen, ungeachtet er der Beste wäre. Nicht so, mein Guter?

Kallikles: Von Speisen sprichst du und Getränk und Ärzten und Possen, ich aber meine das gar nicht.

Sokrates: Sagst du also nicht, daß der Einsichtsvollere der Bessere ist? Sprich doch ja oder nein.

Kallikles: Ja, sage ich.

Sokrates: Aber nicht, daß der Bessere auch mehr haben müsse?

Kallikles: Nicht Speise und Trank.

Sokrates: Ich verstehe. Aber vielleicht Kleider, und wer sich am besten auf das Weben versteht, muß auch das größte Kleid haben und am vollständigsten und schönsten angezogen umhergehn?

Kallikles: Was doch Kleider?

Sokrates: Aber an Schuhen offenbar muß, wer der Einsichtsvollste und Beste hierin ist, auch mehr haben, und der Schuhmacher vielleicht auf die größten und meisten Sohlen treten?

Kallikles: Was für Geschwätz machst du nun wieder von Schuhen!

Sokrates: Also, wenn du dergleichen nicht meinst, dann vielleicht dieses, wie: ein Landmann, der im Ackerbau einsichtsvoll ist und achtungswert, der muß vielleicht mehr Samen haben und möglichst vielen auf seinem Acker verbrauchen?

Kallikles: Wie du doch immer wieder dasselbe vorbringst, Sokrates!

Sokrates: Nicht nur das, o Kallikles, sondern auch, wohl zu merken, von derselben Sache.

Kallikles: Bei den Göttern, du hörst auch gar nicht auf, immer von Schustern und Gerbern und Köchen und Ärzten zu reden, als wenn davon die Rede wäre unter uns.

Sokrates: Willst du also sagen, worin denn der Einsichtsvollere und Bessere mehr haben soll, damit er es auch mit Recht habe? Oder willst du weder leiden, daß ich dir etwas vorlege, noch auch es selbst sagen?

Kallikles: Aber ich sage es ja schon lange, zuerst wer die Besseren sind, daß ich nicht Schuster meine noch Köche, sondern die in den Angelegenheiten des Staates einsichtsvoll sind und wissen, wie er gut kann verwaltet werden, und nicht nur einsichtsvoll, sondern auch tapfer, so daß sie imstande sind, was sie ersonnen haben, auch auszuführen, und nicht dabei ermüden aus Weichlichkeit des Gemüts.

[46. These des Kallikles: Tugend bedeutet, zur größten Zügellosigkeit imstande zu sein]

Sokrates: Siehst du, bester Kallikles, wie es gar nicht dasselbe ist, was du mir vorwirfst, und was ich wiederum dir? Denn du behauptest von mir, ich sagte immer dasselbe, und tadelst mich deshalb. Ich aber beschuldige dich im Gegenteil, daß du nie dasselbe sagst von derselben Sache; sondern bald erklärst du, die Besseren und die Würdigeren wären die Stärkeren, dann wieder sind es die Einsichtsvolleren; nun aber bringst du schon wieder etwas anderes, indem du gewisse Tapfere für die Besseren ausgibst und die Würdigeren. Aber, du Guter, sage es doch einmal fertig heraus, wer denn die Besseren sein sollen und worin?

Kallikles: Aber ich habe es ja schon gesagt, die in den Staatssachen einsichtsvoll sind und tapfer. Denn diesen kommt es zu, die Staaten zu beherrschen, und das ist eben das Recht, daß diese mehr haben als die andern, die Herrschenden als die Beherrschten.

Sokrates: Wie nun? Über sich selbst, Freund, wie? Zu herrschen oder beherrscht zu werden?

Kallikles: Wie meinst du das?

Sokrates: Ich meine, daß doch jeder einzelne über sich selbst herrscht. Oder ist das gar nicht nötig, sich selbst beherrschen, sondern nur die andern?

Kallikles: Wie meinst du, sich selbst beherrschen?

Sokrates: Gar nichts besonders Schwieriges, sondern wie es die Leute meinen, besonnen sein und seiner selbst mächtig, die Lüste und Begierden, die jeder in sich hat, beherrschend.

Kallikles: Wie gutmütig du bist! Diese Einfältigen meinst du, die Besonnenen!

Sokrates: Warum denn? Das kann ja jedermann wissen, daß ich das nicht meine.

Kallikles: Ganz gewiß doch, Sokrates. Denn wie könnte wohl ein Mensch glückselig sein, der irgendwem diente? Sondern das ist eben das von Natur Schöne und Rechte, was ich dir nun ganz freiheraus sage, daß, wer richtig leben will, seine Begierden muß so groß werden lassen als möglich und sie nicht einzwängen; und diesen, wie groß sie auch sind, muß er dennoch Genüge zu leisten vermögen durch Tapferkeit und Einsicht und befriedigen, worauf seine Begierde jedesmal geht. Allein dazu, meine ich, sind eben die meisten nicht imstande, weshalb sie gerade solche Menschen tadeln aus Scham, ihr eigenes Unvermögen verbergend, und sagen, die Ungebundenheit sei etwas Schändliches, um, wie ich auch vorher schon sagte, die von Natur besseren Menschen einzuzwängen; und weil sie selbst ihren Lüsten keine Befriedigung zu verschaffen vermögen, so loben sie die Besonnenheit und die Gerechtigkeit ihrer eigenen Unmännlichkeit wegen. Denn denen, welche entweder schon ursprünglich Söhne von Königen waren oder welche kraft ihrer eigenen Natur vermochten, sich ein Reich oder eine Macht und Herrschaft zu gründen, was wäre wohl unschöner und übler als die Besonnenheit für diese Menschen, wenn sie, da sie des Guten genießen könnten und ihnen niemand im Wege steht, sich selbst einen Herrn setzten, nämlich des großen Haufens Gesetz, Geschwätz und Gericht. Oder wie sollten sie nicht elend geworden sein durch das Schöne der Gerechtigkeit und Besonnenheit, wenn sie nun ihren Freunden nicht mehr zuwenden als ihren Feinden, und das, ungeachtet sie herrschen in ihrem Staat! Sondern der Wahrheit nach, o Sokrates, die du ja behauptest zu suchen, verhält es sich so: Üppigkeit und Ungebundenheit und Freigebigkeit, wenn sie nur Rückhalt haben, sind eben Tugend und Glückseligkeit; jenes andere aber sind Ziererein, widernatürliche Satzungen, leeres Geschwätz der Leute und nichts wert.

[47. Gegen-Mythologem des Sokrates über den Zustand der zügellosen Seele]

Sokrates: Gar nicht feigherzig, o Kallikles, machst du deinen Ausfall mit großer Freimütigkeit. Denn ganz offen sagst du nun heraus, was die andern zwar auch denken, aber nicht sagen wollen. Ich bitte dich daher, ja auf keine Weise nachzulassen, damit nun in der Tat offenbar werde, wie man leben muß. Und sage mir: die Begierden, sprichst du, muß man nicht einzwängen, wenn man sein will wie man soll, sondern sie so groß wie immer möglich lassen und ihnen, woher es auch sei, Befriedigung bereiten, und das sei die Tugend.

Kallikles: Das behaupte ich.

Sokrates: Nicht richtig also sagt man, die nichts Bedürfenden wären glückselig.

Kallikles: Die Steine wären ja auf diese Art am glückseligsten und die Toten.

Sokrates: Aber doch auch, so wie du es beschreibst, ist das Leben mühselig. Ich wenigstens wollte mich nicht wundern, wenn Euripides recht hätte, wo er sagt: »Wer weiß, ob unser Leben nicht ein Tod nur ist, Gestorbensein dagegen Leben?« Und vielleicht sind wir in der Tat tot. Was ich auch sonst schon von einem der Weisen gehört habe, daß wir jetzt tot wären, und unsere Leiber wären nur unsere Gräber, der Teil der Seele aber, worin die Neigungen sind, wäre ein beständiges Anneigen und Abstoßen aufwärts und abwärts, welches ein stattlicher Mann, der Sinnbilder dichtet, einer aus Sizilien wohl oder Italien, mit dem Worte spielend wegen des Einfüllens und Fassenwollens ein Faß genannt hat, und die Ausgelassenen Ausgeschlossene, und bei diesen Ausgeschlossenen könnte nun der Teil der Seele, wo die Neigungen sind, eben wegen der Ungebundenheit und Unhaltbarkeit nicht schließen, wie ein leckes Faß, womit er sie der Unersättlichkeit wegen verglich. Und ganz dir entgegengesetzt, o Kallikles, zeigt dieser, daß in der Schattenwelt, worunter er die Geisterwelt meinte, jene Ausgeschlossenen die Unseligsten wären und Wasser trügen in das lecke Faß mit einem ebenso lecken Siebe. Unter dem Siebe aber verstand er, wie der sagt, der es mir erzählte, die Seele, und die Seele der Ausgelassenen verglich er mit einem Siebe, weil sie leck wäre und nichts festhalten könne aus Ungewißheit und Vergeßlichkeit. Dies ist nun gewissermaßen hinreichend wunderlich; es macht aber doch deutlich, was ich dich gern, wenn ich es dir irgend zeigen könnte, überreden möchte umzuwechseln und anstatt des unersättlichen und ausgelassenen und ungebundenen Lebens das besonnene und mit dem jedesmal Vorhandenen sich begnügende zu wählen. Aber wie ist es nun? Überrede ich dich wohl, und änderst du deine Behauptung dahin, daß die Sittlichen glückseliger sind als die Ungebundenen; oder schaffe ich nichts, sondern wenn ich auch noch soviel dergleichen dichtete, würdest du doch deine Meinung nicht ändern?

Kallikles: Dies war richtiger gesprochen, Sokrates.

[48. Bildlicher Vergleich des zügellosen und des besonnenen Lebens. Wahl des Kallikles nach der Menge entstehender Lust]
Sokrates: Wohlan, ich will dir noch ein anderes Bild erklären aus derselben Schule wie das vorige. Gib acht, ob du wohl dies richtig findest von jeder dieser beiden Lebensweisen, der besonnenen und der zügellosen, wie wenn zwei Menschen jeder viele Fässer hätte. Die des einen wären dicht und angefüllt, eins mit Wein, eins mit Honig, eins mit Milch und viele andere mit vielen andern Dingen; die Quellen aber von dem allen wären sparsam und schwierig und gäben nur mit vieler Mühe und Arbeit etwas her. Jener eine nun hätte seine Fässer voll und leitete nichts weiter hinein, dächte auch gar nicht weiter daran, son-

dern wäre hierüber ganz ruhig. Der andere aber hätte eben wie jener solche Quellen, die zwar etwas hergäben, aber mit Mühe, seine Gefäße aber wären leck und morsch, und er müßte sie Tag und Nacht anfüllen oder die ärgste Pein erdulden. Willst du nun, wenn es sich mit diesen beiden Lebensweisen so verhält, dennoch sagen, die des Ungebundenen wäre glückseliger als die des Sittlichen? Überrede ich dich etwa hierdurch zuzugeben, das sittliche Leben sei besser als das zügellose, oder überrede ich dich nicht?

Kallikles: Du überredest mich nicht, Sokrates. Denn für jenen, wenn er seine Fässer voll hat, gibt es gar keine Lust mehr, sondern das heißt eben, was ich vorher sagte, wie ein Stein leben, wenn alles angefüllt ist, weder Lust mehr haben noch Unlust. Sondern darin besteht eben das Angenehm-Leben, daß recht viel hineinfließe.

Sokrates: So muß doch notwendig, wenn viel einfließen soll, auch des Abgehenden viel sein und gar große Öffnungen für die Ausflüsse?

Kallikles: Allerdings.

Sokrates: Das ist wiederum ein Leben wie einer Ente, was du meinst, freilich nicht das eines Toten oder eines Steins! Sage mir aber, du meinst es doch so, wie hungern, und wenn man hungert, essen?

Kallikles: Ja.

Sokrates: Auch dursten, und wenn man durstet, trinken?

Kallikles: Auch; und ebenso alle andern Begierden soll man haben und befriedigen können und so Lust gewinnen und glückselig leben.

[49. These des Kallikles: Das Angenehme und das Gute identisch]

Sokrates: Wohl, Bester! Bleibe nur dabei, wie du angefangen hast, und daß du ja nicht aus Scham abspringst. Wie es aber scheint, muß auch ich mich nicht schämen. Und so sage mir nur zuerst, ob Krätzig-Sein und das Jucken haben, wenn man sich nur genug schaben kann und so gekitzelt sein Leben hinbringen, ob das auch heißt glückselig leben?

Kallikles: Wie abgeschmackt du immer bist, Sokrates, und offenbar schlechte Kunstgriffe gebrauchst.

Sokrates: Darum eben habe ich auch den Polos und den Gorgias eingeschreckt und blöde gemacht. Du aber laß dich ja nicht einschrecken und schäme dich auch nicht, denn du bist ja ein entschlossener Mann, sondern antworte nur.

Kallikles: So sage ich denn, auch wer sich kratzt, wird angenehm leben.

Sokrates: Also wenn angenehm, auch glückselig.

Kallikles: Freilich.

Sokrates: Etwa wenn ihn nur der Kopf juckt, oder soll ich dich noch sonst etwas fragen? Siehe wohl zu, Kallikles, was du antworten willst, wenn dich jemand, was hiermit zusammenhängt, alles der Reihe nach fragt. Und verhält es sich hiermit so, so kommt heraus, das Leben der Knabenschänder ist nicht abscheulich und schändlich und elend. Oder wirst du wirklich wagen zu behaupten, daß auch diese glückselig sind, wenn sie nur vollauf haben, wessen sie bedürfen?

Kallikles: Schämst du dich nicht, Sokrates, die Rede auf solche Dinge zu bringen?

Sokrates: Bringe ich sie etwa darauf, Bester, oder der, welcher so ohne weiteres behauptet, wer nur Lust habe, gleichviel wie er Lust habe, der sei glückselig, und keinen Unterschied angibt, welche Lust gut ist und welche schlecht. Aber auch jetzt noch sage nur, behauptest du, das Angenehme und das Gute sei einerlei, oder es gebe Angenehmes, was nicht gut ist?

Kallikles: Damit ich also meinen Satz nicht aufgebe, wenn ich sage, es wäre verschieden, so sage ich, es ist einerlei.

Sokrates: Aber, Kallikles, du verdirbst die ersten Reden und kannst nicht mehr gehörig mit mir das Wahre erforschen, wenn du anders redest, als du es selbst meinst.

Kallikles: Auch dir gilt das, Sokrates.

Sokrates: Also tue weder ich recht, wenn ich dies tue, noch du. Aber, Bester, bedenke doch, das ist wohl nicht das Gute, auf alle Weise nur Lust haben. Denn das eben angedeutete viele Schändliche folgt doch offenbar, wenn sich dies so verhält, und noch viel anderes.

Kallikles: Wie du wenigstens glaubst, Sokrates.

Sokrates: Du aber, Kallikles, willst dies in der Tat durchsetzen?

Kallikles: Das will ich.

[50. Nach Kallikles Erkenntnis und Tapferkeit voneinander und vom Guten verschieden. Theorem des Sokrates über das Entstehen und Schwinden von Gegensätzlichkeiten]

Sokrates: Sollen wir also auf den Satz losgehn, als wäre es dir Ernst damit?

Kallikles: Allerdings freilich.

Sokrates: Wohlan, wenn es denn so sein soll, so bringe mir doch dieses in Ordnung. Du nennst doch etwas Erkenntnis.

Kallikles: Ja.

Sokrates: Sagtest du nicht auch, daß es eine Tapferkeit gäbe mit Erkenntnis?

Kallikles: Das tat ich.

Sokrates: Nicht wahr, doch als sei die Tapferkeit verschieden von der Erkenntnis, darum nanntest du sie zwei?

Kallikles: Allerdings.

Sokrates: Und wie? Sind Lust und Erkenntnis einerlei oder verschieden?

Kallikles: Verschieden doch wohl, du weisester Mann.

Sokrates: Auch die Tapferkeit verschieden von der Lust?

Kallikles: Wie anders?

Sokrates: Wohlan, laß uns dies wohl behalten, daß Kallikles der Acharner gesagt hat, angenehm und gut zwar sei einerlei, Erkenntnis aber und Tapferkeit voneinander sowohl als von dem Guten verschieden.

Kallikles: Sokrates aber von Alopeka gibt dies nicht zu. Oder gibt er es zu?

Sokrates: Er gibt es nicht zu. Ich glaube aber, auch Kallikles nicht, wenn er sich selbst erst recht betrachtet hat. Denn sage mir doch, die wohl leben und die schlecht leben, meinst du nicht, daß diese sich in einem entgegengesetzten Zustande befinden?

Kallikles: Freilich.

Sokrates: Muß nun nicht, wenn beides wirklich einander entgegengesetzt ist, es sich so damit verhalten, wie es sich mit Gesundheit und Krankheit verhält? Nämlich ein Mensch ist doch nicht zu gleicher Zeit gesund und krank, verliert auch nicht zu gleicher Zeit die Gesundheit und die Krankheit.

Kallikles: Wie meinst du das?

Sokrates: Nimm welches einzelne du willst am Leibe und betrachte es. Ein Mensch sei krank an den Augen, was man die Augenentzündung nennt.

Kallikles: Gut.

Sokrates: So ist er doch nicht zugleich gesund an denselben?

Kallikles: Auf keine Weise.

Sokrates: Wie aber, wenn er nun die Augenentzündung verliert, verliert er alsdann auch die Gesundheit der Augen und hat am Ende beides zugleich verloren?

Kallikles: Ganz und gar nicht.

Sokrates: Es wäre auch, denke ich, wunderlich und widersinnig. Nicht wahr?

Kallikles: Gar sehr.

Sokrates: Sondern abwechselnd, glaube ich, bekommt und verliert er jedes. Nicht wahr?

Kallikles: Gewiß.

Sokrates: Auch Stärke und Schwäche ebenso?

Kallikles: Ja.

Sokrates: Und Schnelligkeit und Langsamkeit?

Kallikles: Ebenso.

Sokrates: Etwa auch das Gute und die Glückseligkeit und das Gegenteil davon, Übel und Elend, bekommt und verliert man immer eins um das andere?

Kallikles: Auf alle Weise.

Sokrates: Wenn wir also etwas fänden, was der Mensch zugleich verliert und auch hat: so wäre dieses offenbar nicht das Gute und das Böse. Wollen wir dies annehmen? Bedenke es dir recht gut, ehe du antwortest.

Kallikles: Ja, ganz übermäßig nehme ich das an.

[51. Jedes Begehren schmerzlich. Folgerung der Verschiedenheit des Angenehmen vom Guten]

Sokrates: So gehe mit mir auf das vorhin Eingestandene zurück. Sagtest du, hungern wäre angenehm oder schmerzlich? Ich meine das Hungern selbst.

Kallikles: Schmerzlich, sagte ich; das Essen jedoch, wenn man hungert, angenehm.

Sokrates: Das denke ich auch. Aber doch das Hungern selbst schmerzlich?

Kallikles: Das gebe ich zu.

Sokrates: Auch wohl das Dursten?

Kallikles: Gar sehr.

Sokrates: Soll ich nun noch mehr fragen, oder gibst du zu, daß überall jedes Bedürfnis und Begehren schmerzlich ist?

Kallikles: Ich gebe es zu; frage nur nicht weiter.

Sokrates: Wohl! Durstend aber trinken, sagst du nicht, das sei angenehm?

Kallikles: Das sage ich.

Sokrates: In diesem nun, was du sagst, bedeutet doch das »durstend« Unlust habend.

Kallikles: Ja.

Sokrates: Das Trinken aber die Befriedigung des Bedürfnisses und also Lust?

Kallikles: Ja.

Sokrates: Sofern man also trinkt, sagst du, man habe Lust?

Kallikles: Gewiß.

Sokrates: Durstend doch?

Kallikles: So meine ich's.

Sokrates: Also Unlust habend?

Kallikles: Ja.

Sokrates: Merkst du nun, was folgt, daß du nämlich sagst, der Unlust habende habe zugleich Lust, wenn du sagst, der Durstige trinkt? Oder geschieht dieses etwa nicht zugleich in einerlei Raum und Zeit, wie du willst, der Seele oder des Leibes? Denn das, denke ich, macht uns hier keinen Unterschied. Ist es so oder nicht?

Kallikles: Es ist so.

Sokrates: Daß aber, wer wohl lebt, zugleich auch schlecht leben könne, das, sagtest du, wäre unmöglich.

Kallikles: Das sage ich freilich.

Sokrates: Daß aber ein Unlust habender zugleich Lust haben könne, hast du als möglich zugegeben.

Kallikles: So scheint es.

Sokrates: Lust haben ist also nicht gut leben und Unlust haben nicht schlecht. So daß das Angenehme verschieden ist vom Guten.

Kallikles: Ich weiß nicht, was du herausklügelst, Sokrates.

Sokrates: Du weißt es wohl, aber du sträubst dich, Kallikles. Und rücke nur noch etwas weiter heraus mit deinen Schwänken, damit du recht siehst, von welcher Weisheit herab du mich zurechtweisest. Hört nicht jeder von uns zugleich auf zu dursten und zugleich, am Trinken Vergnügen zu haben?

Kallikles: Ich weiß nicht, was du willst.

Gorgias: Nicht also, Kallikles, sondern antworte, auch unsertwegen, damit die Rede durchgeführt werde.

Kallikles: Aber Sokrates ist immer so, Gorgias, daß er geringfügige und nichtswürdige Dinge ausfragt und widerlegt.

Gorgias: Aber was verschlägt dir das? Auf alle Weise kommt ja das nicht auf deine Rechnung, Kallikles; sondern laß du nur den Sokrates beweisen, wie er will.

Kallikles: So frage denn deine Kleinigkeiten und Jämmerlichkeiten, wenn es dem Gorgias so gut dünkt.

[52. Zugeständnis des Kallikles, daß die Guten durch Anwesenheit des Guten gut sind]

Sokrates: Du bist glückselig, Kallikles, daß du die großen Weihen hast vor der kleinen; ich meinte, das ginge nicht an. Wo du also stehn bliebst, das beantworte, ob nicht jeder zugleich aufhört zu dursten und auch Lust zu haben.

Kallikles: Das gebe ich zu.

Sokrates: Also auch mit dem Hunger und allen andern Begierden hört die Lust zugleich auf.

Kallikles: So ist es.

Sokrates: Also hört auch die Unlust und die Lust zugleich auf?

Kallikles: Ja.

Sokrates: Aber das Gute und Böse hört nicht zugleich auf, wie du zugabst; gibst du es aber nun nicht zu?

Kallikles: O ja, und was weiter?

Sokrates: Daß demnach, lieber Freund, das Gute nicht einerlei ist mit dem Angenehmen, noch das Böse mit dem Unangenehmen; denn diese hören beide zugleich auf, jene aber nicht, so daß also offenbar beide verschieden sind. Wie sollte also das Angenehme mit dem Guten einerlei sein und das Unangenehme mit dem Bösen? Wenn du lieber willst, betrachte es auch so. Denn ich denke, auch so wird es dir nicht herauskommen. Sieh nur zu. Nennst du die Guten nicht gut, weil ihnen Gutes einwohnt, wie diejenigen schön, denen Schönheit einwohnt?

Kallikles: Das tue ich.

Sokrates: Und wie? Nennst du die Törichten und Feigherzigen Gute? Vorher wenigstens nicht, sondern die Tapfern und Einsichtsvollen nanntest du so. Oder nennst du nicht diese gut?

Kallikles: Allerdings.

Sokrates: Und wie? Hast du schon ein unverständiges Kind vergnügt gesehn?

Kallikles: O ja.

Sokrates: Einen unverständigen Mann hast du aber noch nicht vergnügt gesehn?

Kallikles: Ich glaube wohl, aber wozu das?

Sokrates: Zu nichts; antworte nur.

Kallikles: Ich habe solche gesehn.

Sokrates: Wie? Auch Verständige vergnügt und unlustig?

Kallikles: O ja.

Sokrates: Welche haben nun mehr Lust und Unlust, die Vernünftigen oder die Unvernünftigen?

Kallikles: Ich glaube, das wird ziemlich dasselbe sein.

Sokrates: Auch das ist mir genug. Hast du auch schon im Kriege einen Feigherzigen gesehen?

Kallikles: Wie sollte ich nicht.

Sokrates: Wenn nun die Feinde abzogen, welche dünkten dich mehr Freude zu haben, die Feigen oder die Tapfern?

Kallikles: Sie dünkten mich beide mehr zu haben, wo nicht, doch ziemlich gleichviel.

Sokrates: Auch das verschlägt nichts. Es freuen sich also doch auch die Feigen?

Kallikles: Gar sehr.

Sokrates: Und die Törichten, wie es scheint?

Kallikles: Ja.

Sokrates: Kommen aber die Feinde angezogen, haben dann die Feigen allein Unlust, oder auch die Tapfern?

Kallikles: Beide.

Sokrates: Auch gleich sehr?

Kallikles: Mehr vielleicht die Feigen.

Sokrates: Und wenn sie abziehn, sollten sie nicht mehr Lust haben?

Kallikles: Vielleicht.

Sokrates: Also Lust und Unlust haben die Törichten und die Einsichtsvollen, die Feigen und die Tapfern gleichmäßig, wie du behauptest, und wohl die Feigen mehr als die Tapfern.

Kallikles: Das behaupte ich.

Sokrates: Aber doch sind die Einsichtsvollen und die Tapfern gut, die Feigen und Törichten aber böse?

Kallikles: Ja.

Sokrates: Gleichviel also haben die Guten und die Bösen Lust und Unlust?

Kallikles: Das behaupte ich.

Sokrates: Sind nun etwa auch die Guten und die Bösen beides gleichviel, gut und böse, oder sogar die Bösen noch mehr gut?

[53. Folge bei Ansetzung der Lust als das Gute: Der Schlechte ebensogut wie der Gute]

Kallikles: Ja, beim Zeus, ich weiß nicht, was du willst.

Sokrates: Weißt du nicht, daß du sagtest, die Guten wären gut, weil ihnen Gutes einwohnte, die Bösen böse, weil Böses; das Gute aber wäre die Lust, das Böse die Unlust?

Kallikles: Das sagte ich.

Sokrates: Also denen, die sich freuen, wohnt das Gute ein, die Lust, wenn sie sich doch freuen.

Kallikles: Wie sollte es nicht.

Sokrates: Also, da ihnen Gutes einwohnt, sind die gut, welche sich freuen?

Kallikles: Ja.

Sokrates: Und wie? Denen, die Schmerzen empfinden, wohnt denen nicht Böses ein, die Unlust?

Kallikles: Ja.

Sokrates: Und wegen Einwohnung des Bösen, sagst du, sind die Bösen böse. Oder sagst du es nicht mehr?

Kallikles: Noch immer.

Sokrates: Gut also sind, die irgend Lust haben; böse, die irgend Schmerzen?

Kallikles: Freilich.

Sokrates: Die mehr, sind es mehr, die weniger, weniger, und die gleich sehr, sind es gleich sehr?

Kallikles: Ja.

Sokrates: Nun sagst du doch, die Einsichtsvollen und Törichten und die Feigen und Tapfern hätten gleich sehr Lust und Unlust oder auch die Feigen noch mehr.

Kallikles: Das sage ich.

Sokrates: So rechne nun gemeinschaftlich mit mir zusammen, was aus dem Eingestandenen folgt. Denn auch zweimal und dreimal, sagen sie, dürfe man das Schöne vorbringen und erwägen. Gut sei der Einsichtsvolle und Tapfere, sagen wir, nicht wahr?

Kallikles: Ja.

Sokrates: Böse der Törichte und Feige?

Kallikles: Allerdings.

Sokrates: Gut aber auch wiederum der Vergnügte?

Kallikles: Ja.

Sokrates: Und schlecht der, welcher Pein hat?

Kallikles: Notwendig.

Sokrates: Gepeinigt aber und vergnügt, sagst du, sei der Gute und der Schlechte auf gleiche Weise, vielleicht auch der Schlechte noch mehr?

Kallikles: Ja.

Sokrates: Also wird der Schlechte ebenso wie der Gute gut

und schlecht oder auch noch mehr gut? Folgt nicht dieses und auch jenes vorige, wenn jemand behauptet, Gutes und Angenehmes wäre dasselbe? Ist es nicht notwendig, Kallikles?

[54. *Unterscheidung des Kallikles zwischen besserer und schlechterer Lust*]

Kallikles: Schon lange höre ich dir so zu, Sokrates, indem ich dir immer alles zugebe, weil ich merke, daß, wenn dir jemand, wäre es auch nur im Scherz, irgend etwas preisgibt, du dich damit freust wie ein Kind. Also glaubst du wirklich, daß ich oder sonst irgendein Mensch meine, es sei nicht einige Lust besser, andere schlechter?

Sokrates: O! o! Kallikles! Wie boshaft bist du und gehst mit mir um wie mit einem Kinde! Bald sagst du, die Sache verhalte sich so, bald wieder anders, und hintergehst mich. Und doch glaubte ich anfangs nicht, daß ich absichtlich von dir würde hintergangen werden, da du mir ja wohlwillst; nun aber bin ich betrogen und muß schon, nach dem alten Spruch, nehmen, was ich bekommen kann, und aus dem, was du mir gibst, soviel machen als möglich. Es ist also, wie es scheint und du jetzt sagst, so, daß einige Lust gut ist, andere schlecht.

Kallikles: Ja.

Sokrates: Sind nun gut etwa die nützlichen, schlecht aber die schädlichen?

Kallikles: Freilich.

Sokrates: Und nützlich sind doch, die etwas Gutes bewirken, schädlich aber, die etwas Schlechtes?

Kallikles: Das sage ich auch.

Sokrates: Meinst du etwa diese? Wie in Beziehung auf den Leib, von der Lust, welche wir anführten am Essen und Trinken, wenn davon einige dem Leibe Gesundheit verschaffen oder Stärke oder irgendeine andere Vollkommenheit des Leibes, daß diese gut sind, die aber das Gegenteil hiervon, schlecht?

Kallikles: Freilich.

Sokrates: Ist es nun auch mit der Unlust ebenso, daß einige heilsam ist, andere verderblich?

Kallikles: Wie sollte es nicht.

Sokrates: Also die gute Lust und Unlust muß man wählen und bewirken?

Kallikles: Freilich.

Sokrates: Die schlechte aber nicht?

Kallikles: Offenbar.

Sokrates: Denn um des Guten willen müsse man alles tun, glaubten wir beide, wenn du dich noch erinnerst, ich und Polos. Glaubst du dies etwa mit uns, daß aller Handlungen Ziel das Gute ist, und daß um seinetwillen alles andere muß getan werden, nicht aber dieses um des andern willen? Willst du auf unsre Seite treten als der dritte?

Kallikles: Das will ich.

Sokrates: Um des Guten willen also muß man alles übrige und so auch das Angenehme tun, nicht aber das Gute wegen des Angenehmen.

Kallikles: Freilich.

Sokrates: Ist es nun etwa jedermanns Sache, auszuwählen, was unter dem Angenehmen gut ist und was schlecht, oder bedarf es zu jedem eines Kunstverständigen?

Kallikles: Eines Kunstverständigen.

– Hinsichtlich der Frage, welches die rechte Kunst sei, um die Seele nicht zum Angenehmen, sondern zum Guten zu führen, geht nun Sokrates mit dem widerstrebenden Kallikles die Musik, die Dichtung und endlich noch einmal die Redekunst durch, die alle nicht vor den Augen der philosophischen Forderungen bestehen können. Denn worum es geht, wenn die Seele, analog zur Gesundheit des Körpers, in Ordnung sein soll, sind Gerechtigkeit und Besonnenheit. Die Seele, in der die rechte Ordnung herrscht, gehört zum glücklichen Menschen (vgl. S. 148). Unordnung herrscht da, wo das Unrechte getan wird. Um die Seele in Ordnung zu bringen, bedarf es darum einer Kunst, die uns besser macht (vgl. S. 151). Diese Kunst ist nicht die Rhetorik, sondern die wahre Staatskunst. Der Staatsmann, der die Bürger besser macht, nimmt jenen Platz ein, nach dem wir wirklich streben, wenn Natur und Gesetz im guten Leben übereinkommen sollen. Und diese Staatskunst ist nun weit davon entfernt, mit der Philosophie in Widerspruch zu stehen oder gar den zu ihr befähigten Mann von der Philosophie wegziehen zu müssen. Vielmehr steht Sokrates am Ende nicht an zu behaupten, daß gerade er es sei, der sich »der wahren Staatskunst befleißige und die Staatssachen betreibe, ganz allein heutzutage« (vgl. S. 168).

Die These von der wahren Einheit von Philosophie und Staatskunst hat Platon im Dialog vom »Staat« in ihrer berühmtesten Fassung vorgetragen. »Wofern nicht«, sagt dort Sokrates, »entweder die Philosophen Könige werden in den Staaten oder die, welche jetzt Könige und Herrscher heißen, echte und gründliche Philosophen werden, und dieses beides in einem zusammenfällt, Macht im Staate und Philosophie, den meisten Naturen aber unter den jetzigen, die sich einem von beiden ausschließlich zuwenden, der Zugang mit Gewalt verschlossen wird, gibt es ... keine Erlösung vom Übel für die Staaten, ich glaube aber auch nicht für die Menschheit« (473 d). Wie der Schluß des Gesprächs mit Kallikles im »Gorgias« auf dieser Grundüberzeugung des Platonischen Sokrates beruht, so spielt Platon an derselben Stelle bitter auf das Schicksal an, das seinem Lehrer in Athen tatsächlich widerfahren war. 399 v. Chr. wurde Sokrates wegen Abfalls von der Staatsreligion, Einführung neuer Gottheiten und verderbenden Einflusses auf die Jugend angeklagt und zum Tode verurteilt; die Gelegenheit zur Flucht bewußt verschmähend, nahm er den berühmten Schierlingsbecher. Die Haltung, die Sokrates zu seinem Tode einnahm, ist aber für Platon immer das Urbild allen philosophischen und damit auch ethischen Engagements gewesen: »Denn das Sterben selbst fürchtet ja wohl niemand, wer nicht ganz und gar unverständig ist und unmännlich; das Unrechttun aber fürchtet man« (vgl. S. 169).

[55. Repetition der beiden Lebensformen und ihrer Ziele]
Sokrates: Bringen wir uns nun in Erinnerung, was ich zum Polos und Gorgias sagte. Ich sagte nämlich, es gäbe Vorrichtungen, von denen einige nur bis zur Lust gingen und diese allein bewirkten, vom Besseren und Schlechteren aber nichts wüßten, andere aber erkennten, was gut ist und was schlecht; und so setzte ich unter die auf die Lust gehenden, als die leibliche, des Kochs Geschicklichkeit, nicht Kunst, unter die aber auf das Gute gehenden ebenso die Kunst des Arztes. Und nun, beim freundlichen Zeus, o Kallikles, treibe weder selbst Scherz mit mir und antworte nicht gegen deine Meinung, was sich eben trifft, noch weniger aber nimm, was ich sagen werde, so an, als scherzte ich. Denn du siehst, daß davon die Rede unter uns ist,

worüber es gewiß für jeden Menschen, der nur ein wenig Vernunft hat, nichts Ernsthafteres geben kann, nämlich auf welche Weise er leben soll, ob auf diejenige, zu welcher du mich ermunterst, daß ich doch jenes dem Manne Geziemende betreiben möchte, im Volke auftreten, die Redekunst ausüben und den Staat verwalten auf die Art, wie ihr ihn eben jetzt verwaltet, oder ob er sich zu jener Lebensweise halten solle in der Philosophie, und worin wohl diese von der andern sich unterscheidet. Vielleicht wäre es nun am besten, wie ich schon vorher versuchte, abzuteilen und, nachdem wir abgeteilt haben und miteinander übereingekommen sind, ob dies die beiden Lebensweisen sind, dann überlegen, worin sie sich unterscheiden und nach welcher man leben müsse. Vielleicht weißt du aber noch nicht, was ich meine?

Kallikles: Nicht recht.

Sokrates: So will ich es dir noch deutlicher sagen. Nachdem wir übereingekommen, ich und du, es gebe ein Gutes und auch ein Angenehmes, und das Angenehme wäre verschieden von dem Guten, für jedes von beiden aber gebe es eine Bemühung und Vorrichtung, zu seinem Besitz zu gelangen, ein Jagen nach dem Angenehmen also und eins nach dem Guten. – Gleich dies aber gib mir zuerst entweder zu oder leugne es.

Kallikles: Ich gebe es zu.

[56. Kunstmäßige und bloß schmeichlerische Beschäftigung mit der Seele]

Sokrates: Wohlan, auch darüber, was ich zu diesen sagte, erkläre dich mir, ob dich damals dünkte, daß ich recht hätte. Ich sagte nämlich, die Kochkunst schiene mir keine Kunst zu sein, sondern nur eine Geschicklichkeit, wohl aber die Heilkunst, wobei ich meinte, daß diese die Natur dessen erforscht hätte, was sie besorgt, und den Grund dessen, was sie tut, und von jedem einzelnen Rechenschaft geben kann; die andere aber an die Lust, auf welche ihre ganze Sorge gerichtet ist, offenbar ganz kunstlos herangeht, ohne weder die Natur der Lust erforscht zu haben noch ihren Grund, indem sie ganz vernunftlos, daß ich es geradeheraus sage, gar nichts berechnet, sondern nur durch Übung und Geschicklichkeit eine Erinnerung dessen erhält, was zu geschehen pflegt, wodurch sie eben die Lust herbeischafft. Dieses nun überlege zuerst, ob du glaubst, es sei mit Grund gesagt und es gebe wirklich auch ebenso verschiedene Beschäftigungen mit der Seele, einige kunstgemäße, welche Fürsorge tragen für das Beste der Seele, andere, welche, dieses vernachlässigend, nur wie dort auf die Lust der Seele bedacht sind, welchermaßen ihr die entstehen könnte; darauf aber, welche Lust besser sei und welche schlechter, weder acht haben noch überhaupt um irgend etwas anderes sich bekümmern, als nur wohlgefällig zu sein, gleichviel ob besser oder schlechter. Mich nun, o Kallikles, dünkt, es gebe solche, und ich wenigstens sage, dergleichen sei Schmeichelei, in Beziehung auf den Leib sowohl als die Seele und jedes andere, dem jemand nur durch Lust gütlich tun will, ohne nachgedacht zu haben über das Bessere und Schlechtere. Du aber, stellst du hierüber dieselbe Meinung auf wie wir, oder widersprichst du?

Kallikles: Ich nicht, sondern ich räume es ein, damit auch deine Rede zu Ende gebracht werde und ich dem Gorgias zu Willen sei.

Sokrates: Soll es nun dergleichen für eine Seele zwar geben, für zwei oder mehrere aber nicht?

Kallikles: Nein, sondern auch für zwei und viele.

Sokrates: Also auch vielen zu Hauf kann man Wohlgefallen erregen, ohne auf das Beste bedacht zu sein.

Kallikles: Das glaube ich wohl.

[57. Musik und Tragödie gehen auf das Vergnügen aus. Dichtung als schmeichlerische Redekunst]
Sokrates: Kannst du nun wohl sagen, welches die Beschäftigungen sind, die dieses tun? Oder vielmehr, wenn du willst, laß mich fragen, und welche dir nun zu diesen zu gehören scheint, von der bejahe es, welche nicht, von der verneine es. Zuerst laß uns die Kunst des Flötenspielens betrachten. Dünkt sie dich nicht eine solche zu sein, Kallikles, daß sie nur unser Vergnügen sucht und auf nichts anderes bedacht ist?

Kallikles: Das dünkt mich.

Sokrates: Nicht auch alle ähnlichen insgesamt, wie das Spiel auf der Lyra in den tonkünstlerischen Wettstreiten?

Kallikles: Ja.

Sokrates: Und wie die Ausführung der Chöre und die Dichtung der Dithyramben, erscheint dir die nicht auch als eine solche? Oder meinst du, Kinesias, der Sohn des Meles, denke im mindesten darauf, wie er so etwas sagen will, wodurch seine Zuhörer besser werden? Oder nur, wodurch er dem großen Haufen derselben gefallen will?

Kallikles: Das letzte wohl ist deutlich genug, vom Kinesias nämlich.

Sokrates: Nun, und sein Vater Meles? Glaubst du, der habe auf das Beste Rücksicht genommen bei seinem Spiel auf der Lyra? Oder er ja wohl nicht einmal auf das Angenehmste; denn er quälte mit seinem Gesang die Zuhörer. Aber überlege nur, scheint dir nicht das ganze Spiel auf der Lyra und die dithyrambische Dichtkunst nur zum Vergnügen erfunden zu sein?

Kallikles: Das scheint mir.

Sokrates: Und jene prächtige und bewundernswürdige Dichtung der Tragödie, worauf wendet die so viel Fleiß? Meinst du, ihr Zweck und ihre Bemühung sei nur darauf gerichtet, den Zuschauern Wohlgefallen zu erregen, oder auch darauf, durchzusetzen, daß, wenn ihnen etwas zwar angenehm ist und wohlgefällig, aber verderblich, dieses nicht gesagt werde, und wenn dagegen etwas ihnen widerlich ist, aber heilsam, daß sie dieses sage und singe, mögen sie sich nun daran ergötzen oder nicht? Auf welches von beiden scheint es dir die tragische Dichtkunst angelegt zu haben?

Kallikles: Es ist ja offenbar, Sokrates, daß sie mehr auf die Lust ausgeht und darauf, den Zuschauern gefällig zu sein.

Sokrates: Dieses aber, o Kallikles, sagten wir eben jetzt, sei Schmeichelei?

Kallikles: Allerdings.

Sokrates: Wohlan, wenn jemand von jeder Dichtung den Gesang wegnimmt und den Tonfall und das Silbenmaß, werden nicht, was übrigbleibt, Reden?

Kallikles: Notwendig.

Sokrates: Und vor einem großen Haufen Volks werden diese Reden gesprochen?

Kallikles: Freilich.

Sokrates: Also ist die Dichtkunst auch eine Volksbearbeitung.

Kallikles: So scheint es.

Sokrates: Und nicht wahr, als Redekunst ist sie Volksbearbeitung. Oder scheinen dir nicht die Dichter auf der Schaubühne Redekunst zu treiben?

Kallikles: Wohl freilich.

Sokrates: Jetzt also haben wir eine Redekunst gefunden an ein solches Volk, aus Kindern zugleich und Weibern und Männern bestehend, aus Knechten und Freien, mit welcher wir nicht sehr zufrieden sind; denn wir sagen, sie sei eine Schmeichelei.

Kallikles: Freilich.

[58. Kein Redner hat das Volk zu bessern versucht, auch Themistokles und Perikles nicht]

Sokrates: Wie aber die vor dem Volk der Athener oder überhaupt in Städten vor andern Versammlungen freier Männer? Was ist uns doch diese? Scheinen dir etwa die Redner immer in Beziehung auf das Beste zu sprechen, dieses im Auge habend, daß die Bürger möglichst gebessert werden durch ihre Reden? Oder gehen auch diese nur darauf aus, sich den Bürgern gefällig zu machen, und behandeln, ihres eigenen Vorteils wegen den gemeinsamen vernachlässigend, das versammelte Volk wie Kinder, indem sie ihm nur Vergnügen zu machen suchen, ob es aber besser oder schlechter werden wird dadurch, sich nicht kümmern?

Kallikles: Das ist nicht mehr so im allgemeinen zu beantworten; denn es gibt solche, die, was sie sagen, aus wahrer Vorsorge für die Bürger sagen, es gibt aber auch solche, wie du sagst.

Sokrates: Das genügt mir. Denn wenn sich dieses auch teilt: so ist doch der eine Teil Schmeichelei und schlechte Volksbearbeitung; der andere aber wäre etwas Schönes, Besserung zu bewirken für die Seele der Bürger und immer durchzusetzen, daß man nur das Beste rede, mag es angenehmer sein oder unangenehmer für die Hörer. Aber niemals gewiß hast du diese Redekunst gesehen; oder wenn du einen solchen angeben kannst unter den Rednern, warum hast du ihn mir nicht auch genannt, welcher es sei?

Kallikles: Ja, beim Zeus, ich weiß dir keinen zu nennen, wenigstens unter den jetzigen Rednern.

Sokrates: Wie? Etwa unter den alten weißt du einen zu nennen, durch welchen besser geworden zu sein man den Athenern nachsagen kann, seit er angefangen, das Volk zu bearbeiten, da sie vorher schlechter waren? Denn ich weiß nicht, wer dieser ist.

Kallikles: Wie? Hast du nicht gehört, was für ein vortrefflicher Mann Themistokles gewesen und Kimon und Miltiades und dieser Perikles, der erst neuerdings gestorben ist und den du noch selbst gehört hast?

Sokrates: Ja, Kallikles, wenn nämlich die, welche du vorher meintest, die rechte Tugend ist, Begierden zu befriedigen, seine eigenen und andrer; wenn aber nicht dies, sondern was wir in dem späteren Teil des Gesprächs genötigt wurden anzunehmen, nämlich welche Begierden, wenn sie befriedigt werden, den Menschen besser machen, diese zu erfüllen, welche aber schlechter, die nicht, und daß es hierzu einer Kunst bedürfe; kannst du dann wohl sagen, daß irgendeiner von diesen Männern ein solcher gewesen sei?

Kallikles: Ich weiß nicht mehr, was ich sagen soll.

[59. Ordnung und Anstand der Seele sind Gerechtigkeit und Besonnenheit]

Sokrates: Wenn du es nur aufrichtig untersuchst, wirst du es schon finden. Laß uns aber so ganz gemach betrachtend zusehn, ob einer von diesen ein solcher gewesen ist. Nicht wahr, der rechtschaffene Mann, der um des Besten willen sagt, was er sagt, der wird doch nicht in den Tag hinein reden, sondern etwas Bestimmtes vor Augen habend? So wie auch alle anderen Künstler jeder sein eigentümliches Werk im Auge habend nicht aufs Geratewohl zugreifend jedesmal etwas Neues an ihr Werk anlegen, sondern damit jedem das, was er ausarbeitet, eine gewisse bestimmte Gestalt bekomme. Wie wenn du die Maler ansehn willst, die Baumeister, die Schiffbauer und alle anderen Arbeiter, welche du willst, so bringt jeder jedes, was er hinzubringt, an eine bestimmte Stelle und zwingt jedes, sich zu dem andern zu fügen und ihm angemessen zu sein, bis er das ganze Werk wohlgeordnet und ausgestattet mit Schönheit dargestellt hat. So diese Künstler, und so auch jene andern, von denen wir eben sprachen, die es mit dem Leibe zu tun haben, die Ärzte und die Turnmeister, die bringen doch so den Leib zu Ordnung und Anstand. Nehmen wir an, daß es sich so verhalte, oder nicht?

Kallikles: Das mag immer so sein.

Sokrates: Ein Hauswesen also, in welchem Ordnung und Anstand anzutreffen ist, das wäre ein vollkommenes, in welchem aber Unordnung, das ein schlechtes?

Kallikles: Das gebe ich zu.

Sokrates: Ebenso auch ein Schiff?

Kallikles: Ja.

Sokrates: Und dasselbe sagen wir auch von unserm Leibe?

Kallikles: Freilich.

Sokrates: Wie aber die Seele? Wird die vollkommen sein, wenn Unordnung in ihr anzutreffen ist, oder auch sie, wenn Ordnung und Anstand?

Kallikles: Notwendig ergibt sich aus dem vorigen auch dieses.

Sokrates: Wie nennt man nun, was für den Leib aus Ordnung und Anstand sich bildet?

Kallikles: Du meinst wohl Gesundheit und Stärke?

Sokrates: Die meine ich. Wie aber nun, was der Seele eingebildet wird durch Ordnung und Anstand? Versuche doch auch dafür wie für jenes einen Namen zu finden und auszusprechen.

Kallikles: Warum sagst du es nicht selbst, Sokrates?

Sokrates: Wenn es dir lieber ist, will ich es wohl sagen. Aber nur, wenn du glaubst, daß ich es richtig sage, stimme mir bei; wenn aber nicht, so widerlege mich und sieh mir ja nichts nach.

Ich meine also, die Ordnungen für den Leib heißen Gesundheitsregeln, wodurch in ihm Gesundheit entsteht und jede andere Tugend des Leibes. Ist das so oder nicht?

Kallikles: Es ist so.

Sokrates: Die Ordnungen aber und Bildungsvorschriften für die Seele sind Recht und Gesetz, vermittels deren sie rechtlich werden und anständig, und das ist eben Gerechtigkeit und Besonnenheit. Bejahst du es oder nicht?

Kallikles: Es sei so.

[60. Hinblick des wahren Redners auf die Gerechtigkeit. Zucht für die Seele besser als Unbändigkeit]

Sokrates: Mit Hinsicht hierauf also wird jener Redner, der rechtschaffene und kunstmäßige, sowohl alle seine Reden, die er der Seele anbringt, einrichten, als auch seine Handlungen, und was er gewährt, wird er gewähren, wo er etwas versagt und entzieht, wird er es versagen, darauf immer den Sinn gerichtet, wie Gerechtigkeit in die Seele seiner Mitbürger kommen möge, Ungerechtigkeit aber hinweggeschafft werden und so jede andre Tugend hineinkommen möge, die Untugend aber abziehen. Räumst du dies ein oder nicht?

Kallikles: Ich räume es ein.

Sokrates: Denn was würde es auch helfen, einem kranken, zerrütteten Leibe viele und noch so angenehme Speisen zu reichen oder Getränke oder irgend etwas, was ihm bisweilen um nichts mehr dient, oder im Gegenteil recht gesprochen, wohl noch weniger. Ist das so oder nicht?

Kallikles: Es sei.

Sokrates: Denn ich denke, es lohnt dem Menschen nicht, in einem jämmerlichen Zustande des Leibes fortzuleben, weil er ja so auch notwendig ein jämmerliches Leben führt. Oder ist es nicht so?

Kallikles: Ja.

Sokrates: Und nicht wahr, seine Begierden zu befriedigen, wie wenn er hungert, essen soviel er will, und wenn ihn durstet trinken, das gestatten die Ärzte dem Gesunden wohl meistenteils, den Kranken aber lassen sie gerade niemals sich daran sättigen, wonach ihn gelüstet. Dies gibst du doch auch wohl zu?

Kallikles: Ja.

Sokrates: Und mit der Seele, Bester, ist es nicht ebenso? Solange sie noch schlecht ist, weil unvernünftig, unbändig, ungerecht und unfromm, muß man sie zurückhalten in ihren Begierden und ihr nicht verstatten, irgend anderes zu tun, als wodurch sie besser werden kann? Bejahst du oder nicht?

Kallikles: Ich bejahe.

Sokrates: Denn so ist es ihr selbst wohl besser, der Seele.

Kallikles: Ja doch.

Sokrates: Und zurückhalten von dem, was sie begehrt, das heißt doch bändigen und in Zucht halten?

Kallikles: Ja.

Sokrates: In Zucht gehalten werden, das ist also für die Seele besser als die Unbändigkeit, wie du doch vorher meintest.

Kallikles: Ich weiß nicht, was du vorbringst, Sokrates! Frage lieber einen andern.

Sokrates: Dieser Mann will sich nicht gefallen lassen, gefördert zu werden durch eben dieses, wovon die Rede ist, daß man ihn nämlich in Zucht halte.

Kallikles: Auch kümmert mich gar nichts von allem, was du sagst, und ich habe dir auch bis jetzt nur des Gorgias wegen geantwortet.

Sokrates: Wohl! Was wollen wir also machen? Die Rede mitten abbrechen?

Kallikles: Das magst du selbst wissen.

Sokrates: Sagen sie doch, es sei nicht recht, auch nur ein Märchen in der Mitte stecken zu lassen, sondern man solle ihm einen Kopf aufsetzen, damit es nicht ohne Kopf umhergehe. So beantworte nun noch das übrige, damit auch unser Gespräch seinen Kopf bekomme.

[61. Aufgeben des Kallikles]

Kallikles: Wie zudringlich du bist, Sokrates! Wenn du indes mir folgen wolltest, ließest du diese Rede fallen oder sprächst mit einem andern.

Sokrates: Wer will wohl von den andern? Damit wir doch die Rede nicht unvollendet lassen.

Kallikles: Kannst du sie denn nicht allein zu Ende bringen, sei es nun, daß du zusammenhängend fortsprächest, oder daß du dir selbst antwortetest?

Sokrates: Damit mir noch das Epicharmische widerführe, was vorhin zwei Männer sprachen, daß dazu ich allein genug sei. Indes, es mag wohl so ganz notwendig sein. Wollen wir es jedoch so machen, so denke ich, wir müssen auch alle aus allen Kräften uns bemühen zu erfahren, was wahr ist in der Sache, wovon wir sprechen, und was falsch; denn es ist für alle insgesamt gut, daß dies ans Licht komme. Ich also will es durchgehen, wie ich glaube, daß es sich verhält. Wenn aber einen von euch dünkt, ich stimmte mir selbst bei, wo ich nicht sollte: so müßt ihr dazwischentreten und widerlegen. Denn nicht, als wüßte ich es, sage ich, was ich sage, sondern ich suche es gemeinschaftlich mit euch; so daß, wenn mir derjenige etwas zu sagen scheint, der mir widerstreitet, ich es zuerst einräumen werde. Ich sage jedoch dies nur, falls euch gut dünkt, daß die Rede zu Ende gebracht werde; wollt ihr aber das nicht, so lassen wir sie und gehen auseinander.

Gorgias: Ich meines Teils denke nicht, daß wir schon auseinander gehen sollten, sondern daß du die Rede durchführst, und ich sehe wohl, daß die andern eben dies wünschen. Denn auch ich möchte gar gern hören, wie du das übrige allein durchnimmst.

Sokrates: Freilich, Gorgias, hätte ich gern noch mit unserm Kallikles weiter gesprochen, bis ich ihm könnte die Rede des Amphion wiedergegeben haben für die des Zethos. Da aber du, o Kallikles, die Rede nicht mit mir zu Ende führen willst: so merke wenigstens auf und weise mich zurecht, wenn du meinst, daß ich etwas Unrichtiges sage. Und wenn du mich überführst, werde ich dir nicht zürnen, wie du mir, sondern als mein größter Wohltäter wirst du bei mir angeschrieben stehen.

Kallikles: So sprich nur selbst, Guter, und mache ein Ende.

[62. Wohlgeordnetheit der Seele ist Besonnenheit. Ihre Verbindung mit Gerechtigkeit, Frömmigkeit und Tapferkeit]

Sokrates: Höre denn, wie ich von Anfang an alles wieder aufnehme.

Ist wohl das Angenehme und das Gute einerlei? – Nicht einerlei, wie ich und Kallikles übereingekommen sind. – Muß nun das Angenehme um des Guten willen getan werden oder das Gute um des Angenehmen? – Das Angenehme um des Guten willen. – Angenehm aber ist das, durch dessen Anwesenheit wir ergötzt werden; gut hingegen, durch dessen Anwesenheit wir gut sind? – Gewiß. – Gut aber sind wir, und alles andere, was gut ist, durch irgendeiner Tugend Anwesenheit? – Dies dünkt mich wenigstens notwendig, Kallikles. – Die Tugend eines jeglichen Dinges aber, eines Gerätes wie eines Leibes und so auch einer Seele und jegliches Lebenden, findet sich nicht so von ungefähr aufs schönste herzu, sondern durch Ordnung, richtiges Verhalten und durch die Kunst, welche eben einem jeden angewiesen ist. Ist dies wohl so? – Ich wenigstens bejahe es. – Durch Ordnung also wird die Tugend eines jeden festgesetzt und instand gebracht? – Ich würde es bejahen. – Eine gewisse eigentümliche Ordnung also, die sich in einem jeden bildet, macht jeden und jedes gut? – So dünkt mich. – Auch die Seele also, die ihre eigentümliche Ordnung und Sitte hat, ist besser als die ungeordnete? – Notwendig. – Die aber Ordnung und Sitte hat, das ist die sittliche? – Wie anders? – Und die sittliche ist die besonnene? – Notwendig. – Die besonnene Seele also ist die gute? – Ich wenigstens weiß nichts anderes zu sagen als dies, lieber Kallikles, weißt du aber etwas, so lehre es mich.

Kallikles: Sprich nur weiter, du Guter.

Sokrates: Weiter also sage ich, wenn die besonnene die gute ist: so ist die von der entgegengesetzten Beschaffenheit die böse; diese war aber die besinnungslose und ungebundene? – Freilich. – Der Besonnene aber tut überall, was sich gebührt, gegen Götter und Menschen; denn er wäre ja nicht besonnen, wenn er das Ungebührliche täte? – Das ist notwendig so. – Tut er nun, was sich gebührt gegen Menschen, so tut er das Gerechte; und wenn dasselbe gegen die Götter, dann das Fromme, und wer gerecht und fromm handelt, der ist notwendig auch gerecht und fromm? – So ist es. – Ja, auch tapfer wohl notwendig; denn dem Besonnenen ist es nicht eigen, zu suchen oder zu fliehen, was sich nicht gebührt, sondern diejenigen Ereignisse und Menschen, Lust und Unlust zu fliehen und zu suchen, welche er soll, und standhaft auszuharren, wo er soll. So daß notwendig, o Kallikles, der besonnene Mann, da er, wie wir gezeigt haben, auch gerecht und tapfer und fromm ist, auch der vollkommen gute Mann sein wird; der Gute aber wird schön und wohl in allem leben, wie er lebt, wer aber wohl lebt, wird auch zufrieden und glückselig sein; der Böse hingegen und der schlecht lebt, elend. Und dies wäre der, welcher dem Besonnenen entgegengesetzt sich verhält, der Zügellose, welchen du lobtest.

[63. Durch Gerechtigkeit und Besonnenheit sind die Glückseligen glückselig] So setze ich wenigstens dieses und behaupte, daß es so wahr ist. Ist dies aber wahr, so muß, wie es scheint, wer glückselig sein will, die Besonnenheit suchen und üben, die Zügellosigkeit aber fliehen, jeder so weit und schnell er kann; und so dieses vor allen Dingen zu erlangen suchen, daß er keiner Züchtigung bedürfe, bedarf er ihrer aber entweder selbst oder einer von seinen Angehörigen, sei es ein Einzelner oder der Staat, dann Strafe auflegen und züchtigen, wenn er glückselig sein will. Dies dünkt mich das Ziel zu sein, auf welches man hinsehen muß bei Führung des Lebens, und alles in eignen und gemeinschaftlichen Angelegenheiten darauf hinlenkend so verrichten, daß immer Gerechtigkeit und Besonnenheit dem gegenwärtig bleibe, der glückselig werden will; nicht aber so, daß man die Begierden zügellos werden lasse und im Bestreben, sie zu befriedigen – ein überschwengliches Übel –, das Leben eines Räubers lebe. Denn weder mit einem andern Menschen kann ein solcher befreundet sein, noch mit einem Gott; denn er kann in keiner Gemeinschaft stehen, wo aber keine Gemeinschaft ist, da kann auch keine Freundschaft sein. Die Weisen aber behaupten, o Kallikles, daß auch Himmel und

Erde, Götter und Menschen nur durch Gemeinschaft bestehen bleiben und durch Freundschaft und Schicklichkeit und Besonnenheit und Gerechtigkeit, und betrachten deshalb, o Freund, die Welt als ein Ganzes und Geordnetes, nicht als Verwirrung und Zügellosigkeit. Du aber, wie mich dünkt, merkst hierauf nicht, wiewohl du so weise bist, sondern es ist dir entgangen, daß die geometrische Gleichheit soviel vermag unter Göttern und Menschen; du aber glaubst, alles komme an auf das Mehrhaben, weil du eben die Meßkunst vernachlässigst. Wohl! Entweder nun muß uns dieser Satz widerlegt werden, daß durch Gerechtigkeit und Besonnenheit die Glückseligen glückselig sind und durch Schlechtigkeit die Elenden elend, oder, wenn er wahr bleibt, muß man sehen, was folgt. Nämlich jenes vorige, o Kallikles, folgt alles, wovon du mich fragtest, ob ich es im Ernst meinte, als ich sagte, daß man, wer nur etwas Unrechtes getan, den anklagen müsse, sich selbst, seinen Sohn, seinen Freund, und dazu die Redekunst gebrauchen. Und was Polos dir schien nur aus Scham zugegeben zu haben, das war also wahr, daß nämlich das Unrechttun um wieviel schändlicher, um soviel auch übler wäre als das Unrechtleiden; und daß, wer ein rechter Redner werden wolle, notwendig gerecht und des Rechts kundig sein müsse, was wiederum Gorgias nach Polos' Rede nur aus Scham soll eingeräumt haben.

[64. Ungerechtigkeit ist das größte Übel] Verhält sich nun dieses so: so laß uns sehn, wie es wohl mit dem steht, was du mir vorwirfst, ob es wohl recht gesagt ist oder nicht, daß ich nicht imstande bin, mir selbst noch irgendeinem meiner Freunde und Angehörigen zu helfen oder sie aus den größten Gefahren zu erretten, sondern daß ich in eines jeden Gewalt bin, wie die Ehrlosen, der nur Lust hat, und wenn er mich auch, was ja das große Wort in deiner Rede war, ins Angesicht schlagen wollte oder des Vermögens berauben oder aus der Stadt vertreiben oder endlich gar töten; und sich in solchem Zustande zu befinden ist ja das Schändlichste nach deiner Meinung. Meine Meinung dagegen, welche schon oft gesagt worden ist, mag sie aber doch immer noch einmal gesagt werden, ist: Ich leugne, Kallik-

les, daß ungerechterweise ins Angesicht geschlagen zu werden das Schändlichste ist; ebenso auch nicht, wenn man mir schnitte, sei es den Leib oder den Beutel, sondern eben das mich und das Meinige ungerechterweise Schlagen und das Schneiden ist sowohl schändlicher als übler. Und Stehlen dazu und Entführung zur Knechtschaft und gewaltsamer Einbruch und überhaupt jedes andere Unrecht gegen mich und das Meinige ist für den, der es begeht, beides übler und schändlicher als für mich, an dem es begangen wird. Dieses, was sich uns auch schon dort in den früheren Reden so gezeigt hatte, wie ich sage, bleibt fest und wohl verwahrt, sollte das auch zu derb klingen, mit eisernen und stählernen Gründen, wie es ja nun scheint, welche du oder ein noch Mutigerer entweder lösen muß, oder es wird nicht möglich sein, anders, als ich getan, und doch richtig über die Sache zu reden. Denn ich bleibe immer bei derselben Rede, daß ich zwar nicht weiß, wie sich dies verhält, daß aber von denen, die ich angetroffen, wie auch jetzt, keiner imstande gewesen ist, etwas anderes zu behaupten, ohne dadurch lächerlich zu werden. Daher sage ich wiederum, daß es sich so verhält. Und wenn es sich so verhält, und das größte unter allen Übeln die Ungerechtigkeit selbst ist für den, der Unrecht tut, und noch ein größeres womöglich als dieses größte die Ungestraftheit des Unrechttuns ist: welche Hilfe müßte dann ein Mensch sich selbst zu leisten unfähig sein, um dadurch in Wahrheit zum Gespött zu werden? Nicht diejenige, welche gerade den größten Schaden von uns abwendet? Ganz notwendig doch muß es das Schmählichste sein, gerade diese Hilfe sich selbst und seinen Freunden und Angehörigen nicht leisten zu können, nächstdem aber die gegen das zweite Übel und drittens die gegen das dritte; und so fort nach der eigentümlichen Größe eines jeden Übels ist es auch schön, gegen jedes Hilfe leisten zu können, und schmählich, es nicht zu können. Verhält es sich anders, oder so, Kallikles?

Kallikles: Nicht anders.

[65. Notwendigkeit eines Vermögens, das Unrecht zu meiden]
Sokrates: Unter den beiden nun, dem Unrechttun und Unrechtleiden, ist das größere Übel, sagen wir, das Unrechttun, das kleinere das Unrechtleiden. Was müßte sich nun jemand wohl verschaffen, um diese beiden Vorteile zu genießen, den, nicht Unrecht zu tun, und den, nicht Unrecht zu leiden? Das Vermögen oder den Willen? Ich meine nämlich so: Wenn einer nicht will Unrecht leiden, wird er schon deshalb wirklich nicht Unrecht leiden oder wird er nur dann, wenn er sich ein Vermögen erworben hat, nicht Unrecht zu leiden, auch wirklich nicht Unrecht leiden?

Kallikles: Das ist ja wohl offenbar, wenn ein Vermögen.

Sokrates: Und wie ist es mit dem Unrechttun? Ist es etwa hinreichend, wenn einer nur nicht Unrecht tun will; so daß er dann auch nicht Unrecht tun wird; oder muß auch hierzu ein Vermögen und eine Kunst erworben werden, weil, wenn einer diese nicht lernt und übt, er doch Unrecht tun wird? Warum beantwortest du mir nicht dieses wenigstens, Kallikles! Glaubst du, daß ich und Polos durch eine wahre Notwendigkeit dahin gebracht worden sind oder nicht, in unserm vorigen Gespräch dies einzugestehn, was wir eingestanden, niemand täte mit Willen Unrecht, sondern alle Unrechttuenden täten Unrecht wider Willen?

Kallikles: Auch das mag so sein, Sokrates, damit du deine Rede zu Ende bringst.

Sokrates: Auch hierzu also, wie es scheint, muß ein Vermögen und eine Kunst erworben werden, um nicht Unrecht zu tun?

Kallikles: Ja doch.

Sokrates: Welches ist nun die Kunst, durch welche man erreicht, daß man gar nicht oder so wenig als möglich Unrecht leidet? Sieh zu, ob du ebenso denkst wie ich. Ich denke nämlich so. Entweder muß man selbst im Staate herrschen, sei es gesetzmäßig oder gewalttätig, oder man muß der bestehenden Gewalt freund sein.

Kallikles: Siehst du, Sokrates, wie bereit ich bin, dich zu loben, wenn du etwas Richtiges vorbringst? Dies scheinst du mir sehr richtig gesagt zu haben.

[66. Freundschaft mit der herrschenden Gewalt dazu dienlich?]
Sokrates: Erwäge dann auch dies, ob es dir gut gesagt scheint. Freund nämlich dünkt mich einem jeden derjenige am meisten zu sein, von dem es schon die Alten und Weisen sagen, der Ähnliche dem Ähnlichen. Meinst du nicht auch?

Kallikles: Auch ich.

Sokrates: Wenn also ein roher und ungebildeter Mann irgendwo eigenmächtig herrscht, wird nicht ein solcher Tyrann, wenn es irgend in diesem Staate einen weit besseren Mann gibt, als er selbst ist, diesen fürchten und ihm nicht von ganzer Seele freund sein können?

Kallikles: So ist es.

Sokrates: Ebensowenig aber auch, wenn einer weit schlechter wäre, dem auch nicht. Denn einen solchen würde der Tyrann verachten und ihm nicht solche Aufmerksamkeit wie einem Freunde beweisen können.

Kallikles: Auch das ist wahr.

Sokrates: Es bleibt also nur der übrig als der rechte Freund für einen solchen, der ihm gleichgesinnt wäre, dasselbe lobend und tadelnd, und sich dennoch beherrschen lassen und dem Gewalthabenden unterworfen sein wollte. Dieser wird dann viel in solchem Staate vermögen, und niemand wird ihn ungestraft beleidigen. Steht es nicht so?

Kallikles: Ja.

Sokrates: Wollte also in dieser Stadt einer von den jüngeren Leuten überlegen, auf welche Weise könnte ich wohl zu großer Macht gelangen, daß mich niemand beleidigte: so wäre dies, wie es scheint, der Weg für ihn, daß er sich gleich von Jugend an gewöhnte, dasselbe zu lieben und zu hassen wie sein Herr, und es darauf anlegte, diesem so ähnlich zu werden als möglich. Nicht so?

Kallikles: Ja.

Sokrates: Also diesem wird das bewirkt sein in der Stadt, daß er nicht beleidigt werde und, wie ihr sprecht, viel vermöge?

Kallikles: Allerdings.

Sokrates: Aber etwa auch dies, daß er selbst nicht Unrecht tue? Oder weit gefehlt, wenn er ja einem unrechten Gewalthaber ähnlich sein soll und bei diesem viel vermögen? Sondern, denke ich, im Gegenteil wird ja seine ganze Vorrichtung darauf gehn, daß er imstande sei, möglichst viel Unrecht zu tun und doch nicht bestraft zu werden. Nicht wahr?

Kallikles: Offenbar.

Sokrates: Also das größte Übel wird er doch bei sich tragen, daß er sich nämlich um dieser Nachahmung seines Herrn und dieser Gewalt willen seine Seele zerrüttet und verstümmelt hat?

Kallikles: Ich weiß nicht, wie du jedesmal deine Reden windest und drehst, Sokrates, immer wieder das Unterste nach oben. Oder weißt du nicht, daß dieser Nachahmer jenen nicht Nachahmenden töten und ihm alles nehmen wird, was er hat?

Sokrates: Das weiß ich, mein guter Kallikles, wenn ich etwa nicht taub bin, da ich es ja von dir und Polos eben mehr als einmal gehört habe und auch sonst von fast allen in der Stadt. Aber höre du mich auch; er wird ihn freilich töten, wenn er will; aber er wird dies tun wie ein Böser an einem Guten und Rechtschaffenen.

Kallikles: Ist das nun nicht eben das Empörendste?

Sokrates: Nicht für den Vernünftigen, wie unsere Rede andeutet. Oder soll der Mensch nur dafür sorgen, daß er die längstmögliche Zeit lebe, und sich nur der Künste befleißigen, die uns immer aus den Gefahren erretten, wie auch der Redekunst, deren ich nach deinem Rate mich befleißigen soll, weil sie uns aushelfen kann vor Gericht?

Kallikles: Und gewiß, beim Zeus, sehr gut riet ich dir.

[67. Bloße Rettung vorm Tode bedeutet nicht viel]
Sokrates: Wie doch, Bester? Hältst du auch die Kunst zu schwimmen für etwas sehr Großes und Vortreffliches?

Kallikles: Wahrlich, ich nicht.

Sokrates: Aber doch rettet auch sie die Menschen vom Tode, wenn sie in solche Umstände geraten sind, wobei es dieser Kunst bedarf. Dünkt dich nun diese geringfügig, so will ich dir eine größere als sie nennen, die Kunst der Schiffahrt, welche nicht nur das Leben, sondern auch Leib und Vermögen zugleich aus den äußersten Gefahren rettet, eben wie die Redekunst. Und diese hält sich doch sehr zurückgezogen und sittsam und macht gar nicht große Ansprüche in ihrem ganzen Betragen, als ob sie etwas Außerordentliches leistete. Sondern hat sie dasselbe geleistet, was die gerichtliche Verteidigung: so will sie doch, wenn sie einem aus Aigina glücklich hierher geholfen hat, glaube ich, zwei Obolen verdient haben, wenn aber aus Ägypten oder dem Pontos, wird sie für diese große Wohltat, nachdem sie einen mit Weib und Kind und Habe erhalten und in den Hafen gebracht hat, aufs höchste zwei Drachmen fordern, und er selbst, der diese Kunst besitzt und dies geleistet hat, steigt aus und geht am Ufer auf und ab neben seinem Schiffe gar bescheidenen Ansehns. Er weiß nämlich, so denke ich, zu berechnen, daß ihm unbewußt ist, welchen der Schiffsgesellschaft er wirklich Nutzen gestiftet hat, indem er sie nicht ertrinken ließ, und welchen vielleicht Schaden, da er ja weiß, daß er sie um nichts besser ausgesetzt hat als sie eingestiegen waren, weder dem Leibe noch der Seele nach. Er berechnet also, daß doch unmöglich, wenn ein mit großen und unheilbaren Leibesübeln Bestrafter nicht ertrank, ein solcher zwar elend daran ist, daß er den Tod nicht gefunden hat, und diesem also gar kein Vorteil geschafft ist durch ihn, wenn aber einer mit großen und unheilbaren Übeln an der Seele, die soviel mehr als der Leib wert ist, behaftet ist, daß dem gut sein könne fortzuleben, und er ihm einen Nutzen verschafft habe, wenn er ihn, gleichviel ob aus der See oder vor Gericht oder wo nur sonst irgendher errettet habe; sondern er weiß, daß es für einen solchen elenden Menschen gar nicht besser ist zu leben, weil er eben schlecht leben muß.

[68. Streben nach Selbsterhaltung ist keine Tugend. Politischer Einfluß?]
Darum ist es auch nicht hergebracht, daß der Schiffer groß tut, ob er uns gleich beim Leben erhält. Und ebensowenig ja der Kriegsbaumeister, du Wunderlicher, der die Befestigungen besorgt, wiewohl er bisweilen kein geringerer Helfer ist als sogar der Heerführer, geschweige denn als der Schiffer und als

sonst irgendeiner; denn er rettet ja wohl bisweilen ganze Städte. Meinst du nicht, der könnte sich ja wohl mit dem Sachwalter gleichstellen? Und freilich, Kallikles, wenn er reden wollte wie ihr und die Sache herausstreichen, er würde euch ganz verschütten unter seinen Reden und Ermahnungen, daß ihr solltet Kriegsbaumeister werden, und daß alles andere nichts wäre. Zu sagen hätte er genug. Aber du achtest ihn dennoch gering samt seiner Kunst, ja ordentlich zum Schimpf könntest du ihn den Kriegsbaumeister nennen und würdest weder seinem Sohn deine Tochter zur Ehe geben noch die seinige für deinen nehmen wollen. Und doch nach dem, weshalb du dein Geschäft lobst, mit welchem Rechte kannst du ihn und die übrigen, die ich erwähnt, gering achten? Ich weiß, du wirst sagen, du wärest ein Besserer und stammtest von Besseren her. Allein, wenn das Bessere nicht das sein soll, was ich so nenne, sondern eben dies die Tugend ist, nur sich selbst und das Seinige zu erhalten, wie einer auch sonst sein möge: so wird deine Verachtung lächerlich, gegen den Kriegsbaumeister und den Arzt und alle die andern Künste, welche der Erhaltung wegen ersonnen sind. Also, Bester, sieh zu, ob nicht das Edle und Gute etwas ganz anderes ist, als das Erhalten und Erhaltenwerden, und ob nicht ein Mann, der es wahrhaft ist, eben dieses, nur zu leben, so lange es irgend geht, muß dahingestellt sein lassen und keineswegs am Leben hängen, sondern, dieses Gott überlassend und mit den Weibern glaubend, daß doch keiner seinem Schicksal entgeht, nur auf das Nächste sehen, auf welche Weise er während der Zeit, die er nun zu leben hat, am besten leben möge, ob er sich wirklich soll der Regierung ähnlich machen, unter welcher er wohnt, und jetzt also auch du dem Volke der Athener sollst ähnlich zu werden suchen so sehr als möglich, wenn du bei ihm willst beliebt sein und viel vermögen in der Stadt. Dies siehe zu, ob es dir wirklich nutzt und mir, damit es uns nicht gehe, wie man von den Thessalerinnen sagt, welche den Mond herunterholen, und auch wir mit dem Liebsten, was wir haben, uns dieses erwerben, viel zu vermögen im Staate. Glaubst du aber, irgendein Mensch könne dir eine solche Kunst mitteilen, welche dich vielvermögend machen kann in dieser Stadt, wenn du auch ihrer Verfassung unähnlich bist, gleichviel ob besser oder schlechter: so berätst du dich schlecht, o Kallikles, wie mich dünkt. Denn nicht einmal nur sein Nachahmer mußt du sein, sondern schon von Natur ihm ähnlich, wenn du etwas Ordentliches erlangen willst in der Freundschaft des athenischen Volks, und so auch wahrlich in der deines Jünglings. Wer dich also diesem recht ähnlich macht, der macht dich, wie du ein Staatsmann zu sein wünschst, zu einem solchen Staatsmann und Redner. Denn was nach seinem eignen Sinn gesprochen wird, daran freut sich ein jeder, was aber aus einem fremden, das ist ihm zuwider, wenn du nicht etwa anders meinst, edelster Freund. Haben wir etwas hiergegen zu sagen, Kallikles?

[69. Besserung der Bürger Ziel des Staatsmanns]
Kallikles: Ich weiß nicht, wie mir gewissermaßen gut vorkommt, was du sagst, Sokrates; es geht mir aber doch wie den meisten, ich glaube dir nicht sonderlich.

Sokrates: Jene zwiefache Liebe eben, die du in der Seele hast, o Kallikles, zum Volk und zum Jüngling, steht mir entgegen; aber vielleicht, wenn wir öfter und besser dasselbe erwägen, wirst du überzeugt werden. Erinnere dich also, daß wir sagten, es gäbe eine zwiefache Vorrichtung, um jedes, den Leib und die Seele, zu behandeln, davon die eine nur um der Lust willen sich damit abgebe, die andere mit Hinsicht auf das Beste nicht sich gefällig mache, sondern durchsetze. War es das nicht, was wir voneinander unterschieden?

Kallikles: Allerdings.

Sokrates: Und die eine, die es nur mit der Lust zu tun hat, war unedel und nichts anderes ihrem Wesen nach als Schmeichelei. Nicht wahr?

Kallikles: Es sei so, wenn du denn willst.

Sokrates: Die andere aber, wenn wir nach Kräften das besser zu machen suchen, was wir behandeln, sei es nun Leib oder Seele?

Kallikles: So war es.

Sokrates: Sollen wir uns also auf diese Weise an die Stadt und die Bürger wagen, daß wir sie behandeln, um sie, soviel möglich, besser zu machen? Denn ohne dies, wie wir vorher fanden, ist es unnütz, irgendeine andere Wohltat zu erweisen, wenn nicht die Gesinnung derer gut und schön ist, welche entweder zu großem Besitz gelangen sollen oder zur Herrschaft über andere oder zu sonst irgendeinem Vermögen. Sagen wir, daß es sich so verhält?

Kallikles: Ja, wenn es dir lieber ist.

Sokrates: Wenn wir nun, in die öffentlichen Geschäfte eingetreten, einander zuredeten, o Kallikles, uns unter den bürgerlichen Angelegenheiten etwa mit dem Bauwesen zu befassen, mit den Mauern, Schiffswerften oder den wichtigsten heiligen Gebäuden, müßten wir uns dann nicht zuvor untersuchen und prüfen, zuerst ob wir wohl die Sache selbst verstehen oder nicht verstehen, die Baukunst, und von wem wir sie gelernt haben? Müßten wir das oder nicht?

Kallikles: Freilich wohl.

Sokrates: Und zweitens wohl auch dieses, ob wir schon je wenigstens zum häuslichen Gebrauch irgendein Gebäude aufgeführt haben für einen unserer Freunde oder für uns selbst, und ob dieses gut ist oder schlecht. Und wenn sich aus der Untersuchung ergibt, daß wir vortreffliche und berühmte Lehrer gehabt haben und viele schöne Gebäude mit unsern Lehrern gemeinschaftlich aufgeführt, viele auch selbst allein, seitdem wir uns von den Lehrern getrennt: so ziemte es sich unter solchen Umständen vernünftigen Menschen, sich auch an die öffentlichen Werke zu wagen. Könnten wir aber keinen Lehrer aufzeigen und auch keine Gebäude oder viele zwar, aber nichts werte, dann wäre es doch gewiß unvernünftig, öffentliche Werke zu unternehmen und einander dazu aufzumuntern. Wollen wir sagen, dies sei richtig gesprochen, oder nicht?

Kallikles: Freilich.

[70. Erfordernis vorheriger Prüfung, ob man zum Bessermachen imstande ist]

Sokrates: Nicht auch ebenso mit allem übrigen, wenn wir uns zureden wollten, auch die öffentlichen Geschäfte der Ärzte zu übernehmen, als tüchtig in diesem Fach, würden wir uns nicht erst prüfen, ich dich und du mich, laß doch sehn, bei Gott, den Sokrates selbst, wie es steht mit seiner Gesundheit? Oder ob wohl schon jemand durch ihn von einer Krankheit ist befreit worden, sei es ein Knecht oder ein Freier? Und auf eben die Art würde auch ich dich prüfen, und fänden wir nicht, daß wir jemals jemanden gesünder gemacht hätten, weder Fremden noch Bürger, weder Mann noch Weib, beim Zeus, Kallikles, wäre es nicht belachenswert, wenn dann Menschen noch so töricht sein könnten, ehe sie erst für sich allein, vieles zwar, wie es sich eben traf, vieles aber auch richtig und gut ausgeführt und die Kunst hinlänglich geübt hätten, gleich wie der Töpfer im Sprichwort beim Fasse anzufangen und sowohl sich selbst an die öffentlichen Geschäfte zu wagen, als auch andere eben solche dazu aufzumuntern? Dünkt es dich nicht unvernünftig, so zu handeln?

Kallikles: Mich wohl.

Sokrates: Nun aber, bester Mann, da du selbst eben angefangen hast, Staatsgeschäfte zu betreiben, und mich ermahnst und schiltst, daß ich sie nicht betreibe, wollen wir einander nicht prüfen, wohlan, hat Kallikles wohl schon einen Bürger besser gemacht? Ist einer, der zuvor schlecht war, ungerecht etwa, zügellos und unvernünftig, durch den Kallikles gut und rechtlich geworden, Fremder oder Einheimischer, Knecht oder Freier? Sprich, wenn dich jemand hierauf prüft, Kallikles, was wirst du sagen? Wen wirst du behaupten besser gemacht zu haben durch deinen Umgang? Bedenkst du dich zu antworten, wenn du doch ein solches Werk aufzuzeigen hast aus der Zeit, da du für dich lebtest, ehe du dich ins öffentliche Leben wagtest?

Kallikles: Du willst immer recht behalten, Sokrates.

[71. Prüfung des Perikles nach diesem Maßstab]
Sokrates: Keineswegs aus Rechthaberei frage ich, sondern in Wahrheit, um zu erfahren, wie du denn meinst, daß der Staat bei uns müsse verwaltet werden; ob du wohl auf etwas anderes deine Sorgfalt zu wenden denkst, nun du dich der öffentlichen Angelegenheiten annimmst, als darauf, daß wir Bürger immer besser werden? Oder haben wir nicht schon oft eingestanden, daß dies

der öffentliche Mann bewirken müsse? Haben wir es eingestanden oder nicht? Antworte! Wir haben es eingestanden, will ich für dich antworten. Wenn also dies der rechtliche Mann seiner Stadt muß zu bewirken suchen: so besinne dich und sage mir noch einmal deine Meinung von jenen Männern, die du vorhin anführtest, ob du noch glaubst, daß sie gute Staatsmänner gewesen sind, Perikles und Kimon und Miltiades und Themistokles?

Kallikles: Ich glaube es doch.

Sokrates: Waren sie also gute Staatsmänner: so hat doch offenbar jeder die Bürger zu besseren gemacht aus schlechteren. Haben sie das getan oder nicht?

Kallikles: Sie haben es getan.

Sokrates: Also da Perikles anfing, vor dem Volke zu reden, waren die Athener schlechter, als da er zum letzten Male redete?

Kallikles: Vielleicht.

Sokrates: Nicht doch vielleicht, Bester, sondern es folgt notwendig aus dem Eingestandenen, wenn anders jener ein guter Staatsmann war.

Kallikles: Und was weiter?

Sokrates: Nur dies sage mir noch, ob man wirklich der Meinung ist, die Athener wären durch den Perikles besser geworden, oder umgekehrt, sie wären verderbt worden durch ihn. Denn dazu, höre ich wenigstens immer, habe Perikles die Athener gemacht, zu einem faulen, feigen, geschwätzigen, geldgierigen Volk, indem er sie zuerst zu Söldlingen erniedrigt.

Kallikles: Das hörst du von denen mit den eingeschlagenen Ohren, o Sokrates.

Sokrates: Aber dies doch höre ich nicht nur, sondern wir wissen es beide genau, ich und du, daß Perikles zuerst zwar in gutem Ruf stand und die Athener keine schimpfliche Klage gegen ihn erkannten, als sie noch schlechter waren, nachdem sie aber durch ihn gut und edel geworden, gegen das Ende seines Lebens, haben sie auf Unterschleif gegen ihn erkannt und hätten ihn beinahe am Leben gestraft, offenbar doch als einen gefährlichen Mann.

[72. Weder Perikles noch Kimon, Themistokles oder Miltiades gute Staatsmänner]

Kallikles: Nun? War etwa deshalb Perikles schlecht?

Sokrates: Wenigstens ein solcher Aufseher über Esel, Pferde und Rinder würde für schlecht gehalten werden, der sie keineswegs so übernommen, daß sie schlugen, stießen und bissen, sie aber so hätte verwildern lassen, daß sie nun dieses alles tun. Oder dünkt dich nicht jeder solcher als schlechter Aufseher über jede Art von Lebewesen, der sie zahmer bekommt und sie wilder macht, als er sie bekommen hat. Dünkt es dich nicht?

Kallikles: Ja doch, damit ich dir nur den Willen tue.

Sokrates: So tue mir auch noch den Willen, mir dies zu beantworten, ob der Mensch auch zu den Lebewesen gehört, oder nicht?

Kallikles: Wie sollte er nicht?

Sokrates: Und Menschen regierte Perikles?

Kallikles: Ja.

Sokrates: Wie also? Sollten sie nicht nach dem eben Festgesetzten gerechter unter ihm geworden sein aus Ungerechteren, wenn er sie doch als ein rechter Staatsmann regierte?

Kallikles: Freilich.

Sokrates: Nun aber sind die Gerechten zahm, wie Homeros sagt. Was sagst du aber? Nicht eben das?

Kallikles: Ja.

Sokrates: Und doch hat er sie wilder gemacht, als er sie vorgefunden hatte, und zwar gegen ihn selbst, was er doch am wenigsten wollte.

Kallikles: Willst du, daß ich dir recht gebe?

Sokrates: Wenn dich dünkt, daß ich recht habe?

Kallikles: So sei denn dieses so!

Sokrates: Wenn also wilder, dann auch ungerechter und schlechter?

Kallikles: Es sei.

Sokrates: Also war Perikles kein guter Staatsmann nach dieser Rede.

Kallikles: Nein, behauptest du freilich.

Sokrates: Beim Zeus, auch du, nach dem, was du mir zugegeben hast. Weiter auch wegen des Kimon sage mir doch, haben nicht eben die, deren Bestes er besorgte, ihn aus der Stadt verwiesen, um nur zehn Jahre lang seine Stimme gar nicht zu hören? Und haben sie nicht dem Themistokles dasselbe getan und ihn noch obendrein gänzlich verbannt? Den Miltiades aber, den Sieger bei Marathon, hatten sie schon beschlossen, in der Grube umkommen zu lassen, und wäre nicht der Prytane gewesen, so würde er auch hineingekommen sein. Und doch würde diesen, wären sie so vortrefflich gewesen, wie du behauptest, dergleichen nicht begegnet sein. Wenigstens einem guten Wagenführer geht es nicht so, daß er anfangs zwar nicht herunterfällt vom Wagen, wenn er aber seine Pferde erst eine Zeitlang behandelt hat und dadurch auch selbst ein besserer Wagenführer geworden ist, dann herabfällt. Dergleichen kommt nicht vor, weder beim Wagenführen noch bei irgendeinem andern Geschäft. Oder meinst du?

Kallikles: Nein freilich.

Sokrates: So waren also, wie es scheint, unsere vorigen Reden ganz richtig, daß wir keinen wissen, der ein tüchtiger Staatsmann gewesen wäre in dieser Stadt. Du aber räumtest zwar ein, es gebe keinen unter den jetzigen, unter den früheren aber meintest du doch, und hobst eben diese Männer heraus. Von diesen aber hat sich gezeigt, daß sie den jetzigen ganz gleich sind. So daß, wenn diese Redner waren, sie weder die wahre Redekunst verstanden haben, denn sonst würden sie nicht durchgefallen sein, noch auch die schmeichlerische.

[73. Rückgriff auf die beiden Beschäftigungen mit dem Leib und mit der Seele]

Kallikles: Aber es fehlt doch sehr viel, Sokrates, daß von den jetzigen einer solche Dinge ausrichtete, wie von jenen jeder, wer du willst, ausgerichtet hat.

Sokrates: O wunderlicher Kallikles, ich tadle ja auch diese Männer nicht, sofern sie Diener des Staats gewesen sind, vielmehr scheinen sie mir weit dienstbeflissener gewesen zu sein als die jetzigen und weit geschickter, dem Staate dasjenige zu verschaffen, wonach ihn gelüstete. Aber seine Gelüste umstim-

men und ihnen nicht nachsehn, sondern durch Überredung und
durch Gewalt ihn zu dem bewegen, wodurch die Bürger besser
werden können, darin, daß ich es geradeheraus sage, waren
diese nichts besser als jene, und dies ist doch das einzige Geschäft des rechten und guten Staatsmannes. Allein Schiffe und
Mauern und Werften zu schaffen und vielerlei dergleichen,
darin gestehe auch ich dir gern, daß jene weit stärker gewesen
sind als diese. Aber lächerlich machen wir uns, ich und du, in
unsern Reden. Denn in der ganzen Zeit, seit wir miteinander
sprechen, haben wir noch nicht aufgehört, immer auf dasselbe
zurückzukommen und nicht zu wissen, was wir meinen. Ich
nämlich denke, du hast oft genug zugestanden und eingesehen,
daß es wirklich eine solche zwiefache Beschäftigung gibt, um
den Leib und um die Seele, deren die eine bloß eine dienstbare
ist, daß einer imstande ist, wenn unsern Leib hungert, Speise
herbeizuschaffen, wenn ihn durstet, Getränk, wenn er friert,
Kleider, Decken, Schuhe und anderes, wozu sonst dem Leibe
Lust ankommt. Und wohlbedacht erläutere ich es dir durch dieselben Bilder, damit du es leichter begreifst. Wer nun dies zu
verschaffen weiß, als Krämer oder Kaufmann oder Verfertiger
dieser Dinge, als Koch, Bäcker, Weber, Schuster, Gerber, kein
Wunder, daß der sich selbst dünkt, der Versorger des Leibes zu
sein, und auch den übrigen, jedem nämlich, der nicht weiß, daß
es außer allen diesen eine Kunst gibt, die Heilkunst nämlich
und die Turnkunst, welche in Wahrheit die Versorgerin des Leibes ist und welcher auch gebührt, über alle jene Künste zu herrschen und sich ihrer Werke zu bedienen, weil sie nämlich weiß,
was das Zuträgliche ist und das Verderbliche von Speisen und
Getränk für die Vollkommenheit des Leibes, die andern alle
aber es nicht wissen. Daher auch jene nur für knechtisch,
dienstbar und unedel gelten in ihren Bemühungen um den
Leib, diese aber, die Heilkunst und die Turnkunst, mit Recht
Herrinnen jener andern sind. Daß ich nun meine, daß dasselbe
ebenso in Beziehung auf die Seele stattfinde, dünkst du mich
manchmal recht gut zu verstehen und gibst es zu, als wüßtest
du, was ich meine; bald darauf aber kommst du und behauptest, es hätte doch gar tüchtige und treffliche Staatsmänner ge-

geben unter uns, und als ich frage, welche denn, stellst du mir Menschen auf, die sich zur Staatskunst vollkommen ebenso verhalten, als wenn du mir auf die Frage wegen der Turnkunst, was für ausgezeichnete Männer in Besorgung des Leibes wir wohl gehabt haben oder noch haben, ganz ernsthaft antworten wolltest, Thearion der Bäcker und Mithaikos, der die Sizilische Kochkunst geschrieben hat, und Sarambos der Schenkwirt, diese wären vortreffliche Pfleger des Leibes gewesen, denn der eine hätte wunderschönes Brot geliefert, der andere Speisen, der dritte Wein.

[74. Verurteilung der athenischen Politik] Vielleicht nun wärest du dann unwillig geworden, wenn ich dir gesagt hätte, lieber Mensch, du verstehst nichts von der Leibespflege, denn du nennst mir nur dienstbare Menschen, die für die Begierden arbeiten und nichts Gutes und Schönes hiervon verstehen, die, wenn es sich so trifft, die Leiber der Menschen anfüllend und aufschwemmend, wiewohl von ihnen gelobt, ihnen das alte Fleisch auch noch verderben. Die Leute aber werden aus Unkunde nicht diese, von denen sie so bewirtet wurden, beschuldigen, daß sie Ursache an ihren Krankheiten wären und an dem Verlust ihrer bisherigen Wohlbeleibtheit, sondern diejenigen, welche alsdann gerade um sie sind und ihnen Rat geben, wenn nämlich die ehemalige Überfüllung ihnen lange hernach Krankheiten zuzieht, da sie ihnen so ganz ohne alle Rücksicht auf die Gesundheit gewährt wurde, diese werden sie beschuldigen und tadeln und ihnen Übles zufügen, wenn sie es vermögen; jene früheren aber, die eigentlich schuld an dem Übel sind, werden sie loben. Vollkommen ebenso gehst auch du jetzt zu Werke, Kallikles, und lobpreist Menschen, welche jene auf solche Art bewirtet haben mit allem, wonach sie nur gelüstete, vollauf, und von denen es nun heißt, sie hätten die Stadt zu ihrer Größe erhoben; daß sie aber eigentlich nur aufgedunsen ist und innerlich anbrüchig durch das Verfahren jener Alten, das merkt man nicht. Denn ohne auf Besonnenheit und Gerechtigkeit zu denken, haben sie nur mit ihren Häfen und Schiffswerften und Mauern und Zöllen und derlei Possen die

Stadt angefüllt. Wenn nun der rechte Ausbruch der Krankheit erfolgen wird, werden sie die derzeitigen Ratgeber anklagen, den Themistokles aber, den Perikles und Kimon, die Urheber des Übels, werden sie lobpreisen und sich dagegen vielleicht an dich halten, wenn du dich nicht hütest, und an meinen Freund Alkibiades, wenn ihr ihnen mit dem Neuerworbenen auch noch das alte verliert, obwohl ihr doch gar nicht die Urheber des Übels seid, sondern vielleicht nur Mitschuldige. Auch noch etwas ganz Unvernünftiges sehe ich jetzt vorfallen und höre auch gleiches von den Alten. Wenn nämlich die Stadt einen von den öffentlichen Männern angreift als unrechttuend, dann höre ich sie murren und jammern, als müßten sie Schreckliches erdulden; nachdem sie nämlich dem Staate so viele Wohltaten erzeigt, würden sie nun von ihm ungerechterweise unglücklich gemacht, nach ihrer Rede. Das ist aber alles falsch. Denn gar keinem Vorsteher eines Staates kann von eben diesem Staate, dem er vorsteht, irgend etwas Übles ungerechterweise widerfahren! Nämlich es ist wohl ganz dasselbe mit denen, welche sich für Staatsmänner, wie mit denen, welche sich für Sophisten ausgeben. Denn auch die Sophisten, wie weise sie übrigens sind, begehen hierin Ungereimtes. Ungeachtet sie nämlich behaupten, Lehrer der Tugend zu sein, beklagen sie sich doch oft über ihre Schüler, daß diese ihnen Unrecht täten, indem sie ihnen Lohn vorenthielten und sich sonst nicht dankbar gegen sie bewiesen, obwohl sie doch Gutes von ihnen empfangen haben. Und was kann wohl unvernünftiger sein als diese Rede, daß Menschen, die gut und gerecht geworden sind, denen die Ungerechtigkeit von ihren Lehrern ausgenommen und die Gerechtigkeit eingepflanzt worden, Unrecht tun sollten vermöge dessen, was sie gar nicht mehr haben? Dünkt dich das nicht ungereimt, Freund? Ordentlich eine Rede zu halten hast du mich gezwungen, Kallikles, weil du nicht antworten wolltest.

[75. Unvernünftigkeit der Klage der Staatsmänner und Sophisten über erlittenes Unrecht]
Kallikles: Kannst du denn gar nicht reden, wenn dir nicht jemand antwortet?

Sokrates: Es scheint ja doch. Jetzt wenigstens habe ich ja meine Reden ziemlich lang gestreckt, da du mir nicht antworten willst. Aber, du Guter, sprich, so lieb du mich hast, dünkt es dich nicht unvernünftig, wenn einer behauptet, er habe einen andern gut gemacht, und doch eben diesem vorwirft, daß er, obgleich durch ihn gut geworden und jetzt wirklich gut, dennoch auch schlecht ist?

Kallikles: Das dünkt mich wohl so.

Sokrates: Und hörst du nicht dieses eben diejenigen sagen, welche sich rühmen, die Menschen zur Tugend zu bilden?

Kallikles: Freilich wohl. Aber was willst du auch nur sagen von Menschen, die gar nichts wert sind?

Sokrates: Und was willst du nur von jenen sagen, welche behaupten, sie ständen dem Staate vor und sorgten dafür, daß er so gut als möglich werde, und dann doch, wenn es sich trifft, ihn wieder anklagen als wunder wie schlecht? Meinst du, daß diese irgend besser sind als jene? Ganz dasselbe, o Bester, ist ein Sophist wie ein Redner, oder ihm wenigstens sehr nahe und verwandt, wie ich auch zum Polos sagte; du aber meinst aus Unkunde, die eine, die Redekunst, sei etwas gar Schönes, und die andere dagegen verachtest du. Nach der Wahrheit aber ist die Sophistik noch um soviel schöner als die Redekunst, wie die Gesetzgebung schöner ist als die Rechtspflege und die Turnkunst schöner als die Heilkunst. Und gerade den Volksmännern und den Sophisten, glaube ich, stehe es nicht zu, sich über das zu beklagen, was sie selbst unterrichten und bilden, als handle es schlecht gegen sie, oder sie müssen mit derselben Rede zugleich auch sich selbst anklagen, daß sie denen nichts nutz gewesen sind, denen sie sich doch rühmen nützlich zu sein. Ist es nicht so?

Kallikles: Freilich.

Sokrates: Und gerade ihnen, wie sich zeigt, gebührte es, die Dienste, welche sie leisten können, ohne Lohn zu erweisen, wenn ich anders vorhin recht hatte. Denn wer in einer andern Sache weiter gefördert ist von jemand, etwa wer schnellfüßiger geworden ist durch den Turnmeister, der kann vielleicht mit dem Dank durchgehn, wenn der Turnmeister ihn freigestellt und nicht, über den Lohn mit ihm eins geworden, sobald er ihm die Schnelligkeit mitgeteilt, auch sein Geld an sich genommen hat. Denn die Langsamkeit ist nicht das, glaube ich, wodurch die Menschen unrecht tun, sondern die Ungerechtigkeit. Nicht wahr?

Kallikles: Ja.

Sokrates: Also wenn ihnen jemand eben dies abnimmt, die Ungerechtigkeit: so darf er ja gar nicht bange sein, daß ihm Unrecht getan werde; sondern der allein kann es wagen, seine Dienstleistung unbedingt hinzugeben, wer nur wirklich andere gut machen könnte. Nicht so?

Kallikles: Ich gebe es zu.

[76. Schändlichkeit der Geldannahme für Bildung. Welche Staatskunst ist zu betreiben?]

Sokrates: Darum ist auch, wie es scheint, in andern Dingen seinen Rat für Geld zu erteilen, in Sachen der Baukunst etwa und andern Künsten, gar nichts Schändliches.

Kallikles: So scheint es.

Sokrates: In dieser Angelegenheit aber, auf welche Weise wohl jemand möglichst gut werden könnte und sein Hauswesen oder seinen Staat gut verwalten, darin wird es für schändlich angesehen, wenn jemand seinen Rat versagen wollte, wofern man ihm nicht Geld dafür gäbe. Nicht wahr?

Kallikles: Ja.

Sokrates: Und offenbar ist doch dies die Ursache, daß unter allen Dienstleistungen diese allein dem Empfangenden das Verlangen erregt, wieder hilfreich zu sein. So daß dies ein ganz gutes Kennzeichen ist, wer diesen Dienst gut erwiesen hat, dem wird auch wieder gedient werden, wer aber nicht, dem nicht. Verhält sich dies wirklich so?

Kallikles: Ja.

Sokrates: Zu welcher von beiden Arten, den Staat zu behandeln, ermahnst du mich also, das bestimme mir. Zu der, welche es durchsetzen will, daß die Athener besser werden, wie es der Arzt macht; oder wie einer, der ihnen dienstbar sein muß und nur, wie es ihnen wohlgefällt, mit ihnen umgeht? Sage es mir aufrichtig, Kallikles! Denn es gebührt dir, wie du dich freimütig gezeigt hast gegen mich von Anfang an, auch nun dabei zu beharren, daß du mir sagst, was du meinst. Rede also auch jetzt rein und dreist heraus.

Kallikles: So sage ich denn, du sollst ihnen dienstbar sein.

Sokrates: Ein Schmeichler also zu werden, du edelster Mann, forderst du mich auf.

Kallikles: Wenn du lieber ein Mysier heißen willst, Sokrates. Denn wenn du dies einmal nicht tun willst –

Sokrates: Sage nur nicht, was du schon so oft gesagt hast, daß mich alsdann töten wird, wer Lust hat, damit ich nicht auch wieder sage, ja, aber wie ein Schlechter einem Guten wird er mir das tun; auch nicht etwa, daß er mir nehmen wird, was ich habe, damit ich nicht wieder sage, ja, aber wenn er es genommen, wird er es nicht zu gebrauchen wissen, sondern wie er es ungerecht genommen hat, so wird er es auch ungerecht gebrauchen, und wenn ungerecht, auch schlecht, und wenn schlecht, auch zu seinem Schaden.

[77. Sokrates allein der wahre Staatsmann und eben darum der Verurteilung ausgesetzt]

Kallikles: Wie scheinst du mir doch, Sokrates, zu glauben, dir könne nichts dergleichen begegnen, als ob du weit aus dem Wege wohntest und nicht etwa könntest von dem ersten besten elenden und ganz schlechten Menschen vor Gericht gezogen werden.

Sokrates: Dann wäre ich wohl ganz unvernünftig, Kallikles, wenn ich nicht glaubte, daß in dieser Stadt jedem jedes begegnen kann, wie es sich trifft. Aber das weiß ich auch, wenn ich vor Gericht erscheinen muß und in solche Gefahr komme wie du sagst, so wird das ein schlechter Mensch sein, der mich vorgeladen hat – denn kein Guter würde einen unschuldigen Menschen belangen –, und es sollte mich gar nicht wundern, wenn ich sterben müßte. Soll ich dir sagen, weshalb ich das erwarte?

Kallikles: O ja.

Sokrates: Ich glaube, daß ich, mit einigen wenigen anderen Athenern, damit ich nicht sage ganz allein, mich der wahren

Staatskunst befleißige und die Staatssachen betreibe ganz allein heutzutage. Da ich nun nicht ihnen zum Wohlgefallen rede, was ich jedesmal rede, sondern für das Beste, gar nicht für das Angenehmste, und mich nicht befassen will mit den herrlichen Dingen, die du mir anmutest: so werde ich nichts vorzubringen wissen vor Gericht, und es wird mich dasselbe treffen, was ich zum Polos sagte, ich werde nämlich gerichtet werden wie unter Kindern ein Arzt, den der Koch verklagte. Denn bedenke nur, wie sich ein solcher Mensch auf solchen Dingen ertappt verteidigen wollte, wenn ihn einer anklagte und spräche: Ihr Kinder, gar viel Übles hat dieser Mann euch zugefügt, und auch die jüngsten unter euch verdirbt er und ängstigt euch, daß ihr euch nicht zu helfen wißt, mit Schneiden und Brennen und Abmagern und Schwitzen und mit den bittersten Getränken und läßt euch hungern und dursten; gar nicht, wie ich euch immer mit so viel und vielerlei Süßigkeiten bewirtete. Was, glaubst du, wird ein Arzt, wenn er in solcher Not drinsteckt, wohl sagen können? Oder wenn er etwa die Wahrheit sagte: Ihr Kinder, das alles tat ich zu eurer Gesundheit, was, meinst du wohl, würden solche Richter für ein Geschrei erheben? Nicht ein großes?

Kallikles: Fast sollte man es denken.

Sokrates: Glaubst du also nicht, daß er in der größten Verlegenheit sein wird, was er wohl sagen soll?

Kallikles: Freilich.

[78. Wahrscheinliches Schicksal des Sokrates vor Gericht]
Sokrates: Ebenso, weiß ich recht gut, würde es auch mir ergehen, wenn ich vor Gericht käme. Denn keine Lust, die ich ihnen bereitet, werde ich ihnen anführen können, was sie doch allein als Verdienst und Wohltat ansehn, ich aber beneide weder, die, welche sie ihnen verschaffen, noch die, denen sie verschafft werden. Und wenn einer sagt, ich verderbe die Jugend, daß sie sich nicht zu helfen wisse, oder ich schmähe die Alten durch bittere Reden über ihr privates Leben und über ihr öffentliches: so werde ich weder die Wahrheit sagen können, nämlich: Mit Recht sage und tue ich das alles, nämlich als euer

bestes, ihr Richter, noch sonst irgend etwas anderes; so daß ich wahrscheinlich, was sich eben trifft, werde leiden müssen.

Kallikles: Glaubst du nun wohl, daß es gut stehe um einen Menschen, der sich in solcher Lage befindet im Staate und unvermögend ist, sich selbst zu helfen?

Sokrates: Wenn es ihm nur daran nicht fehlt, was du oftmals zugegeben hast: wenn er sich nur dazu verholfen hat, nichts Unrechtes jemals gegen Menschen oder Götter zu reden und zu tun. Denn dies ist, wie wir oft einig geworden, die wichtigste Hilfe, die jeder sich selbst zu leisten hat. Wenn mich nun jemand überführen könnte, daß ich hierin unvermögend wäre, mir selbst und andern zu helfen, dann würde ich mich schämen, ich möchte dessen nun vor vielen oder vor wenigen überführt werden oder unter zweien; und wenn ich um dieses Unvermögens willen sterben müßte, das würde mich kränken. Wenn ich aber wegen Mangel an schmeichlerischer Redekunst sterben müßte: so würdest du sehn, das weiß ich gewiß, wie sehr leicht ich den Tod ertrüge. Denn das Sterben selbst fürchtet ja wohl niemand, wer nicht ganz und gar unverständig ist und unmännlich; das Unrechttun aber fürchtet man. Denn mit vielen Vergehungen die Seele angefüllt in die Unterwelt zu kommen ist unter allen Übeln das ärgste.

Bearbeitungsfragen:

1. Was kann und will Platon mit der Dialogform seines Philosophierens darstellen?
2. Wie könnte man die Haltung und Persönlichkeit des Kallikles charakterisieren?
3. Tritt Sokrates als Verkünder feststehender Wahrheit auf? Zeigt er sich als Relativist, der alles kritisiert? Oder was ist seine wahre Meinung? Passen Wahrheit und »Meinung« überhaupt zusammen?
4. Wie widerlegt Sokrates die Einssetzung des Würdigeren mit dem Stärkeren?
5. Welches sind die Argumente gegen die Einssetzung von Angenehmem und Gutem?
6. Wodurch ist »das Gute« in seiner Beziehung zu allem anderen definiert? Ist »das Gute« gut »für etwas«?
7. Warum ist Ethik als Nachdenken über das Gute notwendig?

II.2 Das Wort »gut«
Moore: Principia Ethica, I.5–10

Das Gespräch zwischen Sokrates und Kallikles enthält beieinander gleich zwei klassische Weisen der Infragestellung jeglicher Ethik: die Verdächtigung der Moral als Herrschaftsmittel sowie die These, wonach der Gegenstand der Ethik auf natürliches Triebstreben zurückgeführt werden könne, für dessen wissenschaftliche Analyse dann eher die Biologie als die Philosophie zuständig wäre. In beiden Fällen gibt es viele Beobachtungen und Argumente, die gegen die Moral ins Feld geführt werden können und im Laufe der Geistesgeschichte auch immer wieder ins Feld geführt worden sind. Trotzdem ist es bisher nicht gelungen, ein für allemal zu verhindern, daß auf alle Erledigung von Moral doch ganz einfach wieder die Frage der Ethik folgte: Welches Handeln ist richtig? Die Schwierigkeit ist nämlich die: Was immer die Reduktion von Moral auf bestimmte Tatsachen, Gesetze, Strukturen, Triebe erbringen mag, man erfährt dadurch stets nur etwas darüber, wie die Wirklichkeit beschaffen ist, nicht darüber, wie sie beschaffen sein sollte. Sobald der Entlarver oder Reduktionist nämlich etwas darüber aussagt, wie wir uns aufgrund seiner Erkenntnisse verhalten sollten, tut er etwas Selbstwidersprüchliches: Er treibt selber Ethik.

Nehmen wir an, bestimmte Moralvorschriften, etwa das Verbot, menschliche Artgenossen zu töten, ließen sich als entwicklungsfördernd im Rahmen einer Evolutionstheorie der menschlichen Gattung erklären. Wir wüßten dann also, daß es der Erhaltung unserer Gattung und womöglich unser selbst dient, daß wir eine Hemmung spüren, andere Menschen zu töten. Mit diesem Wissen wäre die Frage, was wir im nächsten Augenblick tun sollen, wenn uns ein Mensch begegnet, ob wir ihn töten dürfen oder nicht, in keiner Weise beantwortet. Würden wir dabei bleiben, daß es verboten ist, andere Menschen willkürlich umzubringen, so könnten wir dies nicht damit begründen, daß solches Verhalten der Erhaltung der Menschheit dient; denn darauf könnte wieder gefragt werden, warum wir denn die Menschheit erhalten sollen, oder auch, warum wir uns selber erhalten sollen. Wollten wir dann darauf nochmals antworten, müßten wir sagen, daß es eben gut ist, die Menschheit zu erhalten; damit aber hätten wir zugegeben, daß es doch nicht dasselbe ist, ob man sagt, daß etwas die Gattung erhält, oder ob man sagt, es sei gut, also es solle getan werden. Denn sonst hieße unsere letzte Begründung ja nur: Es dient der Erhaltung der Menschheit, wenn man der Erhaltung der Menschheit dient. Solange also die Frage gestellt wird, was wir tun sollen, kann das Gute nicht vollständig mit irgendeinem anderen, theoretischen Erkenntnisinhalt identifiziert werden.

Man kann diese Feststellung noch auf eine andere Weise ausdrücken: Der Gebrauch, den wir von dem Wort »gut« machen, ist nicht durch natur- oder sozialwissenschaftliche Theorien zu ersetzen. Wenn wir das Wort »gut« verwenden, wollen wir zumindest in bestimmten Fällen nicht etwas beschreiben, sondern darüber reden, was getan werden soll. Schon Platons Argument gegen Kallikles, daß Gutes und Lust nicht einerlei sein könnten, weil wir manche Lust als gut, manche als nicht gut bewerten müssen, nimmt letztlich die Feststellung in Anspruch, daß wir, wenn wir die Wörter verschieden verwenden müssen, auch über Verschiedenes reden. Solange das Wort »gut« nicht durch andere vollständig ersetzbar ist, kann bezüglich aller anderen Gegenstände, Handlungen, Vorschriften doch wieder gefragt werden, ob es denn gut sei, in ihrem Sinne zu handeln. Allenfalls eine Möglichkeit gäbe es, die Eigenständigkeit des Wortes »gut« auszuschalten; sie bestünde darin, es gar nicht mehr zu verwenden. Dann freilich wäre der Gegenstand der Ethik im wesentlichen verschwunden. Doch die Disziplin ist noch nicht gefunden, in deren Rahmen eine Begründung für den Verzicht auf diesen Bestandteil unserer Sprache zureichend gegeben werden könnte. Solange wir das Wort »gut« in seinem normativen Sinne gebrauchen, ist Ethik als die Befassung mit ihm gerechtfertigt. Diesen Sinn zu klären gehört deshalb allerdings auch zu ihren Aufgaben und Problemen.

Den Sinn der für die Ethik relevanten Verwendung des Wortes »gut« zu klären ist der fundamentale Inhalt der »Principia Ethica« des britischen Philosophen *George Edward Moore* (1873–1958). In dem hier vorliegenden Abschnitt geht es nur um eine wichtige Differenzierung, mit der Moore zugleich jedem Reduktionismus entgegentritt. Aufgabe der Ethik ist nach Moore die genaue Kennzeichnung dessen, was gut ist; er selbst stellt dabei eine sehr enge Verbindung von Lust und Gutem her. Zwar ist es keineswegs die Lust selbst, die einen Zustand des menschlichen Lebens oder Bewußtseins seinen sittlichen Wert verleiht; aber diejenigen Zustände, die wir als die wertvollsten empfinden, sind doch immer von der Art positiv gefärbter organischer Ganzheiten unseres Erlebens. Persönliche Zuneigung und der Genuß des Schönen bilden nach Moore das Ziel jedes wahrhaft sittlichen Handelns; sie sind der Sinn der Tugend und das einzige Kriterium menschlichen Fortschritts. Sittliches Handeln bemißt seinen Wert danach, ob und inwieweit es dazu dient, daß in unserem und im menschlichen Leben überhaupt möglichst viele solcher angenehmer Zustände verwirklicht werden (vgl. Principia Ethica, Kap. 6, Abschnitt 113). Moore stellt damit neben die Pflicht-, Wert-, Tugend- und Gesetzesethik noch einen weiteren Typus, den man als einen »idealen Utilitarismus« bezeichnet hat*.

Allerdings ist der Bezirk des sittlich Guten auch nicht durch das Ziel der Wertmaximierung definiert, denn sonst könnten wir, ohne uns einer Tautologie schuldig zu machen, auch nicht sagen, Wertmaximierung sei gut. »Gut« ist für Moore vielmehr eine einfache, nicht weiter analysierbare Qualität, die uns nur intuitiv zugänglich ist, ähnlich wie die Farbqualität »gelb« oder jedes ähnlich fundamentale Eigenschaftswort. Wenn wir alle gelben Dinge auf der Welt kennen würden, so würde uns die umfassendste Aufstellung darüber doch nicht sagen, was wir mit dem Wort »gelb« meinen. Auch die Aufdeckung der physikalischen Mikrostruktur, die womöglich immer vorhanden sein muß, wo wir die Farbe Gelb wahrnehmen, belehrt uns nicht darüber, was wir jeweils gemeint haben und meinen, wenn wir sagen, daß wir gelbe Farbe wahrnehmen. Die Empfindung gelber Farbe ist eine Grundtatsache unseres Bewußtseinslebens, und alles andere ist vermöge derartiger Grunderfahrungen möglich, sie selbst jedoch sind nicht noch einmal aus fundamentaleren Größen abzuleiten. Und ebenso verhält es sich, so Moore, mit dem Wort »gut«. Darum wird Ethik als Frage nach dem Guten auch dann nicht überflüssig, wenn man zu der Ansicht gelangt, daß sittliches Handeln einem möglichst glücks- und freudebetonten Leben zu dienen habe.

---

* »Ideal« heißt er deshalb, weil nicht die bloße Lustmaximierung das Ziel ist, sondern die Wertmaximierung. Nicht jede Lust ist ja wertvoll, sondern Lust ist nur ein allerdings wesentlicher Bestandteil komplexer »intentionaler«, d. h. auf bestimmte Gehalte gerichteter Zustände. Freude ist stets Freude an etwas, und um welches Etwas es sich dabei handelt, ist für den Wert der Freude nicht gleichgültig.

George Edward Moore: Principia Ethica, 1.5–10

5. Aber unsere Frage »Was ist gut?« kann noch eine weitere Bedeutung haben. Gemeint sein kann – drittens – nicht nur, welches Ding oder welche Dinge gut sind, sondern, wie »gut« zu definieren ist. Das ist eine Untersuchung, die allein in die Ethik gehört, nicht in die Kasuistik; und diese Untersuchung wird uns zuerst beschäftigen.

Es ist eine Untersuchung, der wir besondere Aufmerksamkeit widmen sollten, weil diese Frage, wie »gut« zu definieren ist, die fundamentalste Frage der ganzen Ethik ist. Was »gut« bedeutet, ist, abgesehen von seinem Gegenteil »schlecht«, wirklich der *einzige* einfache Gegenstand des Denkens, der der Ethik eigentümlich ist. Seine Definition ist deshalb der entscheidende Punkt bei der Definition der Ethik; und ein diesbezüglicher Fehler zieht eine weit größere Zahl von fehlerhaften ethischen Urteilen nach sich als jeder andere. Wenn diese erste Frage nicht völlig begriffen und ihre wahre Antwort nicht klar erkannt wird, ist die übrige Ethik als systematische Lehre so gut wie zwecklos. Wahre ethische Urteile von der Art der zwei zuletzt behandelten können einerseits sowohl von denen gefällt werden, die die Antwort auf diese Frage nicht kennen, als auch von denen, die sie kennen, und es versteht sich von selbst, daß beide Gruppen von Leuten ein gleich gutes Leben führen mögen. Andererseits ist es höchst unwahrscheinlich, daß die *allgemeinsten* ethischen Urteile ohne eine wahre Antwort auf diese Frage gleiche Gültigkeit besitzen würden. Ich werde nun zu zeigen versuchen, daß die schwersten Irrtümer weitgehend auf das Beharren bei einer falschen Antwort zurückzuführen sind. Bevor die Antwort auf diese Frage bekannt ist, ist es jedenfalls unmöglich, daß jemand überhaupt sagen könnte, worin *die Evidenz* für irgendein beliebiges ethisches Urteil liegt. Aber das Hauptziel der Ethik als einer systematischen Wissenschaft ist die Angabe genauer *Gründe* dafür, daß dies oder das für gut gehalten wird. Solange aber diese Frage unbeantwortet bleibt, können solche Gründe nicht angegeben werden. Somit ist, abgesehen davon, daß eine falsche Antwort zu falschen

Schlüssen führt, die hier vorgenommene Untersuchung ein überaus notwendiger und bedeutsamer Teil der wissenschaftlichen Ethik.

6. Was also ist gut? Wie muß gut definiert werden? Man könnte nun meinen, das sei eine Frage des Ausdrucks. Mit einer Definition ist allerdings oft gemeint, die Bedeutung eines Wortes durch andere Worte auszudrücken. Aber das ist nicht die Art von Definition, die ich suche. Eine solche Definition kann lediglich für die Lexikographie von größter Wichtigkeit sein. Wenn es mir um Definition in diesem Sinne ginge, müßte ich vor allem überlegen, wie die Leute das Wort »gut« gemeinhin gebrauchen; aber ich habe nicht mit dem üblichen Sprachgebrauch zu tun. Natürlich wäre der Versuch unsinnig, dieses Wort in einem Sinne zu gebrauchen, den es üblicherweise nicht bezeichnet. Das würde geschehen, wenn ich z. B. erklärte: Sooft ich das Wort »gut« gebrauche, meine ich den Gegenstand, der gewöhnlich mit dem Wort »Tisch« bezeichnet wird. Ich werde darum das Wort in dem Sinne gebrauchen, in dem es meiner Meinung nach normalerweise gebraucht wird; aber dabei kommt es mir nicht auf die Erörterung an, ob meine Meinung über diesen Wortgebrauch richtig ist. Ich habe es lediglich mit dem Gegenstand oder der Vorstellung zu tun, für die meiner Ansicht nach – zu Recht oder zu Unrecht – das Wort im allgemeinen steht. Was ich herausfinden will, ist das Wesen dieses Gegenstandes oder dieser Vorstellung, und es kommt mir sehr darauf an, hierüber zu einem Einverständnis zu gelangen.

Aber wenn wir die Frage in diesem Sinn verstehen, erscheint meine Antwort darauf sehr enttäuschend. Wenn ich gefragt werde: »Was ist gut?«, so lautet meine Antwort, daß gut gut ist, und damit ist die Sache erledigt. Oder wenn man mich fragt: »Wie ist gut zu definieren?«, so ist meine Antwort, daß es nicht definiert werden kann, und mehr ist nicht darüber zu sagen. Aber so enttäuschend diese Antworten klingen mögen, sie sind von äußerster Wichtigkeit. Lesern, die mit philosophischer Terminologie vertraut sind, kann ihre Wichtigkeit durch die Feststellung klargemacht werden, daß sie auf folgendes hinauslaufen: Aussagen über das Gute sind allesamt synthetisch und niemals analytisch; und das ist beileibe nicht nebensächlich. Dasselbe läßt sich populärer so ausdrücken: Wenn ich recht habe, dann kann uns niemand unter dem Vorwand der »eigentlichen Bedeutung des Wortes« Axiome weismachen wie »Die Lust ist das einzig Gute« oder »Das Gute ist das, was begehrt wird«.

7. Wir wollen diesen Standpunkt überdenken. Ich will sagen, daß »gut« ein einfacher Begriff ist, so wie »gelb« ein einfacher Begriff ist; daß man, so wie man unmöglich jemandem, der es nicht schon kennt, erklären kann, was gelb ist, diesem auch nicht erklären kann, was gut ist. Definitionen von der Art, wie ich sie suchte, Definitionen, welche das wahre Wesen des durch ein Wort bezeichneten Gegenstandes oder Begriffs beschreiben und nicht bloß angeben, was das Wort gewöhnlich bedeutet, sind nur möglich, wenn der fragliche Gegenstand oder Begriff komplex ist. Man kann ein Pferd definieren, weil ein Pferd viele verschiedene Eigenheiten und Qualitäten hat, die man allesamt aufzählen kann. Wenn man sie aber alle aufgezählt hat, wenn man ein Pferd auf seine einfachsten Begriffe zurückgeführt hat, dann kann man diese Begriffe nicht weiter definieren. Sie sind einfach etwas, woran man denkt, das man wahrnimmt; und jemandem, der nicht an sie denken, sie nicht wahrnehmen kann, läßt sich ihr Wesen niemals durch eine Definition mitteilen. Vielleicht wendet jemand ein, daß wir imstande sind, anderen Personen Gegenstände zu beschreiben, die sie nie gesehen oder sich vorgestellt haben. Wir können z. B. einem Menschen klarmachen, was eine Chimäre ist, obwohl er nie davon gehört oder eine gesehen hat. Wir können ihm sagen, daß es ein Tier mit Kopf und Körper einer Löwin ist, dem ein Ziegenkopf aus der Rückenmitte herauswächst, und mit einer Schlange an Stelle eines Schwanzes. Aber hierbei ist der beschriebene Gegenstand ein komplexer Gegenstand, völlig aus Teilen zusammengesetzt, die uns allen vertraut sind – eine Schlange, eine Ziege, eine Löwin –, und wir kennen auch die Art und Weise, wie diese Teile zusammenzusetzen sind, denn wir wissen, was mit der Mitte des Rückens einer Löwin gemeint ist und wo normalerweise ihr Schwanz sitzt. Und so ist

es mit allen vorher nicht bekannten Gegenständen, die wir definieren können: sie sind alle komplex, aus Teilen zusammengesetzt, die zunächst selbst einer ähnlichen Definition fähig sein mögen, die jedoch schließlich auf einfachste Teile reduzierbar sein müssen, welche sich nicht mehr definieren lassen. Aber gelb und gut sind, wie gesagt, nicht komplex. Es sind Begriffe jener einfachen Art, aus denen sich Definitionen zusammensetzen und bei denen die Möglichkeit weiteren Definierens endet.

8. Wenn wir, wie Webster* es tut, sagen: Die Definition von Pferd ist »Ein behufter Vierfüßler der Gattung equus«, so können wir faktisch drei verschiedene Dinge meinen. (1) Wir können lediglich meinen: Wenn ich »Pferd« sage, dann ist darunter »ein behufter Vierfüßler der Gattung equus zu verstehen«. Dies könnte die willkürliche Verbaldefinition genannt werden, und ich bin nicht der Meinung, daß »gut« in diesem Sinne undefinierbar ist. (2) Wir können meinen, wie es bei Webster gemeint sein muß: Wenn die meisten Deutschen »Pferd« sagen, meinen sie einen »behuften Vierfüßler der Gattung equus«. Dies kann die eigentliche Verbaldefinition genannt werden, und ich behaupte auch nicht, daß gut in diesem Sinne undefinierbar ist. Denn es ist sicher möglich, auszumachen, wie die Leute ein Wort gebrauchen; sonst hätten wir nie erfahren, daß »good« mit »gut« ins Deutsche und mit »bon« ins Französische übersetzt werden kann. Wir können aber beim Definieren von Pferd (3) etwas viel Wichtigeres meinen. Nämlich, daß ein bestimmtes Objekt, das wir alle kennen, in bestimmter Weise zusammengesetzt ist: es hat vier Beine, einen Kopf, ein Herz, eine Leber usw., welche alle in bestimmter Beziehung zueinander stehen. Ich bestreite aber, daß gut in diesem Sinne definiert werden kann. Ich behaupte, daß es nicht aus irgendwelchen Teilen zusammengesetzt ist, die wir in unserer Vorstellung da-

---

* Webster's International Dictionary of the English Language, Springfield, Mass. 1890, Supplement 1900. Im folgenden Beispiel setzen wir für »English people« Deutsche und für »horse« Pferd (Anmerkung des Übersetzers).

für einsetzen können. Wir könnten über ein Pferd ebenso klar und genau nachdenken, wenn wir an alle seine Teile und ihren Zusammenhang statt an das Ganze dächten; wir könnten uns wohl ebensogut vorstellen, wodurch sich ein Pferd von einem Esel unterscheidet, genauso zutreffend, wie wir es gerade tun, nur nicht so leicht. Aber es gibt ganz und gar nichts, das wir so für gut einsetzen könnten. Das ist gemeint, wenn ich sage, gut sei undefinierbar.

9. Aber ich fürchte, ich habe noch nicht das Haupthindernis beseitigt, das vielleicht der Glaubwürdigkeit der Aussage, gut sei undefinierbar, im Wege steht. Ich behaupte nicht, daß *das* Gute, das, was gut ist, undefinierbar sei. Wenn ich das dächte, würde ich nicht über Ethik schreiben, denn meine Hauptabsicht ist, diese Definition suchen zu helfen. Nur weil ich glaube, daß bei unserer Suche nach einer Definition »des Guten« so die Gefahr des Irrtums geringer ist, betone ich, daß *gut* undefinierbar ist. Ich muß den Unterschied zwischen beiden zu erklären versuchen. Ich setze als unbestritten voraus, daß »gut« ein Adjektiv ist. Nun, »das Gute«, »das, was gut ist«, muß demnach das Substantiv sein, auf welches sich das Adjektiv bezieht: es muß das Ganze dessen sein, worauf sich das Adjektiv »gut« bezieht, und das Adjektiv muß sich *immer* wirklich darauf beziehen. Wenn es aber das ist, worauf sich das Adjektiv bezieht, muß es von diesem Adjektiv selbst verschieden sein; und die Gesamtheit dieses Verschiedenen, was immer es sein mag, ist unsere Definition *des* Guten. Nun hat dieses Etwas vielleicht außer »gut« noch andere Adjektive, die sich darauf beziehen. Es kann zum Beispiel voll Lust (full of pleasure) sein, es kann intelligent sein; und wenn diese zwei Adjektive wirklich Teil seiner Definition sind, dann ist es gewiß wahr, daß Lust (pleasure*) und Intelligenz gut sind. Und viele Leute scheinen zu glauben, wenn wir sagen »Lust und Intelligenz sind gut« oder

---

* *Pleasure, pleasant* und *to be pleased* werden wie gewöhnlich in ethischen Abhandlungen mit *Lust, lustvoll* und *Lust empfinden* wiedergegeben (Anmerkung des Übersetzers).

»Nur Lust und Intelligenz sind gut«, seien wir dabei, »gut« zu definieren. Es ist zwar nicht zu leugnen, daß Sätze dieser Art gelegentlich Definitionen genannt werden. Ich bin mir nicht genügend im klaren, wie das Wort allgemein gebraucht wird, um dies entscheiden zu können. Ich möchte nur klarstellen, daß ich dies nicht damit meine, wenn ich sage, es gibt keine mögliche Definition von gut. Auch werde ich dies bei weiterem Gebrauch des Wortes nicht darunter verstehen. Ich bin fest davon überzeugt, daß irgendein wahrer Satz in der Form von »Intelligenz ist gut, und nur die Intelligenz ist gut« gefunden werden kann. Wenn nicht, wäre unsere Definition *des* Guten unmöglich. Demnach halte ich *das* Gute für definierbar, und doch bleibe ich dabei, daß gut selbst undefinierbar ist.

10. »Gut« ist also, sofern wir damit die Eigenschaft meinen, die wir einem Ding zuschreiben, das wir mit gut bezeichnen, im entscheidenden Sinne des Wortes keiner Definition fähig. Der entscheidende Sinn von »Definition« ist derjenige, wonach eine Definition feststellt, welches die Teile sind, die unveränderlich ein bestimmtes Ganzes bilden, und in diesem Sinne entzieht sich »gut« jeglicher Definition, da es einfach ist und keine Teile hat. Es ist einer jener zahllosen Gegenstände des Denkens, die selbst der Definition unfähig sind, weil sie die letzten Begriffe sind, mit denen alles, was definierbar *ist*, definiert werden muß. Daß es eine unbestimmte Zahl solcher Begriffe gibt, wird beim Nachdenken klar. Denn wir können lediglich durch Analyse definieren, die uns bei konsequenter Weiterführung auf etwas verweist, das einfach verschieden von allem übrigen ist, und durch diesen letzten Unterschied die Eigenart des Ganzen, das wir definieren, erklärt. Denn jedes Ganze enthält einige Teile, die es mit anderen Ganzen gemeinsam hat. Es erhebt sich also keine grundsätzliche Schwierigkeit gegen die These, daß »gut« eine einfache und undefinierbare Eigenschaft bezeichnet. Es gibt viele andere Beispiele solcher Eigenschaften.

Nehmen Sie zum Beispiel gelb. Wir können versuchen, es durch die Beschreibung seines physikalischen Äquivalents zu definieren; wir können feststellen, was für Lichtschwingungen das normale Auge reizen müssen, damit wir es wahrnehmen.

Aber eine kurze Überlegung genügt, um zu zeigen, daß diese Lichtschwingungen selbst nicht das sind, was wir mit gelb meinen. *Sie* sind es nicht, die wir wahrnehmen. Ja, wir hätten ihre Existenz niemals entdecken können, wenn uns nicht zuvor der offenbare qualitative Unterschied zwischen den verschiedenen Farben aufgefallen wäre. Wir können allenfalls sagen, daß diese Schwingungen das sind, was im Raum dem von uns wirklich wahrgenommenen Gelb entspricht.

Und doch ist ein solch simpler Fehler in bezug auf »gut« weit verbreitet. Es mag sein, daß alle Dinge, die gut sind, *auch* etwas anderes sind, so wie alle Dinge, die gelb sind, eine gewisse Art der Lichtschwingung hervorrufen. Und es steht fest, daß die Ethik entdecken will, welches diese anderen Eigenschaften sind, die allen Dingen, die gut sind, zukommen. Aber viel zu viele Philosophen haben gemeint, daß sie, wenn sie diese anderen Eigenschaften nennen, tatsächlich »gut« definieren; daß diese Eigenschaften in Wirklichkeit nicht »andere« seien, sondern absolut und vollständig gleichbedeutend mit Gutheit (goodness).

Bearbeitungsfragen:

1. Ist Moores Untersuchung des Wortes »gut« eine Sprachuntersuchung?
2. In welchem Sinne kann man das Wort »gut« definieren und in welchem Sinne nicht?
3. Warum ist derjenige Sinn von »gut«, den man nicht definieren kann, laut Moore der entscheidende?
4. Was bedeutet die Undefinierbarkeit des Wortes »gut« für das Verhältnis der Ethik zu jenen Wissenschaften, die das Verhalten des Menschen untersuchen, also etwa zur Soziologie, Psychologie oder Wirtschaftswissenschaft, Wissenschaften, die ja in bestimmten Zusammenhängen auch darlegen und durchaus zu definieren versuchen, was gut für uns ist?
5. Was versteht Moore unter »dem Guten«?
6. Sagt Moores These über das Wort »gut« etwas aus hinsichtlich Pflicht und Tugend?

III. Freiheit als Ermöglichung der Sittlichkeit

Bearbeitet von Gisela Csik-Hopfensperger

III.1 Freiheit und Determination
Bergson: Zeit und Freiheit, III. Kapitel

Henri Bergson (1859–1941) war einer der einflußreichsten Denker der französischen Philosophie der Gegenwart. Er galt noch vor wenigen Jahrzehnten der gebildeten Öffentlichkeit Europas als der für eine Epoche repräsentative geistige Wortführer. Seine Philosophie ist der theoretische Ausdruck einer Kulturtendenz, die sich dem allgemeinen naturwissenschaftlichen Fortschrittsglauben an der Wende vom 19. zum 20. Jahrhundert widersetzt. Weit entfernt davon, Wissenschaft und analytischen Verstand für wertlos zu erklären, behauptet Bergson vielmehr, daß sie aufgrund ihrer spezifischen Wissensform unfähig seien, das Leben als schöpferischen Prozeß zu erfassen. Er entwickelt seine Theorie nicht gegen oder seitab der Naturwissenschaften, sondern versucht, die Lösung der philosophischen Fragen aus einem eigenen Typus von Erfahrungswissen heraus zu gewinnen.

Angesichts des Glaubens seiner Zeit an die Erklärungsleistungen der Naturwissenschaften fragt Bergson nach der Möglichkeit menschlicher Willensfreiheit. Er wendet sich gegen die Lehre des Determinismus, die Lehre von der passiven Bestimmtheit des gesamten Weltgeschehens, einschließlich aller menschlichen Lebensabläufe. Jedes menschliche Verhalten läßt sich nach den Vorstellungen des Determinismus als Resultat einer Ursache-Wirkung-Kette vollständig erklären, selbst wenn sich auf dem gegenwärtigen Forschungsstand nicht immer schon adäquate wissenschaftliche Erklärungen finden lassen. Freiheit ist dann nur noch eine Illusion, die dadurch hervorgerufen wird, daß das Wissen um die Ursachen seine eigene Unvollständigkeit auf den Gegenstand überträgt. Aus dem Nichtwissen wird dann die Behauptung des Nichtvorhandenseins von Ursachen, ins Positive gewendet heißt das Freiheit.

Bergsons Gegenthese geht aus von der Erkenntnis der Zeit als einer Grundgegebenheit des menschlichen Bewußtseins, die nur in der Introspektion, der Analyse des Bewußtseins, erfahrbar ist. Das bedeutet, daß beispielsweise physikalische Gleichungen sich nicht mit der Zeit im eigentlichen Sinn befassen. Die Zeit der Physik ist nicht wirklich, sie ist vielmehr eine Abstraktion von der »gelebten Zeit«. In der Wissenschaft und im täglichen Leben nehmen wir die Zeit so wahr, als ob sie eine andere Art von Raum wäre: eine Reihe von homogenen, nebeneinander angeordneten Abschnitten, die zusammen eine unbegrenzt lange Linie bilden. Diese Zeit ist eine künstliche, abstrakte Erfindung, die wir für praktische Zwecke benötigen. Die wirkliche Zeit, Bergson nennt sie Dauer (*la durée*), ist weder homogen noch teilbar. Wir kennen sie intuitiv, aus direkter Erfahrung.

Unsere Intelligenz ist so angelegt, daß sie uns befähigt, mit der Materie angemessen umzugehen und diese den Lebensbedürfnissen entsprechend zu organisieren: Sie ist in erster Linie ein Organ für das Überleben. Wir müssen den Dingen, um sie handhaben zu können, eine zeitliche Dimension zusprechen. Diese meßbare Zeit projizieren wir dann auf uns selbst. In Wirklichkeit gibt es keine Zeit in der Materie. Wenn wir die Bewegung eines Zeigers auf der Uhr verfolgen, messen wir nicht die wirkliche Zeit, die Dauer; ohne uns, die Beobachter, gäbe es gar keinen Gang des Zeigers von einer Stellung zur anderen. Das Zeitintervall existiert nur für uns, denn »außerhalb unser wäre nur Raum anzutreffen und folglich nur Simultaneitäten, von denen man nicht einmal sagen kann, sie seien objektiv sukzessiv, da wir ja jede Sukzession durch Vergleichung von Gegenwart und Vergangenheit denken«. In der abstrakten Zeit der Physik wird nichts von einem Abschnitt zum nächsten aufbewahrt: Die Abschnitte sind in unbestimmter Reihenfolge nebeneinandergestellt. In der wirklichen Zeit dagegen geht nichts verloren, ist aber auch nichts umkehrbar. Mit anderen Worten: Nach Bergson existiert Vergangenheit nur im Gedächtnis. Wenn wir uns eine Welt ohne einen bewußten Beobachter vorstellen könnten – was wir nicht können, weil schon unsere Vorstellung einen Beobachter voraussetzt –, wäre die Welt in jedem Augenblick vollkommen selbstidentisch, aber einen Übergang von einem Augenblick zum anderen gäbe es nicht. Nur das Gedächtnis und somit das Bewußtsein erhält die Kontinuität der Welt.

In »Zeit und Freiheit« zeigt Bergson, daß die Vermengung von Bewegung, Zeit und Raum die Quelle unserer Unfähigkeit ist, sowohl die wirkliche Zeit, die wir in unserem bewußten Leben erfahren, als auch das eigentliche Wesen der menschlichen Freiheit zu erfassen.

Ein Determinist kann immer argumentieren, daß die mutmaßlichen freien Aspekte bestimmter Ereignisse oder Handlungen lediglich auf Lücken in unserem Wissen verweisen. Damit aber macht er, wie wir gesehen haben, nicht eine Aussage über die Möglichkeit menschlicher Freiheit, sondern vielmehr über die Begrenztheit menschlichen Wissens. Unter der Annahme, daß physische und geistige Geschehnisse grundsätzlich gleicher Art sind und daß auf sie die Kategorien von Ursache und Wirkung im gleichen Sinne angewandt werden können, läßt sich die Lehre des Determinismus weder beweisen noch widerlegen.

Alle Voraussetzungen für die Frage nach der Freiheit ändern sich jedoch, wenn wir uns erst einmal darüber klar werden, daß wirkliche zeitliche Abfolge nur in unserem Bewußtsein vor sich geht und von dort auf die äußere Welt projiziert wird. In der wirklichen Zeit, d. h. im Leben des Bewußtseins, gibt es vollkommene Kontinuität. In jedem Augenblick ist unser Ich sozusagen im Zustand des Entstehens, indem es seine Vergangenheit verarbeitet und so seine Zukunft schafft. Im Leben eines Bewußtseins können aus diesem Grund nie zweimal die gleichen Bedingungen bestehen, weil jeder – künstlich isolierte – Augenblick die ganze Vergangenheit einschließt, die folglich für jeden Augenblick eine andere ist. In einem mit Gedächtnis ausgestatteten Wesen ereignet sich die gleiche Situation nie ein zweites Mal. Wirkliche Zeit ist irreversibel, sie ist »keine Linie, auf der man zurückgehen könnte« (vgl. S. 191).

Genau diesen Fehler, nämlich die Zeit als eine Linie im Raum zu denken, machen sowohl die Anhänger des Determinismus als auch ihre Gegner, die Verteidiger des Indeterminismus. Beide Ansätze nehmen einen Standpunkt nach bereits vollendeter Handlung ein. Nicht der Vollzug der Handlung ist in Wirklichkeit ihr Gegenstand, sondern die bereits vollzogene Handlung. Sie konstruieren die Willensaktivität als eine Art mechanischen Schwankens zwischen zwei Alternativen, wobei die Determinist*en behaupten, daß unter Anrechnung aller Bestimmungsgründe nur die Handlung gewählt werden konnte, die auch tatsächlich gewählt wurde. Unsere Entscheidungen beruhen nach ihrer Überzeugung auf miteinander in Konflikt stehenden Kräften unterschiedlicher Stärke, wobei die freie Entscheidung nichts anderes ist als der Sieg der jeweils stärksten Kraft. Sind unter dieser Voraussetzung allerdings die Bestimmungsgründe für beide Handlungsalternativen gleich, so kann überhaupt nicht gehandelt werden. Ein hungriger Esel zwischen zwei gleich weit entfernten, gleich beschaffenen Heubündeln müßte verhungern, da er sich nicht entscheiden könnte, welches er zuerst fressen soll.

Die Indeterministen versuchen nun Freiheit dadurch zu retten, daß sie die Unentschlossenheit vor der Handlung in einer Weise interpretieren, die bei gleichen Bestimmungsgründen eine rein willkürliche Entscheidung zu der einen oder der anderen Handlung zuläßt. In diesem Fall könnte der Esel in der gleichen Situation sowohl das eine wie das andere Heubündel oder auch keines von beiden fressen. Die Verteidigung der Freiheit als Willkürfreiheit beruht jedoch letztlich auf derselben Voraussetzung wie der Determinismus. Wenn nämlich angenommen wird, daß dieselben inneren Ursachen nicht immer dieselben Wirkungen hervorbringen, so geht dieser Annahme die Vorstellung voraus, daß die Ursachen sich wiederholen können. Das aber bedeutet, daß die Zeit aus homogenen, aufeinanderfolgenden Momenten besteht, die beliebig austauschbar sind.

Mit Bergsons Begriff der wirklichen Zeit ist gerade das nicht möglich, denn jeder Augenblick der bewußt erlebten Zeit trägt seine ganze Vergangenheit in sich. Es kann in einem bewußten Leben nicht zwei Momente geben, die einander genau gleichen. Wir sind frei, indem wir bewußt sind, und nicht, indem wir aus der physikalischen Kausalität fliehen, wo nur Gleichzeitigkeit erscheint und nicht das Gegenwärtige im Gegensatz zum Vergangenen. Wenn wir erst einmal den Fluß der Zeit und die Struktur Vergangenheit–Gegenwart–Zukunft als Kennzeichen des bewußten Lebens erkannt haben, sehen wir ein, daß die Geschehnisse des Bewußtseins nicht auf physische reduziert werden können und daß jede Beschreibung der ersteren mit den Begriffen der letzteren unmöglich und absurd ist. Die Frage nach der Freiheit ist falsch gestellt, wenn Freiheit beobachtet und von außen als Tatsache begründet werden soll. Da ich nicht die Mittel habe, das bewußte Leben eines anderen zu leben, kann ich seine Freiheit nicht als empirische Tatsache erfassen. Deshalb mache ich aus einem anderen Ich, wenn ich es untersuche, ganz selbstverständlich ein Ding – was es so wenig ist wie ich selbst –, und ich zwinge ihm die Methode auf, die ich anwende, wenn ich mich mit Objekten befasse: homogene Zeit, trennbare Ereignisse, Beziehungen von Ursache und Wirkung. Weder die Vertreter eines Determinismus noch die eines Indeterminismus sind in der Lage, die Wirklichkeit der Zeit wahrzunehmen, da sowohl die einen wie die anderen der Auffassung sind, daß alle zu untersuchenden Ereignisse, ob im Bereich der Materie oder des Bewußtseins, in gleicher Weise aufeinanderfolgen und daß Beziehungen im Sinne von Ursache und Wirkung in beiden Bereichen die zutreffende Art der Beschreibung sind. Wir sind jedoch in der Lage, diesen Irrtum einzusehen. Anstatt die Handlungen des Ich auf physische Ereignisse zu reduzieren, können wir bewußte Erfahrung als solche erfassen und alles andere im Hinblick darauf beschreiben.

Freiheit besteht nicht in einer Beziehung der Handlung zu etwas, was sie hätte sein können oder was sie nicht ist. Freiheit ist vielmehr eine Qualität der Handlung selbst. In einem dynamischen Fortschritt, bei dem sich das Ich und die Motive selbst in einem ständigen Werden befinden, wird die Handlung vollzogen, denn wir sind frei, wenn unsere Handlungen aus unserer ganzen Persönlichkeit hervorgehen. Freiheit ist also ebenso fraglos sicher wie unbeweisbar – wenn wir das Wort *beweisen* in dem Sinne verstehen, den es in den mathematischen Naturwissenschaften hat.

Henri Bergson: Zeit und Freiheit

III. Von der Organisation der Bewußtseinszustände: Die Freiheit

»Das Bewußtsein der freien Willkür haben«, sagt Stuart Mill, »bedeutet nach geschehener Wahl das Bewußtsein haben, daß man anders hätte wählen können.« *

– John Stuart Mill sieht die Grundlage aller Philosophie in einer Psychologie, welche feststellt: Wirklich gegeben sind nur die jeweiligen Empfindungen und die Vorstellung von Verbindungen zwischen ihnen oder zukünftig möglichen Empfindungen. Bergson nennt diese Überzeugung assoziationistischen Determinismus.

So fassen die Verteidiger der Freiheit sie tatsächlich auf; und sie behaupten, daß, wenn wir eine Handlung mit Freiheit ausführen, irgend eine andre Handlung ebensogut möglich gewesen wäre. Sie berufen sich in dieser Hinsicht auf das Zeugnis des Bewußtseins, das uns, außer der Handlung selbst, die Fähigkeit, die entgegengesetzte Wahl zu treffen, deutlich anzeige. Umgekehrt behauptet der Determinismus, daß, wenn gewisse Antezedentien gegeben sind, nur eine einzige daraus resultierende Handlung möglich sei: »Wenn wir«, so fährt Stuart Mill

---

* Examination of Sir William Hamilton's Philosophy, London 1867, S. 564.

fort, »annehmen, daß wir anders gehandelt hätten als es geschah, so setzen wir dabei stets eine Abweichung in den Antezedentien voraus; wir tun als hätten wir etwas gekannt, was wir nicht kannten, oder als hätten wir etwas nicht gekannt, was wir kannten...«* Und, seinem Prinzip getreu, weist der englische Philosoph dem Bewußtsein die Rolle zu, uns über das was ist, zu informieren, und nicht über das, was sein könnte. – Wir wollen uns hierauf augenblicklich nicht näher einlassen; wir sparen uns die Frage noch auf, in welchem Sinne das Ich als determinierende Ursache perzipiert wird. Neben jener Frage psychologischer Natur aber gibt es eine andre, die viel mehr metaphysischer Natur ist, und die die Deterministen und ihre Gegner *a priori* in entgegengesetztem Sinn lösen. Die Beweisführung der ersteren setzt nämlich voraus, daß gegebenen Antezedentien nur eine einzige mögliche Handlung korrespondiere; die Parteigänger der freien Willkür nehmen dagegen an, daß dieselbe Reihe zu mehreren verschiedenen, gleich möglichen Handlungen führen konnte. Bei dieser Frage der gleichen Möglichkeit zweier entgegengesetzter Handlungen oder Wollungen werden wir zunächst stehen bleiben: vielleicht erhalten wir auf diesem Wege einigen Aufschluß über die Natur der Operation, durch die der Wille seine Wahl trifft.

Ich schwanke zwischen zwei möglichen Handlungen X und Y, und ich gehe abwechselnd von der einen zur andern. Dies bedeutet, daß ich eine Reihe von Zuständen durchlaufe und daß jene Zustände sich in zwei Gruppen teilen lassen, je nachdem ich mehr nach X oder der entgegengesetzten Entscheidung hinneige. Jedoch allein jene entgegengesetzten Neigungen haben eine wirkliche Existenz, und X wie Y sind zwei Symbole, wodurch ich zwei verschiedene Tendenzen meiner Person in sukzessiven Zeitpunkten der Dauer sozusagen an ihrem Ankunftsort vorstelle. Bezeichnen wir also mit X und Y diese Tendenzen selbst; wird nun unsre neue Bezeichnung ein treueres Bild der konkreten Wirklichkeit bieten? Vergessen

---

* Ebenda, S. 567.

wir nicht, daß, wie wir es weiter oben ausführten, das Ich in dem Maße an Umfang zunimmt, sich bereichert und verändert, als es durch die beiden entgegengesetzten Zustände hindurchgeht; wie könnte es sonst je zu einer Entscheidung gelangen? Es liegen also nicht eigentlich zwei entgegengesetzte Zustände vor, sondern vielmehr eine Menge sukzessiver und unterschiedener Zustände, aus denen ich durch eine Anstrengung der Einbildungskraft zwei entgegengesetzte Richtungen herauslese. Wir werden uns infolgedessen der Wirklichkeit noch mehr nähern, wenn wir übereinkommen, mit den unveränderlichen Zeichen X und Y nicht diese Tendenzen oder Zustände selbst zu bezeichnen, die sich ja ohne Unterlaß verändern, sondern die zwei verschiedenen Richtungen, die ihnen unsre Einbildungskraft der größeren Bequemlichkeit der Sprache wegen zuschreibt. Es wird dabei dann als ausgemacht zu gelten haben, daß dies symbolische Vorstellungen sind, und daß es in Wirklichkeit nicht zwei Tendenzen, selbst nicht zwei Richtungen gibt, wohl aber ein Ich, das da lebt und sich gerade vermittelst seiner Schwankungen soweit entwickelt, bis die freie Handlung sich von ihm ablöst gleich einer überreifen Frucht.

Diese Auffassung der Willenstätigkeit befriedigt indessen den gemeinen Verstand nicht, weil er, wesentlich mechanistisch orientiert, die scharfen Unterscheidungen bevorzugt, die in wohldefinierten Worten oder durch verschiedene Stellungen im Raum ausdrückbar sind. Er wird sich also ein Ich vorstellen, das, nachdem es eine Reihe MO von Bewußtseinsvorgängen durchlaufen hat, bei O angelangt sich vor zwei Richtungen OX und OY befindet, die beide gleich offen stehen. Diese Richtungen werden so zu *Dingen*, zu wirklichen Wegen, in die die Heerstraße des Bewußtseins einmündete und wobei es nur auf das Ich ankäme, für welchen es sich willkürlich entscheiden wolle. Kurz, der stetigen und lebendigen Aktivität dieses Ich, worin wir nur vermittelst der Abstraktion zwei entgegengesetzte Richtungen unterschieden haben, werden nun diese Richtungen als solche substituiert, nachdem man sie in untätige, indifferente, unsrer Wahl gewärtige Dinge verwandelt hat. Dann muß aber doch die Aktivität des Ich irgendwo untergebracht werden. Man wird sie in den Punkt O verlegen und sagen, daß das Ich, in O angelangt und vor zwei Entscheidungen gestellt, schwanke, erwäge und schließlich die eine fasse. Da es Schwierigkeiten machte, sich die doppelte Richtung der bewußten Aktivität in allen Phasen ihrer stetigen Entwicklung vorzustellen, ließ man einesteils diese zwei Tendenzen, und andernteils die Aktivität des Ich gesondert kristallisieren und erhielt auf diese Weise ein Ich von indifferenter Aktivität, das zwischen zwei untätigen und gleichsam fest gewordenen Entscheidungen schwankt. Wenn es nun OX wählt, wird doch OY noch immer bestehen; entscheidet es sich für OY, bleibt der Weg OX offen und wartet nötigenfalls darauf, daß das Ich umkehre und ihn betrete. In diesem Sinne wird man dann, wo von einer freien Handlung gesprochen wird, behaupten, die entgegengesetzte Handlung sei ebensogut möglich gewesen. Und selbst wenn man keine geometrische Figur auf dem Papier entwirft, denkt man unwillkürlich, fast unbewußt an eine solche, sobald man in der freien Handlung mehrere sukzessive Phasen, die Vorstellung entgegengesetzter Motive, Schwanken und Wahl unterscheidet – wobei man sich auf diese Weise die geometrische Symbolik unter einer Art Wort-Kristallisierung versteckt. Nun ist aber leicht einzusehen, daß diese echt mechanistische Auffassung von der Freiheit durch ungezwungene logische Folgerung auf den strengsten Determinismus hinausläuft.

Die lebendige Aktivität des Ich, in der wir durch Abstraktion zwei entgegengesetzte Tendenzen unterschieden, wird nämlich schließlich entweder bei X oder Y anlangen. Da man nun die doppelte Aktivität des Ich am Punkte O zu lokalisieren übereinkommt, ist kein Grund vorhanden, diese Aktivität von der Handlung zu trennen, auf die sie hinauslaufen wird und die mit ihr eine Einheit bildet. Und wenn die Erfahrung zeigt, daß man sich für X entschieden hat, so darf man keine indifferente Aktivität am Punkt O ansetzen, sondern vielmehr eine im voraus im Sinne OX gerichtete, trotz der anscheinenden Schwankungen. Wenn umgekehrt die Beobachtung den Beweis liefert, daß man sich für Y entschieden hat, so bevorzugte eben die Aktivität, die wir im Punkte O lokalisierten, vor allem diese zweite Richtung ungeachtet einiger nach der ersten hin orientierten Oszillationen; sagt man, das Ich wähle, im Punkte O angelangt, indifferent zwischen X und Y, so macht man mitten auf der Bahn geometrischer Symbolik halt, und läßt am Punkte O nur einen Teil jener stetigen Aktivität kristallisieren, in der wir allerdings zwei verschiedene Richtungen unterschieden haben, die aber eben doch schließlich bei X oder bei Y mündete. Weshalb sollte dieser letztere Umstand nicht wie die andern in Rechnung gestellt werden? Weshalb weist man nicht auch ihm eine Stelle an in der von uns soeben konstruierten symbolischen Figur? Wenn aber das Ich, im Punkt O angelangt, bereits in dem einen oder dem andern Sinne determiniert ist, so hat der andere Weg gut offen bleiben, das Ich kann ihn jedenfalls nicht beschreiten. Und dieselbe grobe Symbolik, auf die man das zufällige Zustandekommen der vollzogenen Handlung gründen wollte, läuft infolge einer natürlichen Weiterführung darauf hinaus, deren absolute Notwendigkeit außer Zweifel zu stellen.

Kurz, Verteidiger wie Gegner der Freiheit stimmen darin überein, daß sie der Handlung eine Art mechanischen Oszillierens zwischen den zwei Punkten X und Y vorangehen lassen. Entscheide ich mich für X, so werden die ersteren sagen, du hast gezögert, abgewogen, also war Y möglich. Die Andern aber werden antworten: du hast X gewählt, also hattest du einen Bestimmungsgrund dafür, und wenn man Y für ebenso möglich erklärt, so vergißt man eben jenen Bestimmungsgrund; man läßt eine der Bedingungen des Problems beiseite. – Wenn ich nun in jene beiden entgegengesetzten Lösungen tiefer eindringe, so gerate ich auf ein ihnen gemeinsames Postulat: beide nehmen ihren Standort nach der vollendeten Handlung X und stellen den Prozeß meiner Willensaktivität durch eine Strecke MO vor, die sich im Punkt O gabelt, während die Linien OX und OY die beiden Richtungen symbolisieren, die die

Abstraktion in der stetigen Aktivität unterscheidet, deren Endpunkt X ist. Während aber die Deterministen alles was sie wissen in Anrechnung bringen und konstatieren, daß der Weg MOX durchlaufen worden ist, tun ihre Gegner als wüßten sie nichts von einem der Data, mit denen sie die Figur konstruiert haben, und nachdem sie die Linien OX und OY gezogen haben, die vereinigt das Fortschreiten der Aktivität des Ich darstellen sollten, lassen sie das Ich zum Punkt O zurückkehren und bis zu neuer Entschließung dort oszillieren.

Man darf nämlich nicht vergessen, daß diese Figur, ein wahres Duplikat unsrer psychischen Aktivität im Raume, rein symbolisch und als solche nur zu konstruieren ist, wenn man mit der Hypothese einer bereits vollzogenen Erwägung und eines schon gefaßten Entschlusses operiert. Man mag die Figur gern im voraus ziehen, man setzt jedenfalls dabei schon voraus, man sei am Ziel angelangt und wohne in der Einbildung dem Schlußakte bei. Kurz, jene Figur zeigt mir die Handlung nicht wie sie sich vollzieht, sondern die bereits vollzogene Handlung. Man frage mich also nicht, ob das Ich, nachdem es den Weg MO durchlaufen und sich für X entschieden hat, sich für Y entscheiden konnte oder nicht; ich würde darauf erwidern, daß die Frage keinen Sinn hat, da es keine Linie MO, keinen Punkt O, keinen Weg OX, keine Richtung OY gibt. Eine solche Frage stellen heißt die Möglichkeit zugestehen, die Zeit adäquat durch den Raum und die Sukzession durch die Simultaneität wiederzugeben; es heißt der gezogenen Figur den Wert eines Bildes und nicht mehr bloß den eines Symbols zuschreiben; es heißt glauben, daß man an der Hand dieser Figur den Prozeß der psychischen Aktivität verfolgen könne wie den Marsch einer Armee an der Hand einer Karte. Man ist bei der Erwägung des Ich in allen ihren Phasen und bis zur vollzogenen Handlung zugegen gewesen; nun rekapituliert man die Termini der Reihe und erblickt die Sukzession in der Gestalt der Simultaneität, projiziert die Zeit in den Raum und macht seine Schlüsse bewußt oder unbewußt auf Grund dieser geometrischen Figur. Diese Figur repräsentiert aber eine *Sache* und keinen *Fortschritt*; sie entspricht in ihrer Untätigkeit der gewissermaßen erstarrten Erinnerung an den gesamten Erwägungsvorgang und den endgültig gefaßten Entschluß: wie könnte sie uns da die geringste Angabe über die konkrete Bewegung, über den dynamischen Fortschritt liefern, durch den die Erwägung in die Handlung ausmündet? Und doch hat man einmal die Figur konstruiert, so versetzt man sich in Gedanken in die Vergangenheit zurück und will, daß unsre psychische Aktivität eben den Weg zurückgelegt habe, wie er in der Figur gezogen ist. Man fällt also auf diese Weise in die bereits oben zur Sprache gebrachte Täuschung zurück: man gibt für eine Tatsache eine mechanistische Erklärung, und dann substituiert man diese Erklärung der Tatsache selbst. So stößt man gleich beim ersten Schritt auf unentwirrbare Schwierigkeiten: waren die beiden Entscheidungen gleich möglich, wie konnte dann eine Wahl zustande kommen? War nur eine von ihnen möglich, weshalb hielt man sich dann für frei? – Und man übersieht, daß diese Doppelfrage immer wieder auf die andre hinausläuft: ist die Zeit Raum?

Wenn ich mit dem Auge einen auf der Karte gezeichneten Weg durchlaufe, so hindert mich nichts, wieder zurück zu gehen und nachzusehen, ob er sich stellenweise gabelt. Die Zeit aber ist keine Linie, auf der man zurückgehen könnte. Gewiß, wenn sie erst einmal abgelaufen ist, haben wir das Recht, ihre sukzessiven Momente als einander äußerlich vorzustellen und so an eine den Raum durchschneidende Linie zu denken; es wird aber dabei ausgemacht bleiben, daß diese Linie nicht die Zeit, die abläuft, sondern die abgelaufene Zeit symbolisiert. Das aber vergessen Verteidiger wie Gegner der freien Willkür in gleicher Weise, – erstere wenn sie die Möglichkeit, anders zu handeln als geschehen ist, bejahen, letztere wenn sie sie verneinen. Erstere folgern so: »Der Weg ist noch nicht gezeichnet, also kann er eine beliebige Richtung nehmen.« Darauf wird man antworten: »Ihr vergeßt, daß von einem Weg erst nach vollzogener Handlung geredet werden kann, dann aber wird er auch gezeichnet sein.« – Die Andern sagen: »Der Weg ist in dieser Weise gezeichnet worden, also war seine mögliche Richtung nicht eine beliebige, sondern eben diese Richtung.« Und darauf wird man erwidern: »Bevor der Weg gezeichnet wurde, war keine Richtung möglich oder unmöglich aus dem sehr einfachen Grunde, weil von einem Wege noch keine Rede sein konnte.« – Man sehe von jener groben Symbolik ab, deren Vorstellung uns unbewußt im Bann hält, und man wird sich überzeugen, daß die Argumentation der Deterministen folgende kindliche Form annimmt: »Die Handlung ist vollzogen, wenn sie erst einmal vollzogen ist«; und daß ihre Gegner darauf erwidern: »Bevor die Handlung vollzogen wurde, war sie noch nicht vollzogen.« Mit andern Worten, die Frage nach der Freiheit geht aus dieser Erörterung unberührt hervor; und das ist leicht begreiflich, da die Freiheit in einer gewissen Nüance oder Qualität der Handlung selbst zu suchen ist und nicht in einer Beziehung dieser Handlung zu etwas, was sie nicht ist oder zu etwas, was sie hätte sein können. Die ganze Dunkelheit der Sache kommt daher, daß die Einen wie die Andern sich die Erwägung in Gestalt eines Oszillierens im Raume vorstellen, während sie doch in einem dynamischen Fortschritt besteht, bei dem das Ich und die Motive selbst in einem fortwährenden Werden begriffen sind wie wirkliche Lebewesen. Das Ich, das in seinen unmittelbaren Konstatierungen unfehlbar ist, fühlt sich frei und spricht es aus; sobald es sich aber die Freiheit erklären will, gewahrt es sich nur mehr in einer Art Refraktion durch den Raum hindurch, und daraus entsteht eine Symbolik mechanistischer Natur, die gleich wenig dazu taugt, die These der freien Willkür zu beweisen, sie verständlich zu machen oder sie zu widerlegen.

Wir können nunmehr unsere Auffassung von der Freiheit formulieren.

Freiheit nennt man die Beziehung des konkreten Ich zur Handlung, die es ausführt. Diese Beziehung ist undefinierbar eben weil wir frei sind; denn man kann zwar eine Sache, nicht aber einen Fortschritt analysieren; Ausdehnung kann man zerlegen, nicht aber Dauer. Oder, besteht man dennoch auf der Analyse, so verwandelt man unbewußt den Fortschritt in ein

Ding und die Dauer in Ausdehnung. Dadurch allein schon, daß man die konkrete Zeit in Teile zu zerlegen behauptet, entfaltet man ihre Momente in den homogenen Raum; an Stelle der sich vollziehenden Tatsache setzt man die vollzogene Tatsache, und sowie man begonnen hat die Aktivität des Ich gewissermaßen zum Stillstand zu bringen, sieht man, daß sich die Spontaneität in Trägheit und die Freiheit in Notwendigkeit auflöst. – Aus diesem Grunde wird jedwede Definition der Freiheit dem Determinismus Recht geben.

In der Tat, soll man die freie Handlung definieren, indem man von dieser Handlung als einer bereits vollzogenen sagt, sie hätte auch nicht stattfinden können? Aber diese Behauptung – wie auch die entgegengesetzte – schließt die Vorstellung einer absoluten Gleichwertigkeit der konkreten Dauer und ihres räumlichen Symbols ein; und sobald man diese Gleichwertigkeit zugibt, gelangt man grade durch die Entwicklung der soeben ausgesprochenen Formel zum starrsten Determinismus.

Soll man die freie Handlung definieren »als die, die man nicht vorhersehen kann, selbst wenn man alle ihre Bedingungen im voraus kennt«? Aber alle Bedingungen als gegeben begreifen heißt soviel, als sich in der konkreten Dauer in genau den Zeitpunkt versetzen, in dem die Handlung sich vollzieht. Oder aber man gibt dann zu, daß die Materie der psychischen Dauer im voraus symbolisch vorstellbar sei, was, wie wir sagten, darauf hinausläuft, die Zeit als ein homogenes Medium zu behandeln und in einer neuen Form die absolute Gleichwertigkeit der Dauer und ihres Symbols zuzugeben. Wenn man diese zweite Definition der Freiheit vertieft, gelangt man also wiederum zum Determinismus.

Soll man die freie Handlung endlich definieren, indem man sagt, sie werde durch ihre Ursache nicht notwendig determiniert? Aber entweder haben diese Worte jeden Sinn verloren oder man versteht darunter, daß dieselben inneren Ursachen nicht immer dieselben Wirkungen hervorbringen. Man gibt also zu, daß die psychischen Antezedentien einer freien Handlung sich von Neuem wiederholen können, daß die Freiheit sich in eine Dauer entfaltet, deren Momente einander gleichen, und daß die Zeit ein homogenes Medium ist wie der Raum. Eben damit aber ist man bereits auf die Vorstellung einer Gleichwertigkeit der Dauer und ihres räumlichen Symbols zurückgeführt; und indem man die Definition, die man von der Freiheit aufstellt, mit Nachdruck in ihre Konsequenzen verfolgt, ergibt sie ebenfalls wieder den Determinismus.

In Summa: jedes die Freiheit betreffende Verlangen nach Erklärung kommt, ohne daß man es bemerkte, auf die folgende Frage hinaus: »Läßt sich die Zeit adäquat durch den Raum vorstellen?« – Worauf wir entgegnen: ja, wenn es sich um die abgelaufene Zeit handelt, nein, wenn man von der ablaufenden Zeit spricht. Nun vollzieht sich aber die freie Handlung in der ablaufenden Zeit und nicht in der abgelaufenen. Die Freiheit ist somit eine Tatsache, und es gibt unter den Tatsachen, die man konstatiert, keine, die klarer wäre. Alle Schwierigkeiten des Problems und das Problem selbst entspringen daraus, daß man bei der Dauer dieselben Attribute wie bei der Ausdehnung finden, eine Sukzession durch eine Simultaneität interpretieren, und die Vorstellung der Freiheit in einer Sprache wiedergeben will, in die sie sich offenbar nicht übertragen läßt.

Bearbeitungsfragen:

1. Wie erklären Deterministen und Indeterministen die »freie Entscheidung« zu einer Handlung jeweils?
2. Was ist die gemeinsame Basis beider Erklärungsweisen?
3. Worin besteht der Fehler, den beide Erklärungsweisen gleichermaßen begehen?
4. Erklären Sie bitte den Unterschied zwischen dem Begriff der Zeit, wie er in den mathematischen Naturwissenschaften verwendet wird, und Bergsons Begriff der Dauer.
5. Weshalb eignet sich der »mechanistische Zeitbegriff« nicht zur Beschreibung von Handlungen?
6. Jeder Versuch, Freiheit zu definieren, führt notwendig zu einem strengen Determinismus. Weshalb ist das so, und wie ist es zu begründen, daß Freiheit dennoch eine Tatsache ist?

III.2 Freiheit und Sittengesetz
Kant: Grundlegung zur Metaphysik der Sitten, Dritter Abschnitt

Immanuel Kant (1724–1804) hat das Denken seiner Zeit in vielfacher Hinsicht revolutioniert. Wie kaum ein anderer Denker hat er die Philosophie der Neuzeit geprägt. Höchst unterschiedliche Positionen der geistesgeschichtlichen Entwicklung haben seine Philosophie als Bezugspunkt gewählt, an dem sie bald kritisch, bald affirmativ das eigene Denken orientieren. So ist Kant nicht bloß einer der herausragenden Klassiker der Philosophie, sondern ein wichtiger Gesprächspartner der Gegenwart.

In Kants praktischer Philosophie ist nicht die Handlung und ihre Struktur das zentrale Thema, sondern der Wille, genauer die Willensbestimmung. Nach Kant kann allein ein guter Wille die Sittlichkeit der Handlung begründen. Der Wille, sofern er die Handlung als sittliche begründet, muß rein durch sich selbst als Vernunftwille bestimmt sein, er muß un-bedingter Wille sein.

Alle äußeren günstigen wie ungünstigen Bedingungen einer Handlung gehen nicht als innere Momente in die Bestimmung des Willens ein und können ihn deshalb auch nicht rechtfertigen oder entschuldigen. Wollen heißt entweder gar nichts, oder es heißt sich selbst bestimmen. Der Wille ist also wesentlich sich selbst Gesetz. Welchem äußeren Gesetz er auch folgen mag – er selbst muß es sich zum Gesetz machen.

Die Analyse des guten Willens – als eines Willens, der sich selbst Gesetz ist – ist die Hauptaufgabe der »Grundlegung zur Metaphysik der Sitten«. Daß nun aber ein solcher Wille auch möglich, daß Sittlichkeit in der Tat kein Hirngespinst ist, muß erst noch bewiesen werden. Die Lösung liegt in dem Begriff der Freiheit, und zwar nicht in dem negativen, der bloße Unabhängigkeit von fremden Ursachen bedeutet, sondern in dem positiven, wonach Freiheit mit Selbstgesetzgebung des Willens gleichbedeutend ist. Es geht dabei nicht um Freiheit im Sinne von Wahlfreiheit, um Freiheit, zwischen guten und schlechten Wegen zu gegebenen Zielen zu wählen. Vielmehr wird die Wahl der Ziele selbst gewählt oder verworfen.

Freiheit kann, nach Kant, nicht einfach Willkür, Gesetzlosigkeit bedeuten; wäre sie dies, dann wäre der Wille automatisch Resultante des naturgesetzlich wirkenden Triebes. Freiheit als Eigenschaft des Willens ist eine »Kausalität nach unwandelbaren Gesetzen«, wenn auch nach anderen als den Naturgesetzen (vgl. S. 200). Der Begriff der »Kausalität« impliziert immer schon die Struktur der Gesetzlichkeit, gleichgültig, ob nun Kausalität durch Naturnotwendigkeit bestimmt oder frei ist. Unter Naturnotwendigkeit versteht Kant eine Notwendigkeit, nach der jedes Ereignis durch ein vorhergehendes, anderes Ereignis verursacht werden muß. Wenn beispielsweise eine Billardkugel gegen eine andere, stilliegende Billardkugel stößt, bestimmt sie diese zweite Kugel, sich zu bewegen. Aber die erste Kugel versetzt die zweite nur deshalb in Bewegung, weil sie zuvor selbst mit der Queue angestoßen wurde. Die erste Kugel bringt eine Wirkung hervor, aber ihre »Handlung«, die die Ursache darstellt, ist durch etwas anderes als sie selbst verursacht, nämlich durch den Stoß mit der Queue. In Kants Worten ist diese Handlung notwendig, nicht frei. Da sie durch etwas anderes als sich selbst bestimmt ist, ist sie »fremdbestimmt«. Kant nennt das Heteronomie.

Die Gesetze der Freiheit können wir nun von den Gesetzen der Natur unterscheiden, indem wir annehmen, wir gäben sie uns selbst. Die Freiheit des Willens ist dann »die Eigenschaft des Willens, sich selbst Gesetz zu sein«. Kant nennt diese Eigenschaft Autonomie. Sie ist nur dann vorhanden, wenn der Wille seine ursächlichen Handlungen, die Willensakte, hervorbringt, ohne dazu durch irgend etwas anderes bestimmt zu sein. Im Gegensatz zu einem Willen, der durch Sinneseindrücke, Gefühle oder Begierden bestimmt ist, muß ein freier Wille so gedacht werden, daß er sich allein aus sich selbst heraus bestimmt.

Was aber kann Grund und Inhalt dieser Selbstbestimmung sein? Der Inhalt kann, so sahen wir, nicht von außen kommen, und »von außen« heißt hier auch aus der Gesamtheit der natürlichen Antriebe. Also kann er nur in der bloßen Form der Vernünftigkeit liegen. Zwar ist jeder Wille in dem Sinne vernünftig, daß er nach »Regeln« beziehungsweise nach »Maximen« handelt; wer nach keiner erkennbaren Maxime handelte, dessen Handeln könnten wir gar nicht als Handeln wahrnehmen und ihn selbst nicht als identische Person. Handeln ist von Geschehen anderer Art nur unterscheidbar, wenn es verstehbar ist. Eine Handlung verstehen bedeutet aber, die ihr zugrunde liegenden Regeln oder Maximen erkennen zu können. Wenn beispielsweise jemand bei Regen seinen Schirm aufspannt und als Grund dafür angibt, nicht naß werden zu wollen, aber, wenn der Regen stärker wird, den Schirm schließt und weiterhin behauptet, er wolle nicht naß werden, so bleibt sein Handeln für uns unverständlich.

Daß die Regel aber selbst noch einmal unabhängig von allen natürlichen Antrieben schlechthin vernünftig ist, das erst realisiert die Autonomie des Willens.

Gibt es nun einen solchen Willen? Ist er nicht Fiktion?

Es ist zwecklos, sich hierzu auf irgendeine objektive menschliche Erfahrung zu berufen, denn die objektive Erfahrung liefert uns nur – ähnlich wie es auch Bergson sah – Erkenntnis von naturgesetzlichen Zusammenhängen, Spontaneität ist für sie unzugänglich.

Kant behauptet auch gar nicht, die Freiheit eines vernünftigen Wesens beweisen zu können. Einen solchen Anspruch auf theoretische Erkenntnis betrachtet er als weit jenseits unserer menschlichen Grenzen liegend.

Was wir jedoch zeigen können, ist, daß ein vernünftiges Wesen nur unter der Voraussetzung, daß es frei ist, handeln kann. Kant nennt das »unter der Idee der Freiheit handeln«. (Eine Idee kann uns keine Kenntnis der Realität vermitteln, vielmehr schreibt sie uns eine Regel vor, der die Vernunft aufgrund ihrer Natur gehorchen muß.) Vom praktischen Standpunkt des Handelnden aus würde dies genügen, denn dieselben Gesetze, die für ein Wesen gelten würden, dessen Freiheit theoretisch bewiesen wäre, müssen – in der Praxis – auch für ein Wesen gelten, das nicht anders als unter der Idee seiner Freiheit handeln kann (vgl. S. 201). Mit anderen Worten: Es muß beim Handeln voraussetzen, daß sein vernünftiger Wille im negativen und positiven Sinn frei ist, nämlich frei von der Bestimmung durch äußere Einflüsse und frei, seinen eigenen vernünftigen Prinzipien zu gehorchen. Sofern wir nicht unter dieser Voraussetzung handeln, gibt es, nach Kant, gar keine Handlung und gibt es keinen Willen, denn »der Wille eines vernünftigen Wesens ... kann nur unter der Idee der Freiheit ein eigener Wille sein« (vgl. S. 202).

Wenn das aber so ist, dann steht es nicht in unserem Belieben, ob wir handeln wollen beziehungsweise unser Tun als vernünftiges Handeln vertreten wollen oder nicht.

Unsere Vernunftnatur macht sich nämlich in der Erfahrung einer unbedingten Verpflichtung, eines kategorischen Imperativs, geltend. Bewußt wird uns unsere Freiheit also erst, wenn wir die unbedingte Forderung des Sittengesetzes an uns erkennen. Daß wir ein Bewußtsein solcher unbedingter Verpflichtung haben, ist für Kant eine Tatsache, die nicht erst bewiesen werden muß. Er nennt sie ein »Faktum der Vernunft« (»Kritik der praktischen Vernunft«). Wir alle erleben dieses Bewußtsein immer dann, wenn wir uns fragen, was wir eigentlich tun und ob es gut oder schlecht ist, was wir tun.

Wenn beispielsweise jemand, der unter Androhung der Todesstrafe aufgefordert wird, einen ehrlichen Mann zu verleumden, gefragt wird, ob er es dennoch für möglich halte, trotz einer noch so großen Liebe zum Leben diese Neigung zu überwinden und die Verleumdung zu verweigern, so lautet die Antwort auf diese Frage: ja. Auch wenn eine Verleumdung unter besonderen Umständen verständlich sein mag, selbst wenn wir sie eigentlich erwarten, so beurteilen wir trotzdem die Verleumdung als moralisches Unrecht.

Um eine solche Beurteilung zu verstehen, müssen wir auf den Begriff einer unbedingten, von jeder Bedrohung des eigenen Glücks unabhängig gültigen Gesetzgebung zurückgreifen. Das Bewußtsein des unbedingten Gesetzes ist für Kant eine Tatsache, und eben in diesem Bewußtsein wird uns unsere Vernunft als ursprünglich gesetzgebend bewußt und damit die Voraussetzung der Freiheit und die Möglichkeit autonomer Gesetzgebung. Hinter das Bewußtsein der unbedingten Verpflichtung können wir nicht mehr zurückgehen, es ist theoretisch nicht beweisbar. Damit aber kann die Freiheit von Kant letzten Endes nicht bewiesen werden. Sie bleibt ein Postulat.

Kant sieht uns hier in einem Zirkel gefangen: Wir setzen voraus, daß wir frei sind, um uns nur dem selbstgegebenen Gesetz der Vernunft unterworfen zu denken und begründen unser Unter-dem-selbstgegebenen-Gesetz-Stehen mit der Freiheit des Willens. Um diesem Zirkel zu entgehen, müssen wir fragen: Nehmen wir, wenn wir uns als freie Wesen denken, die nach selbstgegebenen Gesetzen handeln, nicht einen anderen Standpunkt ein, als wenn wir uns als Naturwesen betrachten, deren Handlungen nur ein Teil der erfahrbaren, sinnlich gegebenen Welt sind?

Kants Antwort lautet: Ein vernünftiges Wesen muß sich selbst, insofern es intelligent ist, als nicht zur Sinnenwelt, sondern zur Verstandeswelt gehörig ansehen (vgl. S. 206). Andererseits aber gehört es als Naturwesen zugleich zur natürlichen Welt, wie sie uns in unseren Sinnen gegeben ist (vgl. S. 204). Daher haben wir als vernünftige Wesen zwei gleichberechtigte Standpunkte, von denen aus wir uns betrachten können. Von dem einen aus können wir uns als Vernunftwesen der intelligiblen Welt zugehörig, von dem anderen aus können wir uns und unsere Handlungen als Teil der natürlichen Welt ansehen. Soweit wir uns als der Sinnenwelt zugehörig betrachten, stehen wir unter der Herrschaft der Naturgesetze, soweit wir uns als zur Verstandeswelt gehörig denken, sind unsere Gesetze die Gesetze der Vernunft, die nicht empirisch sind und nicht von der Natur abhängen.

Genau nach dieser Vorstellung handeln wir, wenn wir annehmen, daß wir die Verantwortung für das, was wir tun, tragen. Wenn beispielsweise ein Mensch in boshafter Absicht lügt und damit Schaden anrichtet, so stellt sich die Frage nach seiner Schuld. Gehen wir von ihm als Teil der Natur aus, so können wir Gründe für sein Verhalten in schlechter Erziehung und übler Gesellschaft finden. Doch selbst wenn wir zugeben, daß die Verfehlung aus solchen Ursachen herrührt, machen wir dem Schuldigen oder er sich selbst nichtsdestoweniger Vorwürfe.

Warum? Zur Lösung dieses Widerspruchs dient Kant seine »Kritik der reinen Vernunft«, nach welcher die sinnlich erfahrbare Welt durchgängiger kausaler Determination nicht die »wahre Welt«, nicht »das Ding an sich« ist, sondern die Wirklichkeit, wie sie uns als endlichen Vernunftwesen erscheint und zum Gegenstand der Erfahrung wird.

Was wir »an sich« sind, unser eigentliches, freies und autonomes Sein, das der »intelligiblen Welt« angehört und in dem unsere Würde begründet ist, erschließt sich uns nur indirekt, nämlich in der sittlichen Erfahrung, in der sich unsere Vernunftnatur innerhalb der Sinnenwelt als ein unbedingtes Sollen, ein kategorischer Imperativ geltend macht.

Immanuel Kant: Grundlegung zur Metaphysik der Sitten

Dritter Abschnitt

Übergang von der Metaphysik der Sitten zur Kritik der reinen praktischen Vernunft

*Der Begriff der Freiheit
ist der Schlüssel zur Erklärung der Autonomie des Willens*

Der *Wille* ist eine Art von Kausalität lebender Wesen, sofern sie vernünftig sind, und *Freiheit* würde diejenige Eigenschaft dieser Kausalität sein, da sie unabhängig von fremden sie *bestimmenden* Ursachen wirkend sein kann; so wie *Naturnotwendigkeit* die Eigenschaft der Kausalität aller vernunftlosen Wesen, durch den Einfluß fremder Ursachen zur Tätigkeit bestimmt zu werden.

Die angeführte Erklärung der Freiheit ist *negativ* und daher, um ihr Wesen einzusehen, unfruchtbar; allein es fließt aus ihr ein *positiver* Begriff derselben, der desto reichhaltiger und fruchtbarer ist. Da der Begriff einer Kausalität den von *Gesetzen* bei sich führt, nach welchen durch etwas, was wir Ursache nennen, etwas anderes, nämlich die Folge, gesetzt werden muß; so ist die Freiheit, ob sie zwar nicht eine Eigenschaft des Willens nach Naturgesetzen ist, darum doch nicht gar gesetzlos, sondern muß vielmehr eine Kausalität nach unwandelbaren Gesetzen, aber von besonderer Art sein; denn sonst wäre ein freier Wille ein Unding. Die Naturnotwendigkeit war eine Heteronomie der wirkenden Ursachen; denn jede Wirkung war nur nach dem Gesetze möglich, daß etwas anderes die wirkende Ursache zur Kausalität bestimmte; was kann denn wohl die Freiheit des Willens sonst sein als Autonomie, d. i. die Eigenschaft des Willens, sich selbst ein Gesetz zu sein? Der Satz aber: der Wille ist in allen Handlungen sich selbst ein Gesetz, bezeichnet nur das Prinzip, nach keiner anderen Maxime zu handeln, als die sich selbst auch als ein allgemeines Gesetz zum Gegenstande haben kann. Dies ist aber gerade die Formel des kategorischen Imperativs und das Prinzip der Sittlichkeit; also ist ein freier Wille und ein Wille unter sittlichen Gesetzen einerlei.

Wenn also Freiheit des Willens vorausgesetzt wird, so folgt die Sittlichkeit samt ihrem Prinzip daraus durch bloße Zergliederung ihres Begriffs. Indessen ist das letztere doch immer ein synthetischer Satz: ein schlechterdings guter Wille ist derjenige, dessen Maxime jederzeit sich selbst, als allgemeines Gesetz betrachtet, in sich enthalten kann; denn durch Zergliederung des Begriffs von einem schlechthin guten Willen kann jene Eigenschaft der Maxime nicht gefunden werden. Solche synthetische Sätze sind aber nur dadurch möglich, daß beide Erkenntnisse durch die Verknüpfung mit einem Dritten, darin sie beiderseits anzutreffen sind, untereinander verbunden werden. Der *positive* Begriff der Freiheit schafft dieses Dritte, welches nicht, wie bei den physischen Ursachen, die Natur der Sinnenwelt sein kann (in deren Begriff die Begriffe von etwas als Ursache in Verhältnis auf *etwas anderes*, als Wirkung, zusammenkommen). Was dieses Dritte sei, worauf uns die Freiheit weiset, und von dem wir *a priori* eine Idee haben, läßt sich hier sofort noch nicht anzeigen und die Deduktion des Begriffs der Freiheit aus der reinen praktischen Vernunft, mit ihr auch die Möglichkeit eines kategorischen Imperativs begreiflich machen, sondern bedarf noch einiger Vorbereitung.

Freiheit muß als Eigenschaft des Willens aller vernünftigen Wesen vorausgesetzt werden

Es ist nicht genug, daß wir unserem Willen, es sei aus welchem Grunde, Freiheit zuschreiben, wenn wir nicht ebendieselbe auch allen vernünftigen Wesen beizulegen hinreichenden Grund haben. Denn da Sittlichkeit für uns bloß als für *vernünftige Wesen* zum Gesetze dient, so muß sie auch für alle vernünftige Wesen gelten, und da sie lediglich aus der Eigenschaft der Freiheit abgeleitet werden muß, so muß auch Freiheit als Eigenschaft des Willens aller vernünftigen Wesen bewiesen werden, und es ist nicht genug, sie aus gewissen vermeintlichen Erfahrungen von der menschlichen Natur darzutun (wiewohl dieses auch schlechterdings unmöglich ist und lediglich *a priori* dargetan werden kann), sondern man muß sie als zur Tätigkeit vernünftiger und mit einem Willen begabter Wesen überhaupt gehörig beweisen. Ich sage nun: ein jedes Wesen, das nicht anders *als unter der Idee der Freiheit* handeln kann, ist ebendarum in praktischer Rücksicht wirklich frei, d. i. es gelten für dasselbe alle Gesetze, die mit der Freiheit unzertrennlich verbunden sind, ebenso als ob sein Wille, auch an sich selbst und in der theoretischen Philosophie gültig, für frei erklärt würde*. Nun

---

* Diesen Weg, die Freiheit nur als von vernünftigen Wesen bei ihren Handlungen bloß in *der Idee* zum Grunde gelegt zu unserer Absicht hinreichend anzunehmen, schlage ich deswegen ein, damit ich mich nicht verbindlich machen dürfte, die Freiheit auch in ihrer theoretischen Absicht zu beweisen. Denn wenn dieses letztere auch unausgemacht gelassen wird, so gelten doch dieselben Gesetze für ein Wesen, das nicht anders als unter der Idee seiner eigenen Freiheit handeln kann, die ein Wesen, das wirklich frei wäre, verbinden würden. Wir können uns hier also von der Last befreien, die die Theorie drückt.

behaupte ich, daß wir jedem vernünftigen Wesen, das einen Willen hat, notwendig auch die Idee der Freiheit leihen müssen, unter der es allein handle. Denn in einem solchen Wesen denken wir uns eine Vernunft, die praktisch ist, d. i. Kausalität in Ansehung ihrer Objekte hat. Nun kann man sich unmöglich eine Vernunft denken, die mit ihrem eigenen Bewußtsein in Ansehung ihrer Urteile anderwärtsher eine Lenkung empfinge, denn alsdann würde das Subjekt nicht seiner Vernunft, sondern einem Antriebe die Bestimmung der Urteilskraft zuschreiben. Sie muß sich selbst als Urheberin ihrer Prinzipien ansehen, unabhängig von fremden Einflüssen, folglich muß sie als praktische Vernunft oder als Wille eines vernünftigen Wesens von ihr selbst als frei angesehen werden; d. i. der Wille desselben kann nur unter der Idee der Freiheit ein eigener Wille sein und muß also in praktischer Absicht allen vernünftigen Wesen beigelegt werden.

Von dem Interesse, welches den Ideen der Sittlichkeit anhängt

Wir haben den bestimmten Begriff der Sittlichkeit auf die Idee der Freiheit zuletzt zurückgeführt; diese aber konnten wir als etwas Wirkliches nicht einmal in uns selbst und in der menschlichen Natur beweisen; wir sahen nur, daß wir sie voraussetzen müssen, wenn wir uns ein Wesen als vernünftig und mit Bewußtsein seiner Kausalität in Ansehung der Handlungen, d. i. mit einem Willen begabt uns denken wollen, und so finden wir, daß wir aus ebendemselben Grunde jedem mit Vernunft und Willen begabten Wesen diese Eigenschaft, sich unter der Idee seiner Freiheit zum Handeln zu bestimmen, beilegen müssen.

Es floß aber aus der Voraussetzung dieser Ideen auch das Bewußtsein eines Gesetzes zu handeln: daß die subjektiven Grundsätze der Handlungen, d. i. Maximen jederzeit so genommen werden müssen, daß sie auch objektiv, d. i. allgemein als Grundsätze gelten, mithin zu unserer eigenen allgemeinen Gesetzgebung dienen können. Warum aber soll ich mich denn diesem Prinzip unterwerfen und zwar als vernünftiges Wesen überhaupt, mithin auch dadurch alle anderen mit Vernunft begabten Wesen? Ich will einräumen, daß mich hierzu kein Interesse *treibt*, denn das würde keinen kategorischen Imperativ geben; aber ich muß doch hieran notwendig ein Interesse *nehmen* und einsehen, wie das zugeht; denn dieses Sollen ist eigentlich ein Wollen, das unter der Bedingung für jedes vernünftige Wesen gilt, wenn die Vernunft bei ihm ohne Hindernisse praktisch wäre; für Wesen, die, wie wir, noch durch Sinnlichkeit als Triebfedern anderer Art affiziert werden, bei denen es nicht immer geschieht, was die Vernunft für sich allein tun würde, heißt jene Notwendigkeit der Handlung nur ein Sollen, und die subjektive Notwendigkeit wird von der objektiven unterschieden.

Es scheint also, als setzten wir in der Idee der Freiheit eigentlich das moralische Gesetz, nämlich das Prinzip der Autonomie des Willens selbst, nur voraus, und könnten seine Realität und objektive Notwendigkeit nicht für sich beweisen, und da hätten wir zwar noch immer etwas ganz Beträchtliches dadurch gewonnen, daß wir wenigstens das echte Prinzip genauer, als wohl sonst geschehen, bestimmt hätten, in Ansehung seiner Gültigkeit aber und der praktischen Notwendigkeit, sich ihm zu unterwerfen, wären wir um nichts weiter gekommen; denn wir könnten dem, der uns fragte, warum denn die Allgemeingültigkeit unserer Maxime als eines Gesetzes die einschränkende Bedingung unserer Handlungen sein müsse, und worauf wir den Wert gründen, den wir dieser Art zu handeln beilegen, der so groß sein soll, daß es überall kein höheres Interesse geben kann, und wie es zugehe, daß der Mensch dadurch allein seinen persönlichen Wert zu fühlen glaubt, gegen den der eines angenehmen oder unangenehmen Zustandes für nichts zu halten sei, keine genugtuende Antwort geben.

Zwar finden wir wohl, daß wir an einer persönlichen Beschaffenheit ein Interesse nehmen können, die gar kein Interesse des Zustandes bei sich führt, wenn jene uns nur fähig macht, des letzteren teilhaftig zu werden, im Falle die Vernunft die Austeilung des selben bewirken sollte, d. i. daß die bloße Würdigkeit, glücklich zu sein, auch ohne den Bewegungsgrund, dieser Glückseligkeit teilhaftig zu werden, für sich interessieren könne; aber dieses Urteil ist in der Tat nur die Wirkung von der schon vorausgesetzten Wichtigkeit moralischer Gesetze (wenn wir uns durch die Idee der Freiheit von allem empirischen Interesse trennen); aber daß wir uns von diesem trennen, d. i. uns als frei im Handeln betrachten und so uns dennoch für gewissen Gesetzen unterworfen halten sollen, um einen Wert bloß in unserer Person zu finden, der uns allen Verlust dessen, was unserem Zustande einen Wert verschafft, vergüten könne, und wie dieses möglich sei, mithin *woher das moralische Gesetz verbinde*, können wir auf solche Art noch nicht einsehen.

Es zeigt sich hier, man muß es frei gestehen, eine Art von Zirkel, aus dem, wie es scheint, nicht herauszukommen ist. Wir nehmen uns in der Ordnung der wirkenden Ursachen als frei an, um uns in der Ordnung der Zwecke unter sittlichen Gesetzen zu denken, und wir denken uns nachher als diesen Gesetzen unterworfen, weil wir uns die Freiheit des Willens beigelegt haben; denn Freiheit und eigene Gesetzgebung des Willens sind beides Autonomie, mithin Wechselbegriffe, davon aber einer eben um deswillen nicht dazu gebraucht werden kann, um den anderen zu erklären und von ihm Grund anzugeben, sondern höchstens nur, um in logischer Absicht verschieden scheinende Vorstellungen von ebendemselben Gegenstand auf einen einzigen Begriff (wie verschiedene Brüche gleichen Inhalts auf die kleinsten Ausdrücke) zu bringen.

Eine Auskunft bleibt uns aber noch übrig, nämlich zu suchen: ob wir, wenn wir uns durch Freiheit als *a priori* wirkende Ursachen denken, nicht einen anderen Standpunkt einnehmen, als wenn wir uns selbst nach unseren Handlungen als Wirkungen, die wir vor unseren Augen sehen, uns vorstellen.

Es ist eine Bemerkung, welche anzustellen eben kein subtiles Nachdenken erfordert wird, sondern von der man annehmen kann, daß sie wohl der gemeinste Verstand, obzwar nach seiner Art durch eine dunkle Unterscheidung der Urteilskraft, die er Gefühl nennt, machen mag: daß alle Vorstellungen, die uns ohne unsere Willkür kommen (wie die der Sinne), uns die Gegenstände nicht anders zu erkennen geben, als sie uns affizieren, wobei, was sie an sich sein mögen, uns unbekannt bleibt, mithin daß, was diese Art Vorstellungen betrifft, wir dadurch auch bei der angestrengtesten Aufmerksamkeit und Deutlichkeit, die der Verstand nur immer hinzufügen mag, doch bloß zur Erkenntnis der *Erscheinungen*, niemals der *Dinge an sich selbst* gelangen können. Sobald dieser Unterschied (allenfalls bloß durch die bemerkte Verschiedenheit zwischen den Vorstellungen, die uns anderswoher gegeben werden und dabei wir leidend sind, von denen, die wir lediglich aus uns selbst hervorbringen und dabei wir unsere Tätigkeit beweisen) einmal gemacht ist, so folgt von selbst, daß man hinter den Erscheinungen doch noch etwas anderes, was nicht Erscheinung ist, nämlich die Dinge an sich, einräumen und annehmen müsse, ob wir gleich uns von selbst bescheiden, daß, da sie uns niemals bekannt werden können, sondern immer nur, wie sie uns affizieren, wir ihnen nicht näher treten und, was sie an sich sind, niemals wissen können. Dieses muß eine, obzwar rohe, Unterscheidung der *Sinnenwelt* von der *Verstandeswelt* abgeben, davon die erstere nach Verschiedenheit der Sinnlichkeit in mancherlei Weltbeschauern auch sehr verschieden sein kann, indessen die zweite, die ihr zum Grunde liegt, immer dieselbe bleibt. Sogar sich selbst und zwar nach der Kenntnis, die der Mensch durch innere Empfindung von sich hat, darf er sich nicht anmaßen zu erkennen, wie er an sich selbst sei. Denn da er doch sich selbst nicht gleichsam schafft und seinen Begriff nicht *a priori*, sondern empirisch bekommt, so ist natürlich, daß er auch von sich durch den inneren Sinn und folglich nur durch die Erscheinung seiner Natur und die Art, wie sein Bewußtsein affiziert wird, Kundschaft einziehen könne, indessen er doch notwendigerweise über diese aus lauter Erscheinungen zusammengesetzte Beschaffenheit seines eigenen Subjekts noch etwas anderes zum Grunde liegendes, nämlich sein Ich, sowie es an sich selbst beschaffen sein mag, annehmen und sich also in Absicht auf die bloße Wahrnehmung und Empfänglichkeit der Empfindungen zur *Sinnenwelt*, in Ansehung dessen aber, was in ihm reine Tätigkeit sein mag (dessen, was gar nicht durch Affizierung der Sinne, sondern unmittelbar zum Bewußtsein gelangt), sich zur *intellektuellen Welt* zählen muß, die er doch nicht weiter kennt.

Dergleichen Schluß muß der nachdenkende Mensch von allen Dingen, die ihm vorkommen mögen, fällen; vermutlich ist er auch im gemeinsten Verstande anzutreffen, der, wie bekannt, sehr geneigt ist, hinter den Gegenständen der Sinne noch immer etwas Unsichtbares, für sich selbst Tätiges zu erwarten, es aber wiederum dadurch verdirbt, daß er dieses Unsichtbare sich bald wiederum versinnlicht, d. i. zum Gegenstande der Anschauung machen will, und dadurch also nicht um einen Grad klüger wird.

Nun findet der Mensch in sich wirklich ein Vermögen, dadurch er sich von allen anderen Dingen, ja von sich selbst, sofern er durch Gegenstände affiziert wird, unterscheidet, und das ist die *Vernunft*. Diese als reine Selbsttätigkeit, ist sogar darin noch über den *Verstand* erhoben: daß, obgleich dieser auch Selbsttätigkeit ist und nicht, wie der Sinn, bloß Vorstellungen enthält, die nur entspringen, wenn man von Dingen affiziert (mithin leidend) ist, er dennoch aus seiner Tätigkeit keine anderen Begriffe hervorbringen kann als die, so bloß dazu dienen, um die *sinnlichen Vorstellungen unter Regeln zu bringen* und sie dadurch in einem Bewußtsein zu vereinigen, ohne welchen Gebrauch der Sinnlichkeit er gar nichts denken würde; dahingegen die Vernunft unter dem Namen der Ideen eine so reine Spontaneität zeigt, daß sie dadurch weit über alles, was ihm Sinnlichkeit nur liefern kann, hinausgeht und ihr vornehmstes Geschäft darin beweist, Sinnenwelt und Verstandeswelt voneinander zu unterscheiden, dadurch aber dem Verstande selbst seine Schranken vorzuzeichnen.

Um deswillen muß ein vernünftiges Wesen sich selbst *als Intelligenz* (also nicht von Seiten seiner unteren Kräfte) nicht als zur Sinnen-, sondern zur Verstandeswelt gehörig ansehen; mithin hat es zwei Standpunkte, daraus es sich selbst betrachten und Gesetze des Gebrauchs seiner Kräfte, folglich aller seiner Handlungen erkennen kann: *einmal*, sofern es zur Sinnenwelt gehört, unter Naturgesetzen (Heteronomie), *zweitens* als zur intelligibelen Welt gehörig, unter Gesetzen, die, von der Natur unabhängig, nicht empirisch, sondern bloß in der Vernunft gegründet sind.

Als ein vernünftiges, mithin zur intelligibelen Welt gehöriges Wesen kann der Mensch die Kausalität seines eigenen Willens niemals anders als unter der Idee der Freiheit denken; denn Unabhängigkeit von den bestimmenden Ursachen der Sinnenwelt (dergleichen die Vernunft jederzeit sich selbst beilegen muß) ist Freiheit. Mit der Idee der Freiheit ist nun der Begriff der *Autonomie* unzertrennlich verbunden, mit diesem aber das allgemeine Prinzip der Sittlichkeit, welches in der Idee allen Handlungen *vernünftiger* Wesen ebenso zum Grunde liegt, als das Naturgesetz allen Erscheinungen.

Nun ist der Verdacht, den wir oben rege machten, gehoben, als wäre ein geheimer Zirkel in unserem Schlusse aus der Freiheit auf die Autonomie und aus dieser aufs sittliche Gesetz enthalten, daß wir nämlich vielleicht die Idee der Freiheit nur um des sittlichen Gesetzes willen zum Grunde legten, um dieses nachher aus der Freiheit wiederum zu schließen, mithin von jenem gar keinen Grund angeben könnten, sondern es nur als Erbittung eines Prinzips, das uns gutgesinnte Seelen wohl gerne einräumen werden, welches wir aber niemals als einen erweislichen Satz aufstellen könnten. Denn jetzt sehen wir, daß, wenn wir uns als frei denken, so versetzen wir uns als Glieder in die Verstandeswelt und erkennen die Autonomie des Willens samt ihrer Folge, der Moralität; denken wir uns aber als verpflichtet, so betrachten wir uns als zur Sinnenwelt und doch zugleich zur Verstandeswelt gehörig.

Bearbeitungsfragen:

1. Kant bezeichnet Naturnotwendigkeit als »Heteronomie der wirkenden Ursachen«. Was ist damit gemeint?
2. Was bedeutet es, daß der Wille sich selbst bestimmt, sich selbst Gesetz ist? In negativem Sinn, in positivem Sinn?
3. Weshalb kann Freiheit theoretisch nicht bewiesen werden? Weshalb genügt es aber, zu beweisen, daß wir notwendig »unter der Idee der Freiheit« handeln?
4. Es steht uns nicht frei, ob wir unser Handeln als vernünftiges Handeln vertreten wollen oder nicht. Weshalb nicht?

5. Unsere Freiheit wird uns nur indirekt bewußt. Auf welche Weise?
6. Worin besteht der Zirkel, in dem uns Kant bei unserem Versuch, Freiheit und Selbstgesetzgebung des Willens zu erklären, gefangen sieht?
7. Erklären Sie bitte die beiden Standpunkte, von denen aus wir uns als Natur- und als Verstandeswesen betrachten können.
8. In welchem Verhältnis stehen beide »Welten« zueinander, und inwiefern liegt hierin die Begründung der dem Menschen eigentümlichen Würde?

III.3 Das Böse
Fichte: Das System der Sittenlehre, § 16

Johann Gottlieb Fichte (1762–1814) sah sich selbst als Nachfolger und Vollender der Philosophie Kants, wenn auch Kant sich von diesem Anspruch distanzierte. Die innovatorischen Impulse, die von Fichte auf das 19. Jahrhundert ausgingen, können kaum hoch genug eingeschätzt werden. Der Kreis der Romantiker um die Gebrüder Schlegel, Novalis ebenso wie Hölderlin standen in enger Verbindung zu Fichte. Die Philosophien Schellings und Hegels verdanken Fichte wesentliche Einsichten. Fichtes gesamtes philosophisches Werk ist von der Idee der »Wissenschaftslehre« (1794) geprägt. Ihr Ziel ist es, Philosophie als eine strenge Wissenschaft absoluter Letztbegründung zu entfalten und zu begründen.

Fichtes Philosophie versteht sich als Philosophie der Freiheit. Kein Philosoph hat der individuellen Freiheit des Menschen einen so hohen Rang zugesprochen und sie zugleich so unbedingt sozialem Denken verpflichtet wie Fichte. Hinter die Freiheit kann nicht mehr zurückgegangen werden, sie ist der Grund aller Philosophie und ist daher selbst keiner Begründung mehr fähig oder bedürftig. Da keine weiteren Begründungen Zugang zu ihr verschaffen können, bleibt nur die Entscheidung, sie frei mitzuvollziehen. Erst in ihrem Vollzug wird Freiheit als unbedingte Voraussetzung sichtbar. Für den, dem Freiheit nichts ist als bloßer Schein, entstanden aufgrund eines kausalen Determinationsprozesses, gilt dann: Er will eben nicht frei sein. Vor diesem Hintergrund wird Fichtes berühmter Satz verständlich, »was für eine Philosophie einer habe, hänge davon ab, was für ein Mensch er sei«.

Freiheit kann für Fichte nie das Produkt einer kausalmechanisch determinierten Welt sein, sondern immer nur wieder Resultat einer ausdrücklich auf die Erweckung von Vernunft und Freiheit gerichteten Handlung. Der Gehalt der Freiheit als vernünftiger Selbstbestimmung des Menschen aber ist Sittlichkeit.

Im »System der Sittenlehre« bestimmt Fichte das Prinzip der Sittlichkeit, indem er fragt, was das Ich ist, wenn es von allem absieht, was ihm selbst fremd ist. Seine Antwort lautet: Das Ich kann in der ausschließlichen Zuwendung zu sich selbst von allem absehen, außer von einem: seinem Wollen. Das Wollen als solches, abgesehen von allen Objekten, auf die es jeweils gerichtet sein mag, besteht in einer Tendenz zu reiner Selbsttätigkeit. Diese Tendenz äußert sich als Trieb. Der Begriff Trieb wird von Fichte in einem umfassenden Sinn verwendet; so ist er das »aller Bestimmung von außen Unfähige im Menschen«, »das höchste Prinzip der Selbsttätigkeit in uns, das uns zu selbständigen, beobachtenden und handelnden Wesen macht«. Aus diesem Grund kann der Trieb auch nicht als von dem Naturmechanismus hervorgerufen gedacht werden, vielmehr ist »Selbstbestimmung der Begriff, vermittels dessen ein Trieb sich denken läßt«. Da das natürliche Ich seinem ursprünglichen Wesen nach Intelligenz ist, gehen alle Formen des menschlichen Triebes auf die Selbsttätigkeit und die Selbständigkeit des Menschen als eines vernünftigen Wesens. In der vernünftigen Selbstbestimmung des Menschen aber besteht sittliche Freiheit. So ist auch das Prinzip der Sittlichkeit bestimmt. Es stellt die Freiheit des vernünftigen Wesens unter das Gesetz, das sich im Begriff der absoluten Selbständigkeit, das heißt der Nicht-Bestimmtheit durch etwas außer ihm, formuliert. Als Gesetz ist es allgemeingültig, da es die ursprüngliche Bestimmung eines freien Wesens enthält.

Nachdem so der Grundbegriff des Sittlichen festgelegt ist, geht es um seine Realität. Diese kann aber nur darin bestehen, daß durch das Prinzip der Sittlichkeit etwas in uns wie auch etwas außer uns bestimmt wird. Es geht also um die Bestimmung unseres Handelns. Nun ist dem freien Handeln nicht eine kausalmechanisch determinierte Welt gegenübergestellt, vielmehr bestimmt Fichte den Inhalt des Sittlichen durch die Beziehung der Freiheit auf die Natur und umgekehrt.

Insofern unser Handeln kausal in die Welt eingreift, muß es die Welt auch unter der Kategorie der Kausalität denken. Aber das Ich greift ja nicht durch sein Wollen unmittelbar ein, sondern vermittelt dadurch, daß es selbst eine Natur besitzt, und zwar ein unabhängig von seiner Freiheit ursprünglich bestimmtes System von Gefühlen und Trieben. »Ich bin selbst in gewisser Rücksicht, unbeschadet der Absolutheit meiner Vernunft und meiner Freiheit, Natur; und diese meine Natur ist ein Trieb.« Nur als Trieb verstanden kann die Natur der endlichen Freiheit des Menschen einen Inhalt des Wollens vorgeben, der aus einer bloß vorgefundenen Welt der Objekte nicht ableitbar wäre. Und zwar gibt sie ihn so vor, daß das Ich dadurch gleichwohl nicht determiniert wird. Soweit nämlich der Trieb uns zu Bewußtsein kommt, steht seine Befriedigung in unserer Gewalt. »Wer möchte behaupten, daß er mit derselben mechanischen Notwendigkeit esse, mit der er verdaut?« Der Naturtrieb ist uns gegeben, als solcher ist er auch »keineswegs ein eigennütziger und tadelnswürdiger, sondern ihn zu befriedigen ist selbst Pflicht« (vgl. S. 213).

So wie die Freiheit bisher bestimmt wurde, bliebe sie inhaltlich, das heißt in dem, worauf sich unser Wollen jeweils richtet, allerdings ganz bestimmt von dem Naturtrieb. Fichtes Frage aber lautet, wie wir als intelligente Wesen etwas wirken können, was die Natur von sich aus niemals bewirkt hätte. Es geht also darum, unsere freien Handlungen zu erklären, insofern sie aus dem Naturtrieb nicht erklärbar sind. Wir können mit Hilfe des Naturtriebes zwar erklären, daß wir essen, wenn wir hungrig sind; was wir aber nicht erklären können, ist, daß wir um einer Überzeugung willen die Nahrungsaufnahme auch verweigern können. Es gibt im Ich nämlich einen ursprünglichen Trieb, sich seiner Freiheit bewußt zu werden, einen Trieb, sich ohne alle Beziehung auf den Naturtrieb, gegebenenfalls sogar gegen ihn, selbst zu bestimmen, bloß aufgrund vernünftiger Einsicht. Fichte nennt diesen Trieb den reinen Trieb, als solcher geht er auf die Freiheit um der Freiheit willen; darauf, sich seiner Selbständigkeit bewußt zu werden und danach zu handeln.

Das Sittliche ist nach Fichte dann ein gemischter Trieb, ein Drängen auf Handeln um der Freiheit willen unter Achtung der Rechte des Naturtriebes. Vom Naturtrieb hat der sittliche Trieb sein Materiales, das, worauf er sich richtet; vom reinen Trieb hat er die Form, ist absolut und selbstbestimmt wie dieser. Reiner Trieb und Naturtrieb begrenzen sich im sittlichen Trieb wechselseitig.

Freiheit entsteht nur durch eine besondere, auf die Erweckung von Vernunft und Freiheit gerichtete Handlung, die Reflexion auf einen Trieb. Indem wir uns des Triebes bewußt werden, sind wir frei. Nun wird verständlich, weshalb Fichte in der Trägheit zur Reflexion das »wahre, angeborene, in der menschlichen Natur selbst liegende radikale Übel« sieht (vgl. S. 214, 216). Wir sind, wenn wir nicht auf unseren Trieb reflektieren und uns so unserer Freiheit bewußt werden, selbst nicht mehr als bloß Natur. Wo nur der sinnliche Trieb herrscht, hat das wahrhaft menschliche Dasein noch gar nicht begonnen, hier ist der Mensch noch Tier. Er findet nicht die Kraft, sich aus seinem bloß sinnlichen Zustand loszureißen und aus klarer Reflexion und einem willentlichen Anfangen mit der geforderten Tat sittlich zu handeln. Damit aber verfehlt er sein ursprüngliches Wesen, nach dem er frei und unabhängig von der Natur sich selbst bestimmt, denn der Mensch ist »eigentlich nur der, zu dem er sich aus Freiheit macht«.

Die Trägheit zur Reflexion kann so weit gehen, daß das klare sittliche Bewußtsein schwindet und kein Gedanke an die Selbstbestimmung und das Gesetz mehr bleibt. Dann handeln wir entweder nach der »Maxime des Eigennutzes« oder nach dem »blinden Trieb, unseren gesetzlosen Willen überall herrschend zu machen«. Setzt sich der Mensch nur die Maxime der eigenen Glückseligkeit zur Richtschnur seines Handelns, ist er nicht mehr als ein verständiges Tier, das die jeweils besten Mittel zur Befriedigung seiner Bedürfnisse bestimmt. Gehorcht er bloß dem »blinden Trieb zur Selbsttätigkeit«, so führt das zu einer unbeschränkten und gesetzlosen Oberherrschaft über alles außer ihm. Aus der Trägheit entspringen dann auch die anderen Grundübel. Zunächst die Feigheit, die nichts anderes ist als die Trägheit, anderen gegenüber unsere Freiheit und Selbständigkeit zu behaupten, sei es nun, daß wir vor der körperlichen Anstrengung des Widerstandes oder vor der geistigen Anstrengung des Selbstdenkens zurückschrecken. Und aus der Feigheit geht die Falschheit hervor, zu der der Feige greift, um sich in seiner Unterwerfung durch List und Betrug einen Rest von Selbständigkeit zu bewahren. »Nur der Feige ist falsch. Der Mutige lügt nicht« (vgl. S. 218).

Fichte zeichnet das Bild des gewöhnlichen Menschen, der in den Banden seiner sinnlichen Natur gefesselt ist und sich aus eigener Kraft, da ihm das Bewußtsein derselben fehlt, nicht zu befreien vermag. Allein der außergewöhnliche Mensch in seiner tyrannischen Herrschaft über alles außer ihm weist uns, insofern wir sein Verhalten als unmoralisch empfinden, darauf hin, daß erst in der sittlichen Freiheit, die auch immer die Anerkennung der Freiheit des anderen bedeutet, unsere eigentliche Bestimmung als vernünftige Wesen liegt.

Wie aber, so müssen wir fragen, kommt uns unser Freiheitsvermögen zuallererst zu Bewußtsein? Woher kommt der Anstoß, uns unserer Fähigkeit zur Selbstbestimmung zu bedienen? Nicht aus eigener Kraft, vielmehr müssen wir dazu aufgefordert werden, lautet die Antwort (vgl. S. 220). Der Mensch bedarf, um zu einem vernünftigen, der Selbstbestimmung fähigen Wesen zu werden, immer eines anderen Menschen, immer der Erziehung und Anerkennung. Das aber setzt ein vernünftiges Wesen außer mir voraus. Mein Trieb nach Selbständigkeit kann sonach schlechthin nicht darauf ausgehen, die Bedingung seiner eigenen Möglichkeit, die Freiheit des anderen, zu vernichten.

In der Selbständigkeit des anderen achte ich meine eigene Bestimmung, denn Selbständigkeit ist unser gemeinsamer Zweck, insofern wir Vernunftwesen sind und uns als solche erkennen. Wahres sittliches Bewußtsein kann also nur in der Gemeinschaft entstehen und bedarf der Gemeinschaft zu seiner Ausübung. Die Anerkennung der Gemeinschaft in ihrem sittlichen Wert ist für Fichte von besonderer Bedeutung. Sie ist die Voraussetzung für die Existenz des Menschen als eines freien sittlichen Wesens. Hier unterscheidet sich Fichtes Auffassung von der Kants. Kant geht es in seiner Tugendlehre nur um den einzelnen, und daher bleibt für ihn die einzige Gemeinschaftsform die freie Vereinigung der einzelnen in der Freundschaft.

Fichtes Sittenlehre ist ein Versuch, der formalen Ethik Kants eine inhaltliche Bestimmung zu geben. Die ganze Schwierigkeit konzentriert sich dabei auf den Begriff des Triebes. In ihm, durch den die sittliche Handlung erst ihren konkreten Inhalt bekommt, soll so Verschiedenes wie die Notwendigkeit der Natur und die völlig unabhängige Selbstbestimmung des Menschen enthalten und wirksam sein. Eine formale Sittenlehre kann nach Fichte das Verhältnis zwischen den beiden Trieben nur so auffassen, daß der Naturtrieb durch den reinen Trieb unterdrückt oder von ihm ignoriert wird. Hier entsteht zwangsläufig eine Sittenlehre der »fortdauernden Selbstverleugnung«. Sie hat der Natur gegenüber einen bloß negativen, abwehrenden Charakter. So besteht für Kant das radikal Böse in dem Hang des Menschen, sich seine natürlichen Begierden und Neigungen zum letzten Bestimmungsgrund seines Handelns zu machen, denn damit setzt sich der Mensch in Widerspruch zum moralischen Gesetz, obwohl er sich des Gesetzes bewußt ist.

Für Fichte besteht die Aufgabe der Sittenlehre darin, der Freiheit selbst eine positive Bestimmung zu geben. Seine Lehre von den verschiedenen Erscheinungsformen des Triebes stellt den Versuch zur Lösung dieser Aufgabe dar. Freiheit und Natur sollen über ihr bloßes Gegenüber hinaus in eine Beziehung zueinander treten. Die natürlichen Neigungen sollen als Bestandteil sittlichen Handelns dargestellt werden, dem Sittlichen auf diese Weise konkreter Inhalt verschafft werden.

Johann Gottlieb Fichte:
Das System der Sittenlehre
§ 16, Ursache des Bösen

Anhang

Um die Lehre von der Freiheit in das hellste Licht zu setzen, und den Fatalismus bis in seine äußersten Schlupfwinkel zu verfolgen, nehmen wir noch besondere Rücksicht auf Kants Behauptung *von einem radikalen Bösen* im Menschen.

Wir haben das Böse im Menschen so erklärt. Zum Bewußtsein seiner selbst kommen muß jeder, wenn er ein Mensch soll genannt werden können. Dazu gehört nichts weiter, als daß er der Freiheit in der Wahl seiner Handlungen sich bewußt werde. Dieses Bewußtsein tritt schon dadurch ein, daß er unter dem Mannigfaltigen, welches der bloße Naturtrieb von ihm fordert, eine Auswahl treffen lernt. Er wird dann dunkel, oder wenn er mehr Verstand und Nachdenken erhält, deutlich nach *der Maxime des Eigennutzes* handeln; und insofern kann man ihm mit *Reinhold* einen eigennützigen Trieb, den er selbst aber erst durch die frei gewählte Maxime eigennützig gemacht hat, beilegen; denn der bloße Naturtrieb ist keineswegs ein eigennütziger oder tadelswürdiger, sondern ihn zu befriedigen ist selbst Pflicht, wie wir zu seiner Zeit sehen werden. Auf dieser Stufe wird er nun leicht beharren, da nichts ihn weiter treibt, und gar keine Notwendigkeit obwaltet, daß er auf seine höheren Anlagen reflektiere.

– Karl L. Reinhold (1758–1827) war der Vorgänger Fichtes auf dem Lehrstuhl für Philosophie in Jena. Zuerst Kantianer, versuchte er mit seiner Elementarphilosophie Philosophie als Wissenschaft zu begründen. Fichte nimmt hier Bezug auf Reinholds Schrift »Versuch einer neuen Theorie des menschlichen Vorstellungsvermögens«.

Hätten wir bloß gesagt: auf dieser Stufe *kann* der Mensch beharren, wenn er will, so hätte es damit kein weiteres Bedenken. Wir hätten eine bloß problematische Behauptung aufgestellt. Aber wie kommen wir zu der kategorischen, und positiven: es ist zwar nicht notwendig, aber es ist zu erwarten, daß er darauf bleibe? Was behaupten wir denn da eigentlich, und welches ist das *Positive*, das wir unvermerkt voraussetzen?

Dies ist's, was wir voraussetzen: der Mensch werde nichts tun, das nicht schlechthin notwendig sei, und das er nicht, durch sein Wesen gedrungen, tun *müsse*. Wir setzen sonach eine ursprüngliche Trägheit zur Reflexion, und, was daraus folgt, zum Handeln nach dieser Reflexion voraus. – Dies wäre sonach ein wahres positives radikales Übel; nicht etwas nur Negatives, wie es bisher den Anschein gehabt hat. So mußte es denn auch sein. Wir müssen ein Positives haben, um nur das Negative erklären zu können.

Und was berechtigt uns zu einer solchen Voraussetzung? Ist es bloß die Erfahrung? *Kant* scheint dies anzunehmen; ohnerachtet er übrigens dasselbe folgert, was wir sogleich folgern werden. Aber die bloße Erfahrung würde uns nicht zu einer so allgemeinen Voraussetzung berechtigen. Es muß sonach wohl einen Vernunftgrund für jene Behauptung geben, der nur nicht etwa Notwendigkeit erzeuge, indem dadurch die Freiheit aufgehoben würde, sondern nur jene Allgemeinheit der Erfahrung erklärbar mache.

Der Natur überhaupt, als solcher, ist eine Kraft der Trägheit *(vis inertiae)* zuzuschreiben. Es geht dies aus dem Begriffe der Wirksamkeit eines freien Wesens hervor, die notwendig in die Zeit fallen muß, wenn sie wahrnehmbar sein soll, und dies nicht könnte, wenn sie nicht gesetzt würde, als durch die Objekte aufgehalten. Zwar scheint der Begriff einer Kraft der Trägheit widersprechend, aber er ist nichtsdestoweniger reell; es kommt nur darauf an, daß wir ihn richtig fassen. – Die Natur, als solche, als Nicht-Ich, und Objekt überhaupt, hat nur Ruhe, nur Sein: sie ist, was sie ist, und insofern ist ihr gar keine tätige Kraft zuzuschreiben. Aber sie hat eben, um zu bestehen, ein Quantum Tendenz oder Kraft zu *bleiben*, was sie ist. Hätte sie diese nicht, so bestünde sie keinen Augenblick in ihrer Gestalt, würde unaufhörlich verwandelt, hätte sonach eigentlich gar keine Gestalt, und wäre nicht, was sie ist. Wird nun durch eine entgegengesetzte Kraft eingewirkt auf sie, so wird sie notwendig mit aller Kraft, die sie hat, zu bleiben was sie ist, widerstehen; und jetzt erst wird durch Beziehung auf die entgegengesetzte Tätigkeit selbst Tätigkeit, was vorher nur Trägheit war; beide Begriffe sind synthetisch vereinigt, und dies soll eben *eine Kraft der Trägheit* bedeuten.

Wir selbst sind auf dem angezeigten Gesichtspunkte nichts mehr als *Natur*. Unsere Kräfte sind Kräfte der Natur; und ob es gleich die Freiheit ist, die sie belebt, indem die Kausalität der Natur mit dem Triebe zu Ende ging, so ist doch die Richtung absolut keine andere, als diejenige, welche die Natur, ihr selbst überlassen, gleichfalls genommen haben würde. Ferner ist selbst dies, daß wir auf dem beschriebenen Reflexionspunkte stehen, da es ja notwendig ist, gleichfalls zu betrachten, als Folge des Mechanismus. Wir sind also in jeder Betrachtung Natur. Was aber der ganzen Natur zukommt, muß auch dem Menschen, inwiefern er Natur ist, zukommen; das Widerstreben aus seinem Zustande herauszugehen, die Tendenz in dem gewohnten Geleise zu verbleiben.

(So allein läßt sich eine allgemeine Erscheinung in der Menschheit erklären, die über alles menschliche Handeln sich erstreckt; *die Möglichkeit der Angewöhnung*, und der Hang, bei dem Gewohnten zu bleiben. Jeder Mensch, selbst der kräftigste und tätigste, hat seinen Schlendrian, wenn man uns erlaubt, uns dieses niedrigen, aber sehr bezeichnenden Ausdrukkes zu bedienen; und wird lebenslänglich gegen ihn zu kämpfen haben. Dies ist die Kraft der Trägheit unserer Natur. Selbst die Regelmäßigkeit, und Ordnung der meisten Menschen ist nichts anderes, als jener Hang zur Ruhe, und zum Gewohnten. Es kostet stets Mühe sich loszureißen. Gelingt es auch einmal, und dauert die erhaltene Erschütterung in einigen Nachklängen fort, so verfällt doch der Mensch, sobald er aufhört über sich selbst zu wachen, gar bald wieder in die gewohnte Trägheit zurück.)

Man denke sich den Menschen in dem beschriebenen Zustande. Da er überhaupt seinem ursprünglichen Wesen nach, wenngleich nicht in der Wirklichkeit, frei ist, und unabhängig von der Natur, so soll er immer aus diesem Zustande sich losreißen; und *kann* es auch, wenn man ihn als absolut frei betrachtet: aber ehe er durch Freiheit sich losreißen kann, muß er erst frei sein. Nun ist es gerade seine Freiheit selbst, welche gefesselt ist; die Kraft, durch die er sich helfen soll, ist gegen ihn im Bunde. Es ist da gar kein Gleichgewicht errichtet; sondern es ist ein Gewicht seiner Natur da, das ihn hält, und gar kein Gegengewicht des Sittengesetzes. Nun ist zwar wahr, daß er absolut in die andere Waagschale treten, und jenen Streit entscheiden *soll*; es ist wahr, daß er auch wirklich Kraft in sich hat, ins unendliche sich soviel Gewicht zu geben, als nötig ist, um seine Trägheit zu überwiegen: und daß er in jedem Augenblicke durch einen Druck auf sich selbst, durch den bloßen Willen, diese Kraft aus sich herausheben kann: aber wie soll er auch nur zu diesem Willen, und zu diesem ersten Drucke auf sich selbst kommen? Aus seinem Zustande geht ein solcher keineswegs hervor; sondern vielmehr das Gegenteil, das ihn hält und fesselt. Nun ist auch dies wahr, daß dieser erste Anstoß daraus nicht hervorgehen soll, noch kann, sondern absolut aus seiner Selbsttätigkeit. Aber wo ist denn in seinem *Zustande*, die Stelle, aus welcher er jene Kraft hervorbringen könnte? – Absolut nirgends. Sieht man die Sache natürlich an, so ist es schlechthin unmöglich, daß der Mensch sich selbst helfe; so kann er gar nicht besser werden. Nur ein Wunder, das er aber selbst zu tun hätte, könnte ihn retten. (Diejenigen sonach, welche ein *servum arbitrium* behaupteten, und den Menschen als einen Stock und Klotz charakterisierten, der durch eigne Kraft sich nicht aus der Stelle bewegen könnte, sondern durch eine höhere Kraft angeregt werden müßte, hatten vollkommen recht, und waren konsequent, wenn sie vom *natürlichen Menschen* redeten, wie sie denn taten.)

Trägheit sonach, die durch lange Gewohnheit sich selbst ins unendliche reproduziert, und bald gänzliches Unvermögen zum Guten wird, ist das wahre, angeborene, in der menschlichen Natur selbst liegende radikale Übel: welches sich aus derselben auch gar wohl erklären läßt. Der Mensch ist von Natur *faul*, sagt Kant sehr richtig.

Aus dieser Trägheit entspringt zunächst *Feigheit*; das zweite Grundlaster der Menschen. Feigheit ist die *Trägheit, in der Wechselwirkung mit anderen unsere Freiheit und Selbständigkeit* zu behaupten. Jeder hat Mut genug gegen denjenigen, von dessen Schwäche er schon entschieden überzeugt ist; hat er aber diese Überzeugung nicht, bekommt er mit einem zu tun, in welchem er mehr Stärke – sie sei, von welcher Art sie wolle – vermutet, als in sich selbst, so erschrickt er vor der Kraftanwendung, der es bedürfen werde, seine Selbständigkeit zu behaupten, und gibt nach. – Nur so ist die Sklaverei unter den Menschen, die physische sowohl als die moralische, zu erklären; die Untertänigkeit und die Nachbeterei. Ich erschrecke vor der körperlichen Anstrengung des Widerstandes, und unterwerfe meinen Leib; ich erschrecke vor der Mühe des Selbstdenkens, die mir jemand durch Anmutung kühner und verwickelter Behauptungen anträgt, und glaube lieber seiner Autorität, um nur schnell seiner Anforderungen mich zu entledigen. (Es gibt immer Menschen, die da herrschen wollen; den Grund davon haben wir oben gesehen. Diese sind die wenigeren und die stärkeren. Sie haben einen rüstigen und kühnen Charakter. Wie kommt es doch, daß die einzelnen, die vereint stärker sein würden, sich jenen unterwerfen? So geht es zu. Die Mühe, die ihnen der Widerstand machen würde, fällt ihnen schmerzhafter, als die Sklaverei, der sie sich unterwerfen, und in der sie es auszuhalten, hoffen. Die mindeste Kraftäußerung ist dem gewöhnlichen Menschen weit schmerzhafter, als tausendfaches Leiden, und er mag lieber alles erdulden, als einmal handeln. Bei jenem bleibt er doch in Ruhe, und gewöhnt sich daran. So tröstete jener Matrose sich lieber mit der Hoffnung, daß er es in der Hölle werde aushalten können, als daß er in diesem Leben sich gebessert hätte. Dort sollte er nur leiden; hier hätte er tun müssen.)

Der Feige tröstet bei dieser Unterwerfung, die ihm doch nicht von Herzen geht, sich besonders der List und des Betrugs;

denn das dritte Grundlaster der Menschen, das aus der Feigheit natürlich entsteht, ist die *Falschheit*. Der Mensch kann seine Selbstheit nicht so ganz verleugnen, und einem anderen aufopfern wie er wohl etwa vorgibt, um der Mühe, sie im offenen Kampfe zu verteidigen, überhoben zu sein. Er sagt dies daher nur so, um sich seine Gelegenheit besser zu ersehen, und seinen Unterdrücker dann zu bekämpfen, wenn die Aufmerksamkeit desselben nicht mehr auf ihn gerichtet sein wird. Alle Falschheit, alles Lügen, alle Tücke und Hinterlist kommt daher, weil es Unterdrücker gibt; und jeder, der andere unterjocht, muß sich darauf gefaßt halten. – Nur der Feige ist falsch. Der Mutige lügt nicht, und ist nicht falsch: aus Stolz und Charakterstärke, wenn es nicht aus Tugend ist.

Dies ist das Bild des gewöhnlichen natürlichen Menschen. Des *gewöhnlichen* sage ich; denn der außergewöhnliche, und von der Natur vorzüglich begünstigte hat einen rüstigen Charakter, ohne in moralischer Rücksicht im mindesten besser zu sein, er ist weder träge, noch feig, noch falsch, aber er tritt übermütig alles um sich herum nieder, und wird Herr, und Unterdrücker derer, die gerne Sklaven sind.

Diese Schilderung mag häßlich und widerlich scheinen. Nur erhebe man dabei nicht das übliche Seufzen, oder Schmähen, über die Unvollkommenheit der menschlichen Natur. – Gerade, daß diese Züge euch als häßlich erscheinen, beweist den Adel und die Erhabenheit der Menschheit. Findet ihr es denn ebenso häßlich, daß das stärkere Tier das schwächere frißt, und das schwächere das stärkere überlistet? Ohne Zweifel nicht; ihr findet dieses natürlich, und in der Ordnung. Bei dem Menschen findet ihr es nur darum anders, weil es euch gar nicht möglich ist, denselben als ein bloßes Naturprodukt zu betrachten, sondern ihr genötigt seid, ihn als ein über alle Natur erhabenes, freies, und übersinnliches Wesen zu denken. Selbst, daß der Mensch des Lasters sich fähig findet, zeigt, daß er zur Tugend bestimmt ist. – Dann, was wäre die Tugend, wenn sie nicht tätig errungenes Produkt unserer eignen Freiheit, nicht Erhebung in eine ganz andere Ordnung der Dinge wäre? – Endlich, wer kann nach der *hier gegebenen Begründung dieser Züge* denken, daß dieselben, bloß für die *menschliche* Gattung gelten, daß sie nur dieser als etwas Fremdartiges durch einen feindseligen Dämon angeworfen worden, und daß irgendein anderes *endliches* Vernunftwesen anders sein könnte. Sie gehen ja nicht aus einer besonderen Beschaffenheit unserer Natur, sondern aus dem Begriffe der Endlichkeit überhaupt hervor. Mag man sich doch Cherubinen und Seraphinen denken; sie können wohl den weiteren Bestimmungen, keineswegs aber den Grundzügen nach anders gedacht werden, als der Mensch. Der Heilige ist nur Einer; und alles Geschöpf ist von Natur notwendig unheilig und unrein, und kann nur durch eigne Freiheit sich zur Moralität erheben.

Wie soll nun bei dieser eingewurzelten Trägheit, welche gerade die einzige Kraft lähmt, durch die der Mensch sich helfen soll, ihm geholfen werden? – Was fehlt ihm denn eigentlich. Nicht die Kraft? diese hat er wohl, aber das Bewußtsein derselben, und der Antrieb sie zu gebrauchen. Dieser kann nicht von innen kommen, aus den angeführten Gründen. Soll er nicht durch ein Wunder entstehen, sondern auf natürlichem Wege, so muß er von außen kommen.

Er könnte ihm nur durch den Verstand kommen, und das gesamte theoretische Vermögen, welches allerdings gebildet werden kann. Das Individuum müßte sich selbst in seiner verächtlichen Gestalt erblicken, und Abscheu für sich empfinden: es müßte Muster erblicken, die ihn emporhöben, und ihm ein Bild zeigten, wie er sein sollte, ihm Achtung, und mit ihr die Lust einflößten, dieser Achtung sich selbst auch würdig zu machen. Einen anderen Weg der Bildung gibt es nicht. Dieser gibt das, was da fehlt, Bewußtsein und Antrieb. Die Besserung und Erhebung aber hängt immerfort, wie sich versteht, ab, von der eignen Freiheit; wer diese eigne Freiheit auch dann noch nicht braucht, dem ist nicht zu helfen.

Woher aber sollen nun diese äußeren Antriebe unter die Menschheit kommen. – Da es jedem Individuum, ohnerachtet seiner Trägheit, doch immer möglich bleibt, sich über sie zu erheben, so läßt sich füglich annehmen, daß unter der Menge der Menschen einige sich wirklich emporgehoben haben werden zur Moralität. Es wird notwendig ein Zweck dieser sein, auf ihre Mitmenschen einzuwirken, und auf die beschriebene Art auf sie einzuwirken.

So etwas nun ist die *positive Religion*; Veranstaltungen, die vorzügliche Menschen getroffen haben, um auf andere zur Entwicklung des moralischen Sinns zu wirken. Diese Veranstaltungen können wegen ihres Alters, wegen ihres allgemeinen Gebrauchs, und Nutzens etwa noch mit einer besonderen Autorität versehen sein: welche denen, die ihrer bedürfen, sehr nützlich sein mag. – Vorerst nur zur Erregung der Aufmerksamkeit: denn etwas anderes – Glauben auf Autorität und blinden Gehorsam, können sie nicht bezwecken, ohne die Menschen von Grund aus unmoralisch zu machen: wie oben gezeigt worden.

Bearbeitungsfragen:

1. Der Mensch muß, wenn er seiner eigentlichen Bestimmung, der, ein freies Wesen zu sein, gerecht werden will, zuallererst seiner Freiheit sich bewußt werden. Was ist damit gemeint?
2. In welcher Hinsicht sind wir, obwohl freie, vernünftige Wesen, Natur, und weshalb ist diese Natur Trieb?
3. Weshalb ist die Trägheit zur Reflexion ein »positives, radikales Übel«?
4. Weshalb ist es, wenn man den Menschen bloß als Naturwesen betrachtet, unmöglich, daß er seine Trägheit überwindet?
5. Welche Übel gehen aus der Trägheit des Menschen weiterhin hervor, und weshalb ist das so?
6. Weshalb beweist der Abscheu, den wir einem Tyrannen gegenüber empfinden, daß die eigentliche Bestimmung des Menschen die eines sittlichen Wesens ist?
7. Woher kommt der Anstoß, uns unserer Fähigkeit zur Selbstbestimmung zu bedienen, und was kann er bewirken?

III.4 Das Gewissen

a) Thomas von Aquin: Über die Wahrheit, quaestio 17

Das Denken des *Thomas von Aquin* (1224/25–1274) entfaltet sich als Auseinandersetzung eines christlichen Theologen mit der Philosophie der Antike, repräsentiert durch Aristoteles. Im Gegensatz zu Platon ist für Aristoteles die mit den Sinnen erfahrbare Realität nicht bloß ein Verweis auf eine zugrunde liegende, eigentliche Wirklichkeit der sogenannten »Ideen«, sondern die Wirklichkeit selbst. Thomas' Entscheidung für den Aristotelischen Ansatz und damit die Anerkennung der Wirklichkeit der Welt und der Bedeutung des Konkreten als Ausgangspunkt für alles Erkennen ist zugleich die Wurzel der Wende des Denkens im 13. Jahrhundert. Seine Entscheidung geschieht aufgrund einer theologischen Erwägung: dem Glauben an das Geschaffensein der Welt.

Die Ethik des Thomas ist jedoch nicht bloß eine Erneuerung der Aristotelischen Ethik. So ist die Gewissenslehre nicht auf einen ursprünglich Aristotelischen Gedanken zurückzuführen, der Begriff des Gewissens spielt vielmehr in der Stoa, einer einflußreichen philosophischen Schule der Spätantike, eine wichtige Rolle. Der vorchristliche Philosoph Seneca etwa kennt ein gutes oder schlechtes Gewissen und mißt der Bewahrung des guten Gewissens die höchste Bedeutung bei, denn das Gewissen ist »ein heiliger Geist in uns als Beobachter und Wächter unserer guten und schlechten Taten«.

Für Thomas ist das natürliche und letzte Ziel des Menschen die »beatitudo«, die Glückseligkeit. Auf dieses Ziel hin ist der Mensch schon immer bestimmt, er ist im Hinblick darauf determiniert. Aber gerade auf der Tatsache, daß er diesem Ziel nicht frei gegenübersteht, gründet seine Freiheit gegenüber den einzelnen Gütern dieser Welt. Man kann sich das vergleichsweise so vorstellen: Wenn wir einen Brief bei einer bestimmten Adresse abgeben sollen und nur die einzelnen Wegmarken auf dem Weg dorthin kennen, so können wir, fehlt uns nur eine dieser Wegmarken, das Ziel nicht erreichen. Kennen wir aber das Ziel, so sind wir frei in der Wahl unseres Weges.

Die Regel, das Gesetz menschlichen Handelns ist die Vernunft. Ihr kommt die Aufgabe zu, den Menschen auf sein Ziel hinzuordnen. Jedes Gesetz aber verlangt auch eine Vernunft, von der es gegeben ist. In diesem Sinne ist Gott der Gesetzgeber der ganzen Welt. Naturordnung wie sittliche Ordnung sind von seiner Vernunft geleitet, von dem ewigen Gesetz (lex aeterna) umfaßt. Die Teilhabe des Menschen als eines vernunftbegabten Wesens am ewigen Gesetz wird natürliches Gesetz (lex naturalis) genannt. Diese Teilhabe äußert sich sowohl in der Fähigkeit zu erkennen, was zu tun und was zu lassen ist, als auch in der Fähigkeit eines natürlichen, auf das höchste Ziel hingeordneten Strebens. Die Kriterien des sittlichen Handelns werden dabei aus der Einsicht in schlechthin erste Grundsätze abgeleitet, welche ihrerseits aus sich heraus einleuchtend sind und nicht von etwas anderem abgeleitet werden können. Der erste und allgemeinste Grundsatz, den die Vernunft erkennt und der damit auch das höchste Gebot des natürlichen Gesetzes ist, lautet: Das Gute ist zu tun, das Böse zu meiden. Alle anderen Gebote des natürlichen Gesetzes sind daraus abzuleiten. Die unmittelbare Einsichtigkeit des natürlichen Gesetzes beschränkt sich allerdings auf das höchste Prinzip. Für die daraus abgeleiteten Schlußfolgerungen besteht durchaus die Möglichkeit eines Irrtums. Thomas' Auffassung des natürlichen Gesetzes als eines Vernunftgesetzes, als Teilhabe am ewigen Gesetz der göttlichen Vernunft, ist auch für seine Lehre vom Gewissen maßgebend.

Es gibt bei Thomas zwei Begriffe, die beide bestimmte Aspekte des Begriffs »Gewissen« kennzeichnen. Vorläufig können wir »synderesis« als Urbewußtsein des Sittengesetzes, »conscientia« als Situationsgewissen bezeichnen. Die Synderesis ist ein Habitus, eine von Natur aus innegehabte Disposition auf erste Prinzipien. Sie besteht in der Erkenntnis der allgemeinsten sittlichen Grundsätze. Sie ist der Inbegriff des jedem moralischen Urteil unterliegenden und dem Bewußtsein natürlich eingepflanzten sittlichen Grundsatzes, der die Neigung zum Guten und die Abneigung gegenüber dem Bösen unmittelbar aufzeigt. Während die Synderesis im Grunde unauslöschbar ist, da die Seele jenes Licht, wodurch sie die ersten Prinzipien erkennt, von Natur aus in sich trägt und deshalb niemals verlieren kann, sind die einzelnen Äußerungen des Gewissens dem Wandel unterworfen.

Da allgemeine Erkenntnisse nicht unmittelbar angewendet werden können, bedarf es eines eigenen Aktes, eine allgemeine Regel der Synderesis auf einen konkreten Fall anzuwenden. Die einzelnen Gewissensäußerungen aber sind das Resultat der Tätigkeit der Conscientia. Mit dem Bewußtsein, etwas getan oder unterlassen zu haben, wird durch das Gewissen etwas bezeugt; mit dem Bewußtsein, etwas tun oder unterlassen zu sollen, entfaltet das Gewissen seine bindende und antreibende Kraft; mit dem Bewußtsein, gut oder schlecht gehandelt zu haben, spricht das Gewissen frei oder klagt an. Alle diese Funktionen sind durch Anwendung des Wissens der Synderesis auf unser Handeln bedingt und kennzeichnen das Gewissen als eine Tätigkeit.

Im Rückgriff auf die Lehre des Aristoteles stellt Thomas die Gewissensentscheidung in Form eines praktischen Syllogismus dar (vgl. S. 229). Der praktische Syllogismus ist ein logisches Schlußverfahren der folgenden Form: Alle Menschen sind sterblich; Sokrates ist ein Mensch; also ist Sokrates sterblich.

Der Obersatz wird im Gewissensspruch von der Synderesis dargeboten und besteht in einer grundlegenden sittlichen Erkenntnis, der Untersatz besteht im Urteil der Vernunft über einen singulären Fall, und der Schluß, der aus diesen beiden Sätzen gezogen wird, bedeutet die Gewissensentscheidung. Ist die Synderesis die primäre, so ist der Gewissensspruch die abgeleitete Regel des menschlichen Handelns.

Die Möglichkeit eines Irrtums besteht nach Thomas dabei ausschließlich im Gewissensakt. Die Einsicht der Synderesis selbst ist ein unmittelbares Erkennen der ersten Grundsätze und kann nicht irren. Das Gewissen aber kann in verschiedener Hinsicht einem Irrtum erliegen. Es kann falsche Voraussetzungen verwenden, d. h. es geht in seinem Urteil über einen konkreten Fall fehl, es hält etwas für »gesetzlich oder ungesetzlich, was es nicht ist« (vgl. S. 229). Es kann aber auch in der Anwendung fehlgehen, indem es ein richtiges Urteil auf einen nicht zugehörigen Fall anwendet. Nach Thomas' Überzeugung irrt dabei nur die Conscientia in ihrer Tätigkeit, nicht aber die Synderesis in ihrer Einsicht, denn »die Synderesis verhält sich zum Gewissen wie ein Funken zum Feuer« (vgl. S. 230). Erst der Gewissensspruch kann durch falsche Vorstellungen, Meinungen oder Neigungen beeinflußt werden, da er in seiner Hinwendung zu einem konkreten Fall kein reines Vernunfturteil mehr ist.

Der Gewissensspruch bleibt nun für uns nicht einfach eine uns äußerliche, bloß theoretische Einsicht. Das Gewissen richtet vielmehr eine Forderung an uns, es hat Verpflichtungscharakter (vgl. S. 231). Die bindende Kraft des Gewissens beruht auf einem Absoluten, dem ewigen Gesetz, das sich in ihm zu erkennen gibt. Wie nämlich ein Körper nur auf einen anderen einwirken kann, indem er ihn berührt, so setzt auch die bindende Kraft des Gewissens die Berührung mit dem ewigen Gesetz voraus, und diese Berührung wird durch die unmittelbare Einsicht der Synderesis in die ersten Grundsätze hergestellt (vgl. S. 233). Die verpflichtende Kraft des Gewissens ist also gleichsam das Sich-zur-Geltung-Bringen eines absoluten Gesichtspunktes in einem endlichen Wesen. Er zeigt sich in der allgemeinsten unmittelbaren Einsicht der Synderesis: Gutes ist zu tun, Böses zu meiden. Weil damit im einzelnen Menschen schon das Absolute gegenwärtig ist, sprechen wir von einer Würde des Menschen. Dieses Unbedingte im Empfinden einer absoluten Verpflichtung kann ohne den Bezug auf ein göttliches Gesetz theoretisch nicht mehr eingeholt werden. So schreibt die Dichterin Annette von Droste-Hülshoff über das Gewissen, das sie einen »uns eingepflanzten Kompaß« nennt: »Die Ehre nennt ihn, wer zur Erde blickt, und wer zum Himmel, nennt ihn das Gewissen.« Wenn auch die verpflichtende Kraft des Gewissens auf der Einsicht der Synderesis beruht, so zeigt sich diese erst in der Anwendung, dem Gewissensspruch, dem Menschen.

Da sich das Gewissen irren kann, stehen wir vor der Frage, ob der Spruch des Gewissens in jedem Fall, auch im Fall eines Irrtums, für uns verbindlich ist (vgl. S. 234). Die Antwort lautet: ja, insofern es in jedem Fall schlecht ist, sich dem Spruch des Gewissens zu widersetzen. Allerdings ist damit nicht schon gesagt, daß die Befolgung des Gewissensgebotes schon immer das Tun des Rechten wäre. Der Verpflichtungscharakter des Gewissens wird von Thomas negativ bestimmt: Es ist immer schlecht, sich dem Spruch des Gewissens zu widersetzen, aber es ist nicht schon immer das Richtige, ihm zu gehorchen. Da das Gewissen irren kann, ist es uns nicht im positiven Sinne in jeder Situation ein sicherer Führer, der uns zum richtigen Handeln bestimmt. Es gibt Gewissenstäter, die in der Überzeugung, ihrem Gewissen zu gehorchen, großen Schaden anrichten. Da wir aber dem irrenden Gewissen »um der Richtigkeit willen, die wir in ihm annehmen« (vgl. S. 236) gehorchen, ändert sich auch der Verpflichtungscharakter des Gewissens für den Fall eines Irrtums. Die Forderung des Gewissens bindet, wenn ein Irrtum vorliegt, nur so lange, bis dieser Irrtum beseitigt ist, also nur bedingt. Die uneingeschränkt bindende Kraft des Gewissens liegt ausschließlich in der Einsicht der Synderesis, die erst im richtig urteilenden Gewissen zum Ausdruck kommt.

Mit der Unterscheidung zwischen Synderesis und Conscientia wird Thomas sowohl dem absoluten Verpflichtungscharakter des Gewissens gerecht wie auch der Möglichkeit des Gewissensirrtums. Synderesis und Conscientia weisen aufeinander hin, fordern und ergänzen einander. Grundsätze sind bestimmt, zur Anwendung zu kommen, und die Ordnung, die dem Leben im einzelnen Fall zuteil wird, geht auf allgemeine erste Grundsätze zurück.

Thomas von Aquin: Über die Wahrheit
17. Frage

Das Gewissen*

1. Artikel
Ist das Gewissen eine Potenz, ein Habitus oder ein Akt?

»Manche sagen, es sei von Gewissen (Bewußtsein, conscientia) in dreifachem Sinn die Rede. Bisweilen nämlich nimmt man Bewußtsein für die Sache, deren man sich bewußt ist (pro ipsa re conscita), wie Glauben (fides) für die geglaubte Sache genommen wird (pro re credita); bisweilen für die Potenz, wodurch wir uns [einer Sache] bewußt sind; bisweilen für den Habitus; von manchen wird gesagt, daß es bisweilen auch für den Akt gebraucht werde.

– Als Habitus wird eine dauernde Disposition im Hinblick auf eine bestimmte Tätigkeit bezeichnet; Potenz ist das »Können« im Sinn der Möglichkeit, das am aktuellen Tun feststellbar ist; der Akt bestimmt dann das wirkliche Tun.

Und der Grund für diese Unterscheidung scheint der folgende zu sein: Da das Wissen ein Akt ist und im Hinblick auf den Akt (circa actum) Objekt, Potenz und Habitus und der Akt selbst betrachtet wird, findet man bisweilen einen Namen, der diese vier Dinge zugleich bezeichnet (quod ad ista quattuor aequivocatur); z. B. bezeichnet das Wort *intellectus* bisweilen die erkannte Sache (rem intellectam), wie man sagt, daß die Namen die Sachen bedeuten (nomina dicuntur significare intellectus); manchmal dagegen das Erkenntnisvermögen (ipsam intellectivam potentiam), manchmal einen Habitus, manchmal den

---

* Entsprechend der doppelten Art des Wissens, die unter dem Titel *conscientia* auf den folgenden Seiten entwickelt wird, ein rein konstatierendes und ein nach Recht und Unrecht beurteilendes, müssen im Deutschen jeweils verschiedene Termini gebraucht werden: *Bewußtsein* und *Gewissen*.

Akt. Bei solchen Bezeichnungen muß man jedoch dem Sprachgebrauch folgen, wie es im II. Buch der Topik (Kap. 1) heißt.

– An dieser wie an anderer Stelle weist Thomas auf Schriften des Aristoteles hin. Ebenso ist mit dem Philosophen, auf den er sich wiederholt bezieht, Aristoteles gemeint.

Dies nun scheint dem Sprachgebrauch angemessen, Gewissen bisweilen für die Sache zu nehmen, deren man sich bewußt ist, z. B. wenn man sagt: Ich werde dir mein Gewissen entdecken (Dicam tibi conscientiam meam), d. h. das, was in meinem Gewissen ist. Dagegen kann man eigentlich gesprochen, keiner Potenz und keinem Habitus diesen Namen beilegen, sondern nur dem Akt. Nur bei dieser Bezeichnungsweise stimmt alles überein, was vom Gewissen gesagt wird (in qua significatione sola concordant omnia quae de conscientia dicuntur).

Man muß nämlich wissen, daß ein- und derselbe Name nur dann einer Potenz sowie einem Habitus und Akt zuzukommen pflegt, wenn es der eigentliche Akt (actus... proprius) einer Potenz oder eines Habitus ist, wie das Sehen dem Sehvermögen eigentlich zugehört und das Wissen die aktuelle Betätigung des habituellen Wissens ist (scire in actu habitus scientiae); darum nennt das Sehen (visus) bisweilen die Potenz und bisweilen den Akt; und das Wissen (scientiae) ebenso. Wenn es sich aber um einen Akt handelt, der mehreren oder allen Habitus oder Potenzen zukommt, dann pflegt kein Vermögen oder Habitus mit einem solchen Aktnamen bezeichnet zu werden. So ist es offenbar mit dem Wort *Gebrauch* (usus); es bezeichnet nämlich die Betätigung (actum) jedes beliebigen Habitus oder Vermögens; denn gebraucht wird das, was in Tätigkeit ist (usus... est illius cuius est actus); so bezeichnet dieses Wort *Gebrauch* den Akt, ohne je Potenz oder Habitus zu bezeichnen. Und ähnlich scheint es mit dem Gewissen zu sein. Denn das Wort *Gewissen* bezeichnet die Anwendung des Wissens auf etwas; darum bedeutet *conscire* soviel wie *zugleich wissen* (quasi simul scire). Es kann aber jedes beliebige Wissen auf etwas angewendet werden; darum kann das Gewissen keinen speziellen Habitus und keine spezielle Potenz bezeichnen; sondern es bezeichnet eben den Akt, der die Anwendung irgend eines Habitus oder eines Wissens (notitiae) auf einen besonderen Akt (actum particularem) ist. Es gibt aber eine doppelte Anwendung eines Wissens auf einen Akt: einmal, sofern man erwägt, ob ein Akt ist oder gewesen ist; dann, sofern man erwägt, ob der Akt recht ist (rectus) oder nicht. Und im Hinblick auf die erste Art der Anwendung heißt es, wir hätten ein Bewußtsein von einem Akt, sofern wir wissen, daß jener Akt vollzogen worden ist oder nicht; wie es gemeiner Sprachgebrauch ist zu sagen: Das ist nicht mit meinem Bewußtsein geschehen, d. h. ich weiß nicht oder wußte nicht, ob es geschehen sei; und diesem Sprachgebrauch gemäß ist die Stelle (Gen. 43,22) zu verstehen: ›Es ist uns nicht bewußt (non est in conscientiis nostris), wer das Geld in unsere Taschen getan hat‹; und Eccl. 7,23: ›Dein Bewußtsein weiß es, daß du oft andern geflucht hast‹; und demgemäß heißt es, das Bewußtsein bezeuge etwas; Röm. 9, 1: ›Da mein Bewußtsein mir Zeugnis gibt.‹ Hinsichtlich der zweiten Art der Anwendung, wonach ein Wissen auf einen Akt angewendet wird, um zu erkennen, ob der Akt recht sei oder nicht, gibt es zwei Wege. Einen, sofern wir durch habituelles Wissen dahin geführt werden, etwas zu tun oder nicht zu tun. Dann, sofern der Akt, nachdem er vollzogen ist, an dem habituellen Wissen gemessen wird, ob er recht oder nicht recht sei. Und diese beiden Wege auf praktischem Gebiet (in operativis) unterscheidet man entsprechend den beiden Wegen, die es auf theoretischem Gebiet (in speculativis) gibt, dem Weg des Entdeckens und des Urteilens (viam inveniendi et iudicandi). Der Weg nämlich, auf dem wir durch das Wissen prüfen, was zu tun ist, gleichsam mit uns Rat haltend, gleicht dem Forschen, wodurch wir auf Grund der Prinzipien Folgesätze entdecken (... inventioni, per quam ex principiis investigamus conclusiones). Der Weg aber, auf dem wir das bereits Geschehene prüfen und erörtern, ob es recht sei, ist wie der Weg des Urteils, auf dem die Folgerungen auf die Prinzipien zurückgeführt werden. Gemäß beiden Arten der Anwendung aber brauchen wir den Namen *Gewissen* (Bewußtsein). Sofern nämlich das Wissen auf den Akt als ihn leitend, angewendet wird, sagen wir, das Gewissen treibe an oder bewege oder verpflichte (instigare vel inducere vel ligare); sofern aber das Wissen auf den Akt in der Art einer Prüfung des bereits Geschehenen angewendet wird, heißt es, das Gewissen klage an oder beiße, wenn das Geschehene nicht im Einklang mit dem Wissen gefunden wird, an dem man es mißt; es verteidige oder entschuldige, wenn man findet, daß das Geschehene gemäß der Form des Wissens vor sich gegangen sei.

Man muß aber wissen, daß bei der ersten Art der Anwendung, wobei das Wissen auf das Vollzogene angewendet wird, um zu erkennen, ob es geschehen sei, eine Anwendung auf einen besonderen Akt des sinnlichen Wissens (notitiae sensitivae) vorliegt, z. B. des Gedächtnisses, durch das wir uns des Geschehenen erinnern; oder des Spürens (sensus), womit wir diesen besonderen Akt, den wir jetzt vollziehen, wahrnehmen. Bei der zweiten und dritten Art der Anwendung, wobei wir mit uns beratschlagen, was zu tun sei, oder das bereits Geschehene prüfen, finden die praktischen Habitus der Vernunft (habitus rationis operativi) auf den Akt Anwendung, nämlich der Habitus der Synderesis und der Weisheit, worin die höhere Vernunft sich vollendet, und der Habitus des Wissens, worin die niedere Vernunft sich vollendet, mögen nun alle zugleich Anwendung finden oder nur einer von ihnen. An diesen Habitus nämlich prüfen wir, was wir tun, und im Hinblick auf sie halten wir Rat, was wir tun sollen. Eine Prüfung gibt es indessen nicht nur für Geschehenes, sondern auch für das, was erst geschehen soll; ein Beratschlagen aber nur über das, was geschehen soll.«

2. Artikel

Kann das Gewissen irren?

Nach dem vorausgehenden Artikel »ist das Gewissen nichts anderes als die Anwendung des Wissens auf einen besonderen Akt; bei dieser Anwendung kann es auf doppelte Weise zu einem Irrtum kommen; einmal, wenn das, was Anwendung findet, einen Irrtum in sich schließt; ferner auf Grund davon, daß die Anwendung nicht richtig vollzogen wird; so wie beim logischen Schlußverfahren auf doppelte Weise ein Fehlgriff vorkommen kann: entweder dadurch, daß man falsche Voraussetzungen benützt, oder dadurch, daß man nicht richtig folgert. Doch eine solche Benützung falscher Voraussetzungen ist auf der einen Seite möglich, auf der andern nicht. Denn, wie im vorausgehenden Artikel gesagt wurde, verwendet das Gewissen die Erkenntnisse (notitia), die aus der Synderesis und aus der höheren und niederen Vernunft stammen, zur Prüfung eines speziellen Aktes. Da aber der Akt ein besonderer ist und das Urteil der Synderesis nur als allgemeines besteht, kann das Urteil der Synderesis nur bei Hinzunahme eines partikulären Satzes Anwendung finden. Diese besondere Wahrheit (particularitatem) nun stellt bisweilen die höhere, bisweilen die niedere Vernunft zur Verfügung; und so vollendet sich das Gewissen gleichsam durch einen partikulären Schluß: wenn z. B. das Urteil der Synderesis lehrt, daß man nichts tun dürfe, was durch göttliches Gesetz verboten sei, und aus dem Wissen der höheren Vernunft hinzugenommen wird, der Verkehr mit der und der Frau sei durch göttliches Gesetz verboten, so vollzieht das Gewissen seine Anwendung mit dem Schluß, man müsse von diesem Verkehr abstehen. Im allgemeinen Urteil der Synderesis nun kommt (nach dem vorausgehenden Artikel) kein Irrtum vor; im Urteil der höheren Vernunft dagegen gibt es ein Fehlgreifen (peccatum); z. B. wenn jemand etwas für gesetzlich oder ungesetzlich hält, was es nicht ist, wie die Häretiker, die glauben, der Eid sei von Gott verboten. Und so kann ein Irrtum im Gewissen auf Grund der falschen Meinung, die in der höheren Vernunft vorhanden war, vorkommen. Und ebenso kann ein Irrtum im Gewissen auf Grund eines Irrtums im niederen Teil der Vernunft vorkommen; z. B. wenn jemand im Irrtum ist über die öffentlich gültigen Begriffe (civiles rationes) des Gerechten und Ungerechten, des Ehrenhaften und Unehrenhaften. Doch auch auf Grund davon, daß die Anwendung im Gewissen nicht auf die rechte Weise vollzogen wird, kann ein Irrtum vorkommen; denn wie beim logischen Schließen auf theoretischem Gebiet gelegentlich die gebührende Form der

Beweisführung außer acht gelassen wird und infolgedessen ein falsches Ergebnis gefolgert wird. So kommt es auch bei dem Syllogismus vor, der auf praktischem Gebiet erforderlich ist, wie gesagt wurde.

Man muß jedoch wissen, daß in gewissen Dingen das Gewissen niemals irren kann; wenn nämlich für jenen besonderen Akt, auf den das Gewissen angewendet wird, in der Synderesis ein allgemeines Urteil bereit liegt. Denn wie man sich auf theoretischem Gebiet nicht über die besonderen Schlußfolgerungen irrt, die unmittelbar unter den allgemeinen Prinzipien mit denselben Terminis aufgenommen werden (quae directe sub principiis universalibus assumuntur in eisdem terminis), wie sich etwa darin, daß dieses Ganze größer ist als ein Teil davon, niemand täuschen kann; ebensowenig darin: Jedes Ganze ist größer als ein Teil davon; so kann auch im Hinblick auf Sätze wie: Ich brauche Gott nicht zu lieben, oder: Ich soll etwas Böses tun, kein Gewissen irren; darum, weil bei beiden Urteilen, auf theoretischem wie auf praktischem Gebiet, sowohl der Oberbegriff durch sich selbst bekannt ist, da er in einem allgemeinen Urteil steht, als auch der Unterbegriff, da dasselbe von ihm im besonderen ausgesagt wird; z. B. wenn man sagt: Jedes Ganze ist größer als ein Teil davon; dies ist ein Ganzes; also ist es größer als ein Teil davon.«

Man kann nicht für das Gewissen Irrtumsfreiheit in Anspruch nehmen mit der Begründung, das Gewissen sei ein Wissen, das den Sinn des Wissens voll erfülle und nur noch etwas hinzufüge, die Anwendung nämlich; so könne es ebensowenig irren wie das Wissen selbst. Einmal kann eben die Anwendung Quelle eines Irrtums sein; ferner »nenne oder meine ich, wenn ich *Gewissen* sage, nicht nur das Wissen im strengen Sinn, wonach es nur auf Wahres bezogen ist, sondern in dem weiten Sinn von Wissen, wonach es für jede beliebige Kenntnis genommen wird und wonach wir von allem, wovon wir Kenntnis haben, nach allgemeinem Sprachgebrauch sagen, wir wüßten es (omne quod novimus, scire dicimus)«.

Die Synderesis verhält sich zum Gewissen wie ein Funken zum Feuer; dies Bild besagt: »Wie der Funken das Reinste am

Feuer ist und über das ganze Feuer hinausfliegt, so wird die Synderesis als das Höchste im Gewissen erfunden... Die Synderesis braucht sich aber nicht auch in allen andern Punkten zum Gewissen zu verhalten wie der Funken zum Feuer.« Es ist also nicht unbedingt für beide das gleiche Wirken anzunehmen. Außerdem »kommt auch beim materiellen Feuer, wegen der Vermischung mit fremder Materie, eine Bewegung vor, wie es für den Funken, seiner Reinheit wegen, nicht gibt; und so kann es auch für das Gewissen, weil es sich mit Sonderfällen bemengt, die gleichsam eine der Vernunft fremde Materie sind, einen Irrtum geben, wie er der Vernunft in ihrer Reinheit nicht begegnet.«

3. Artikel

Bindet das Gewissen?

Ohne Zweifel. »Um aber zu sehen, auf welche Weise es bindet, muß man wissen, daß *Bindung* (ligatio), in bildlicher Redeweise vom körperlichen Gebiet auf das geistige übertragen, die Auferlegung einer Notwendigkeit bedeutet. Denn wer gebunden ist, der ist genötigt, an dem Ort haltzumachen, wo er gebunden ist, und es ist ihm die Macht genommen, sich anderswohin zu wenden; daher ist es klar, daß die Bindung bei Dingen, die von sich aus notwendig sind, keine Stelle hat. So können wir nicht sagen, das Feuer habe die Verbindlichkeit, nach oben zu steigen, obwohl es notwendig nach oben steigen muß; sondern nur bei solchen notwendigen Dingen hat die Bindung eine Stelle, denen von anderswoher eine Notwendigkeit auferlegt wird.

Es gibt aber eine doppelte Notwendigkeit, die von einem andern Faktor (ab alio agente) auferlegt werden kann. Das eine ist die Notwendigkeit des Zwanges, wodurch jeder absolut notwendig das tun muß, wozu er durch die Wirkung des Faktors bestimmt ist; sonst wäre es kein Zwang (coactio) in eigentlichem Sinn, sondern vielmehr ein Hinführen (inductio). Die andere Notwendigkeit ist die bedingte, d. h. auf einem vorausgesetzten Ziel beruhende; so wird jemandem eine Notwendigkeit in der Form auferlegt: wenn er das nicht tue, werde er seinen Lohn nicht erhalten. Die erste Notwendigkeit nun, die des Zwangs, begegnet nicht bei Willensbewegungen, sondern nur bei Körperdingen, weil der Wille seiner Natur nach frei von Zwang ist. Die zweite Notwendigkeit kann dem Willen auferlegt werden, in der Form nämlich, daß man notwendig dies und das wählen muß, wenn man das und das Gut erlangen oder jenes Übel vermeiden will. Denn von einem Übel frei sein wird in solchen Dingen für dasselbe erachtet wie ein Gut besitzen (Ethik V, 1). Wie aber die Notwendigkeit des Zwanges den körperlichen Dingen durch ein Wirken (per aliquam actionem) auferlegt wird, so wird auch dem Willen die bedingte Notwendigkeit durch ein Wirken auferlegt. Das Wirken aber, wodurch der Wille bewegt wird, ist der Befehl eines Leiters und Lenkers. Darum sagt der Philosoph (Metaphysik V), der König sei das Prinzip der Bewegung in seinem Reich. So verhält sich auch der Befehl eines Leiters zur Bindung in freiwilligen Dingen nach Art der Bindung des Willens, die für den Willen möglich ist; so wie sich das körperliche Wirken zur Bindung der körperlichen Dinge mit der Notwendigkeit des Zwanges verhält. Das Wirken eines körperlichen Faktors aber führt eine Notwendigkeit in ein Ding immer nur durch eine zwingende Berührung mit dem Ding ein (per contactum coactionis ipsius ad rem), in dem er wirkt; so wird man durch den Befehl eines Königs oder Herrn nur verpflichtet, wenn der Befehl den erreicht (attingat), dem geboten wird; er erreicht ihn aber durch das Wissen. So wird keiner durch eine Vorschrift gebunden ohne Vermittlung durch ein Wissen um die Vorschrift; und so ist einer, der zu dem Wissen nicht fähig ist, durch die Vorschrift nicht gebunden; und auch der, der Gottes Gebot nicht kennt, ist nicht gebunden, das Gebot zu erfüllen, es sei denn dadurch, daß er gehalten ist, das Gebot zu kennen. Wenn er aber nicht gehalten ist zu wissen noch weiß, so ist er in keiner Weise durch die Vorschrift gebunden. Wie aber bei Körperdingen der körperliche Faktor nur durch Berührung wirkt, so bindet auf geistigem Gebiet die Vorschrift nur durch das Wissen; und wie es dieselbe Kraft (vis) ist, wodurch die Berührung wirkt und wodurch die Fähigkeit (virtus) des Wirkenden wirkt, so ist es auch dieselbe Kraft, wodurch die Vorschrift und wodurch das Gewissen bindet; da die Vorschrift nur durch die Kraft des Wissens bindet und das Wissen nur durch die Kraft des Gebotes. Da nun das Gewissen nichts anderes ist als die Anwendung des Wissens auf einen Akt, steht es fest, daß das Wissen durch die Kraft des göttlichen Gebotes bindet.«

Wenn das Gewissen ein Akt des Menschen ist, so bindet es doch nicht durch ein Gesetz, das er sich selbst gibt. »Der Mensch gibt sich nicht selbst ein Gesetz; sondern durch den Akt seiner Erkenntnis, womit er ein von jemand anderem gemachtes Gesetz erkennt, wird ihm die Verbindlichkeit auferlegt, das Gesetz zu erfüllen.«

Daß das Gewissen als Ratgeber fungieren kann, hebt seine bindende Kraft nicht auf: »Man spricht von Rat (consilium) in doppeltem Sinn. Bisweilen ist der Rat nichts anderes als die Tätigkeit der Vernunft, die zu ergründen sucht, was zu tun ist; und in diesem Sinn verhält sich der Rat zur Wahl wie der Syllogismus oder die Untersuchung (quaestio) zum Ergebnis (Ethik III 3). In diesem Sinne genommen ist der Rat nicht gegen das Gebot abzugrenzen (consilium non dividitur contra praeceptum); denn über das, was im Gebot steht, halten wir in diesem Sinne Rat; darum ist es möglich, daß jemand auf Grund eines solchen Rates verpflichtet wird. Rat in diesem Sinn nun findet sich im Gewissen im Hinblick auf die eine Art der Anwendung; wenn nämlich gefragt wird, was zu tun ist. Im andern Sinn spricht man von Rat als von einem Überreden oder Hinführen (persuasio vel inductio) zu einer Tat, das keine Zwangsgewalt hat; und in diesem Sinn wird der Rat gegen das Gebot abgegrenzt, z. B. freundschaftliche Ermahnungen; und auf Grund solchen Rates geht bisweilen das Gewissen vor. Es wird nämlich bisweilen das Bewußtsein von einem solchen Rat (conscientia huius consilii) auf einen besonderen Akt angewendet. Da aber das Gewissen nur kraft dessen bindet, was man im Gewissen trägt, so kann der Gewissensausspruch, der aus einem Rat [-halten] folgt, nicht in anderer Weise verpflichten als der Rat selbst; infolgedessen ist man verpflichtet, ihn nicht zu verachten, aber nicht ihm zu folgen.«

Daß eine Bindung immer nur von einem Höheren ausgehen kann, spricht nicht gegen eine Bindung seitens des Gewissens. Denn »wenn auch der Mensch nicht sich selbst überlegen ist, so ist ihm doch der, von dessen Gebot er weiß, überlegen; und so wird er auf Grund seines Gewissens gebunden«.

Es ist auch kein treffender Einwand: dasselbe, was binden könne, müsse auch lösen können. »Das irrende Gewissen reicht zum Lossprechen nicht aus, wenn es mit dem Irrtum selbst sündigt, z. B. wenn es im Irrtum ist über Dinge, die es wissen müßte. Wenn es aber im Irrtum ist über etwas, was es nicht zu wissen verpflichtet ist, dann wird man vom eigenen Gewissen freigesprochen; so offenbar, wenn sich jemand aus Unkenntnis einer Tatsache vergeht; etwa wenn er sich einer fremden Frau nähert, die er für seine eigene hält.«

4. Artikel

Bindet das irrende Gewissen?

Darüber gehen die Ansichten auseinander. »Manche sagen, das Gewissen könne sowohl in dem irren, was an sich schlecht sei, als in gleichgültigen Dingen. Bei dem, was an sich schlecht sei, binde das irrende Gewissen nicht, bei gleichgültigen Dingen aber binde es. Doch die so sagen, scheinen nicht zu wissen, was das heißt: das Gewissen binde. In dem Sinne nämlich heißt es, das Gewissen binde, daß jemand, der der Stimme des Gewissens nicht gehorcht, in Sünde verfällt; nicht aber in dem Sinne, als würde der, der ihr gehorcht, das Rechte tun. Sonst müßte man nämlich auch sagen, ein Rat verpflichte; denn der dem Rat folgt, tut das Rechte; es wird aber nicht gesagt, daß wir den Räten gegenüber verpflichtet seien, denn wer einen Rat außer acht läßt, sündigt nicht; den Geboten gegenüber aber sind wir verpflichtet, denn wenn wir die Gebote nicht halten, fallen wir in Sünde. Nicht darum also heißt es, daß das Gewissen zu etwas verpflichte, weil es, wenn es geschieht, auf Grund einer solchen Gewissenmahnung gut ist, sondern weil man in Sünde gerät, wenn es nicht geschieht.

Es scheint aber nicht möglich, der Sünde zu entgehen, wenn das Gewissen, es mag noch so irren, etwas als Gebot Gottes hinstellt, was gleichgültig oder an sich schlecht ist; und wenn man beschließt, das Gegenteil zu tun, während diese Gewissensmeinung fortbesteht. Soviel an einem ist nämlich, hat man eben auf Grund dessen den Willen, das Gesetz Gottes nicht zu beobachten; und so begeht man eine Todsünde. Obwohl nun eine solche irrige Gewissensmeinung abgelegt werden kann, so ist sie doch, solange sie besteht, verpflichtend; denn wer dagegen handelt, verfällt notwendig in Sünde. Das recht urteilende und das irrende Gewissen binden aber in verschiedener Weise; das recht urteilende bindet schlechthin und an sich, das irrende dagegen in bestimmter Hinsicht und akzidentell. Ich sage, das recht urteilende binde schlechthin, weil es absolut und für jeden Fall bindet. Denn wenn jemandem das Gewissen rät, einen Ehebruch zu meiden, so kann er diesen Gewissensrat nicht ohne Sünde abschütteln, denn eben damit, daß er sich irrend davon befreite, würde er schwer sündigen; solange er aber bestehen bleibt, kann man ihn nicht ohne Sünde im Handeln übergehen; also bindet es absolut und für jeden Fall. Das irrende Gewissen dagegen bindet nur in gewisser Hinsicht und bedingt. Der nämlich, dem das Gewissen sagt, er sei zu buhlerischem Verkehr verpflichtet, ist nur unter der Bedingung, daß eine solche Gewissensmeinung bestehen bleibt, in der Weise verpflichtet, daß er den Verkehr nicht ohne Sünde lassen kann. Diese Gewissensmeinung kann aber ohne Sünde beseitigt werden. Also verpflichtet ein solcher Gewissensrat nicht für jeden Fall; es kann ja etwas eintreten, nämlich die Beseitigung der Gewissensmeinung, wonach man nicht weiter gebunden ist. Was aber nur bedingt gilt, von dem sagt man, es gelte nur in gewisser Hinsicht. Ich sage ferner, das recht urteilende Gewissen binde an sich, das irrende nur akzidentell; das geht aus Folgendem hervor. Wer ein Ding um eines andern willen will oder liebt, liebt das, um dessentwillen er das andere liebt, an sich; was er aber des andern wegen liebt, akzidentell; wer z. B. den

Wein der Süßigkeit wegen liebt, der liebt die Süßigkeit an sich, den Wein dagegen akzidentell. Wer nun ein irrendes Gewissen hat, in dem Glauben, es urteile recht (andernfalls würde er nicht irren), hängt nicht dem irrenden Gewissen an um der Richtigkeit willen, die er in ihm annimmt; an sich gesprochen, hängt er dem richtig urteilenden Gewissen an, dem irrenden aber gleichsam akzidentell, sofern diese Gewissensmeinung, die er für richtig hält, eine irrige ist. Und so kommt es, daß man, an sich gesprochen, durch das richtig urteilende Gewissen gebunden wird, akzidentell aber durch das irrende. Und diese Lösung kann man aus den Worten des Philosophen im VII. Buch der Ethik entnehmen, wo er etwa dieselbe Frage behandelt, ob man nur den unmäßig nennen müsse, der sich von der richtig urteilenden Vernunft entferne, oder auch den, der der falsch urteilenden entgegenhandle. Und er löst es so, daß der Unmäßige an sich der richtig urteilenden Vernunft zuwiderhandle, akzidentell aber der falsch urteilenden; und der einen schlechthin, der andern in bestimmter Hinsicht; was an sich gilt, gilt schlechthin; was akzidentell gilt, in bestimmter Hinsicht.«

Bearbeitungsfragen:

1. Das Wort Gewissen (Conscientia) bezeichnet die Anwendung eines Habitus oder eines Wissens auf einen Akt. Was ist damit gemeint?
2. Die Synderesis wird als Habitus bezeichnet. Was ist damit gemeint, und weshalb kann sie nicht irren?
3. Wie haben wir uns den Akt einer aktuellen Gewissensentscheidung vorzustellen?
4. Inwiefern kann das Gewissen dabei irren?
5. Worauf beruht die bindende Kraft des Gewissens?
6. In welcher Weise sind wir verpflichtet, auch dem irrenden Gewissen zu gehorchen?
7. Ist es immer richtig, seinem Gewissen zu folgen?

b) Butler: Predigt II: Über die Natur des Menschen

Das Gewissen soll uns in den verschiedensten Situationen des Lebens eine Orientierung für das richtige Handeln, das Tun des Rechten sein. Es war der Glaube des Aufklärungszeitalters, daß allein vernünftiges Nachdenken, die Selbstgesetzgebung des Willens, ausreichen würde, uns zum Tun des Rechten anzuleiten. Bischof *Joseph Butler* (1692–1752), der eine der einflußreichsten Abhandlungen der englischen Ethik geschrieben hat, bestimmt jedoch ein wahrhaft gutes Leben nicht als ein vernunftbestimmtes Leben, sondern als ein Leben gemäß der menschlichen Natur. In seinem Hauptwerk, den »Fifteen Sermons Preached at the Rolls Chapel« (1726), erklärt Butler, daß wir, wenn wir über Moral nachdenken, nicht von abstrakten Beziehungen zwischen den Dingen, sondern von Tatsachen, eben von der Natur des Menschen auszugehen haben. Die zweite Predigt, in der es um die Natur des Menschen geht, bezieht sich auf den bedeutendsten Brief des Apostels Paulus, den Römerbrief, in welchem dieser sich an die römische Gemeinde, besonders aber an die Heiden Roms richtet.

Vom Gewissen zu reden bedeutet, von der Natur des Menschen zu reden. Das Gewissen ist selbst ein Teil der menschlichen Natur, und zwar jener Teil, durch den wir uns letzten Endes von den Tieren unterscheiden. Menschen können sich zu dem, was sie tun, verhalten, sie können wissen, warum sie das tun, was sie tun. Wir können uns die Folgen unserer Handlungen vor Augen halten und uns fragen, ob es richtig ist, das zu tun, was wir tun wollen. Wir sind imstande, uns von unseren Augenblicksinteressen unabhängig zu machen und uns die objektive Rangordnung der für unser Handeln relevanten Werte zu vergegenwärtigen. Im Gewissen macht sich diese objektive Rangordnung und die Forderung, ihr Rechnung zu tragen, unmittelbar als unser eigenes Wollen geltend. Das Gewissen ist eine Forderung von uns selbst an uns selbst. Indem ich einen anderen ungerecht schädige, schädige ich mich unmittelbar selbst; ich habe, wie es heißt, ein »schlechtes Gewissen«.

Sinnvolles Reden über das Gewissen ist nach Butler erst dann möglich, wenn zureichend geklärt ist, was unter der Natur des Menschen zu verstehen sei. Butler nennt die Natur des Menschen ein System. Das Gewissen ist das systemkonstituierende Prinzip. Als System ist die menschliche Natur ein Ganzes von Teilen, ihre Verfassung wird durch die Beziehungen, durch die die Teile einander zugeordnet sind, begründet. Die Teile sind allerdings nicht nur vereinigt, sondern einander nach bestimmten Ordnungsgesichtspunkten zugeordnet, die letztlich auf einen Zweck der menschlichen Natur als eines Ganzen hinweisen. So entsteht die Vorstellung einer Uhr nicht aufgrund der Kenntnis ihrer einzelnen, unabhängig voneinander betrachteten Teile. Ebensowenig gibt uns die bloße Vereinigung der Teile als solche einen Hinweis auf die Vorstellung des Gegenstandes, die wir suchen. Erst wenn wir einen Begriff von den Beziehungen der Teile untereinander bilden und sie im Hinblick auf den Zweck des Ganzen, die Zeitanzeige, betrachten, gewinnen wir eine angemessene Vorstellung des Gegenstandes. Die entscheidende Bedeutung kommt dabei den Beziehungen der Teile untereinander zu, da allein aufgrund dieser Relationen von einem System oder einer Verfassung der menschlichen Natur gesprochen werden kann.

Die wesentlichste Relation ist die Autorität, die dem Gewissen in seinem Verhältnis zu allen anderen Teilen der menschlichen Natur zukommt. Das Gewissen ist das Vermögen, das die verbundenen Teile zu einem Ganzen, einem System organisiert. Es ist damit das letzthin verbindende, höchste Ordnungsprinzip. Da die Verbindung von Teilen durch den die Verbindung bestimmenden Zweck zu einem Ganzen wird und das Gewissen durch Billigung oder Mißbilligung zeigt, welche Handlungen dem Zweck der menschlichen Natur als einem Ganzen gemäß sind, bringt es gegenüber den Teilen des Systems dessen Zweckbestimmtheit zur Geltung, und eben darauf gründet seine Autorität. Das bedeutet allerdings nicht, daß jede Äußerung des Gewissens auch schon hinreichende Motivationskraft hätte, das Tun des Rechten wirklich zu veranlassen. Die Autorität, die ihm zukommt, darf nicht mit Stärke verwechselt werden, sich anderen Antrieben gegenüber durchzusetzen. So sagt Butler vom Gewissen: »Hätte es Stärke, wie es Autorität besitzt, würde es die Welt regieren« (vgl. S. 249).

Das Interesse des Menschen an einer seiner Natur gemäßen Lebensführung ist andererseits das Anliegen des wohlverstandenen Eigeninteresses, der vernünftigen Selbstliebe (rational selflove). Sie fördert, wie Butler sagt, die Bereitschaft zu tugendhaftem Handeln. Der Gedanke, daß ein Handeln aus recht verstandener Selbstliebe nicht nur wünschenswert, sondern auch moralisch gerechtfertigt ist, legitimiert Selbstliebe als Handlungsprinzip und läßt sie zu einem Ko-Prinzip des Gewissens werden.

Dagegen steht die These, daß der Rekurs auf ein Eigeninteresse schon per se jeden Egoismus rechtfertige. Der Hinweis darauf, daß Handlungen aus Interesse erfolgen oder durch Selbstliebe motiviert sind, wird unter dieser Annahme als entlarvend empfunden. Es ist die Perspektive prinzipiellen Mißtrauens, die auch hinter der edelmütigsten Tat noch ein weiteres, weit weniger edelmütiges Motiv vermutet. Butler dagegen anerkennt die Bedeutung, die der Selbstliebe als einem moralisch gerechtfertigten, handlungsmotivierenden Prinzip zukommt. Er argumentiert unter der Voraussetzung, daß der Mensch von Natur ein Wesen ist, das nicht blindlings auf Selbstbehauptung und Expansion aus ist, sondern auf Verständigung mit seinesgleichen. Es ist dies eine Annahme, die auch Aristoteles voraussetzt, wenn er behauptet, daß der Mensch von Natur ein politisches Wesen sei, ein Wesen, das erst in der Polis seine Natur verwirklicht. Eine durch Selbstliebe motivierte Handlung veranlaßt Butler nicht zu der Vermutung, daß es sich um einen verborgenen egoistischen Impuls handle, der das eigentliche Motiv der Handlung sei; vielmehr fragt er, ob sie durch ein »wahres Interesse«, das wohlverstandene Eigeninteresse, verursacht sei. Wenn eine solche Frage sinnvoll sein soll, darf »Selbstliebe« nicht mit »Bedürfnis« verwechselt werden. Während Bedürfnisse unmittelbar und direkt auf das begehrte Objekt gerichtet sind, setzt Selbstliebe die Reflexion des Handelnden auf sich und sein Glück voraus. Selbstliebe, der an unserem wahrhaften Vorteil, an dem, was wir eigentlich wollen, gelegen ist, veranlaßt uns zu prüfen, ob die einzelnen Handlungen aufgrund verschiedener Interessen der Natur des Menschen entsprechen oder, wenn sie dieser Natur unangemessen sind, auch seinem Glück abträglich sind. Vernünftige Selbstliebe bewirkt also ein Abwägen der verschiedenen Interessen und Bedürfnisse des Menschen im Hinblick auf sein Glück, das Gelingen des Lebens.

Das Gewissen ist das Vermögen, Handlungen autoritativ zu billigen oder zu mißbilligen. Beide, Pflicht und wohlverstandenes Eigeninteresse, führen letztlich zu dem gleichen Ziel, denn Gewissen und vernünftige Selbstliebe sind die für die Sittlichkeit des Menschen konstitutiven Prinzipien. Ihre Übereinstimmung wird durch die Orientierung an dem, was der Natur des Menschen gemäß ist, gewährleistet. Handeln im Sinne des wohlverstandenen Eigeninteresses ist nur möglich, wenn die Befriedigung einzelner Interessen in Übereinstimmung mit der Verfassung der menschlichen Natur erfolgt. Der Maßstab für die Äußerungen des Gewissens ist ebenfalls die Natur des Menschen. Gewissen und vernünftige Selbstliebe sind gleichermaßen Bestimmungsweisen dessen, was der Natur des Menschen gemäß ist. Unterschiedlich ist lediglich die Weise der Bezugnahme.

Wenn die Natur des Menschen aber das Kriterium für die Orientierung des richtigen Handelns ist, kann Natur nicht als Gegenprinzip zum menschlichen Handeln verstanden werden, das es vernünftigerweise zu überwinden gilt, um freies und damit moralisches Handeln zu ermöglichen. Vielmehr ist Natur die Voraussetzung des Handelns; »es muß nämlich das, was einem Seienden von Natur und auf unveränderliche Weise zukommt, das Fundament und Prinzip alles anderen sein«, wie Thomas von Aquin sagt. Unsere Natur ist immer schon irgendwie strukturiert. Wir könnten gar nicht wissen, was es bedeutet, etwas zu wollen, wenn wir nicht schon von Natur aus auf etwas aus wären. Gäbe es dieses Auf-etwas-aus-Sein der Natur nicht, könnte man sinnvollerweise auch weder von ihr gemäßen noch von unangemessenen Handlungen sprechen. Man könnte beides überhaupt nicht unterscheiden. Wie Butler sagt, wären dann »Vatermord und Kindespflicht gleichermaßen natürlich« (vgl. S. 251).

Joseph Butler: Predigt II:
Über die Natur des Menschen (Römerbrief 2,14)

Denn wenn die Heiden, die das Gesetz nicht haben, von Natur tun, was im Gesetz enthalten ist, so sind sie, die das Gesetz nicht haben, sich selbst Gesetz.

Ebenso wie theoretische Wahrheit verschiedene Arten des Beweises zuläßt, können auch moralische Verpflichtungen auf verschiedene Weise gezeigt werden. Wenn die reale Natur irgendeines Geschöpfes ausschließlich oder vorwiegend auf diese und jene Ziele hin ausgerichtet ist, so ist dies ein Grund anzunehmen, daß der Schöpfer jener Natur sie zu eben diesen Zielen bestimmt hat. So besteht kein Zweifel, daß das Auge für uns zum Sehen bestimmt war. Je komplexer irgendeine Struktur ist, und je größer die Vielfalt der Teile, die entsprechend auf ein und dasselbe Ziel hin ausgerichtet sind, desto zwingender ist der Beweis, daß ein solches Ziel beabsichtigt war.

Wenn indessen auch die innere Natur des Menschen irgendwie als Führer der Moral gelten kann, so muß sich doch jeder davor hüten, die Eigenheiten seiner eigenen Veranlagung, oder etwas, das, obgleich häufig zu beobachten, doch letzten Endes nur Folge spezieller Sitten ist, zum Maßstab dessen zu machen, was der Art gemeinsam ist. Vor allem darf man den höchsten Beweggrund, dem die Ausrichtung und Berichtigung aller unserer inneren Antriebe und Affekte zukommt, nicht vergessen oder ausschließen. Dieser Beweggrund besitzt natürlich immer einigen Einfluß; er soll aber als das Höchste in der Natur, wie nun gezeigt werden wird, alles Übrige beherrschen und lenken. Die Schwierigkeit bei der Berücksichtigung der beiden genannten Vorsichtsmaßnahmen beruht auf dem Anschein einer gewissen Verschiedenartigkeit innerhalb der Menschheit hinsichtlich dieses Vermögens, also hinsichtlich ihres natürlichen Empfindens für das Gute und Böse; auch ist besondere Aufmerksamkeit erforderlich, um einigermaßen genau festzustellen, was sich in diesem Empfinden abspielt. Das alles hat zur Folge, daß es hinsichtlich des Standards der inneren Natur des Menschen nicht dieselbe Übereinstimmung gibt, wie hinsichtlich seiner äußeren Gestalt. Auch diese letztere ist zwar nicht genau bestimmt, dennoch verstehen wir einander, wenn wir von der Gestalt eines menschlichen Körpers sprechen: Das Gleiche aber gilt, wenn wir vom Herzen und von den inneren Beweggründen sprechen, wie weit auch der Standard davon entfernt sein mag, exakt bestimmt zu sein.

Deshalb ist der Versuch begründet, den Menschen ihr eigenes Wesen zu zeigen, ihnen zu zeigen, auf welche Lebensweise und welches Verhalten ihre wahre Natur hinweist und sie führen würde. Wenn also, durch eine Untersuchung der Natur des Menschen erwiesen, Tugendpflichten und Handlungsmotive verstärkt werden, so bedeutet das einen Appell an das Herz und das natürliche Gewissen jedes Einzelnen; ganz wie man an die äußeren Sinne appelliert, um die von ihnen erkennbaren Dinge zu beweisen. Da unsere inneren Empfindungen ebenso real sind wie die Wahrnehmungen, die wir durch unsere äußeren Sinne erhalten, ist der Schluß von den ersteren auf die richtige Führung des Lebens nicht fragwürdiger als der Schluß von den letzteren auf absolute, spekulative Wahrheit. Ein Mensch kann ebensowenig daran zweifeln, daß ihm seine Augen zum Sehen gegeben wurden, wie er an der Wahrheit der Wissenschaft der Optik zweifeln kann, die aus sichtbaren Experimenten folgert. Kann ein Mensch daran zweifeln, daß das Gefühl der Scham ihm gegeben wurde, um ihn davor zu bewahren, unanständig zu handeln, wie daran, daß ihm seine Augen gegeben wurden, um seine Schritte zu lenken? Was diese inneren Gefühle selbst betrifft – daß sie real sind, daß zur Natur des Menschen Leidenschaft und Affekte gehören, ist so wenig fraglich wie daß er äußere Sinne besitzt. Auch können die ersteren nicht völlig irreführend sein, obwohl sie in bestimmtem Maße größeren Fehlern ausgesetzt sind als die letzteren. Es kann kein Zweifel sein, daß bestimmte Neigungen oder Instinkte, bestimmte Beweggründe des menschlichen Herzens ihn zur Gesellschaft führen und zu deren Glück beitragen, und zwar auf eine Weise, wie ihn kein innerer Beweggrund zum Bösen führt. Diese Beweggründe, Neigungen oder Instinkte, welche ihn zum guten Handeln bewegen, werden von einem inneren Vermögen gutgeheißen, das von diesen Neigungen selbst durchaus verschieden ist.

Nun könnte man folgendes einwenden: Was bedeutet all das, auch wenn es stimmt, für Tugend und Religion? Diese verlangen, daß wir nicht nur dann anderen Gutes tun, wenn Wohlwollen oder Reflexion zufällig stärker sind in uns als andere Antriebe, Leidenschaften oder Neigungen, sondern daß der gesamte Charakter von Denken und Reflexion geformt sein sollte; daß jede Handlung durch eine bestimmte Regel, und zwar nicht die der Stärke oder das Übergewicht irgendeiner Leidenschaft, gelenkt werden solle. Welches Anzeichen aber gibt es in unserer Natur dafür, daß dies von ihrem Schöpfer beabsichtigt war? Oder inwiefern scheint so etwas Vielfältiges und Wankelmütiges wie der menschliche Charakter dafür überhaupt geeignet zu sein? Es mag für Menschen unnatürlich und absurd sein, ohne Reflexion zu handeln, ja sogar, ohne jene besondere Art der Reflexion, die man Gewissen nennt; denn das gehört unserer Natur. Ebenso wie jeder Mensch irgendeinen Ort, einen Plan oder ein Gebäude einem anderen vorzieht, so wird wohl jeder eine Handlung der Menschlichkeit eher als eine Handlung der Grausamkeit billigen, solange Interesse und Neigung aus dem Spiel bleiben. Aber Interesse und Neigung spielen eben herein, sind oft stärker als Reflexion und Gewissen und setzen sich gegen diese durch. Unvernünftige Tiere haben verschiedenartige

Instinkte, durch die sie auf den Zweck hin gerichtet werden, den der Schöpfer ihrer Natur für sie vorgesehen hat; ist der Mensch da nicht in derselben Lage, mit dem einzigen Unterschied, daß zu seinen Instinkten (d. h. Begierden und Leidenschaften) der Beweggrund der Reflexion oder des Gewissens hinzu kommt? Handelt nicht der Mensch – unvernünftige Tiere handeln gemäß ihrer Natur, indem sie jenem Beweggrund oder partikulären Instinkt folgen, der im Augenblick in ihnen am stärksten ist – in Übereinstimmung mit seiner Natur und gehorcht er nicht dem Gesetz seiner Schöpfung, indem er jenem Beweggrund, sei es nun Leidenschaft oder Gewissen, folgt, der im Augenblick in ihm am stärksten ist?

So werden verschiedene Menschen aufgrund ihrer besonderen Natur dazu getrieben, Ehre, Reichtum oder Vergnügen zu suchen; es gibt aber ebenso Menschen, deren Veranlagung sie in einem ungewöhnlichen Maße zu Wohlwollen, Mitleid und dazu treibt, ihren Mitmenschen Gutes zu tun, ebenso wie es andere gibt, die dazu veranlagt sind, ihr Urteil nicht zu übereilen, Dinge abzuwägen und zu überdenken und aufgrund von Verstand und Reflexion zu handeln. Laßt also ruhig jeden seiner Natur folgen, gleichgültig ob nun Leidenschaft, Reflexion oder Begierde, oder was auch immer am stärksten ist. Aber duldet nicht, daß der Tugendhafte den Ehrgeizigen, den Gierigen, den Zügellosen tadelt. Gehorchen doch diese, ebenso wie er, bloß ihrer Natur. So folgen wir in den Fällen, in denen wir nach dem Gesetz handeln, ebenso unserer Natur wie in den anderen, in denen wir das Gegenteil tun.

Dieses ganze ungebührliche Gerede beruht auf der Annahme, daß Menschen ihrer Natur in eben demselben Sinne folgen, wenn sie wissentlich die Regeln der Gerechtigkeit und Ehre um einer momentanen Befriedigung willen verletzen, wie sie es tun, wenn sie diesen Regeln folgen, solange sie keiner entgegengesetzten Versuchung ausgesetzt sind. Wenn es so wäre, dann wären die Menschen nicht, wie der Hl. Paulus versichert, von Natur aus sich selbst Gesetz. Wenn der Natur zu folgen bloß bedeuten würde, zu handeln, wie es uns gefällt, wäre es in der Tat lächerlich, die Natur als Richtlinie in Fragen der Moral heranzuziehen, es wäre sogar absurd, überhaupt von einer »Abweichung von der Natur« zu sprechen. Und wenn man davon spricht, daß man der Natur folgt, so hätte man überhaupt nichts Bestimmtes gesagt. Denn jeder handelt ja einfach, wie es ihm gefällt. Das ist alles.

Und dennoch sagen die Alten, von der Natur abzuweichen sei ein Laster, und in deutlichem Unterschied dazu, ihr zu folgen sei die Vollendung der Tugend. So sollte schon die Sprache selbst den Menschen einen anderen Sinn der Worte »*der Natur folgen*« lehren, als bloß »handeln wie es einem gefällt«.

Der Einwand wird entkräftet und unser Text erklärt, wenn wir darauf achten, daß »*Natur*« unter verschiedenen Gesichtspunkten betrachtet wird und die Worte in verschiedener Bedeutung gebraucht werden. Welcher Aspekt gemeint und in welcher Bedeutung das Wort gebraucht ist, wenn es um die Richtschnur des Lebens geht und um das, wodurch Menschen sich selbst Gesetz sind. Ich behaupte, daß die Erklärung des Ausdrucks genügen wird. Aus ihr ergibt sich, daß in einigen Bedeutungen das Wort »Natur« uns nicht Gesetz sein kann, in anderen es aber offensichtlich ist.

I. Natur bedeutet häufig nicht mehr als irgendein innerer Beweggrund im Menschen, ohne Rücksicht auf dessen Art oder Rang. So werden ein heftiger Wutausbruch und die Liebe von Eltern zu ihren Kindern gleichermaßen natürlich genannt. Und da in ein und derselben Person oftmals einander widersprechende Beweggründe wüten, die gleichzeitig in entgegengesetzte Richtungen drängen, kann es sein, daß dieser Mensch, gemäß dieser Bedeutung des Wortes, durch dieselbe Handlung sowohl seiner Natur folgt als auch ihr widerspricht; er kann einer Neigung folgen und gleichzeitig einer anderen zuwiderhandeln.

II. Häufig werden unter Natur diejenigen Leidenschaften verstanden, die am wirkungsmächtigsten sind, und die die Handlungen am stärksten beeinflussen; falls diese lasterhaft sind, ist die Menschheit in diesem Sinne natürlicherweise schlecht, oder schlecht von Natur aus. So sagt der Hl. Paulus von den Heiden, »die ihren bösen Trieben und Gedanken folgen, daß sie von Natur Kinder des Zornes seien« (Epheserbrief, II, 3). Sie können nur von Natur Kinder des Zorns sein, weil sie von Natur schlecht sind. Hier liegen also zwei verschiedene Bedeutungen des Wortes Natur vor, von denen keine diejenige ist, gemäß der Menschen sich selbst Gesetz sind. Sie werden nur erwähnt, um ausgeschlossen und nicht mit jenen anderen Bedeutungen verwechselt zu werden, die wir nun zu suchen und erklären haben.

III. Der Apostel versichert, daß die Heiden von »Natur tun, was im Gesetz enthalten ist«. »Natur« wird hier tatsächlich im Unterschied zu »Offenbarung« gebraucht, aber nicht in einem rein negativen Sinne. Er will eher darstellen, weshalb sie dem Gesetz folgen, als weshalb sie ihm nicht folgen; nämlich von Natur.

Es ist klar, daß die Bedeutung des Wortes an dieser Stelle nicht dieselbe ist wie an der vorhergehenden, wo von der bösen Natur gesprochen wird. Nun wird sie als gut dargestellt, als das, aufgrund dessen die Heiden tugendhaft handeln oder doch hätten handeln können. Inwiefern der Mensch sich von Natur Gesetz ist wird mit folgenden Worten erklärt: »Sie, die Heiden, zeigen ja, daß das Werk des Gesetzes in ihr Herz geschrieben ist. Ihr Gewissen bezeugt es ihnen, und die Gedanken, die einander anklagen oder verteidigen.« Wenn eine Unterscheidung zwischen dem Werk des Gesetzes, das ihnen ins Herz geschrieben ist, und dem Zeugnis des Gewissens zu machen ist, dann muß mit dem ersteren die natürliche Disposition zu Wohlwollen und Mitleid gemeint sein, die Disposition, das zu tun, was sich gehört, auf die sich der Apostel häufig bezieht; jener Teil der menschlichen Natur – von dem in der vorangegangenen Untersuchung die Rede war – der den Menschen ohne großes Nachdenken und ganz selbstverständlich auf die Gesellschaft hin orientiert, und aufgrund dessen er in ihr natürlicherweise das Seinige auf gerechte und gute Weise tut, wenn nicht andere Leidenschaften oder Interessen ihn irreleiten. Da nun aber andere Leidenschaften und Rücksichten auf das eigene Interesse uns – wie indirekt auch immer – in bestimmtem Maße ebenso natürlich sind und oft sogar überwiegen und da wir keine Methode haben, zu ermitteln, in welchem Maße das eine oder andere zu unserer Natur gehört, können jene ersteren, als natürlich, gut und recht erachteten uns nicht mehr Gesetz sein als die letztgenannten. Es gibt jedoch in jedem Menschen einen übergeordneten Beweggrund der Reflexion, ein Gewissen, das zwischen den inneren Prinzipien seines Herzens ebenso wie zwischen seinen äußeren Handlungen unterscheidet; das ihn selbst und seine Handlungen beurteilt; das mit Bestimmtheit einige Handlungen als in sich gerecht, richtig und gut, andere als in sich böse, falsch, ungerecht bezeichnet; das, ohne überhaupt um Rat gefragt zu sein, sich autoritativ Geltung verschafft und ihn, den Handelnden, entsprechend bestätigt oder verurteilt. Falls es nicht gewaltsam unterbunden wird, nimmt es natürlicherweise immer ganz selbstverständlich einen höheren und endgültigeren Richterspruch vorweg, der seinen eigenen bestätigen wird. Aufgrund dieses, ihm von Natur aus gegebenen Vermögens ist der Mensch ein moralisches Wesen, ist er sich selbst Gesetz; aufgrund dieses Vermögens – sage ich – das nicht nur als Antrieb seines Herzens, das ebenso wie andere Einfluß auf ihn ausübt, verstanden werden kann, sondern als ein Vermögen, das nach Art und Natur über allen anderen steht, und dies aufgrund eigener Autorität. Die Prärogative, die natürliche Souveränität dieses Vermögens, das die verschiedenen Gemütsbewegungen und Taten in unserem Leben prüft, billigt oder verurteilt, aufgrund dessen sich die Menschen selbst Gesetz sind, so daß die Übereinstimmung mit ihm oder die Abweichung von ihm Handlungen im höchsten und eigentlichen Sinn natürlich oder unnatürlich macht, kann allerdings genauer erklärt werden. Ich hoffe dies geschieht, wenn wir den weiteren Überlegungen folgen.

Der Mensch kann in Übereinstimmung mit dem Beweggrund oder der Neigung, die im Augenblick in ihm gerade am stärksten ist, handeln, und dennoch im gewissen Sinne im Verhältnis zu seiner wahren Natur unangemessen handeln und sie verletzen. Angenommen ein wildes Tier wird durch irgendeinen Köder in eine Falle gelockt, in der es umkommt. Es folgte nur dem Trieb seiner Natur, der es dazu drängte, seine Begierde zu befriedigen; es gibt also eine völlige Übereinstimmung zwischen seiner Natur insgesamt und einer solchen Handlung, und deshalb ist eine solche Handlung natürlich. Aber angenommen ein Mensch, der eben diese Gefahr des sicheren Untergangs voraussieht, geht um einer momentanen Befriedigung willen in die Falle; er würde in diesem Fall wie das wilde Tier seiner stärksten Begierde nachgeben; aber es würde ein ebenso offensichtliches Mißverhältnis zwischen der Natur des Menschen und solch einer Handlung bestehen, wie zwischen dem kümmerlichsten Kunstprodukt und der Geschicklichkeit des größten Künstlers. Das Mißverhältnis ergibt sich nicht aus einer Betrachtung der Handlung an sich oder ihrer Folgen, sondern aus ihrem Vergleich mit dem, der hier handelt. Da eine solche Handlung in offensichtlichem Mißverhältnis zur menschlichen Natur steht, ist sie im strengsten eigentlichen Sinn »unnatürlich«. Das Wort drückt eben dieses Mißverhältnis aus. Deshalb können wir von nun an statt »im Mißverhältnis zu seiner Natur« das Wort »unnatürlich« gebrauchen, da es uns vertrauter ist; aber bedenken wir, daß es genau ein und dasselbe bedeutet.

Was macht nun eine solche übereilte Handlung unnatürlich? Heißt es, daß sie gegen den Beweggrund vernünftiger und besonnener Selbstliebe verstößt? Nein, denn hätte der Handelnde entgegengesetzt gehandelt, hätte er ebenso gegen einen Beweggrund bzw. einen Teil seiner Begierde verstoßen, nämlich, nur insofern diese ein Teil seiner Natur ist, gegen Leidenschaft und Begierde.

Aber einer gegenwärtigen Begierde widerstehen, aufgrund der Voraussicht, daß ihre Befriedigung zum sofortigen Untergang oder zu größtem Elend führen wird, ist keineswegs eine unnatürliche Handlung; wohingegen ein Handeln im Widerspruch zu besonnener Selbstliebe um einer Befriedigung willen, wie im vorliegenden Beispiel, es ist. Daß solch eine Handlung unnatürlich ist, beruht weder darauf, daß ein Mensch einfach nur gegen einen Beweggrund und diejenige Begierde verstößt, die zufälligerweise im Augenblick die stärkste ist. Daraus folgt notwendig, daß noch eine andere Unterscheidung zwischen diesen beiden Beweggründen, Leidenschaft und besonnener Selbstliebe, gemacht werden muß, als die, die ich bis jetzt berücksichtigt habe. Diesen Unterschied, der nicht ein Unterschied in Stärke oder Grad ist, nenne ich einen Unterschied der Natur und Art. Wenn in unserem Beispiel Leidenschaft über Selbstliebe herrscht, ist die Handlung unnatürlich. Im umgekehrten Sinne ist sie natürlich. Es ist also offensichtlich, daß Selbstliebe in der menschlichen Natur ein der Leidenschaft übergeordneter Beweggrund ist. Diesem kann nicht zuwidergehandelt werden, ohne daß dabei die Natur verletzt wird. Wenn wir in Übereinstimmung mit der menschlichen Natur handeln wollen, muß also vernünftige Selbstliebe herrschen. So können wir, ohne schon das Gewissen besonders zu berücksichtigen, eine klare Vorstellung von der übergeordneten Natur eines der inneren Beweggründe gegenüber dem anderen haben, ganz unabhängig davon, was tatsächlich in uns wirkt und vorherrscht.

Betrachten wir nun die Natur des Menschen. Sie besteht aus verschiedenen Begierden, Leidenschaften und Affekten auf der einen, dem Beweggrund der Reflexion oder des Gewissens auf der anderen Seite; lassen wir alle Überlegungen hinsichtlich der verschiedenen Stärkegrade, durch die eines davon vorherrscht, beiseite, und es wird sich weiterhin zeigen, daß es diesen natürlichen Vorrang des einen Beweggrundes gegenüber dem anderen gibt, und daß dieser Vorrang zum Begriff der Reflexion oder des Gewissens gehört. Leidenschaft oder Begierde implizieren ein einfaches, direktes Streben nach diesen und jenen Gegenständen, ohne klare Unterscheidung der Mittel, die zu deren Erlangung notwendig sind. Folglich wird es oft geschehen, daß ein Begehren sich auf bestimmte Gegenstände auch dann richtet, wenn diese ohne offenkundige Schädigung anderer nicht erlangt werden können. Die Reflexion, das Gewissen meldet sich und verurteilt unter diesen Umständen die Verfolgung dieses Zieles, aber das Begehren bleibt. Wem ist zu folgen, dem Begehren oder der Reflexion? Kann diese Frage nicht rein aufgrund der Ordnung und Verfassung der menschlichen Natur beantwortet werden ohne Rücksicht darauf, welches faktisch das stärkste ist? Muß das Letztere überhaupt in die Überlegung eingehen? Wäre die Frage nicht *klar* und vollständig beantwortet, wenn man sagte, daß der Beweggrund der Reflexion oder des Gewissens im Vergleich mit den verschiedenen Begierden, Leidenschaften und Affekten im Menschen, offenkundig der übergeordnete und erste ist, unabhängig davon, ob er nun stärker ist oder nicht? Sobald Letzteres vorherrscht, handelt es sich faktisch um Usurpation, da das Erstere der Natur und Art nach stets übergeordnet bleibt. Jedes Beispiel solcher Vorherrschaft des Letzteren ist daher ein Beispiel der groben Mißachtung und Verletzung der Verfassung des Menschen.

All dies ist nicht mehr als die Unterscheidung zwischen bloßer Macht und Autorität, die jedermann vertraut ist. Sie dient normalerweise dazu, zwischen dem faktisch Möglichen und dem Rechtmäßigen im Staat zu unterscheiden. Hier zeigt sich nun, daß sie auch anwendbar ist auf die Beweggründe des menschlichen Bewußtseins. Deshalb darf dieses Prinzip der Prüfung, der Billigung oder Mißbilligung unseres eigenen Herzens, Charakters und Handelns nicht nur als ein Bestimmungsfaktor unter anderen betrachtet werden, wie alle Leidenschaften, bis hin zu den niedrigsten Begierden; sondern ebenso als das aufgrund seiner Natur Übergeordnete, das offenbar aufgrund seiner Natur den Vorrang vor allen anderen fordert; so sehr, daß es unmöglich ist, einen Begriff von diesem Vermögen, dem Gewissen, zu bilden, ohne von Urteil, Führung und Aufsicht zu sprechen. Dies ist ein konstitutiver Teil der Idee, das heißt, des Vermögens selbst. Die Aufsicht führen, regieren, gehört aufgrund der Ordnung und Verfassung des Menschen wesentlich zu ihm. Wäre seine Stärke so groß wie sein Recht, hätte es soviel Macht, wie es offensichtliche Autorität hat, so würde es die Welt absolut regieren.

Dies erlaubt uns einen weiteren Blick auf die Natur des Menschen; es zeigt uns, für welche Art der Lebensführung wir geschaffen wurden: nicht nur, daß unsere faktische Natur in gewissem Maße von Gewissen und Reflexion beeinflußt ist, sondern ebenso, in welchem Maße wir uns von ihnen beeinflussen lassen müssen, wenn wir uns an der Verfassung unserer Natur orientieren und in Übereinstimmung mit ihr handeln wollen; daß dieses Vermögen uns gegeben wurde, um unser eigentlicher Führer zu sein, um alle unteren Beweggründe, Leidenschaften und Handlungsmotivationen zu orientieren und zu regulieren. Dies ist sein Anspruch und seine Aufgabe: so heilig ist seine Autorität. Und wie oft Menschen sie auch verletzen und sich hartnäckig weigern, sich ihr unterzuordnen, um eines vermeintlichen Interesses willen, das sie anders nicht durchsetzen können, oder um einer Leidenschaft willen, die sie anders nicht befriedigen können; das verändert nichts an dem naturgegebenen Recht und der Aufgabe des Gewissens.

Wir wollen die Sache nun anders herum betrachten und annehmen, daß es so etwas wie diesen natürlichen Vorrang des Gewissens überhaupt nicht gäbe, daß also außer dem der jeweiligen Stärke kein Unterschied zwischen einem Beweggrund und einem anderen zu machen wäre. Sehen wir, was die Folge davon wäre. Betrachten wir, welches der Spielraum und welches der Kompaß der Handlungen des Menschen im Hinblick auf sich selbst, seine Mitmenschen und das höchste Wesen wäre. Wo lägen unsere Grenzen, abgesehen von den Grenzen der natürlichen Kraft? Im Hinblick auf unsere Mitmenschen gäbe es keine anderen als folgende: kein Mensch sucht für sich selbst Elend als solches, und unprovoziert schadet keiner dem anderen um des Schadens willen. Innerhalb dieser Grenzen jedoch bringen die Menschen aus Leidenschaft und Rücksichtslosigkeit Verderben und Not über sich und andere. Unglaube und Gottlosigkeit aber, das heißt, was jeder so nennt, der an die Existenz Gottes glaubt, hätten überhaupt keine Grenzen. Menschen würden den Schöpfer der Natur lästern und sich förmlich und ausdrücklich von der Treue zu ihrem Schöpfer lossagen.

(...)

Denken wir an einen Menschen, der sich des Vatermordes mit all den Grausamkeiten, die zu einer solchen Tat gehören können, schuldig macht. Wer das tut, folgt dem Beweggrund, der gerade bei ihm der stärkste ist; und falls es zwischen inneren

Beweggründen keinen anderen Unterschied als den der Stärke gibt, dann ist die Natur des Menschen gegeben, wenn die Stärke jener Antriebe gegeben ist. Die Handlung entspricht dem Beweggrund, der eben so stark ist, wie er ist; sie entspricht somit der Natur des Menschen. Vergleicht man die Handlung und die Natur im Ganzen, so gibt es keinerlei Mißverhältnis, keine Unangemessenheit zwischen beiden. So entspräche der *Vatermord* der *Natur des Menschen* nicht weniger als eine Handlung der Kindespflicht. Wenn es keinen anderen Unterschied zwischen den inneren Beweggründen gibt als den ihrer Stärke, können wir keine Unterscheidung zwischen diesen beiden Handlungen mit Bezug auf das Wesen des Handelnden treffen. In unseren besonnensten Stunden müßten wir sie gleichermaßen billigen oder verurteilen. Einer größeren Absurdität kann wohl keine Behauptung überführt werden.

Bearbeitungsfragen:

1. Weshalb können wir uns auf die Natur des Menschen berufen, wenn wir das Gewissen betrachten?
2. Was heißt in dem Einwand gegen Butler »Natur«? Und was bedeutet hier naturgemäßes Handeln?
3. Weshalb kann es nicht genügen, sich auf eine natürliche Disposition zu gutem Handeln zu verlassen?
4. Was bedeutet es, daß zwischen dem Gewissen und den anderen inneren Prinzipien ein Unterschied der Art nach, also kein gradueller, sondern ein wesentlicher Unterschied besteht?
5. Worin besteht der Unterschied zwischen einem Handeln aufgrund von Neigung und einem Handeln aufgrund besonnener Selbstliebe?
6. Weshalb ist ein Handeln aufgrund besonnener Selbstliebe moralisches Handeln?
7. Worauf gründet sich die Autorität des Gewissens?
8. Worin besteht die gemeinsame Grundlage der besonnenen Selbstliebe und des Gewissens? Weshalb ist moralisches Handeln nur aufgrund dieser beiden Prinzipien möglich?

III.5 Die Reue
Scheler: Vom Ewigen im Menschen, 1. Kapitel: Reue und Wiedergeburt

Das Gewissen kann uns, wie wir gesehen haben, kein unfehlbarer Führer in allen Situationen des Lebens sein. Es ist kein Orakel, das uns sagt, was jeweils das Richtige wäre; vielmehr ist es das Organ des Guten und Bösen im Menschen. Es zeigt uns die Richtung, veranlaßt uns, die Perspektive unseres Egoismus zu überwinden und auf das Allgemeine, das an sich Richtige zu sehen. Im Gewissen macht sich die objektive Rangordnung der Güter und Werte sowie die Forderung, ihr Rechnung zu tragen, unmittelbar als unser eigenes Wollen geltend. Indem ich einen anderen kränke oder verletze, schädige ich mich unmittelbar selbst. Ich habe, wie wir sagen, ein »schlechtes Gewissen«. Das schlechte Gewissen ist uns ein Signal für eine Schuld, für eine dem eigenen Wesen und der Wirklichkeit widersprechende Haltung. Die Revision dieser Haltung nennen wir »Reue«. Reue ist ein schmerzhaftes Bedauern über das, was wir getan haben, verbunden mit dem Wunsch, jenes nicht oder anders getan zu haben. Wie *Max Scheler* (1874–1928) gezeigt hat, ist Reue nicht bloß ein sinnloses Herumwühlen in der Vergangenheit, das uns nur davon abhält, es in Zukunft einfach besser zu machen. Reue ist vielmehr die notwendige Voraussetzung dafür, etwas überhaupt besser machen zu können.

Max Scheler gehört zu jenen Philosophen, die dank eigener Grunderfahrungen gegen eine ganze Tradition des Denkens antreten. Die Grunderfahrung, von der aus Scheler seine Philosophie entwickelt hat, ist die Grunderfahrung »Wert«. Die philosophische Schrift, in der er seinen Wertgedanken darlegt und die seinen wissenschaftlichen Ruf und Ruhm begründet hat, heißt »Der Formalismus in der Ethik und die materiale Wertethik« (1913). Nach zwei Fronten hin grenzt Scheler den Wertgedanken ab: gegen die Relativität der Werte bei Nietzsche und gegen Kants Formalismus des Sittengesetzes. Zugleich übernimmt er von beiden Seiten das eigentlich Positive: die Mannigfaltigkeit und Inhaltsfülle des Wertreiches, wie Nietzsche es sieht; und die erfahrungsunabhängige Absolutheit des sittlichen Bewußtseins, wie Kant sie für den kategorischen Imperativ erwiesen hat. Das Bahnbrechende aber darin ist der Gedanke des Wertgefühls und der auf ihm beruhenden Wertschau. Daß die stellungnehmenden und wertfühlenden Akte – wie beispielsweise Anerkennung oder Ablehnung – auch werterschließende Akte sind, daß in ihrem Vorhandensein in allem menschlichen Verhalten auch das Vorhandensein der Werte sich offenbart, ist der neue Gedanke Schelers. Dieser Gedanke eröffnet uns eine ganz neue Quelle der Erkenntnis: das emotionale Apriori. Dabei handelt es sich nicht um ein gefühlsmäßiges Erspüren der Gegenstände, sondern um eine Zuordnung von Gegenstand und der diesem jeweils angemessenen Art des Erkennens. Farben werden beispielsweise gesehen, aber nicht gehört. Sinnesdinge werden wahrgenommen, Begriffe gedacht – Werte aber fühlend erfaßt. Das Fühlen heißt »intentional«, weil es auf einen Gegenstand gerichtet ist. Scheler spricht bewußt nicht von dem Gefühl, sondern vom Fühlen. Schmerz ist ein Gefühl. Nun kann man den Schmerz leiden oder ertragen oder vielleicht sogar genießen. Dieses Fühlen ist intentional, d. h. auf einen Gegenstand, hier den Schmerz, gerichtet. Im intentionalen Fühlen, und nur in ihm, erreichen wir die Welt der Gegenstände unter dem Aspekt ihres Wertes. So kommen wir zu einer eigenen Art Erfahrung, für deren Gegenstände der Verstand so blind ist wie das Ohr für die Farbe. Kant, gegen dessen Verankerung der Ethik in der Vernunft sich Scheler wendet, konnte das »intentionale Fühlen« nicht erfassen, da er nur die Gefühle der Sinnlichkeit im Gegensatz zur Vernunft des Menschen zuließ.

Schelers Philosophie geht von der jeweils einzelnen Person aus. In der konkreten Person gelangen die vielen Wertregionen zu einer Einheit, sie bilden eine Rangordnung. Das Besondere an unserer Wertordnung ist ja, daß wir nicht jeden Wert isoliert wahrnehmen, sondern in Akten des Vorziehens und Nachsetzens. Höhere Werte kann man nur entweder überhaupt nicht wahrnehmen, oder man nimmt zugleich ihren höheren Rang wahr. Es gibt so etwas wie eine objektive Wertrangordnung, die sich dem erschließt, der bestimmte Werte überhaupt erfaßt. Nach Scheler sind die dauerhaften Werte höher als die flüchtigen, die tief erfüllenden höher als die nur oberflächlich befriedigenden, die andere Werte fundierenden höher als die von ihnen fundierten Werte.

Wir können nun gegen die Forderung, die diese Wertrangordnung in uns darstellt, verstoßen und so im Widerspruch zu unserem eigenen Wesen handeln. Die Revision dieser Haltung, aus der heraus wir so gehandelt haben – beispielsweise jemanden gekränkt oder geschädigt haben –, nennen wir, wie wir gesehen haben, Reue. Und da eine solche Haltung nicht nur in unserer Vernunft verankert ist, sondern in unserer emotionalen Verfassung, bedeutet, sie zu bereuen, eine Art Schmerz. Erst im Schmerz über das Unrecht, das wir getan haben, geht uns »die volle, evidente Erkenntnis jenes Gekonnthabens eines Besseren auf«, und erst dann ist es uns auch möglich, eine falsche Haltung bewußt zu ändern. Die Reue, die sich in unserem Schmerz äußert, sprengt zugleich die Kausalordnung der Handlungen und Ereignisse und vermag so einen neuen, schuldfreien Anfang im Leben zu setzen.

Um das Wesen der Reue richtig zu verstehen, müssen wir, nach Scheler, zuvor den »inneren Strukturzusammenhang unseres geistigen Lebens« (vgl. S. 256) erfassen. Scheler bekennt sich zur Lebensphilosophie, wie sie Bergson vertritt, wenn er sich weigert, unser Leben als eine Art Strom zu sehen, das in derselben »objektiven Zeit« dahingleitet wie Naturereignisse. Reue ist nicht der sinnlose Versuch, Vergangenes ungeschehen zu machen, aber bereuen heißt im »Hinbeugen auf ein Stück Vergangenheit unseres Lebens einen neuen Glied-Sinn und einen neuen Glied-Wert diesem Stück aufprägen« (vgl. S. 259). Nicht die Wirklichkeit, nicht das Ereignis, das geschehen ist, kann durch die Reue verändert werden, wohl aber sein Sinn und Wert im Ganzen unseres Lebens. Ich kann zwar die Tatsache, daß ich meinen besten Freund belogen und ihm so großen Schaden zugefügt habe, nicht ungeschehen machen, aber ich kann bereuen, »daß ich das tat« oder »daß ich so war«, und damit das, was geschehen ist, auf eine ganz neue Weise zu einem Teil meines Lebens machen. Jedes Erlebnis unserer Vergangenheit ist zwar ganz und gar unabänderlich, insofern wir es als ein Naturereignis betrachten. Was geschehen ist, ist eben geschehen. Ganz und gar unbestimmt ist ein Erlebnis unserer Vergangenheit aber in dem Sinn- und Wertgehalt, den es im Hinblick auf unseren ganzen Lebenszusammenhang hat. »Vor unserm Lebensende ist alle Vergangenheit, wenigstens ihrem Sinngehalte nach, immer nur das Problem: was wir mit ihr anfangen sollen« (vgl. S. 257).

Im Grunde genommen erwarten wir solche Reue. Wenn der, der seinen Freund durch eine Lüge in großes Unglück gestürzt hat, lachend erklärt, das sei nun genug und in Zukunft könne man ihm vertrauen, so werden wir sicher gerade das nicht tun. Wenn ihn der Schmerz über das Unrecht, das er getan hat, nicht ergreift und ihn verwandelt, so heißt das für uns: er bleibt eben der, der er war.

Reue ist ein Hinweis darauf, daß wir frei sind. Wir sind in der Lage, unsere Haltung bewußt zu ändern und einen neuen, schuldfreien Anfang unseres Lebens zu finden. Für Scheler ist gewiß, daß der keine Freiheit hätte, der nicht bereuen kann (vgl. S. 259). Nur die nicht bereute Schuld hat eine determinierende Wirkung auf die Zukunft. Von dem Bewußtsein unserer Schuld getrieben, tun wir Dinge, die wir sonst nicht tun würden. Gerade dadurch entsteht aber unter Umständen neues Unrecht: »Es ist der eiserne Zusammenhang der Wirksamkeit, der immer neue Schuld aus der alten Schuld hervortreibt« (vgl. S. 260). Nicht etwa, daß die kausalen Folgen der bösen Taten als Ereignisse der Natur notwendig weiteres Übel hervorbrächten; rein kausal betrachtet können sie ebenso Gutes oder Gleichgültiges hervorbringen. Es ist vielmehr das Bewußtsein unserer Schuld, das in allem, was wir tun, weiterwirkt und unser Handeln bestimmt. Die Reue ist nun die Kraft, die uns von der Determination durch vergangene Schuld befreien kann.

Schuld ist eine psychische Qualität, und zwar die Qualität »böse«, die uns aufgrund unserer bösen Handlungen zukommt. Wir sind es nämlich, die böse sind, weil wir ungerecht gehandelt haben, andere verletzt, gekränkt oder geschädigt haben. Reue vernichtet diese Qualität »böse« und macht damit neue, schuldfreie Anfänge möglich, sie ist »die revolutionärste Kraft der sittlichen Welt« (vgl. S. 264). Wir können Reue weder als »Furcht vor Strafe« noch als »Rache gegen uns selbst« wirklich erklären. Für Spinoza, den berühmten Philosophen des 17. Jahrhunderts, war Reue nur gut für den Pöbel, denn »der Pöbel ist furchtbar, solange er sich nicht fürchtet« (Ethik, IV). Gerade Furcht aber ist es, die uns daran hindert, uns zu sammeln und uns unserer Handlungen wirklich bewußt zu werden und sie so bereuen zu können. Die Furcht lenkt unsere Aufmerksamkeit vielmehr nach außen, auf die drohende Gefahr der Strafe. Solange der Verbrecher sich verfolgt weiß, wird er alle seine Energie darauf verwenden, sich nicht erwischen zu lassen. Furcht ist ein Vorfühlen nahender, gefährdender Umstände, bevor sie tatsächlich eintreten. Reue dagegen wendet sich notwendig zurück, auf die Vergangenheit.

Ebensowenig können wir Reue als Racheimpuls gegen uns selbst erklären. Wenn wir uns auch »die Haare ausraufen« möchten, weil wir so etwas getan haben, so kann Rache, die wir gegen uns selbst richten, doch die besondere Art der moralischen Schuld nicht von jeder anderen Art von Unzufriedenheit über unser Verhalten unterscheiden. Wesentlich ist aber, daß weder Furcht noch Rache in uns bewirken kann, was Reue in uns zustande bringt, nämlich die Kräftigung und Befreiung unseres sittlichen Selbst zu echter Gesinnungsänderung. Der Gesinnungswandel ist ja kein von der Reue abgelöster, ihr nur zeitlich folgender, innerer Vorgang, sondern er ist erst möglich, wenn wir bereuen. Bereuen aber heißt Schmerz empfinden über vergangene Schuld, ohne bereits wieder auf die »moralische Güte des jetzt bereuenden Ich« (vgl. S. 265) hinzuschielen und sich die Reue selbst als moralisches Verdienst anzurechnen. Wahrhafte Reue ist, so verstanden, dann die gewaltige Tatkraft, die einen neuen, freien Anfang unseres Lebens schafft.

Max Scheler: Vom Ewigen im Menschen

1. Kapitel: Reue und Wiedergeburt

Eine der Hauptursachen des Verkennens des Wesens der Reue (und eine, die allen den genannten »Erklärungen« zugrundeliegt) ist eine falsche Vorstellung über den innern Strukturzusammenhang unsers geistigen Lebens. Man kann die Reue gar nicht voll verstehn, ohne sie in eine tiefere Gesamtanschauung der Eigentümlichkeit unsers Lebensabflusses im Verhältnis zu unsrer feststehenden Person hineinzustellen. Das tritt sogleich hervor, wenn man den Sinn des Arguments untersucht, daß Reue der sinnlose Versuch sei, ein Vergangenes ungeschehen zu machen. Wäre unser persönliches Dasein eine Art Strom, der in derselben objektiven Zeit, in der sich die Naturereignisse abspielen, gleich diesem Strome, wenn auch mit anderm Inhalt, dahinrauscht, so möchte dieser Rede Berechtigung zukommen. Kein Teil dieses Stromes, der »nachher« ist, könnte dann auf einen Teil, der »vorher« ist, sich zurückbeugen oder an ihm irgendeine Änderung bewirken. Aber im Gegensatz zu diesem Abfluß der Veränderungen und Bewegungen der toten Natur – deren »Zeit« ein einförmiges Kontinuum einer Dimension von einer bestimmten Richtung ist ohne die Dreiteilung von Gegenwart, Vergangenheit, Zukunft – sind uns im Erlebnis eines jeden unsrer unteilbaren, zeitlichen Lebensmomente Struktur und Idee des *Ganzen* unsers Lebens und unsrer Person mitgegenwärtig. Jeder einzelne dieser Lebensmomente, der einem unteilbaren Punkt der objektiven Zeit entspricht, hat in sich seine drei Erstreckungen der erlebten Gegenwart, der erlebten Vergangenheit und Zukunft, deren Gegebenheit sich in Wahrnehmung, unmittelbarer Erinnerung und unmittelbarer Erwartung konstituiert. Vermöge dieser wunderbaren Tatsache ist zwar nicht die Wirklichkeit, wohl aber der Sinn und der Wert des Ganzen unsers Lebens in einem jeden Zeitpunkt unsers Lebens noch in unsrer *freien* Machtsphäre. Nicht nur über unsre Zukunft verfügen wir; es gibt auch keinen Teil unsers vergangenen Lebens, der – ohne daß freilich die in ihm beschlossene Komponente von bloßer Naturwirklichkeit ebenso frei zu verändern stünde wie jene der Zukunft – nicht in seinem Sinn- und Wertgehalt noch wahrhaft abänderlich wäre, indem er als Teilsinn zu einer (immer möglichen) neuartigen Einreihung in den Gesamtsinn unsers Lebens gebracht wird. Denken wir uns unsre Erlebnisse bis zu einem bestimmten Zeitpunkt als die Teile einer Linie V–Z, welche ein Stück der objektiven Zeit darstelle. Dann steht es nicht so wie in der toten Natur,

$$V \underbrace{abcdefg}_{R} Z$$

daß b durch a, c durch b, d durch c usw. jeweilig eindeutig determiniert wären. Es ist g, das letzte Erlebnis, vielmehr prinzipiell durch die ganze Reihe R determiniert, und es vermag im besonderen jedes der Erlebnisse a b c d e auf g und auf jedes der noch folgenden Erlebnisse wieder »wirksam« zu werden. Das zurückliegende Erlebnis vermag solches, ohne daß es selbst, oder ein sogenanntes »Bild« von ihm zuerst als Teilgebilde in den vor f unmittelbar vorhergehenden Zustand g eingehen müßte. Da nun aber die Vollwirksamkeit eines Erlebnisses im Lebenszusammenhang zu seinem *vollen* Sinn und seinem *endgültigen Wert* mitgehört, so ist auch jedes Erlebnis unsrer Vergangenheit noch wert*unfertig* und sinn*unbestimmt*, so lange es nicht alle seine ihm möglichen Wirksamkeiten geleistet hat. Erst im Ganzen des Lebenszusammenhanges gesehn, erst wenn wir gestorben sind (bei Annahme eines Fortlebens aber niemals) wird so ein Erlebnis zu jener sinnfertigen, »unveränderlichen« Tatsache, wie es die in der Zeit zurückliegenden Naturereignisse von Hause aus sind. Vor unserm Lebensende ist alle Vergangenheit, wenigstens ihrem Sinngehalte nach, immer nur das Problem: *was wir mit ihr anfangen sollen*. Denn schon, indem ein Teil des objektiven Zeitinhalts zu unsrer Vergangenheit wird, d. h. indem er in diese Erstreckungskategorie des Erlebens eingeht, wird er jener Fatalität und Fertigkeit beraubt, welche abgeflossene Naturvorgänge besitzen. Als Vergangenheit wird dieser Zeitinhalt »unser«, wird er untergeordnet der Macht der *Person*. Maß und Art der Wirksamkeit jedes Teiles unsrer »Vergangenheit« auf den Sinn unsers Lebens stehn also zu jedem Zeitpunkt unseres Lebens noch in unsrer Macht. Dieser Satz gilt für jede »Tatsache« vom Wesen des »historischen Tatbestandes«, sei es des Einzellebens, sei es des Lebens der Gattung oder der Weltgeschichte. *Der »historische Tatbestand« ist unfertig und gleichsam erlösbar*. Gewiß ist alles, was am Tode Caesars den Ereignissen der Natur angehört, so sehr fertig und invariabel wie die Sonnenfinsternis, die Thales vorhersagte. Aber das, was davon »historischer Tatbestand« ist, also das, was Sinn und Wirkungseinheit im Sinngeflechte der menschlichen Geschichte an ihm ist, das ist ein unfertiges und erst am Ende der Weltgeschichte fertiges Sein.

Unsre Natur hat nun aber wunderbare Kräfte in sich, um sich der fernern Wirksamkeit eines oder des andern Gliedes der Erlebnisreihe unsrer Vergangenheit zu entbinden. Schon diese Funktion unsers Geistes, die man gemeinhin fälschlich für einen Faktor hält, der Vergangenheit erst zur Wirksamkeit in unserm Leben bringe, die klare, gegenständliche Erinnerung des betreffenden Ereignisses ist eine dieser Kräfte. Denn eben das, was auf Grund des oben auseinandergesetzten Prinzips psychischer Wirksamkeit geheimnisvoll in uns fortlebt und fortwirkt, eben das wird durch die Distanziierung, durch die Vergegenständlichung, durch die feste Lokalisierung und Datierung, die der kühle Erkenntnisstrahl vornimmt, in dem Lebensnerv getroffen, der die Kraftquelle des Erinnerungsaktes ist für seine Wirksamkeit. Vermöchte der fallende Stein an einer bestimmten Phase seines Falls sich der vorhergehenden Phase zu erinnern – die ihn jetzt nur determiniert, die folgende Phase nach einem bestehenden Gesetze zu durchfallen – das

Fallgesetz wäre sofort aufgehoben. Denn Erinnerung ist schon der Anfang der *Freiheit* von der dunkeln Gewalt des erinnerten *Seins* und *Geschehens*. Erinnertwerden – das ist eben die Art, wie Erlebnisse von unserm Lebenskern Abschied zu nehmen pflegen; es ist die Art, wie sie sich aus dem Zentrum des Ich, dessen Gesamthaltung zur Welt sie vorher mitbedingten, entfernen, und in der sie ihre bloße Stoßwirksamkeit einbüßen; es ist die Art, wie sie für uns ersterben. So wenig ist Erinnerung also ein Glied im sogenannten »Flusse einer psychischen Kausalität«, daß sie vielmehr diesen Fluß unterbricht und Teile seiner zum Stehn bringt. So wenig vermittelt sie die Wirksamkeit unseres früheren Lebens auf unsre Gegenwart, daß sie vielmehr aus der Fatalität dieser Wirksamkeit uns erlöst. Die gewußte Geschichte macht uns frei von der *Macht* der gelebten Geschichte. Auch die Geschichtswissenschaft ist gegenüber der durch die Kräfte der sogenannten Tradition zusammengehaltenen Folgeeinheit menschlich-geistiger Gruppenvorgänge an erster Stelle die *Befreierin* von der historischen Determination.

In diesen allgemeinen Gedankenzusammenhang ist auch das Phänomen der Reue einzuordnen. Bereuen heißt zunächst im Hinbeugen auf ein Stück Vergangenheit unseres Lebens einen neuen Glied-Sinn und einen neuen Glied-Wert diesem Stück aufprägen. Man sagt uns, Reue sei ein sinnloser Stoß, den wir gegen ein »Unabänderliches« führen. Aber nichts in unserm Leben ist in dem Sinne »unabänderlich«, wie es dieses Argument meint. Alles ist erlösbar, soweit es Sinn- und Wert- und Wirkungseinheit ist. Eben dieser »sinnlose« Stoß ändert das »Unabänderliche« und stellt den bereuten Unwertverhalt »daß ich dies tat«, »daß ich so war« auf neue Weise und mit neuer Wirkungsrichtung in die Totalität meines Lebens hinein. Man sagt uns, Reue sei absurd, da wir keine Freiheit besäßen und alles so kommen mußte, wie es kam. Gewiß hätte der keine Freiheit, der nicht bereuen könnte. Aber bereuet doch – so werdet ihr sehn, wie ihr im Vollzug eben dieses Aktes das werdet, was ihr zur »Bedingung« des Sinnes dieses Aktes zuerst törichterweise errechnen wollt: nämlich »frei«! Ihr werdet

»frei« von der fortstoßenden und dahinreißenden Stromkraft der Schuld und des Bösen in dem vergangnen Leben, »frei« von dem vor der Reue bestehenden eisernen Zusammenhang der Wirksamkeit, der immer neue Schuld aus der alten Schuld hervortreibt und so den Schulddruck lawinenartig wachsen läßt. Nicht die bereute Schuld, sondern nur die unbereute hat auf die Zukunft des Lebens jene determinierende und bindende Gewalt. Die Reue tötet den Lebensnerv der Schuld, dadurch sie fortwirkt. Sie stößt Motiv und Tat, die *Tat* mit ihrer Wurzel, aus dem Lebenszentrum der Person *heraus*, und sie macht damit den freien, spontanen Beginn, den jungfräulichen Anfang einer neuen Lebensreihe möglich, die nun aus dem Zentrum der eben vermöge des Reueaktus nicht länger mehr gebundenen Persönlichkeit hervorzubrechen vermag. Also wirket Reue sittliche Verjüngung. Junge, noch schuldfreie Kräfte schlafen in jeder Seele. Aber sie sind gehemmt, ja wie erstickt durch das Gestrüppe des Schulddruckes, der sich während des Lebens in ihr angesammelt und verdichtet hat. Reißet aber das Gestrüpp aus, und jene Kräfte werden von selbst emporsteigen. Je mehr ihr im Lebensstrom »fortschrittlich« dahinfliegt – Prometheus nur und niemals Epimetheus – desto *abhängiger* und *gebundener* seid ihr von diesem Schulddruck einer Vergangenheit. Ihr *flieht* nur eure Schuld, indem ihr die Krone des Lebens zu *erstürmen* meint. Euer Sturm ist eine geheime Flucht. Je mehr ihr die Augen schließt vor dem, was ihr zu bereuen hättet, desto unlösbarer sind die Ketten, die eure Füße im Fortgehn belasten. Aber auch der gemeine Indeterminist irrt, wo er von der Reue redet. Jene neue Freiheit, die gerade erst im Akte der Reue *verwirklicht* wird, will er ihr fälschlich als Bedingung setzen. Die jovialen Herren gar sagen: Nicht bereuen, sondern gute Vorsätze fassen und Zukünftiges besser machen! Aber dieses sagen die jovialen Herren nicht, woher die Kraft zum Setzen der guten Vorsätze und noch mehr die Kraft zu ihrer Ausführung kommen soll, wenn nicht die Befreiung und die neue Sichselbstbemächtigung der Person durch die Reue gegenüber der Determinationskraft ihrer Vergangenheit vorher erfolgt ist. Gute Vorsätze ohne ein mit dem Akt des Vorsatzes unmittelbar verbundenes Kraftbewußtsein und Könnensbewußtsein ihrer Ausführung sind eben jene Vorsätze, mit denen »der Weg zur Hölle« am einladendsten gepflastert ist. Dieses tiefsinnige Sprichwort bewahrheitet sich durch das Gesetz, daß jeder gute Vorsatz, dem die Kraft zu seiner Ausführung nicht innewohnt, nicht etwa bloß den alten Seelenzustand der innern Qual forterhält, also überflüssig ist, sondern der Person in diesem Zustand einen neuen positiven Unwert hinzufügt und den Zustand selbst vertieft und befestigt. Der Weg zu äußerster Selbstverachtung geht fast immer durch unausgeführte gute Vorsätze, denen keine *rechte* Reue vorherging. Nach dem nichtausgeführten guten Vorsatz ist die Seele nicht auf ihrem alten Niveau. Sondern sie findet sich weit tiefer hinabgestürzt als vorher. Das also ist hier der paradoxe Tatbestand: Wäre es selbst wahr, daß der einzige Wert der Reue in ihrer möglichen verbessernden Wirkung auf zukünftiges Wollen und Handeln liegt, so müßte der immanente *Sinn* des Aktes der Reue dennoch einzig und allein nur das vergangene Schlechte und dies ohne jede hinschielende Intention auf die Zukunft und das Bessermachen treffen müssen. Aber auch diese Voraussetzung ist irrig.

Ähnlich steht es mit dem Einwand, es treffe der Akt der Reue ja gar nicht Tat und Verhalten während der Tat, sondern nur das »Bild« der Erinnerung, das selbst nicht unbeeinflußt durch die Tat und ihre ferneren Wirkungen entstanden sei. Solcher Rede liegt zunächst eine völlig falsche Auffassung der Erinnerung zugrunde. Erinnerung besteht nicht darin, daß in unserm Gegenwartsbewußtsein sich ein »Bild« vorfindet, welches erst sekundär durch Urteile auf ein Vergangenes bezogen würde. Im ursprünglichen Erinnern liegt vielmehr ein Haben des in der phänomenalen Vergangenheit erscheinenden Tatbestandes *selbst*, ein Leben und Verweilen in ihm, nicht ein Haben eines gegenwärtigen »Bildes«, das erst durch ein Urteil in die Vergangenheit zurückgeworfen oder dort »angenommen« werden müßte. Soweit sich aber sogenannte Gedächtnisbilder während des Erinnerns finden, sind ihre bildhaften Elemente durch die Erinnerungs*intention*, durch *ihr* Ziel und *ihre* Richtung bereits mitbedingt. Die Bilder folgen dieser Intention und wechseln mit *ihrem* Wechsel, nicht aber folgt die Intention zufällig oder mechanisch nach Assoziationsregeln folgenden Bildern. Das konkrete Zentrum unsrer sich in den Zeitablauf hinein erstreckenden geistigen Akte, das wir die *Persönlichkeit* nennen, vermag von Hause aus – de jure – *jeden* Teil unseres abgelaufenen Lebens anzuschaun, seinen Sinn und Wertgehalt zu erfassen. Nur die Faktoren, welche die *Auswahl* aus diesem, dem Erinnerungsakte prinzipiell zugänglichen Lebensbereich leiten und bestimmen, sind von gegenwärtigen Leibzuständen, ferner den von ihnen abhängigen reproduzierenden Ursachen und den assoziativen Gesetzen dieser Reproduktion, abhängig. Und darum ist auch die Reue als Akt ein *wahres* Eindringen in die Vergangenheitssphäre unsers Lebens und ein *wahrer* operativer Eingriff in sie. Sie löscht den moralischen Unwert, den Wertcharakter »Böse« des betreffenden Verhaltens *wahrhaft* aus, sie hebt den von diesem Bösen ihm nach allen Richtungen ausstrahlenden Schulddruck *wahrhaft* auf und sie nimmt ihm damit jene Kraft der Fortzeugung, durch die Böses immer neues Böses gebären muß. Das Licht der Reue*bereitschaft* leuchtet – nach dem Gesetze, nach dem die Wertbestimmtheiten unsers Lebens vor allen übrigen bedeutungsmäßigen Wasbestimmtheiten der Erinnerung gegeben zu sein pflegen, in unsre Vergangenheit erst sogar so *hinein*, daß wir uns durch ihr Licht erst vieler Dinge bildhaft zu erinnern vermögen, deren wir uns ohne sie nicht erinnerten. Reue bricht jene Schwelle des Stolzes, die aus unsrer Vergangenheit nur das aufsteigen läßt, was diesem Stolz Befriedigung gewährt und ihn rechtfertigt. Sie hebt die natürliche Verdrängungskraft des »natürlichen« Stolzes auf. Sie wird so ein Vehikel der Wahrhaftigkeit gegen uns selbst.

An diesem Punkte wird auch genau sichtbar der besondere Zusammenhang, den Reue*bereitschaft* zu dem System der Tugenden in der Seele besitzt. Wie ohne sie Wahrhaftigkeit gegen sich selbst nicht möglich ist, so auch ist sie selbst nicht möglich ohne die *Demut*, die dem die Seele auf ihren Ichpunkt und ihren Jetztpunkt einschnürenden natürlichen Stolze entgegenarbeitet. Nur wenn die Demut – als Erlebnisfolge eines stetigen Wandelns vor der klaren Idee jenes absolut Guten, dem wir uns nicht genügen sehn – die Verdrängungs-, Verhärtungs- und Verstockungstendenzen des Stolzes *auflöst* und den im Stolze gleichsam von der Dynamik des Lebensflusses isolierten Ichpunkt zu diesem Flusse und der Welt wieder in eine flüssige Beziehung setzt, nur dann ist Reuebereitschaft möglich. Der Mensch ist verhärtet und verstockt weit mehr aus Stolz und Hochmut denn aus der aus seiner Konkupiszenz geborenen Furcht vor Strafe, und er ist es um so mehr, je tiefer die Schuld in ihm sitzt und je mehr sie gleichsam ein *Teil* seines Selbst geworden ist. Nicht das Bekenntnis, sondern zuerst die Selbstpreisgabe vor sich selbst ist dem Verstockten so schwer. Wer seine Tat voll bereut, der bekennt auch seine Tat und überwindet selbst noch die Scham, welche im letzten Augenblick die Lippe schließen will.

Die Reue muß daher überall in ihrem Wesen, ihrem Sinn und in ihrer Leistung verkannt werden, wo man sie – gemäß jener Auffassung der Erinnerung, die den Erinnerungspunkt auf Reproduktion von sogenannten Gedächtnisbildern zurückführt – mit Zuständen verwechselt, die sie wohl disponieren und leichter auslösen können, die keineswegs aber die Reue selbst ausmachen. Es ist ganz richtig, daß die Erfolglosigkeit oder die üblen Folgen einer »bösen« Handlung die menschliche Schwäche *leichter* zur Reue disponieren als der positive Erfolg; daß also z. B. Gesundheitsschädigung, Krankheit usw. als Folgen von schuldhaften Exzessen, daß auch wohl Strafe, Tadel durch die Außenwelt, den Reueakt häufig da erst *auslösen*, wo er ohne sie vielleicht nicht ausgelöst worden wäre. Gleichwohl bleibt das der *Reue* als *solcher* anhaftende Leiden von *dieser* ganzen Gruppe der Unlustgefühle, welche die reuevolle Selbsteinkehr erst auslösen, durch eine große Kluft geschieden. Eine ganze Reihe der falschen psychologischen Reueauffassungen begeht – unbesehn ihrer andern Irrtümer – eben diesen Grundfehler, den Reueakt selbst mit den zu ihm *disponierenden Zuständen* zu verwechseln.

Aber was vermag nun dieser Stoß der Reue wider die Schuld? Zwei Dinge, die nur er allein vermag und nichts sonst. Er kann nicht die äußere Naturwirklichkeit der Tat und ihre Kausalfolgen, auch nicht den ihr als *Tat* zukommenden bösen Charakter aus der Welt schaffen. Diese alle bleiben in der Welt. – Aber er vermag die Schuld als das *rückgewirkte* Werk dieser Tat in der Seele des Menschen – und damit die Wurzel einer Unendlichkeit von neuer böser Tat und neuer Schuld – völlig zu töten und auszulöschen. Die Reue vernichtet wahrhaft jene psychische Qualität, welche »Schuld« heißt. Sie vermag dies wenigstens in ihrer vollkommenen Gestalt. Sie sprengt also die Kette der durch das Schuldwachstum der Menschen und Zeiten vermittelten Fortzeugungskraft des Bösen. Sie macht eben damit neue, schuldfreie Anfänge des Lebens möglich. Die Reue ist die mächtige Selbstregenerationskraft der sittlichen Welt, die ihrem steten Absterben entgegenarbeitet.

Das ist die große Paradoxie der Reue, daß sie im Blicke tränenvoll zurücksieht, aber doch freudig und mächtig nach der Zukunft hin, nach der Erneuerung, nach der Befreiung vom sittlichen Tode hin*wirkt*. Ihr geistiger Blick und ihr lebendiges Wirken sind sich genau entgegengesetzt. Der Fortschrittler, der Meliorist, der Perfektionist, sie alle sagen: Nicht bereuen, sondern besser machen. Ja das Gute – es erscheint ihnen selbst nur das Bessere von Morgen zu sein. Aber dieses ist nicht minder paradox: Je mehr diese Leute nach vorne sehn und immer neue Projekte des »Bessern« in ihrem tatenlustigen Busen wälzen, desto furchtbarer *zerrt* die Schuld der Vergangenheit an ihrem innern Tun, zerrt sie schon in der Inhaltswahl ihrer Vorsätze und Projekte – nicht erst in ihrer Ausführung; desto tiefer sinkt der ewige Flüchtling seiner Gegenwart und Vergangenheit eben dieser Vergangenheit in die toten Arme. Denn genau um so mächtiger *wirkt* die Schuld der Geschichte, je weniger man sie gegenständlich sieht und bereut. Nicht: »Die Reue unterlassen und das Getane künftig besser machen wollen«, sondern: »Bereuen, und eben darum besser machen«, lautet die rechte Weisung. Nicht die Utopie, sondern die Reue ist die *revolutionärste* Kraft der sittlichen Welt.

Sehen wir also auf den Akt der Fassung des guten Vorsatzes, auf Gesinnungsänderung und Gesinnungswandel, auf das »neue Herz«: so ist dies alles kein von der Reue abgelöstes nur zeitlich folgendes willkürliches Tun oder eine ebensolche Hervorbringung, welche die Reue wie ein Überflüssiges überspringen könnte. All dies quillt aus der Reue wie von selbst hervor. Denn all dies ist nur die Frucht der *natürlichen* Tätigkeit der sich selbst überlassenen, von Schuld freigewordenen, wieder in sich selbst und ihr ursprüngliches Hoheitsrecht eingesetzten Seele. Je weniger der »gute Vorsatz« schon im Reuevorgang intendiert wird, desto machtvoller wird er sich am Ende, eigenmächtig und fast ohne Nachhilfe des bewußten Willens, aus der Reue wie von selbst erheben. Und je weniger der Bereuende geistig in seinem Reueakt auf die Güte des jetzt bereuenden Ich hinschielt – und damit auch die Reue zu einem neuen Anlaß seiner Eitelkeit und eines geheimen Ruhms vor sich selbst oder gar vor Gott macht –; je schmerzensreicher er wie *verloren* ist in die Tiefe seiner Schuld: auf desto königlichere Weise reckt sich, ungesehn von ihm selbst, seine gottgeschaffene Seele empor aus jenem Staube des Irdischen, der sie bisher durchdrang und der ihr den freien Atem nahm. Je tiefer hinein in die Seins-Wurzeln eines persönlichen Aktzentrums die Reue hierbei greift: desto mehr erscheint sie uns als ein Vorgang, der auf höherem, geistigem Gebiete dasselbe ist, wie auf biologischem Gebiete der von Goethe beschriebene elementarste Fall von Wiedergeburt und Tod des Tieres, in dem beide wie in einem Prozeß zusammenfallen und das sich selbst zerlegende Tier sich wieder neu aufbaut.

Denn es gibt keine Reue, die nicht den Bauplan eines »neuen Herzens« schon von ihrem Anbeginn in sich trüge, Reue tötet nur, um zu schaffen. Sie vernichtet nur, um aufzubauen. Ja, sie baut schon dort heimlich, wo sie noch zu vernichten scheint. So ist Reue die gewaltige Tatkraft in jenem wunderbaren Prozesse, den das Evangelium »Wiedergeburt« eines neuen Menschen aus dem »alten Adam«, Empfang eines »neuen Herzens« nennt.

Bearbeitungsfragen:

1. Weshalb charakterisiert gerade die Struktur Vergangenheit–Gegenwart–Zukunft das Besondere menschlichen Lebens im Gegensatz zum Naturgeschehen?
2. Weshalb ist diese Unterscheidung von besonderer Bedeutung, um das Wesen der Reue zu verstehen?
3. Was meint Max Scheler, wenn er sagt: »Erinnerung ist der Anfang der Freiheit«?
4. Nichts, was geschehen ist, kann je ungeschehen gemacht werden. Was aber heißt es, daß Reue das Unabänderliche verändert?
5. Weshalb hilft Reue uns, gegen uns selbst wahrhaftig zu sein?
6. Weshalb genügt es nicht, gute Vorsätze zu fassen und es »einfach besser zu machen«?
7. Was bedeutet es, daß Reue die revolutionärste Kraft der sittlichen Welt ist?

IV. Recht und Gerechtigkeit

Bearbeitet von Walter Schweidler (1), Wolfgang Schrader (2) und Thomas Buchheim (3)

Das Gebiet des Rechts nimmt gegenüber dem der Ethik eine eigentümliche Stellung ein. Einerseits liegt das Recht für alle Mitglieder einer Gemeinschaft bzw. Gesellschaft verbindlich fest: Wer aufgrund ethischer Erwägungen bestimmten Rechtsvorschriften nicht gehorcht, muß mit Strafe rechnen. Andererseits unterliegt der Inhalt des Rechts selbstverständlich eminent ethischen Maßstäben: Der Gesetzgeber, der Recht schafft, und der Richter, der Recht spricht, sind an etwas gebunden, was nicht selbst wieder schon fest vorgegeben ist. Die Verfassung und die einzelnen Gesetze sind keine Gestaltungsinstrumente, die man nur automatisch anzuwenden brauchte, damit Staat und Gesellschaft gerecht gestaltet werden. Und selbst wenn man noch so genaue und detaillierte Rechtsetzung betreiben würde, müßten ja die Prinzipien dieser Rechtsetzung wieder moralisch gerechtfertigt werden können. Zugleich bleibt festzuhalten, daß nirgendwo grundsätzliche Entscheidungen konkreter und mitunter schmerzhafter ins Leben des einzelnen eingreifen als auf dem Gebiet des Rechts. Wer unmoralisch lebt, mag sich selber und vielleicht die, die mit ihm in Berührung kommen, gefährden; wer jedoch schlechte Gesetze macht und ihre Einhaltung erzwingt, führt unter Umständen ganze Staaten und damit eine Vielzahl von Menschen ins Verderben. Auf der anderen Seite gilt wiederum: Wäre die sittliche Entscheidung des einzelnen allem Recht übergeordnet, so wäre Gesetzlichkeit überhaupt unmöglich. Wo also liegt die Verbindung zwischen Recht und Gewissen, zwischen staatlichem Zwang und bürgerlicher Freiheit? Die klassische Antwort der Philosophie ist immer problematisch gewesen und dennoch nie aus dem Horizont der möglichen Lösung verschwunden: Sie besteht im Gedanken des *Naturrechts*. Es gibt Grundsätze des Rechts, die den Gesetzgeber und den Richter binden, ohne daß man sie konkret zum Inhalt eines bestimmten Gesetzes machen könnte und ohne daß man in jedem Fall exakt sagen könnte, welcher Rechtssatz oder welche Entscheidung ihnen am ehesten gerecht werden. Hierfür kommt es dann auf die Gewissensentscheidung des Richters bzw. des Gesetzgebers an; Maßstab der Gewissensentscheidung ist jedoch wiederum das Recht. Das bedeutet konkret: Es kann richterliche Entscheidungen und vor allem auch *Gesetze* geben, die *unrecht* sind. Es gibt also demnach ein *Recht über dem Gesetz*. Die Verbindung von Ethik und Recht liegt im Grundsatz der *Gerechtigkeit*, der zugleich Inhalt höchster moralischer Reflexion wie auch Prinzip der Gesetzgebung ist.

IV.1 Recht und Gesetz
Radbruch: Die Erneuerung des Rechts

Wenn es übergesetzliches Recht gibt, so kann der Staat nicht nur dadurch gegen das Recht verstoßen, daß er seine eigenen Gesetze mißachtet, daß also Vertreter des Staates aufgrund ihrer Macht ungesetzlich handeln, sondern auch dadurch, daß er ungerechte Gesetze schafft. Daß man vor der erstgenannten Art von staatlichem Rechtsbruch auf der Hut sein müsse, war die tragende Überzeugung aller neuzeitlichen Staatsrechtslehre, insbesondere der Theorie der *Gewaltenteilung* und des Prinzips des *Rechtsstaats*. Im Staat muß das Gesetz herrschen, nicht die Willkür der Machthaber. Dazu ist erforderlich, die Stellung des Gesetzes möglichst stark zu machen und seine Anwendung natürlich auch vor der Willkür des Richters, etwa vor überweiter Ausdehnung oder falscher Interpretation, zu schützen. Nur gerät man dadurch in die Gefahr zu übersehen, daß die Errichtung des Gesetzes ja selbst ein staatlicher Akt ist. Erleben wir nicht immer wieder, aus welch rechtsfremden, insbesondere parteipolitischen Erwägungen Gesetzesvorhaben mitbestimmt und mitbedingt werden? Wenn dies schon in einem demokratischen Staat zu Bedenken führen kann, um wieviel größer ist dann die Gefahr, ja die Notwendigkeit, daß in der Diktatur Gesetze zum bloßen Herrschaftsinstrument der Machthaber mißbraucht werden können! Mit einem Mal erscheint dann die Betonung der Macht des Gesetzes als Einlaßstelle der Kaschierung und möglicherweise Perfektionierung des Unrechts.

Diese Ambivalenz des Verhältnisses von Gesetz und Recht ist gerade in Deutschland mit dem Umschlag vom demokratischen zum diktatorischen Staat 1933 in schärfster Weise zutage getreten. Der Diktator, noch dazu auf gesetzliche Weise an die Macht gekommen, höhlte nicht nur die bestehenden Gesetze aus, sondern schuf alsbald neue, deren Ungerechtigkeit politisch nicht mehr kontrolliert, offengelegt und darum auch juristisch nicht mehr behoben werden konnte. Weil niemand die Herrschaft einer derartigen Diktatur einkalkuliert hatte, kam die Grundüberzeugung der allgemein anerkannten Staatsrechtslehre den Interessen der neuen Machthaber entgegen. Sie bestand im sogenannten *Rechtspositivismus*, den man durch das Prinzip beschreiben kann: Ein Gesetz gilt, weil es auf verfassungsmäßige Weise zustande gekommen ist; Schaffung und Ausgestaltung der Verfassung ist aber ein politisches Geschehen, das juristisch nicht überprüfbar, sondern aller Rechtsanwendung vorauszusetzen ist. Der Richter kann nicht als Kontrolleur der vom Volk getragenen Gesetzgeber auftreten. Eben auf dieses Prinzip aber stützte sich die nationalsozialistische Auffassung und Pervertierung von Recht und Moral gemäß dem Schlagwort: Gut ist (und recht), was dem Volke nützt!

Gustav Radbruch (1878–1949), einer der bedeutendsten Juristen der Weimarer Republik, Wissenschaftler und Reichsjustizminister, gehörte zu den ersten, die nach dem Zweiten Weltkrieg den Rechtspositivismus – und damit ihre eigene Haltung in der Weimarer Zeit – für die Katastrophe der Zerschlagung des Rechtsstaats und der Gerechtigkeit mitverantwortlich machten. Vor dem Kriege war Rechtssicherheit für Radbruch schlechthin entscheidend gewesen: Gesetze müssen unbedingt eingehalten werden, damit man sich im Staat überhaupt auf etwas verlassen kann. Nach dem Krieg sprach er nun von der Möglichkeit »unrechten Rechts«: Gesetze, die gegen elementares, letztlich göttlich fundiertes Menschenrecht verstoßen, haben mit Recht nichts zu tun und können darum auch niemals unter dem Gesichtspunkt der »Rechtssicherheit« bewahrenswert sein. Der Richter, der, beispielsweise am Volksgerichtshof, aufgrund solcher Gesetze Menschen dem Tod überantwortet, hat nicht Recht gesprochen, das sich im nachhinein als Unrecht herausstellt, sondern er ist ein Rechtsbeuger und als solcher zu verfolgen.

Unter dem Einfluß von Politikern und Juristen wie Radbruch hat sich die Gestaltung der Bundesrepublik Deutschland wesentlich auf dem Boden des Naturrechtsgedankens vollzogen. Man verpflichtete den neuen Staat in Artikel 1 des Grundgesetzes auf die Würde des Menschen und die Menschenrechte als absolute Bindung jeden weiteren zu erlassenden oder zu sprechenden Rechtes. In mehreren konkreten Einzelentscheidungen bezog sich die Rechtsprechung, vor allem auch das selbst als Hüter der Verfassung, als oberstes Bundesorgan gegenüber dem Gesetzgeber gegründete Bundesverfassungsgericht, auf das göttlich fundierte Sittengesetz als übergesetzliche, von gesellschaftlicher Anerkennung unabhängige Norm. Artikel 20 Absatz 3 des Grundgesetzes spricht bewußt von »Gesetz und Recht«, an die die Regierung, die Verwaltung und die Rechtsprechung gebunden sind. Und Absatz 4 gewährt ein Recht auf Widerstand gegen jeden, der an die Beseitigung der verfassungsmäßigen Rechtsordnung geht.

»Die Erneuerung des Rechts« ist ein kurzer Beitrag Radbruchs aus dem Jahr 1947, der an seine Schrift »Gesetzliches Unrecht und übergesetzliches Recht« von 1946 anschließt. Die Abkehr vom Rechtspositivismus wegen der Erfahrungen im Dritten Reich wird mit grundsätzlichen Bestimmungen der eigenen Sphäre des Rechts und der Forderung nach völkerrechtlich verfaßten internationalen Rechtsprechungsinstitutionen verbunden. Schließlich hält Radbruch den Rückbezug auf eine »religiöse Grundlage« des Rechts für unverzichtbar.

Gustav Radbruch: Die Erneuerung des Rechts

Als wir alten Juristen unser Studium begannen, war es eine Seltenheit, daß das Rechtsstudium eigenen Neigungen entsprang. Meistens ging es aus der Tradition des Elternhauses oder aus dem Mangel einer entschiedenen Neigung für ein anderes Studium hervor. Es ist wohl überhaupt so, daß das Rechtsstudium von jüngeren Menschen kaum je mit ursprünglicher Neigung ergriffen wird, weil Recht eine Sache des Mannesalters ist, verbunden mit viel Resignation, dem Verzicht zum Beispiel auf die unbedingte Gerechtigkeit zugunsten des notwendig unvollkommenen positiven Rechts. Bei der jetzigen studierenden Generation steht es trotzdem weit günstiger um ihr inneres Verhältnis zum Rechtsstudium. Früher als andere Generationen in das wirtschaftliche und soziale Leben gestellt, konnten auch junge Menschen die innige Verflechtung des Rechts in alle wirtschaftlichen und sozialen Zusammenhänge selbst erleben und aus diesem Erleben heraus Verständnis und Neigung für rechtliche Dinge gewinnen. Auch sind die Aufgaben, vor die gerade die kommende Juristengeneration gestellt sein wird, besonders schwer und eben deshalb für jeden wirklich aktiven Juristen besonders anziehend. Denn auch das Recht hat der Nationalsozialismus uns als ein Trümmerfeld hinterlassen. Den Juristen ist die schwere Aufgabe gestellt, die Stätte der Zerstörung aufzuräumen und auf ihr den Neubau des Rechts zu errichten.

Vor allem muß die Achtung vor dem Gesetz wiederhergestellt werden. Die Staatsgewalt des Dritten Reiches hat das Gesetz immer wieder schamlos gebrochen. Heiligste Menschenrechte, Leben, Freiheit, Ehre, wurden ohne auch nur den Vorwand der Gesetzlichkeit tausendfach mit Füßen getreten. Alles, was nach der Ansicht oder nach dem Vorgeben der Machthaber dem Volke nützte, galt als erlaubt. Jetzt gilt es, die Rechtssicherheit neu zu errichten, die Bindung des Staates an sein eigenes Gesetz zu erneuern, den Rechtsstaat wiederaufzubauen. Wenn in jener mehr als vierzigjährigen Friedenszeit, die den deutschen Einigungskriegen folgte, Jacob Burckhardt ironisch von der bürgerlichen »Securität« sprach, Friedrich Nietzsche das »gefährliche Leben« pries – *wir* haben die Sicherheit des Rechts lange genug entbehren müssen, alle Gefahren einer willkürlichen Staatsführung bedrohlich genug erleben müssen, um die Rechtssicherheit wieder nach ihrem wahren Werte zu schätzen.

Aber neben der Wiederherstellung der Achtung vor dem Gesetz hat der deutsche Jurist noch eine zweite Aufgabe, die zu jener ersten fast in einem Gegensatz zu stehen scheint. Vielfältig haben die Machthaber der zwölfjährigen Diktatur dem Unrecht, ja dem Verbrechen die Form des Gesetzes gegeben. Sogar der Anstaltsmord soll durch ein Gesetz untergründet gewesen sein, freilich in der monströsen Form eines unveröffentlichten Geheimgesetzes. Die überkommene Auffassung des Rechts, der seit Jahrzehnten unter den deutschen Juristen unbestritten herrschende *Positivismus* und seine Lehre »Gesetz ist Gesetz«, war gegenüber einem solchen Unrecht in der Form des Gesetzes wehrlos und machtlos; die Anhänger dieser Lehre waren genötigt, jedes noch so ungerechte Gesetz als Recht anzuerkennen. Die Rechtswissenschaft muß sich wieder auf die jahrtausendealte gemeinsame Weisheit der Antike, des christlichen Mittelalters und des Zeitalters der Aufklärung besinnen, daß es ein höheres Recht gebe als das Gesetz, ein Naturrecht, ein Gottesrecht, ein Vernunftrecht, kurz ein übergesetzliches

Recht, an dem gemessen das Unrecht Unrecht bleibt, auch wenn es in die Form des Gesetzes gegossen ist, – vor dem auch das auf Grund eines solchen ungerechten Gesetzes gesprochene Urteil nicht Rechtssprechung ist, vielmehr Unrecht, mag auch dem Richter, eben wegen seiner positivistischen Rechtserziehung, solches Unrecht nicht zur persönlichen Schuld angerechnet werden.

Freilich, diese Begriffe des übergesetzlichen Rechts und des gesetzlichen Unrechts bringen gerade für die von uns so dringend geforderte Rechtssicherheit schwere Gefahren mit sich. Es ist zu wünschen, daß der Gesetzgeber solches gesetzliches Unrecht durch Gesetz aufhöbe und es so dem Richter ersparte, es für unrechtmäßig und ungültig erklären zu müssen. Dies ist für die amerikanische Zone auch geschehen, durch die beiden Gesetze »zur Wiedergutmachung nationalsozialistischen Unrechts in der Strafrechtspflege« und »zur Ahndung nationalsozialistischer Straftaten«.

Die Wiederherstellung des *Rechtsstaats* ist für uns Juristen die vordringlichste Aufgabe. Aber auch die Errichtung des *Volksstaates*, der Demokratie, erheischt vielfältige juristische Denkarbeit. So ist der Kampf gegen das Verhältniswahlrecht und für ein Mehrheitswahlrecht auch juristischer Würdigung zugänglich. Es ist nicht an dem, daß das Verhältniswahlrecht eine unwiderlegbare Forderung der Gerechtigkeit wäre, der das Mehrheitswahlrecht als eine Forderung bloßer politischer Zweckmäßigkeit gegenüber träte. Das Verhältniswahlrecht ist die Verwirklichung einer mathematischen Gerechtigkeit, die an ihrem Platze wäre, wenn eine Wahl nichts anderes bedeutete als die Ablegung eines politischen Glaubensbekenntnisses und wenn das Wahlrecht keine andere Aufgabe hätte, als die zahlenmäßige Verteilung der verschiedenen Glaubensbekenntnisse in der gewählten Körperschaft in verkleinerten Maßen zum Ausdruck zu bringen. In Wahrheit haben Wahlen eine andere, die durchaus praktische Aufgabe, die Grundlagen zu schaffen für die Bildung der Regierungen. Unter diesem Gesichtspunkt ist es aber nicht nur unzweckmäßig, sondern auch ungerecht, gleiche Chancen zu gewähren den großen, regierungsfähigen Parteien und den kleinen Splitter- und Zwergparteien, welche die Bildung einer Regierung nur erschweren und stören können, indem sie darauf einen weit über das zahlenmäßige Gewicht ihrer Wahlstimmen hinausgehenden Einfluß üben. Nicht nur politische Zweckmäßigkeit, sondern auch Gerechtigkeit fordert also das Mehrheitswahlrecht. Daß unter dem Gesichtspunkte der Zweckmäßigkeit auch das Mehrheitswahlrecht nicht fehlerlos ist und eine Abwägung seiner Fehler gegen die des Verhältniswahlrechts notwendig ist, das gehört nicht in den Kreis unserer juristischen Betrachtungen.

Die neuen staatlichen Gebilde auf deutschem Boden werden Rechtsstaaten und Volksstaaten sein, sie werden endlich auch soziale Staaten sein müssen. Soziales Recht nennen wir diejenigen öffentlich-rechtlichen Modifikationen der rechtsformalen Gleichheit, der juristischen Eigentums- und Vertragsfreiheit, kurz des individualistischen Privatrechts, welche dazu dienen, den Machtunterschied zwischen den wirtschaftlich Schwachen und den wirtschaftlich Mächtigen, den Arbeitnehmern und Arbeitgebern, auszugleichen. Schon vor 1933 waren neben dem Bürgerlichen Gesetzbuch zur Korrektur des individualistischen Privatrechts die neuen sozialrechtlichen Zweige des Arbeitsrechts und des Wirtschaftsrechts entstanden. Der Nationalsozialismus hat zwar durch die Auflösung der Gewerkschaften aus dem sozialen Recht das Herzstück herausgebrochen, aber nach seiner Weise zugleich in sich überschreienden Schlagworten die Forderung sozialen Rechts verkündigt. »Du bist nichts, Dein Volk ist alles« hieß es, und ein bekannter Jurist feierte hier in Heidelberg in einer programmatischen Rede den »Abschied vom BGB«, im Grunde vom Privatrecht überhaupt. Kein Wunder, daß gegenüber solchen Übertreibungen jetzt der Wert des individualistischen Privatrechts von neuem betont wird – ich erinnere an die aufsehenerregende Rektoratsrede des Frankfurter Professors Hallstein, die in der Süddeutschen Juristenzeitung veröffentlicht wurde.

Hallstein entgegnet auf jene nationalsozialistische Parole »Du bist nichts, Dein Volk ist alles« mit der Frage: »Wie kann eine Gesamtheit von lauter Nichtsen etwas anderes sein als ein

Nichts?« Er stellt der ausschließlichen Auffassung des einzelnen als Gliedes des Ganzen den ursprünglichen Eigenwert der Persönlichkeit gegenüber. Er zeigt, wie das Privatrecht letztlich begründet ist in der Anerkennung der Menschenrechte, in der menschlichen Freiheit.

In der Tat: Wir wollen das soziale Recht in Gestalt des Arbeits- und Wirtschaftsrechts erhalten und fortgebildet wissen, daneben aber den individualistischen Geist, die Selbständigkeit des einzelnen und das Eigenrecht der Familie, nicht völlig verabschieden. Unser altes, braves, glanzlos nüchternes, ehrlich individualistisches BGB ist uns angesichts des verlogenen Phrasenschwalls nationalsozialistischer Gesetzespräambeln noch schätzbarer geworden und wird neben dem neuzeitlichen Arbeits- und Wirtschaftsrecht uns wohl auch in der Zukunft noch lange erhalten bleiben. (Der Ausgleich zwischen sozialrechtlicher Organisation einerseits, persönlicher Freiheit und kultureller Eigengesetzlichkeit andrerseits ist auch der Grundgedanke jenes »freien Sozialismus«, der vor kurzem von zwei Heidelberger Sozialisten programmatisch verkündigt worden ist.)

Darin liegt zugleich beschlossen, daß das Recht etwas Höheres ist als ein Teil der Staatsraison, daß es dem Staat gegenüber ein eigengesetzliches Geistesgebilde ist, eine selbständige Kulturmacht. Wie die Wissenschaft vom Staate gepflegt wird, ohne daß er in ihre Eigengesetzlichkeit eingreifen dürfte, wie diese nur nützlich ist, wenn sie sich ohne Rücksicht auf Nützlichkeitszwecke nach ihrer eigenen Art entfalten kann, so und nicht anders steht es auch um das Recht. Die Unabhängigkeit des Richters ist nichts als der Ausdruck für die Eigengesetzlichkeit des Rechts gegenüber jedem staatlichen Interesse. Das auf seine Unabhängigkeit gegründete Berufsethos des Juristenstandes ist die wirksamste Grundlage des Rechtsstaates. Durch das von ihm geschaffene und verkörperte *Common Law* ist der englische Juristenstand noch heute das Fundament der Eigengesetzlichkeit des Rechts in England, des *Rule of Law*, der sonst nirgendwo so fest wie dort verbürgten Herrschaft des Rechts. Unter dem Eindruck der zunehmenden Masse der Gesetze, der

Schaffung immer neuer außergerichtlicher Stellen zur Wahrung dieser Gesetze und ungewohnter Eingriffe des Gesetzgebers in das Eigenleben der Justiz hat vor nicht langer Zeit in der »Times« ein hoher englischer Richter, Sir Henry Slesser, einen Notschrei erhoben gegen die Gefährdung des Juristenstandes, des *Common Law* und des auf dieses gegründeten Rechtsstaats, »der eigenartigen Mischung von Freiheit und Ordnung, von Toleranz und Pflicht«, die überall gelte, wo das englische *Common Law* in Geltung ist: Das *Common Law* sei ein einzigartiger Beitrag zur christlichen Kultur, sein Verfall könne sich als eine der größten Tragödien unserer Zeit erweisen. Wir Deutschen haben angesichts der ungleich schwächeren Tradition und Position unseres Juristenstandes Anlaß, mit noch größerer Besorgnis nicht nur auf die hinter uns liegende Ausschaltung der Unabhängigkeit der Gerichte zu blicken, vielmehr auch auf ihre gegenwärtige Gefährdung in denjenigen Teilen Deutschlands, in denen nicht angelsächsische Justiztradition sich die Wahrung der Unabhängigkeit auch unserer Gerichte angelegen sein läßt.

Der weitaus wichtigste Teil der Rechtserneuerung aber vollzieht sich im Gebiete des Völkerrechts. Ich bekenne mich zu den rechtlichen Grundgedanken des historischen Nürnberger Urteils. Zwei neue Gedanken hat dieses Urteil dem überkommenen Völkerrecht eingefügt: Einerseits sollen völkerrechtliche Verpflichtungen fortan nicht nur die Staaten binden, sondern die Staatsmänner und überhaupt jeden einzelnen Staatsbürger persönlich verpflichten; andererseits soll die Verletzung völkerrechtlicher Verpflichtungen in Zukunft nach einem durch die Rechtsprechung neugeschaffenen Völkerstrafrecht in der Person der Schuldigen gestraft werden. Beide Grundsätze sind freilich zunächst auch bloß Saat in die Zukunft; erst wenn sie bei gleicher Schuld auch auf andere Staatsmänner als die des besiegten Deutschlands werden angewendet werden, erst dann wird sich ihre wirkliche Geltung erweisen. Ob sie sich aber zu wirklicher Geltung bringen werden, das hängt weitgehend davon ab, ob in der Zukunft in internationalen Gerichten wahrhaft übernationale Menschen zu Gericht sitzen werden, die innerlich über die Nationen hinausgewachsen sind, auch über ihre eigene Nation. Erhabenes Vorbild für solche übernationale Menschen ist der päpstliche Stuhl. Der Papst tritt aus seiner Nation heraus, um Vater der gesamten katholischen Christenheit zu werden. Seine Souveränität darf nicht, wie es meist in der Völkerrechtswissenschaft geschieht, als eine nur geschichtlich erklärliche völkerrechtliche Anomalie gewertet werden, sie muß vielmehr zum Ausgangspunkte völkerrechtlicher Neubildungen gemacht werden. Nicht nur die christliche Religion, auch andere internationale geistige Mächte, die Wissenschaft, die Kunst, das Recht, müßten souveräne Spitzenorganisationen erhalten, mit denen sie in die internationale Welt hineinragen. In solchen Vertretungen internationaler geistiger Mächte wird sich ein Stab von Menschen bilden, die nicht mehr in ihre Nation eingeschlossen sind, sondern sich ausschließlich im Dienst der ganzen Menschheit wissen. Nur solche übernationalen Menschen werden der Aufgabe einer wahrhaft internationalen Rechtsprechung gewachsen sein; nur sie werden fähig sein, nicht nur nach der Art eines Kompromisses die mittlere Diagonale des beiderseitigen Unrechts zweier streitender Nationen zu ziehen, vielmehr von einem allen Nationen überlegenen Menschheitsstandpunkte aus wahrhaft internationales Recht zu schaffen.

Angesichts der Nürnberger Todesurteile – und der vielen anderen – haben auch wir alten Gegner der Todesstrafe bisher geschwiegen. Zur Aburteilung standen Verbrechen so ungeheuren Ausmaßes und so tiefer Unrechtgesinnung, daß die gewöhnlichen strafrechtlichen Maßstäbe versagen mußten. Kant spricht einmal von der Idee des »äußersten Bösen«; er findet es darin, daß Menschen sich zur Maxime, zur Regel machen, wider das Sittengesetz zu handeln. Und er erklärt dieses äußerste Böse, diese Verkehrung sittlicher Unwerte zu sittlichen Werten für menschenunmöglich, für einen bloßen ideellen Grenzfall. Vor dem Nürnberger Gericht waren solche Verkörperungen des äußersten Bösen leibhaft anwesend. Einer meiner nächsten Freunde, ein tief humaner Mensch, der aus dem KZ-Lager Buchenwald zurückkehrte (um später in Auschwitz ermordet zu werden), tat einen Ausspruch, den ich nie vergessen werde: »Diese Menschen«, sagte er von seinen Buchenwalder Quälern, »werden eine andere Sprache gar nicht verstehen als die der Todesstrafe.« Der Tod ist in den zwölf Jahren der Diktatur und des Krieges so billig geworden, in so riesenhaften Zahlen und in so grauenhaften Formen wirklich geworden, daß man es nicht verstehen würde, wenn er gerade den Schuldigsten erspart bliebe. Aber einmal wird ein Schlußstrich gezogen werden müssen unter diese furchtbare Gleichgültigkeit gegen menschliches Leben und menschliches Glück. Goethe sagt einmal von den großen Strafrechtsreformern des achtzehnten Jahrhunderts: »Welchen Weg mußte nicht die Menschheit machen, bis sie dahin gelangte, auch gegen Schuldige gelind, gegen Verbrecher schonend, gegen Unmenschliche menschlich zu sein.« Wir müssen uns beschämt gestehen, daß wir auf diesem Wege viele Schritte zurückgegangen sind, und es wird schwer sein, den richtigen Zeitpunkt zur Umkehr zu ergreifen – der Umkehr zur Humanität und der Umkehr zur Rechtssicherheit. Zu lange Zeit hindurch ist nur von der Zweckstrafe geredet worden, von der Unschädlichmachung, von der Abschreckung, bestenfalls von der Besserung, und nicht auch von den Ideen, die der Zweckstrafe Grenzen ziehen, eben der Humanität und der Rechtssicherheit. Zur Rechtssicherheit genügt auch nicht die Rückkehr zu dem alten Satze *Nulla poena sine lege*, keine Strafe ohne Gesetz, sondern man muß auch starke Abstriche machen von dem, was man bisher als Fortschritt begrüßte: von der Individualisierung, der Psychologisierung, von allem dem, was man Täterstrafrecht nennt. Die Rechtssicherheit verbietet eine zu weit gehende Verinnerlichung und Verfeinerung der strafrechtlichen Begriffe, da solche Begriffe die Gefahr irrtümlicher Anwendung in bedenklichem Maße in sich tragen, die Gefahr für die Rechtssicherheit. Vergessen wir nicht, daß Franz von Liszt, der große Strafrechtsreformer, dessen Lehren gerade jetzt wieder so aktuell werden, neben dem Gedanken der Zweckstrafe dem Gedanken der Rechtssicherheit gleichermaßen starken Ausdruck verliehen hat – er hat das zum Sprichwort gewordene Paradoxon geprägt, das Strafgesetzbuch sei die Magna Charta des Verbrechers.

Zur Führung bei der Erneuerung des Rechtswesens bedarf es eines höchsten Gerichtes für ganz Deutschland, eines Ersatzes für unser ehrwürdiges Reichsgericht. Nur ein solches Gericht wird auch die Wirksamkeit der Menschen- und Bürgerrechte unserer Verfassungen und einer zukünftigen Verfassung für ganz Deutschland wirksam gewährleisten können. Vorbild eines höchsten deutschen Gerichts muß der *Supreme Court*, das oberste Gericht der Vereinigten Staaten, sein, der mächtigste Gerichtshof, den diese Erde kennt. Er kontrolliert die gesamte Staatsmaschine der Vereinigten Staaten in ihrem rechtmäßigen Funktionieren. Er garantiert die Grundrechte der Verfassung. In seinem Schoße spielen sich die großen Wandlungen amerikanischer Rechtsauffassung ab. So hat die Wendung zum sozialen Recht sich wesentlich dadurch vollzogen, daß aus den »*dissenting opinions*«, den Minderheitsvoten des großen Richters Oliver Wendell Holmes, in dessen eigener Brust individualistische und soziale Motive in gleicher Kraft miteinander rangen, allmählich Mehrheitsvoten wurden. Nur ein Gerichtshof für ganz Deutschland vermag ähnliche Autorität zu gewinnen. Daß, in welcher Form auch immer, die politische Einheit Deutschlands und mit ihr eine höchste Gerichtsbarkeit für ganz Deutschland wiederhergestellt werde, das ist das dringendste unserer Bedürfnisse auf dem Gebiete des Rechts.

Aber unserem Rechte muß noch eine höhere Weihe zuteil werden als die Verkörperung in einem höchsten Gericht. Wie schwach ein Recht ist, das der religiösen Weihe entbehrt, das haben wir in den schweren Zeiten nationalsozialistischer Rechtsverachtung bitter genug erfahren. Die katholische Lehre hat es an einer religiösen Untergründung des Rechts nie fehlen lassen: Schon durch die göttliche Schöpfung ist mit den Naturgesetzen das natürliche Recht der Welt eingestiftet, und göttliche Offenbarung hat der Kirche ihr eigenes Recht gegeben. Auch die evangelische Kirche ist bemüht, über Luthers Auffassung des Rechts als einer rein weltlichen Ordnung hinauszukommen und dem Recht wieder eine religiöse Grundlage zu geben. Dies war wohl der Sinn jener Juristentagung, die vor nicht allzulanger Zeit von kirchlicher Seite nach Bad Boll einberufen wurde. Auch in dem Bekenntnis zur Heiligkeit des Rechts gehen also beide Kirchen einen gemeinsamen christlichen Weg.

Dieser Weg ist mitbestimmt durch die Weisheit des anderen großen Rechtsvolkes neben den Römern, die im Alten Testament ihren Ausdruck gefunden hat. Dort fanden wir während der vergangenen zwölf Jahre den erhabensten Ausdruck auch unserer eigensten Rechtsnot, im Prediger Salomo: »Ich wandte mich und sah an alles Unrecht, das geschah unter der Sonne, und siehe, da waren Tränen derer, so Unrecht litten und hatten keinen Tröster, und die ihnen Unrecht taten, waren zu mächtig, daß sie keinen Tröster haben konnten. Da lobte ich die Toten, die schon gestorben waren, mehr denn die Lebendigen, die noch das Leben hatten. Und besser denn alle beide ist, der noch nicht ist und des Bösen nicht inne wird, das unter der Sonne geschieht.«

Aus der Qual einer so empfundenen Rechtsnot muß und wird die Erneuerung des Rechts ihre besten Kräfte ziehen.

Bearbeitungsfragen:

1. Auf welche ethischen Grundansätze bezieht sich Radbruch in seiner Forderung nach Wiederzuwendung zum Naturrecht?
2. Was ist mit »Rechtssicherheit« gemeint, und inwiefern kann diese durch die Anerkennung übergesetzlichen Rechts und gesetzlichen Unrechts beeinträchtigt werden?
3. Sind die Vereinten Nationen eine Institution im Sinne von Radbruchs Vorstellung einer internationalen, der Menschheit als ganzer verpflichteten Organisation geworden?
4. Ist Radbruchs Forderung nach einer religiösen Weihe des Rechts erfüllbar?

IV.2 Recht und Staatsvertrag
Hobbes: Leviathan, 14. und 15. Kapitel

Gerechtigkeit wird bei *Thomas Hobbes* (1588–1679) im Rekurs auf den Gedanken der Vertragstreue bestimmt. Im 15. Kapitel des ersten Buches seines »Leviathan« stellt er kategorisch fest, abgeschlossene Verträge zu halten sei »Quelle und Ursprung der Gerechtigkeit« (vgl. S. 294). Dagegen sei Ungerechtigkeit gleichbedeutend mit »Nichterfüllung eines Vertrages«, und alles, heißt es weiter, was nicht ungerecht ist, sei gerecht.

Mit dieser Bestimmung dessen, was unter Gerechtigkeit zu verstehen ist, bricht Hobbes in grundlegender Weise mit der Tradition der klassisch-politischen Philosophie. Die seit Platon und Aristoteles zentralen Themen der Theorie der Gerechtigkeit – die Frage nach den Kriterien für die gerechte Verteilung von bürgerlichen Vorteilen (austeilende Gerechtigkeit) und das Problem der gerechten Regelung des vertraglichen Verkehrs (ausgleichende Gerechtigkeit) – verlieren bei Hobbes ihre herausragende Bedeutung. Ausdrücklich kritisiert Hobbes, und zwar in direkter Auseinandersetzung mit Aristoteles, sowohl die Lehre von der austeilenden als auch die von der ausgleichenden Gerechtigkeit.

Seine Kritik richtet sich dabei vor allem auf die falsche Anwendung des Prinzips der Gleichheit. So hatte Aristoteles gezeigt, daß die Verteilung von Gütern und Lasten nur dann gerecht sei, wenn der unterschiedliche Wert der Personen, ihre Tugend oder Würdigkeit, berücksichtigt werde: Das, was A an Gütern oder Vorteilen erhält, muß sich zu dem, was B erhält, so verhalten, wie sich die Würdigkeit des A zu der Würdigkeit des B verhält (proportionale Gleichheit). Demgegenüber macht Hobbes jedoch geltend, daß die Menschen ihrer Natur nach gleich seien, so daß für die Frage, »wer der bessere Mann sei..., im reinen Naturzustand, in dem... alle Menschen gleich sind, kein Raum« ist*. Nicht der unterschiedliche Wert der Personen, sondern die ursprüngliche Gleichheit der Menschen muß nach Hobbes den Ausgangspunkt einer Betrachtung der menschlichen Natur bilden. Die Gleichheit der Menschen nicht anzuerkennen ist für ihn Hochmut. Nicht auf Grund von Gerechtigkeit kann daher nach Hobbes

---

* Thomas Hobbes, Leviathan, hrsg. und eingeleitet von Iring Fetscher, Darmstadt/Neuwied 1966, S. 117.

das Verdienst eines Menschen belohnt werden, sondern »allein aus Gunst« (vgl. S. 301).

Aber Hobbes verwirft nicht nur den Gedanken einer auf proportionaler Gleichheit beruhenden Verteilungsgerechtigkeit, sondern er wendet sich auch gegen die Lehre von der ausgleichenden Gerechtigkeit, die nach Aristoteles insbesondere den vertraglichen Verkehr ordnet.

Nach Aristoteles sind Verträge nur dann gerecht zu nennen, wenn in Tauschbeziehungen das Verhältnis der Äquivalenz (der arithmetischen Gleichheit) gewahrt wird. Für Hobbes bildet jedoch die »Wertgleichheit der Gegenstände, über die der Vertrag abgeschlossen wurde«, nicht länger den Maßstab für einen »gerechten« Vertrag, vielmehr bemesse sich der Wert aller Gegenstände eines Vertrages allein »nach dem Verlangen der Vertragspartner, und deshalb ist der gerechte Wert der, den sie zu zahlen bereit sind« (vgl. S. 301). Daher sind nach Hobbes auch solche Verträge gültig und verpflichtend, die ein Vertragspartner aus Furcht oder auf Grund äußeren Zwanges abschließt (z. B. die Vereinbarung, einem ein Lösegeld zu zahlen, oder die Verpflichtung zu Dienstleistungen um der Erhaltung des eigenen Lebens willen) (vgl. S. 291). Entscheidend ist eben nicht, ob zwischen den getauschten Gütern ein Äquivalenzverhältnis besteht, sondern allein die Tatsache, daß ein Vertrag in verbindlicher Form abgeschlossen wurde. Die für Aristoteles in diesem Zusammenhang zentrale Frage, unter welchen Voraussetzungen Verträge gerechte Verträge sind, kann Hobbes gar nicht mehr stellen, da Gerechtigkeit nach ihm ja allein darauf beruht, daß bereits geschlossene Verträge eingehalten werden.

Es ist nun nach den Gründen für die bei Hobbes in Abweichung von der Tradition entwickelte Auffassung von Gerechtigkeit zu fragen. Hobbes kritisiert zwar die klassischen Lehrstücke der Theorie der Gerechtigkeit – die Lehre von der austeilenden und der ausgleichenden Gerechtigkeit –, entfaltet aber die Prämissen seiner Kritik nicht explizit. Um sie zu verdeutlichen, ist auch hier der Vergleich mit Aristoteles hilfreich.

Nach Aristoteles sind die tugendgemäßen Tätigkeiten – und damit auch die Gerechtigkeit – hingeordnet auf das Endziel menschlichen Handelns – das vollkommene Gute, die Glückseligkeit, »das wir um seiner selbst willen wollen und das andere um seinetwillen«; in ihm kommt zugleich das menschliche Streben zur Ruhe. Hobbes dagegen kennt weder ein letztes Ziel menschlicher Tätigkeit, noch besteht für ihn das Glück des Menschen in der »zufriedenen Seelenruhe« (in the repose of the mind)*. Glück besteht nach Hobbes vielmehr in dem beständigen »Fortschreiten des Verlangens von einem Gegenstand zu einem anderen, wobei jedoch das Erlangen des einen Gegenstandes nur der Weg ist, der zum nächsten Gegenstand führt«**. Diese Überlegung ist Ausdruck einer gegenüber Aristoteles grundlegend veränderten Bestimmung des Handlungsbegriffs. Denn wenn es kein letztes Ziel menschlicher Tätigkeit gibt, das um seiner selbst willen gewollt wird, dann läßt sich nicht länger sagen, daß das gute Handeln selbst ein Ziel ist und daß die Prinzipien des Handelns in dem Ziel gegeben sind, das durch die Handlung verwirklicht werden soll***. Wird aber der Handlungscharakter nicht durch das zu verwirklichende Ziel, das Gute, bestimmt, dann ist das Handeln nicht mehr vom *Ziel* her begreifbar, sondern es muß gedacht werden als das *Resultat* eines Begehrens, und es ist dann »gut«, wenn es der Befriedigung des Begehrens dient. Begehren aber ist Ausdruck der Bewegungs- und der Lebensfähigkeit des Menschen, und das Erlöschen des Begehrens ist gleichbedeutend mit Tod, da der Mensch für Hobbes seiner naturalen Bestimmung nach nichts anderes ist als Materie in Bewegung (matter in motion). Deshalb ist das Begehren bereits als solches und nicht erst um des intendierten Ziels willen gut; vielmehr ist das Ziel selbst nur darum gut, weil es begehrt wird.

Erst auf dem Hintergrund dieser Überlegungen gewinnt Hobbes' Kritik an der Lehre von der austeilenden Gerechtigkeit ihre Überzeugungskraft. Wenn nämlich ein Gegenstand (Ziel) des Begehrens nicht deshalb begehrt wird, weil er gut ist, sondern nur darum gut ist, weil er begehrt wird, dann kann in der Tat nicht länger die Wertgleichheit der Gegenstände der Maßstab für einen gerechten Vertrag bilden. Wert erhalten Gegenstände vielmehr nur auf Grund des »Verlangens« der Vertragspartner, das sich in dem Preis ausdrückt, den sie zu zahlen bereit sind.

Die Konsequenzen, die sich aus der anthropologischen Grundannahme, der Mensch sei Körper in Bewegung, ergeben, bestimmen zugleich auch Hobbes' Überlegungen zum Gleichheitsprinzip bzw. zum Problem der Verteilungsgerechtigkeit:

Unter der Voraussetzung, daß Leben sich vor allem als Begehren und in der Aneignung des Begehrten durch Handlung äußert, wird

---

* A. a. O., S. 75.
** A. a. O.
*** Aristoteles, Nikomachische Ethik 1140 b 5–20.

Selbsterhaltung identisch mit der unaufhörlichen Bewegung von einem Ziel zu einem neuen Ziel (continual progress of the desire). Pleonexia, das an sich grenzenlose »Mehrhabenwollen«, erscheint als Grundzug der Natur des Menschen. Da jedoch die Befriedigung auch des zukünftigen Begehrens nur durch den Besitz von zureichender Macht (power) sichergestellt werden kann, entsteht nach Hobbes im Menschen das Verlangen nach immer neuer Macht (perpetual desire of power after power). Denn bereits die bloße Sicherung der schon vorhandenen Möglichkeiten der Bedürfnisbefriedigung erfordert den Erwerb zusätzlicher Machtmittel*. Dadurch aber entsteht zwischen den Menschen als natürlichen Körpern ein unaufhebbares Konkurrenzverhältnis, das sich bis zum Kampf auf Leben und Tod steigern kann.

In diesem Kampf sind indessen die Konkurrenten ihrer Natur nach wesentlich gleich: Umbringen kann prinzipiell jeder jeden. Deshalb bezeichnet Hobbes denjenigen als hochmütig, der nicht erkennt, daß jedermann den anderen für seinesgleichen von Natur ansehen soll. Zwar gesteht Hobbes zu, daß sich die einzelnen Menschen auf Grund ihrer natürlichen Anlagen oder Fähigkeiten voneinander unterscheiden mögen, aber daraus folgt nicht, daß dem einen der Vorrang vor dem anderen gebührt. Vielmehr ist der Wert einer Person – ebenso wie der der Gegenstände – nur relativ zu bestimmen. Auch hier gilt: »Die Geltung oder der Wert eines Menschen ist wie der aller anderen Dinge sein Preis. Das heißt, er richtet sich danach, wieviel man für die Benützung seiner Macht bezahlen würde, und ist deshalb nicht absolut, sondern von dem Bedarf und der Einschätzung aller anderen abhängig.«**

Den Zustand des latenten oder offenen Krieges aller gegen alle nennt Hobbes Naturzustand. Der Wunsch, angenehm zu leben, und vor allem die Todesfurcht bilden die Motive des Menschen, diesem Zustand zu entfliehen. Den Weg dazu weist die Vernunft (reason) durch Aufstellung von Friedensartikeln (articles of peace), den Naturgesetzen (leges naturales), die zugleich als Gebote Gottes interpretiert werden müssen. Das erste Gesetz enthält die Forderung, den Frieden zu suchen, das zweite formuliert die Regel, nach der dieses Ziel zu erreichen ist: Konkurrierende Interessen sind durch vertragliche Vereinbarungen auszugleichen. Dieses Gesetz ist es, das Hobbes als

---

* Hobbes, a. a. O., S. 75.
** A. a. O., S. 67.

Quelle und Ursprung der Gerechtigkeit bezeichnet. Allerdings gilt es, wie Hobbes sagt, im Naturzustand nur *in foro interno*, nicht aber *in foro externo*. Wir sind zwar durch unser Gewissen verpflichtet, jenem Gesetz Folge zu leisten, da der vertragliche Ausgleich konkurrierender Interessen »zur Erhaltung des menschlichen Lebens auf Erden« dient (vgl. S. 298). Dennoch ist die Gewissensverpflichtung im Naturzustand nicht schlechthin bindend, da hier eine normdurchsetzende Instanz fehlt, die garantiert, daß die Vertragspartner wechselseitig ihren Verpflichtungen genügen. Eine solche Garantie kann es nach Hobbes allein im Staat, der durch den Souverän repräsentiert wird, geben.

Die Einsetzung des Souveräns erfolgt auch durch einen Vertrag, den Vertrag aller mit allen, in dem die Vertragspartner *eine* Person (den Souverän) als ihren Stellvertreter autorisieren. Allerdings ist bei diesem Vertrag grundsätzlich sichergestellt, daß er von allen Vertragspartnern nicht gebrochen wird. Denn mit der Autorisierung des Souveräns übertragen sie zugleich ihre Macht und ihr natürliches Recht, alles für die eigene Erhaltung Notwendige zu tun, auf den Herrscher; er verfügt somit über die Mittel, die Einhaltung des Vertrages erzwingen zu können.

Der Souverän repräsentiert den Willen derer, die ihn eingesetzt haben; er vertritt als »künstliche Person« die Rechte der natürlichen Personen, die durch den Vertragsabschluß zu Bürgern geworden sind. Durch den Übergang aus dem Naturzustand in den bürgerlichen Zustand treten zugleich an die Stelle der Naturgesetze die bürgerlichen Gesetze, die Ausdruck der Befehle (commands) des Souveräns sind und deren Einhaltung durch dessen absolute Macht erzwungen werden kann. Unter dieser Voraussetzung aber ist gerecht der, der dem bürgerlichen Gesetz gemäß handelt; die Gehorsamspflicht endet erst mit dem Zerfall der Staatsmacht.

Thomas Hobbes: Leviathan

14. Kapitel
Vom ersten und zweiten natürlichen Gesetz und von Verträgen

Das natürliche Recht, in der Literatur gewöhnlich *jus naturale* genannt, ist die Freiheit eines jeden, seine eigene Macht nach seinem Willen zur Erhaltung seiner eigenen Natur, das heißt seines eigenen Lebens, einzusetzen und folglich alles zu tun, was er nach eigenem Urteil und eigener Vernunft als das zu diesem Zweck geeignetste Mittel ansieht.

Unter *Freiheit* versteht man nach der eigentlichen Bedeutung des Wortes die Abwesenheit äußerer Hindernisse. Diese Hindernisse können einem Menschen oftmals einen Teil seiner Macht wegnehmen, das zu tun, was er möchte, aber sie können ihn nicht daran hindern, die ihm verbliebene Macht so anzuwenden, wie es ihm sein Urteil und seine Vernunft gebieten.

Ein Gesetz der Natur, lex naturalis, ist eine von der Vernunft ermittelte Vorschrift oder allgemeine Regel, nach der es einem Menschen verboten ist, das zu tun, was sein Leben vernichten oder ihn der Mittel zu seiner Erhaltung berauben kann, und das zu unterlassen, wodurch es seiner Meinung nach am besten erhalten werden kann. Denn obwohl diejenigen, welche über diesen Gegenstand sprechen, gewöhnlich *jus* und *lex*, *Recht* und *Gesetz*, durcheinanderbringen, so sollten diese Begriffe doch auseinandergehalten werden. Denn *Recht* besteht in der Freiheit, etwas zu tun oder zu unterlassen, während ein *Gesetz* dazu bestimmt und verpflichtet, etwas zu tun oder zu unterlassen. So unterscheiden sich Gesetz und Recht wie Verpflichtung und Freiheit, die sich in ein- und demselben Fall widersprechen.

Und weil sich die Menschen, wie im vorhergehenden Kapitel dargelegt, im Zustand des Kriegs eines jeden gegen jeden befinden, was bedeutet, daß jedermann von seiner eigenen Vernunft angeleitet wird, und weil es nichts gibt, das er nicht möglicherweise zum Schutze seines Lebens gegen seine Feinde verwenden könnte, so folgt daraus, daß in einem solchen Zustand jedermann ein Recht auf alles hat, selbst auf den Körper eines anderen. Und deshalb kann niemand sicher sein, solange dieses Recht eines jeden auf alles besteht, die Zeit über zu leben, die die Natur dem Menschen gewöhnlich einräumt, wie stark und klug er auch sein mag. Folglich ist dies eine Vorschrift oder allgemeine Regel der Vernunft: *Jedermann hat sich um Frieden zu bemühen, solange dazu Hoffnung besteht. Kann er ihn nicht herstellen, so darf er sich alle Hilfsmittel und Vorteile des Kriegs verschaffen und sie benützen.* Der erste Teil dieser Regel enthält das erste und grundlegende Gesetz der Natur, nämlich: *Suche Frieden und halte ihn ein.* Der zweite Teil enthält den obersten Grundsatz des natürlichen Rechts: *Wir sind befugt, uns mit allen zur Verfügung stehenden Mitteln zu verteidigen.*

Aus diesem grundlegenden Gesetz der Natur, das den Menschen befiehlt, sich um Frieden zu bemühen, wird das zweite Gesetz der Natur abgeleitet: *Jedermann soll freiwillig, wenn andere ebenfalls dazu bereit sind, auf sein Recht auf alles verzichten, soweit er dies um des Friedens und der Selbstverteidigung willen für notwendig hält, und er soll sich mit soviel Freiheit gegenüber anderen zufrieden geben, wie er anderen gegen sich selbst einräumen würde.* Denn solange jemand das Recht beibehält, alles zu tun, was er will, solange befinden sich alle Menschen im Kriegszustand. Verzichten aber andere nicht ebenso wie er auf ihr Recht, so besteht für niemanden Grund, sich seines Rechts zu begeben, denn dies hieße eher, sich selbst als Beute darbieten – wozu niemand verpflichtet ist – als seine Friedensbereitschaft zeigen. Dem entspricht dieses Gesetz der Heiligen Schrift: *Was ihr wollt, daß euch andere tun sollen, das tut ihnen*, sowie dieses für alle Menschen geltende Gesetz: *Quod tibi fieri non vis, alteri ne feceris.*

Auf das *Recht* auf irgend etwas *verzichten* heißt sich der *Freiheit begeben*, einen anderen daran zu hindern, den Nutzen aus seinem Recht hierauf zu ziehen. Denn verzichtet jemand auf sein Recht oder überträgt er es, so gibt er damit niemandem ein Recht, das dieser nicht vorher schon besessen hätte, da es nichts gibt, worauf nicht jedermann von Natur aus ein Recht hätte. Er gibt vielmehr dem anderen nur den Weg frei, damit dieser sein eigenes ursprüngliches Recht ohne eine von ihm verursachte Behinderung ausüben kann, nicht aber ohne Behinderung durch einen anderen. So liegt die Wirkung, die der Wegfall des Rechts eines anderen auf jemanden hat, in einer entsprechenden Verringerung der Hindernisse in der Ausübung seines eigenen ursprünglichen Rechts.

Ein Recht wird niedergelegt, indem man entweder einfach darauf verzichtet oder es auf einen anderen überträgt. *Einfacher Verzicht* liegt dann vor, wenn man sich nicht darum kümmert, wem der Vorteil daraus zufällt, *Übertragung*, wenn man beabsichtigt, den Vorteil einer gewissen Person oder Personenmehrheit zukommen zu lassen. Und wenn jemand auf irgendeine Weise sein Recht aufgegeben oder übertragen hat, so sagt man, er sei *verpflichtet* oder *gebunden*, diejenigen, zu deren Gunsten er dieses Recht übertragen oder aufgegeben hat, nicht an der Wahrnehmung des daraus entspringenden Vorteils zu hindern, und er *soll* – es sei seine *Pflicht* – seiner eigenen willentlichen Handlung nicht entgegenhandeln. Und eine solche Behinderung wird *Ungerechtigkeit* und *Unrecht* genannt, da sie *sine jure* geschieht, denn das Recht wurde zuvor aufgegeben oder übertragen. So gleicht also *Unrecht* oder *Ungerechtigkeit* in weltlichen Streitigkeiten in gewisser Beziehung dem, was in den Disputationen der Scholastiker *Absurdität* genannt wird. Denn wie man dort als Absurdität bezeichnet, dem zu widersprechen, was man anfangs behauptet hat, so bezeichnet man es auf weltlichem Gebiet als Ungerechtigkeit und Unrecht, willentlich dem entgegenzuhandeln, was man anfangs willentlich getan hat. Der Weg, auf dem man auf sein Recht entweder einfach verzichtet oder es überträgt, besteht in einer Erklärung oder Kundgebung durch ein oder mehrere willentliche und ausreichende Zeichen, daß man darauf verzichtet oder es überträgt, oder daß man darauf verzichtet oder es auf denjenigen übertragen hat, der es annimmt. Und diese Zeichen sind entweder nur Worte oder nur Handlungen, oder, wie meistens, Worte und Handlungen. Und sie stellen die *Bande* dar, durch welche die Menschen gebunden und verpflichtet werden, Bande, deren Stärke nicht auf ihrer eigenen Natur beruht – denn nichts wird leichter gebrochen als das Wort eines Menschen –, sondern auf der Furcht vor einer üblen Folge des Wortbruchs.

Immer wenn jemand sein Recht überträgt oder darauf verzichtet, so tut er dies entweder in der Erwägung, daß im Gegenzug ein Recht auf ihn übertragen werde, oder weil er dadurch ein anderes Gut zu erlangen hofft. Denn es handelt sich um eine willentliche Handlung, und Gegenstand der willentlichen Handlungen jedes Menschen ist ein *Gut für ihn selbst*. Und deshalb gibt es einige Rechte, die niemand durch Worte oder andere Zeichen aufgegeben oder übertragen haben kann, da sich diese Auslegung verbietet. Erstens kann niemand das Recht aufgeben, denen Widerstand zu leisten, die ihn mit Gewalt angreifen, um ihm das Leben zu nehmen, da nicht angenommen werden kann, er strebe dadurch nach einem Gut für sich selbst. Dasselbe gilt für Verletzungen, Ketten und Gefängnis, einmal deshalb, weil eine solche Duldung keinen Vorteil nach sich ziehen würde wie etwa die Duldung, daß ein anderer verletzt oder eingesperrt wird, zum andern auch, weil niemand sagen kann, wenn er Leute mit Gewalt gegen sich vorgehen sieht, ob sie seinen Tod beabsichtigen oder nicht. Und letzlich sind Motiv und Zweck, um derentwillen Rechtsverzicht und Rechtsübertragung eingeführt worden sind, nichts anderes als die Sicherheit der Person hinsichtlich ihres Lebens und der Mittel, das Leben so erhalten zu können, daß man seiner nicht überdrüssig wird. Und wenn deshalb jemand durch Worte oder andere Zeichen den Zweck scheinbar preisgibt, zu dem solche Zeichen vorgesehen sind, so ist das nicht so aufzufassen, als habe er dies gemeint oder dies sei sein Wille, sondern daß er nicht wußte, wie solche Worte und Handlungen auszulegen sind.

Die wechselseitige Übertragung von Recht nennt man *Vertrag*.

Wer bei einem Vertrag zuerst erfüllt, hat einen *Anspruch* auf das, was er durch die Leistung des anderen zu erhalten hat, und dies wird ihm *geschuldet*.

Wird ein Vertrag abgeschlossen, bei dem keine der Parteien sofort erfüllt, sondern nur im gegenseitigen Vertrauen, so ist er im reinen Naturzustand – im Zustand des Kriegs eines jeden gegen jeden – bei jedem vernünftigen Verdacht unwirksam. Steht aber über beiden eine allgemeine, über beide gesetzte Macht, der Recht und Gewalt zur Verfügung stehen, die ausreichen, um die Erfüllung zu erzwingen, so ist er nicht unwirksam. Denn wer zuerst erfüllt, kann nicht sicher sein, daß der andere daraufhin erfüllen wird, da das Band der Worte viel zu schwach ist, um den Ehrgeiz, die Habgier, den Zorn und die anderen menschlichen Leidenschaften ohne die Furcht vor einer Zwangsgewalt zu zügeln. Im reinen Naturzustand, wo alle Menschen gleich sind und über die Berechtigung ihrer eigenen Befürchtungen richten, kann eine solche Zwangsgewalt unmöglich angenommen werden. Und deshalb gibt sich der zuerst Erfüllende nur seinen Feinden preis – entgegen dem unverzichtbaren Recht auf Verteidigung seines Lebens und auf die zur Fristung seines Lebens notwendigen Mittel.

In einem bürgerlichen Staat aber, wo eine Gewalt zu dem Zweck errichtet wurde, diejenigen zu zwingen, die andernfalls ihre Treuepflicht verletzen würden, ist eine solche Furcht nicht länger vernünftig, und deshalb ist derjenige, welcher auf Grund des Vertrags vorzuleisten hat, dazu verpflichtet.

Die Ursache der Furcht, die einen solchen Vertrag unwirksam macht, muß immer in einem Umstand liegen, der nach dem Vertragsschluß auftaucht, wie eine neue Tatsache oder ein anderes Anzeichen, daß der andere nicht erfüllen will. Andernfalls kann sie den Vertrag nicht unwirksam machen. Denn was jemanden nicht von der Abgabe eines Angebots abhalten konnte, darf nicht als Hinderungsgrund der Erfüllung Beachtung finden.

Wer ein Recht überträgt, überträgt auch die Mittel zu seinem Genuß, sofern es in seiner Macht steht. So versteht es sich, daß, wer Land verkauft, auch die Pflanzen und alles was darauf wächst, überträgt, und wer eine Mühle verkauft, kann den Bach nicht ableiten, der sie treibt. Ebenso versteht es sich, daß diejenigen, welche jemandem das Recht auf souveräne Herrschaft übertragen, diesem auch das Recht einräumen, Geld zur Unterhaltung von Soldaten zu erheben und Friedensrichter zur Verwaltung der Rechtspflege zu ernennen.

Verträge mit wilden Tieren sind unmöglich. Da sie unsere Sprache nicht verstehen, können sie eine Rechtsübertragung weder begreifen noch annehmen, noch können sie ein Recht auf einen anderen übertragen. Und ohne gegenseitige Annahme gibt es keinen Vertrag.

Ein Vertrag mit Gott ist nur durch Vermittlung solcher Personen möglich, zu denen Gott entweder durch übernatürliche Offenbarung spricht oder die als seine Stellvertreter unter ihm und in seinem Namen regieren. Denn andernfalls wissen wir nicht, ob unsere Verträge angenommen werden oder nicht. Und deshalb ist auch das Gelübde derer nichtig, die etwas einem natürlichen Gesetz Widersprechendes geloben, da es unrecht wäre, dieses Gelübde zu halten. Und handelt es sich um etwas, das vom Gesetz der Natur vorgeschrieben wird, so verpflichtet sie nicht das Gelübde, sondern das Gesetz.

Der Inhalt oder Gegenstand eines Vertrags ist immer etwas, das einer Überlegung unterliegt. Denn ein Vertragsschluß ist ein Willensakt, das heißt eine Handlung, und zwar die letzte einer Überlegung. Und deshalb faßt man ihn immer als etwas Zukünftiges auf, von dem anzunehmen ist, daß ihn der Vertragsschließende erfüllen kann.

Und deshalb kommt auch kein Vertrag zustande, wenn man etwas verspricht, dessen Unmöglichkeit bekannt ist. Wenn sich aber die Unmöglichkeit dessen, was man zuvor für möglich gehalten hatte, erst später herausstellt, so ist der Vertrag gültig und verpflichtet, wenn auch nicht die Sache selbst, so doch etwas Gleichwertiges zu leisten, oder aber, wenn dies ebenfalls unmöglich ist, zu der aufrichtigen Anstrengung, soviel wie möglich zu leisten. Denn zu mehr kann niemand verpflichtet sein.

Es gibt zwei Arten der Befreiung von einem Vertrag, nämlich durch Erfüllung oder durch Erlaß. Denn Erfüllung ist das natürliche Ende einer Verpflichtung, und der Erlaß die Wiederherstellung der Freiheit, da er eine Rückübertragung des Rechtes darstellt, in dem die Verpflichtung bestand.

Verträge, die im reinen Naturzustand aus Furcht geschlossen worden sind, verpflichten. Wenn ich zum Beispiel vereinbare, einem Feind ein Lösegeld zu bezahlen oder zur Erhaltung meines Lebens einen Dienst zu leisten, so bin ich daran gebunden. Denn es handelt sich dabei um einen Vertrag, durch den der eine den Vorteil des Lebens, der andere dafür Geld oder Dienstleistungen erhält, und folglich ist dort, wo kein anderes Gesetz die Erfüllung verbietet, wie im reinen Naturzustand, der Vertrag gültig. Deshalb sind Kriegsgefangene, wenn man sich darauf verläßt, daß sie ein Lösegeld bezahlen, zu dieser Zahlung verpflichtet, und wenn ein schwächerer Fürst aus Furcht mit einem stärkeren einen unvorteilhaften Frieden schließt, so ist er verpflichtet, ihn zu halten, wenn sich nicht, wie oben ausgeführt, ein neuer und berechtigter Grund zur Furcht zeigt, der zur Wiederaufnahme des Kriegs berechtigt. Und selbst wenn ich in einem Staat gezwungen werde, mich von einem Räuber durch Versprechen von Lösegeld loszukaufen, so bin ich zur Zahlung verpflichtet, wenn mich nicht das bürgerliche Gesetz von dieser Schuld befreit. Denn zu allem, was ich rechtmäßig tun kann, ohne verpflichtet zu sein, kann ich mich auch aus Furcht rechtmäßig vertraglich verpflichten, und was ich rechtmäßig vertraglich festlege, kann ich nicht rechtmäßig übertreten.

Ein früher abgeschlossener Vertrag macht einen späteren nichtig. Denn wer sein Recht heute jemandem übertragen hat, kann es morgen nicht wieder einem anderen übertragen, und deshalb überträgt das spätere Versprechen kein Recht, sondern ist nichtig.

Ein Vertrag, sich nicht mit Gewalt gegen Gewalt zu verteidigen, ist immer nichtig. Denn wie ich oben schon gezeigt habe, kann niemand sein Recht, sich vor Tod, Verletzung und Gefangenschaft zu bewahren, übertragen oder darauf verzichten. Das Vermeiden dieser Gefahren ist nämlich der einzige Zweck jeden Rechtsverzichts, und deshalb überträgt das Versprechen, einer Gewalt keinen Widerstand zu leisten, in keinem Vertrag ein Recht, noch ist es verpflichtend. Denn selbst wenn jemand folgenden Vertrag abschließen kann: »Wenn ich dies oder jenes tue, so töte mich«, so kann er den Vertrag nicht so fassen: »Wenn ich dies oder jenes tue, so werde ich dir keinen Widerstand leisten, wenn du mich töten wirst.« Denn der Mensch wählt von Natur aus lieber das kleinere Übel, nämlich die Todesgefahr, wenn er Widerstand leistet, als das größere, den sicheren und sofortigen Tod ohne Widerstand. Die Wahrheit dieser Behauptung geben alle Menschen dadurch zu, daß sie die Verbrecher zur Hinrichtung und ins Gefängnis durch Bewaffnete führen lassen, ungeachtet dessen, daß diese Verbrecher dem Gesetz, auf Grund dessen sie verurteilt worden sind, selbst zugestimmt haben.

Ein Vertrag, sich selbst anzuklagen, ohne der Vergebung sicher zu sein, ist gleichfalls ungültig. Denn im Naturzustand, wo jedermann Richter ist, ist kein Raum für Anklage, und im bürgerlichen Staat folgt auf die Anklage die Strafe. Da sie Gewalt darstellt, ist niemand verpflichtet, auf Widerstand zu verzichten. Dasselbe gilt für die Anklage von Personen, deren Verurteilung jemand ins Elend stürzen würde, wie z. B. des Vaters, der Ehefrau oder eines Wohltäters. Denn wenn das Zeugnis eines solchen Anklägers nicht willentlich abgelegt wurde, so muß man annehmen, daß es von Natur aus mangelhaft ist, und deshalb darf es nicht beachtet werden. Und darf dem Zeugnis eines Menschen nicht geglaubt werden, so ist er nicht verpflichtet, es abzulegen. Auch Anklagen, die auf der Folter abgegeben werden, können nicht als Zeugnis anerkannt werden. Denn die Folter soll nur dazu dienen, Hinweise zu erhalten und Licht in die weiteren Untersuchungen und in die Erforschung der Wahrheit zu bringen, und was in diesem Falle gestanden wird, hat die Erleichterung des Gefolterten zum Ziel, nicht die Information der Folterer, kann also nicht die Glaubwürdigkeit eines ausreichenden Zeugnisses besitzen. Denn ob sich der Gefolterte durch eine wahre oder falsche Anklage von der Folter befreit – er tut dies auf Grund des Rechts, sein Leben zu erhalten.

Da die Kraft von Worten, wie ich schon oben bemerkt habe, zu schwach ist, um die Menschen zur Erfüllung ihrer Verträge anzuhalten, gibt es in der menschlichen Natur nur zwei denkbare Hilfsmittel zu ihrer Stärkung, und diese sind einmal die Furcht vor den Folgen eines Wortbruches, oder aber das Gefühl des Ruhms oder Stolzes, als jemand dazustehen, der einen Wortbruch nicht nötig hat. Dieser letzte Fall ist ein Edelmut, den man zu selten antrifft, als daß er vorausgesetzt werden könnte, ganz besonders bei Leuten, die Reichtum, Kommandogewalt und sinnlichen Vergnügen nachjagen, und dies ist der größte Teil der Menschheit. Die Leidenschaft, auf die man zählen kann, ist die Furcht, die zwei sehr allgemeine Dinge zum Gegenstand hat: einmal die Macht unsichtbarer Geister und sodann die Macht der Menschen, die der Vertragsbruch schädigt. Obwohl die erste die größere Macht ist, so ist doch die Furcht vor der zweiten gewöhnlich die größere Furcht. Die Furcht vor der ersten Macht ist die eigene Religion jedes Menschen, die schon vor der bürgerlichen Gesellschaft in der Natur des Menschen angelegt ist. Auf die zweite Macht trifft dies nicht zu, sie hat mindestens nicht genügend Gewicht, um die Menschen an ihre Versprechen zu binden, da im reinen Naturzustand die Ungleichheit der Macht nur an dem Ausgang eines Kampfes festgestellt wird. So gibt es also in der Zeit vor der bürgerlichen Gesellschaft oder in ihrer Unterbrechung durch Krieg nichts, was einem Friedensvertrag Kraft verleihen könnte, der gegen die Versuchungen von Habgier, Ehrgeiz, Sinnenlust und anderen starken Trieben geschlossen worden war, außer der Furcht vor der unsichtbaren Macht, die jedermann als Gott verehrt und als Rächer seiner unrechten Handlungen fürchtet. Deshalb ist alles, was zwei keiner bürgerlichen Gewalt unterworfenen Menschen tun können, daß sie sich gegenseitig bei dem Gott, den sie fürchten, schwören lassen. Dieser *Schwur* oder *Eid* ist eine *dem Versprechen hinzugefügte sprachliche Formel, durch die der Versprechende erklärt, er sage sich im Falle der Nichterfüllung von der Gnade Gottes los, oder er rufe ihn an, damit dieser an ihm Rache nehme.* So lautete die heidnische Formel: *Andernfalls soll Jupiter mich so töten, wie ich dieses Tier töte.* Und unsere Formel lautet: *Ich will so oder so handeln, so wahr mir Gott helfe.* Und dies wird von den Riten und Zeremonien begleitet, die jeder in seiner Religion gebraucht, damit die Furcht vor einem Treubruch um so größer sei.

Daraus geht hervor, daß ein Eid, der in einer anderen Form und nach einem anderen Ritus als dem des Schwörenden abgenommen wird, nichtig und kein Eid ist, und daß man bei keinem Gegenstand schwören kann, den der Schwörende nicht für Gott hält. Denn obwohl die Menschen bisweilen aus Furcht oder Schmeichelei bei ihrem König zu schwören pflegten, so wollten sie das doch so verstanden wissen, daß sie ihm göttliche Ehren beimäßen. Auch geht daraus hervor, daß unnötiges Schwören bei Gott nur eine Verweltlichung seines Namens ist, und das Schwören bei anderen Dingen, wie es die Leute im gewöhnlichen Gespräch tun, kein Schwur, sondern nur eine gottlose Angewohnheit, die man durch eine zu heftige Sprechweise annimmt.

Ebenso ergibt sich daraus, daß durch Eid der Verpflichtung nichts hinzugefügt wird. Denn wenn ein Vertrag rechtmäßig ist, so verpflichtet er von Gott her gesehen ohne Eid genau so wie mit ihm, und wenn er gesetzwidrig ist, so verpflichtet er überhaupt nicht, selbst wenn er mit einem Eid bekräftigt wird.

15. Kapitel
Von anderen natürlichen Gesetzen

Aus dem Gesetz der Natur, das uns verpflichtet, auf einen anderen solche Rechte zu übertragen, deren Beibehaltung den Frieden der Menschheit verhindert, folgt ein drittes, nämlich: *Abgeschlossene Verträge sind zu halten*. Ohne dieses Gesetz sind Verträge unwirksam und nur leere Worte, und wenn das Recht aller auf alles bleibt, befinden wir uns immer noch im Kriegszustand.

Und in diesem natürlichen Gesetz liegen Quelle und Ursprung der *Gerechtigkeit*. Denn wo kein Vertrag vorausging, wurde auch kein Recht übertragen, und jedermann hat ein Recht auf alles; folglich kann keine Handlung ungerecht sein. Wurde aber ein Vertrag abgeschlossen, so ist es *ungerecht*, ihn zu brechen, und die Definition der *Ungerechtigkeit* lautet nicht anders als »die Nichterfüllung eines Vertrages«. Und alles, was nicht ungerecht ist, ist *gerecht*.

Weil aber auf gegenseitigem Vertrauen beruhende Verträge ungültig sind, wenn, wie im letzten Kapitel ausgeführt, eine der beiden Parteien die Nichterfüllung befürchtet, so kann es tatsächlich – obwohl der Ursprung der Gerechtigkeit im Abschluß von Verträgen liegt – solange keine Ungerechtigkeit geben, bis die Ursachen dieser Furcht beseitigt sind. Solange die Menschen im natürlichen Kriegszustand leben, kann dies nicht geschehen. Bevor man deshalb von »gerecht« und »ungerecht« reden kann, muß es eine Zwangsgewalt geben, um die Menschen gleichermaßen durch die Angst vor einer Bestrafung zur Erfüllung ihrer Verträge zu zwingen, die gewichtiger ist als der Vorteil, den sie sich vom Bruch ihres Vertrags erhoffen, und um das Eigentum zu sichern, das die Menschen durch gegenseitigen Vertrag als Entschädigung für das aufgegebene universale Recht erwerben. Eine solche Macht gibt es aber vor Errichtung eines Staates nicht. Dies kann man auch der üblichen scholastischen Definition der Gerechtigkeit entnehmen, denn sie lautet: *Gerechtigkeit ist der ständige Wille, einem jeden das Seine zu geben*. Und deshalb gibt es dort, wo es kein »Mein«, das heißt, kein Eigentum gibt, keine Gerechtigkeit, und wo keine Zwangsgewalt errichtet wurde, das heißt, wo es keinen Staat gibt, gibt es kein Eigentum, da alle ein Recht auf alles haben: deshalb ist nichts ungerecht, wo es keinen Staat gibt. So liegt also das Wesen der Gerechtigkeit im Einhalten gültiger Verträge. Aber die Gültigkeit von Verträgen beginnt erst mit der Errichtung einer bürgerlichen Gewalt, die dazu ausreicht, die Menschen zu ihrer Einhaltung zu zwingen, und mit diesem Zeitpunkt beginnt auch das Eigentum.

Narren sagen sich insgeheim, so etwas wie Gerechtigkeit gebe es nicht, und bisweilen sagen sie dies auch offen. Dabei führen sie allen Ernstes an, da jedermann für seine Erhaltung und Befriedigung selbst zu sorgen habe, könne es keinen Grund geben, weshalb nicht jedermann das tun könne, was seiner Ansicht nach dazu führe, und deshalb sei auch das Abschließen oder Nichtabschließen, Halten oder Nichthalten von Verträgen nicht wider die Vernunft, wenn es einem Vorteile einbringe. Sie leugnen dabei nicht, daß es Verträge gibt, und daß sie bisweilen gebrochen, bisweilen gehalten werden und daß ihr Bruch Ungerechtigkeit und ihre Beachtung Gerechtigkeit genannt werden kann, aber sie fragen sich, ob Ungerechtigkeit, die die Furcht vor Gott beseitigt – denn dieselben Narren sagen sich insgeheim, es gebe keinen Gott –, sich nicht bisweilen mit jener Vernunft vereinigen lasse, die jedem Menschen das eigene Wohl befiehlt, insbesondere wenn sie zu einem Vorteil führt, der uns in die Lage versetzt, nicht nur Tadel und Schmähungen, sondern auch die Macht anderer Menschen zu mißachten. Das Reich Gottes wird durch Gewalt erlangt – was aber, wenn es durch unrechtmäßige Gewalt erlangt werden könnte? Wäre es wider die Vernunft, es so zu erlangen, wenn es unmöglich ist, von ihm geschädigt zu werden*? Und ist es nicht wider die Vernunft, so ist es nicht wider die Gerechtigkeit – oder aber die Gerechtigkeit kann nicht als Gut anerkannt werden. Auf Grund solcher Erwägungen hat erfolgreiche Verschlagenheit den Namen »Tugend« erhalten, und einige, die in allen anderen Dingen die Verletzung von Treu und Glauben verbieten, haben sie doch zugelassen, wenn es geschieht, um ein Königreich zu erlangen. Und die Heiden, die glaubten, *Saturn* sei von seinem Sohn *Jupiter* entthront worden, hielten trotzdem denselben *Jupiter* für einen Rächer von Ungerechtigkeit. In gewisser Beziehung gleicht dies einer Rechtsauffassung von *Cokes Kommentaren zu Littleton***. Dieser sagt dort, falls der rechtmäßige Erbe der Krone wegen Verrats verurteilt worden sei, so falle ihm doch die Krone zu, und die Ächtung sei *eo*

---

* Die lateinische Fassung weicht ab: ...da hieraus unmöglich etwas Böses, sondern vielmehr das höchste Gut erfolgen würde?
** Sir *Edward Coke* (1552–1634), englischer Jurist, der die »Magna Charta« wiederentdeckte und bedeutenden Einfluß auf das englische Verfassungsrecht ausübte. Der erste Band seiner »Institutes« war eine Übersetzung und ein Kommentar von Sir *Thomas de Littletons* »Treatise on Tenures«.

instante nichtig. Solche Beispiele können einen leicht zu dem Schluß verleiten, daß, wenn der rechtmäßige Erbe eines Königreichs den gegenwärtigen Herrscher tötet, selbst wenn es sein Vater ist, du dies als Ungerechtigkeit oder mit einem beliebigen anderen Namen bezeichnen könntest, daß dies aber der Vernunft niemals zuwiderlaufen kann, da alle willentlichen Handlungen der Menschen ihren eigenen Vorteil zum Ziel haben und jene Handlungen die vernünftigsten sind, die am meisten zu ihren Zielen beitragen. Diese bestechende Argumentation ist trotzdem falsch.

In Frage stehen nämlich nicht die gegenseitigen Versprechen, bei denen keine Seite die Sicherheit hat, daß erfüllt wird, wie dann, wenn keine bürgerliche Gewalt über den versprechenden Parteien errichtet ist, denn solche Versprechen sind keine Verträge. Wo aber entweder eine Partei schon erfüllt hat oder wo eine Macht existiert, die sie zur Erfüllung zwingt, da erhebt sich die Frage, ob die Erfüllung der Vernunft, das heißt dem Vorteil der anderen Partei, widerspricht oder nicht. Und ich sage, sie widerspricht der Vernunft nicht. Um dies behaupten zu können, müssen wir folgende Überlegung anstellen. Erstens: Gesetzt, ein Mensch begehe eine Handlung, die sein Leben gefährdet, ohne daß er Hilfe vorhersehen oder auf etwas bauen kann. Mag nun auch ein Zufall, den er nicht erwarten konnte, diese Handlung zu seinem Vorteil wenden, so wird sie doch durch solche Zwischenfälle weder vernünftig noch klug. Zweitens: Im Kriegszustand, wo jedermann auf Grund des Fehlens einer allgemeinen, sie alle in Schranken haltenden Gewalt jedermanns Feind ist, kann niemand darauf hoffen, durch eigene Stärke oder eigenen Verstand ohne Hilfe von Verbündeten sich vor Vernichtung zu bewahren. Hierbei erwarten alle dieselbe Verteidigung durch das Bündnis, und deshalb kann einer, der es für vernünftig erklärt, seine Helfer zu täuschen, vernünftigerweise auf keine anderen Mittel zu seiner Sicherheit zurückgreifen als auf die, welche ihm seine eigene Einzelmacht bietet. Deshalb kann jemand, der seinen Vertrag bricht und folglich seine Meinung zu erkennen gibt, er könne dies vernünftigerweise tun, in keine Gesellschaft aufgenommen werden, die sich zur Erhaltung des Friedens und zur Verteidigung zusammenschließt – außer auf Grund des Irrtums derer, die ihn aufnehmen. Und ist er aufgenommen, so kann er sich nicht halten, ohne daß sie die Gefährlichkeit ihres Irrtums bemerken. Niemand kann vernünftigerweise damit rechnen, daß ihm solche Irrtümer seine Sicherheit gewährleisten, und deshalb geht er zugrunde, wenn er aus der Gesellschaft ausgeschlossen oder hinausgeworfen wird. Und lebt er in Gesellschaft, so nur auf Grund der Irrtümer anderer Menschen, die er weder vorhersehen noch einkalkulieren konnte, dem Vernunftgebot der Erhaltung seiner selbst zuwider, deshalb nämlich, weil alle Menschen, die nicht zu seiner Vernichtung beitragen, ihn nur schonen, weil sie nicht wissen, was für sie selbst gut ist.

Was das Beispiel des Erlangens der sicheren und ewigen himmlischen Glückseligkeit mit allen Mitteln betrifft, so ist es geradezu leichtfertig. Es ist nur ein Weg denkbar, nämlich das Halten, nicht das Brechen von Verträgen.

Und was das andere Beispiel, das Erwerben der Souveränität durch Rebellion betrifft, so ist klar, daß es der Vernunft widerspricht, dies zu versuchen, weil selbst dann, wenn der Erfolg eintritt, dies doch vernünftigerweise nicht erwartet werden kann, sondern eher das Gegenteil, und weil durch diese Art des Erwerbens andere darauf gebracht werden, sich die Souveränität auf dieselbe Art zu verschaffen. Gerechtigkeit, das heißt, das Einhalten von Verträgen, ist deshalb eine Regel der Vernunft, die uns verbietet, alles zu tun, was unserem Leben schadet und folglich ein natürliches Gesetz.

Es gibt Leute, die weiter gehen und das natürliche Gesetz nicht als diejenigen Regeln, welche zur Erhaltung des menschlichen Lebens auf Erden dienen, ansehen wollen, sondern als diejenigen, welche zur Erlangung der ewigen Glückseligkeit nach dem Tode führen. Sie meinen, der Bruch eines Vertrags könne dazu beitragen und sei folglich gerecht und vernünftig. Das sind die Leute, die es als verdienstvolles Werk ansehen, die souveräne Gewalt, die mit ihrer eigenen Zustimmung über ihnen errichtet worden war, zu töten, abzusetzen oder gegen sie zu rebellieren. Aber da es kein natürliches Wissen vom Zustand des Menschen nach dem Tode gibt, noch viel weniger von der Belohnung, die dann einem Treubruch zuteil wird, sondern nur ein Glaube, der sich auf die Behauptungen anderer Menschen stützt, sie wüßten es auf übernatürliche Weise, oder ihnen seien Leute bekannt, die Leute kannten, die andere kannten, die es auf übernatürliche Weise wußten, so kann ein Treubruch nicht als Vorschrift der Vernunft oder Natur bezeichnet werden*.

Andere, die das Halten von Treu und Glauben als ein natürliches Gesetz anerkennen, machen trotzdem bei bestimmten Personen Ausnahmen, wie bei Ketzern und solchen Leuten, die gewöhnlich anderen gegenüber ihre Verträge nicht halten. Das ist ebenfalls wider die Vernunft. Denn wenn ein Fehler eines Menschen ausreicht, uns von einem abgeschlossenen Vertrag zu entbinden, so hätte dieser Fehler vernünftigerweise auch genügen müssen, den Abschluß zu verhindern.

Die Namen »gerecht« und »ungerecht« bedeuten zweierlei, je nachdem sie Menschen oder Handlungen zugeschrieben werden. Werden sie Menschen zugeschrieben, so bedeuten sie Übereinstimmung oder Nichtübereinstimmung der Sitten mit der Vernunft. Werden sie aber Handlungen zugeschrieben, so bedeuten sie Übereinstimmung oder Nichtübereinstimmung einzelner Handlungen mit der Vernunft, nicht der Sitten oder Lebensführung. Deshalb ist ein Gerechter, wer sich nach Kräften bemüht, daß alle seine Handlungen gerecht sind, und ein Ungerechter, wer sich nicht darum kümmert. Und in unserer Sprache werden solche Menschen häufiger als »rechtschaffen« und »nicht rechtschaffen« denn als gerecht und ungerecht bezeichnet, obwohl die Bedeutung dieselbe ist. Deshalb verliert ein rechtschaffener Mann diese Bezeichnung nicht durch eine oder wenige ungerechte Handlungen, zu denen er sich in einer

---

* Die lateinische Fassung enthält eine Abweichung und einen zusätzlichen Satz: ... so ist die Verletzung der Verträge nicht, wie sie wähnen, eine Übertretung der Gesetze der Natur, sondern der Offenbarung. Außer der Heiligen Schrift aber haben wir keine Offenbarung und diese gebietet an mehr als einem Orte Erfüllung der Verträge und Gehorsam gegen die Könige.

plötzlichen Leidenschaft, oder weil er sich über Sachen oder Personen irrt, hinreißen läßt*, noch verliert ein nicht rechtschaffener Mensch dieses Wesensmerkmal wegen solcher Handlungen, die er aus Furcht tut oder unterläßt, denn sein Wille richtet sich nicht nach der Gerechtigkeit, sondern nach dem anscheinenden Vorteil seines augenblicklichen Tuns. Das, was den menschlichen Handlungen den Charakter von Gerechtigkeit gibt, ist eine gewisse Vornehmheit oder ein gewisser Edelmut, die man selten antrifft und die einen Menschen darauf verzichten lassen, zu Betrug und Bruch von Versprechen zu greifen, um seine Lebensbedürfnisse zu befriedigen. Diese Gerechtigkeit der Sitten meint man, wenn man Gerechtigkeit eine Tugend und Ungerechtigkeit ein Laster nennt.

Aber auf Grund der Gerechtigkeit von Handlungen nennt man die Menschen nicht gerecht, sondern *unschuldig*, und auf Grund ihrer Ungerechtigkeit, die auch Unrecht genannt wird, *schuldig*.

Ferner ist die Ungerechtigkeit der Sitten die Veranlagung oder Neigung, Unrecht zu tun und ist Ungerechtigkeit, bevor sie in Handlung übergeht, und ohne eine bestimmte Person vorauszusetzen, der Unrecht getan wird. Die Ungerechtigkeit der Handlung aber, das heißt Unrecht, setzt eine bestimmte Person voraus, nämlich diese, mit der der Vertrag geschlossen worden war, weshalb oftmals das Unrecht dem einen widerfährt, während der andere den Schaden erleidet. Wenn z. B. der Herr seinem Diener befiehlt, einem Fremden Geld zu geben, und dies geschieht nicht, so wurde das Unrecht dem Herrn zugefügt, mit welchem der Diener zuvor vertraglich Gehorsam vereinbart hatte, aber der Schaden trifft den Fremden, gegen

---

* Die lateinische Fassung enthält den Gedanken der Wiedergutmachung: Gesetzt also, es habe ein Mensch bei dem fortdauernden Willen, einem jeden das Seinige zu geben, eine oder die andere ungerechte Handlung begangen, so muß er selbst dennoch gerecht genannt werden, wenn er nur Gerechtigkeit liebt und das von ihm auch insgeheim verübte Unrecht verwirft, vernichten zu können wünscht und den zugefügten Schaden nach Möglichkeit zu ersetzen sucht.

den er keine Verpflichtung hatte und dem er deshalb auch kein Unrecht zufügen konnte. Und so können sich auch im Staate Privatpersonen ihre Schulden gegenseitig erlassen, nicht aber Raub und andere Gewalttaten verzeihen, durch die sie zu Schaden gekommen sind, da das Nichteinlösen einer Schuld ein Unrecht ist, das sie sich selbst zufügen, Raub und Gewaltakte aber Unrecht gegen die Person des Staates.

Alles, was einem Menschen in Übereinstimmung mit seinem eigenen, dem Täter kundgetanen Willen zugefügt wurde, ist ihm gegenüber kein Unrecht. Denn hat der Täter sein ursprüngliches Recht, nach Belieben alles tun zu können, nicht durch einen vorhergegangenen Vertrag übertragen, so liegt kein Vertragsbruch vor und deshalb geschah jenem Menschen kein Unrecht. Und hat er dieses Recht übertragen, so bedeutet der kundgemachte Wille, die Tat zuzulassen, eine Auflösung dieses Vertrags und so ist jenem wiederum kein Unrecht geschehen.

Die Gerechtigkeit von Handlungen wird in der Literatur gewöhnlich in *ausgleichende* und *austeilende* Gerechtigkeit eingeteilt, wobei die erste angeblich auf einem arithmetischen, die zweite auf einem geometrischen Verhältnis beruht. Die ausgleichende Gerechtigkeit liegt nach dieser Ansicht in der Wertgleichheit der Gegenstände, über die der Vertrag abgeschlossen wurde, und die austeilende in der Verteilung gleicher Vorteile unter Menschen von gleichem Verdienst. Als wäre es ungerecht, teurer zu verkaufen als einzukaufen, oder jemandem mehr zu geben als er verdient! Der Wert aller Gegenstände eines Vertrags bemißt sich nach dem Verlangen der Vertragspartner, und deshalb ist der gerechte Wert der, den sie zu zahlen bereit sind. Und das Verdienst (ausgenommen das Verdienst durch Vertrag, bei dem eine Partei durch die Erfüllung gewissermaßen verdient, das auch die andere erfüllt, das also unter die ausgleichende, nicht unter die austeilende Gerechtigkeit fällt) wird nicht auf Grund von Gerechtigkeit, sondern allein aus Gunst belohnt. Und deshalb ist diese Unterscheidung im Sinne der üblichen Auslegung nicht richtig. Genau genommen ist die ausgleichende Gerechtigkeit die

Gerechtigkeit eines Vertragsschließenden, das heißt die Erfüllung eines Vertrags durch Kauf und Verkauf, Mieten und Vermieten, Verleihen und Leihen, Wechseln, Tauschen und andere vertragliche Handlungen.

Und die austeilende Gerechtigkeit ist die Gerechtigkeit eines Schiedsrichters, das heißt der Akt des Definierens, was gerecht ist. Wird ihm von den Menschen, die ihn als Schiedsrichter einsetzen, vertraut und erfüllt er hierbei das in ihn gesetzte Vertrauen, so sagt man, er teile jedem das Seine zu. Und dies ist in der Tat gerechte Verteilung, die, wenn auch ungenau, austeilende Gerechtigkeit genannt werden kann, aber genauer Billigkeit genannt wird. Diese Billigkeit ist ebenfalls ein natürliches Gesetz, wie an passender Stelle gezeigt werden soll.

– Als weitere natürliche Gesetze führt Hobbes im Folgenden an: Dankbarkeit, Entgegenkommen, Verzeihen, Rache nach Vernunft bzw. künftigem Nutzen, gegenseitige Achtung, natürliche Gleichheit aller, Bescheidenheit, sicheres Geleit für Friedensmittler.

Und selbst dann, wenn die Menschen noch so bereit sind, diese Gesetze zu beachten, können trotzdem Fragen auftauchen, die die Handlungen eines Menschen betreffen, nämlich einmal, ob etwas getan oder nicht getan wurde, und sodann, wenn eine Tat vorliegt, ob sie gegen das Gesetz verstößt oder nicht. Die erste Frage wird *Tat*frage, die zweite *Rechts*frage genannt. Deshalb sind die streitenden Parteien, wenn sie nicht gegenseitig übereinkommen, zu dem Urteilsspruch eines anderen zu stehen, vom Frieden so weit entfernt wie je zuvor. Dieser andere, dessen Urteilsspruch sie sich unterwerfen, wird *Schiedsrichter* genannt. Und deshalb gehört zum natürlichen Gesetz, *daß diejenigen, die sich in einem Streit befinden, ihr Recht dem Urteil eines Schiedsrichters unterwerfen sollen.*

Und da man von jedem Menschen annimmt, daß er alles im Hinblick auf seinen eigenen Vorteil tut, so ist niemand ein geeigneter Schiedsrichter in eigener Sache. Und selbst wenn er noch so geeignet wäre, so gesteht doch die Billigkeit jeder Partei den gleichen Vorteil zu, und wenn der eine als Richter zugelassen wird, so müßte der andere ebenfalls zugelassen werden, und so bleibt der Streit, das heißt die Ursache des Kriegs, im Widerspruch zum Gesetz der Natur bestehen.

Aus demselben Grund darf niemand in einem Streitfalle als Schiedsrichter zugelassen werden, dem offensichtlich aus dem Sieg der einen Partei größere Vorteile, Ehren oder Freuden erwachsen als aus dem der anderen. Denn er hat eine Bestechung angenommen, wenn sie auch unvermeidbar war, und niemand kann verpflichtet sein, ihm zu vertrauen. Und somit bleiben Streit und Kriegszustand bestehen, im Widerspruch zum Gesetz der Natur.

Und da in einem Streit über eine *Tatsache* der Richter der einen Partei nicht mehr Glauben schenken darf als der anderen, so muß er einem dritten, oder einem dritten und vierten oder noch mehr glauben, wenn es keine anderen Beweismittel gibt. Denn andernfalls ist die Frage unentschieden und bleibt der Gewalt überlassen, im Widerspruch zum Gesetz der Natur.

Dies sind die natürlichen Gesetze, die den Frieden als Mittel zur Selbsterhaltung der in einer Menge lebenden Menschen befehlen und die ausschließlich die Lehre von der bürgerlichen Gesellschaft betreffen. Es gibt auch noch andere Dinge, die zur Vernichtung von einzelnen Menschen führen wie Trunksucht und alle anderen Arten von Unmäßigkeit, die man deshalb allenfalls zu den Dingen rechnen kann, die das natürliche Gesetz verboten hat. Es ist aber weder nötig, sie ausdrücklich zu erwähnen, noch gehören sie unbedingt in diesen Zusammenhang.

Zwar hat es den Anschein, diese Ableitung der natürlichen Gesetze sei zu kompliziert, um bei allen Menschen Beachtung zu finden, die zum größten Teil mit dem Erwerb des täglichen Brots zu sehr beschäftigt und, was die übrigen betrifft, zu gleichgültig sind, um sie zu verstehen. Doch um keinem Menschen eine Ausrede zu ermöglichen, wurden diese Gesetze zu einer auch dem bescheidensten Verstande leicht einsehbaren Maxime zusammengefaßt, welche lautet: *Füge einem anderen nicht zu, was du nicht willst, daß man dir zufüge**. Dies zeigt ihm, daß zum Lernen der natürlichen Gesetze nichts weiter erforderlich ist als daß man, wenn man seine eigenen Handlungen gegen diejenigen eines anderen aufwiegt, die des anderen, wenn sie zu schwer zu sein scheinen, auf die andere Seite der Waage legt und die eigenen an deren Stelle setzt, damit die eigenen Leidenschaften und die Selbstliebe das Gewicht nicht schwerer machen. Und dann gibt es keines dieser natürlichen Gesetze, das ihm nicht sehr vernünftig erscheinen wird.

Die natürlichen Gesetze verpflichten *in foro interno*, das heißt sie verpflichten zu dem Wunsch, daß sie gelten mögen**, aber *in foro externo*, das heißt zu ihrer Anwendung, nicht immer. Denn jemand, der zu einer Zeit und an einem Ort bescheiden und umgänglich wäre und alle seine Versprechen erfüllte, wo sich sonst niemand so benimmt, würde sich nur den anderen als Beute darbieten und seinen sicheren Ruin herbeiführen, im Widerspruch zur Grundlage aller natürlichen Gesetze, die die Erhaltung der menschlichen Natur zum Ziel haben. Und wer ferner ausreichende Sicherheit besitzt, daß andere diese Gesetze ihm gegenüber befolgen, und sie selbst nicht beachtet, sucht nicht Frieden, sondern Krieg und folglich die gewaltsame Vernichtung seiner Natur.

Und jedes Gesetz, das *in foro interno* verpflichtet, kann nicht nur durch eine gegen das Gesetz verstoßende, sondern auch durch eine dem Gesetz entsprechende Handlung gebrochen werden, dann nämlich, wenn jemand glaubt, das Gegenteil zu tun. Denn obwohl seine Handlung in diesem Falle dem Gesetz entspricht, so war doch seine Absicht gegen das Gesetz gerich-

---

* Die lateinische Fassung enthält neben dieser Formel die Formel der Heiligen Schrift: Um aber auch den Kurzsichtigsten alle Entschuldigung zu nehmen, so hat die Heilige Schrift alle diese Gesetze in dem einzigen, kurzen und deutlichen Spruch zusammengezogen: Was ihr wollt, daß euch die Leute tun sollen, das tut ihr ihnen auch.
** Die lateinische Fassung formuliert abweichend: Die Gültigkeit der natürlichen Gesetze wird zwar von unserem Gewissen (foro interno) anerkannt, und die Übertretung derselben macht uns nicht zu eigentlichen Verbrechern, sondern zu Lasterhaften.

tet, was bei einer Verpflichtung *in foro interno* ein Gesetzesbruch ist.

Die Gesetze der Natur sind unveränderlich und ewig, denn Ungerechtigkeit, Undankbarkeit, Anmaßung, Hochmut, Unbilligkeit, Begünstigung und anderes mehr können niemals rechtmäßig gemacht werden. Denn es kann nie der Fall eintreten, daß Krieg das Leben erhält und Frieden es vernichtet.

Da diese Gesetze nur zu einem Verlangen und Bemühen verpflichten – ich meine ungeheucheltes und ständiges Bemühen –, so sind sie leicht zu befolgen. Denn da sie nur ein Bemühen verlangen, erfüllt sie jeder, der sich darum bemüht, und wer das Gesetz erfüllt, ist gerecht.

Und die Wissenschaft von diesen Gesetzen ist die wahre und einzige Moralphilosophie. Denn die Moralphilosophie ist nichts anders als die Wissenschaft von dem, was im Verkehr und in der Gesellschaft *gut* und *böse* ist. *Gut* und *böse* sind Namen, die unsere Neigungen und Abneigungen bezeichnen, die je nach den verschiedenen Temperamenten, Gewohnheiten und Lehren der Menschen verschieden sind. Und verschiedene Menschen weichen nicht nur im Urteil ihrer Sinne über das voneinander ab, was dem Geschmack, Geruch, Gehör, Gefühl und Sehen angenehm oder unangenehm ist, sondern auch über das, was bei den Handlungen des täglichen Lebens mit der Vernunft übereinstimmt oder nicht. Ja, ein und derselbe Mensch hat zu verschiedenen Zeiten verschiedene Ansichten und lobt – das heißt, nennt gut –, was er ein andermal tadelt und böse nennt. Daraus entstehen Zank, Streitigkeiten und zuletzt Krieg. Und deshalb befindet sich der Mensch so lange im reinen Naturzustand, der ein Kriegszustand ist, wie private Meinung Maßstab von Gut und Böse ist. Und folglich stimmen alle Menschen darin überein, daß der Frieden gut ist, und deshalb sind auch der Weg oder das Mittel zum Frieden, also, wie ich oben gezeigt habe, *Gerechtigkeit, Dankbarkeit, Bescheidenheit, Billigkeit, Mitleid* und all die anderen natürlichen Gesetze gut, das heißt, *sittliche Tugenden*, und ihr Gegenteil, die *Laster*, böse. Nun ist die Wissenschaft von Tugend und Laster Moralphilosophie, und deshalb ist die wahre Lehre von den natürlichen Gesetzen die wahre Moralphilosophie. Aber da die Moraltheoretiker trotz ihrer Anerkennung derselben Tugenden und Laster weder sehen, worin ihre Güte besteht, noch daß sie als Mittel zu einem friedlichen, geselligen und bequemen Leben gepriesen werden müssen, so legen sie die Tugend in die Mitte zwischen den Leidenschaften – als ob nicht der Grund, sondern der Grad des Wagens die Tapferkeit und nicht der Grund, sondern die Größe der Gabe die Freigebigkeit ausmachte!

Diese Weisungen der Vernunft werden von den Menschen gewöhnlich als Gesetze bezeichnet, aber ungenau. Sie sind nämlich nur Schlüsse oder Lehrsätze, die das betreffen, was zur Erhaltung und Verteidigung der Menschen dient, während ein Gesetz genau genommen das Wort dessen ist, der rechtmäßig Befehlsgewalt über andere innehat. Betrachten wir jedoch dieselben Lehrsätze als im Wort Gottes verkündigt, der rechtmäßig allen Dingen befiehlt, so werden sie zu Recht Gesetze genannt*.

Bearbeitungsfragen:

1. Wie bestimmt Hobbes den Gerechtigkeitsbegriff?
2. Worin unterscheidet sich die Definition der Gerechtigkeit von Hobbes von der des Aristoteles?
3. Nennen Sie bitte wesentliche Bestimmungsstücke, die zum Verständnis des Begriffs der Gerechtigkeit bei Hobbes notwendig sind.
4. Was versteht Hobbes unter »gut«?
5. Warum ist Übergang aus dem Naturzustand in den Staat notwendig?
6. Klären Sie bitte den Zusammenhang des Begriffs der Gerechtigkeit mit dem des Souveräns.

---

* Die lateinische Fassung enthält eine interessante Abweichung: Ein eigentliches Gesetz hängt allein von dem ab, der im Besitz der höchsten Gewalt ist; er gebe es mündlich oder schriftlich, wenn nur die, welche demselben gehorchen sollen, wissen, daß er es gegeben hat.

IV.3 Gerechtigkeit als Tugend
Aristoteles: Nikomachische Ethik, Fünftes Buch, 1–9, 13–14

Gerechtigkeit besteht in einem Bezug zur Mitte. Von welcher Art diese Mitte ist und wozwischen sie liegt, sei, so beginnt *Aristoteles* (384–322 v. Chr.) die Überlegungen zum Thema »Gerechtigkeit«, die zu lösende Aufgabe bei der Erklärung der Gerechtigkeit. Warum dies? Weil Gerechtigkeit zu den Tugenden der menschlichen Seele zählt und Tugend überhaupt von Aristoteles als das Einhalten einer Mitte dessen definiert wird, worin es für uns Menschen Überschuß und Mangel gibt; dies »zuviel« oder »zuwenig« kann sich dabei auf alles beziehen, was mit dem Leben Verbindung hat, vor allem Seelenregungen und umweltliche Ausstattung sind gemeint. Was nun also in dieser Mitte angesiedelt ist und mit dem Wort »Tugend« übersetzt wird, lautet griechisch *areté* und ist das Substantiv zu *agathós*, was soviel wie »gut« bedeutet. »Güte«, wie man z. B. von der Güte eines Warenangebots spricht, wäre deshalb zunächst die angemessenste Wiedergabe von *areté* oder doch die einzuschlagende Denkrichtung bei dem Wort »Tugend« in Aristotelischem Zusammenhang. Gut bedeutet aber stets »gut für« jemanden oder etwas, so daß der tugendhafte Mensch demgemäß nicht abstrakt oder nach externen Erfordernissen ein »guter Mensch« ist, sondern *für ihn*: Die Tugend ist das gute Leben für den betreffenden Menschen. Geht es also um die sittliche Tugend, so geht es eigentlich um den Nutzen und Vorteil des Menschen; die Aufforderung zur Tugend ist auf diese Weise kein Sollensgebot an den Menschen, sondern eine wohlmeinende Empfehlung. Dieser Zug geht, wenn auch nicht ganz so deutlich, auch aus dem vorliegenden Text hervor, nämlich etwa darin, daß, was im allgemeinen ein Gut zu nennen ist, noch lange nicht gut für jeden einzelnen ist (vgl. 2. Kapitel); Aristoteles meint, daß z. B. der Habsüchtige im Erraffen von Gütern im allgemeinen ständig nur seine Sucht und schlechte Verfassung bestätigt und verfestigt und so diese Untugend trotz des vielen erafften Gutes für ihn aufs Ganze gesehen ein Übelstand ist.

Doch kann es bei alledem vielleicht verwundern, daß Aristoteles das derart »Gute« bloß in einem mittleren Grade festhält und offenbar meint, ein über diese Mitte hinaus gesteigertes Gut sei nicht mehr gut zu nennen. Dies liegt, wie Aristoteles auch im vorliegenden Text (vgl. 13. Kapitel) andeutet, an der Bedingtheit menschlichen Lebens schlechthin: Das Endliche verträgt nur Endliches, stößt in allem an eine Grenze, die Aristoteles an der angegebenen Stelle eben als »Übermaß« bezeichnet. Dies unter anderem verbindet die Aristotelische Auffassung der Tugend und des Guten mit der herkömmlichen griechischen Sichtweise: daß die Steigerung des Guten über ein gewisses Maß hinaus die schlimmste Bedrohung ist für den Menschen (berühmt in diesem Sinne ist die mythische Gestalt des Tantalos). Aristoteles unterscheidet sich von der herkömmlichen Auffassung allerdings darin, daß diese Begrenzung in die Definition des Guten als des Guten mit hineingenommen wird. Die Gebundenheit also an ein bloß mittleres Gut unterscheidet die Menschen von den Göttern – »vielleicht«, wie Aristoteles anders als frühere griechische Denker hinzusetzt (vgl. 13. Kapitel).

Gerechtigkeit ist nun in der beschriebenen Weise eine gute Verfassung (Tugend) des Menschen und dabei zugleich, wie alle Tugend, in wesentlicher Verbindung zu einer Mitte. Trotzdem läßt sich die Gerechtigkeit nicht einfach vergleichen mit den sonstigen Tugenden (wie z. B. Mut und Besonnenheit), da ihr Gutes, wie Aristoteles zeigt, eine andere Orientierung hat als bei den anderen Tugenden. Sie ist nämlich die einzige Tugend, die ein »fremdes Gut« bedingt (vgl. 3. Kapitel), die also gut ist für jemand anderen. Man könnte sagen, in der Tugend der Gerechtigkeit werden andere Tugenden, wie etwa Besonnenheit und Augenmaß, eingesetzt zugunsten anderer Menschen. Ein zweiter Unterschied zu den sonstigen Tugenden besteht weiterhin darin, daß Gerechtigkeit nicht eigentlich eine der Tugenden ist, sondern ein anderer Oberbegriff aller Tugenden, nämlich insofern sie zum Wohle anderer Anwendung finden. Das zweite gilt allerdings für nur wiederum eine von zwei noch zu unterscheidenden Formen der Gerechtigkeit.

Auch die nächste Bemerkung des Aristoteles gleich zu Anfang des 1. Kapitels bedarf einer kurzen Erläuterung: Das Verfahren (griechisch: »Methode«) der Untersuchung sei dasselbe wie bei den bereits abgehandelten Gegenständen. Dieses Verfahren besteht, wie Aristoteles gleich darauf durch sein Vorgehen zeigt, in der kritischen Aufnahme dessen, was »jedermann« als Gerechtigkeit bezeichnet. »Kritisch« heißt dabei: begrifflich sondernd und sortierend oder auch Klassifikationen erst auffindend für einen sichtlich heterogenen Befund. Wesentlich ist jedenfalls, daß sowohl die landläufige Meinung als auch die traditionelle Behandlung eines Themas in Dichtung und Philosophie für seine philosophische Klärung zunächst aufgenommen und gesichtet wird und daß nicht sofort aus Prinzipien abgeleitet wird. Dies ist auch sonst und in anderen Schriften eine Methode des Aristoteles, um Prinzipien aufzufinden, nach denen sich die Sachen eines

Fragebereiches wirklich und gewöhnlich richten. Im Falle der Ethik aber ist dies eigentlich die einzige, jedenfalls gemäßeste Methode, da es in der Ethik gar nicht um prinzipiell festgelegte Gegenstände geht, sondern um Dinge, die sich, wie Aristoteles anderswo sagt, »auch anders verhalten können«. Es handelt sich also auch beim Thema »Gerechtigkeit« um ein nachträgliches Eindringen in eine Erfahrungslage, nicht um Konstruktion oder auch nur Rekonstruktion dessen, was Gerechtigkeit an sich sei. Hierin besteht ein außerordentlich scharfer Gegensatz zu Platons Konstruktion der »Gerechtigkeit selbst« anhand des gerechten Staates. Diese antiplatonische Stoßrichtung kommt auch im weiteren Verlauf des Textes noch mannigfach zum Ausdruck.

Gleich das Nächste ist von dieser Art: Daß Gerechtigkeit (wiederum wie jede andere Tugend auch) ein »Habitus«, d. h. eine generell und immer erneut sich in Handlungen niederschlagende *Haltung* des Charakters sei, ist einerseits antiplatonisch. Denn für Platon besteht jegliche Tugend letztlich in einem *Wissen*, und Aristoteles betont gerade hier, daß ein Wissen um das Richtige und Passende immer zugleich ein Wissen des Gegenteiligen ist, während der Habitus der Gerechtigkeit gerade das Ungerechtsein ausschließt. Andererseits ist die Kennzeichnung der Gerechtigkeit und aller Tugend als Habitus prosophistisch zu nennen, weil jeder Habitus nach Aristoteles in einer undurchsichtigen Verbindung von genereller Einstellung zu etwas und speziell angepaßter Handlungsweise in einzelnen Fällen seiner Äußerung besteht (vgl. bes. das 13. und 14. Kapitel). Es ist nämlich eine Überzeugung der Sophisten gewesen, gegen die Platon erst seine Auffassung entwickelte, daß nicht rational verantwortetes Wissen, sondern Gewohnheit des als richtig Geltenden, verbunden mit dem Erfolg des Handelns im einzelnen Fall, die Tugend des Menschen ausmachen. Ist nun die Gerechtigkeit ein solcher Habitus, so verdient wahrhaft gerecht genannt zu werden weder ein Mensch mit gerechter Gesinnung allein noch derjenige, der bloß gerechte Handlungen tut. Kennzeichen eines solchen Habitus sind vielmehr Häufigkeit des entsprechenden Handelns verbunden mit Anzeichen von Leichtigkeit und Lust, die ein so Handelnder an gerade diesen Handlungen hat. Zugleich wird so bereits in der generischen Erfassung der Gerechtigkeit als Habitus ein Grundproblem des Rechts als ein solches Problem anerkannt, nämlich daß kein spezieller Fall ganz ohne mitfolgende Ungerechtigkeit unter notwendig allgemeine Rechtsregeln subsumiert werden kann. Dieser Schwierigkeit trägt Aristoteles am Ende im 14. Kapitel mit der Maxime der »Billigkeit« als Ergänzung und steuernder Korrektur des Gerechten im einzelnen Fall denn auch eigens Rechnung.

Zu Anfang des 2. Kapitels geht es nun in einer für Aristoteles typischen Weise weiter, einer Weise, die sich ergibt aus der oben geschilderten Methode: Gerechtigkeit, stellt Aristoteles fest, wird »mehrfach gesagt«; und nach seinen mehrfachen Bedeutungen, die sich nicht mehr ohne Verlust aufeinander reduzieren lassen, muß sich auch das philosophische Denken richten. Die beiden hier aus dem Ansatz an der Ungerechtigkeit (als dem symmetrischen Gegenteil der Gerechtigkeit) heraus unterschiedenen Bedeutungen der Gerechtigkeit sind »legale Gerechtigkeit« und »Gerechtigkeit im Sinne der Gleichheit«.

Einige Bemerkungen zur ersten: Die Verletzung dieser Gerechtigkeit besteht in der Übertretung von Gesetzen des Gemeinwesens, zu dem man gehört. Da Gesetze aber nach Aristoteles nur bestimmte untugendhafte Handlungen verbieten bzw. andere tugendhafte gebieten, ist diese Form der Gerechtigkeit eine Weise des Gebrauchs der sonstigen Tugenden – nämlich ihres Gebrauchs gegenüber anderen – und also gar keine spezifisch eigene Tugend. Gerechtigkeit ist auf diese Weise sozusagen alle Tugenden, wie auch Aristoteles im 3. Kapitel mit einem nicht als solchen ausgewiesenen Zitat des Theognis (Vers 147) betont. Zugleich ist die Gerechtigkeit aber nicht, wie all diese Tugenden sonst, unmittelbar gut für den Tugendhaften selbst und nur vermittelterweise auch gut für die Mitmenschen, sondern eben unmittelbar gut für andere und dann nur vermittelterweise auch für einen selbst: d. h. Gerechtigkeit ist zunächst *soziale* Tugend. Auch hierin wendet sich Aristoteles dezidiert gegen Platon, bei dem ein erster Blick auf seine Definition der Gerechtigkeit in der »Politeia« als »das Seine tun« schon die Gegensätzlichkeit zur Aristotelischen Gerechtigkeit als Besorgung »fremden Gutes« offenlegt. Die Spitze gegen Platon zeigt sich insbesondere da, wo Aristoteles sagt, daß diese seine Gerechtigkeit dem Herrschenden nützt. Dies aber ist gerade die vom Sophisten Thrasymachos in der Politeia (338f.) vorgebrachte Definition der Gerechtigkeit, die von Platon mit aller Schärfe zurückgewiesen wird. Diese erste Form der Gerechtigkeit hat aber als soziale Tugend auch den Mangel, daß sie, wie Aristoteles sagt, partikularen Interessen der herrschenden Klasse dient, insofern die Gesetze, die von dieser Klasse gegeben werden und in deren Einhaltung die Gerechtigkeit besteht, eine solche Interessenlage mehr oder weniger widerspiegeln. Dem ist, könnte man nach heutigen Gesichtspunkten vielleicht sagen, nie ganz, aber doch tendenziell durch Verfassungsmäßigkeit des Rechts und Legitimation der Herrschaft zu steuern.

Aristoteles wendet sich im weiteren (ab dem 4. Kapitel) der zweiten Form der Gerechtigkeit zu. Diese ist nicht bloß ein bestimmter Modus der Tugend im Ganzen (wie die erste Form), sondern selbst ein spezifischer Teil der Tugend, der aber dennoch zugleich im Modus der zuerst beschriebenen gesetzlichen Gerechtigkeit steht. Weil die zweite Gerechtigkeit Teil der Tugend und gleichzeitig formgleiches Teilmoment der legalen Gerechtigkeit ist, wird sie »partikulare« Gerechtigkeit genannt. Ihre spezifische Leistung besteht, wie schon gesagt, in der Herstellung und Wahrung des Gleichen bzw. einer Mitte zwischen Ansprüchen der Bürger. Der von Aristoteles im 4. Kapitel zunächst kurz genannte traditionelle Kern der Gerechtigkeit im Sinne der Gleichheit ist das Problem des »Kerdos«, des Gewinns, der zur Ungleichheit und Ungerechtigkeit verlockt (vgl. in der Dichtung z. B. Theognis 466, Hesiod »Erga« 323 und Pindar 8. Pythie 13f.). Der Kerdos in sich hat bereits eine Tendenz ins Ungerechte, das in der Übersetzung eingeschobene »unerlaubt« ist im Griechischen nicht enthalten.

Nach dieser Vorbemerkung zum Kerdos gliedert Aristoteles die partikulare Gerechtigkeit in distributive oder verteilende Gerechtigkeit, die vor allem bei Ansprüchen der Bürger an das Gemeinwesen eine Rolle spielt, und kommutative oder ausgleichende Gerechtigkeit, welche besonders den Verkehr der Bürger untereinander regelt. Die erste von beiden orientiert sich am »geometrischen Mittel«, d. h. sie verteilt eine Gesamtmenge von zur Verfügung stehenden Gütern nach Maßgabe der Würdigkeit von Ansprüchen (6. Kapitel). Da Würdigkeit von Staatsform zu Staatsform unterschiedlich definiert wird, ist auch diese Gerechtigkeit modifiziert im Sinne bestimmter Staatsinteressen. Die kommutative Gerechtigkeit orientiert sich dagegen am »arithmetischen Mittel«, d. h. sie weist Güter zu nach Zahl der Ansprüche bzw. gleicht Ungleichgewichte (z. B. durch Rechtsprechung) zu dieser Mitte hin aus (7. Kapitel).

Im Austausch von Leistungen und Waren verbinden sich schließlich beide Arten der Proportionalität in bestimmter Weise. Zunächst betont Aristoteles außerordentlich, daß ohne diesen Austausch ein Gemeinwesen keinen Bestand hätte (vgl. 8. Kapitel). Zudem ist dieser Austausch nicht ein jeweiliges Vergelten und Zurückgeben des Gleichen, denn in diesem Fall hätte jeder schon alles, und es käme gar nicht zu einem Verkehr miteinander. Vielmehr wird im Austausch Verschiedenes gegeben und genommen, und nur dadurch ist ein Gemeinwesen möglich. Dies setzt aber voraus, daß alles so Ausgetauschte vergleichbar ist in bezug auf seinen Wert, also verhältnismäßig auf einer gemeinsamen Wertskala eingetragen werden kann (dies ist gewissermaßen die Seite des geometrischen Mittels), damit dann zweitens der gleiche Wert erstattet werden kann (dies die Seite des arithmetischen Mittels). Diese gemeinsame Skala für Werte ist nach Aristoteles das Geld (nicht des Werts der Dinge an sich, wohl aber des Wertes im Austausch und für uns); dessen Wert aber soll wiederum gewahrt bleiben durch Übereinkunft, also durch Setzung, woher der Name des Geldes (»nomisma«) stamme. Das Geld aber repräsentiert dabei letztlich nur die vergleichbaren Bedürfnisse der Menschen und ist Garant der Möglichkeit ihrer Erfüllung, weswegen es nach Aristoteles eigentlich das Bedürfnis ist, das den für ein Gemeinwesen unentbehrlichen Austausch hervorbringt und unterhält. Was in diesen Überlegungen des Aristoteles gegenüber heutigen Auffassungen zu fehlen scheint, ist ein Begriff von der Produktivität des Austausches selbst: Er funktioniert nicht so, daß idealiter der Wert auf allen Seiten erhalten bleibt, sondern er schafft selbst Wertzuwachs.

Das 9. Kapitel gibt eine zusammenfassende Definition der partikularen Gerechtigkeit. Die wesentlichen Punkte aus dem 13. und 14. Kapitel sind bereits oben angesprochen worden.

Aristoteles: Nikomachische Ethik, Fünftes Buch, 1–9, 13–14

Erstes Kapitel

In bezug auf die *Gerechtigkeit* und die *Ungerechtigkeit* ist zu untersuchen, mit was für Handlungen sie es zu tun hat, was für eine Mitte die Gerechtigkeit ist, und wovon das Gerechte die Mitte ist. Bei dieser Untersuchung wollen wir dasselbe Verfahren wie bei den vorhergehenden beobachten.

Wir sehen, daß jedermann mit dem Wort Gerechtigkeit einen Habitus bezeichnen will, vermöge dessen man fähig und geneigt ist, gerecht zu handeln, und vermöge dessen man gerecht handelt und das Gerechte will, und ebenso mit dem Worte Ungerechtigkeit einen Habitus, vermöge dessen man ungerecht handelt und das Ungerechte will. Dieses gelte denn auch uns als erste und allgemeinste Voraussetzung. Denn mit einem Habitus hat es eine andere Bewandtnis als mit den Wissenschaften und Vermögen. Ein und dasselbe Vermögen und ein und dasselbe Wissen umfaßt die Gegensätze; ein Habitus aber, der es mit dem einen Glied des Gegensatzes zu tun hat, hat es nicht auch mit dem anderen zu tun. Von der Gesundheit z. B. kann nicht Entgegengesetztes ausgehen, sondern nur Gesundes. Wir sprechen von gesundem Gange, wenn einer so geht, wie es ein gesunder Mensch tut. Demgemäß wird ein Habitus bald aus dem entgegengesetzten Habitus, bald aus seinem Subjekt erkannt. Weiß man, was guter Stand der Gesundheit ist, so weiß man auch, was schlechter Stand der Gesundheit ist, und ebenso wird aus dem, was Gesundheit schafft, die Gesundheit und aus dieser jenes erkannt. Ist guter Stand der Gesundheit soviel als Festigkeit des Fleisches, so muß ihr schlechter Stand Schwammigkeit des Fleisches, und was Gesundheit schafft, das sein, was dem Fleische Festigkeit gibt.

Wird das eine Glied eines Gegensatzes vieldeutig ausgesagt, so folgt meistens, daß auch das andere so ausgesagt wird; ist z. B. das Wort Recht vieldeutig, so ist es auch das Wort Unrecht.

Zweites Kapitel

Man scheint nun tatsächlich von Gerechtigkeit und Ungerechtigkeit in mehrfachem Sinne zu sprechen, nur daß diese Homonymie, diese Verschiedenheit der Bedeutung bei Gleichheit des Wortes, nicht groß ist und sich darum versteckt oder nicht so offen hervortritt wie bei Dingen, die weit voneinander liegen. Der Unterschied ist ja groß, wenn er in der Gestalt liegt, wenn z. B. das Wort Schlüssel gleichzeitig den Knochen unter dem Hals der Tiere (das sog. Schlüsselbein) und das Werkzeug zum Schließen der Türen bezeichnet.

Bestimmen wir also, wie viele Bedeutungen der Ausdruck »der Ungerechte« hat. Ungerecht scheint zu sein: einmal der *Gesetzesübertreter*, sodann auch der *Habsüchtige* und *Feind der Gleichheit*. Hieraus erhellt denn auch, daß gerecht der sein wird, wer die Gesetze beobachtet und Freund der Gleichheit ist. Mithin ist das Recht das Gesetzliche und das der Gleichheit

Entsprechende, das Unrecht das Ungesetzliche und das der Gleichheit Zuwiderlaufende.

Da nun in der einen Klasse der Ungerechten der Habsüchtige steht, so wird derselbe es mit den Gütern zu tun haben, nicht mit allen, sondern mit denen, die äußeres Glück und Unglück bedingen, die zwar schlechthin und an sich immer gut sind, aber nicht immer für den einzelnen. Die Leute aber beten und bemühen sich einzig um sie. Das sollte nicht sein. Sie sollten vielmehr beten, daß das schlechthin Gute auch ihnen gut sein möge, und sollten dann erwählen, was für sie gut ist.

Der Ungerechte will aber nicht immer zu viel haben, sondern unter Umständen auch zu wenig, nämlich von dem, was an sich ein Übel ist. Da aber das kleinere Übel gewissermaßen als ein Gut erscheint und die Habsucht auf Güter gerichtet ist, so scheint ein solcher Mensch habsüchtig zu sein. In Wirklichkeit aber ist er ein Freund der Ungleichheit. Das ist nämlich der weitere und gemeinsame Begriff.

Drittes Kapitel

Da uns der Gesetzesübertreter als ungerecht und der Beobachter des Gesetzes als gerecht galt, so ist offenbar alles Gesetzliche in einem bestimmten Sinne gerecht und Recht. Was nämlich von der gesetzgebenden Gewalt vorgeschrieben ist, ist gesetzlich, und jede gesetzliche Vorschrift bezeichnen wir als gerecht oder Recht. Die Gesetze handeln aber von allem, indem sie entweder den allgemeinen Nutzen verfolgen oder den Nutzen der Aristokraten oder den der Herrscher, mögen sie dies dank ihrer Tugend oder sonst einer auszeichnenden Eigenschaft sein. Und so nennen wir in einem Sinne gerecht, *was in der staatlichen Gemeinschaft die Glückseligkeit und ihre Bestandteile hervorbringt und erhält*.

Das Gesetz schreibt aber vor, sowohl die Werke des Mutigen zu verrichten, z. B. seinen Posten nicht zu verlassen, nicht zu fliehen, nicht die Waffen von sich zu werfen, als auch die Werke des Mäßigen, z. B. nicht Ehebruch zu treiben und keine Gewalttat zu begehen, und die des Sanftmütigen, z. B. nicht zu schlagen oder zu schimpfen. Und ebenso verfährt es bezüglich der anderen Tugenden und Laster, hier gebietend, dort verbietend, und zwar tut es das in der rechten Weise, wenn es selbst gut gefaßt ist, dagegen in schlechter, wenn es nachlässig, wie aus dem Stegreif entworfen ist.

Diese Gerechtigkeit ist die vollkommene Tugend, nicht die vollkommene Tugend überhaupt, sondern soweit sie auf andere Bezug hat – deshalb gilt sie oft für die vorzüglichste unter den Tugenden, für eine Tugend so wunderbar schön, daß nicht der Abend- und nicht der Morgenstern gleich ihr erglänzt; daher auch das Sprichwort: in der Gerechtigkeit ist jegliche Tugend enthalten; und sie gilt als die vollkommenste Tugend, weil sie die Anwendung der vollkommenen Tugend ist. Vollkommen ist sie aber, weil ihr Inhaber die Tugend *auch gegen andere ausüben kann* und nicht bloß für sich selbst. Denn viele können die Tugend in ihren eigenen Angelegenheiten ausüben, aber in dem, was auf andere Bezug hat, können sie es nicht. Darum scheint es ein treffender Spruch von *Bias* zu sein: »Erst das Amt zeigt den Mann.« Denn der Amtsinhaber hat es ja mit anderen zu tun und gehört der Gemeinschaft an. Eben darum scheint auch die Gerechtigkeit allein unter den Tugenden ein fremdes Gut zu sein, weil sie sich auf andere bezieht. Denn sie tut, was anderen nützt, sei es dem Herrscher, sei es dem Gemeinwesen. Der Schlimmste ist also, wer seine Schlechtigkeit sowohl gegen sich selbst, wie gegen seine Freunde kehrt, der Beste aber nicht der, der seine Tugend sich, sondern der sie anderen zugute kommen läßt. Denn dieses ist ein schweres Ding.

Die gesetzliche Gerechtigkeit ist demnach kein bloßer Teil der Tugend, sondern die ganze Tugend, und die ihr entgegengesetzte Ungerechtigkeit kein Teil der Schlechtigkeit, sondern wieder die ganze Schlechtigkeit.

Wie die Tugend und diese Gerechtigkeit sich trotzdem unterscheiden, erhellt aus dem Gesagten. Beide sind dasselbe, ihr Begriff aber ist nicht derselbe, sondern insofern es sich um die Beziehung auf andere handelt, redet man von Gerechtigkeit, insofern es sich aber um einen Habitus handelt, der sich in den

Akten der Gerechtigkeit auswirkt, redet man von Tugend schlechthin.

Viertes Kapitel

Wir fragen jedoch nach der Gerechtigkeit als Teil der Tugend; eine solche gibt es nämlich, behaupten wir; und desgleichen nach der Ungerechtigkeit als besonderem Laster. Ein Zeichen für das Vorhandensein beider ist folgendes. Wer eine dem Gebiete anderer Verkehrtheiten angehörende Handlung begeht, tut zwar Unrecht, macht sich aber keiner Habsucht schuldig; z. B. wenn er aus Feigheit seinen Schild wegwirft oder in der Bosheit schimpft oder aus Geiz nicht mit Geld aushelfen will; handelt er aber habsüchtig, so begeht er oft keine von diesen Verkehrtheiten und auch gewiß nicht alle möglichen, und doch begeht er eine bestimmte Schlechtigkeit – denn man tadelt ihn – und zwar eine Ungerechtigkeit. Mithin gibt es noch eine andere Ungerechtigkeit, nämlich als einen besonderen Teil der ganzen und ein Unrecht als einen besonderen Teil des Unrechts überhaupt, nämlich des Ungesetzlichen.

Ferner, wenn der eine einem Gewinn zuliebe Ehebruch begeht und noch Geld dazu bekommt, der andere dasselbe Verbrechen aus Wollust verübt, so daß er Geld dafür ausgibt und Einbuße erleidet, so scheint der letztere eher zuchtlos als habsüchtig zu sein, der erstere dagegen ungerecht, nicht zuchtlos; dies also offenbar des Gewinnes wegen.

Ferner, alle anderen Verstöße gegen die Gerechtigkeit lassen sich immer auf eine bestimmte Untugend zurückführen, z. B. der Ehebruch auf Zuchtlosigkeit, das Entweichen aus Reih und Glied auf Feigheit, Mißhandlung auf Zorn, unerlaubter Gewinn aber auf keine andere Untugend als auf Ungerechtigkeit.

So leuchtet denn ein, daß es außer der allgemeinen Gerechtigkeit noch eine andere, partikulare gibt, die ihr darum synonym ist, weil in ihrer Begriffsbestimmung dieselbe Gattung wiederkehrt. Beide bedeuten nämlich etwas, was auf andere Bezug hat, nur bezieht sich die eine auf Ehre oder Eigentum oder Gesundheit oder in welchen Ausdruck wir das alles zusammenfassen mögen, und entspringt aus der unordentlichen Freude am Gewinn, während sich die andere auf alles bezieht, womit der Tugendhafte es zu tun hat.

Fünftes Kapitel

Daß es also mehrere Gerechtigkeiten gibt und noch eine Gerechtigkeit neben der ganzen Tugend, ist klar. Bestimmen wir also, was und welcher Art sie ist.

Das Ungerechte zerfällt in das Ungesetzliche und das der Gleichheit Widerstreitende, das Gerechte in das Gesetzliche und das der Gleichheit Entsprechende. Dem Ungesetzlichen entspricht nun diejenige Ungerechtigkeit, von der vorhin die Rede war. Da aber das der Gleichheit Zuwiderlaufende und das Ungesetzliche nicht dasselbe, sondern verschieden sind wie Teil und Ganzes – denn alles, was wider die Gleichheit verstößt, ist ungesetzlich, aber nicht alles Ungesetzliche streitet mit der Gleichheit, grade wie auch alles Zuviel die Gleichheit verletzt, aber nicht alles, was die Gleichheit verletzt, auch ein Zuviel ist –, so folgt, daß auch das Ungerechte und die Ungerechtigkeit hierin nicht dasselbe, sondern verschieden sind. Denn jene Ungerechtigkeit ist ein Teil der ganzen Ungerechtigkeit, und ebenso ist die Gerechtigkeit, nach der wir gegenwärtig fragen, ein Teil der ganzen Gerechtigkeit. Mithin müssen wir uns auch mit der Gerechtigkeit und Ungerechtigkeit und mit Recht und Unrecht *im engeren Sinne* beschäftigen. Jene Gerechtigkeit und Ungerechtigkeit also, die sich auf den ganzen Umfang der Tugend bezieht und die die Anwendung der ganzen Tugend, beziehungsweise des ganzen Lasters, auf unser Verhältnis zu anderen Menschen ist, möge als erledigt gelten. Ebenso ist leicht zu ersehen, wie das diesen entsprechende Recht und Unrecht zu bestimmen ist. Der größte Teil der Gesetzesvorschriften nämlich betrifft Handlungen der ganzen Tugend. Denn das Gesetz gebietet, im Leben jede Tugend zu üben und verbietet, irgendwelchem Laster Raum zu geben.

Das Mittel aber, diese ganze Tugend zu verwirklichen, sind jene gesetzlichen Bestimmungen, die die Erziehung für das Gemeinwesen regeln. Was freilich die Einzelerziehung betrifft, die da zum tugendhaften Manne schlechthin bildet, so ist die Frage, ob sie zur Staatslehre oder zu einer anderen Disziplin gehört, weiter unten zu erledigen. Denn vielleicht ist es nicht dasselbe, ein guter Mensch schlechthin und ein guter Bürger eines beliebigen Staates zu sein.

Von der *partikularen Gerechtigkeit* aber und dem ihr entsprechenden Rechte ist eine Art die, die sich bezieht auf die *Zuerteilung* von Ehre oder Geld oder anderen Gütern, die unter die Staatsangehörigen zur Verteilung gelangen können – denn hier kann der eine ungleich viel und gleich viel erhalten wie der andere –; eine andere ist die, die *den Verkehr* der einzelnen untereinander *regelt*. Die letztere hat zwei Teile. Es gibt nämlich einen freiwilligen Verkehr und einen unfreiwilligen. Zum freiwilligen Verkehr gehören z. B. Kauf, Verkauf, Darlehen, Bürgschaft, Nießbrauch, Hinterlegung, Miete. Hier spricht man von freiwilligem Verkehr, weil das Prinzip der genannten Verträge beiderseits der freie Wille ist. Zu dem unfreiwilligen Verkehr gehören teils heimliche Handlungen, wie Diebstahl, Ehebruch, Giftmischerei, Kuppelei, Sklavenverführung, Meuchelmord, falsches Zeugnis, teils gewaltsame, wie Mißhandlung, Freiheitsberaubung, Totschlag, Raub, Verstümmelung, Scheltreden, Herabwürdigung.

Sechstes Kapitel

Da aber der Ungerechte wie das Unrecht die Gleichheit verletzen, so gibt es offenbar auch ein Mittleres zwischen dem Ungleichen. Es ist das Gleiche. Denn bei jeder Handlung, bei der es ein Mehr und ein Weniger gibt, gibt es auch ein Gleiches. Ist demnach das Unrecht ungleich, so ist das Recht gleich, wie übrigens auch jedem ohne Beweis einleuchtet. Da aber das Gleiche ein Mittleres ist, so ist also auch das Recht ein Mittleres.

Gleiches kann sich in nicht weniger Dingen finden als in

zweien. Nun muß das Recht ein Mittleres, Gleiches und Relatives sein, das heißt eine Beziehung auf bestimmte Personen haben. Also muß es als ein Mittleres die Mitte zwischen bestimmten Momenten, dem Mehr und dem Weniger, sein; als ein Gleiches muß es ein Gleiches von zwei Dingen, und als Recht muß es ein solches für gewisse Personen sein. Somit fordert das Recht mindestens eine Vierheit. Denn es sind zwei Personen, für die es ein Recht gibt, und es sind zwei Sachen, in denen ihnen ihr Recht wird. Und es muß dieselbe Gleichheit bei den Personen, denen ein Recht zusteht, vorhanden sein, wie bei den Sachen, worin es ihnen zusteht: wie die Sachen, so müssen auch die Personen sich verhalten. Sind sie nämlich einander nicht gleich, so dürfen sie nicht Gleiches erhalten. Vielmehr kommen Zank und Streit eben daher, daß entweder Gleiche nicht Gleiches oder nicht Gleiche Gleiches bekommen und genießen. Das ergibt sich auch aus dem Moment der Würdigkeit. Denn darin, daß eine gewisse Würdigkeit das Richtmaß der distributiven Gerechtigkeit sein müsse, stimmt man allgemein überein, nur versteht nicht jedermann unter Würdigkeit dasselbe, sondern die Demokraten erblicken sie in der Freiheit, die oligarchisch Gesinnten in Besitz oder Geburtsadel, die Aristokraten in der Tüchtigkeit.

Das Recht ist demnach etwas *Proportionales*. Proportionalität findet sich nämlich nicht bloß bei der aus Einheiten bestehenden Zahl, sondern auch bei der Zahl überhaupt. Proportionalität ist Gleichheit der Verhältnisse und verlangt mindestens eine Vierheit, worin sie sich finde. Daß die diskrete Proportionalität sich in mindestens vier Gliedern finden muß, ist klar; aber es gilt ebenso von der kontinuierlichen. In ihr wird eins wie zwei verwandt und zweimal gesetzt, z. B. in der Proportion: wie die Linie a zu b, so verhält sich die Linie b zu c. Hier wird b zweimal genannt, und so bekommt man, wenn man b doppelt zählt, vier Glieder.

So setzt also auch das Recht mindestens vier Glieder voraus, unter denen dasselbe Verhältnis besteht. Denn die Personen sind nach demselben Verhältnis unterschieden wie die Sachen. Es verhalte sich also wie Glied a zu b, so Glied c zu d, und also auch umgekehrt, wie Glied *a* zu *c*, so Glied *b* zu *d*. So wird sich denn in derselben Weise das Ganze zum Ganzen verhalten, und das ist die Verbindung, die die Zuteilung vornimmt, und wenn sie die Personen und Sachen so zusammenstellt, so geschieht die Verbindung in gerechter Weise.

Siebentes Kapitel

Mithin liegt darin, daß *a* mit *c* und *b* mit *d* verbunden wird, das Gerechte der Verteilung, und dieses Gerechte ist das Mittlere zwischen dem, was der Proportionalität zuwiderläuft. Denn das Proportionale ist die Mitte, und das Gerechte ist das Proportionale. Eine solche Proportion nennen die Mathematiker eine geometrische. Denn in der geometrischen Proportion verhält sich das Ganze zum Ganzen wie das Glied zum Gliede. Diese Proportionalität ist keine kontinuierliche, da die Person, der zugeteilt wird, und die Sache, die zugeteilt wird, nicht der Zahl nach eines sind.

Das *Recht* ist also dieses Proportionale, das *Unrecht* aber ist, was wider die Proportionalität anläuft. Es ist also teils ein Mehr, teils ein Weniger, wie es auch tatsächlich zutrifft. Denn wer Unrecht tut, eignet sich vom Guten zuviel an, und wer Unrecht leidet, bekommt davon zuwenig. Beim Übel aber ist es umgekehrt. Denn das kleinere Übel kann im Vergleich zum größeren Übel als ein Gut gelten, da das kleinere Übel vor dem größeren den Vorzug hat, und da, was den Vorzug hat, ein Gut ist, und zwar ein um so größeres, je mehr es den Vorzug hat.

Das ist also die eine Art des Rechtes. Die noch übrige ist die *ausgleichende*, die im Verkehr, dem freiwilligen wie dem unfreiwilligen, Anwendung findet. Dieses Recht hat eine andere Form als das erstere. Die das Gemeinsame austeilende Gerechtigkeit verfährt immer nach der angegebenen Proportionalität; wenn z. B. eine Geldverteilung aus öffentlichen Mitteln stattfindet, so muß sie nach dem Verhältnis geschehen, das die Leistungen der Bürger zueinander haben; und das diesem Recht entgegengesetzte Unrecht ist, was diesem Verhältnis zuwiderläuft. Dagegen ist das Recht im Verkehr zwar auch ein Gleiches und das Unrecht im Verkehr ein Ungleiches, aber nicht nach Maßgabe der genannten, sondern gemäß der arithmetischen Proportionalität. Es trägt ja nichts aus, ob ein guter Mann einen schlechten beraubt oder ein schlechter einen guten, oder ob ein guter oder ein schlechter Mann einen Ehebruch begeht; vielmehr sieht das Gesetz nur auf den Unterschied des Schadens, und es behandelt die Personen als gleiche, wenn die eine Unrecht getan, die andere es erlitten, die eine Schaden zugefügt hat, die andere geschädigt worden ist. Daher versucht der Richter dieses Unrecht, welches in der Ungleichheit besteht, auszugleichen. Denn wenn der eine geschlagen worden ist, der andere geschlagen hat, oder auch der eine getötet hat, der andere getötet worden ist, so ist dieses Leiden und jenes Tun in ungleiche Teile geteilt; aber der Richter sucht durch die Strafe einen Ausgleich herbeizuführen, indem er dem Täter seinen Vorteil entzieht.

In diesen Dingen redet man nämlich ganz allgemein von Vorteil, wenn auch der Ausdruck für einzelne Verhältnisse nicht eigentlich paßt, wie wenn z. B. der Schläger Vorteil und der Geschlagene Nachteil haben soll; aber bei Abmessung erlittenen Unrechts ist es nun einmal so, daß man dasselbe Nachteil, das zugefügte Unrecht aber Vorteil nennt.

So ist denn das Gleiche die Mitte zwischen dem Zuviel und dem Zuwenig, der Vorteil und Nachteil aber sind in entgegengesetzter Weise ein Zuviel und ein Zuwenig, indem der Vorteil ein Zuviel des Guten und ein Zuwenig des Übels, der Nachteil aber das Umgekehrte ist. Zwischen ihnen war die Mitte das Gleiche, das wir als das Recht bezeichnen. Und so wäre denn das ausgleichende oder wiederherstellende Recht die Mitte zwischen Nachteil und Vorteil.

Deshalb nimmt man auch in zweifelhaften Fällen seine Zuflucht zum Richter. Zum Richter gehen heißt aber soviel, als zur Gerechtigkeit gehen, da der Richter gleichsam die lebendige Gerechtigkeit sein soll. Auch sucht man im Richter einen Mann der Mitte, und manche nennen sie »Mittelsmänner«, als träfen sie, wenn sie die Mitte treffen, das Recht. So ist denn das

Recht ein Mittleres, wie es ja auch der Richter ist. Der Richter stellt die Gleichheit her und macht es, wie wenn er eine in ungleiche Teile geteilte Linie vor sich hätte, von deren größerem Teil er das Stück, um welches derselbe größer ist als die Hälfte, wegnähme und zu dem kleineren Teil hinzutäte. Wenn aber das Ganze in zwei Teile geteilt ist, so sagt man: »Jeder hat seinen Teil«, wenn sie Gleiches bekommen haben. Das Gleiche aber ist die Mitte zwischen dem zu Großen und dem zu Kleinen nach der arithmetischen Proportion. Darum heißt es auch »dikaron« (gerecht), weil es »dicha« (zweiteilig) ist, wie wenn man sagte »dichaion« und statt »dikastes« (Richter) »dichastes« (Zweiteiler). Denn wenn man von zwei gleichen Größen die eine um ein Stück vermindert und die andere um dasselbe Stück vermehrt, so übertrifft diese jene um diese beiden Stücke. Würde die eine nur vermindert, ohne daß die andere vermehrt würde, so würde diese jene nur um das einfache Stück übertreffen. So aber übertrifft sie die Mitte um das einfache Stück, und die Mitte wieder die verminderte Größe um dasselbe. Hieraus also mögen wir erkennen, was man dem, der zuviel hat, wegnehmen und dem, der zuwenig hat, hinzugeben muß. Dem, der zu wenig hat, muß man so viel hinzugeben, als die Mitte sein Teil übertrifft, und dem, der das meiste hat, so viel wegnehmen, als die Mitte von seinem Teil übertroffen wird.

Die Linien *aa, bb, cc* seien einander gleich. Von *aa* werde *ae* genommen und zu *cc* als *cd* hinzugesetzt, so daß die ganze Linie *dcc* die Linie *ea* um das Stück *cd* und *ef* übertrifft, und mithin die Linie *bb* um das Stück *cd*.

Das Gesagte muß auch noch in anderer Hinsicht, bei den Leistungen der verschiedenen Künste, vor Augen gehalten werden. Es wäre um sie geschehen, wenn der Künstler nicht tätig ein Produkt schüfe, das sich quantitativ und qualitativ bewerten ließe, und nicht leidend dafür sowohl quantitativ als qualitativ entsprechend ausgelohnt würde.

Die Ausdrücke Verlust (Einbuße, Nachteil) einerseits und Gewinn (Zubuße, Vorteil) andererseits stammen aus dem freiwilligen Verkehr. Gewinnen bedeutet nämlich eigentlich mehr erhalten, als man hatte, und Verlieren bedeutet weniger erhalten, als man vorher besaß, wie bei Kauf und Verkauf und jedem solchen gesetzlich erlaubten Verkehr. Und wenn nicht mehr und nicht weniger vereinnahmt wird, sondern Gleiches um Gleiches, dann sagt man, man erhalte das Seinige und erleide weder Verlust noch mache man Gewinn.

So ist denn dieses Recht eine Mitte zwischen einem nicht auf freiem Willen beruhenden Gewinn und Verlust, also dies, daß man nach wie vor das Gleiche hat.

Achtes Kapitel

Einige Philosophen vertreten aber auch die Ansicht, die *Wiedervergeltung* sei das Recht schlechthin. So die *Pythagoreer*, die schlechthin das Recht als das bestimmten, was man von einem anderen wiedererleide. Allein die Wiedervergeltung stimmt mit der ausgleichenden Gerechtigkeit so wenig wie mit der austeilenden überein, obschon man in diesem Sinne das Recht des *Rhadamanthys* deuten möchte: »Leidest du was du getan, so ist richtiges Recht dir geworden.« Denn sie steht vielfach mit ihr in Widerspruch. Wenn z. B. eine obrigkeitliche Person jemanden geschlagen hat, so darf sie nicht wiedergeschlagen werden, und wenn jemand eine solche Person geschlagen hat, so muß er nicht bloß geschlagen, sondern auch noch außerdem bestraft werden. Sodann macht auch das Freiwillige und das Unfreiwillige der Handlung viel aus.

In jedem auf Gegenseitigkeit beruhenden Verkehr freilich begreift die Wiedervergeltung das fragliche Recht in sich, jedoch eine Wiedervergeltung nach Maßgabe der Proportionalität, nicht nach Maßgabe der Gleichheit. Denn dadurch, daß nach Verhältnis vergolten wird, bleibt der Bürgerschaft ihr Zusammenhalt gewahrt. Entweder nämlich sucht man das Böse zu vergelten, und ohne diese Vergeltung hätte man den Zustand der Knechtschaft, oder das Gute, und ohne das wäre keine Gegenleistung, auf der doch die Gemeinschaft beruht. Darum errichtet man auch das Heiligtum der Chariten auf öffentlichen Plätzen, damit man der Gegenleistung gedenke, die der Dankbarkeit eigen ist. Denn man muß dem, der uns gefällig gewesen ist, Gegendienste erweisen, und auch selbst wieder zuerst ihm gefällig sein.

Der Entgelt nach Verhältnis kommt zustande durch eine Verbindung der Daten nach Maßgabe der Diagonale; z. B. *a* sei Baumeister, *b* Schuster, *c* Haus und *d* Schuh. Der Baumeister muß nun vom Schuster dessen Arbeit bekommen und selbst ihm die seinige dafür zukommen lassen. Wenn nun zuerst die Gleichheit im Sinne der Proportionalität bestimmt ist, und dann der Ausgleich nach diesem Verhältnis stattfindet, so geschieht das, was wir meinen. Geschieht jenes aber nicht, so ist keine Gleichheit da, und ein geordneter Verkehr und Austausch kann nicht stattfinden. Denn nichts hindert, daß die Leistung des einen wertvoller sei als die des anderen, und folglich muß hier ein Ausgleich geschafft werden. Dasselbe Verhältnis findet sich bei den anderen Künsten und Handwerken. Es wäre um sie geschehen, wenn der Werkmeister nicht tätig ein Produkt schüfe, das sich quantitativ und qualitativ bewerten ließe, und nicht leidend dafür sowohl quantitativ als qualitativ entsprechend ausgelohnt würde. Denn aus zwei Ärzten wird keine Gemeinschaft, sondern aus Arzt und Bauer und überhaupt aus verschiedenen und ungleichen Personen, zwischen denen aber eine Gleichheit hergestellt werden soll.

Daher muß alles, was untereinander ausgetauscht wird, gewissermaßen quantitativ vergleichbar sein, und dazu ist nun das *Geld* bestimmt, das sozusagen zu einer Mitte wird. Denn das Geld mißt alles und demnach auch den Überschuß und den Mangel; es dient also z. B. zur Berechnung, wie viel Schuhe einem Haus oder einem gewissen Maß von Lebensmitteln gleichkommen. Es kommen also nach Maßgabe des Verhältnisses eines Baumeisters zu einem Schuster soundso viele Schuhe auf ein Haus oder auf ein gewisses Maß von Lebensmitteln. Ohne solche Berechnung kann kein Austausch und keine Gemeinschaft sein. Die Berechnung ließe sich aber nicht anwenden, wenn nicht die fraglichen Werte in gewissem Sinne gleich wären. So muß denn für alles ein Eines als Maß bestehen, wie vorhin bemerkt worden ist. Dieses Eine ist in Wahrheit das *Be-*

dürfnis, das alles zusammenhält. Denn wenn die Menschen nichts bedürften oder nicht die gleichen Bedürfnisse hätten, so würde entweder kein Austausch sein oder kein gegenseitiger. Nun ist aber kraft Übereinkunft das Geld gleichsam Stellvertreter des Bedürfnisses geworden, und darum trägt es den Namen Nomisma (Geld), weil es seinen Wert nicht von Natur hat, sondern durch den Nomos, das Gesetz, und weil es bei uns steht, es zu verändern und außer Umlauf zu setzen.

So hat man denn eine wirkliche Wiedervergeltung, wenn eine Gleichung von der Art durchgeführt wird, daß wie der Bauer zum Schuster, so die Leistung des Schusters sich zu der des Bauers verhält. Man muß aber bei Herstellung des Ausgleiches die verschiedenen Glieder des Verhältnisses nach dem Schema der Proportionalität einsetzen, weil sonst auf das eine der beiden Extreme ein doppeltes Plus entfiele. Dagegen, wenn jeder das Seine bekommt, dann stehen sie sich gleich, und es kann ein geregelter Verkehr stattfinden, weil diese Gleichheit zwischen ihnen verwirklicht werden kann.

Gesetzt, wir haben Bauer a, einen Scheffel Getreide c, Schuster b, seine nach der Regel des Ausgleichs bemessene Leistung d. Ließe sich die Wiedervergeltung nicht in dieser Weise durchführen, so gäbe es keine Gemeinschaft des Verkehrs.

Daß aber das Bedürfnis als eine verbindende Einheit die Menschen zusammenhält, erhellt daraus, daß, wenn kein Teil des anderen bedarf, oder auch nur der eine des anderen nicht, sie in keinen Verkehr des Austausches treten, wie sie es tun, wenn der eine Teil dessen benötigt, was der andere hat, z. B. Wein, und darum die Getreideausfuhr freigibt. Hier ist also eine Gleichheit herzustellen.

Für einen späteren Austausch ist uns, wenn kein augenblickliches Bedürfnis dafür vorliegt, das Geld gleichsam Bürge, daß wir ihn im Bedürfnisfall vornehmen können. Denn wer mit Geld kommt, muß nach Bedarf erhalten können. Freilich geht es mit dem Geld, wie mit anderen Dingen: es behält nicht immer genau seinen Wert. Jedoch ist derselbe naturgemäß mehr den Schwankungen entzogen.

Daher muß alles seinen Preis haben; denn so wird immer

Austausch und somit Verkehrsgemeinschaft sein können. Das Geld macht also wie ein Maß alle Dinge kommensurabel und stellt dadurch eine Gleichheit unter ihnen her. Denn ohne Austausch wäre keine Gemeinschaft und ohne Gleichheit kein Austausch und ohne Kommensurabilität keine Gleichheit. In Wahrheit können freilich Dinge, die so sehr voneinander verschieden sind, nicht kommensurabel sein, für das Bedürfnis aber ist es ganz gut möglich. Es muß also ein Eines geben, welches das gemeinsame Maß vorstellt, und zwar kraft positiver Übereinkunft vorstellt, weshalb es auch Nomisma heißt, gleichsam ein vom Gesetz, Nomos, aufgestelltes Wertmaß. Denn alles wird nach ihm gemessen.

a sei ein Haus, b zehn Minen, c ein Bett. a ist nun $\frac{1}{2} b$, wenn das Haus fünf Minen wert oder ihnen gleich ist. Das Bett c sei $\frac{1}{10} b$. So sieht man dann, wieviel Betten dem Haus gleich sind, nämlich fünf. Daß in dieser Weise der Austausch vor sich ging, bevor das Geld aufkam, ist klar. Denn es trägt nichts aus, ob man fünf Betten für ein Haus gibt oder den Geldwert der fünf Betten.

Neuntes Kapitel

So wäre denn erklärt, was das Unrecht und was das Recht ist. – Aufgrund der gegebenen Bestimmungen sieht man nun auch, daß die Ausübung der Gerechtigkeit die Mitte ist zwischen Unrecht tun und Unrecht leiden. Jenes heißt zu viel, dieses zu wenig haben. Die Gerechtigkeit ist aber nicht in derselben Weise eine Mitte wie die übrigen Tugenden, doch ist sie es insofern, als sie die Mitte herstellt, während die Ungerechtigkeit die Extreme hervorbringt.

Näherhin ist die Gerechtigkeit jene Tugend, *kraft deren der Gerechte nach freier Wahl gerecht handelt und bei der Austeilung, handele es sich nun um sein eigenes Verhältnis zu einem anderen oder um das Verhältnis weiterer Personen zueinander, nicht so verfährt, daß er von dem Begehrenswerten sich selbst mehr und den anderen weniger zukommen läßt und es beim*

Schädlichen umgekehrt macht, sondern so, daß er die proportionale Gleichheit wahrt, und dann in gleicher Weise auch einem anderen mit Rücksicht auf einen Dritten zuerteilt.

Die *Ungerechtigkeit* ist umgekehrt jenes Laster, *das freiwillig ungerecht handeln und ungerecht austeilen macht.* Das Ungerechte liegt aber in einem der Proportionalität zuwiderlaufenden Zuviel und Zuwenig des Nützlichen oder Schädlichen. Darum ist die Ungerechtigkeit gleichzeitig ein Zuviel und ein Zuwenig, weil sie nämlich auf das Zuviel und das Zuwenig gerichtet ist, so zwar, daß sie für sich selbst ein Plus des schlechthin Nützlichen und ein Minus des Schädlichen vorsieht, bei anderen aber im ganzen gleich ungerecht verfährt, nur daß es vom Zufall abhängt, wie auf beiden Seiten das richtige Verhältnis verletzt wird. Beim ungerechten Hergang liegt das Zuwenig im Unrechtleiden, das Zuviel im Unrechttun.

So viel sei denn gesagt über die Gerechtigkeit und Ungerechtigkeit und die Natur beider, und ebenso über Recht und Unrecht im allgemeinen.

Dreizehntes Kapitel

Die Leute meinen nun, es stehe bei ihnen, Unrecht zu tun, und deshalb sei es auch leicht, gerecht zu sein. Aber dem ist nicht so. Der Frau des Nachbarn beiwohnen, seinen Nächsten schlagen, ihm mit der Hand das Geld geben ist leicht und steht in des Menschen Gewalt, aber aus einem festen Habitus heraus so zu handeln, ist nicht leicht und steht nicht ohne weiteres in des Menschen Gewalt.

Desgleichen meint man, Recht und Unrecht zu kennen sei keine besondere Weisheit, da es nicht schwer sei, zu verstehen, wovon die Gesetze reden. Aber das ist ja nur mitfolgend das Recht: Recht an sich ist, was in konkret bestimmter Weise getan und zugeteilt wird. Und hier immer das Richtige herauszufinden, erfordert mehr als z. B. die medizinischen Heilmittel zu kennen. Denn auch hier ist es leicht, die Wirkung von Honig, Wein und Nieswurz, vom Brennen und Schneiden zu kennen;

aber zu wissen, wie und bei wem und wann man alles dieses anwenden muß, damit es der Gesundheit diene, ist gerade so schwer, als Arzt zu sein.

Eben darum meint man auch, der Gerechte sei ebensogut imstande, Unrecht zu tun, weil der Gerechte ebensogut, ja, noch besser, die einzelnen Handlungen der Ungerechtigkeit ausführen könne; ebensogut könne er einem Weibe beiwohnen und Schläge austeilen, als der Mutige den Schild wegwerfen, dem Feinde den Rücken kehren und Hals über Kopf davonlaufen könne. Aber feige sein und Unrecht tun heißt nicht eben Handlungen der Feigheit und Ungerechtigkeit begehen, außer mitfolgend, sondern sie aus einem bestimmten Habitus heraus begehen, geradeso wie Arztsein und Heilen nicht heißt schneiden oder nicht schneiden, Arzneien geben oder nicht geben, sondern es in konkret bestimmter Weise tun.

Das Recht hat seine Stelle unter Wesen, die an den Gütern schlechthin teilhaben und davon ein Zuviel und ein Zuwenig haben können. Es gibt Wesen, die kein Zuviel davon haben können, und dies sind vielleicht die Götter, und wieder andere gibt es, unheilbar Schlechte, denen kein Teil davon nützt, sondern alles schadet, und endlich gibt es solche, denen sie innerhalb bestimmter Grenzen nützlich sind. Darum ist das Recht eine menschliche Angelegenheit.

Vierzehntes Kapitel

Hiernach ist von der *Billigkeit* (Epikie) und dem *Billigen* zu handeln und zu erklären, wie sich die Billigkeit zur Gerechtigkeit und das Billige zum Recht verhält. Denn bei näherer Betrachtung erscheinen beide weder als schlechthin einerlei, noch als der Gattung nach voneinander verschieden; und einerseits loben wir das Billige und den billigen Mann in der Art, daß wir lobend diesen Ausdruck statt gut auch auf anderes übertragen und zu verstehen geben, daß das Billigere das Bessere ist, andererseits erscheint es, wenn man sich an die Logik hält, als ungereimt, daß das Billige Lob verdienen und doch vom Recht verschieden sein soll. Denn entweder ist das Recht nicht trefflich und gut, oder das Billige, wenn vom Recht verschieden, nicht gerecht, oder wenn beide trefflich und gut sind, sind sie einerlei.

Das ist es so ziemlich, weshalb sich für den Begriff der Billigkeit Schwierigkeiten ergeben. Allein alles ist in gewisser Weise richtig, und von einem verborgenen Widerspruch, den es etwa einschlösse, kann keine Rede sein. Einerseits nämlich ist das Billige, mit einem gewissen Recht verglichen, ein besseres Recht, andererseits ist es nicht in dem Sinne besser als das Recht, als wäre es eine andere Gattung. Recht und Billigkeit sind also einerlei, und obschon beide trefflich und gut sind, so ist doch die Billigkeit das Bessere. Die Schwierigkeit rührt nur daher, daß das Billige zwar ein Recht ist, aber nicht im Sinne des gesetzlichen Rechts, sondern als eine Korrektur desselben. Das hat darin seinen Grund, daß jedes Gesetz allgemein ist und bei manchen Dingen richtige Bestimmungen durch ein allgemeines Gesetz sich nicht geben lassen. Wo nun eine allgemeine Bestimmung zu treffen ist, ohne daß sie ganz richtig sein kann, da berücksichtigt das Gesetz die Mehrheit der Fälle, ohne über das diesem Verfahren anhaftende Gebrechen im unklaren zu sein. Nichtsdestoweniger ist dieses Verfahren richtig. Denn der Fehler liegt weder an dem Gesetz noch an dem Gesetzgeber, sondern in der Natur der Sache. Denn im Gebiet des Handelns ist die ganze Materie von vornherein so (daß das gedachte Gebrechen nicht ausbleibt). Wenn demnach das Gesetz allgemein spricht, aber in concreto ein Fall eintritt, der in der allgemeinen Bestimmung nicht einbegriffen ist, so ist es, insofern der Gesetzgeber diesen Fall außer acht läßt und, allgemein sprechend, gefehlt hat, richtig gehandelt, das Versäumte zu verbessern, wie es auch der Gesetzgeber selbst, wenn er den Fall vor sich hätte, tun, und wenn er ihn gewußt hätte, es im Gesetz bestimmt haben würde. Daher ist das Billige ein Recht und besser als ein gewisses Recht, aber nicht besser als das Recht schlechthin, sondern als jenes Recht, das, weil es keinen Unterschied kennt, mangelhaft ist. Und das ist die Natur des Billigen: es ist eine Korrektur des Gesetzes, da wo dasselbe wegen seiner allgemeinen Fassung mangelhaft bleibt. Dies ist auch die Ursache davon, daß nicht alles gesetzlich geregelt ist; denn über manche Dinge läßt sich kein Gesetz geben, so daß es hier einer Abstimmung bedarf. Das Unbestimmte hat ja auch ein unbestimmtes Richtmaß, ähnlich wie bei der lesbischen Bauart ein bleiernes Richtmaß zur Verwendung kommt. Denn wie dieses Richtmaß sich der Gestalt des Steines angleicht und nicht dieselbe Länge behält, so gleicht die Abstimmung sich den besonderen faktischen Verhältnissen an.

So ist denn klar, was *das Billige* ist, und daß es ein Recht ist, und besser als ein gewisses Recht. Hieraus sieht man aber auch, wer *der Billige* sei: wer solches Recht will, wählt und übt, wer nicht das Recht bis zur Verschlimmerung auf die Spitze treibt, sondern vom Rechte, auch wo er es auf seiner Seite hätte, nachzulassen weiß, der ist billig und sein Habitus die Billigkeit, die eine Art Gerechtigkeit und kein von ihr verschiedener Habitus ist.

Bearbeitungsfragen:

1. Was bedeutet es, daß Gerechtigkeit ein Habitus ist?
2. Warum ist Gerechtigkeit nur unter Menschen denkbar und sinnvoll?
3. Worin besteht der Unterschied von legaler Gerechtigkeit und Gleichheitsgerechtigkeit, und worin bestehen die Ähnlichkeiten beider?
4. Warum ist es gefährlich, die Gerechtigkeit nur als legale Gerechtigkeit zu definieren?
5. Wie verhält sich die Tugend der Gerechtigkeit zu anderen Tugenden?
6. Was ist und wozu dient die »Billigkeit«?
7. Was ist und was erfordert eine Proportion nach Aristoteles?
8. Was ist die Rolle des Geldes, und inwiefern besteht ein Zusammenhang des Geldes mit dem Begriff der Gerechtigkeit?
9. Warum »zeigt erst das Amt den Mann«?
10. Was heißt es, »das Recht auf die Spitze zu treiben«?
11. Warum funktioniert ein Gemeinwesen nicht nach dem Prinzip der »Wiedervergeltung«?

12. Was kann Gleichheit und was Ungleichheit von Personen heißen, und wie verhält sich dazu der Gerechtigkeitsbegriff des Aristoteles in den hier wiedergegebenen Kapiteln der Nikomachischen Ethik?

V. Moral und sittliche Verhältnisse

Bearbeitet von Rudolf von Gumppenberg

V.1 Freundschaft
Aristoteles: Nikomachische Ethik, Achtes Buch, 1–10, 14–16

Wir sind vielfach gewöhnt, alle äußeren Verhältnisse, in denen Menschen leben, als sittlich indifferente »Gegebenheiten« zu betrachten. Sie mögen zum Beispiel als »ungerechte Verhältnisse« ihren Grund in sittlichem Fehlverhalten von Menschen haben. Aber für den, der in ihnen lebt, sind sie zunächst nur Fakten, zu denen man so oder so Stellung nehmen, mit denen man so oder so umgehen kann. Diese Sicht verkennt, daß es Verhältnisse gibt, in denen sich spezifisch menschliche, ja sittliche Qualitäten sozusagen objektiviert haben, Verhältnisse, die unter Absehung von sittlichen Qualitäten gar nicht wahrnehmbar sind und aus denen sich bestimmte sittliche Forderungen unmittelbar ergeben. So ist beispielsweise das Verhältnis, das durch ein Versprechen konstituiert wird, nur für denjenigen verständlich, der weiß, was ein Versprechen ist. Aber für diesen ergibt sich die Pflicht, das Versprechen – im Regelfall – zu halten, sozusagen analytisch aus dem Verständnis dieses Verhältnisses. Andere sittliche Verhältnisse sind die zwischen Geben und Nehmen, etwa zwischen Arzt und Patient. Ohne die Einsicht in solche Verhältnisse kann es für den Menschen, der ein soziales Wesen ist, ein gelungenes Leben nicht geben.

Die erste und unmittelbarste Fähigkeit zum gemeinsamen Leben wird in jenem Verhältnis von Mensch zu Mensch entwickelt, das wir *Freundschaft* nennen. Für diese Grundfigur wechselseitiger menschlicher Liebe soll ein Text von Aristoteles herangezogen werden. *Aristoteles* (384–322 v. Chr.) hatte als Schüler und Freund Platons zwanzig Jahre hindurch einen unmittelbaren Eindruck von den Qualitäten und Umgangsformen einer freundschaftlichen Gemeinschaft, da der von Platon geleitete Kreis von Philosophierenden, die Akademie, nicht nur intellektuell, sondern auch charakterlich prägend wirkte. Der Philosoph Aristoteles hatte alle Formen unmittelbarer menschlicher Beziehungen selbst erlebt, er war Schüler und Lehrer, Ehemann und Vater, Erzieher eines künftigen Herrschers und Förderer der eigenen geistigen Nachfahren, wobei Theophrast die Schule der Peripatetiker begründete und vermutlich der Sohn Nikomachos der »Nikomachischen Ethik« den Namen gab. Trotz dieser abwechslungsreichen Biographie ist in den philosophischen Werken des Aristoteles von allen Einzeldaten Abstand gehalten, und aus den verschiedenen Lebenserfahrungen des Autors wurde bei weitem kein »Bilderbuch« aphoristischer Lehrmeinungen. Das ethische Hauptwerk des Aristoteles stellt sich vielmehr als streng argumentativ gegliedertes Beispiel einer ganzheitlichen Theorie dar, in der der Begriff »Freundschaft« einen besonders hervorgehobenen, systematischen Stellenwert einnimmt.

Das Achte Buch der Nikomachischen Ethik, das mit Ausnahme der mehr politikwissenschaftlich orientierten Abschnitte 11–13 der Begründung und Entfaltung eines ethischen Freundschaftsbegriffes gewidmet ist, hat seinen Angelpunkt in der Analyse dessen, was als *liebenswert* bezeichnet werden kann. Entsprechend der Konstitution des Menschen als Lebewesen aus Leib, Sinnenhaftigkeit und geistig-praktischem Seelenvermögen differenziert Aristoteles das Liebenswerte in a) das Nützliche, b) das Angenehme und c) das Schöne, d. h. das Gute an sich. Dabei versteht sich von selbst, daß der Mensch eine substantielle Einheit ist und sich die Schichtung seines Wesens erst in den verschiedenen Formen des Strebens zeigt, unter denen etwas als liebenswert erscheint. Konsequenterweise gibt es deshalb auch drei Arten von Freundschaft entsprechend den Arten des Liebenswerten: a) die Freundschaft wegen des gemeinsamen Nutzens, b) die Freundschaft auf der Basis der Annehmlichkeit oder der Lust und c) die Freundschaft aufgrund der Tugend.

Bei diesem Ansatz ist auffällig, daß das Problem der Vielfältigkeit von Freundschaften nicht abstrakt aus einem allgemeinen Begriff der Beziehungen zwischen Menschen abgeleitet wird, sondern umgekehrt von den wirklich gelebten Handlungsmotiven zwischen konkreten Menschen auf eine generelle Theorie der Freundschaft geschlossen wird. Insofern umfaßt der Begriff der Freundschaft dann aber auch *alle* zwischenmenschlichen Verhältnisse des Füreinander, seien diese nun naturgegeben (z. B. Verwandtschaft) oder auf Gesetzen beruhend (z. B. Vertragsverpflichtungen), seien diese notwendig oder frei beschlossen und – seien sie moralisch gut oder verwerflich.

Nicht jede Freundschaft nämlich ist von ethischer Qualität, auch wenn jede Freundschaft auf gegenseitiger Zuneigung beruht. Aristoteles nennt die Freundschaften auf der Grundlage der Nützlichkeit oder der Lust wichtig, aber er sieht in ihnen keine eigentlich sittliche

Leistung, weil so geartete Freundschaften auch zwischen Menschen schlechten Charakters möglich sind. Es wäre aber nun unrealistisch, nur die Beziehungen von tugendhaften Menschen, die einander wohlgesinnt sind und dem Freund einzig um seiner selbst willen Gutes tun, als ausschließliche Form der Freundschaft gelten zu lassen. Freundschaften aus gegenseitigem Nutzen oder um spezieller Annehmlichkeiten willen gehören zur Natur des Menschen und sind insofern gut in einem außermoralischen Sinne des Wortes.

Es bleibt dem Denkansatz des Aristoteles gemäß eher die Frage, warum es überhaupt etwas Erstrebenswertes geben soll, das über den gemeinsamen Vorteil und den Genuß hinausgeht. Der Philosoph zeigt jedoch die Notwendigkeit eines Freundschaftstypus, der auf sittlichem Wollen und charakterlicher Integrität basiert. Den spezifischen Hinweis darauf, daß gegenseitiger Nutzen und wechselseitiges Vergnügen nicht schon den ganzen Begriff von Freundschaft ausfüllen, findet Aristoteles in der Unbeständigkeit, Kurzfristigkeit und Zufälligkeit solcher Beziehungen. Liebe will Dauerhaftigkeit, Gewißheit, ja Vollkommenheit. Das gilt auch für die Gemeinschaft von Freunden. Soll also ein stabiles und erfülltes Zusammenleben von Freunden gesichert sein, so bedarf es der bewußten Übereinstimmung in dem Willen, einander aus innerer Haltung heraus immer das Gute zu tun. Eben dies aber ist die Freundschaft der Tugendhaften, denn diese lieben einander um ihrer selbst willen. Unter der Tugend der Freundschaft wird also eine spezifische Tüchtigkeit des Menschen verstanden, nämlich die zum Charakter gewordene Bereitschaft, dem anderen um seiner selbst willen das Gute zu ermöglichen und so dauerhafte Gemeinschaft zu begründen. Nicht Nutzenkalkül oder Leidenschaft, sondern die entschiedene Selbstbestimmung zum Gutsein gibt einer Freundschaft diejenigen Merkmale, die prinzipiell zu jeder wahren gegenseitigen Liebe gehören: Bewußtheit, Erfahrbarkeit, Festigkeit und Verläßlichkeit. Wo immer also das Gute von Guten gemeinschaftlich intendiert wird, kann man zu Recht von einer vollkommenen Einheit unter Menschen sprechen, die ihr eigener Charakter unzertrennlich gemacht hat.

Aristoteles meint, daß Freundschaften aus Tugend seltener als jene aus Vergnügen oder aus Nutzen sind, daß aber nichtsdestoweniger gerade die höchste Form der Freundschaft auch alle Arten von Annehmlichkeit und Nützlichkeit mit sich führt. Tugendhafte Freunde bereiten sich überhaupt erst in der rechten Weise Freude und Vergnügen, und ebenso wissen sie erst eigentlich, was dem anderen wirklich nützlich ist. Das Beglückende aber an der sittlichen Freundschaft ist jedoch, daß die beiden Partner sich überhaupt nicht Mittel zu einem weiteren Zweck sind, sondern daß das Gutsein des anderen für jeden unmittelbare Quelle der Freude und der Bewunderung ist. Diese Haltung der Freundschaft bedarf zwar einer langen Einübung und Gewöhnung, aber sie erweitert die menschlichen Kräfte insgesamt und führt sie zur wesensgemäßen Vervollkommnung. Man hat von der Freundesliebe mit Recht gesagt, daß sie das einzige ist, das anwächst, je mehr man von ihr verschenkt.

Von diesem Grundgedanken her wendet Aristoteles den Freundschaftsbegriff, wie schon angedeutet, auf alle Konstellationen mitmenschlicher Beziehungen an: auf die Gemeinschaft von Gleichgestellten (Geschwister, Altersgenossen, Kameraden) oder auch von naturgemäß Ungleichen (Mann – Frau, Eltern – Kinder, Ältere – Jüngere). All jene unmittelbaren Beziehungen von Mensch zu Mensch können freundschaftlich geprägt sein, und nur gänzlich disparate Ebenen wie das Verhältnis des Königs zu den Untertanen oder der Gottheit zu den Sterblichen sind von einer freundschaftlichen Verbindung ausgeschlossen. Freundschaft gleicht die Menschen einander an, und wer dem anderen Gutes will, verfehlt weder sich selbst, noch gestattet er dieses dem Freund. Fragt man, was das Resultat der von Tugend getragenen Freundschaft ist, so kann die Antwort nur lauten: Freundschaft unter charakterlich guten Menschen ist wegen ihrer auf Gemeinschaft ausgerichteten Eigenart Selbstzweck, und das Ergebnis, sofern man dies überhaupt so nennen darf, ist *eudaimonia*, d. h. Freude oder »Glückseligkeit«.

Aristoteles: Nikomachische Ethik, Achtes Buch, 1–10, 14–16

1. Darnach werden wir wohl von der Freundschaft reden müssen. Denn sie ist eine Tugend oder doch mit der Tugend verbunden; außerdem gehört sie zum Notwendigsten im Leben. Denn keiner möchte ohne Freunde leben, auch wenn er alle übrigen Güter besäße. Auch der Reiche, der Regierende und der Fürst scheinen der Freunde ganz besonders zu bedürfen. Denn was nützt ihnen ein solcher Segen, wenn ihnen das Wohltun unmöglich ist, das am ehesten und am lobenswertesten Freunden gegenüber ausgeübt wird? Oder wie ließe sich ein

solcher Segen ohne Freunde bewahren und verteidigen? Je größer er ist, desto gefährdeter ist er. In der Armut wiederum und im sonstigen Unglück hält man die Freunde für seine einzige Zuflucht.

Dem jungen Menschen ist die Freundschaft eine Hilfe, damit er keine Fehler begeht, dem Greis verhilft sie zur Pflege und ergänzt, wo er aus Schwäche nicht zu handeln vermag, den Erwachsenen unterstützt sie zu edlen Taten; denn »zwei miteinander« sind tauglicher zu denken und zu handeln.

Außerdem scheint sie dem Erzeuger gegenüber dem Erzeugten von Natur innezuwohnen und umgekehrt, und zwar nicht nur bei den Menschen, sondern auch bei den Vögeln und den meisten sonstigen Tieren, und gegenseitig unter den Wesen von gleicher Art und vor allem bei den Menschen; darum loben wir besonders die Menschenfreundlichen. Man kann ja auch auf Reisen sehen, wie jeder Mensch dem anderen verwandt und freund ist.

Außerdem scheint die Freundschaft die Staaten beisammenzuhalten, und die Gesetzgeber scheinen sich mehr um sie zu bemühen als um die Gerechtigkeit. Denn die Eintracht scheint der Freundschaft ähnlich zu sein; nach ihr streben sie vor allem, und die Zwietracht, die eine Feindschaft ist, vertreiben sie vor allem. Und wo Freunde sind, da bedarf es keiner Gerechtigkeit, aber die Gerechten brauchen die Freundschaft dazu, und beim Gerechten ist das Gerechteste dasjenige unter Freunden.

Die Freundschaft ist aber nicht nur notwendig, sondern auch schön. Wir loben jene, die die Freundschaft schätzen, Reichtum an Freunden scheint zum Schönen zu gehören, und man meint auch, tugendhaft sein und Freund sein sei dasselbe.

2. Es gibt aber über sie nicht wenige Meinungsverschiedenheiten. Die einen behaupten, sie sei eine Art von Gleichheit und die Gleichen seien Freunde, woher es auch heiße, der Gleiche gesellt sich zum Gleichen und die Dohle zur Dohle und dergleichen. Andere wiederum sagen umgekehrt, daß diese alle sich verhielten wie die Töpfer untereinander.

Und über eben diese Dinge wird noch grundsätzlicher und naturphilosophischer diskutiert. Euripides sagt, die ausgedörrte Erde liebe den Regen und der erhabene Himmel liebe es, erfüllt von Regen zur Erde niederzustürzen, und Heraklit spricht vom Widerstrebenden, das sich zusammenfüge, und daß aus dem Gegensätzlichen die schönste Harmonie entstünde und daß alles im Streite werde. Ihnen gegenüber steht unter anderen Empedokles: das Gleiche strebe zum Gleichen.

Doch lassen wir die naturphilosophischen Probleme, denn sie gehören nicht zur gegenwärtigen Untersuchung. Wir beschränken uns auf das, was den Menschen angeht und was auf Charaktere und Leidenschaften zurückzuführen ist. Also etwa: ob unter allen Menschen Freundschaft bestehe, oder ob Schlechte nicht Freunde sein könnten, und ob es nur eine Art von Freundschaft gebe oder mehrere; einige meinen, es existiere nur eine, weil sie ein Mehr oder Weniger zulasse, was aber kein hinreichender Beweis ist. Denn ein Mehr und Weniger gibt es auch unter Artverschiedenem. Darüber ist früher gesprochen worden.

Klarheit erhalten wir vielleicht über diese Dinge, wenn wir wissen, was das Liebenswerte sei. Denn offenbar wird nicht alles geliebt, sondern nur das Liebenswerte, und dieses scheint gut oder angenehm oder nützlich zu sein. Da aber nützlich dasjenige heißen wird, wodurch etwas Gutes oder Angenehmes zustande kommt, so wird also das Liebenswerte als Ziel nur das Gute oder das Angenehme an sich haben.

Liebt man aber das Gute schlechthin oder das für einen selbst Gute? Das ist zuweilen nicht dasselbe. Dieselbe Frage stellt sich auch beim Angenehmen. Es scheint nun jeder das für ihn Gute zu lieben, so daß also liebenswert schlechthin das Gute wäre und für den Einzelnen das für ihn Gute. Freilich liebt der Einzelne nicht, was für ihn gut ist, sondern was ihm so erscheint. Doch macht dies keinen Unterschied. Liebenswert wird eben sein, was als gut erscheint.

Da es nun drei Gründe gibt, aus denen man liebt, so kann die Zuneigung zu leblosen Dingen nicht als Freundschaft bezeichnet werden. Denn bei ihnen gibt es keine Gegenliebe und kein Wohlwollen (es wäre wohl lächerlich, für den Wein Gutes zu wollen, man will ihn höchstens erhalten, damit man ihn selbst genießen kann). Dagegen soll man, wie man sagt, dem Freunde das Gute wünschen um des Freundes willen. Wer auf diese Weise Gutes wünscht, den nennt man wohlgesinnt, wenn man nicht dasselbe vom andern erfährt. Wo aber gegenseitige Wohlgesinntheit vorhanden ist, da spricht man von Freundschaft. Oder muß man beifügen, daß die Gesinnung nicht verborgen bleiben darf? Denn viele sind solchen wohlgesinnt, die sie nie gesehen haben, von denen sie aber annehmen, daß sie anständig oder ihnen nützlich seien. Und ebenso kann es wieder anderen im Bezug auf diese gehen. Diese sind einander also offensichtlich wohlgesinnt. Aber wie will man sie Freunde nennen, da jedem die Gesinnung des andern unbekannt bleibt? Man muß also einander wohlgesinnt sein und das Gute wünschen, und so, daß man dies voneinander weiß, und zwar aus einer der angeführten Ursachen.

3. Doch hier gibt es Artunterschiede; also gibt es auch Unterschiede in der Zuneigung und in der Freundschaft. Es gibt also drei Arten der Freundschaft, entsprechend den Arten des Liebenswerten. Und in jedem Falle gibt es eine Gegenseitigkeit, die nicht verborgen bleibt. Wer einander liebt, will also einander das Gute in dem Sinne, in dem sie einander lieben.

Die einen lieben einander also wegen des Nutzens und nicht als solche, sondern sofern sie einander Gutes verschaffen. Dasselbe gilt für jene, die einander der Lust wegen lieben. Denn sie lieben die Gewandten nicht um ihrer Qualitäten willen, sondern weil sie ihnen angenehm sind.

Wer also um des Nutzens willen liebt, tut es um seines eigenen Gewinns willen, und wer um der Lust willen, tut es um seiner eigenen Lust willen, und nicht sofern der Freund ist, was er ist, sondern nur soweit er nützlich oder angenehm ist. Dies sind also zufällige Freundschaften. Denn der Freund wird da nicht geliebt in dem, was er ist, sondern nur soweit der eine einen Gewinn, der andere Lust verschafft.

Dergleichen Freundschaften lösen sich bald auf, da die Partner nicht dieselben bleiben. Wenn sie nämlich nicht mehr angenehm oder nützlich sind, hört die Freundschaft zu ihnen auf. Der Nutzen bleibt aber nicht, sondern ist bald dieser, bald jener. Wenn sich nun aber entfernt hat, um dessentwillen sie Freunde waren, so löst sich auch die Freundschaft auf, da sie ja durch jenes bedingt war.

Eine derartige Freundschaft scheint zumeist unter alten Leuten vorzukommen. Denn in diesem Alter suchen sie nicht die Lust, sondern den Nutzen; und bei den Erwachsenen und Jungen gibt es sie dort, wo man das Zuträgliche sucht. Solche Menschen leben kaum miteinander; denn zuweilen sind sie einander nicht einmal angenehm. Und sie brauchen auch keinen solchen Umgang, wenn sie einander damit nicht nützlich sind. Sie sind einander ja nur soweit angenehm, als sie auf einen Gewinn hoffen. Zu diesen Arten von Freundschaft rechnet man auch die Gastfreundschaft.

Die Freundschaft der jungen Leute scheint auf Lust begründet zu sein. Denn sie leben in der Leidenschaft und suchen vor allem, was ihnen im Augenblick angenehm ist. Wenn sie aber in ein anderes Alter kommen, wird auch das Angenehme ein anderes. Darum werden sie rasch Freunde und hören ebenso rasch auf. Denn mit dem Angenehmen verändert sich auch die Freundschaft, und die Veränderung von dergleichen Lust geschieht schnell. Die jungen Leute sind auch auf Liebe aus. Denn die Hauptsache in der Liebe beruht auf Leidenschaft und Lust. So lieben sie rasch und hören rasch auf und wechseln oft an einem und demselben Tag. Was sie wollen, ist zusammen sein und leben. So steht es also bei ihnen mit der Freundschaft.

4. Vollkommen ist die Freundschaft der Tugendhaften und an Tugend Ähnlichen. Diese wünschen einander gleichmäßig das Gute, sofern sie gut sind, und sie sind gut an sich selbst. Jene aber, die den Freunden das Gute wünschen um der Freunde willen, sind im eigentlichen Sinne Freunde; denn sie verhalten sich an sich so, und nicht zufällig. Ihre Freundschaft dauert, solange sie tugendhaft sind. Die Tugend ist aber beständig, und jeder von beiden ist an sich gut und gut für den Freund. Denn die Tugendhaften sind schlechthin gut und einander gegenseitig nützlich, und ebenso auch angenehm. Denn auch schlechthin angenehm sind die Tugendhaften, wie auch füreinander gegenseitig. Denn jedem machen die ihm eigentümlichen

Handlungen Freude und die damit verwandten; die Handlungen der Guten sind aber die entsprechenden oder doch ähnliche. So ist anzunehmen, daß eine derartige Freundschaft dauerhaft sei. Sie verknüpft in sich alles, was bei Freunden vorhanden sein muß. Denn jede Freundschaft existiert wegen des Guten oder wegen der Lust, entweder schlechthin oder für den Liebenden, und beruht auf einer gewissen Ähnlichkeit. In dieser Freundschaft nun findet sich alles Genannte an sich (denn darin sind sie einander ähnlich usw.) und das schlechthin Gute ist auch schlechthin angenehm. Dies ist auch das Liebenswerteste, und so findet sich denn bei diesen am meisten Freundsein und Freundschaft, und auf die beste Art.

Es ist freilich anzunehmen, daß solche Freundschaften selten sind. Denn wenige Menschen sind derart. Außerdem bedarf es langer Zeit und Gewöhnung. Denn wie das Sprichwort sagt, kann man einander nicht kennen, bevor man nicht jenes bekannte Salz miteinander gegessen hat. So kann man auch nicht einander näherkommen und Freund werden, bevor nicht jeder dem andern sich zuverlässig als liebenswert erwiesen hat. Wer rasch miteinander Freundschaft schließt, diese wollen zwar Freunde sein, sind es aber nicht, wenn sie nicht auch liebenswert sind und dies voneinander wissen. Denn Wille zur Freundschaft kann rasch entstehen, Freundschaft aber nicht.

5. Diese Freundschaft ist also im Hinblick auf die Zeit und auf die übrigen Bedingungen vollkommen: jeder erhält vom anderen dasselbe und Ähnliches, was es eben bei Freunden geben muß. Die auf der Lust beruhende Freundschaft hat mit dieser eine gewisse Ähnlichkeit (denn auch die Tugendhaften sind einander angenehm), ebenso auch die auf dem Nutzen beruhende (denn auch nützlich sind die Tugendhaften einander).

Aber auch unter solchen dauern die Freundschaften am längsten, wo sie einander gegenseitig dasselbe geben, etwa die Lust, und nicht bloß dies, sondern auch aus dem gleichen Grunde, wie unter den Gewandten; also nicht so wie bei Liebhaber und Geliebtem. Denn diese freuen sich nicht an demselben, sondern der eine daran, daß er den andern sieht, und dieser daran, daß ihm von jenem gehuldigt wird. Wenn aber die Schönheit aufhört, hört zuweilen auch die Freundschaft auf (dem einen ist dann der Anblick des andern nicht mehr angenehm, und der andere erfährt von jenem keine Huldigung mehr). Viele freilich dauern, wenn sie durch die Gewöhnung die Charaktere liebgewonnen haben und an Charakter ähnlich sind. Wer aber in der Liebe nicht das Angenehme austauscht, sondern den Nutzen, da ist die Freundschaft geringer und kürzer. Die ausschließlich auf dem Nutzen beruhende Freundschaft endet mit dem Nutzen selbst. Denn sie waren nicht miteinander befreundet, sondern mit dem Vorteil.

Aus Lust und wegen des Nutzens können auch Schlechte untereinander Freunde sein, und Anständige mit Schlechten, und solche, die keins von beiden sind, mit jedem beliebigen; wegen sich selbst können es aber nur die Tugendhaften. Denn die Schlechten haben keine Freude aneinander, wenn kein Nutzen dabei ist.

Auch vor Verleumdung ist nur die Freundschaft der Guten sicher. Denn man wird nicht leicht einem Dritten glauben über einen Mann, den man selbst während langer Zeit bewährt gefunden hat. Auch herrscht unter diesen Vertrauen und daß man einander niemals Unrecht tut und was sonst als zur wahren Freundschaft gehörig gilt. In den anderen Freundschaften können aber derartige Schwierigkeiten wohl vorkommen.

Da nun die Leute auch solche als Freunde bezeichnen, die es wegen des Nutzens sind, und ebenso die Staaten (denn diese schließen die Bündnisse offenbar um des Vorteils willen), und da auch jene, die einander wegen der Lust lieben, so genannt werden, wie es bei Kindern der Fall ist, so werden vielleicht auch wir solche Menschen Freunde nennen müssen; dann gibt es mehrere Arten der Freundschaft, als erste und wichtigste die der Guten als gute, dann die übrigen gemäß der Ähnlichkeit. Denn sofern ein Gut und eine gewisse Ähnlichkeit vorliegt, sind sie Freunde; das Angenehme ist für die Liebhaber des Angenehmen ein Gut. Die verschiedenen Arten verbinden sich freilich nicht miteinander, und es sind auch nicht dieselben, die wegen des Nutzens und wegen der Lust Freunde werden. Denn was nur zufällig beisammen ist, läßt sich nicht wirklich verknüpfen.

6. Da nun die Freundschaft in diese Arten aufgeteilt ist, so werden die Schlechten Freunde sein wegen der Lust oder des Nutzens und sind einander darin gleich; die Tugendhaften sind aber einander wegen sich selbst Freunde; denn sie sind es, sofern sie tugendhaft sind. Diese sind also Freunde schlechthin, jene aber zufällig und dadurch, daß sie jenen ähnlich werden.

Wie nun im Falle der Tugenden die einen nach ihren Eigenschaften, die andern in ihrem Tun gut genannt werden, so ist es auch mit der Freundschaft. Die einen leben beisammen und freuen sich aneinander und verschaffen einander Gutes, die andern schlafen oder sind räumlich getrennt und betätigen die Freundschaft nicht, bewahren aber die entsprechende Verfassung. Denn die räumliche Distanz hebt nicht die Freundschaft schlechthin auf, sondern nur ihre Betätigung. Dauert freilich die Trennung lange, so kann sie wohl auch die Freundschaft selbst vergessen machen. Darum sagt man: »Viele Freundschaften hat der Mangel an Gespräch aufgelöst.«

Weder die Greise noch die mürrischen Leute scheinen zur Freundschaft geeignet zu sein. Denn es gibt bei ihnen wenig Angenehmes, und keiner kann mit einem unangenehmen Menschen zusammenleben, nicht einmal bei einem solchen, der bloß nicht angenehm ist. Denn die Natur scheint am allermeisten das Unangenehme zu meiden und das Angenehme zu suchen.

Jene, die einander mögen, aber nicht miteinander leben, scheinen eher einander wohlgesinnt als befreundet zu sein. Denn nichts charakterisiert so sehr die Freundschaft wie das Zusammenleben. Nach dem Nutzen verlangen die Bedürftigen, aber zusammenleben wollen auch die Glückseligen; gerade ihnen kommt es am allerwenigsten zu, allein zu leben. Man kann aber nicht zusammensein, wenn man nicht angenehm ist und an denselben Dingen Freude hat, wie dies bei der Kameradschaft zu sein scheint.

7. Im höchsten Sinne Freundschaft ist also diejenige der Tugendhaften, wie wir schon öfters gesagt haben. Denn als lie-

bens- und wünschenswert gilt das schlechthin Gute und Angenehme, für den Einzelnen aber, was für ihn so ist. Der Tugendhafte ist dies für den Tugendhaften aus beiden Gründen. Die Zuneigung scheint eine Art von Leidenschaft zu sein, die Freundschaft ein Verhalten. Denn Zuneigung gibt es nicht weniger dem Unbeseelten gegenüber, gegenseitige Freundschaft aber beruht auf einer Willensentscheidung, und die Willensentscheidung kommt von einem Verhalten; auch wünscht man den Freunden das Gute um ihretwillen, nicht aus Leidenschaft, sondern auf Grund eines Verhaltens. Und indem man den Freund liebt, liebt man, was einem selbst gut ist. Denn der Tugendhafte, der zum Freund geworden ist, wird zu einem Gute für den, dessen Freund er geworden ist. Also liebt jeder von beiden das, was für ihn gut ist, und gibt das gleiche zurück durch die Gesinnung und indem er dem andern angenehm ist. Denn Freundschaft gilt als Gleichheit. Dies gilt am meisten von der Freundschaft der Tugendhaften.

Unter Mürrischen und alten Leuten gibt es weniger Freundschaft in dem Maße, als sie schlechterer Laune sind und sich weniger am Umgang freuen. Denn dies scheint am meisten zur Freundschaft zu gehören und sie zu begründen. Darum werden junge Leute rasch Freunde, alte nicht; denn man befreundet sich nicht mit solchen, die einem keine Freude machen. Dasselbe gilt von den Mürrischen. Doch werden derartige einander wohlgesinnt sein (da sie einander das Gute wünschen und in der Not einander beistehen), aber Freunde sind sie nicht, weil sie nicht zusammenleben und aneinander keinen Gefallen haben, was doch am meisten zur Freundschaft gehört.

Mit vielen befreundet zu sein ist in der Weise der vollkommenen Freundschaft nicht möglich, wie man auch nicht viele zugleich lieben kann. Das gleicht nämlich dem Übermaß, und seiner Natur nach bezieht sich ein solches Verhältnis immer nur auf einen einzigen. Es ist auch nicht leicht möglich, daß viele gleichzeitig demselben Menschen gefallen, und wohl auch nicht, daß viele tugendhaft sind. Außerdem muß man Erfahrung erwerben und sich aneinander gewöhnen, was außerordentlich schwierig ist. Auf Grund des Nutzens und der Lust vielen zu gefallen ist dagegen wohl möglich; denn viele sind von solcher Art, und solche Dienste sind in kurzer Zeit erwiesen.

Von diesen zwei Arten ist die Beziehung auf Grund der Lust der Freundschaft ähnlicher, wenn beide dasselbe gewähren und sie sich aneinander freuen oder an denselben Dingen, wie es bei Freundschaften unter jungen Leuten der Fall ist. Denn in solchen Freundschaften ist mehr Vornehmheit. Die Freundschaft auf Grund des Nutzens ist dagegen ordinär. Außerdem bedürfen die Glückseligen in keiner Weise des Nützlichen, wohl aber des Angenehmen; denn sie wollen mit andern zusammenleben, das Unangenehme halten sie für kurze Zeit aus, dauernd aber wird es keiner überstehen können, nicht einmal das Gute selbst, wenn es einem unangenehm wäre. Also suchen sie Freunde, die ihnen angenehm sind. Freilich müssen diese wohl auch gut sein, und zudem gut für jene. Denn so wird bei ihnen alles vorhanden sein, was es für Freunde braucht.

Die Mächtigen scheinen zwei verschiedene Arten von Freunden zu brauchen. Die einen sind ihnen nützlich, die anderen angenehm; beides an einer Person findet sich nie. Denn sie suchen weder angenehme Menschen, die tugendhaft sind, noch solche, die zum Edlen brauchbar sind, sondern auf der einen Seite solche, die im Angenehmen gewandt sind, auf der anderen solche, die tüchtig sind, Befohlenes auszuführen. Dies beides findet sich niemals in einer Person. Allerdings ist, wie gesagt, der Tugendhafte gleichzeitig angenehm und nützlich. Aber dieser befreundet sich nicht mit einem, der ihn überragt, wenn dieser ihn nicht auch an Tugend überragt. Andernfalls gäbe es keine Gleichheit, wenn der Hochstehende ihn nicht im entsprechenden Verhältnis überragte. Solche pflegt es kaum zu geben.

8. Die genannten Arten der Freundschaft beruhen also auf Gleichheit. Denn beide Teile tun und wünschen einander dasselbe oder tauschen eines gegen das andere, wie etwa Lust um Nutzen. Daß aber dies Freundschaften geringeren Grades und weniger dauerhaft sind, haben wir gesagt.

Sie scheinen wegen der Ähnlichkeit und Unähnlichkeit in demselben Punkte Freundschaften zu sein und doch auch nicht zu sein. Nach der Ähnlichkeit mit der auf Tugend beruhenden Freundschaft erscheinen sie als Freundschaften (die eine hat das Angenehme, die andere das Nützliche, und diese besitzt beides), andererseits sind sie ihr unähnlich und wirken nicht als Freundschaften, weil jene vor Verleumdung sicher und dauerhaft ist, diese aber rasch wechseln und sich auch in vielen anderen Dingen unterscheiden.

Es gibt nun auch eine andere Art der Freundschaft, die auf Überlegenheit beruht, wie die des Vaters zum Sohne und überhaupt des Älteren zum Jüngeren, des Mannes zur Frau und jedes Regierenden zum Regierten. Doch unterscheiden sich auch diese untereinander. Denn die Freundschaft der Eltern zu den Kindern und der Regierenden zu den Regierten ist nicht dieselbe, auch nicht die des Vaters zum Sohne und die des Sohnes zum Vater oder die des Mannes zur Frau und die der Frau zum Manne. Denn jeder von diesen hat seine besondere Tüchtigkeit und Aufgabe, und es sind andere Dinge, um derentwillen sie lieben. Also werden auch Zuneigung und Freundschaft da verschieden sein.

Hier leistet nun der eine dem andern nicht dasselbe, und man darf es auch nicht erwarten. Wenn aber die Kinder den Eltern gewähren, was diesen zukommt, und die Eltern den Kindern, was sie ihnen schuldig sind, so ergibt dies eine dauerhafte und tugendhafte Freundschaft. In allen auf Überlegenheit beruhenden Freundschaften muß die Zuneigung eine proportionierte sein, so daß der Bessere mehr geliebt wird, als er selbst liebt, und ebenso der Nützlichere usw. Denn wenn die Zuneigung der Würdigkeit entspricht, so ergibt sich eine gewisse Gleichheit, was eben der Freundschaft eigentümlich zu sein scheint.

9. Die Gleichheit scheint aber in der Gerechtigkeit und in der Freundschaft nicht dieselbe zu sein. In der Gerechtigkeit besteht die Gleichheit erstens in der Würdigkeit, zweitens in der Quantität; in der Freundschaft steht das Quantitative voran und die Würdigkeit kommt in zweiter Linie. Das wird klar, wenn in Tugend, Schlechtigkeit, Wohlhabenheit usw. eine große Differenz besteht. Dann sind sie nicht mehr Freunde und beanspruchen dies nicht einmal. Am deutlichsten ist dies den

Göttern gegenüber; denn diese sind an allen Gütern am meisten überlegen. Klar ist es auch bei den Königen. Auch da beanspruchen die sehr viel tiefer Stehenden gar nicht, ihre Freunde zu sein; ebenso nicht die Beliebigen den Besten oder Weisesten gegenüber. Eine genaue Grenze, bis wohin es Freundschaft geben kann, gibt es in diesen Dingen nicht. Sie kann bestehenbleiben, wenn der eine auch viel verliert; wird aber der Abstand sehr groß, wie bei der Gottheit, so ist sie nicht mehr möglich.

Darum wird auch die Frage erhoben, ob nicht die Freunde den Freunden die größten Güter mißgönnen, wie etwa zu den Göttern erhoben zu werden. Denn dann wären sie nicht mehr ihre Freunde, also auch kein Gut mehr; denn Freunde sind Güter. Wenn wir allerdings richtig festgestellt haben, daß der Freund dem Freunde Gutes um des Freundes willen wünscht, so muß dieser auf alle Fälle bleiben, was er war. Und man wird ihm die größten Güter wünschen, die es für einen Menschen gibt; vielleicht nicht alle, denn jeder wünscht sich selbst am meisten das Gute.

Die Leute nun wollen, wie es scheint, aus Ehrgeiz eher geliebt werden als lieben (darum schätzen sie auch die Schmeichelei; denn der Schmeichler ist ein Freund, dem man überlegen ist, oder der doch dergleichen tut, als ob man es wäre und als ob er mehr liebte als geliebt würde). Das Geliebtwerden scheint dem Geehrtwerden nahezustehen, und dies erstreben die Leute. Doch scheinen sie die Ehre nicht an sich, sondern nur zufällig zu begehren. So freuen sie sich, wenn sie von den Mächtigen geehrt werden, in der Hoffnung, sie würden, wenn sie etwas bedürften, es von ihnen erlangen. Also freuen sie sich an der Ehre als einem Zeichen späterer Gunst. Wer aber durch die Tugendhaften und Weisen geehrt zu werden begehrt, wünscht seine eigene Meinung von sich auf diese Weise zu bestärken. Sie freuen sich also darüber, daß sie tugendhaft sind, und vertrauen auf das Urteil derer, die das sagen.

Am Geliebtwerden freut man sich aber an sich. Darum scheint es besser zu sein als das Geehrtwerden, und darum scheint die Freundschaft an sich wünschbar zu sein. Sie scheint aber mehr im Lieben als im Geliebtwerden zu beruhen. Ein Beweis sind die Mütter, die sich daran freuen, zu lieben. Einige geben ihre Kinder anderen zu ernähren und lieben sie und kennen sie, verlangen aber keine Gegenliebe, wenn beides zusammen nicht sein kann, sondern es scheint ihnen genug zu sein, wenn sie sehen, daß es jenen gut geht, und sie lieben sie auch dann, wenn jene ihnen nichts von dem zuliebe tun, was einer Mutter gebührt, weil sie sie nicht kennen.

10. Da nun die Freundschaft mehr im Lieben beruht und man jene lobt, die ihre Freunde lieben, so scheint die Tugend der Freunde eben das Lieben zu sein. So sind jene, bei denen dies der Würdigkeit entsprechend geschieht, dauerhafte Freunde und ihre Freundschaft desgleichen.

So können auch Ungleiche am ehesten wohl Freunde werden. Denn dies würde sie gleichmachen. Gleichheit und Übereinstimmung ist Freundschaft und vor allem die Übereinstimmung in der Tugend. Denn so sind sie in sich selbst beständig und also auch zueinander und bedürfen des Schlechten nicht und helfen auch nicht dazu, sondern werden es geradezu verhindern. Denn die Tugendhaften verfehlen sich weder selbst, noch gestatten sie es ihren Freunden.

Die Schlechten aber haben keine Beständigkeit; sie sind ja nicht einmal sich selbst gleich und beständig. So werden sie für kurze Zeit miteinander befreundet und freuen sich gegenseitig an ihrer Schlechtigkeit. Die Nützlichen und Angenehmen beharren mehr, nämlich solange sie einander Lust oder Nutzen verschaffen.

14. Auf der Gemeinschaft also beruht jede Freundschaft, wie schon gesagt. Man wird aber wohl die Verwandtenfreundschaft und die kameradschaftliche Freundschaft für sich absondern. Die Freundschaft unter Mitbürgern dagegen, unter Stammesgenossen, Fahrtgenossen und dergleichen gleicht eher einer Vereinigung. Denn sie scheint sozusagen auf einer Abmachung zu beruhen. Dahin wird man wohl auch die Gastfreundschaft rechnen können. Die Verwandtenfreundschaft wiederum scheint vielgestaltig zu sein und ausnahmslos von der väter-

lichen Freundschaft abzuhängen. Denn die Eltern lieben die Kinder als einen Teil ihrer selbst und die Kinder die Eltern als von ihnen herkommend. Die Eltern freilich kennen eher, was von ihnen abstammt, als die Kinder, daß sie von diesen sind, und so ist der Erzeuger dem Erzeugten näher als das Erzeugte dem Erzeuger. Denn was von einem herkommt, ist dem verwandt, wozu es gehört, so wie der Zahn, das Haar dem gehört, der es hat, während das Umgekehrte nicht oder weniger gilt. Auch die Länge der Zeit macht einen Unterschied. Denn die Eltern lieben die Kinder von ihrer Geburt an, diese aber erst bei fortschreitender Zeit die Eltern, wenn sie es begreifen oder wahrnehmen. Hieraus ist auch klar, weshalb die Mütter mehr lieben.

Die Eltern lieben also die Kinder wie sich selbst (denn was von ihnen stammt, ist wie ein anderes sie selbst durch die Trennung), die Kinder die Eltern, weil sie von ihnen stammen, und Brüder untereinander, weil sie von denselben Eltern stammen. Denn die Gleichheit jenen gegenüber macht sie auch untereinander gleich. Und so spricht man von »demselben Blut«, »derselben Wurzel« und dergleichen. Sie sind auch gewissermaßen dasselbe, nur in getrennten Wesen. Viel bedeutet für die Freundschaft auch, daß sie zusammen aufgewachsen und gleich alt sind. Denn »Altersgenossen streben zueinander«, und gleiche Sitten machen zu Kameraden. Und so gleicht die Freundschaft unter Brüdern auch derjenigen unter Kameraden.

Vettern und sonstige Verwandte sind von den Brüdern her miteinander verbunden, nämlich dadurch, daß sie von denselben herstammen. Die einen stehen sich näher, die andern ferner, je nachdem der gemeinsame Stammvater nahe oder fern ist.

Das Verhältnis der Kinder zu den Eltern ist, wie das der Menschen zu den Göttern, als zu etwas Gutem und Überragendem. Denn sie haben am meisten Gutes getan: sie sind Ursache des Daseins und der Ernährung und später der Erziehung. Eine solche Freundschaft hat auch Angenehmes und Nützliches, mehr als diejenigen zu den Fremden, da auch ihr Leben ein gemeinschaftliches ist.

Bei der Freundschaft unter Brüdern findet sich alles, was auch die Freundschaft unter Kameraden enthält, und in besonderm Maße, sofern sie einander näherstehen und einander von Geburt an lieben, und sofern solche, die dieselben Eltern haben, miteinander ernährt und erzogen worden sind, in ihrem Charakter verwandter werden. Und die Bewährung in der Zeit ist die größte und zuverlässigste.

Entsprechend ist die Freundschaft bei den sonstigen Verwandten.

Die Freundschaft zwischen Mann und Frau scheint auf der Natur zu beruhen. Denn der Mensch ist von Natur noch mehr zum Beisammensein zu zweien angelegt als zur staatlichen Gemeinschaft, sofern die Familie ursprünglicher und notwendiger ist als der Staat und das Kinderzeugen allen Lebewesen gemeinsam ist. Die andern freilich beschränken ihre Gemeinschaft gerade darauf, bei den Menschen besteht sie aber nicht nur um der Kinderzeugung willen, sondern wegen der Lebensgemeinschaft. Denn die Aufgaben sind von vornherein differenziert und verschieden bei Mann und Frau. Also helfen sie einander, indem jedes das Seinige zum Gemeinsamen beiträgt. Darum scheint sowohl das Nützliche wie auch das Angenehme in dieser Freundschaft vorhanden zu sein. Sie wird auch auf Tugend begründet sein, wenn sie beide tugendhaft sind. Denn jedes von beiden hat seine Tugend, und sie werden sich dann daran freuen. Die Kinder scheinen das Band zu sein, darum lösen sich die kinderlosen Ehen rascher wieder auf. Denn die Kinder sind das gemeinsame Gut beider, und das Gemeinsame hält zusammen. Zu fragen, wie Mann und Frau und überhaupt Freund und Freund zusammen leben sollen, bedeutet nichts anderes, als zu fragen, wie das Gerechte sei. Denn dieses scheint nicht dasselbe zu sein zwischen Freunden, zwischen Fremden, Kameraden und Mitschülern.

15. Da es nun, wie wir am Anfang gesagt haben, drei Arten von Freundschaft gibt und es bei jeder eine Gleichheit der Freunde geben kann oder eine Überlegenheit (denn es können in gleicher Weise die Guten Freunde werden, oder ein Besserer mit einem Schlechteren, ebenso auch die Angenehmen, und

endlich auf Grund des Nutzens sowohl jene, die einander gleich viel nützen, wie jene, die darin unterschieden sind), so muß man bei den Gleichen eben diese Gleichheit in der Freundschaft und im übrigen herstellen, die Ungleichen aber im Verhältnis des Übermaßes behandeln.

Vorwürfe und Klagen gibt es ausschließlich oder doch meistens in der auf dem Nutzen beruhenden Freundschaft, und dies begreiflicherweise. Denn jene, die einander wegen der Tugend lieben, nehmen sich vor, einander Gutes zu tun (denn dies gehört zur Tugend und zur Freundschaft) und wenn man darin wetteifert, kann es keine Vorwürfe oder Streit geben (denn über den Liebenden, der einem Gutes tut, ärgert sich keiner, sondern wenn er gutgesinnt ist, wehrt er sich, indem er seinerseits Gutes tut; wer aber Überwiegendes leistet und dann erhält, was er erstrebt hat, wird dem Freund keinen Vorwurf machen, denn beide streben ja nach dem Guten). Auch dort, wo die Lust der Grund ist, kommt dies kaum vor (denn beide erreichen, wonach sie streben, und freuen sich, beisammen zu sein; wer jenem Vorwürfe machen wollte, der ihm nicht gefällt, wäre lächerlich, da es ihm ja freisteht, sich zu entfernen). Die Freundschaft auf Grund des Nutzens aber neigt zu Vorwürfen. Denn da sie wegen des Gewinnes miteinander umgehen, verlangen sie immer mehr und glauben weniger zu erhalten, als ihnen zukommt, und schimpfen, daß sie nicht soviel erhalten, wie sie sollten und wessen sie wert wären. Wer umgekehrt Gutes tut, kann niemals so viel leisten, als die Empfänger haben möchten.

Wie es nun ein doppeltes Recht gibt, das ungeschriebene und das gesetzliche, so scheint auch bei der Freundschaft aus Nutzen die eine auf dem Charakter, die andere auf dem Gesetz zu beruhen. Die Vorwürfe entstehen dann am meisten, wenn sie sich nicht in demselben Sinne auseinandersetzen. Die gesetzliche Freundschaft beruht auf Abmachungen, die ganz ordinäre »aus der Hand in die Hand«, die etwas großzügigere auf Sicht und mit einem Vertrag über Leistung und Gegenleistung (da ist dann die Verpflichtung klar und unbestreitbar, und nur der Aufschub enthält ein Element der Freundschaft; darum gibt es bei einigen kein Rechtsverfahren in solchen Dingen, sondern man meint, daß jene sich als Freunde benehmen müssen, die etwas auf Treu und Glauben hin abgemacht haben).

Die Freundschaft auf Grund des Charakters beruht nicht auf Abmachungen, sondern man schenkt oder leistet etwas auf Grund der Freundschaft. Man erwartet aber gleich viel oder mehr wieder zu erhalten, wie wenn man nicht gegeben, sondern ausgeliehen hätte; und erfolgt die Gegenleistung nicht entsprechend der Leistung, so klagt man. Dies kommt daher, daß alle oder die meisten zwar das Edle wollen, aber das Nützliche vorziehen. Schön ist es nun, Gutes zu tun ohne die Absicht, Gutes zu erfahren, nützlich aber, Gutes zu erfahren.

Wer also kann, soll den Gegenwert dessen, was er erhalten hat, geben, und zwar freiwillig. Tut er es unfreiwillig, so soll man ihn nicht als Freund ansehen, da er sich von Anfang an verfehlt und Gutes empfing, wo er es nicht hätte tun sollen, nämlich nicht von einem Freunde und nicht von einem, der es aus eben diesem Grund tat. Und dann muß man die Wohltat zurückerstatten, wie wenn es sich um eine Abmachung handelte. Und wer es kann, wird auch zugestehen, daß er vergelten möchte. Kann man das nicht, so wird auch der, der gegeben hat, es nicht verlangen. Also, wenn man kann, so soll man zurückgeben. Aber man soll von vornherein prüfen, von wem man Wohltaten angeboten bekommt und unter welcher Bedingung, damit man sie annehme oder nicht.

Die Frage besteht, ob man die Gegenleistung nach dem Nutzen, den die Leistung für den Empfänger hatte, bemessen soll, oder nach der Leistung, die es für den Gebenden war. Denn die Empfänger werden sagen, sie hätten etwas erhalten, was für den Gebenden eine Kleinigkeit war und was man auch von anderen hätte bekommen können, und verkleinern damit die Gabe. Jene umgekehrt erklären, sie hätten das Größte dahingegeben und was man nirgendwo sonst bekommen hätte und was sie unter Gefahren und Entbehrungen gegeben hätten. Da nun die Freundschaft auf dem Nutzen beruht, ist da wohl der Nutzen für den Empfänger der richtige Maßstab? Denn er hat darum gebeten, und der andere hilft ihm in der Erwartung, gleiches dafür zu erhalten. Die Hilfe ist so groß, als der Nutzen für den Empfänger war, und so muß zurückgegeben werden, soviel es genützt hat, oder noch mehr. Denn so ist es schöner.

Bei den Freundschaften auf Grund der Tugend gibt es keine Vorwürfe, und als Maß gilt die Absicht des Gebenden. Denn das Gewicht der Tugend und des Charakters liegt in der Absicht.

16. Auch in den Freundschaften auf Grund der Überlegenheit gibt es Meinungsverschiedenheiten. Denn jeder beansprucht, mehr zu bekommen, und wenn dies geschieht, löst sich die Freundschaft auf. Der Bessere meint, ihm komme es zu, mehr zu erhalten (denn dem Guten werde mehr zugeteilt); dasselbe meint der Nützlichere. Wer nichts nütze, so sagt man, dürfe auch nicht Gleiches erhalten; es sei eine Pflichtleistung und keine Freundschaft, wenn die Taten der Freundschaft sich nicht nach dem Wert der Leistungen richten. Man meint, es sei wie bei einer Geschäftsgemeinschaft, wo der, der mehr beigetragen hat, auch mehr gewinnt. Der Bedürftige und der Geringere argumentieren umgekehrt: es sei die Aufgabe eines guten Freundes, den Bedürftigen zu helfen. Denn, sagen sie, was nützt es, mit einem Tugendhaften oder einem Herrscher befreundet zu sein, wenn man keinen Gewinn davon hat? Jeder scheint recht zu haben, und jedem muß man auf Grund der Freundschaft mehr geben, aber nicht von demselben, sondern dem Überlegenen an Ehre, dem Bedürftigen an Gewinn. Denn der Lohn der Tugend und der Wohltat ist die Ehre, die Hilfe bei Bedürftigkeit ist der Gewinn.

So scheint es auch im Staate zu gehen. Wer zum Gemeinsamen kein Gut beisteuert, erhält keine Ehre. Denn die Gemeinschaft gibt dem, der der Gemeinschaft Gutes getan hat, und was sie gibt, ist die Ehre. Man kann nämlich nicht gleichzeitig von der Gemeinschaft profitieren und Ehre bekommen. Keiner hält es andererseits aus, in allem zu kurz zu kommen. Wer also finanziell zu kurz kommt, erhält die Ehre, und wer Geschenke annimmt, erhält Geld. Denn die Würdigkeit gleicht aus und erhält die Freundschaft, wie wir schon gesagt haben.

Bearbeitungsfragen:

1. Welche Arten von Freundschaft gibt es, und wie begründet sich ihre Unterscheidung?
2. Warum sind nicht alle Freundschaften von moralischer Qualität?
3. Woraus leitet sich eine tugendhafte Freundschaft ab?
4. Bestimmen Sie bitte den Begriff »Tugend«.
5. Welche Personen können miteinander freundschaftlichen Umgang pflegen?
6. Woran erkennt man wahre Freunde?

V.2 Pflichten im institutionellen Rahmen
Hegel: Pflichtenlehre für die Unterklasse, §§ 41–70

Das neuzeitliche Prinzip der persönlichen, objektiven und allgemeinen Freiheit führt zu einer Hervorhebung des Begriffes *Pflicht* gegenüber der klassischen Theorie der Tugenden. Zwar bestimmen die Tugenden weiterhin den moralischen Charakter einzelner Menschen. Aber sie definieren sich im Verhältnis zu Pflichten. Mit dem Begriff der Pflicht aber ist nunmehr die allgemeine Sittlichkeit in einem institutionellen Gesamtzusammenhang gemeint, in welchem das Vernunftgesetz seine freiheitliche Geltung für alle findet. Konkret können Pflichten also nur dann normativ wirken, wenn sie im Rahmen von ökonomischen, sozialen und politischen Lebensordnungen die wesentlichen und notwendigen Bestimmungen des menschlichen Daseins reflektieren.

Georg Wilhelm Friedrich Hegel (1770–1831) nennt in dem herangezogenen Text aus der Pflichtenlehre vier wesentliche Bestimmungen des Menschen: 1. Der Mensch ist ein selbständiges Individuum; 2. er gehört einer natürlichen Ganzheit, der Familie, an; 3. er ist Mitglied des Staates; 4. er steht in einem gesellschaftlichen Verhältnis zu anderen Menschen überhaupt. Man muß sehen, daß mit diesen Grundbestimmungen die durch die Französische Revolution historisch erlangte Freiheit des Individuums in einer Welt objektiv sittlicher Einrichtungen gemeint ist, einer Welt institutioneller Freiheit also, die auch dem Philosophen Hegel seine persönlichen, beruflichen und staatsbürgerlichen Chancen eröffnete. Hegel reflektiert die zeitgenössische Welt in der Sprache der philosophischen Wissenschaft als Wirklichkeit der fortschreitenden Freiheit, als ein Universum der Sittlichkeit, in der die Versöhnung des selbstbewußten Individuums und der institutionellen

Ordnung vollbracht werden kann. Allerdings gelingt diese *sittliche* Einheit nicht durch die moralische Gesinnung allein und auch nicht durch Vorschriften und öffentliche Gesetze. Insofern ist es zum Verständnis der Hegelschen Pflichtenlehre wichtig zu sehen, daß der Begriff der »Moralität« nur die »gute Absicht«, d. h. die *subjektive* Selbstbestimmung des Willens zum Guten bezeichnet, während auf der objektiven Seite der formelle »Rechtszustand« nur auf die Garantie der abstrakten Willensfreiheit des einzelnen hinausläuft. Das Rechtliche und das Moralische haben somit jeweils für sich gesehen keine praktisch gelebte Realität. Die eigentliche Grundlage für die Vermittlung von gutem Willen und guten Gesetzen ist eben das, was Hegel »die Sittlichkeit« nennt, jene Idee der allgemeinen Freiheit, die das Individuum und seine mitmenschlichen Beziehungen zu den entsprechenden Pflichten im institutionellen Rahmen bestimmt. In der Pflicht, so sagt Hegel in der Rechtsphilosophie von 1820, befreit das Individuum sich zur substantiellen Freiheit (§ 149).

Die vier Arten der Pflichten werden in unserem Text präzise definiert: 1. Pflichten gegen sich selbst, 2. Pflichten in der Familie, 3. Pflichten gegenüber dem Staat und 4. Pflichten gegen andere Menschen überhaupt.

Es mag verwundern, daß Hegel auch Pflichten des einzelnen Menschen sich selbst gegenüber behauptet; aber in der Definition des Individuums als »Einzelheit« und »allgemeines Wesen« beziehungsweise als biologischer und psychischer Organismus der Natur einerseits und als Subjekt der universalen Vernunft andererseits sieht der Philosoph eine Differenz, die erst in einem gebildeten sittlichen Selbstverhältnis ihre Aufhebung findet. In Formulierungen wie »Werde, was Du bist!« oder »Wir sind uns selbst aufgegeben!« ist diese Einsicht auch dem alltäglichen Bewußtsein gewiß. Die Verpflichtung des einzelnen Menschen hinsichtlich seiner selbst bezieht sich deshalb teils auf seine physische Erhaltung (Ernährung, Gesundheit), vor allem aber auf seine geistige Bildung in Form von wissenschaftlichen Kenntnissen und praktischen beruflichen Fertigkeiten. Überhaupt ist es für Hegel das paradigmatische Ziel menschlicher Selbstentfaltung, sich selbst zu einem denkenden und freien Wesen zu qualifizieren, und dies ist nur in folgenden Schritten der Erziehung und Selbstbestimmung möglich:

a) den Körper in natürlicher Weise leistungsfähig zu erhalten;
b) den Bereich der Triebstrukturen, Gefühle und Affekte als vernünftig anzuerkennen und mit dem freien Willen zu koordinieren;
c) die intellektuellen Anlagen und Begabungen über das singuläre Wahrnehmen und Auffassen hinaus auf allgemeine Gesichtspunkte

und Erkenntnisse auszurichten und ein objektives und sachliches Urteilsvermögen auszubilden;
d) die Handlungsfähigkeit der praktischen Vernunft durch Besonnenheit zu konzentrieren und durch Uneigennützigkeit für die Aufgaben im Beruf und in der Gesellschaft offenzuhalten;
e) die berufliche Tätigkeit frei zu wählen und das eigene Arbeitsfeld ganz und umfassend auszufüllen;
f) die vorgegebenen Bedingungen des unvermeidlichen Schicksals, wie etwa geschichtliche Herkunft, Naturereignisse, Lebensalter, Tod usw., in bewußter Gelassenheit als Zeichen der Schranken des Daseins zu verstehen.

In der Verwirklichung dieser Pflichten gegenüber sich selbst lebt ein Mensch bereits in der ersten und grundlegenden Form allgemeiner Sittlichkeit.

Die zweite Figur sittlicher Verpflichtung ist für Hegel im Familienverhältnis gegeben. Die Familie erscheint zwar äußerlich in ihrem rechtlichen Aspekt, dem Ehevertrag, begründet, ist aber von der moralischen Gesinnung her innerlich durch Liebe, Vertrauen und Treue getragen. Erst aber wenn Liebe und Gesetz, also Subjektivität und formelle Institutionalisierung, die Verbindung der Familienmitglieder zu einer freien sittlichen Gemeinschaft erheben, ist die wahre Bestimmung der Familie in einer personalen Ganzheit erreicht. Hegel sagt, daß die Familienmitglieder nicht »Personen« gegeneinander sein können, weil a) die Ehepartner jeweils ihre Liebe ganz in den anderen legen und so eine unbedingte Einheit bilden und b) die Beziehung der Eltern zu ihren Kindern und jene der Kinder zu den Eltern ein notwendiges Band derselben Liebe darstellt. Die Eltern haben deshalb auch die Verpflichtung, für die Erhaltung und Erziehung ihrer Kinder zu sorgen, und die Kinder haben die Pflicht des Gehorsams bis zur Volljährigkeit und die Aufgabe, ihre Eltern das ganze Leben lang zu ehren.

Die dritte Form, in der Pflichten sich aus einem institutionellen Rahmen ergeben, ist die Wirklichkeit des freiheitlich verfaßten Staates. Hegel sieht den Verpflichtungscharakter der Staatseinrichtungen in der immanenten Sittlichkeit eines vernünftigen Gemeinwesens, das die Freiheit der einzelnen zur Freiheit aller Bürger universalisiert hat. Der Staat ist für Hegel »objektiver Geist«, d. h. im Idealfall jene Ganzheit, in der jedes Individuum sich sowohl in seiner Partikularität wie aber auch in seiner allgemeinen Menschennatur erkennen und entfalten kann. Aus diesem substantiellen Staatsverständnis Hegels folgt konsequent, daß a) alle Vertragstheorien hinsichtlich des Ursprungs des Staates unzureichend sind und b) alle historischen Erklärungen hinsichtlich der Entwicklung des Staates letztlich nur äußerlich bleiben. Der eigentliche Zweck des Staates ist somit die Konstitution der Gesellschaft in der Form eines allgemeinen Selbstbewußtseins, eines »Wir-Bewußtseins«, in dem die Einigkeit der Sitten, der Bildung und der Denk- und Handlungsweisen vom Volk gelebt wird.

Hegels Staatsverständnis hat folgende Pflichten gegenüber dem Gemeinwesen zum Resultat:

a) Da der Staat das Allgemeine zum Inhalt hat, bedarf es zur Ausführung der Staatszwecke einer aufs Ganze gerichteten moralischen Gesinnung der einzelnen Bürger.

b) Da der Staat die Erhaltung des einzelnen in vernünftigen Institutionen sichert, geht die Erhaltung des Ganzen der Erhaltung des einzelnen vor.

c) Die Gesinnung des Patriotismus, der Gehorsam gegen die legitime Autorität und das Gefühl für die Ehre der Nation ergeben sich letztlich nicht aus irgendwelchen partikularen Zwecken der Staatsmaschine, sondern daraus, daß der Staat als Ort der Verwirklichung der vernünftigen Natur des Menschen eine »Absolutheit« besitzt, die allen Versuchen rationaler Rekonstruktion widersteht.

Als vierte und letzte Gruppe von Pflichten, deren Verwirklichung eine sittliche Lebensordnung aufrechterhält, nennt Hegel die »Pflichten gegen andere« überhaupt. Es darf wohl zu Recht behauptet werden, daß mit diesen Bestimmungen die Versittlichung der *Gesellschaft*, d. h. der wirtschaftlichen, rechtlichen und kommunikativen Strukturen, in die der einzelne seinen freien Willen setzt, intendiert ist. Gemäß der späteren Rechtsphilosophie Hegels gehört nämlich die »bürgerliche Gesellschaft« durchaus zum System der Sittlichkeit, ist aber von den bisher schon behandelten Institutionen der Familie und des Staates deutlich abgehoben. Dementsprechend teilen sich die Pflichten gegen andere auch in Rechtspflichten, Sozialpflichten und in Pflichten der miteinander in Dependenz stehenden Privatpersonen ein.

Zur Rechtspflicht gehört die Gesinnung, das Recht um des Rechtes willen zu tun, und Hegel nennt als Arten dieser Gesinnung:

a) die Rechtschaffenheit, die den Willen ausdrückt, jedem das ihm Gebührende zukommen zu lassen (§ 60), und

b) die Haltung, niemandem mit Wissen und Willen zu schaden (§ 65).

Als Pflicht der Menschenliebe oder als Sozialpflicht zählt unser Text folgende Varianten auf:

a) die Hilfeleistung in der Not, die den Bedürftigen ungeachtet seiner Situation als einen Gleichrangigen behandelt (§ 66);

b) die Freundespflicht, die vor allem in gemeinsamen Werken und uneigennütziger Dankbarkeit ihre Erfüllung findet (§ 67).

Unter die Pflichten der unmittelbaren Kommunikation zwischen Privatpersonen fallen vor allem:

a) die Wahrhaftigkeit im Reden und Handeln (§ 61);
b) die Übereinstimmung von guter Absicht und guter Tat (§ 62);
c) das Schweigenkönnen, sofern das Sagen der Wahrheit weder am rechten Ort noch zum rechten Zeitpunkt geschähe (§ 63);
d) die Redlichkeit, die jede Verleumdung und Heuchelei ausschließt (§ 64);
e) die Klugheit, die auf den gerechten Nutzen beider Partner achtet (§ 68);
f) das Wohlwollen, das darin besteht, die Neigungen der anderen Person nicht zu verletzen, sondern deren Zuneigung zu gewinnen und zu erhalten (§ 69); und schließlich
g) die Höflichkeit, die im Umgang mit unbekannten Menschen immer gepflegt werden soll, weil, wie Hegel sagt, wir wohlwollende Gesinnungen gegeneinander überhaupt haben sollen (§ 70).

Georg Wilhelm Friedrich Hegel: Pflichtenlehre für die Unterklasse, §§ 41–70

I. Pflichten gegen sich

§ 41

Der Mensch als Individuum verhält sich zu sich selbst. Er hat die gedoppelte Seite seiner *Einzelheit* und seines *allgemeinen* Wesens. Seine Pflicht gegen sich ist insofern teils seine *physische Erhaltung*, teils [dies], sein Einzelwesen zu seiner allgemeinen Natur zu erheben, sich zu bilden.

Erläuterung. Der Mensch ist einerseits ein natürliches Wesen. Als solches verhält er sich nach Willkür und Zufall, als ein unstetes, subjektives Wesen. Er unterscheidet das Wesentliche nicht vom Unwesentlichen. – Zweitens ist er ein geistiges, vernünftiges Wesen. Nach dieser Seite *ist er nicht* von Natur, *was er sein soll.* Das Tier bedarf keiner Bildung, denn es ist von Natur, was es sein soll. Es ist nur ein natürliches Wesen. Der Mensch aber muß seine gedoppelte Seite in Übereinstimmung bringen, seine Einzelheit seiner vernünftigen Seite gemäß zu machen oder die letztere zur herrschenden zu machen. Es ist z. B. ungebildet, wenn der Mensch sich seinem *Zorne* überläßt und blind nach diesem Affekt handelt, weil er darin eine Beleidigung oder Verletzung für eine unendliche Verletzung ansieht und sie durch eine Verletzung des Beleidigers oder anderer Gegenstände ohne Maß und Ziel auszugleichen sucht. – Es ist ungebildet, wenn einer ein *Interesse* behauptet, das ihn nichts angeht oder wo er durch seine Tätigkeit nichts bewirken kann, weil man verständigerweise nur das zu seinem Interesse machen kann, wo man durch seine Tätigkeit etwas zustande bringt. – Ferner wenn der Mensch bei Begegnissen des Schicksals *ungeduldig* wird, so macht er sein besonderes Interesse zu einer höchst wichtigen Angelegenheit, als etwas, wonach sich die Menschen und die Umstände hätten richten sollen.

§ 42

Zur *theoretischen Bildung* gehört außer der Mannigfaltigkeit und Bestimmtheit der Kenntnisse und der Allgemeinheit der Gesichtspunkte, aus denen die Dinge zu beurteilen sind, der Sinn für die Objekte in ihrer freien Selbständigkeit, ohne ein subjektives Interesse.

Erläuterung. Die *Mannigfaltigkeit der Kenntnisse* an und für sich gehört zur Bildung, weil der Mensch dadurch aus dem *partikulären* Wissen von unbedeutenden Dingen der Umgebung zu einem allgemeinen Wissen sich erhebt, durch welches er eine größere Gemeinschaftlichkeit der Kenntnisse mit anderen Menschen erreicht, in den Besitz *allgemein interessanter* Gegenstände kommt. Indem der Mensch über das, was er unmittelbar weiß und erfährt, hinausgeht, so lernt er, daß es auch andere und bessere Weisen des Verhaltens und Tuns gibt und die seinige nicht die einzig notwendige ist. Er entfernt sich von sich selbst und kommt zur Unterscheidung des Wesentlichen und Unwesentlichen. – Die *Bestimmtheit der Kenntnisse* betrifft den wesentlichen Unterschied derselben, die Unterschiede, die den Gegenständen unter allen Umständen zukommen. Zur Bildung gehört ein Urteil über die Verhältnisse und Gegenstände der Wirklichkeit. Dazu ist erforderlich, daß man wisse, worauf es ankommt, was die Natur und der Zweck einer Sache und der Verhältnisse zueinander sind. Diese Gesichtspunkte sind nicht unmittelbar durch die Anschauung gegeben, sondern durch die Beschäftigung mit der Sache, durch das Nachdenken über ihren Zweck und Wesen und über die Mittel, wie weit dieselben reichen oder nicht. Der ungebildete Mensch bleibt bei der unmittelbaren Anschauung stehen. Er hat kein offenes Auge und sieht nicht, was ihm vor den Füßen liegt. Es ist nur ein subjektives Sehen und Auffassen. Er sieht nicht die Sache. Er weiß nur ungefähr, wie diese beschaffen ist, und das nicht einmal recht, weil nur die Kenntnis der allgemeinen Gesichtspunkte dahin leitet, was man wesentlich betrachten muß, oder weil sie schon das Hauptsächliche der Sache selbst ist, schon die vorzüglichsten Fächer derselben enthält, in die man also das äußerliche Dasein sozusagen nur hineinzulegen braucht und also sie viel leichter und richtiger aufzufassen fähig ist.

Das Gegenteil davon, daß man nicht zu urteilen weiß, ist, daß man *vorschnell* über alles urteilt, ohne es zu verstehen. Ein solch vorschnelles Urteil gründet sich darauf, daß man wohl einen Gesichtspunkt faßt, aber einen einseitigen und dadurch also den wahren Begriff der Sache, die übrigen Gesichtspunkte übersieht. Ein gebildeter Mensch weiß zugleich die *Grenze seiner Urteilsfähigkeit*.

Ferner gehört zur Bildung der Sinn für das *Objektive in seiner Freiheit*. Es liegt darin, daß ich nicht mein besonderes Subjekt in dem Gegenstande suche, sondern die Gegenstände, wie sie an und für sich sind, in ihrer freien Eigentümlichkeit betrachte und behandle, daß ich mich ohne einen besonderen *Nutzen* dafür interessiere. – Ein solch uneigennütziges Interesse liegt in dem *Studium der Wissenschaften*, wenn man sie nämlich um ihrer selbst willen kultiviert. Die Begierde, aus den Gegenständen der Natur Nutzen zu ziehen, ist mit deren Zerstörung verbunden. – Auch das Interesse für die *schöne Kunst* ist ein uneigennütziges. Sie stellt die Dinge in ihrer lebendigen Selbständigkeit dar und streicht das Dürftige und Verkümmerte, wie sie von äußeren Umständen leiden, von ihnen ab. – Die objektive *Handung* besteht darin, daß sie 1. auch nach ihrer gleichgültigen Seite die *Form des Allgemeinen* hat, ohne Willkür, Laune und Kaprice, vom Sonderbaren u. dgl. m. befreit ist; 2. nach ihrer inneren, wesentlichen Seite ist das Objektive, wenn man die wahrhafte *Sache selbst* zu seinem Zweck hat, ohne eigennütziges Interesse.

§ 43

Zur *praktischen* Bildung gehört, daß der Mensch bei der Befriedigung der natürlichen Bedürfnisse und Triebe diejenige Besonnenheit und Mäßigung beweise, welche in den Grenzen ihrer Notwendigkeit, nämlich der Selbsterhaltung liegt. Er muß 1. aus dem Natürlichen *heraus*, davon frei sein; 2. hingegen in seinen Beruf, das Wesentliche, muß er *vertieft* [sein] und daher 3. die Befriedigung des Natürlichen nicht nur in die Grenzen der Notwendigkeit einschränken, sondern sie auch höheren Pflichten *aufzuopfern* fähig sein.

Erläuterung. Die Freiheit des Menschen von natürlichen Trieben besteht nicht darin, *daß er keine hätte* und also seiner Natur nicht zu entfliehen strebt, sondern daß er sie überhaupt als ein Notwendiges und damit Vernünftiges anerkennt und sie demgemäß mit seinem Willen vollbringt. Er findet sich dabei nur insofern gezwungen, als er sich zufällige und willkürliche Einfälle und Zwecke gegen das Allgemeine schafft. Das bestimmte, genaue Maß in Befriedigung der Bedürfnisse und im Gebrauch der physischen und geistigen Kräfte läßt sich nicht genau angeben, aber es kann jeder wissen, was ihm nützlich oder schädlich ist. Die Mäßigung in Befriedigung natürlicher Triebe und im Gebrauch körperlicher Kräfte ist überhaupt um der *Gesundheit* willen notwendig, denn diese ist eine wesentliche Bedingung für den Gebrauch der geistigen Kräfte zur Erfüllung der höheren Bestimmung des Menschen. Wird der Körper nicht in seinem ordentlichen Zustande erhalten, wird er in einer seiner Funktionen verletzt, so muß man ihn zum Zweck seiner Beschäftigung machen, *wodurch er etwas Gefährliches, Bedeutendes für den Geist wird.* – Ferner hat die Überschreitung des Maßes im Gebrauch der physischen und geistigen Kräfte entweder durch das Zuviel oder Zuwenig *Abstumpfung und Schwäche* derselben zur Folge.

Endlich ist die Mäßigkeit mit der *Besonnenheit* verbunden. Diese besteht im Bewußtsein über das, was man tut, daß der Mensch im Genuß oder in der Arbeit durch seine Reflexion sich überschaut und also diesem einzelnen Zustande nicht ganz hingegeben ist, sondern offen bleibt für die Betrachtung von anderem, was auch noch notwendig sein kann. Bei der Besonnenheit ist man aus seinem Zustande, der Empfindung oder des Geschäfts, zugleich mit dem Geist heraus. Diese Stellung, sich in seinen Zustand nicht vollkommen zu vertiefen, ist überhaupt bei zwar notwendigen, aber dabei nicht wesentlichen Trieben und Zwecken erforderlich. Hingegen bei einem wahrhaften Zweck oder Geschäft muß der Geist mit seinem ganzen Ernst gegenwärtig *und nicht zugleich außerhalb desselben sein.* Die Besonnenheit besteht hier darin, daß man alle Umstände und Seiten der Arbeit vor Augen hat.

§ 44

Was den bestimmten *Beruf* betrifft, der als ein *Schicksal* erscheint, so ist überhaupt die Form einer äußerlichen Notwendigkeit daran aufzuheben. Es ist mit Freiheit zu ergreifen und mit solcher auszuhalten und auszuführen.

Erläuterung. Der Mensch, in Rücksicht auf die äußerlichen Umstände des Schicksals und alles, was er überhaupt unmittelbar *ist*, muß sich so verhalten, daß er dasselbe zu dem *seinigen* macht, daß er ihm die Form eines äußerlichen Daseins benimmt. Es kommt nicht darauf an, in welchem äußerlichen Zustande der Mensch sich durch das Schicksal befindet, *wenn er das, was er ist, recht ist,* d. h. wenn er alle Seiten seines Berufs ausfüllt. Der Beruf zu einem Stande ist eine vielseitige Substanz. Er ist gleichsam ein Stoff oder Material, das er nach allen Richtungen hin durcharbeiten muß, damit dasselbe nichts Fremdes, Sprödes und Widerstrebendes in sich hat. Insofern ich es vollkommen zu dem Meinigen für mich gemacht habe, bin ich frei darin. Der Mensch ist vorzüglich dadurch *unzufrieden, wenn er seinen Beruf nicht ausfüllt.* Er gibt sich ein Verhältnis, das er nicht wahrhaft als das seinige hat. Zugleich gehört er diesem Stande an. Er kann sich nicht von ihm losmachen. Er lebt und handelt also in einem widerwärtigen Verhältnis mit sich selbst.

§ 45

Treue und *Gehorsam* in seinem Beruf sowie *Gehorsam gegen das Schicksal* und *Selbstvergessenheit* in seinem Handeln haben zum Grunde das Aufgeben der Eitelkeit, des Eigendünkels und der Eigensucht gegen das, was an und für sich und notwendig ist.

Erläuterung. Der Beruf ist etwas Allgemeines und Notwendiges und macht irgendeine Seite des menschlichen Zusammenlebens aus. Er ist also ein *Teil des ganzen Menschenwerkes*. Wenn der Mensch einen Beruf hat, tritt er zu dem Anteil und Mitwirken an dem Allgemeinen ein. Er wird dadurch ein Objektives. Der Beruf ist zwar eine einzelne, beschränkte Sphäre, macht jedoch ein notwendiges Glied des Ganzen aus und ist auch *in sich selbst wieder ein Ganzes*. Wenn der Mensch *etwas werden soll, so muß er sich zu beschränken wissen*, d. h. seinen Beruf ganz zu seiner Sache machen. Dann ist er keine Schranke für ihn. Er ist alsdann einig mit sich selbst, mit seiner Äußerlichkeit, seiner Sphäre. Er ist ein Allgemeines, Ganzes. – Wenn der Mensch sich etwas *Eitles*, d. h. Unwesentliches, Nichtiges zum Zweck macht, so liegt hierbei nicht das Interesse an einer, sondern an seiner Sache zugrunde. Das Eitle ist nichts an und für sich Bestehendes, sondern wird nur durch das Subjekt erhalten. Der Mensch sieht darin nur sich selbst; z. B. es kann auch eine *moralische Eitelkeit* geben, wenn der Mensch überhaupt bei seinem Handeln sich seiner Vortrefflichkeit bewußt ist und das Interesse mehr an sich als an der Sache hat. – Der Mensch, der geringe Geschäfte treu erfüllt, zeigt sich fähig zu größeren, weil er *Gehorsam* gezeigt hat, ein Aufgeben seiner Wünsche, Neigungen und Einbildungen.

§ 46

Durch die intellektuelle und moralische Bildung erhält der Mensch die Fähigkeit, die *Pflichten gegen andere* zu erfüllen, welche Pflichten *reale* genannt werden können, dahingegen die Pflichten, die sich auf die Bildung beziehen, mehr *formeller* Natur sind.

§ 47

Insofern die Erfüllung der Pflichten mehr als subjektives Eigentum eines Individuums erscheint und mehr seinem natürlichen Charakter angehört, ist sie *Tugend*.

§ 48

Weil die Tugend zum Teil mit dem natürlichen Charakter zusammenhängt, so erscheint sie als eine Moralität von bestimmter Art und von größerer Lebendigkeit und Intensität. Sie ist zugleich weniger mit dem Bewußtsein der Pflicht verknüpft als die eigentliche Moralität.

II. Familienpflicht
§ 49

Indem der Mensch gebildet ist, hat er die Möglichkeit zu handeln. Insofern er wirklich handelt, ist er notwendig in Verhältnis mit anderen Menschen. Das erste notwendige Verhältnis, worin das Individuum zu anderen tritt, ist das *Familienverhältnis*. Es hat zwar auch eine rechtliche Seite, aber sie ist der Seite der moralischen Gesinnung, der Liebe und des Zutrauens untergeordnet.

Erläuterung. Die Familie macht wesentlich nur *eine* Substanz, nur *eine* Person aus. Die Familienglieder sind *nicht Personen* gegeneinander. Sie treten in ein solches Verhältnis erst, insofern durch ein Unglück das moralische Band sich aufgelöst hat. Bei den Alten hieß die Gesinnung der Familienliebe, das Handeln in ihrem Sinn *pietas*. Die Pietät hat mit der Frömmigkeit, die auch mit diesem Wort bezeichnet wird, gemeinschaftlich, daß sie ein *absolutes* Band voraussetzen, die an und für sich seiende Einheit in einer geistigen Substanz, ein Band, das nicht durch besondere Willkür oder Zufall geknüpft ist.

§ 50

Diese Gesinnung besteht näher darin, daß jedes Glied der Familie sein Wesen nicht in seiner eigenen Person hat, sondern daß nur das Ganze der Familie ihre Persönlichkeit ausmacht.

§ 51

Die Verbindung von Personen zweierlei Geschlechts, welche *Ehe* ist, ist wesentlich weder bloß *natürliche*, tierische Vereinigung noch bloßer *Zivilvertrag*, sondern eine moralische Vereinigung der Gesinnung in gegenseitiger Liebe und Zutrauen, die sie zu *einer* Person macht.

§ 52

Die Pflicht der *Eltern gegen die Kinder* ist, für ihre *Erhaltung* und *Erziehung* zu sorgen, – die der *Kinder*, [ihnen] zu *gehorchen*, bis sie selbständig werden, und sie ihr ganzes Leben zu ehren, – die der *Geschwister* überhaupt, nach Liebe und vorzüglicher Billigkeit gegeneinander zu handeln.

III. Staatspflichten

§ 53

Das natürliche Ganze, das die Familie ausmacht, erweitert sich zu dem Ganzen eines Volkes und Staates, in welchem die Individuen für sich einen selbständigen Willen haben.

Erläuterung. Der Staat geht einerseits darauf hin, die Gesinnung der Bürger entbehren zu können, nämlich insofern er sich von dem Willen der Einzelnen unabhängig machen muß. Er schreibt daher den Einzelnen genau ihre Schuldigkeiten vor, nämlich den Anteil, den sie für das Ganze leisten müssen. Er kann sich auf die bloße Gesinnung nicht verlassen, weil sie ebensowohl eigennützig sein und sich dem Interesse des Staats entgegensetzen kann. – Auf diesem Wege wird der Staat *Maschine*, ein System äußerer Abhängigkeiten. Aber auf der andern Seite kann er die *Gesinnung* der Bürger nicht entbehren. Die Vorschrift der Regierung kann bloß das Allgemeine enthalten. Die wirkliche Handlung, die Ausfüllung der Staatszwecke, enthält die besondere Weise der Wirksamkeit. Diese kann nur aus dem individuellen Verstande, aus der Gesinnung des Menschen entspringen.

§ 54

Der Staat faßt die Gesellschaft nicht nur unter rechtlichen Verhältnissen, sondern vermittelt als ein wahrhaft höheres moralisches Gemeinwesen die Einigkeit in Sitten, Bildung und allgemeiner Denk- und Handlungsweise (indem jeder in dem anderen seine Allgemeinheit geistigerweise anschaut und erkennt).

§ 55

In dem Geiste eines Volkes hat jeder einzelne Bürger seine geistige Substanz. Die Erhaltung der Einzelnen ist nicht nur auf die Erhaltung dieses lebendigen Ganzen begründet, sondern dasselbe macht die allgemeine geistige Natur oder das Wesen eines jeden gegen seine Einzelheit aus. *Die Erhaltung des Ganzen geht daher der Erhaltung des Einzelnen vor*, und alle sollen diese Gesinnung haben.

§ 56

Bloß nach der rechtlichen Seite betrachtet, insofern der Staat die Privatrechte der Einzelnen schützt und der Einzelne zunächst auf das Seine sieht, ist gegen den Staat wohl eine Aufopferung eines Teils des Eigentums möglich, um das Übrige zu erhalten. Der *Patriotismus* aber gründet sich nicht auf diese Berechnung, sondern auf das Bewußtsein der *Absolutheit des Staats*. Diese Gesinnung, Eigentum und Leben für das Ganze aufzuopfern, ist um so größer in einem Volke, je mehr die *Einzelnen* für das Ganze mit *eigenem Willen* und Selbsttätigkeit handeln können und je größeres Zutrauen sie zu demselben haben. (Schöner Patriotismus der Griechen. – Unterschied von Bürger als *bourgeois* und *citoyen*.)

§ 57

Die Gesinnung des *Gehorsams* gegen die Befehle der Regierung, der *Anhänglichkeit* an die Person des Fürsten und an die Verfassung und das Gefühl der *Nationalehre* sind die Tugenden des Bürgers jedes ordnungsmäßigen Staates.

§ 58

Der Staat beruht nicht auf einem ausdrücklichen *Vertrag* eines mit allen und aller mit einem oder des Einzelnen und der Regierung miteinander, und der allgemeine Wille des Ganzen ist nicht der ausdrückende Wille der Einzelnen, sondern ist der absolut allgemeine Wille, der für die Einzelnen an und für sich verbindlich ist.

IV. Pflichten gegen andere

§ 59

Die Pflichten gegen andere sind zuerst die Rechtspflichten, welche mit der Gesinnung, das Recht um des Rechts willen zu tun, verknüpft sein müssen. Die übrigen dieser Pflichten gründen sich auf die Gesinnung, die anderen nicht nur als abstrakte Person, sondern auch in ihrer Besonderheit sich selbst gleich zu halten, ihr Wohl und Wehe als das seinige zu betrachten und dies durch tätige Hilfe zu beweisen.

§ 60

Diese moralische Denk- und Handlungsweise geht über das Recht hinaus. Die *Rechtschaffenheit* aber, die Beobachtung der strengen Pflichten gegen andere, ist die erste Pflicht, die zugrunde liegen muß. Es kann edle und großmütige Handlungen geben, die ohne Rechtschaffenheit sind. Sie haben alsdann ihren Grund in der Eigenliebe und in dem Bewußtsein, etwas Besonderes getan zu haben, dahingegen das, was die Rechtschaffenheit verlangt, für alle geltende, nicht willkürliche Pflicht ist.

§ 61

Unter den besonderen Pflichten gegen die anderen ist die *Wahrhaftigkeit* im Reden und Handeln die erste. Sie besteht in der Gleichheit dessen, was ist und dessen man sich bewußt ist, mit demjenigen, was man gegen andere äußert und zeigt. – Die *Unwahrhaftigkeit* ist die Ungleichheit und der Widerspruch des Bewußtseins und dessen, wie man für andere da ist, somit seines Inneren und seiner Wirklichkeit und damit die Nichtigkeit an sich selbst.

§ 62

Zur Unwahrhaftigkeit gehört auch vorzüglich, wenn das, was man meint, eine gute Absicht oder Gesinnung *sein soll*, dagegen, was man tut, etwas Böses ist. (Diese Ungleichheit zwischen der Gesinnung und dem, was die Handlung an sich ist, wäre wenigstens eine Ungeschicklichkeit, aber insofern der Handelnde überhaupt Schuld hat, ist ein solcher, der Böses tut, dafür anzusehen, daß er es auch böse meint.)

§ 63

Es setzt ein besonderes Verhältnis voraus, um das Recht zu haben, jemand die Wahrheit über sein Betragen zu sagen. Wenn man dies tut, ohne das Recht dazu zu haben, so ist man insofern unwahr, daß man ein Verhältnis zu dem anderen aufstellt, welches nicht statthat.

Erläuterung. Einesteils ist es das Erste, die *Wahrheit zu sagen*, insofern man weiß, daß es wahr ist. Es ist unedel, die Wahrheit nicht zu sagen, wenn es an seinem rechten Orte ist, sie zu sagen, weil man sich dadurch vor sich selbst und dem anderen erniedrigt. Man soll aber auch die *Wahrheit nicht sagen*, wenn man keinen Beruf dazu hat oder auch nicht einmal ein Recht. Wenn man die Wahrheit bloß sagt, um das Seinige getan zu haben, ohne weiteren Erfolg, so ist es wenigstens etwas *Überflüssiges*, denn es ist nicht darum zu tun, daß ich die Sache gesagt habe, sondern daß sie zustande kommt. Das Reden ist noch nicht die Tat oder Handlung, welche höher ist. – Die Wahrheit wird dann am rechten *Ort* und zur rechten *Zeit* gesagt, wenn sie dient, die Sache zustande zu bringen. Die Rede ist ein erstaunlich großes Mittel, aber es gehört großer Verstand dazu, dasselbe richtig zu gebrauchen.

§ 64

Mit der *Verleumdung*, welche eine wirkliche Lüge ist, ist das *üble Nachreden* verwandt, die Erzählung von solchen Dingen, die der Ehre eines Dritten nachteilig und den Erzählenden nicht an und für sich offenbar sind. Es pflegt in mißbilligendem Eifer gegen unmoralische Handlungen zu geschehen, auch mit dem Zusatz, man könne die Erzählungen nicht für gewiß versichern und wolle nichts gesagt haben. Es ist aber in diesem Fall mit der *Unredlichkeit* verbunden, die Erzählungen, die man nicht verbreiten zu wollen vorgibt, durch die Tat wirklich zu verbreiten, und in jenem mit der *Heuchelei*, moralisch sprechen zu wollen und wirklich böse zu handeln.

Erläuterung. Heuchelei besteht darin, daß die Menschen böse handeln, sich aber gegen andere den Schein geben, eine gute Absicht zu haben, etwas Gutes haben tun zu wollen. Die äußerliche Handlung ist aber nicht von der inneren verschieden. Bei einer bösen Tat ist auch die Absicht wesentlich böse und nicht gut gewesen. Es kann dabei der Fall sein, daß der Mensch etwas Gutes oder wenigstens Erlaubtes hat erreichen wollen. Man kann aber dabei nicht das, was an und für sich böse ist, zum Mittel von etwas Gutem machen wollen. Der *Zweck* oder die *Absicht heiligt nicht die Mittel*. Das moralische Prinzip geht vornehmlich auf die Gesinnung oder auf die Absicht. Aber es ist ebenso wesentlich, daß nicht nur die Absicht, sondern *auch die Handlung gut ist*. – Ebenso muß sich der Mensch nicht überreden, daß er bei dem gemeinen Handeln des individuellen Lebens wichtige, vortreffliche Absichten habe. Wie nun der Mensch einerseits seinen eigenen Handlungen gern gute Absichten unterlegt und seine an und für sich unwichtigen Handlungen durch Reflexionen groß zu machen sucht, so geschieht es umgekehrt gegen andere, daß er großen oder wenigstens guten Handlungen anderer durch eine eigennützige Absicht etwas Böses beilegen will.

§ 65

Die Gesinnung, anderen mit *Wissen* und *Willen* zu schaden, ist *böse*. Die Gesinnung, welche sich Pflichten gegen andere, auch gegen sich selbst zu verletzen erlaubt aus *Schwäche* gegen seine Neigung, ist *schlecht*.

Erläuterung. Dem Guten steht das Böse, aber auch das Schlechte entgegen. Das Böse enthält, daß es mit Entschluß des Willens geschieht. Es hat also vor dem Schlechten das Formelle, eine Stärke des Willens, die auch Bedingung des Guten ist, voraus. Das Schlechte hingegen ist etwas Willenloses. Der Schlechte geht seiner Neigung nach und versäumt dadurch Pflichten. Dem Schlechten wäre es auch recht, wenn die Pflichten erfüllt würden, nur hat er den Willen nicht, seine Neigungen oder Gewohnheiten zu bemeistern.

§ 66

Welche *Dienste* wir anderen Menschen zu erweisen haben oder erweisen können, hängt von zufälligen Verhältnissen ab, in denen wir mit ihnen stehen, und von den besonderen Umständen, in denen wir uns selbst befinden. Sind wir *imstande*, einem anderen einen Dienst zu tun, so haben wir nur dies, daß er ein *Mensch* ist, und seine *Not* zu betrachten.

Erläuterung. Die erste Bedingung, anderen Hilfe zu leisten, besteht darin, daß wir ein Recht dazu haben, nämlich sie als Notleidende zu betrachten und gegen sie als solche zu handeln.

Es muß also die Hilfe mit *ihrem Willen* geschehen. Dies setzt eine gewisse Bekanntschaft oder Vertraulichkeit voraus. Der Bedürftige ist als solcher dem Unbedürftigen ungleich. Es hängt also von seinem Willen ab, ob er *als Bedürftiger erscheinen* will. Er wird dies wollen, wenn er überzeugt ist, daß ich ihn, dieser Ungleichheit ungeachtet, als einen mir Gleichen behandle und betrachte. – Zweitens muß ich die Mittel in Händen haben, ihm zu helfen. – Endlich kann es auch Fälle geben, wo seine Not offenbar ist und darin gleichsam die Erklärung seines Willens liegt, daß ihm geholfen werde.

§ 67

Die Pflicht der *allgemeinen Menschenliebe* erstreckt sich näher auf diejenigen, mit welchen wir im Verhältnis der Bekanntschaft und Freundschaft stehen. Die ursprüngliche Einheit der Menschen muß freiwillig zu solchen näheren Verbindungen gemacht worden sein, durch welche bestimmtere Pflichten entstehen.

(*Freundschaft* beruht auf Gleichheit der Charaktere, besonders des Interesses, ein gemeinsames *Werk* miteinander zu tun, nicht auf dem Vergnügen an der Person des anderen als solcher. Man muß seinen Freunden sowenig als möglich beschwerlich fallen. Von Freunden keine Dienstleistungen zu fordern, ist am delikatesten. Man muß nicht sich die Sache ersparen, um sie anderen aufzulegen.)

§ 68

Die Pflicht der *Klugheit* erscheint zunächst als eine Pflicht gegen sich selbst in den Verhältnissen zu anderen, insofern der Eigennutz Zweck ist. – Der wahre *eigene Nutzen* wird aber wesentlich durch sittliches Verhalten erreicht, welches somit die wahre Klugheit ist. Es ist darin zugleich enthalten, daß in Beziehung auf moralisches Betragen der eigene Nutzen zwar Folge sein kann, aber nicht als Zweck anzusehen ist.

§ 69

Insofern der eigene Nutzen nicht unmittelbar im moralischen Betragen liegt und von dem besonderen, im Ganzen zufälligen Wohlwollen anderer abhängt, so befindet man sich hier in der Sphäre der bloßen Zuneigung zueinander, und die Klugheit besteht darin, die Neigungen der anderen nicht zu verletzen und sie für sich zu erhalten. Aber auch in dieser Rücksicht ist das, was Nutzen bringt, eigentlich auch dasjenige, was sich an und für sich gehört, nämlich andere darüber freizulassen, wo wir weder Pflicht noch Recht haben, sie zu stören und durch unser Betragen ihre Zuneigung zu gewinnen.

§ 70

Die *Höflichkeit* ist die Bezeugung von wohlwollenden Gesinnungen, auch von Dienstleistungen, vornehmlich gegen solche, mit denen wir noch nicht in einem näheren Verhältnis der Bekanntschaft oder Freundschaft stehen. Sie ist *Falschheit*, wenn diese Bezeugung mit den entgegengesetzten Gesinnungen verbunden ist. Die wahre Höflichkeit aber ist als Pflicht anzusehen, weil wir wohlwollende Gesinnungen gegeneinander überhaupt haben sollen, um durch Bezeugung derselben den Weg zu näheren Verbindungen mit ihnen zu öffnen.

Bearbeitungsfragen:

1. Wie lauten die vier wesentlichen Bestimmungen des Menschen im Rahmen institutioneller Lebensordnungen?
2. Unterscheiden Sie bitte inhaltlich die Begriffe »Recht«, »Moral« und »Sittlichkeit«.
3. Bestimmen Sie bitte das Verhältnis von Pflicht und Freiheit.
4. Wie kann man die Pflichten des Individuums gegen sich selbst begründen?

5. Welches ist das moralische Fundament des Familienverhältnisses?
6. Wie muß der Staat beschaffen sein, wenn er Verpflichtungscharakter beanspruchen will?
7. Wie unterscheiden sich die Begriffe »Gesellschaft« und »Staat«?
8. Welche Formen von Pflichten in gesellschaftlichen Institutionen gibt es?

V.3 Politik und Moral
Rousseau: Politische Ökonomie, Abschnitt II, S. 49–73

Praktische Politik bedeutet die aktive Teilnahme an den Angelegenheiten eines Gemeinwesens, entweder durch die Bestimmung der Einrichtungen, Aufgaben und Inhalte des Staates oder durch die Leitung des Staatsorganismus mittels einer Regierung, die durch Gesetze auf das Allgemeinwohl verpflichtet ist. Sowohl die reale Konstitution der politischen Ordnung wie auch das Recht zur Durchsetzung der gesetzlichen Regelungen sind jedoch nicht ohne den freien Willen der einzelnen Bürger denkbar. Die Loyalität der Bürger aber setzt voraus, daß die Gesetze des Staates wie die Maßnahmen der Regierung auf sittlichen, d. h. gerechtfertigten Vorentscheidungen beruhen. Politik ist somit zwar ein eigenständiger Bereich von Handlungsfreiräumen und Verfügungsstrukturen, aber sie muß sich an Kriterien wie Freiheit, Gerechtigkeit, Wohlfahrt, Sicherheit, Bildung, Lebenschancen und öffentlicher Zustimmung messen lassen. Die Frage nach der wirklichen Sittlichkeit eines Staates und seiner Regierung kann deshalb durch den Hinweis auf legale Verfahrensmuster oder angebliche Sachzwänge nie ernsthaft zum Schweigen gebracht werden.

Anlaß zur Diskussion des problematischen Verhältnisses von Politik und Moral hat es tatsächlich seit der Antike zu allen Zeiten gegeben. Für die Neuzeit ganz besonders dringlich wurde die Frage nach der Legitimität der politischen Ordnung und deren moralischer Existenzbedingungen im Zeitalter des Absolutismus, vor allem wegen der unumschränkten Herrschaft des französischen »Sonnenkönigs« Ludwig XIV. und dessen Thronfolger Ludwig XV. Speziell unter der Regentschaft Ludwigs XV. (1715–1774), der den Verfall der ökonomischen und politischen Kultur in Frankreich verkörperte, entfaltete sich die große Aufklärungsphilosophie des 18. Jahrhunderts. Es ist bezeichnend, daß die Forderung nach einem neuen Verhältnis von Regierung und Volk, aber auch nach moralisch guten Gesetzen und der

Tugend der Bürger von niemandem zu dieser Zeit so eindringlich erhoben wurde wie von *Jean-Jacques Rousseau* (1712–1778), seiner Herkunft nach Bürger der republikanisch geprägten schweizerischen Stadt Genf. Rousseau schrieb seinen Artikel über »Politische Ökonomie«, der vor allem eine neue Moral in der Politik einfordert, in der Hauptstadt des »Ancien régime«, in Paris, wohin er gerade nach einem kurzen Aufenthalt in seiner Vaterstadt Genf im Jahr 1754 zurückgekehrt war. Er brachte aus Genf, wo man ihm nach der Rekonversion zum calvinistischen Glauben erneut das Bürgerrecht verliehen hatte, den frischen Eindruck von republikanischer Freiheit und Sittenstrenge mit und konnte sich daher sogar gegenüber den französischen Herausgebern der »Grande Encyclopédie«, den Philosophen Denis Diderot und Jean Le Rond d'Alembert, um so unbekümmerter äußern. Der Text des Artikels über das Thema Moral und Politik wurde unter dem Stichwort »Economie ou Oeconomie (Morale et Politique)« im fünften Band der Großen Enzyklopädie (S. 337–349) im November 1755 ausnahmsweise unter Namensnennung des Verfassers (»M. Rousseau, citoyen de Genève«) in Paris publiziert.

Die Gesamtkonzeption der Arbeit Rousseaus ist deutlich in drei Teile gegliedert. Der erste Abschnitt führt nach Klärung der Grundbegriffe des Titels kurz in die Staatslehre ein, wobei die Stimme der allgemeinen Vernunft, die Gesetzgebung, als Vermittlungsinstanz zwischen öffentlicher Freiheit und Regierungsautorität eingefügt wird. Das Legalitätsprinzip gilt für alle Institutionen des Staates, für die Verwaltung, die richterlichen Entscheidungen und die Grundrechte der einzelnen Bürger, aber vor allem auch für die Träger der Regierungsgewalt, die selbst dem Gesetz unterstehen und es zur allgemeinen Geltung bringen müssen. Der zweite Abschnitt, der die moralischen Prinzipien der Politik, also das Verhältnis von guten Regenten und tugendhaften Bürgern konzipiert, ist im eigentlichen Sinne Gegenstand der von uns gewählten Thematik, in der die *Sittlichkeit des politischen Handelns* untersucht werden soll. Dieser Abschnitt bedarf daher noch einer genaueren Analyse, während der letzte Teil des Artikels Rousseaus vor allem die Grundzüge einer Wirtschaftslehre behandelt, die hinsichtlich des Staates und der Bürger keine neuen moralischen Prämissen einführt.

Voraussetzung für den Entwurf einer guten politischen Ordnung ist für Rousseau die Einsicht, daß es dem Menschen in einer modernen zivilisierten Gesellschaft unmöglich ist, lediglich aus seiner ursprünglichen Natur, dem Wunsch nach Selbsterhaltung und der spontanen Abneigung, anderen Schaden zuzufügen, leben zu können. Das Leben in fortgeschrittenen Gesellschaften und in einem Staatsverband verpflichtet das Individuum, gleichsam seine angeborene unabhängige Existenz zu verändern und den »Menschen der Natur« in einen »Menschen des Menschen« umzuformen. Dies bedeutet aber den Verlust der ursprünglichen Freiheit und anstatt dessen die Herrschaft von Menschen über Menschen. Wenn es somit überhaupt so etwas wie eine neue, nunmehr gemeinschaftliche Freiheit geben soll, dann kann diese nur in einer politischen Ordnung verwirklicht werden, in der sich die Partikularinteressen und Sonderwillen *aller* bedingungslos dem Gemeinwillen (volonté générale) unterordnen. Der Gemeinwille ist nicht einfach gleichzusetzen mit der Summe des Willens aller (volonté de tous). Er hat als »Gemeinwohl« vielmehr einen objektiven Gehalt, der sich in der Stimme des Gewissens geltend macht und sich in der Kraft freiheitlicher Gesetze ausdrückt, die die natürliche Gleichheit der Menschen im Recht wiederherstellen. Jeder Staat kann nur in der strikten Verpflichtung des einzelnen auf den Allgemeinwillen bestehen, und die Überwindung der Selbstsucht (amour propre) ohne Verletzung der natürlichen Eigenliebe (amour de soi) und des ursprünglichen Mitleids (commisération oder pitié) ist die eigentliche Leistung des politischen Bürgers.

Rousseau fordert also die Übereinstimmung aller partikularen Willen mit dem allgemeinen Willen, und dies begründet die Sittlichkeit des Gemeinwesens. Die politische Gemeinschaft hat folglich einen normativen Charakter, wenn sie einen Allgemeinwillen in vernünftigen Gesetzen repräsentiert, auf die sich jeder Bürger verpflichtet hat. Zu dem Zweck aber, daß auch wirklich der Geist der Gesetze zur praktischen Anwendung kommt, erkennt Rousseau einer Gruppe von Amtsträgern die Regierungsgewalt zu, wobei jedoch auch die Regierenden, ebenso wie die Regierten, dem Allgemeinwillen unterstehen. Damit beide Seiten, Staatsautorität und Volk, den Gesetzen entsprechend handeln, fordert Rousseau: Bringt die Tugend zur Herrschaft (faites régner la vertu)! Tugend – das ist die unbedingte Ausrichtung des Willens auf Gerechtigkeit und Freiheit in einem durch Gesetz republikanisch verfaßten Staat. Ohne die politische Tugend verkommt das Verhältnis der Regierenden zum Volk und umgekehrt:

a) Die Regierenden werden ehrlos und korrupt, sie erfinden Intrigen und plündern schließlich mit Terrormethoden das Volk aus.
b) Die Bürger verlieren das Gefühl der Menschlichkeit und werden zu Rechtsbrechern und Gegnern der Autorität überhaupt.

Rousseau weist aber nicht nur auf die Folgen eines Auseinanderfallens von Politik und Moral hin, er zeigt auch die Grundlagen für die Entfaltung politischer Moral auf:
a) Die wirksamste politische Tugend ist die Liebe zum Vaterland.
b) Aus der Vaterlandsliebe folgen große, heroische Taten, die das Glück im Wohlergehen aller suchen.
c) Weiterhin erwirkt die Tugend die Sicherheit von Besitz, Leben und persönlicher Freiheit eines jeden. Das Prinzip der Bürgertugend lautet: »Einer für alle, alle für einen.«
d) Schließlich wird die rechtliche und soziale Einheit des Volkes durch die Liebe der Mitbürger zu ihrem Gemeinwesen aufrechterhalten.

Es ist ein großes Plädoyer für die Moral in der Politik, wenn Rousseau schreibt, daß »die allgemeinen Sitten das Genie der Regierenden ersetzen«, und hinzufügt, daß die Tugend sogar wesentlich effektiver als der Machtwillen von Tyrannen ist. Der Kult angeblich großer und mächtiger Regenten nimmt ab, und selbst die Verwaltung gewinnt eine Leichtigkeit, die mittels der größten Raffinesse der Gewaltherrscher nicht erreicht werden könnte. Bei aller Bürgertugend hat natürlich trotzdem auch die Regierung konkrete sittliche Verpflichtungen, ohne die der Allgemeinwille in einem Staatswesen stumm bleiben würde. Die vornehmste Aufgabe der Träger der Regierungsbefugnis ist nach Rousseau die sorgsame Beachtung der unverletzlichen Rechte aller Staatsangehörigen. Dies bedeutet, daß der Schutz der Würde jedes Individuums gerade dann in den Mittelpunkt gestellt ist, wenn die Amtsträger ihre öffentlichen Aufgaben mit gerechter Strenge wahrnehmen, denn die Moral der Regierenden sichert die Freiheit jedes einzelnen Bürgers durch den ganzen Staat. Konkret werden folgende sittliche Normen für die Inhaber der öffentlichen Gewalt gefordert:
a) Das Leben des einfachen Bürgers muß unantastbar sein, sowohl in der Politik wie in der Rechtsprechung.
b) Dem Volk dürfen nur für die Freiheit seiner selbst, etwa in einem Verteidigungskrieg oder gegen einen Tyrannen, Opfer abverlangt werden; niemals jedoch dürfen die Regierenden so weit vom Volkswohl abirren, daß sie befehlen, das Volk müsse sich für ihre Herrschaft aufopfern.
c) Um die Regierung beziehungsweise den Staatskörper dem Volk nicht zu entfremden, müssen die Bürger genügend Mitwirkungsmöglichkeiten in der Verwaltung erhalten, und die Geltungskraft der Gesetze darf nur als Garant der gemeinsamen Freiheit von Regierenden und Regierten verstanden werden.

d) Eine wichtige Aufgabe der Regierung ist es, die Verteilung des Volkswohlstandes unter den Bürgern auszugleichen. Die Gerechtigkeit verlangt die Sicherheit der Bürger vor Verarmung, aber auch die Eindämmung des Luxus, etwa durch entsprechende Besteuerung. Außerdem muß in allen wirtschaftlichen Bereichen das Prinzip der Leistung und der Produktivität gegenüber den »Künsten der Zerstreuung« den Vorrang haben.

e) Einen großen Vorteil sieht Rousseau in der öffentlichen Unterweisung und Erziehung der Kinder. Will man nämlich wirklich freie Staatsbürger, die sich mit dem Allgemeinwillen loyal identifizieren, dann muß man von seiten der Regierenden eine staatliche Erziehung jeder neuen Generation von frühester Kindheit an einrichten. Die staatliche Erziehung nach den Vorschriften der Regierung und durch vom Souverän eingesetzte Beamte ist nach Rousseau eines der grundlegenden Prinzipien einer volksnahen und rechtmäßigen Regierung. Die Begründung für die Notwendigkeit einer öffentlichen Erziehung sieht unser Text in folgenden Tatsachen:

1) Die Eltern haben oft nur beschränkte Einsicht in die Erfordernisse des Gemeinwohls und sind meist mit schädlichen Vorurteilen belastet.
2) Die Familie ist eine sehr zufällige und gefährdete Einrichtung, wenn es um die Erziehung von Staatsbürgern geht. Durch den Tod der Eltern, durch Scheidung oder auch wegen mangelnder Bildung und Armut gibt sie keine Gewähr für die Erziehung zur persönlichen Integrität der Nachkommen und zugunsten deren staatsbürgerlicher Tugend.
3) Die öffentliche Erziehung sichert ein gleichmäßiges Angebot an Erziehungszielen, ohne die natürliche Vielfalt der Begabungen zu mißachten. Solche Erziehungsziele sind zum Beispiel die geschwisterliche Liebe aller Heranwachsenden untereinander, der Mut zu gemeinsamen Bürgeraktivitäten, die freiheitliche Gesinnung hinsichtlich eines freien Gemeinwesens, die Achtung vor der sittlichen Norm der Gesetze und die Verpflichtung auf den Gemeinwillen usw.

Rousseau weiß, daß der Mensch der Neuzeit in der Lebensordnung einer legitimen Republik zwar vielleicht kein natürliches Vaterland, aber doch eine sittliche Heimat finden kann. Und gerade weil der moderne Mensch in der Gefahr der Selbstentfremdung (homme double) existieren muß, da er nicht mehr in der naturhaften Selbstliebe, aber auch nicht mehr im schönen Patriotismus früherer Kleinstaaten leben kann, ist eine Trennung von Politik und Moral weniger denn je wünschbar. Es gibt letztlich auch einen gemeinsamen Ursprung für das Gewissen des einzelnen Bürgers und den Allgemeinwillen der Gesetze des Staates. In seinem späteren Erziehungsroman »Emile« (1762) kann Rousseau deshalb trotz eines alternativen Ansatzes ohne Zögern schreiben: »Diejenigen, die die Politik und die Moral getrennt behandeln wollen, werden von keiner je etwas verstehen.«

Jean-Jacques Rousseau: Politische Ökonomie, Abschnitt II, S. 49–73

Will man, daß der Gemeinwille verwirklicht werde? Dann sorge man dafür, daß alle Sonderwillen sich auf ihn beziehen. Und da die Wahrheit nichts anderes ist als eben diese Übereinstimmung des besonderen Willens mit dem allgemeinen, bringe man – mit einem Wort für dieselbe Sache – die Tugend zur Herrschaft.

Wenn die Politiker weniger durch ihren Ehrgeiz verblendet wären, würden sie einsehen, wie unmöglich es ist, daß irgendeine Einrichtung, welcher Art auch immer, gemäß dem Geist ihrer Gründung fortbestehen kann, wenn sie nicht geleitet wird nach dem Gesetz der Pflicht. Sie würden spüren, daß die stärkste Triebkraft der Staatsautorität in den Herzen der Bürger ruht und daß zur Aufrechterhaltung der Regierung nichts die Sittlichkeit ersetzen kann. Es bedarf nicht nur zur Ausführung der Gesetze anständiger Menschen, vielmehr können ihnen im Grunde auch nur ehrenwerte Leute gehorchen. Wer es schafft, seinem Gewissen Trotz zu bieten, wird auch nicht zögern, die schwersten Strafen zu verachten; und zwar als weniger harte und weniger beständige Übel, denen man mindestens zu entkommen hoffen kann. Welche Vorsicht man auch walten lasse: wer nur auf Straffreiheit wartet, um Böses zu tun, wird immer Mittel finden, das Gesetz zu umgehen und sich der Strafe zu entziehen. Weil dann alle Sonderinteressen sich gegen das allgemeine Interesse vereinigen, das keinen mehr berührt, vermögen die öffentlichen Laster die Gesetze mehr zu entkräften, als umgekehrt die Gesetze imstande sind, Laster zu unterdrükken. Und die Verderbtheit des Volkes wie der Führer ergreift schließlich auch die Regierung, wie weise sie immer sei. Der schlimmste Mißbrauch besteht darin, den Gesetzen nur scheinbar zu gehorchen, um sie tatsächlich mit Sicherheit zu brechen. Bald werden die besten Gesetze zu den unheilvollsten: es wäre hundertmal besser, wenn sie nicht existierten. Dann stünden Behelfsmöglichkeiten zur Verfügung, auf die man zurückgreifen könnte, wenn nichts mehr bleibt. In einer solchen Situation häuft man vergebens Erlaß auf Erlaß, Vorschrift auf Vorschrift. All dies dient nur dazu, weitere Mißbräuche einzuführen, ohne den früheren abzuhelfen. Je stärker man die Gesetze vermehrt, desto leichter setzt man sie der Mißachtung aus. Und alle Wächter, die man einsetzt, sind nur neue Rechtsbrecher, dazu bestimmt, mit den alten die Beute zu teilen oder auf eigene Faust zu plündern. Bald verkommt der Preis der Tugend zur Auszeichnung für Räuberei. Die schändlichsten Menschen sind die geachtetsten; je größer sie sind, desto nichtswürdiger. Ihre Ruchlosigkeit zeigt sich in ihren Würden, und sie werden durch ihre Ehrenämter entehrt. Wenn sie die Stimmen der Regenten oder die Unterstützung der Frauen kaufen, dann nur um ihrerseits Gerechtigkeit, Pflicht und Staat feilzubieten. Und da das Volk nicht erkennt, daß seine eigenen Laster der Urgrund seines Elends sind, murrt es und ruft stöhnend aus: »All mein Unglück kommt nur von denen, die ich bezahle, um mich dagegen abzusichern.«

Nunmehr sind die Regierenden gezwungen, die Stimme der Pflicht, welche in den Herzen verstummt ist, durch den Schrei des Terrors zu ersetzen oder durch den Köder eines vermeintlichen Interesses, mit dem sie ihre Schützlinge täuschen. Dann heißt es, auf all die kleinen und verächtlichen Tricks zurückzugreifen, welche sie *Staatsmaximen* und *Kabinettsgeheimnisse* nennen. Alles, was der Regierung noch an Macht verbleibt, wird von ihren Mitgliedern dazu benutzt, sich selbst zu vernichten oder gegenseitig zu verdrängen, während die Staatsgeschäfte unerledigt liegen bleiben oder nur in dem Maß geführt werden, wie es das persönliche Interesse verlangt und soweit dieses sie leitet. Schließlich besteht die ganze Geschicklichkeit jener großen Politiker nur noch darin, die Augen derer, die sie brauchen, so zu verblenden, daß jeder glaubt, um seines eigenen Vorteils willen tätig zu sein, wenn er für *den ihren* arbeitet. Ich sage: für den ihren, sofern letztlich das wahre Interesse der Regierenden darin bestünde, die Völker zu vernichten, um sie zu unterwerfen, und ihr Hab und Gut zu ruinieren, um sich dessen Besitz zu sichern.

Wenn aber die Bürger ihre Pflicht lieben und die Treuhänder der Staatsautorität sich aufrichtig bemühen, diese Liebe durch ihr Beispiel und ihre Fürsorge zu fördern, lösen sich alle Schwierigkeiten. Die Verwaltung nimmt eine Leichtigkeit an, die sie jener schwarzen Kunst enthebt, deren Undurchsichtigkeit das ganze Geheimnis ausmacht. Jene gewaltigen Geister, ebenso gefährlich wie bewundert, all die großen Minister, deren Ruhm mit dem Elend des Volkes einhergeht, man vermißt sie nicht mehr. Die allgemeinen Sitten ersetzen das Genie der Regierenden; und je mehr die Tugend herrscht, desto weniger Talente werden benötigt. Selbst dem Ehrgeiz ist besser gedient durch Pflichterfüllung als durch Machtanmaßung. Ist das Volk überzeugt, daß die Regierenden nur für sein Wohl tätig sind, erübrigt es durch seine Ergebenheit deren Bemühen um eine Festigung ihrer Macht. Und die Geschichte zeigt uns in tausend Fällen, daß die Autorität, die das Volk denen zuerkennt, die es liebt und von denen es geliebt wird, hundertmal unumschränkter ist als die ganze Tyrannei der Gewaltherrscher. Dies bedeutet nicht, daß die Regierung Bedenken haben muß, ihre Macht einzusetzen, sondern lediglich, daß sie von ihr nur auf rechtmäßige Weise Gebrauch machen soll. Man findet in der Geschichte tausend Beispiele für ehrgeizige oder zaghafte Machthaber, die Sanftmut oder Hochmut ins Verderben gestürzt haben, aber keinen, dem es schlecht bekommen wäre, nichts als gerecht zu sein. Man darf jedoch weder Nachlässigkeit mit Mäßigung noch Milde mit Schwäche verwechseln. Gerechtigkeit erfordert Strenge: Die Bosheit zu dulden, welche man zu unterbinden das Recht oder die Macht hat, bedeutet, selbst schlecht zu sein.

Es genügt nicht, den Bürgern zu sagen: werdet gut; man muß

sie lehren, es zu sein. Und sogar das Beispiel, welches in dieser Hinsicht zur ersten Lektion gehört, ist nicht das einzige Mittel, das man einsetzen muß; das wirksamste ist die Liebe zum Vaterland. Denn wie schon gesagt, ist jeder Mensch tugendhaft, wenn sein besonderer Wille völlig mit dem Gemeinwillen übereinstimmt und wir gern möchten, was jene Leute wollen, die wir lieben.

Es scheint, als ob sich das Gefühl für Menschlichkeit abschwächt oder verflüchtigt, wenn es sich über die ganze Erde erstreckt, und als ob uns Notlagen in Zentralasien oder Japan nicht so stark berühren können wie die eines europäischen Volkes. Man muß Interesse und Mitleid irgendwie begrenzen und zusammenhalten, um sie wirksam werden zu lassen. Da nun diese Neigung nur denen Nutzen bringen kann, mit denen wir leben müssen, ist es gut, wenn die Menschlichkeit sich auf Mitbürger beschränkt und daraus neue Kraft gewinnt, nämlich durch den täglichen Umgang und das gemeinsam verbindende Interesse. Es steht fest, daß die größten Wunderwerke der Tugend aus der Vaterlandsliebe hervorgegangen sind. Dieses sanfte und zugleich lebhafte Gefühl, das die Kraft der Selbstliebe mit der ganzen Schönheit der Tugend verbindet, verleiht ihr Wirksamkeit, ohne die Tugend zu entstellen, und erzeugt die heroischste aller Leidenschaften. Jenes Gefühl brachte so viele unvergängliche Taten hervor, deren Glanz unsere schwachen Augen blendet, und so viele große Menschen, deren seltene Tugenden als Märchen gelten, seit die Vaterlandsliebe zum Gespött geworden ist. Seien wir darüber nicht erstaunt. Die Regungen empfindsamer Herzen erscheinen jedem, der sie nicht verspürte, als Trugbilder. Und die Vaterlandsliebe, hundertmal brennender und köstlicher als die zu einer Geliebten, nimmt man gleicherweise nur durch eigene Erfahrung wahr. Leicht aber bemerkt man in allen Herzen, die sie erwärmt, in allen Taten, zu denen sie anspornt, jene aufwallende, erhabene Glut, ohne die selbst die reinste Tugend nicht zu leuchten vermag. Wir wagen es sogar, Sokrates mit Cato zu vergleichen: der eine war mehr Philosoph, der andere mehr Staatsbürger. Da Athen schon zerfallen war, hatte Sokrates kein Vaterland mehr als die ganze Welt. Cato dagegen trug das seine immer tief im Herzen; er lebte nur dafür und konnte es nicht überleben. Die Tugend des Sokrates ist die des weisesten Menschen. Aber zwischen Caesar und Pompeius erscheint Cato als ein Gott unter Sterblichen. Der eine unterrichtet ein paar Privatleute, bekämpft die Sophisten und stirbt für die Wahrheit; der andere verteidigt den Staat, die Freiheit, die Gesetze gegen Welteroberer und verläßt schließlich die Erde, als er hier kein Vaterland mehr findet, dem er dienen kann. Ein entsprechender Schüler des Sokrates wäre der tugendhafteste seiner Zeitgenossen, ein ebensolcher Nacheiferer des Cato wäre der größte. Für den ersten würde die Tugend an sich das Glück bedeuten; der zweite würde sein Glück im Wohlergehen aller suchen. Wir wären von dem einen belehrt, von dem anderen geführt, und dies allein sollte über den Vorzug entscheiden. Denn man hat noch nie ein Volk von Weisen geschaffen, aber es ist nicht unmöglich, ein Volk glücklich zu machen.

Wollen wir, daß die Völker tugendhaft sind? Dann laßt uns anfangen, bei ihnen Vaterlandsliebe zu wecken. Aber wie sollten sie das Vaterland lieben, wenn es ihnen nicht mehr bedeutet als den Ausländern und wenn es ihnen nur zugesteht, was es niemandem verweigern kann? Noch schlimmer wäre es, wenn die Menschen sich nicht einmal der bürgerlichen Sicherheit erfreuen könnten und wenn Besitz, Leben oder Freiheit in das Belieben von Mächtigen gestellt würden, ohne daß es jenen möglich oder erlaubt wäre, Gesetze zu fordern. Mithin den Pflichten des Gesellschaftszustandes unterworfen, ja sogar ohne die Rechte des Naturzustandes zu besitzen und ohne ihre Kräfte zur Selbstverteidigung einsetzen zu können, gerieten sie folglich in die schlimmste Lage, in der sich freie Menschen befinden können, und das Wort *Vaterland* hätte für sie nur noch einen verhaßten oder lächerlichen Sinn. Man soll nicht meinen, einen Arm verletzen oder abtrennen zu können, ohne daß der Schmerz sich dem Kopf mitteilt. Und es ist ebensowenig glaubwürdig, daß der Gemeinwille zustimmt, wenn irgendein Staatsbürger einen anderen verwundet oder zugrunde richtet, wie es unwahrscheinlich ist, daß ein voll zurechnungsfähiger Mensch sich mit seinen eigenen Fingern die Augen auskratzt. Die Sicherheit des einzelnen hängt so eng mit dem Staatsverbund zusammen, daß ohne die nötige Nachsicht mit der menschlichen Schwäche dieses Bündnis zu Recht aufgelöst werden könnte, wenn in dem Staat ein einziger Bürger umkäme, den man hätte retten können, oder wenn auch nur eine Person widerrechtlich im Gefängnis säße, oder wenn schließlich ein einziger Prozeß offensichtlich ungerecht entschieden würde. Denn sobald die Grundvereinbarungen gebrochen werden, ist nicht mehr einzusehen, mit welchem Recht oder welchem Interesse man die soziale Einheit des Volkes aufrechterhalten kann, falls es nicht nur vor der Gewalt allein zurückschreckte, welche die Auflösung des Gesellschaftszustandes bewirkt.

In der Tat: Ist nicht die ganze Nation verpflichtet, mit ebensoviel Umsicht für die Erhaltung auch ihres geringsten Mitgliedes zu sorgen wie für den Schutz aller anderen? Und ist das Wohl eines Bürgers etwa weniger gemeinsame Aufgabe als das des ganzen Staates? Wenn man uns sagt, es sei gut, daß einer für alle sein Leben lasse, werde ich diesen Ausspruch im Munde eines würdigen und tugendhaften Patrioten bewundern, der sein Leben aus freiem Willen und Pflichtgefühl für das Wohl seines Landes hingibt. Aber wenn man hört, daß die Regierung einen Unschuldigen dem Wohl der Mehrheit opfern dürfe, dann meine ich: dieser Grundsatz ist einer der abscheulichsten, den jemals die Tyrannei erfunden hat, der irreführendste, den man vorbringen, der gefährlichste, den man zulassen kann, und steht zugleich im unmittelbarsten Gegensatz zu den Grundgesetzen der Gesellschaft. Weit entfernt vom Opfer des einzelnen für die Gesamtheit, haben sich vielmehr alle mit Besitz und Leben für die Verteidigung eines jeden von ihnen verbürgt, damit die Schwäche des Individuums immer von der öffentlichen Gewalt geschützt wird und jedes Mitglied durch den ganzen Staat. Nimmt man an, daß eine Person nach der anderen dem Volk entzogen wird, und verlangt dann von den Verteidigern dieses Grundsatzes die Erklärung, was sie eigentlich unter *dem Staatskörper* verstehen, so wird man erkennen, daß sie ihn schließlich auf eine kleine Anzahl von Menschen beschränken, die nicht mehr das Volk selbst sind, sondern nur noch dessen Amtsträger, und die – auf Grund eines besonderen Eides zur Aufopferung für das Volkswohl verpflichtet – gerade dadurch zu belegen suchen, das Volk müsse sich auch für ihr Wohl opfern.

Will man Beispiele finden für den Schutz, den der Staat seinen Mitgliedern zu gewähren hat, und für die Achtung, die er dem einzelnen schuldet? Man muß sie bei den berühmtesten und tapfersten Nationen der Erde suchen, und eigentlich wissen nur die freien Völker, was ein Mensch wert ist. In Sparta geriet bekanntlich der ganze Staat in eine peinliche Verlegenheit, wenn es darum ging, einen schuldigen Bürger zu bestrafen. In Makedonien war das menschliche Leben eine so wichtige Sache, daß selbst Alexander in seiner ganzen Größe, dieser mächtige Monarch, nicht gewagt hätte, einen makedonischen Verbrecher kaltblütig zu töten, wenn der Beschuldigte nicht vorher zu seiner Verteidigung vor den Mitbürgern erschienen und durch sie verurteilt worden war. Die Römer aber zeichneten sich vor allen Völkern der Erde durch die Rücksicht der Regierung auf Einzelpersonen aus und durch die sorgsame Beachtung der unverletzlichen Rechte aller Staatsangehörigen. Nichts war heiliger als das Leben der einfachen Bürger. Es bedurfte keines geringeren Umstands als der Versammlung des ganzen Volkes, um einen von ihnen zu bestrafen. Weder der Senat noch die Konsuln in all ihrer Machtvollkommenheit hatten dazu das Recht, und bei dem stärksten Volk der Erde lösten Verbrechen und Bestrafung eines Bürgers allgemeine Betrübnis aus. Für welches beliebige Verbrechen Bürgerblut zu vergießen, erschien überdies so hart, daß durch die *lex Porcia* die Todesstrafe für all jene in Verbannung umgewandelt wurde, die den Verlust eines so milden Vaterlandes überleben wollten. Alles lebte in Rom und in den Armeen von dieser gegenseitigen Zuneigung der Mitbürger und von dieser Achtung vor dem römischen Namen, der bei jedem, der die Ehre hatte, ihn zu tragen, den Mut steigerte und die Tugend wachrief. Mit höchstem Vergnügen betrachtete man im Prunk der Triumphzüge die

Kappe eines aus der Sklaverei freigelassenen Bürgers und den Eichenkranz dessen, der einem anderen das Leben gerettet hatte. Wobei zu bemerken ist, daß von jenen Kränzen, mit denen man tapferes Verhalten im Krieg auszeichnete, allein der Bürgerkranz und der Siegeskranz des Triumphators aus Grün und Blättern bestanden, alle anderen aber nur aus Gold. So tugendhaft war Rom und wurde Herrin der Welt. Ehrgeizige Herrscher! Ein Schäfer regiert seine Hunde und seine Herden und ist doch der letzte Mensch. Zu befehlen ist nur schön, wenn diejenigen, die uns gehorchen, uns auch verehren können: Achtet also eure Mitbürger und ihr werdet sie achtenswert machen; achtet die Freiheit und eure Macht wird von Tag zu Tag zunehmen; überschreitet niemals eure Befugnisse und bald werden sie grenzenlos sein!

Das Vaterland soll sich demnach als gemeinsame Mutter der Bürger erweisen. Die Vorteile, welche sie darin genießen, müssen ihnen ihr Land liebenswert machen. Die Regierung räume ihnen genügend Mitwirkungsmöglichkeiten an der Verwaltung ein, damit sie sich heimisch fühlen; und die Gesetze sollen in ihren Augen nur die Garanten gemeinsamer Freiheit sein. Diese Rechte stehen in ihrer ganzen Schönheit allen Menschen zu. Aber ohne sie direkt sichtbar zu verletzen, vermag schon der böse Wille der Regierenden, ihre Wirkung leicht in nichts aufzulösen. Ein Mißbrauch des Gesetzes dient dem Mächtigen zugleich als Angriffswaffe und als Abwehrschild gegen den Schwachen, und der Vorwand des öffentlichen Wohls ist immer die gefährlichste Geißel für das Volk. Das Notwendigste und vielleicht Schwierigste in einer Regierung ist strenge Redlichkeit, um jedermann Gerechtigkeit widerfahren zu lassen und vor allem den Armen gegen die Übermacht des Reichen zu schützen. Das schlimmste Unheil ist freilich schon eingetreten, wenn man Arme verteidigen und Reiche im Zaum halten muß. Denn alle Geltungskraft der Gesetze wirkt sich allein in der Mäßigung aus; sie sind gegen die Schätze des Reichen ebenso ohnmächtig wie gegen das Elend des Armen. Der erste umgeht sie, der zweite weicht ihnen aus; der eine zerreißt das Netz, der zweite schlüpft durch die Maschen.

Eine der wichtigsten Aufgaben der Regierung besteht also darin, einer übermäßigen Ungleichverteilung der Güter vorzubeugen, nicht indem sie den Reichen ihren Besitz entzieht, sondern allen die Mittel nimmt, Reichtum anzuhäufen; nicht indem sie Armenhäuser baut, sondern die Bürger vor Verarmung bewahrt. Wenn die Menschen ungleichmäßig über das Land verteilt und an einem Ort zusammengeballt sind, während andere Gegenden sich entvölkern; wenn die Künste der Zerstreuung und bloßen Geschicklichkeit auf Kosten nützlicher und schwieriger Gewerbe bevorzugt werden; wenn die Landwirtschaft dem Handel geopfert wird; wenn infolge schlechter Verwaltung der Staatsgelder Steuerpächter nötig werden; wenn schließlich die Käuflichkeit soweit getrieben wird, daß sich das Ansehen nach Goldstücken bemißt und selbst die Tugenden wohlfeil zu haben sind: dann sind alldies die deutlichsten Gründe für Überfluß und Elend, für das Vordringen des Eigennutzes anstelle öffentlicher Interessen, für gegenseitigen Haß der Bürger, für ihre Gleichgültigkeit gegenüber dem Gemeinwohl, für die Korruption des Volkes und für die Schwächung jeder Tatkraft der Regierung. Dies sind demnach Übel, die sich – einmal eingenistet – nur schwer heilen lassen, denen aber eine kluge Verwaltung zuvorkommen muß, um mit den guten Sitten die Achtung vor dem Gesetz, die Liebe zum Vaterland und die Stärke des Gemeinwillens zu erhalten.

Aber all diese Vorsorge dürfte unzureichend sein, wenn man nicht noch weitergeht. Ich beschließe diesen Teil der öffentlichen *Ökonomie* so, wie ich ihn hätte beginnen sollen. Das Vaterland kann nicht ohne Freiheit bestehen, noch die Freiheit ohne Tugend, noch die Tugend ohne Bürger. Ihr habt alles erreicht, wenn Ihr Staatsbürger heranbildet; anderenfalls werdet Ihr nur elende Sklaven haben, die Regierenden eingeschlossen. Staatsbürger zu formen, ist kein Geschäft von heute auf morgen, und um sie im Mannesalter zu haben, muß man sie schon als Kinder unterweisen. Man wird mir entgegenhalten, daß wer Menschen regieren will, nicht eine ihrem Wesen fremde Vollkommenheit suchen darf, deren sie nicht fähig sind; daß man ihre Leidenschaften nicht absichtlich zerstören darf und daß die Ausführung eines solchen Vorhabens ebensowenig wünschenswert wie möglich sei. Ich räume dies um so eher ein, als ein Mensch ganz ohne Leidenschaften sicherlich ein sehr schlechter Bürger wäre. Aber es ist doch auch zuzugeben, daß wenn man die Menschen nicht gerade lehrt, gar nichts zu lieben, durchaus die Möglichkeit besteht, sie eine Sache mehr als die andere lieben zu lehren und das wirklich Schöne mehr als das Häßliche. Übt man sie zum Beispiel ziemlich früh darin, ihre Einzelperson immer nur in Verbindung mit dem Staatskörper zu sehen und ihre eigene Existenz sozusagen nur als einen Teil von jenem zu begreifen, so wird es ihnen schließlich gelingen, sich mit diesem größeren Ganzen gewissermaßen zu identifizieren, sich als Glieder des Vaterlandes zu verstehen, es mit jenem erlesenen Gefühl zu lieben, das jeder vereinzelt lebende Mensch nur für sich selbst empfindet, beständig ihre Seele auf dieses große Ziel hin auszurichten und so jene gefährliche Anlage, aus der all unsere Laster entstehen, in eine erhabene Tugend zu verwandeln. Nicht nur die Philosophie weist auf die Möglichkeit solch neuer Erziehung hin, auch die Geschichte liefert dafür tausend leuchtende Beispiele. Wenn sie unter uns so selten sind, dann deshalb, weil niemand sich darum kümmert, daß es wahre Bürger gibt, und man noch weniger auf die Idee kommt, sie frühzeitig heranzubilden. Es ist schon zu spät, unsere natürlichen Neigungen noch zu verändern, wenn sie schon ihre Richtung eingeschlagen haben und wenn die Selbstliebe bereits zur Gewohnheit geworden ist. Es ist zu spät, uns von uns selbst zu befreien, wenn das *menschliche Ich* erst einmal unsere Herzen ergriffen und jene verächtliche Tätigkeit entfaltet hat, die alle Tugend unterdrückt und das Leben von Kleingeistern ausmacht. Wie könnte die Liebe zum Vaterland aufkeimen inmitten all der anderen sie erstickenden Leidenschaften? Und was bleibt für die Mitbürger noch von einem Herzen übrig, das schon zwischen dem Geiz, einer Geliebten und der Eitelkeit aufgeteilt ist?

Vom ersten Atemzug an muß man lernen, sich des Lebens

würdig zu erweisen; und wie man schon als Neugeborener an den Bürgerrechten teilhat, muß der Zeitpunkt der Geburt auch der Beginn für die Ausübung unserer Pflichten sein. Wenn es Gesetze für das Erwachsenenalter gibt, die anderen zu gehorchen lehren, muß es auch solche für die Kindheit geben. Und wie man die Vernunft eines jeden Menschen nicht als einzige Richtschnur seiner Pflichten gelten läßt, so darf man die Erziehung der Kinder um so weniger den Einsichten und Vorurteilen ihrer Väter überlassen, als sie für den Staat noch wichtiger ist als für die Väter. Denn nach dem Lauf der Natur bringt der Tod den Vater oft um die letzten Früchte dieser Erziehung, wohingegen das Vaterland ihre Wirkungen früher oder auch später noch zu spüren bekommt; der Staat bleibt bestehen und die Familie löst sich auf. Wenn die öffentliche Gewalt an die Stelle der väterlichen tritt, diese wichtige Aufgabe übernimmt und die Rechte der Väter erwirbt, indem sie deren Pflichten erfüllt, haben die Väter um so weniger Grund, sich darüber zu beklagen, weil sie in dieser Hinsicht eigentlich nur den Namen wechseln und jetzt als Bürger die gleiche Gewalt über ihre Kinder gemeinsam haben wie zuvor getrennt in ihrer Eigenschaft als *Väter*. Und sie finden nicht weniger Gehorsam, wenn sie im Namen des Gesetzes sprechen, als früher im Namen der Natur. Die staatliche Erziehung nach den Vorschriften der Regierung und durch vom Souverän eingesetzte Beamte ist also eines der grundlegenden Prinzipien volksnaher oder rechtmäßiger Regierung. Werden die Kinder gemeinsam im Schoße der Gleichheit erzogen, sind sie durchdrungen von den Gesetzen des Staates und den Geboten des Gemeinwillens, bringt man ihnen bei, diese über alles zu achten, und umgibt man sie mit Beispielen oder Gegenständen, welche ihnen beständig von der zärtlichen, sie ernährenden Mutter, von ihrer Liebe zu ihnen, von ihren unschätzbaren Wohltaten und der geschuldeten Gegenleistung erzählen: Dann besteht kein Zweifel, daß sie auf diese Weise lernen, sich wie Brüder zu lieben, nichts anderes zu wollen, als die Gesellschaft will, Mannestaten und Bürgeraktivitäten an die Stelle des fruchtlosen und eitlen Geschwätzes der Sophisten zu setzen, sowie eines Tages Verteidiger und Väter des Vaterlandes zu werden, dessen Kinder sie solange gewesen sind.

Ich rede hier nicht von Behörden, die zur Leitung jener Erziehung – gewiß das wichtigste Geschäft des Staates – berufen sind. Man wird einsehen: Wenn solche Beweise öffentlichen Vertrauens leichtfertig erteilt würden, wenn jenes erhabene Amt nicht ausschließlich denen zukäme, die bisher alle übrigen Aufgaben würdig erfüllt haben, und zwar als Belohnung für ihre Tätigkeit, als ehrenvolle und angenehme Erholung ihres Alters und als höchste aller Auszeichnungen, dann freilich wäre das ganze Unternehmen nutzlos und die Erziehung ohne Erfolg. Denn überall, wo der Unterricht nicht durch Autorität unterstützt wird, die Vorschrift nicht durch ein Beispiel, da bleibt die Erziehung ohne Erfolg; und die Tugend selbst verliert ihre Glaubwürdigkeit im Munde dessen, der sie nicht praktiziert. Man lasse nur berühmte Krieger, unter der Last ihrer Orden gebeugt, Mut predigen; rechtschaffene Richter, in ihrer Robe auf der Gerichtsbank ergraut, Gerechtigkeit lehren: die einen wie die anderen werden auf diese Weise tugendhafte Nachfolger heranbilden und von Generation zu Generation die Erfahrung und das Geschick dieser Vorbilder, den Mut und die Tugend der Bürger sowie den gemeinsamen Wetteifer aller, für das Vaterland zu leben und zu sterben, an sie weitergeben.

Ich kenne nur drei Völker, welche in der Vergangenheit die öffentliche Erziehung eingeführt haben: nämlich die Kreter, die Spartaner und die alten Perser. Bei allen dreien hatte sie größten Erfolg und bewirkte bei den zwei letztgenannten geradezu Wunder. Als aber schließlich die Welt in Nationen zerfiel, die zu groß waren, um sie noch gut regieren zu können, ließ sich dieses Mittel nicht mehr anwenden. Und andere, für den Leser leicht einsehbare Gründe haben zudem verhindert, daß irgendein modernes Volk es mit öffentlicher Erziehung versucht hätte. Es ist sehr bemerkenswert, daß die alten Römer ohne sie auskommen konnten. Aber Rom war ohnehin fünf Jahrhunderte lang ein ständiges Wunder, auf dessen Wiederkehr die Welt nicht mehr hoffen darf. Die Tugend der Römer, entstanden aus Abscheu vor der Gewaltherrschaft und den Verbrechen der Tyrannen sowie aus angeborener Liebe zum Vaterland, ließ alle ihre Häuser zu Schulen für Staatsbürger werden. Und die unumschränkte Gewalt der Väter über ihre Kinder brachte soviel Strenge in das Hauswesen, daß der Vater, mehr als die Obrigkeit gefürchtet, in seinem häuslichen Entscheidungsbereich als Richter der Sitten und Rächer der Gesetze auftrat.

Auf diese Weise trifft eine aufmerksame und wohlgesinnte Regierung durch unablässige Sorge dafür, daß im Volk Vaterlandsliebe und gute Sitten erhalten bleiben oder in Erinnerung gerufen werden, schon im vorhinein Maßnahmen gegen Übel, die sich früher oder später aus der Teilnahmslosigkeit der Bürger am Schicksal des Staates ergeben. Und sie hält ebenso das persönliche Interesse in engen Grenzen, weil es die einzelnen derart isoliert, daß der Staat durch ihre Macht geschwächt wird und nichts mehr von ihrem guten Willen erhoffen kann. Überall da aber, wo das Volk sein Land liebt, die Gesetze achtet und ein einfaches Leben führt, bleibt wenig zu tun übrig, um es glücklich zu machen. Und in der Staatsverwaltung, wo der Reichtum weniger beteiligt ist als am Schicksal der Individuen, sind Weisheit und Glück so eng verbunden, daß beide ineinander übergehen.

Bearbeitungsfragen:

1. Wie verhält sich das Sonderinteresse zum Gemeinwillen in einer vernünftigen politischen Ordnung?
2. Woher leitet sich eine gute Gesetzgebung in einem Gemeinwesen ab?
3. Was ist die Hauptaufgabe einer Regierung im Staat?
4. Bestimmen Sie bitte den Bedeutungsgehalt der politischen Tugend.
5. Welche Anzeichen weisen auf den Verfall eines Staates hin?
6. Welche moralischen Eigenschaften sind für die Regierenden unverzichtbar?
7. Welche Grundwerte sichern die Würde und Freiheit des einzelnen Bürgers im Staat?
8. Welche Argumente kann man für die Verwirklichung einer öffentlichen Erziehung anführen?

VI. Glück

Bearbeitet von Rudolf von Gumppenberg (1–3)
und Sharon Gruber (4)

VI.1 Glück als Friede
Augustinus: Der Gottesstaat, Buch 19, Kapitel 10–13

Das Problem, ob Glück in irgendeiner Bedeutung das Ziel der Sittlichkeit sein kann, wurde in der Geschichte des Denkens sehr kontrovers diskutiert. Entsprechend den verschiedenen Definitionen des Glücksbegriffes kann die Frage nach der ethischen Relevanz eines Zustandes, der von den Menschen erfahrungsgemäß als glücklich bezeichnet wird, durchaus auch ohne einen unmittelbaren Zusammenhang mit Freiheit und Verantwortung gesehen werden. Wenn Glück in einer ersten Bestimmung als angenehmer Zufall, als günstige Konstellation von Ereignissen oder als vorteilhaftes äußeres Angebot verstanden wird, dann beruht dieses »Glück haben« nicht auf einer Eigenleistung und ist deshalb auch nicht moralisch bewertbar. Aber schon die Stellungnahme zu einem »geschenkten Glück« fordert eine sittliche Haltung. Erst recht ist der zweite Begriff von Glück im Sinne von momentanem Vergnügen und Wohlbefinden oder gar von Augenblicken intensiver Freude, Begeisterung und Seligkeit bereits mit einer Wertantwort verbunden und deshalb ein Gegenstand der Ethik. Und diejenige Betrachtung des Glücks, die das menschliche Leben als ein Ganzes versteht, macht zwischen der Harmonie der gelungenen Gegenwart und der Idee des Guten keinen Unterschied mehr. Deshalb kann man im Sinn dieser dritten Verständnisweise von Glück auch sagen, daß die Rede vom moralisch guten Leben und vom glücklichen Leben letztlich dasselbe meint.

Es ist also nach Durchsicht der elementaren Begriffsbestimmungen von Glück durchaus berechtigt, die praktische Philosophie als Lehre vom glücklichen Leben zu bezeichnen. Auch *Aurelius Augustinus* (354–430), von dem ein Textabschnitt zum Thema »Glück als Friede« herangezogen werden soll, betont immer wieder, daß die Philosophen sich hauptsächlich darum bemüht haben herauszufinden, wie man leben soll, um die Seligkeit (beatitudo) zu erlangen. Der Autor steht hier in der klassischen Tradition der antiken Philosophie, vor allem der von Platon gegründeten Akademie, die er über die Neuplatoniker Plotin und Porphyrios kennenlernte. Auch das römische Schrifttum der neuakademischen Schule, z. B. Marcus Tullius Cicero, und das enzyklopädische Werk von Marcus Terentius Varro sind für Augustinus Quellen der kritischen Selbstfindung hinsichtlich der Frage nach dem vollkommenen Glück des Menschen. Aber der Denker der inneren Unruhe und der Sehnsucht nach dem Frieden in Gott konnte sich mit der philosophischen Überlieferung nicht begnügen und entwickelte in der Reflexion seines eigenen Lebensweges eine neue Synthese zwischen antiker Vernunft und christlichem Glauben.

Das biographische Hauptwerk des »Lehrers des Abendlandes« sind die dreizehn Bücher der »Bekenntnisse«, das Hauptwerk seines spekulativen Denkens handelt von der Dreieinigkeit. Eine gesonderte Beachtung verdient das großangelegte Werk »Über den Gottesstaat«, das in den Jahren 413–426 geschrieben wurde. Unmittelbarer Anlaß für diese eindrucksvolle Apologie des Christentums war die Eroberung Roms durch die Westgoten unter Alarich im Jahre 410. Aus der Widerlegung der These, daß die neue Religion den Niedergang des Römischen Reiches, vor allem im Westen, bewirkt habe, entwickelt Augustinus im zweiten Teil jene berühmte geschichtsphilosophische Deutung des welthistorischen Werdegangs der Menschheit als des Gegensatzes zweier unsichtbarer »civitates«, des Gottesstaates und des weltlichen Staates (civitas Dei und civitas terrena oder diaboli). Beide Staaten sind keine institutionellen Körperschaften, sondern Gesinnungsgemeinschaften, die sich allerdings durch ihre Zielsetzung diametral unterscheiden. Zwei unvereinbare Ordnungen der Liebe kennzeichnen die beiden geschichtlich wirkmächtigen Fraktionen: »Die Selbstliebe bis zur Gottesverachtung schuf den irdischen Staat, die Gottesliebe bis zur Selbstverachtung schuf den himmlischen Staat« (De Civitate Dei, Buch 19, Kapitel 28).

Die Ausrichtung des menschlichen Willens, entweder als Hinordnung der Liebe auf das höchste Gut oder als Verbleiben der Liebe im Wunsch nach nur vergänglichen Werten, entscheidet also nach Augustinus die Zugehörigkeit zur himmlischen oder zur irdischen Gemeinschaft. Dabei wird vorausgesetzt, daß sowohl die Existenz Gottes wie auch die Unsterblichkeit der Seele und die Freiheit des Willens nicht erst durch das Christentum offenbart worden sind, sondern schon in den platonischen und neuplatonischen Texten als philosophisch erweislich dargestellt werden konnten. Das bestimmende Maß für die Liebe kann somit nur die Ordnung der diesseitigen und jenseitigen Wirklichkeit sein, woraus folgt, daß der Bürger des Gottesstaates die vergänglichen Dinge dieser Welt weniger als sich selbst und den Mitmenschen lieben soll, den Nächsten aber ebensosehr wie sich selbst, Gott hingegen ohne jedes Maß. Gott ist das Sein selbst, er kann nach Augustinus durch die Prädikate ewig, unsterblich, unvergänglich, unwandelbar, lebendig, weise, mächtig, schön, gerecht, gut, selig und geistig umschrieben werden. Aber diese Begrifflichkeit ist menschlich, in Gott gibt es keine Unterscheidung der Eigenschaften, und alle Kennzeichnungen des göttlichen Wesens sind in seinem unerschöpflichen Sein schon absolut integriert.

Dieser sehr sublime Gottesbegriff hat für das Augustinische Denken zur Folge, daß zwar nicht die Vernunft des Menschen, die ihren Gegenstand in sich selbst begreifen möchte, wohl aber die menschliche Liebe, die sich an das geliebte Gut verschenkt und darin keine Grenze kennt, den vollkommenen Gott erreicht. Weil eine solche Liebe alle Seelenkräfte und Tugenden eines Menschen aktiviert, somit den Menschen insgesamt sittlich gut macht, kann Augustinus sagen: »Liebe und tue was du willst« (»dilige et quod vis fac«, Bekenntnisse 7,3,5). Das Kriterium einer solchen, der moralischen Ordnung entsprechenden Liebe ist die Erfahrung, ja der Genuß des höchsten Glücks. Der genuine Begriff des Genießens (»frui«) ist bei Augustinus nämlich so gefaßt, daß er nichts mit dem umgangssprachlichen Bedeutungsgehalt von Passivität oder bloßer Sinnlichkeit zu tun hat, sondern durch die aktive Hinwendung des Willens zu einem Gegenstand um dessen selbst willen definiert ist. Im Unterschied zu der sich hingebend genießenden Liebe aufgrund des Selbstwerts des Objekts nennt Augustinus das Gebrauchen (»uti«) die Intention des Willens, sich einen Gegenstand zu eigenen Zwecken nutzbar zu machen. Die Ordnung der Liebe (»ordo amoris«) verlangt, daß die materiellen, vergänglichen Güter mehr für den Gebrauch als für den Genuß eingesetzt werden sollen, während die Würde des Mitmenschen und die eigenen Seelenkräfte einen inneren Zweck haben, der nur noch durch die Hinordnung auf den Schöpfergott in den Dienst des Gebrauchens genommen werden darf.

Es gibt also eine berechtigte Freude an der Schönheit der Natur, an der Kunstfertigkeit menschlicher Gebrauchsgegenstände, aber vor allem an der körperlichen Harmonie des Menschen und der Größe seiner unsterblichen Seele. Die Anmut und Leistungsfähigkeit des Leibes resultiert aus der Vitalität und Organisationskraft der Seele, die Seele selbst jedoch ist bewunderungswürdig wegen ihrer in mehrfachen Stufen angelegten Begabungen. Die Seele ist Lebensprinzip in vegetativer und sensitiver Funktion, sie ist Ausgangspunkt der geistigen Entfaltung des Menschen in Sprache, Wissenschaft und Kultur, und schließlich ist sie Ursprung der Freiheit, Sittlichkeit und Vollendung – und so eines unvergleichlichen Genusses fähig, nämlich der ewigen Glückseligkeit in der Anschauung und Liebe Gottes.

Augustinus kennzeichnet in unserem Auswahltext auf der Basis der vorgetragenen Prämissen die genauere Art und Weise des Glücks und die Möglichkeit der Erlangung der vollkommenen Seligkeit für den Menschen. Zunächst wird in einem ersten Gedankengang die Definition der Begriffe des Glücks im allgemeinen und der endgültigen Glückseligkeit aufgezeigt. Die gemeinsame Grundbestimmung für den glücklichen Zustand des Menschen auf Erden und im jenseitigen Leben ist der Begriff des *Friedens*. Die sterblichen Menschen in der vergänglichen Welt können den Frieden des inneren und äußeren Glücks in einem gewissen Maße durch ein moralisch gutes Leben erlangen:

a) durch die Tugend, die von den wertvollen Dingen einen rechten Gebrauch macht;
b) durch dieselbe Tugend, die fähig macht, auch von Übeln, die der Mensch erleidet, richtigen Gebrauch im Hinblick auf das ewige Ziel zu machen.

Das Glück des vollkommenen Friedens aber ist das ewige Leben. Der Mensch wird nach der Augustinischen Konzeption sowohl in Hinsicht auf seine unsterbliche Seele wie auch durch den in der Auferstehung erneuerten Körper ein immerwährendes Dasein haben:

a) in der Gewißheit der Glückseligkeit nach einem Leben gemäß der Ordnung der Gottesliebe oder
b) in der ewigen leidvollen Gottferne nach einem Leben in der Sünde, wodurch der ungeordnete Geist sich selbst zur Strafe wird.

Das Endziel des Gottesstaates, der Gemeinschaft der Freunde Gottes, ist also, wie Augustinus selbst sagt, »der Friede im ewigen Leben oder das ewige Leben in Frieden« (De Civitate Dei, Buch 19, Kapitel 11). Hierbei ist es eine entscheidende These unseres Textes, daß die Güter und Wohltaten des Friedens auch für diejenigen Menschen erstrebenswert sind, die nur in bloß naturhaften Lebensformen oder gar in der Perversität der Schlechtigkeit existieren. Denn die Natur des Menschen ist von Gott wesentlich gut erschaffen, und gar kein Fehler kann so sehr gegen die Natur sein, daß er die letzten Spuren Gottes in der Natur auszulöschen vermag. Der Mensch der bloßen Naturwüchsigkeit verfehlt allerdings letztlich das gewünschte Ziel des Friedens, denn er sucht den Frieden in egoistischer und selbstherrlicher Weise. Frieden durch Krieg, Unterdrückung und Ausbeutung kann nur ein

Unrecht sein und widerspricht der Ordnung der Liebe. Besonders augenfällig wird die Ungerechtigkeit eines ichsüchtigen Friedenswillens, die Augustinus am Beispiel der von Vergil beschriebenen Figur des Cacus aufzeigt. Cacus (der Name ist vom griechischen Wort für »schlecht« abgeleitet) ist ungesellig, lebt ohne Familie und ohne Freunde in der Wildheit einer einsamen Höhle. Trotzdem sucht auch jenes Fabelwesen nach bestimmten Formen des Friedens:

a) Er wünscht Frieden mit seinem Leib durch Ernährung und Gesundheit zu halten;

b) er will den Frieden seiner psychischen Stimmungen und Launen;

c) er will Frieden gegenüber Eindringlingen;

d) er will Frieden und Sicherheit gegenüber dem Tod.

Da dieser Frieden egozentrisch und unrealistisch ist, wird der schlechte Mensch zwar den gerechten Frieden Gottes hassen, aber selbst darin noch denjenigen Gesetzen unterstehen, die für die gesamte Schöpfung gelten. Diese Gesetze zeigen die Ordnung der Dinge an, denn Ordnung ist nach Augustinus definiert durch die Einteilung der gleichen und ungleichen Dinge gemäß ihrer Seinsvollkommenheit. Und so bestimmt nun die natürliche, menschliche und göttliche Ordnung die Möglichkeit des Friedens, der letztlich Inbegriff der Glückseligkeit ist:

a) Der Friede des Leibes ist die geordnete Harmonie seiner Teile;

b) der Friede der irrationalen Seele ist die geordnete Ruhe ihrer Triebe;

c) der Friede der vernünftigen Seele ist die geordnete Übereinstimmung zwischen Erkenntnis und Handeln;

d) der Friede zwischen Leib und Seele ist das geordnete Dasein und Wohlbefinden des Lebewesens;

e) der Friede des sterblichen Menschen mit Gott ist der durch den Glauben geordnete Gehorsam gegenüber dem Gesetz;

f) der Friede unter den Menschen ist die geordnete Eintracht;

g) der Friede in der Familie ist die geordnete Zustimmung der Mitglieder in bezug auf Anweisung und Gehorsam;

h) der Friede im Staat ist die geordnete Eintracht der Bürger hinsichtlich Befehlen und Gehorchen;

i) der Friede des himmlischen Staates ist die gänzlich geordnete und völlig einmütige Gemeinschaft derer, die Gott genießen und sich gegenseitig in Gott genießen (»societas fruendi Deo et invicem in Deo«);

j) der Friede aller Dinge ist die beständige Ruhe der Ordnung.

Dies ist die gottgewollte Hierarchie der Werte, aus der sowohl das irdische Glück wie auch die Seligkeit des ewigen Lebens für jeden Menschen, der in der Liebe Gottes bleibt, als Zustand der Vollendung folgt.

Aurelius Augustinus: Der Gottesstaat, Buch 19, Kapitel 10–13

10. Nicht einmal Heilige und gläubige Verehrer des einen wahren und höchsten Gottes sind vor den Tücken und der vielfältigen Versuchung der Dämonen sicher. An dieser Stätte der Schwachheit und in den bösen Tagen ist diese Besorgnis besonders nützlich, auf daß mit um so heißerer Sehnsucht nach jener Sicherheit verlangt werde, wo der vollste und gewisseste Friede ist. Dort nämlich werden die Gaben der Natur, das ist, was unsrer Natur vom Schöpfer aller Wesen geschenkt wird, nicht nur gut sein, sondern auch immerwährend, sie werden nicht auf den Geist allein beschränkt sein, der durch die Weisheit Heilung erfährt, sondern sich auf den Leib erstrecken, der durch die Auferstehung erneuert werden wird; dort werden die Tugenden nicht gegen Laster oder irgendwelche Übel zu streiten haben, sondern als Lohn des Sieges den ewigen Frieden haben, den kein Gegner stören wird. Denn das ist die Endglückseligkeit, ist das Ziel der Vollendung, das kein verzehrendes Ende hat. Hier auf Erden freilich werden wir uns bereits glücklich nennen, wenn wir den Frieden in jenem geringen Maße haben, wie er bei einem guten Leben möglich ist; aber dieses Glück, verglichen mit jenem, das wir die Endglückseligkeit nennen, wird sich geradezu als Elend herausstellen. Von den Gütern des Friedens, den wir als sterbliche Menschen hier auf Erden, soweit er möglich ist, in den vergänglichen Dingen haben, macht die Tugend, wenn wir richtig leben, rechten Gebrauch. Haben wir ihn nicht, macht die Tugend auch von den Übeln, die der Mensch erleidet, guten Gebrauch. Aber wahre Tugend ist es nur dann, wenn sie alle Güter, die sie gut gebraucht, und alles, was sie im guten Gebrauch von Gütern und Übeln vollbringt, so wie sie sich selbst mit jenem Ziel in Beziehung setzt, wo uns

der Friede zuteil werden wird, so gut und groß, wie es keinen besseren und größeren geben kann.

11. Deshalb können wir sagen, daß der Friede die letzte Stufe unserer Güter ist, und so haben wir auch das ewige Leben genannt. Es wird ja auch dem Gottesstaat, dem diese unsre mühevolle Arbeit gewidmet ist, im heiligen Psalm zugerufen: Jerusalem, lobsing dem Herrn, / lobsinge, Sion, deinem Gott, / weil er die Riegel deiner Tore festgemacht / und in dir deine Kinder segnete. / Er gab den Frieden dir als deine Grenze (Ps 147,12–14 [alte Fassung]).

Sind nämlich erst die Riegel der Tore festgemacht, wird niemand mehr in die Stadt eintreten, noch aus ihr herausgehen. Deshalb müssen wir hier unter »Grenze« jenen Frieden verstehen, den wir als den endgültigen nachweisen wollen. Denn auch der mystische Name der Stadt selbst, Jerusalem, wird, wie wir schon einmal gesagt haben, mit »Erscheinung des Friedens« übersetzt. Da aber das Wort Friede häufig auch im Zusammenhang mit unseren sterblichen Angelegenheiten gebraucht wird, wo durchaus kein ewiges Leben ist, wollten wir das Endziel des Staates, in dem das höchste Gut sein wird, lieber ewiges Leben als Frieden nennen. Über dieses Ziel sagt der Apostel: »Jetzt aber, befreit von der Sünde, dafür aber zu Knechten Gottes geworden, habt ihr als eure Frucht die Heiligung, als euer Ziel das ewige Leben« (Röm 6,22). Weil aber anderseits bei nicht genügender Vertrautheit mit der Heiligen Schrift unter ewigem Leben auch das Leben der Bösen verstanden werden kann, sei es nach gewissen Philosophen wegen der Unsterblichkeit der Seele, sei es selbst nach unserm Glauben wegen der endlosen Strafen der Gottlosen, die jedenfalls nur dann ewig bestraft werden können, wenn sie auch ewig am Leben bleiben: deshalb soll das Endziel des Gottesstaates, in dem er das höchste Gut besitzen wird, entweder der Friede im ewigen Leben oder das ewige Leben im Frieden genannt werden, um unter allen Umständen von allen leichter verstanden zu werden. Das Gut des Friedens ist ja so groß, daß auch in der Sphäre des Irdischen und Vergänglichen nichts lieber gehört, nichts sehnlicher begehrt und letzten Endes auch nichts Besseres gefunden werden kann. Wenn wir uns daher entschließen, darüber etwas länger zu sprechen, werden wir, meiner Ansicht nach, den Lesern kaum beschwerlich sein; geht es doch um das Endziel dieses Staates, von dem hier gesprochen wird, und zugleich um die süße Wohltat des Friedens selbst, der allen teuer ist.

12. Man mag die menschlichen Angelegenheiten und die allgemeine Natur betrachten, wie man will, man wird mit mir darin übereinstimmen, daß, so wie es niemand gibt, der sich nicht freuen will, es auch niemand gibt, der nicht Frieden haben will. Wollen doch selbst die, die Kriege wollen, nichts anderes als siegen: sie begehren also, durch Krieg zu ruhmreichem Frieden zu gelangen. Was ist ein Sieg andres als Unterwerfung der Widersacher? Ist sie erreicht, gibt es Frieden. Auch von denen, die bloß Kriegstüchtigkeit mit Befehlen und Kämpfen üben wollen, werden Kriege nur in der Absicht auf Frieden geführt. Daher steht es fest, daß der Friede das erwünschte Ziel des Krieges ist, und jeder Mensch sucht durch Krieg den Frieden, niemand durch Frieden den Krieg. Auch die den Frieden, den sie haben, gestört sehen wollen, hassen nicht den Frieden, sondern wünschen ihn nur nach ihrem Ermessen umgeändert. Sie wollen nicht, daß kein Friede sei, sondern daß er so sei, wie sie ihn wollen. Erst einmal durch Parteienkampf von anderen abgesondert, würden sie, wenn sie nicht wenigstens mit ihren eigenen Parteigenossen oder Mitverschworenen eine Art von Frieden hielten, nicht das erreichen, was sie beabsichtigen. Selbst der Räuber will den Frieden mit seinen Genossen, damit er um so wirksamer und gefahrloser den Frieden der anderen gefährden kann. Und ist einer von seiner eigenen Kraft auch so durchdrungen und auf der Hut vor Mitwissern, daß er sich keinem Genossen anvertraut und auflauert, siegt, wenn er kann, überwältigt, tötet und seine Räubereien ganz allein vollführt: mit denen zumindest, die er nicht umbringen kann und vor denen er sein Treiben verbergen will, wird er sich doch so etwas wie einen Schatten von Frieden bewahren. In seinem Hause

möchte er wenigstens mit Weib und Kindern, und wen er sonst noch dort hat, in Frieden leben, denn ohne Zweifel freut er sich, wenn sie ihm auf den Wink gehorchen. Geschieht es nicht, wird er unwillig werden, schelten, strafen und, wenn es nicht anders geht, gewaltsam den Frieden seines Hauses wiederherstellen, der, wie er weiß, nur dann bestehen kann, wenn ihm, dem Oberhaupt im Hause, alle übrigen in der Gemeinschaft unterwürfig sind. Und würde ihm daher die Unterwürfigkeit von vielen, sagen wir in einer Stadt, in einem ganzen Volk, angeboten, daß sie sich alle ihm unterstellten, wie er in seinem Hause Unterstellung haben will, dann würde sich der Räuber nicht mehr in Schlupfwinkeln verbergen, sondern sich vor aller Augen zum König erheben, und die gleiche Begehrlichkeit und Schlechtigkeit verbliebe in ihm. Mit den eigenen Leuten also wünschen alle Frieden zu haben, wobei sie verlangen, daß die anderen nach ihrem Willen leben. Sie wollen ja auch die, mit denen sie Krieg führen, womöglich zu den Ihrigen machen und den Unterworfenen dann die eigenen Friedensgesetze auferlegen.

Nehmen wir bloß den einen Fall an, wie ihn Dichtung und Fabel besingen: wohl seiner Ungeselligkeit und Wildheit wegen wollten sie Cacus lieber einen Halbmenschen als einen Menschen nennen. Sein Reich, die Einsamkeit einer grausigen Höhle, und er selbst von so einzigartiger Schlechtigkeit, daß man aus ihr seinen Namen erfand (auf griechisch heißt nämlich böse *kakós*); kein Weib, das ihm ein zärtliches Wort gegeben und erwidert hätte, keine Kinder, mit denen er, als sie noch klein, gespielt, denen er, als sie heranwuchsen, befehlen konnte, keinen Freund, mit dem er ein Gespräch geführt, auch nicht den Vater Vulkan, den er immerhin an Glück noch weit übertraf, weil er kein solches Ungeheuer, wie er selbst eines war, zu zeugen brauchte; niemand, dem er etwas zu geben hatte, dafür nahm er, von wem er konnte, wann er konnte, was und wen er wollte und schleppte ihn mit fort. Aber in seiner einsamen Höhle, in der, wie es heißt, der Boden immerfort von frischem Blut dampfte, wollte er trotzdem nichts andres als Frieden, und keiner durfte ihm dort lästig sein, keine Gewalt, kein Schrecken hätte ihre Ruhe stören dürfen. Ebenso wünschte er mit seinem Leibe Frieden zu halten, und nur wenn er ihn hatte, war ihm wohl, denn dann war er der Herr seiner ihm gehorsamen Glieder. Lehnte sich aber sein Sterbliches gegen ihn auf, stiftete der Hunger Aufruhr zwischen Seele und Leib, um sie zu trennen und zu scheiden, da mußte er so rasch wie möglich ihn befriedigen und ging ans Rauben, Morden und Fressen. Und so wild und grausam, wie er selber war, so wild und grausam sorgte er auch für den Frieden seines Lebens, seines Wohlseins. Hätte er freilich den Frieden, um den er sich in solchem Maß in seiner Höhle und in sich selbst bemühte, auch mit den anderen haben wollen: man hätte ihn mitnichten einen Bösen, ein Ungeheuer, einen Halbmenschen genannt. Vielleicht war es nur seine Mißgestalt und das Ausspeien unheilbringenden Feuers, das die Gemeinschaft der Menschen abschreckte: vielleicht wütete er gar nicht aus dem Verlangen, Unheil zu stiften, sondern nur aus Lebenszwang? Es hat ihn wohl gar nicht gegeben oder, was glaubhafter ist, er war nicht so, wie ihn die Erfindung der Dichter beschreibt; denn würde nicht Cacus über die Maßen getadelt, könnte man Herkules zu wenig preisen. Darum sage ich, man glaubt besser, daß es einen solchen Menschen oder Halbmenschen nie gegeben hat wie so viele andere Erfindungen der Dichter auch. Denn selbst die wildesten Raubtiere, von deren Wildheit er ja etwas hatte (man nannte ihn ja auch einen Halbwilden, Vergil, Aeneis 8,267), bewahren ihre eigene Art durch einen gewissen Frieden; sie begatten, zeugen und gebären, hüten und ernähren ihre Jungen, obwohl die meisten doch allein und ungesellig umherschweifen, nicht wie etwa Schafe, Hirsche, Tauben, Stare, Bienen, sondern wie Löwen, Wölfe, Füchse, Adler, Eulen. Aber welcher Tiger brummt nicht zärtlich seine Jungen an und sänftigt seine Wildheit, wenn er sie liebkost? Welcher Geier, mag er noch so allein auf Raub umherkreisen, holt sich nicht ein Weibchen, trägt ein Nest zusammen, brütet mit die Eier, nährt die Jungen und bewahrt, so gut er kann, in häuslicher Gemeinschaft eine Art von Frieden mit seiner Hausfrau? Um wieviel mehr wird der Mensch, gewissermaßen angeleitet durch die

Gesetze seiner Natur, Geselligkeit suchen, wird sich bemühen, soviel an ihm selbst liegt, Frieden mit allen Menschen aufrecht zu erhalten, wo doch sogar die Bösen für den Frieden der Ihrigen kämpfen und, wenn sie es könnten, alle zu den Ihrigen machen möchten, damit alle und alles einem einzigen ergeben seien, was ja nur dann möglich ist, wenn alles, sei es in Liebe oder in Ehrfurcht, in seinen Frieden einwilligt? So ahmt der Hochmut auf verkehrte Weise Gott nach. Er haßt die Gleichheit mit den Nebenmenschen unter Gott und will vielmehr an Stelle Gottes seine Herrschaft den Mitmenschen auferlegen. So haßt er den gerechten Frieden Gottes und liebt den eigenen ungerechten Frieden. Aber irgendeinen Frieden muß auch er lieben. Denn kein Gebrechen ist so wider die Natur, daß es die letzten Spuren der Natur auslöschen könnte.

Wer das Rechte dem Schlechten, die Ordnung der Verkehrtheit vorzuziehen weiß, der muß erkennen, daß der Friede der Ungerechten im Vergleich mit dem der Gerechten gar nicht Friede genannt werden sollte. Aber auch das Verkehrte muß in einem Teil, aus einem Teil und mit einem Teil der Dinge, in denen es sich befindet oder aus denen es besteht, in Frieden leben; anders wäre es überhaupt nichts. Wenn zum Beispiel ein Mensch mit dem Kopf nach unten aufgehängt wird, ist jedenfalls seine Körperlage und Gliederordnung verkehrt, alles was von Natur aus oben sein soll, ist nach unten, und was die Natur unten haben will, ist nach oben gekommen. Diese Verkehrtheit stört den leiblichen Frieden und schafft dadurch Beschwernis. Trotzdem ist die Seele mit ihrem Leib noch im Frieden und um sein Wohlsein sehr bemüht; deshalb leidet der Leib. Muß sie sich nun, weil die Beschwernis sie vertreibt, vom Leibe trennen, wird das, was zurückbleibt, solange noch die Verbindung der Glieder besteht, nicht ohne einen gewissen Frieden der Teile untereinander sein und wird immer noch einen Hängenden darstellen. Und daß der irdische Leib der Erde zustrebt und der Fessel, an der er hängt, entgegenarbeitet, ist ein Zeichen, daß er sich an die Ordnung des Friedens hält und gewissermaßen mit der Stimme des Schwergewichtes nach dem Ort verlangt, wo er ruhen möchte: bereits entseelt und völlig empfindungslos, läßt er trotzdem vom Frieden seiner natürlichen Ordnung nicht ab, indem er ihn entweder festhält oder sich zu ihm hinstürzt. Wenn nämlich balsamische Mittel und eine Behandlung angewendet werden, wodurch Auflösung und Zerfall des Leichnams verhindert werden, verbindet immer noch ein gewisser Friede die Teile untereinander und birgt schließlich die ganze Masse an einer ihr zukommenden und dadurch befriedeten irdischen Stätte. Wird hingegen keine Einbalsamierung angewendet, sondern der Leichnam dem Lauf der Natur überlassen, bleibt er solange gleichsam in Aufruhr, was sich in verschiedenen und unserm Sinn widerlichen Ausdünstungen bemerkbar macht, die sich eben bei Fäulnis einstellen, bis er sich den Grundstoffen der Erde anpaßt und sich langsam Teil für Teil in ihren Frieden auflöst. Trotzdem entzieht sich nichts hiervon den Gesetzen jenes höchsten Schöpfers und Ordners, von dem der Friede des Alls verwaltet wird. Wenn nämlich aus dem Kadaver des größeren Lebewesens auch kleine Tiere hervorgehen, dienen sie selbst als kleinste Körper wiederum ihren kleinen Seelen nach demselben Gesetz des Schöpfers im Frieden des Wohlergehens. Und wenn auch das Fleisch der Verstorbenen von anderen Lebewesen verzehrt wurde, es mag wo immer hingelangen, mit was immer sich vereinigen, in was immer verwandelt und umgestaltet werden: es trifft auf dieselben Gesetze, die über das All verbreitet sind zum Wohle jedweder Gattung von sterblichen Wesen, weil sie Gleiches mit Gleichem zum Frieden bringen.

13. Der Friede des Leibes ist also die geordnete Zusammenstimmung seiner Teile. Der Friede der vernunftlosen Seele ist die geordnete Ruhe ihrer Triebe. Der Friede der vernünftigen Seele ist die geordnete Übereinstimmung zwischen Erkenntnis und Handlung. Der Friede zwischen Leib und Seele ist das geordnete Leben und Wohlbefinden des Lebewesens. Der Friede des sterblichen Menschen mit Gott ist der durch den Glauben geordnete Gehorsam gegenüber dem ewigen Gesetz. Der Friede unter den Menschen ist die geordnete Eintracht. Der Friede in der Familie ist die geordnete Eintracht der Angehöri-

gen in bezug auf Befehlen und Gehorchen. Der Friede im Staat ist die geordnete Eintracht der Bürger in bezug auf Befehlen und Gehorchen. Der Friede des himmlischen Staates ist die bis ins letzte geordnete und völlig einträchtige Gemeinschaft des Gottgenusses und des gegenseitigen Genusses in Gott. Der Friede für alle Dinge ist die Ruhe der Ordnung. Ordnung ist die Verteilung der gleichen und ungleichen Dinge, die jedem seinen Platz zuweist. Deshalb entbehren die Unseligen, weil sie in dem Maße, wie sie unselig sind, jedenfalls nicht im Frieden sind, die Ruhe der Ordnung, in der es keine Störung gibt. Weil sie aber mit Recht und nach Verdienst elend sind, können sie nichtsdestoweniger auch in ihrem Elend nicht außerhalb der Ordnung sein, allerdings nicht in Verbundenheit mit den Seligen, sondern gerade durch das Gesetz der Ordnung von ihnen getrennt. Solange sie keiner Störung ausgesetzt sind, passen sie sich ihrer Umgebung mehr oder weniger an, und es entwickelt sich in ihnen immerhin einige Ruhe der Ordnung und somit auch einiger Friede. Aber unselig sind sie, wenn sie auch in einer gewissen Sicherheit nicht gerade leiden, weil sie trotzdem nicht dort sind, wo es überhaupt kein Leid gibt und Sicherheit gewährleistet wird. Und um so unseliger werden sie sein, wenn ihnen der Friede mit seinem Gesetz nicht paßt, durch das die natürliche Ordnung verwaltet wird. Sobald sie aber leiden, erfolgt aus dem Teil, in dem sie leiden, die Störung des Friedens, mag auch im andern Teil, in dem noch kein Schmerz brennt und der Zusammenhalt noch nicht aufgelöst ist, noch Friede sein. So wie es also ein gewisses Leben ohne Leid gibt, aber kein Leid ohne Leben möglich ist, so gibt es auch eine Art Frieden ohne Krieg, aber Krieg ohne irgendeinen Frieden kann es nicht geben. Das ergibt sich nicht aus dem Wesen des Krieges, sondern aus der Tatsache, daß er von oder in Naturen geführt wird, die keine Naturen wären, würden sie ihren Bestand nicht auf irgendeinen Frieden gründen.

Deshalb gibt es eine Natur, in der kein Übel ist oder auch in der kein Übel sein kann; eine Natur aber, in der kein Gut ist, kann es nicht geben. Daher ist nicht einmal die Natur des Teufels, soweit sie Natur ist, schlecht, sondern erst Verkehrtheit hat sie schlecht gemacht. Darum hat er in der Wahrheit nicht standgehalten, aber er entging dem Gerichte der Wahrheit nicht; er ist nicht in der Ruhe der Ordnung verblieben, entrann aber deshalb trotzdem nicht der Gewalt des Ordners. Das Gute von Gott, das in seiner Natur liegt, entzieht ihn nicht der Gerechtigkeit Gottes, durch die er in die Strafe eingeordnet wird, und mit ihr verfolgt Gott nicht das Gute, das er geschaffen hat, sondern das Böse, das jener beging. Gott hebt nämlich nicht das Ganze auf, das er der Natur gegeben hat, sondern nimmt etwas weg und läßt etwas zurück, damit ein Rest bleibe, der um das Weggenommene trauern kann. So ist gerade der Schmerz (dieser Trauer) das Zeugnis für das weggenommene und zurückgebliebene Gut. Wäre kein Gut zurückgeblieben, könnte das weggenommene Gut nicht betrauert werden. Um so schlechter ist ein Sünder, den die verletzte Gerechtigkeit auch noch erfreut. Wer aber gepeinigt wird, den schmerzt der Verlust seines Wohlergehens, solange er hieraus kein (andres) Gut erwirbt. Gerechtigkeit und Wohlergehen sind beides Güter, und der Verlust eines solchen Gutes ist eher traurig als erfreulich – sofern der Verlust nicht zur Gewinnung eines höheren Gutes führt; steht doch zum Beispiel die Geradheit des Geistes höher als leibliche Gesundheit – aber wahrlich: es ist angemessener, wenn der Ungerechte in der Strafpein leidet, als wenn er in der Sünde sich gefreut hat. So wie also die Freude über die Abkehr vom Guten bei der Sünde Zeugnis des bösen Willens ist, so ist der Schmerz über das verlorene Gut bei der Strafe Zeugnis der guten Natur. Wer Schmerz empfindet über den verlorenen Frieden seiner Natur, leidet ihn aus irgendwelchen Resten des in ihm zurückgebliebenen Friedens, durch die bewirkt wird, daß ihm seine Natur immer noch Freundin ist. Daß aber bei der letzten Strafpein die Ungerechten und Gottlosen den Verlust der natürlichen Güter in Qualen zu beweinen haben, ist folgerichtig, da sie nun Gott als den gerechtesten Erzieher erkennen, den sie als den gütigsten Spender verachtet haben.

Gott, der das sterbliche Menschengeschlecht zur höchsten aller irdischen Zierden eingesetzt hat, gab als weisester Schöpfer und gerechtester Ordner aller Wesen den Menschen gewisse diesem Leben angepaßte Güter; er gab ihnen den zeitlichen Frieden, wie er dem sterblichen Leben entspricht, als Wohlergehen, als Unversehrtheit und als Gemeinschaft mit ihresgleichen, und er gab ihnen alles, was zur Erhaltung oder Wiedererlangung dieses Friedens notwendig ist, was den Sinnen faßbar und zuträglich ist, wie Licht, Stimme, Luft zum Atmen, Wasser zum Trinken, alles, was sich zur Ernährung, Bekleidung, Pflege und Zier des Leibes eignet: und er gab es unter der gerechtesten Bedingung, daß, wer rechten Gebrauch von diesen vergänglichen, dem Frieden der Sterblichen angepaßten Gütern macht, die höheren und besseren Güter erhalten wird, nämlich den Frieden der Unsterblichkeit und die ihm entsprechende Herrlichkeit und Ehre im ewigen Leben, um Gott zu genießen und den Nächsten in Gott; wer sie jedoch falsch gebraucht, wird sie einbüßen und jene nicht erhalten.

Bearbeitungsfragen:

1. Welche verschiedenen Grundauffassungen von Glück gibt es?
2. Welche zentrale Eigenschaft eröffnet dem Menschen den Weg zum Glück?
3. Wie kann man die Ordnung der Liebe durch die Struktur der gesamten Wirklichkeit beschreiben?
4. Bestimmen Sie bitte die Augustinischen Begriffe des »Gebrauchens« und des rechten »Genießens«.
5. Wie verhalten sich Glück und Frieden zueinander?
6. Welche Moral hat eine nur naturhafte Lebensweise zu ihrer Grundlage?
7. Wie verhält sich ein sittlich gutes Leben zur Gemeinschaft der Menschen?
8. Beschreiben Sie bitte die Hierarchie der Werte entsprechend dem Kriterium der Glückserfahrung.
9. Gibt es ein vollkommenes Glück?

VI.2 Das Lebensschicksal
Epikur: Brief an Menoikeus

Daß der äußere Verlauf unseres Lebens von Faktoren abhängt, die wir nicht sämtlich kontrollieren können, daß es also »Schicksal« gibt, ist eine Einsicht, der man sich nur wider besseres Wissen verschließen kann. Gelingen und Mißlingen des Lebens von diesen Faktoren weitgehend oder gar vollständig unabhängig zu machen ist eines der wesentlichen Ziele der antiken, nacharistotelischen Ethik, insbesondere der Stoa und Epikurs.

Epikur (341–270 v. Chr.) gilt als »Philosoph der Freude«. Philosophie ist für ihn wesentlich die Kunst, inmitten der Widrigkeiten des Lebens das subjektive Wohlbefinden zu erhalten, nachdem die Polis als autarke Einheit gemeinschaftlicher Selbstverwirklichung Vergangenheit geworden war. Schüler und Freunde des naturliebenden Philosophen ermöglichen in Athen den Erwerb eines größeren Grundstückes mit Wohngebäuden und Gemeinschaftsräumen, vor allem aber mit einem weitläufigen und auffallend schönen Garten. Epikur wurde nun Lehrer der »Philosophen vom Garten« und wirkte trotz politischer und gesellschaftlicher Wirren fast ungestört 36 Jahre in der Hauptstadt der antiken Philosophie. Getreu dem Leitsatz »Lebe im Verborgenen!« wurde die Philosophenschule auch nach Epikurs Tod als Gemeinschaft von Gesinnungsfreunden, die aus allen sozialen Schichten kamen, fortgeführt. Durch den griechischen Schriftsteller Diogenes Laertios, der um 220 v. Chr. ein Werk über die Lehrmeinungen großer Philosophen verfaßte, sowie durch den römischen Dichterphilosophen Lucretius Carus (96 v. Chr. bis 55 v. Chr.) hat die Philosophie der Freude, die ihr ethisches Prinzip vor allem in der Liebe zur Natur und in der Harmonie mit sich selbst sowie in der Gemeinschaft von Freunden sah, weitergewirkt.

Aufgrund unberechtigter Verachtung der epikureischen Philosophie als einer Lehre des bloß sinnlichen Vergnügens und der Amoralität sind von dem umfangreichen Werk des Philosophen (300 Papyrosschriften) nur drei Lehrbriefe, eine Zusammenfassung von 40 Hauptlehrsätzen, eine Sammlung von 81 Sprüchen und einige Fragmente authentisch erhalten. Von Diogenes Laertios, der in sein bereits erwähntes Werk als Buch 10 eine umfängliche Epikurbiographie aufnahm, wurde auch der »Brief an Menoikeus« überliefert, der als Text zur ethischen Bestimmung des Lebensschicksals im Rahmen des Themas »Glück« vorgestellt werden soll.

Epikurs Schreiben, das die moralischen Haltungen des Menschen hinsichtlich der angenehmen wie auch der gefürchteten Ereignisse eines ganzen Lebenslaufes reflektiert, leitet mit einer Empfehlung der Philosophie ein. Ohne Philosophieren von früher Jugend bis ins hohe Alter kann weder seelische Gesundheit noch Dankbarkeit für das empfangene Gut und Furchtlosigkeit bezüglich der Zukunft gewahrt werden. Philosophie ist deshalb nicht nur eine abstrakte Lehre, sondern eine ständige Übung der Vernunft zur Erreichung des Lebensziels, eine reflektierende Daseinsweise, die in ihrem rechten Fortgang selbst Freude und Glückseligkeit mit sich bringt. Deshalb ist auch die Vernunft das größte Gut, das den Menschen als Fähigkeit gegeben wurde; aus ihr resultieren durch ständige Formung alle Tugenden, die ein geglücktes Leben gewährleisten.

Als weitere Voraussetzung für ein richtiges Verständnis der Situation des Menschen betont Epikur die Notwendigkeit einer reinen und mythologiefreien Erkenntnis der Gottheit. Der von der Philosophie gegen die anthropomorphen und volkstümlichen Vorstellungen über die Götter herausgearbeitete Begriff eines unvergänglichen und seligen Wesens darf zwar religiös, keinesfalls jedoch funktional verstanden werden. Insofern ist die rechte Haltung der Gottheit gegenüber die Verehrung und Frömmigkeit, nicht aber die Teilnahme an ihrem vollkommenen Glück. Weder Furcht noch Hoffnung verbindet sich für den Weisen mit dem Gedanken an Gott. In der theoretischen Welterkenntnis schließt sich Epikur der materialistischen Philosophie Demokrits an.

Vollkommenheit ist dem Menschen daher nur in der Weise der vergänglichen Gegenwart als vorübergehende Erfahrung möglich, insbesondere weil körperliche Schmerzen das Schicksal jedes Individuums bedrohen. Vor allem aber ist es der Tod, der für jeden Menschen das sichere Ende bedeutet und deshalb die nicht von der Philosophie geleitete Menge in Angst und Schrecken versetzt. Da Epikur kein irgendwie geartetes Sein des Menschen nach dem Tode annimmt, folgert er, daß der Zustand des Todes als Aufhebung aller Empfindung kein Übel und kein Leiden sein kann. Aber ist nicht Epikurs Einwand gegen die Todesfurcht letztlich sophistisch? Er lautet: »So ist der Tod, das schrecklichste der Übel, für uns ein Nichts: Solange wir da sind, ist er nicht da, und wenn er da ist, sind wir nicht mehr.« In der Todesfurcht wird nämlich ein ganz elementarer Wert als vergänglich und verloren antizipiert, und zwar die mit Erfahrungen und Einsichten, Tugenden und mitmenschlichen Beziehungen angereicherte *Biographie* des Menschen. Es gibt etwas in der Ich-Erfahrung und mehr noch in der

Du-Erfahrung, was mit dem Gedanken des Zurücksinkens ins Nichts unverträglich ist. »Die Liebe sagt: Du wirst nicht sterben!« (Gabriel Marcel). Sie empfindet das Sich-Trösten über den Tod des Geliebten als Erniedrigung.

Es ist die freundschaftliche Nähe zur Natur und ihren Gesetzmäßigkeiten, die Epikur als Maß des Lebensweges preist, da die Endlichkeit des Daseins uns auch die »Köstlichkeit der Ernte« genießen läßt. Die Natur ist es auch, die dem Menschen selbst die ordnende Unterscheidung seiner Strebungen und Begierden ermöglicht. Es gibt naturbedingte und notwendige Wünsche, zweitens unnotwendige, aber angenehme Leidenschaften, schließlich aber auch widernatürliche und schädliche Sehnsüchte, wie beispielsweise Rauschgifte, die die Gesundheit zerstören, oder der Wille zur Macht über Menschen, der jedes Wohlwollen in der Gemeinschaft zersetzt. Nur natürliche Freuden sind nach Epikur legitim, aber auch nur dann, wenn nicht nachfolgender Schmerz oder seelische Depression die Persönlichkeit in ihrer Identität gefährden. Überhaupt plädiert Epikur für Genügsamkeit, weil sie die Wahrscheinlichkeit der Zufriedenheit erhöht. Er hält auch am Vorrang geistiger Freuden vor körperlichen Genüssen fest, weil alles Geistige eine tiefere Befriedigung gibt. Schließlich rät Epikur noch zur Abstinenz von politischer Betätigung, weil diese den Menschen in Verhältnisse verstrickt, die er letztlich nicht mehr in der Hand hat.

Wenn Freude nach Epikur das eigentliche und einzig erstrebenswerte Lebensziel ist, dann sind zwar Gesundheit und Seelenruhe Voraussetzung hierzu, philosophische Gespräche und freundschaftlicher Umgang mit Gleichgesinnten aber die Erfüllung des Glücks. Man kann deshalb Epikurs Lehre von der Gestaltung des eigenen Schicksals mit dem Ziel der Seligkeit folgendermaßen zusammenfassen:

a) Glücklich lebt derjenige, der die Gottheit verehrt, den Tod ohne Furcht erwartet und den Zweck der äußeren und inneren Natur des Menschen erkennt;
b) das Ziel des glücklichen Lebens kann erreicht werden, wenn man sein Schicksal nicht dem blinden Zufall überläßt, sondern durch Einsicht und Tugend sittlich gut zu leben gelernt hat;
c) Zurückgezogenheit von öffentlichen Angelegenheiten, Ablehnung von Macht und Herrschaft und statt dessen ein persönlich geprägtes Verhältnis zu echten Freunden sind wichtige Grundlagen für ein erfreuliches Dasein;
d) es gibt unvergängliche Einsichten, und wer sich diese in einer geistig und moralisch integren Lebensform aneignet, der »lebt wie ein Gott unter den Menschen«;

e) der einzelne Mensch ist aber vergänglich und mit ihm sein Besitz, sein Genuß und sein Charakter, deshalb muß er in fürsorglicher Weise, aber ohne jedes Aufsehen alle gewonnenen Güter, Einsichten und Tugenden der neuen Generation übertragen.

Epikur selbst erlag einer überaus schmerzhaften Krankheit, bewahrte jedoch auch auf dem Sterbelager seine ruhige, dankbare und innerlich frohe Haltung. Angesichts des Todes schrieb er an den Freund Idomeneus: »Indem ich den glückseligen Tag meines Daseins erlebe und zugleich beende, schreibe ich euch dies. Harnbeschwerden folgen einander und Durchfallschmerzen, die keine Steigerung in ihrer Stärke übrig lassen. Doch entgegen tritt all dem in meiner Seele die Freude über die Erinnerung an alle mir gewordenen Erkenntnisse. Bitte, sorge in einer Weise, die deines von Jugend an bewiesenen Eintretens für mich und die Wahrheit würdig ist, für die Kinder unseres Metrodoros« (Fragment 138).

Epikur: Brief an Menoikeus

Epikur wünscht seinem lieben Menoikeus Freude!

Mit dem Philosophieren soll man getrost schon in der Jugend beginnen, aber im Alter auch nicht müde davon ablassen. Denn um für seine seelische Gesundheit etwas zu tun, ist keiner zu jung oder zu alt, und wer etwa meint, für ihn sei es zum Philosophieren noch zu früh oder schon zu spät, der könnte ebensogut behaupten, der richtige Zeitpunkt für seine Glückseligkeit sei noch nicht da oder schon vorbei. Also, philosophieren muß der junge wie der alte Mensch; dieser, damit er jung bleibt im dankbaren Genuß des Guten, das die Vergangenheit ihm schenkte, und jener, damit er furchtlos in die Zukunft blicken kann und dadurch jung und alt zugleich ist. Freilich muß man sich beizeiten in dem üben, was Glückseligkeit verleiht, denn in ihr besitzen wir alles, und wem sie fehlt, der gibt sich ja doch alle Mühe, sie zu erwerben.

Darum tue Du, was ich Dir ständig anempfohlen habe, und übe Dich darin und sei gewiß, daß es die Grundbedingungen für ein wahrhaft schönes Dasein sind.

Vor allem glaube daran, daß die Gottheit ein unvergängliches und seliges Wesen ist – so jedenfalls läßt sich unsere Vorstellung von ihr ganz allgemein umreißen –, und hänge ihr nichts an, was ihrer Unvergänglichkeit zuwiderläuft oder was mit ihrer Seligkeit unvereinbar ist, vielmehr bringe zu ihr nur das in Beziehung, was ihrer mit Unvergänglichkeit gepaarten Seligkeit gemäß ist. Denn Götter gibt es, da wir sie doch offenbar zu erkennen vermögen. Nur sind sie nicht so, wie die große Menge sie sich denkt, denn wie sie sich die Götter vorstellt, so sind sie nicht, und nicht der ist gottlos, der die Gottesvorstellung der Masse beseitigt, sondern wer den Göttern die Ansichten der Masse anhängt. Was die Masse über die Götter aussagt, entspricht nämlich nicht der richtigen Gotterkenntnis, sondern falschen Vermutungen. Aus diesem Grunde sieht sie als Fügung der Götter an, was den Bösen an Üblem widerfährt oder was die Guten fördert. Sie empfindet eben als fremd, was nicht wie sie selbst geartet ist, und läßt sich darum nur Götter gefallen, die ihresgleichen sind.

Ferner gewöhne Dich an den Gedanken, daß der Tod für uns ein Nichts ist. Beruht doch alles Gute und alles Üble nur auf Empfindung, der Tod aber ist Aufhebung der Empfindung. Darum macht die Erkenntnis, daß der Tod ein Nichts ist, uns das vergängliche Leben erst köstlich. Dieses Wissen hebt natürlich die zeitliche Grenze unseres Daseins nicht auf, aber es nimmt uns das Verlangen, unsterblich zu sein, denn wer eingesehen hat, daß am Nichtleben gar nichts Schreckliches ist, den kann auch am Leben nichts schrecken. Sagt aber einer, er fürchte den Tod ja nicht deshalb, weil er Leid bringt, wenn er da ist, sondern weil sein Bevorstehen schon schmerzlich sei, der ist ein Tor; denn es ist doch Unsinn, daß etwas, dessen Vorhandensein nicht beunruhigen kann, uns dennoch Leid bereiten soll, weil und solange es nur erwartet wird!

So ist also der Tod, das schrecklichste der Übel, für uns ein Nichts: Solange wir da sind, ist er nicht da, und wenn er da ist, sind wir nicht mehr. Folglich betrifft er weder die Lebenden noch die Gestorbenen, denn wo jene sind, ist er nicht, und diese sind ja überhaupt nicht mehr da.

Freilich, die große Masse meidet den Tod als das größte der

Übel, sehnt ihn aber andererseits herbei als ein Ausruhen von den Mühsalen des Lebens. Der Weise dagegen lehnt weder das Leben ab, noch fürchtet er sich vor dem Nichtmehrleben, denn ihn widert das Leben nicht an, und er betrachtet das Nichtmehrleben nicht als ein Übel. Und wie er beim Essen nicht unbedingt möglichst viel haben will, sondern mehr Wert auf die gute Zubereitung legt, so ist er auch beim Leben nicht auf dessen Dauer bedacht, sondern auf die Köstlichkeit der Ernte, die es ihm einträgt.

Wer nun aber verkündet, der junge Mensch müsse ein schönes Leben haben, der alte aber brauche einen schönen Tod, der ist albern, und zwar nicht nur, weil das Leben stets erwünscht ist, sondern auch darum, weil die Übung eines schönen Lebens gleichbedeutend ist mit der Vorübung für ein schönes Sterben. Noch viel minderer aber ist, wer da sagt*:

»Schön ist's, gar nicht geboren zu sein...

Ist man geboren, aufs schnellste des Hades Tor

zu durchschreiten.«

Ist dies nämlich seine wirkliche Überzeugung, warum gibt er dann das Leben nicht auf? Das steht ihm ja frei, wenn er es sich fest vornimmt. Redet er aber nur aus Spott so daher, dann gilt er bei denen, die solches Gerede nicht mögen, erst recht als Narr.

Wir dürfen eben nie vergessen, daß die Zukunft zwar gewiß nicht in unsere Hand gegeben ist, daß sie aber ebenso gewiß doch auch nicht ganz außerhalb unserer Macht steht; so werden wir uns weder darauf verlassen, daß eintritt, was wir erwarten, noch werden wir verzweifeln, als könne es überhaupt nicht eintreten.

Man muß sich aber auch darüber klar werden, daß von unseren Begierden die einen naturbedingt, die anderen nichtig sind, und daß von den naturbedingten ein Teil notwendig, der andere eben nur natürlich ist, und schließlich, daß von den not-

---

* Homer im »Wettkampf Homers und Hesiods«, S. 37,7f. (Wilamowitz-Möllendorf), ferner Theognis, Elegien V. 425. 427.

wendigen einige zur Erlangung der Glückseligkeit erforderlich sind, andere, um unsere Gesundheit vor Störungen zu bewahren, und wieder andere, um überhaupt leben zu können. Bei unbeirrbarer Betrachtung der Begierden lernt man nämlich, jedes Streben und jedes Meiden für die Gesundheit des Leibes und zur Wahrung der Seelenruhe zu nutzen, da diese beiden zusammen das glückselige Leben ausmachen. All unser Tun richten wir ja doch nur darauf, keinen Schmerz erdulden und keine Angst empfinden zu müssen. Haben wir aber diesen Zustand erst einmal erreicht, dann schwindet aller Aufruhr aus unserer Seele, da das Lebewesen sich nun nicht mehr gleichsam darauf einstellen muß, was ihm etwa noch fehle, und nichts mehr zu suchen braucht, womit es sein körperliches und seelisches Wohlbehagen erst vollkommen zu machen hätte. Denn nach Freude verlangt es uns nur, wenn wir sie schmerzlich vermissen; empfinden wir aber diesen Schmerz nicht, dann entbehren wir auch die Freude nicht mehr.

Darum behaupte ich, daß die Freude das A und O des glückselig gestalteten Lebens ist. Sie kennen wir als unser erstes angeborenes Gut, von ihr lassen wir uns bei unserem Streben und Meiden leiten und nach ihr richten wir uns, alles andere Gut mit ihrem Maßstab messend. Und gerade weil sie unser allererstes, naturgegebenes Gut ist, darum streben wir auch nicht nach jeder Freude, sondern übergehen bisweilen viele, wenn uns von ihnen nur ein desto größeres Unbehagen droht. Ja, viele Schmerzen bewerten wir mitunter sogar höher als Freuden, nämlich dann, wenn auf eine längere Schmerzenszeit eine um so größere Freude folgt. So bedeutet für uns also jede Freude, weil sie an sich etwas Annehmliches ist, zwar gewiß ein Gut, aber nicht jede ist erstrebenswert, wie umgekehrt jeder Schmerz wohl ein Übel ist, aber darum doch nicht unbedingt vermieden werden muß. Unsere Aufgabe ist es, durch Abwägen und Unterscheiden des Zuträglichen und Abträglichen immer alles richtig zu bewerten, denn manchmal bedienen wir uns des Guten gleich wie eines Übels und umgekehrt.

Auch die Selbstgenügsamkeit halten wir für ein großes Gut, doch nicht, damit wir uns unter allen Umständen am wenigen genügen lassen, sondern damit wir mit wenigem zufrieden sind, wenn wir nicht viel haben. Dabei leitet uns die Überzeugung, daß der einen reichen Aufwand am stärksten genießt, der seiner am wenigsten bedarf, daß alles Natürliche leicht zu beschaffen ist, das Sinnlose aber schwer, und daß schließlich die schlichten Genüsse ebensoviel Freude bereiten wie der größte Luxus, wenn nur das Schmerzgefühl des Entbehrens nicht aufkommt. Womit also gemeint ist, daß schon Brot und Wasser, wenn man sie zuvor entbehrte, einen Hochgenuß bereiten können. Außerdem fördert die Gewöhnung an eine einfache, nicht üppige Lebensweise die Gesundheit, befähigt den Menschen, unverdrossen zu leisten, was das Leben von ihm fordert, läßt uns die reicheren Genüsse, die uns dann und wann einmal geboten werden, um so stärker empfinden und unterstützt unsere Furchtlosigkeit gegenüber dem Zufall.

Wenn wir nun also sagen, daß Freude unser Lebensziel ist, so meinen wir nicht die Freuden der Prasser, denen es ums Genießen schlechthin zu tun ist. Das meinen die Unwissenden oder Leute, die unsere Lehre nicht verstehen oder sie böswillig mißverstehen. Für uns bedeutet Freude: keine Schmerzen haben im körperlichen Bereich und im seelischen Bereich keine Unruhe verspüren. Denn nicht eine endlose Reihe von Trinkgelagen und Festschmäusen, nicht das Genießen schöner Knaben und Frauen, auch nicht der Genuß von leckeren Fischen und was ein reichbesetzter Tisch sonst zu bieten vermag, schafft ein freudevolles Leben, vielmehr allein das klare Denken, das allem Verlangen und allem Meiden auf den Grund geht und den Wahn vertreibt, der wie ein Wirbelsturm die Seelen erschüttert.

An allem Anfang aber steht die Vernunft, unser größtes Gut. Aus ihr ergeben sich alle übrigen Tugenden von selbst, ja sie ist sogar wertvoller als das Philosophieren, weil sie uns lehrt, daß in Freude zu leben unmöglich ist, ohne daß man ein vernünftiges, sittlich hochstehendes und gerechtes Leben führt, daß es umgekehrt aber auch unmöglich ist, ein vernünftiges, sittlich hochstehendes und gerechtes Leben zu führen, ohne in Freude zu leben. Denn die Tugenden sind mit dem freudevollen Leben eng verwachsen, und dieses ist von jenen nicht zu trennen.

Wen glaubst Du noch höher stellen zu können als den, der von den Göttern fromm denkt, dem Tode allzeit furchtlos entgegensieht und das Ziel der Natur klar erkannt hat –

der erfaßt hat, daß das höchste Gut leicht zu erfüllen und leicht zu erwerben ist, wogegen das größte Übel entweder nur kurze Zeit währt oder nur kurzes Leid mit sich bringt –

der die von manchen als allgewaltige Herrscherin betrachtete Notwendigkeit verlacht – wäre es doch immer noch besser, dem alten Götterglauben zu huldigen, als sich der »Vorherbestimmung« der Naturphilosophen zu unterwerfen; jener bietet doch wenigstens noch die Aussicht, daß die Götter uns erhören, wenn wir sie verehren, während diese die unerbittliche Notwendigkeit schlechthin ist –

der im Zufall nicht, wie die breite Masse es tut, eine Gottheit sieht – eine Gottheit läßt nämlich nichts wahllos geschehen –, ihn aber auch nicht für einen ganz unsicheren Ausgangspunkt hält – denn er glaubt zwar nicht, daß den Menschen ein Gut oder Übel zum glückseligen Leben allein vom Zufall beschert wird, wohl aber, daß die Ansätze, aus denen große Güter und große Übel entstehen können, zufällig sein können –

und dem es schließlich lieber ist, bei richtiger Überlegung vom Zufall betrogen als bei falscher von ihm begünstigt zu werden – denn es ist besser, daß bei unserem Handeln der richtige Entschluß infolge eines Zufalls zu einem Mißerfolg führt, als wenn wir uns falsch entschieden und trotzdem durch den Zufall ein Erfolg herbeigeführt wird.

Dies also, und was mit ihm verwandt, übe Tag und Nacht, allein und mit einem Gesinnungsgenossen, und Du wirst niemals, weder wachend noch schlafend, in Unruhe geraten, sondern wirst leben wie ein Gott unter Menschen. Denn keineswegs gleicht einem vergänglichen Lebewesen ein Mensch, der in unvergänglichem Besitztum lebt.

Bearbeitungsfragen:

1. Was bedeutet das Wort »Schicksal«?
2. Was leistet die Erkenntnis der Bedürfnisnatur des Menschen für ein moralisch gutes Handeln?
3. Nennen Sie bitte mögliche Argumente gegen die Todesfurcht. Ist der Tod ein Übel?
4. Erklären Sie bitte die Bedeutung von Selbstgenügsamkeit und Gemeinschaftsleben für die sittliche Identität des Menschen.
5. Warum impliziert eine Philosophie der Freude bisweilen die Tendenz zu einem apolitischen und zurückgezogenen Dasein?
6. Gibt es eine Verpflichtung gegenüber den Menschen einer neuen Generation, und worin könnte sie bestehen?
7. Bestimmen Sie bitte den Zusammenhang zwischen Lebensschicksal und Glück.

VI.3 Das Glück als gutes Leben
Aristoteles: Nikomachische Ethik,
Erstes Buch, 5 und 6, 8–12

Dem Bewußtsein der frühen Neuzeit, aber auch der vorhergehenden Epochen der menschlichen Kulturgeschichte war der Begriff des »guten Lebens« ein geläufiger Terminus zur Deutung des persönlichen Lebenszieles. Allerdings hat die inhaltliche Bestimmung eines guten Lebens durch die Jahrhunderte ebenso viele Veränderungen erfahren wie der entsprechende Korrespondenzbegriff eines guten Todes. Durchgängig lassen sich jedoch ein pragmatistisches, ein hedonistisches und ein eudämonistisches Verständnis dessen, was »gutes Leben« eigentlich heißen soll, unterscheiden. In der Alltagspraxis sehr populär, hingegen in der Philosophie selten konsequent durchreflektiert ist die Meinung der Pragmatiker, die ein gutes Leben vor allem mit Wohlhabenheit und einer Anhäufung von äußeren Glücksgütern gleichsetzen. Die Vorstellung, daß sich durch materiellen Reichtum gleichsam von selbst ein gutes und glückliches Dasein ergebe, bewegt all jene, die das ständige »Mehrhaben« (pleonexia) zu ihrer Lebensmaxime erhoben haben. Demgegenüber tritt das subjektivistische Kalkül individuellen Lustgewinns, heiterer Seelenruhe und privaten Sich-Wohlfühlens (Hedonismus) bereits mit dem Anspruch auf, die zivilisiertere und höhere Existenzweise zu sein. Da die Befriedigung des Trieb- und Gefühlslebens häufig durch zu großen Besitz und dessen Erhalt gestört wird, favorisiert der auf gepflegten Genuß und Vergnügen achtende Liebhaber des heiteren und ungetrübten Gemüts mehr die Gesundheit des Leibes und die Harmonie der Seele. Arbeit oder überhaupt kreative Anstrengung werden wegen des Prinzips der ausgeglichenen Gefühlsbalance deshalb gern anderen Menschen oder der organisierten Gemeinschaft überlassen. Die dritte Form, die Idee des »guten Lebens« in die Wirklichkeit zu überführen, ist geleitet von der Einsicht, daß erst die spezifisch menschliche Vervollkommnung, die Aktivierung aller Kräfte des Menschen und somit die tätige Verwirklichung des umfassenden Gutseins letztlich überhaupt »Glückseligkeit« genannt werden kann. Dieser Ansatz nimmt die theoretische und praktische Vernunftauszeichnung jedes Individuums ernst, ohne die emotionalen Seelenkräfte und die Bedürfnisse der körperlichen Unversehrtheit außer acht zu lassen.

Die Auffassung, daß nur ein Leben der sittlichen Vollkommenheit wesentlich auch ein glückliches Leben genannt werden kann, ist die Grundthese des Aristotelischen Eudämonismus (eudaimonia = Glückseligkeit). *Aristoteles* (384–322 v. Chr.) bewahrt in diesem philosophischen Ausgangspunkt als langjähriger Schüler Platons die ethische Bestimmung der Glückseligkeit als Annäherung oder gar Angleichung an die transzendente Idee des Guten, ohne jedoch zugleich über ein Fortleben nach dem Tod oder einen Kreislauf der Wiedergeburten zu spekulieren. Glück als gutes Leben ist für den Erzieher des Königssohns Alexander, der später »der Große« genannt werden sollte, und den Lehrer am öffentlichen »Gymnasium« im Bezirk des Apollon Lykeios zu Athen vor allem der Erwerb des höchsten Gutes durch Einübung der praktischen Tugenden. Der Weg des Menschen zur Tugend ist theoretisch zwar lehrbar, aber nach Meinung des Aristoteles wird Tugend keineswegs schon durch Erkenntnis, sondern nur durch zielgerichtete Tätigkeit und fortdauernde Ertüchtigung erworben. Praxis gehört zwar prinzipiell zum Wesen alles Lebendigen, weil auch pflanzliches und tierisches Leben bereits seine Natur im aktiven Vollzug verwirklicht, aber erst die dem Menschen eigentümliche *vernünftige* Daseinsweise verleiht der Teleologie (Zielorientierung) der menschlichen Natur die Qualität eines moralischen Imperativs, da nur die vollendete Entfaltung aller Anlagen die ganze Größe des Menschen aufscheinen läßt. Das sittliche Moment kommt nicht zum Menschsein des Menschen als etwas Zusätzliches hinzu, vielmehr sind Tätigsein und auf gute Weise Tätigsein nach Aristoteles der Art nach dasselbe.

In der »Nikomachischen Ethik«, die schon im Kapitel über die

Freundschaft vorgestellt wurde, wird nun entsprechend unserem Auswahltext der Aristotelische Gedanke der Glückseligkeit aufgrund eines moralisch integren Lebens noch genauer skizziert. Zunächst werden zwei Beweisgänge für die Behauptung angegeben, daß das vollkommene und letzte Ziel des Menschen tatsächlich die Glückseligkeit ist. Die erste Überlegung zeigt auf, daß bei jedem erfolgreichen Handeln in irgendeinem Bereich eine spezifische Fertigkeit vorausgesetzt wird. Fertigkeiten haben ihr Ziel in einem herstellbaren Gut. So vermag die medizinische Kunst die Gesundheit herbeizuführen, die Baukunst hingegen befähigt zur Errichtung von Häusern usw. Der ganze Mensch aber in der Gesamtheit seiner Fähigkeiten und Fertigkeiten strebt nicht endlos einzelne, partielle Ziele an. Er sucht vielmehr in all diesen Zielen nach einem letzten und vollkommenen Ziel, das ihn selbst ganz erfüllt und das wegen seines unübertrefflichen Wertes von allen Menschen um seiner selbst willen gewünscht wird. Ohne weitere Hinterfragung und nur um seiner selbst willen suchen die Menschen aber nur die Glückseligkeit. Der zweite Weg stützt sich auf den Gedanken der Autarkie, also der Selbstgenügsamkeit desjenigen Gutes, das als das höchste gelten soll. Das vollkommene Gut muß ja gerade deshalb in sich selbst hinreichend und unbedingt sein, weil sonst noch ein anderes, höheres Gut erstrebt werden könnte. Das zuhöchst Befriedigende kann auch nicht die permanente Suche als solche sein, weil grenzenloses Suchen schließlich nur grenzenlose Unerfülltheit des Menschen bedeuten würde. Gefragt ist also dasjenige, was vollkommen ist und den Menschen ganz erfüllt. Dieses Gut muß konsequenterweise die Eigenschaft haben, sich selbst zu genügen, denn nur durch diese Bestimmung vermag es unbestreitbar das ganze menschliche Leben lebenswert zu machen. Solcherart ist aber allein die Glückseligkeit, denn einzig in diesem Zusand genügt der Mensch vollständig sich selbst und begehrt nichts anderes mehr.

In seiner nächsten Überlegung reflektiert Aristoteles nun die eigentümliche Leistung des Menschen, da er vermutet, daß nur das humanspezifische Tätigsein auch restlos beglückend und ganzheitlich erfüllend sein kann. Zwar ist der Mensch ein Wesen aus Leib und Seele, doch seine spezifische Leistung ist weder das bloß vegetative Leben, das er in Form von Ernährung und Wachstum mit den Pflanzen gemeinsam hat, noch das Leben der bloß sinnlichen Empfindung und der biologischen Fortpflanzung, das bereits bei den Tieren vorfindbar ist. So bleibt nur übrig, daß die eigentliche Leistungsfähigkeit des Menschen, die ihn über alle anderen Lebewesen heraushebt, die Anlage zur Betätigung der Vernunft ist, also derjenige Seelenteil, der

Bewußtsein verleiht und dadurch über die praktische Biographie des Menschen entscheidet.

Nach einer kurzen anschließenden Reflexion über die Methode der weiteren Vorgangsweise beginnt Aristoteles die Analyse der für den Begriff des höchsten Gutes vorausgesetzten pluralen Güterwelt. Die vom Menschen hinsichtlich ihrer Glücksqualität bewerteten Güter zeigen gemäß unserem Text folgende Einteilung:

a) Es gibt die dem Menschen äußerlichen Güter, die jedoch zur Lebenserhaltung durchaus notwendig sind, wie beispielsweise ein elementarer Wohlstand oder auch eine Gemeinschaft von Freunden;

b) es gibt die Güter des menschlichen Körpers, worunter vor allem Gesundheit und Lebenskraft zu zählen sind;

c) es gibt die der menschlichen Geistseele zugeordneten Güter, etwa die erlernten Fertigkeiten und Kenntnisse, Geschicklichkeit und Kunstfertigkeit, insbesondere aber Weisheit und Tugendhaftigkeit.

Aristoteles bemüht sich anhand dieser Hierarchie der Werte um das Verständnis, daß zwar alle genannten Güter dem Menschen entsprechend sind, doch das vollkommen erfüllende Ziel des Menschen nicht in der Vielfalt der äußeren Dinge und Beziehungen und auch nicht bereits in einer guten körperlichen Verfasssung beruht. Das Spezifische des Menschen liegt in seiner Vernunftbegabung, und deshalb kann nur die tätige Ausübung der theoretischen und praktischen Vernunft das »höchste Gut« sein. Nur ein Leben in Einsicht und Gerechtigkeit ist gleichbedeutend mit dem Inbegriff der Glückseligkeit. Es ist aber eben entscheidend für die Eudaimonia-Lehre des Aristoteles, daß ganz analog zu allen anderen gelungenen Tätigkeiten des Menschen auch für die Erreichung des Glückszieles nicht nur eine naturgegebene Veranlagung, die tätige Vernunft, genügt, sondern auch deren erarbeitete Befähigung und korrekte Ausrichtung hinzukommen muß. Kein vollkommenes Ziel, wie etwa die moralisch erstrebte Glückseligkeit, kann verwirklicht werden ohne praktische Bildung und Einübung der Tugend, die den menschlichen Charakter unbeirrbar auf das beste, schönste und beglückendste Gut orientiert. So bestimmt Aristoteles die Tugend, die zum guten, richtigen und gerechten Handeln qualifiziert, als eine Gewöhnung oder einen erworbenen Habitus. Richtig ist daher einzig unter allen traditionellen Lehrmeinungen, daß nur die Tugend als moralisch notwendige, innere Ausrichtung auf das höchste Ziel auch zu guten Taten prädisponiert und daß nur tugendgemäße Handlungen auch an sich schon soviel wie Glückseligkeit des Menschen bedeuten.

Selbstverständlich weiß Aristoteles, daß die rechte Verwirklichung des eigenen Wesens nicht nur geistiges Glück, sondern auch emotionale Befriedigung erfahren läßt. Gerade die tugendhaften Handlungen sind im Normalfall auch angenehm, weil der Mensch hierin auf geglückte Weise nicht nur seiner eigenen Natur, sondern auch derjenigen der Mitmenschen entspricht. Außerdem gewinnt der Glückliche durch seine wohlwollende Lebensart leicht Freunde und Anerkennung im öffentlichen Leben. Hinsichtlich der sogenannten äußeren Glücksgüter kennt Aristoteles folgende Maximen:

a) Der äußere Zufall kann letztlich nicht die Glückseligkeit in ihrer Beständigkeit brechen, höchstens trüben, denn schmerzliche Schicksalsschläge und Leiden werden von dem Menschen, der in wahrer Tugend lebt, durchaus gelassen und tapfer ertragen, und zwar nicht aus Empfindungslosigkeit, sondern aus »vornehmer und großer Gesinnung«;

b) Reichtum, politische Macht, vornehme Herkunft, Familie und Nachkommenschaft können Rahmenbedingungen des Glücks sein, aber sie gewinnen ihren begrenzten Wert nur aus der Gutheit des tätigen Menschen, also aus der richtigen Zielsetzung und der korrekten moralischen Haltung hinsichtlich der genannten äußeren Verhältnisse;

c) glücklich ist also trotz aller situationsbedingten Wechselfälle derjenige, »der gemäß der vollkommenen Tugend tätig und mit äußeren Gütern hinlänglich versehen ist«, und zwar sein ganzes Leben hindurch. Deshalb gehört auch die gute Zukunft der Kinder und ein würdiges Sterben zum glücklichen Leben;

d) entscheidend ist aber, den glücklichen Menschen überhaupt nicht gemäß seinen äußeren Verhältnissen oder den Wechselfällen des Schicksals zu beurteilen, sondern allein gemäß der *Beständigkeit* der nur der Tugend eigenen guten Handlungen. Die Tugenden können deshalb auch nicht »in Vergessenheit geraten«. Die Beständigkeit der Tugenden ergibt sich aus dem unveränderlichen Ziel aller guten Handlungen: das vollkommene Gut als höchstes Glück.

Es spricht für die große Weisheit der klassischen griechischen Philosophie, wenn Aristoteles zum Abschluß unseres Textes festsetzt, daß das Beste für den Menschen, die Glückseligkeit, eigentlich nicht gelobt, sondern nur geehrt werden kann. Wir loben nämlich jemanden, weil er etwas Nützliches getan hat, nicht aber, weil sein Leben gelungen ist. Die Glückseligkeit gehört zum Vollkommenen, das als solches Ursprung und Zielursache aller vorläufigen Güter ist. Ein solches Ziel möchte Aristoteles als etwas Göttliches dankbar verehrt wissen.

Aristoteles: Nikomachische Ethik, Erstes Buch, 5 und 6, 8–12

5. Hierüber sei soviel gesagt. Wir wollen abermals auf das gesuchte Gute zurückkommen und fragen, was es wohl sei. Offenbar ist es in jeder Handlung und Kunst ein anderes. Denn ein anderes ist es in der Medizin und in der Strategik und so fort. Welches ist nun das Gute in jedem einzelnen Falle? Wohl das, um dessentwillen alles übrige geschieht. Dies ist in der Medizin die Gesundheit, in der Strategik der Sieg, in der Baukunst das Haus, anderswo wieder anderes. Bei jedem Handeln und Entschlusse ist es das Ziel. Denn dieses ist es, wegen dessen man stets das übrige tut. Wenn es also ein Ziel allen Handelns überhaupt gibt, so wäre dies das zu verwirklichende Gute, und wenn es mehrere solche Ziele gibt, dann sind es diese. So ist die Untersuchung auf einem anderen Wege zu demselben Punkte gelangt.

Wir wollen versuchen, dies noch etwas besser zu verdeutlichen. Da sich viele Ziele zeigen, wir aber von diesen manche um anderer Dinge willen wählen, wie den Reichtum, Flöten und überhaupt alle Instrumente, so ist es offenbar, daß nicht alle Endziele sind. Das vollkommen Gute scheint aber ein Endziel zu sein. Wenn es also nur ein einziges Endziel gibt, so wäre dies das Gesuchte, wenn aber mehrere, dann das vollkommenste unter diesen.

Vollkommener nennen wir das um seiner selbst willen Erstrebte gegenüber dem um anderer Ziele willen Erstrebten, und das niemals um eines anderen willen Gesuchte gegenüber dem, was sowohl wegen sich selbst als auch wegen eines andern gesucht wird; allgemein ist das vollkommene Ziel dasjenige, was stets nur an sich und niemals um eines anderen willen gesucht wird.

Derart dürfte in erster Linie die Glückseligkeit sein. Denn diese suchen wir stets wegen ihrer selbst und niemals wegen eines anderen; Ehre dagegen und Lust und Vernunft und jede Tüchtigkeit suchen wir teils wegen ihnen selber (denn auch wenn wir keinen weiteren Gewinn von ihnen hätten, würden wir jedes einzelne von ihnen wohl erstreben), teils aber auch um der Glückseligkeit willen, da wir glauben, eben durch jene Dinge glückselig zu werden. Die Glückseligkeit aber wählt keiner um jener Dinge willen und überhaupt nicht wegen eines anderen.

Dasselbe scheint sich aus dem Prinzip der Selbstgenügsamkeit zu ergeben. Denn das vollkommen Gute scheint selbstgenügsam zu sein. Wir verstehen diese Selbstgenügsamkeit nicht einfach für den Einzelnen, der für sich allein lebt, sondern auch für seine Eltern, Kinder, Frau und überhaupt seine Freunde und Mitbürger, da ja der Mensch seiner Natur nach in der Gemeinschaft lebt. Doch muß hier eine Grenze gezogen werden. Denn wenn man weitergehen wollte bis zu den Vorfahren und Nachkommen und zu den Freunden der Freunde, so geriete man ins Unbegrenzte. Aber dies wollen wir später untersuchen.

Als selbstgenügsam gilt uns dasjenige, was für sich allein das Leben begehrenswert macht und vollständig bedürfnislos. Für etwas Derartiges halten wir die Glückseligkeit, und zwar so, daß sie das Wünschenswerteste ist, ohne daß irgend etwas anderes addiert werden könnte. Wenn nämlich eine Addition möglich wäre, so würde sie offenbar noch wünschbarer, wenn auch noch das kleinste Gut dazukäme. Denn das Dazutreten würde dann einen Zuschuß an Gutem bedeuten, und es ist immer das größere Gut das wünschbarere. So scheint also die Glückseligkeit das vollkommene und selbstgenügsame Gut zu sein und das Endziel des Handelns.

6. Aber damit, daß die Glückseligkeit das höchste Gut sei, ist vielleicht nicht mehr gesagt, als was jedermann zugibt. Wir möchten aber noch genauer erfahren, was sie ist. Dies sollte wohl geschehen können, wenn wir von der eigentümlichen Leistung des Menschen ausgehen. Wie nämlich für einen Flötenspieler, einen Bildhauer und überhaupt für jeden Künstler und für jeden, der eine Leistung und ein Handeln hat, in der Leistung das Gute und das Rechte liegt, so wird es wohl auch vom Menschen gelten, wenn anders auch ihm eine besondere Leistung zukommt. Oder sollte es eigentümliche Leistungen und

Handlungen des Schreiners oder Schusters geben, nicht aber des Menschen, als ob er zur Untätigkeit geschaffen wäre? Sollte nicht eher so, wie das Auge, die Hand, der Fuß und überhaupt jedes einzelne Körperglied seine besondere Leistung hat, auch der Mensch neben all dem seine besondere Leistung besitzen? Welche mag sie nun wohl sein? Das Leben offenbar nicht, denn dies besitzen auch die Pflanzen, wir suchen aber das dem Menschen Eigentümliche. Das Leben der Ernährung und des Wachstums ist also auszuscheiden. Es würde darauf das Leben der Wahrnehmung folgen, aber auch dieses ist uns gemeinsam mit dem Pferde und Rinde und allen Tieren überhaupt. Es bleibt also das Leben in der Betätigung des vernunftbegabten Teiles übrig. Dieser findet sich vor teils als ein der Vernunft gehorchender, teils als ein die Vernunft besitzender und ausübender. Da auch dies wiederum in doppeltem Sinne zu verstehen ist, so muß man da an das wirklich tätige Leben denken; denn dieses dürfte doch als das eigentlichere gelten.

Wenn nun die eigentümliche Leistung des Menschen in einer Tätigkeit der Seele besteht, die sich nach der Vernunft oder doch nicht ohne die Vernunft vollzieht, und wenn wir die Leistung eines beliebig Tätigen und eines hervorragend Tätigen derselben Gattung zurechnen (so wie das Spiel des Kitharisten und dasjenige des guten Kitharisten, und so in allen Fällen), so daß wir zur Leistung überhaupt noch das Merkmal hervorragender Tüchtigkeit in ihr beifügen (denn die Leistung des Kitharisten ist das Kitharaspielen, die des hervorragenden Kitharisten aber das gute Spielen) – wenn also das so ist und wir als die eigentümliche Leistung des Menschen ein bestimmtes Leben annehmen und als solches die Tätigkeit der Seele und die vernunftgemäßen Handlungen bestimmen und als die Tätigkeit des hervorragenden Menschen eben diese Tätigkeit in einem hervorragenden Maße, und wenn endlich dasjenige hervorragend wird, was im Sinne der ihm eigentümlichen Leistungsfähigkeit vollendet wird –, wenn das alles so ist, dann ist das Gute für den Menschen die Tätigkeit der Seele auf Grund ihrer besonderen Befähigung, und wenn es mehrere solche Befähigungen gibt, nach der besten und vollkommensten; und dies außerdem noch ein volles Leben hindurch. Denn eine Schwalbe macht noch keinen Frühling, und auch nicht ein einziger Tag; so macht auch ein einziger Tag oder eine kurze Zeit niemanden glücklich und selig.

8. Man muß nun über diesen Begriff des Guten und der Glückseligkeit nicht nur auf Grund von Schlußfolgerungen reden und aus Beweisgründen, sondern auch aus der allgemeinen Anschauung. Denn mit der Wahrheit stimmen alle Tatsachen überein, mit dem Irrtum dagegen werden sie rasch in Widerspruch geraten.

Wenn nun die Güter dreigeteilt werden, und zwar so, daß die einen äußere Güter genannt werden, die zweiten körperliche, die dritten seelische, so nennen wir die seelischen die eigentlichen und die hervorragendsten Güter. Außerdem schreiben wir die entsprechenden Handlungen und Tätigkeiten der Seele zu. So befinden wir uns denn in schönster Übereinstimmung mit dieser Anschauung, die alt ist und von allen Philosophierenden geteilt wird.

Richtig ist auch, daß das Ziel als Handlungen und Tätigkeiten bestimmt wird. Denn auf diese Weise gehört das Ziel zu den seelischen Gütern und nicht zu den äußeren.

Ebenso stimmt mit unserer Darlegung überein, daß man vom Glückseligen sagt, er lebe gut und verhalte sich gut. Denn eben von einem guten Leben und guten Verhalten hatten wir gesprochen.

9. Es scheint auch alles, was man von der Glückseligkeit auszusagen sucht, dem von uns Dargelegten zuzukommen. Denn die einen bestimmen sie als Tugend, die andern als Einsicht, die dritten als eine Art von Weisheit, andere wiederum als all dies oder doch eins davon verbunden mit der Lust oder doch nicht ohne die Lust. Andere nehmen auch das äußere Wohlergehen dazu. Einige dieser Ansichten werden seit alters von vielen Leuten vertreten, andere dagegen nur durch wenige und berühmte Männer. Es ist aber anzunehmen, daß keiner sich im ganzen vollständig verfehlt hat, sondern wenigstens in einem oder gar im meisten haben sie recht.

Mit denen nun, die die Glückseligkeit als Tugend oder als irgendeine Tugend bestimmen, ist unsere Lehre durchaus im Einklang. Denn zur Tugend ist die tugendgemäße Tätigkeit zu rechnen. Es macht aber vielleicht keinen kleinen Unterschied, ob man das Beste als einen Besitz oder ein Ausüben ansieht und ob man es in einen Zustand oder in eine Tätigkeit setzt. Denn ein Zustand kann bestehen, auch ohne daß er etwas Gutes vollbringt, wie etwa wenn man schläft oder in irgendeiner andern Weise außer aller Tätigkeit ist. Bei der Tätigkeit dagegen ist dies unmöglich; denn sie wird mit Notwendigkeit handeln und gut handeln. Wie in den olympischen Spielen nicht die Schönsten und Stärksten bekränzt werden, sondern jene, die kämpfen (denn unter diesen befinden sich die Sieger), so werden auch jene die schönen und guten Dinge des Lebens gewinnen, die richtig handeln.

Das Leben von solchen ist auch an sich genußreich. Denn das Genießen gehört zu den seelischen Dingen, und einem jeden ist genußreich, wozu er sich hingezogen fühlt, das Pferd dem Pferdeliebhaber, das Schauspiel dem Liebhaber von Schauspielen; ebenso das Gerechte dem Freund der Gerechtigkeit und überhaupt das Tugendgemäße dem Freund der Tugend. Bei den Leuten freilich steht das Genußreiche im Widerspruch, weil es nicht von Natur ist, den Liebhabern des Schönen aber ist genußreich das, was von Natur genußreich ist. Derart sind die tugendgemäßen Handlungen; sie sind also solchen Menschen und auch an sich genußreich. Ihr Leben bedarf nicht zusätzlich der Lust wie eines Umhangs, sondern es hat die Lust in sich selber. Dazu kommt, daß der, der sich nicht an edlen Taten freut, auch nicht gut ist. Denn man wird niemanden gerecht nennen, der sich nicht am gerechten Handeln freut, oder großzügig, der sich nicht an großzügigen Taten freut, und ebenso beim übrigen. Wenn es also so ist, dann sind doch wohl die tugendgemäßen Handlungen an sich genußreich.

Sie sind aber auch gut und schön, und dies ganz vorzugsweise, wenn nämlich der Edle gut darüber zu urteilen vermag. Er urteilt aber so, wie wir gesagt haben.

So ist also die Glückseligkeit das Beste, Schönste und Erfreulichste, und man kann dies nicht voneinander trennen, wie es das delische Epigramm tut: »Das Schönste ist die Gerechtigkeit, das Beste die Gesundheit, das Erfreulichste aber, zu erlangen, was man möchte.« Denn all dies miteinander kommt den besten Tätigkeiten zu. Und diese nun, oder die eine beste unter ihnen, nennen wir die Glückseligkeit.

Sie scheint freilich auch der äußeren Güter dazu zu bedürfen, wie wir gesagt haben. Es ist nämlich unmöglich oder doch nicht leicht, das Edle zu tun, wenn man keine Mittel zur Verfügung hat. Denn vieles richtet man aus durch Freunde, Reichtum und politische Macht, die sozusagen als Werkzeuge dienen. Andererseits, wenn man bestimmter Dinge ermangelt, wie der Adligkeit, wohlgeratener Nachkommenschaft und der Schönheit, so verkümmert die Glückseligkeit. Denn vollkommen glücklich kann man denjenigen nicht nennen, der in seinem Äußeren übermäßig häßlich ist oder von geringer Herkunft oder einsam und kinderlos, und vielleicht noch weniger denjenigen, der ganz übel geratene Kinder oder Freunde hat, oder dem sie gut waren, aber gestorben sind. Wie wir also gesagt haben, es scheint, daß man auch eines derartigen Wohlergehens bedarf. Darum setzen denn auch einige das glückliche Treffen der Glückseligkeit gleich, andere aber der Tugend.

10. So wird denn auch die Frage gestellt, ob die Glückseligkeit durch Lernen, Gewöhnung oder anderweitige Übung angeeignet werden könne oder ob sie durch eine göttliche Zuteilung oder durch das Glück gewährt werde. Wenn es nun überhaupt irgendein Geschenk der Götter an die Menschen gibt, so ist anzunehmen, daß die Glückseligkeit gottgegeben sei, und zwar um so eher als sie unter den menschlichen Gütern das Beste ist. Aber dies gehört vielleicht eher einer andern Untersuchung an; jedenfalls aber, auch wenn sie nicht von Gott geschickt wird, sondern durch Tugend und eine Art von Lernen oder Übung zustande kommt, so gehört sie doch zu den göttlichsten Dingen. Denn der Preis und das Ziel der Tugend scheint das Beste zu sein und ein Göttliches und Seliges.

Sie wird dann auch für viele in gleicher Weise erreichbar sein. Denn durch irgendwelche Belehrung und Fürsorge wird sie allen zugänglich sein können, die nicht im Bezug auf die Tugend verstümmelt sind.

Wenn es nun besser ist, auf diese Weise glücklich zu sein als durch den Zufall, so ist auch anzunehmen, daß es sich tatsächlich so verhält, da doch das Naturgemäße so geworden ist, wie es am besten ist, und ebenso, was die Kunst hervorbringt und jede Ursache, und vor allem die beste. Das Größte und Schönste dem Zufall zuzuschreiben wäre gar zu leichtfertig.

Dasselbe Ergebnis folgt aber auch aus unseren Überlegungen. Denn die Glückseligkeit war als eine Art von tugendgemäßer Tätigkeit der Seele bestimmt worden. Von den übrigen Gütern muß das eine mit Notwendigkeit dabei sein, das andere ist in der Form von Werkzeugen behilflich und nützlich.

Dies entspricht auch dem am Anfang Gesagten. Denn dort setzten wir das Ziel der politischen Kunst als das beste an, und gerade diese bekümmert sich am meisten darum, die Bürger zu einer bestimmten Art und zur Tugend zu bilden und fähig, das Edle zu tun.

Sinnvollerweise nennen wir nun auch weder ein Rind noch ein Pferd noch irgendein anderes Tier glückselig. Denn keines von ihnen kann an einer solchen Tätigkeit teilhaben. Aus demselben Grunde ist auch ein Kind noch nicht glückselig. Denn es kann wegen seines Alters noch nicht derartig handeln. Preist man solche aber dennoch glückselig, so tut man es im Sinne einer Hoffnung.

Es bedarf nämlich, wie wir gesagt haben, einer vollkommenen Tugend und eines vollkommenen Lebens. Denn es gibt viele Veränderungen und vielerlei Zufälle in einem Leben, und es kann derjenige, dem es am besten ergeht, in seinem Alter in großes Unglück stürzen, so wie es im troianischen Epos über Priamos erzählt wird. Wer aber solche Zufälle erlebt und im Unglück endet, den preist keiner selig.

11. Soll man aber auch keinen andern Menschen selig preisen, solange er lebt, sondern im Sinne Solons auf das Ende schauen? Wenn wir dies so annehmen, ist der Mensch dann auch tatsächlich glückselig, wenn er gestorben ist? Oder ist dies nicht vollkommen unsinnig, besonders für uns, die wir die

Glückseligkeit eine Art von Tätigkeit nennen? Wenn wir aber nicht den Toten glückselig nennen und auch Solon nicht dies meint, sondern nur, daß man erst dann mit Sicherheit einen Menschen selig preisen kann, wenn er schon außerhalb von allem Übel und allem Unglück steht, so enthält auch dies ein Problem. Denn es scheint auch für den Toten ein Gut oder Übel zu geben, ähnlich wie für den Lebenden, selbst ohne daß er es spürt, wie Ehre oder Schande der Kinder und allgemein Wohlergehen oder Unglück der Nachkommen. Doch auch dies schafft eine Schwierigkeit. Es kann einer bis ins Alter glückselig gelebt haben und entsprechend gestorben sein und nun in seinen Nachkommen viele Veränderungen erfahren, und die einen können tüchtig sein und ein dementsprechendes Leben erlangen, die andern im Gegenteil; so ist es klar, daß sie sich im Abstand von ihren Eltern auf die verschiedenste Weise verhalten können. Dies wäre jedoch unsinnig, wenn auch der Tote sich mit diesen zusammen veränderte und bald glückselig wäre, bald unglücklich – unsinnig wäre es allerdings auch, wenn nicht für eine gewisse Zeit die Schicksale der Nachkommen die Eltern berühren sollten.

Doch kehren wir zu der vorangehenden Frage zurück. Von ihr aus wird sich vielleicht auch die jetzige Frage beantworten lassen. Wenn man also auf das Ende schauen muß und dann einen jeden selig preisen, nicht weil er jetzt selig ist, sondern weil er es vorher war, ist es dann nicht unsinnig, daß man dann nicht die Wahrheit über ihn sagt, wenn er faktisch glückselig ist, nur weil man nicht die Lebenden preisen will wegen der Veränderungen und weil man die Glückseligkeit als etwas Beharrendes auffaßt und nicht leicht Veränderliches, während doch das Glück bei einem und demselben Menschen vielfach kreist? Denn offensichtlich, wenn wir dem Glück folgen wollten, so würden wir denselben Menschen oftmals bald glücklich, bald unglücklich nennen; der Glückselige wäre dann eine Art von Chamaileon und stünde auf ungesunder Grundlage. Oder ist es überhaupt falsch, dem Glück nachzufolgen? Denn nicht in ihm liegt das Gut und Schlecht, sondern, wie wir gesagt haben, das menschliche Leben bedarf zwar seiner, doch entscheidend für die Glückseligkeit sind die tugendgemäßen Tätigkeiten, und für das Gegenteil die umgekehrten.

Unsere Bestimmung erhält denn auch durch diese Erwägung ihre Bestätigung. Denn bei keiner der menschlichen Leistungen gibt es eine solche Beständigkeit wie bei den tugendgemäßen Tätigkeiten. Diese scheinen sogar beharrender zu sein als die Wissenschaften, und unter ihnen wiederum sind am beharrendsten die an Rang höchsten, weil die Glückseligen am meisten und dauerndsten in ihnen leben. Dies wird auch wohl die Ursache dafür sein, daß sie nicht in Vergessenheit geraten. Das Gesuchte also findet sich beim Glückseligen, und er wird sein Leben lang derart sein. Denn stets oder doch mehr als alle anderen wird er tugendgemäß handeln und denken, und die Schicksale wird jener am schönsten und in jeder Hinsicht harmonisch tragen, der in Wahrheit gut ist und vierwinklig ohne Tadel.

Da nun vieles nach dem Zufall geschieht, an Größe und Kleinheit Verschiedenes, so ist klar, daß die kleinen Glücksfälle und auch deren Gegenteil für das Leben nichts ausmachen; große und viele dagegen machen, wenn sie günstig sind, das Leben noch glückseliger (denn sie sind gerade dazu da, das Leben mitzuschmücken, und sie auszunützen wird darum schön und anerkennenswert), wenn aber das Gegenteil eintritt, so reibt es die Glückseligkeit auf und trübt sie. Denn es bringt Schmerz mit und hindert an manchen Tätigkeiten. Doch auch darin wird das Edle hindurchleuchten, wenn einer heiter vieles und großes Unglück trägt, nicht aus Empfindungslosigkeit, sondern aus vornehmer und großer Gesinnung.

Wenn nun die Tätigkeiten über das Leben entscheiden, wie wir gesagt haben, so kann wohl keiner der Glückseligen unselig werden. Denn er wird niemals tun, was hassenswert oder schlecht ist. Denn wir meinen, daß der wahrhaft Gute und Verständige jede Art von Schicksal in guter Haltung trägt und in der gegebenen Lage stets das Beste tut, wie auch der tüchtige Feldherr das gegebene Heer auf das kriegsmäßigste einsetzt und der Schuster mit dem gegebenen Leder den schönsten Schuh verfertigt und so auch alle andern Handwerker. Wenn das so ist, dann dürfte der Glückselige niemals unselig werden, wohl aber auch nicht vollkommen selig, wenn er nämlich in Schicksale wie das des Priamos gerät.

Er wird aber auch nicht wandelbar und leicht veränderlich sein. Denn er wird nicht leicht aus der Glückseligkeit herausgetrieben werden und nicht durch irgendein beliebiges Unglück, sondern nur durch vieles und großes; freilich wird er dann auch nicht wieder in kurzer Zeit glückselig, sondern, wenn überhaupt, dann nur in einer langen und vollständigen, wenn er in ihr große und schöne Dinge erlangt.

Was hindert also, jenen glückselig zu nennen, der gemäß der vollkommenen Tugend tätig und mit äußeren Gütern hinlänglich versehen ist, nicht eine beliebige Zeit hindurch, sondern durch ein ganzes Leben? Oder muß man beifügen, daß er auch in Zukunft so leben und dementsprechend sterben müsse, da ja die Zukunft uns verborgen ist, wir aber in jeder Hinsicht die Glückseligkeit als das Ziel und das Vollkommene ansetzen? Wenn es so ist, dann werden wir unter den Lebenden jene glückselig nennen, denen das Genannte zukommt und zukommen wird, glückselig freilich als Menschen.

Dies sei denn also soweit festgestellt. Das Schicksal der Nachkommen und aller Freunde überhaupt nicht einwirken zu lassen scheint allzu lieblos und der allgemeinen Anschauung zuwiderlaufend. Da nun aber die Ereignisse viele und vielartige Unterschiede aufweisen und die einen uns mehr angehen, die anderen weniger, so würde es weitläufig und unabsehbar werden, wenn wir alles ins Einzelne sondern wollten; es wird also wohl genügen, wenn wir allgemein und im Umriß reden.

Wenn nun, wie bei den uns selber treffenden Unglücksfällen die einen ein gewisses Gewicht und Bedeutung für das Leben haben, die andern dagegen leichter erscheinen, es sich auch bei allen Freunden gleich verhält, und wenn ferner der Unterschied, ob ein Schicksal Lebende oder Tote betrifft, viel größer ist als der, ob verbrecherische und schreckliche Handlungen in den Tragödien vorkommen oder wirklich ausgeführt werden, so muß man auch diesen Unterschied mitberechnen, noch eher aber wohl die Frage, ob die Dahingeschiedenen an irgendeinem Gute oder am Gegenteil davon teilhaben. Denn aus dem Gesagten ergibt sich, daß, wenn auch etwas bis zu ihnen dringt, etwas Gutes oder das Gegenteil, es dann nur etwas Schwaches und Geringes ist, entweder an sich oder doch für sie – wenn aber nicht, es dann doch nur so groß und derart sein wird, daß es weder die, die es nicht sind, glückselig macht, noch die, die es sind, ihrer Glückseligkeit beraubt. Es scheinen also wohl für die Dahingeschiedenen die Fälle des Glücks und des Unglücks der Freunde etwas auszumachen, doch nur so sehr und derart, daß sie weder die Glückseligen zu Unseligen machen können noch irgend etwas anderes dieser Art.

12. Nachdem wir dies festgestellt haben, wollen wir auch fragen, ob die Glückseligkeit eher zu den lobenswerten oder zu den ehrwürdigen Dingen gehört. Denn zu den bloßen Fähigkeiten gehört sie offenbar nicht. Alles Lobenswerte scheint nun gelobt zu werden, weil es eine bestimmte Qualität besitzt und sich zu etwas in bestimmter Weise verhält. Den Gerechten und den Tapferen und überhaupt den Edlen und die Tugend loben wir wegen ihrer Taten und Leistungen, und den Kräftigen und den Schnelläufer und ebenso jeden andern, weil er eine bestimmte Qualität besitzt und sich zu etwas Gutem und Wertvollem in bestimmter Weise verhält. Dies ergibt sich auch aus den Lobreden auf die Götter. Sie würden lächerlich, wenn sie sich auf unsere Verhältnisse bezögen, und zwar darum, weil eben das Lob auf eine bestimmte Beziehung gegründet ist, wie wir gesagt haben.

Wenn nun das Lob derart ist, so ist es klar, daß es für das Beste kein Lob gibt, sondern etwas Größeres und Besseres, wie es ja auch der Fall zu sein scheint. Denn wir preisen die Götter selig und glücklich, und ebenso preisen wir die göttlichsten unter den Menschen selig. Das gilt auch für die Güter. Denn niemand lobt die Glückseligkeit wie etwa die Gerechtigkeit, sondern er preist sie als etwas Göttlicheres und Besseres. So scheint denn auch Eudoxos mit einer richtigen Begründung der Lust den höchsten Preis zuerkannt zu haben. Denn er meinte, die Tatsache, daß sie nicht gelobt werde, obwohl sie zu den Gütern zähle, würde anzeigen, daß sie höher stünde als das

Lobenswerte, und von solcher Art seien Gott und das Gute. Denn darauf bezöge sich auch alles übrige.

Das Lob also kommt der Tugend zu (denn von dieser her tun wir das Gute), die Ehre aber den Leistungen, und zwar gleichermaßen den körperlichen wie den geistigen.

Aber diese Frage sollte wohl eher in den Arbeiten über die Lobreden genauer untersucht werden. Für uns ergibt sich aus dem Gesagten klar, daß die Glückseligkeit zum Ehrwürdigen und Vollkommenen gehört. Dies scheint auch daher zu kommen, daß sie ein Ursprung ist. Denn um ihretwillen machen wir alle alles übrige; und den Ursprung und die Ursache der Güter nennen wir etwas Ehrwürdiges und Göttliches.

Bearbeitungsfragen:

1. Welche Auffassungen vom »guten Leben« sind prinzipiell möglich?
2. Was kann »menschliche Vollkommenheit« heißen?
3. Warum gilt der antiken Philosophie Glückseligkeit als höchstes Ziel des Menschen?
4. Sind Glückseligkeit und Sittlichkeit Gegensätze?
5. Welche Schichten kann man in der Konstitution des Menschen unterscheiden?
6. Anhand welcher Kriterien läßt sich für den Menschen eine Hierarchie der Werte bestimmen?
7. Was ist das Spezifische der dem Menschen allein eigentümlichen Fähigkeiten und Handlungen?
8. Wie werden Tugenden erworben und wozu?
9. Wie verhalten sich Glück und Schicksalsschläge zueinander?

VI.4 Glück und Nutzen
Mill: Der Utilitarismus, Zweites und Viertes Kapitel

Was zeichnet moralisch richtiges gegenüber moralisch falschem Handeln aus? Der Utilitarismus bietet zur Beantwortung dieser Frage ein allgemeines und rationales Entscheidungskriterium. Es läßt sich wie folgt formulieren: »Diejenige Handlung (bzw. Handlungsregel) ist moralisch richtig, deren Folgen für das Wohlergehen aller Betroffenen am besten sind.«

Untersucht man diese Formel, so ergeben sich die folgenden Wesensmerkmale des Utilitarismus:

1) Nach dem Utilitarismus ist diejenige Handlung moralisch richtig, die am meisten nützt (von lateinisch uti = nützen), d. h. die besten Konsequenzen hat. Die Richtigkeit oder Unrichtigkeit der Handlung hängt also ausschließlich von den positiven oder negativen Folgen der Handlung ab. Die Konsequenzen sind ausschlaggebend für die moralische Qualifikation der Handlung. Deshalb spricht man heute häufig statt von Utilitarismus von »Konsequentialismus«. Weil es hier auf die Konsequenzen, also auf das *Ziel* der Handlung ankommt, nennt man eine solche Moraltheorie auch »teleologisch« (von griechisch telos = Ziel).

Damit unterscheidet sich der Utilitarismus von anderen Moraltheorien, die man »deontologisch« (von griechisch to déon = die Pflicht) nennt. Eine deontologische Ethik bestreitet, daß die moralische Richtigkeit einer Handlung ausschließlich von ihren Folgen abhängt. Vielmehr gibt es eine nicht aus den Folgen ableitbare, sondern eine im Wesen der Handlung selbst begründete Richtigkeit oder Verkehrtheit bestimmter Handlungsweisen. So ist zum Beispiel das Halten eines Versprechens eine in sich richtige Handlung, das Foltern eines anderen eine in sich falsche. Deontologen gehen deshalb von einer Vielzahl verschiedener Prinzipien aus, wie »du sollst deine Versprechen halten«, »du sollst nicht foltern« usw. Ich handle dann richtig, wenn ich in Einklang mit diesen Prinzipen handle.

2) Der Utilitarismus berücksichtigt nicht nur einige der Konsequenzen einer Handlung – also z. B. die Konsequenzen für mich allein –, sondern alle Konsequenzen, also auch die Konsequenzen für alle betroffenen Personen. Der Utilitarismus ist also keine egoistische, sondern eine *universalistische* Theorie.

3) Wenn wir die besten Konsequenzen für alle zum Ziel unserer Handlungen machen sollen, dann müssen wir wissen, was unter »guten« oder »schlechten« Konsequenzen zu verstehen ist. Der Utilitarismus setzt also eine Werttheorie voraus, eine Theorie darüber, was »in sich gut« und daher wert ist, von uns angestrebt zu werden. Als höchster Wert gilt dem Utilitarismus die Erfüllung menschlicher Bedürfnisse und Interessen, das menschliche Glück.

Zur Geschichte des Utilitarismus

Die erste ausdrückliche und systematische Darstellung des Utilitarismus findet sich bei dem englischen Philosophen Jeremy Bentham (1748–1832). Die ersten vier Kapitel seiner »Einführung in die Prinzipien der Gesetzgebung und Moral« (1789) sind der Darstellung des Utilitarismus gewidmet. Das utilitaristische Prinzip, »das größtmögliche Glück für die größtmögliche Zahl«, möchte er als Leitlinie für Politik und Gesetzgebung verstanden wissen. Bentham ist ein Hedonist (von griechisch hedone = Freude, Vergnügen); er geht davon aus, daß zwei Grundkonstanten das menschliche Leben bestimmen: Lust (pleasure) und Schmerz (pain). Moralisches Ziel unserer Handlungen muß es sein, die Lust oder Freude der Menschen zu maximieren und den Schmerz bzw. das Leid der Menschen zu minimieren. Bentham glaubte, die Handlung, die am meisten Glück erzeuge, ließe sich im Sinne eines mathematischen Kalküls ermitteln, indem man die Summe des Schmerzes, den die Handlung hervorruft, von der Summe der Freude abzieht (hedonistisches Kalkül). Benthams Hedonismus schuf dem Utilitarismus viele Feinde. Lustmaximierung zum obersten moralischen Gebot zu machen war in den Augen der damaligen Gesellschaft unerhört. Da es nahelag, bei dem Begriff »Lust« an die Befriedigung körperlicher Bedürfnisse zu denken, schien der Utilitarismus eine Ethik für niedere Genußmenschen zu sein. Man beschimpfte ihn als »pig-philosophy«, als eine Philosophie für Schweine.

An dieses kritische Publikum richtete sich zwei Generationen später der Philosoph *John Stuart Mill* (1806–1873). Mill war von seinem Vater, James Mill, streng utilitaristisch erzogen worden und hat auch Bentham noch persönlich gekannt, da dieser ein Freund der Familie war. Zutiefst vom Utilitarismus überzeugt, war es nun sein Ziel, diese Ethik einer breiteren Öffentlichkeit nahezubringen. Seine Schrift »Utilitarianism« (1861) wendet sich deshalb nicht nur an philosophische Fachkreise, sondern ist populär gehalten. In der Tat gehört diese Schrift zu den meistgelesenen und einflußreichsten moralphilosophischen Texten des 19. Jahrhunderts. Im folgenden sind einige der wichtigsten Abschnitte abgedruckt.

Ziel des Millschen Plädoyers ist es, die zahlreichen Vorurteile gegen den Utilitarismus abzubauen. Nicht zuletzt deshalb weicht er in einigen Punkten von der Position Benthams ab. So spricht er sich vor allem für einen *qualitativen Hedonismus* aus. Das hedonistische Kalkül Benthams kannte in der Beurteilung von Freude nur quantitative Unterschiede. Bentham formulierte den provozierenden Satz: »Bei gleicher Quantität an Freude ist pushpin [ein anspruchsloses Kinderspiel] ebenso gut wie Dichtung.« Gegen diese Auffassung setzte Mill nun die berühmt gewordene Losung: »Besser ein unzufriedener Sokrates als ein zufriedener Narr.« Damit bringt Mill die Ansicht zum Ausdruck, daß Freuden sich nicht nur quantitativ, sondern auch qualitativ unterscheiden. Er übernimmt dabei das traditionelle dualistische Schema von »höheren« und »niederen« Freuden. Seine Begründung eines qualitativen Unterschieds, der über einen rein quantitativen Unterschied hinausgeht und nicht aus diesem ableitbar ist, erscheint jedoch problematisch. Mill scheint davon auszugehen, daß die geistigen Freuden der Natur des Menschen gemäßer seien als die körperlichen. Hier wird jedoch eine bestimmte Auffassung über die Natur des Menschen vorausgesetzt, die Mill nirgends näher ausführt oder begründet.

Zu den meistdiskutierten Texten der philosophischen Literatur überhaupt zählt die wohl umstrittenste Passage des Millschen Essays, der sogenannte »Beweis des Nützlichkeitsprinzips«. Mill will hier plausibel machen, warum das Glück aller das Ziel moralischer Handlungen sein muß. Seine Beweisführung verläuft in seinem Hauptteil in zwei Schritten:

1) Der einzige Beweis dafür, daß etwas wünschenswert ist, ist der, daß die Menschen es wünschen.

2) Jeder Mensch wünscht sein eigenes Glück, also ist das allgemeine Glück für alle wünschenswert.

Die Argumentation ist in beiden Schritten fehlerhaft. Aus der Tatsache, daß Menschen etwas wünschen, folgt nicht, daß das Gewünschte auch wünschenswert, also gut ist, und aus der Prämisse des zweiten Arguments folgt nur, daß für jeden ein kleiner Teil des allgemeinen Glücks erstrebenswert ist, nämlich das persönliche Glück, nicht aber das Glück aller. Aus dem Argument läßt sich nur ein egoistischer, kein universalistischer Hedonismus ableiten.

Wie konnte Mill, der in seinem philosophischen Hauptwerk »Das System der deduktiven und induktiven Logik« (1859) auf genau diese logischen Fehlschlüsse hinweist, hier dieselben elementaren Fehler begehen? Nun leugnet Mill selbst, daß es sich um »einen Beweis im üblichen Sinne« handelt. Verteidiger Mills haben auf diese Tatsache aufmerksam gemacht und behauptet, es ginge Mill hier nur um eine Plausibilitätsargumentation, er wolle den Utilitarismus lediglich durch rationale Erwägungen stützen. Es stellt sich jedoch die Frage, inwieweit eine durch Fehlschlüsse gekennzeichnete Ableitung noch rationale Überzeugungskraft besitzen kann. Eine mögliche Antwort darauf wäre, daß Mill die Argumentation stark verkürzt hat und dabei Prämissen stillschweigend voraussetzt, die er nicht explizit macht. In diesem Fall wäre die Millsche Argumentation durch Hinzufügen der fehlenden Argumentationsschritte zu retten. Einige Autoren haben Mill so ausgelegt. Wie immer man aber Mill interpretieren mag, sicher ist nur, daß ihm hier die ihm sonst eigene Klarheit fehlt.

Mills Essay löste eine Phase heftiger Diskussionen aus. Zum Thema Utilitarismus erschienen zahlreiche Abhandlungen. Mit der Veröffentlichung von George Edward Moores »Principia Ethica« (1903) kam die Diskussion jedoch weitgehend zum Erliegen. Moores Argumente gegen Mill, die sich vor allem gegen den »Beweis« richteten, schienen den Schlußstrich unter die Debatte zu ziehen. Der Utilitarismus fand in der ersten Hälfte unseres Jahrhunderts nur wenige Vertreter. In den 50er Jahren wurde die Diskussion jedoch abermals entfacht und erlebte einen neuen Höhepunkt. Der Utilitarismus ist seitdem die wohl am stärksten diskutierte Moraltheorie überhaupt.

Argumente für und wider den Utilitarismus

Der Utilitarismus hat bereits auf den ersten Blick große Überzeugungskraft. Was könnte einsichtiger sein als die These, daß richtiges Handeln darin besteht, das Wohlergehen aller zu fördern? Zudem vermeidet der Utilitarismus als teleologische Ethik gewisse Schwierigkeiten einer deontologischen Position. Eine deontologische Ethik geht, wie schon ausgeführt, von einer Vielzahl verschiedener moralischer Prinzipien aus. Diese Prinzipien können jedoch miteinander in Konflikt geraten. Es gibt zum Beispiel Situationen, in denen ich lügen muß, wenn ich einem Freund beistehen will. Hier sind die beiden sittlichen Gebote »du sollst nicht lügen« und »du sollst einem Freund beistehen« unvereinbar. Wie entscheide ich, welches Gebot vorrangig ist? Während eine deontologische Ethik diese Frage nur unzureichend beantworten kann, gibt der Utilitarismus mit dem Utilitätsprinzip ein klares Entscheidungskriterium an die Hand.

Eine weitere Schwierigkeit der deontologischen Ethik hängt eng mit der ersten zusammen: Es kann Situationen geben, in der die Befolgung eines ansonsten für richtig gehaltenen Prinzips mehr Schaden stiftet als Nutzen. Kann es auch in solchen Situationen moralisch richtig sein, sich an das Prinzip zu halten, wie es die deontologische Ethik fordert? Am deutlichsten wird dieses Problem, wenn man sich eine extreme Situation wie die folgende vorstellt: Terroristen haben atomare Sprengköpfe in ihren Besitz gebracht und drohen nun damit, das Land in eine atomare Wüste zu verwandeln. Es gelingt der Polizei, einen dieser Terroristen in ihre Gewalt zu bingen; er verweigert jegliche Aussage. Die einzige Möglichkeit, Informationen über das Versteck der Bomben zu erhalten, würde darin bestehen, den Terroristen zu foltern. Nun gilt die Folter zu Recht als unmoralisch. Ein strenger Deontologe sieht hier keine Ausnahme vor, da es für ihn nicht die primäre Aufgabe und der einzige Maßstab der Moral ist, so viele Menschen wie möglich glücklich zu machen. Vielmehr ist es für einen Deontologen vorrangig, daß Menschen nach in sich guten Normen leben sollen. Vielen von uns erscheint es aber fraglich, ob es moralisch zu verantworten ist, zugunsten der Einhaltung eines moralischen Prinzips das Leben von Millionen aufs Spiel zu setzen. Für den Utilitaristen ist hier das Überleben dieser Menschen das Entscheidende. Auch wenn er die Folter sonst für verwerflich hält, könnte der Utilitarist sie in einem solchen Fall billigen.

Trotz dieser und anderer Vorzüge führt der Utilitarismus, wird er konsequent zu Ende gedacht, selbst wiederum zu Ergebnissen, die unserem gewöhnlichen Moralgefühl widersprechen. Hier sollen einige der geläufigsten Einwände gegen den Utilitarismus veranschaulicht werden:

1) Wir verstehen alle den umgangssprachlichen Satz: »Er hat nicht nur seine Pflicht getan, sondern weit mehr.« Diesen Unterschied von Pflicht und etwas, was über die Pflicht hinausgeht, kennt der Utilitarismus ebensowenig wie bloße »Erlaubnisse«. Maxime des Utilitarismus ist es, stets das zu tun, was *am meisten* nützt. Machen wir uns dies an einem Beispiel deutlich: Ein junger Arzt hat die Wahl, in Deutschland eine Praxis aufzumachen oder aber in die Dritte Welt zu gehen. Zweifelsohne könnte er in einem Entwicklungsland mehr helfen als hier. Der Nachteil für den Arzt, seine Heimat zu verlassen, ist im Vergleich zu dem ungeheuren Nutzen, den er für die Menschen der Dritten Welt bewirken wird, sehr gering. Nach dem utilitaristischen Kalkül wäre es ihm also geboten auszureisen. Dies widerspricht unserer gewöhnlichen Moralauffassung, denn wir halten es nicht für die *Pflicht* des Arztes, auszureisen. Man wirft dem Utilitarismus deshalb vor, daß er das Recht des Individuums auf ein gewisses Maß an Selbstbestimmung oder Autonomie verletze und den einzelnen zugleich überfordere. Man kann nicht von jedem verlangen, ein Heiliger zu sein.

2) Kriterium einer moralisch richtigen Handlung ist für den Utilitarismus die Maximierung des Gesamtwohls. Hierbei bleibt jedoch un-

bestimmt, wie das erzeugte Wohl auf alle verteilt werden soll. Es ist durchaus vorstellbar, daß das Gesamtwohl einer Gesellschaft erhöht werden kann, indem ein Teil der Bevölkerung stark benachteiligt wird. In diesem Fall wäre Sklavenhalterei oder die Diskriminierung einer ethnischen Minorität durchaus mit dem utilitaristischen Prinzip vereinbar. Kritiker werfen dem Utilitarismus deshalb vor, mit dem Prinzip der Gerechtigkeit in Widerspruch zu geraten. Andere Autoren halten diese Kritik für unzutreffend. Der Eindruck, daß die Diskriminierung von Menschen mit dem Utilitarismus vereinbar sei, beruhe auf einer Fehlinterpretation des utilitaristischen Kalküls. In Wirklichkeit wiege nämlich das Leid, das in diesen Fällen den Diskriminierten zugefügt wird, so schwer, daß es nicht durch das größere Wohlergehen aller anderen aufgewogen werden könne. Es bleibt jedoch eine Ermessensfrage, inwieweit nach dem utilitaristischen Kalkül ein einzelner oder eine Minderheit zugunsten einer Mehrheit benachteiligt werden darf. Eine klare Richtschnur, wie sie zum Beispiel die Menschenrechte gewähren, ist aus dem Utilitarismus nur schwerlich ableitbar.

3) Dem Utilitarismus wird ferner vorgeworfen, in gewissen Situationen unsoziales Verhalten zu rechtfertigen. Was damit gemeint ist, macht das folgende Beispiel deutlich: Wegen Energiemangel wird gesetzlich angeordnet, daß man Wohnungen nur bis zu einer Wärme von 15° C heizen darf. Herr X wohnt abgelegen und hat nie Besuch. Keiner würde merken, wenn er seine Wohnung auf 20° C heizte; er wäre also kein negatives Vorbild. Die Energie, die er auf diese Weise verschwenden würde, fiele bei der Gesamtmenge der im Staat verbrauchten Energie überhaupt nicht ins Gewicht. Da er sich bei 20° C erheblich wohler fühlt, wäre der Gesamtnutzen aller größer, wenn er kräftig heizte. Der Utilitarismus gebietet ihm also, die Heizung aufzudrehen.

Auf die Frage, warum ein solches Verhalten unmoralisch sei, hört man oft die Antwort: »Aber was wäre, wenn das jeder täte?« Der Utilitarist ist gegen dieses Argument immun: Er braucht lediglich zu antworten: »Aber es tut ja nicht jeder.« Der Utilitarismus verstößt hier gegen das Gebot der Fairneß.

Bei dem Versuch, diese und andere Probleme des Utilitarismus zu lösen, sind in den letzten Jahrzehnten zahlreiche verschiedene Spielarten des Utilitarismus entstanden. Man kann längst nicht mehr von *dem* Utilitarismus sprechen. Die wohl wichtigste Unterscheidung ist die von Regel- und Handlungsutilitarismus. Anders als der Handlungsutilitarist, der das Nützlichkeitskriterium in jeder Situation von neuem zum Maßstab seiner Handlungen macht, sucht der Regelutilitarist nach Regeln, deren allgemeine Befolgung für das Wohlergehen aller nützlich wäre. Moralisches Handeln besteht für den Regelutilitaristen in der Befolgung dieser Regeln, nicht in der unmittelbaren Anwendung des Nützlichkeitsprinzips. Insofern ähnelt der Regelutilitarismus der deontologischen Position. Sie unterscheiden sich darin, daß der Regelutilitarist die von ihm anerkannten Regeln utilitaristisch begründet. Einige Autoren interpretieren Mill als Regelutilitaristen; ihm selbst war jedoch die klare Unterscheidung von Regel- und Handlungsutilitarismus sicher nicht bewußt.

Der Regelutilitarismus hat gegenüber dem Handlungsutilitarismus gewisse Vorzüge. Zum Beispiel stellen sich für ihn nicht die Probleme, die unter Punkt 3) skizziert wurden. Er hat jedoch den Nachteil, daß er wieder ähnliche Probleme aufwirft wie die deontologische Ethik. In der gegenwärtigen Diskussion zeigt sich daher die Tendenz, nach Mischformen zu suchen, d. h. nach Theorien, die die Vorzüge der deontologischen und der utilitaristischen Positionen vereinigen und ihre Nachteile vermeiden.

John Stuart Mill: Der Utilitarismus, Zweites Kapitel

[...] Die Auffassung, für die die Nützlichkeit oder das Prinzip des größten Glücks die Grundlage der Moral ist, besagt, daß Handlungen insoweit und in dem Maße moralisch richtig sind, als sie die Tendenz haben, Glück zu befördern, und insoweit moralisch falsch, als sie die Tendenz haben, das Gegenteil von Glück zu bewirken. Unter »Glück« [happiness] ist dabei Lust [pleasure] und das Freisein von Unlust [pain], unter »Unglück« [unhappiness] Unlust und das Fehlen von Lust verstanden. Damit die von dieser Theorie aufgestellte Norm deutlich wird, muß freilich noch einiges mehr gesagt werden, insbesondere darüber, was die Begriffe Lust und Unlust einschließen sollen und inwieweit dies von der Theorie offengelassen wird. Aber solche zusätzlichen Erklärungen ändern nichts an der Lebensauffassung, auf der diese Theorie der Moral wesentlich beruht: daß Lust und das Freisein von Unlust die einzigen Dinge sind, die als Endzwecke wünschenswert sind, und daß alle anderen wünschenswerten Dinge (die nach utilitaristischer Auffassung ebenso vielfältig sind wie nach jeder anderen) entweder deshalb wünschenswert sind, weil sie selbst lustvoll sind oder weil sie Mittel sind zur Beförderung von Lust und zur Vermeidung von Unlust.

Eine solche Lebensauffassung stößt bei vielen Menschen, darunter manchen, deren Fühlen und Trachten im höchsten Maße achtenswert ist, auf eingewurzelte Abneigung. Der Gedanke, daß das Leben (wie sie sagen) keinen höheren Zweck habe als die Lust, kein besseres und edleres Ziel des Wollens und Strebens, erscheint ihnen im äußersten Grade niedrig und gemein; als eine Ansicht, die nur der Schweine würdig wäre, mit denen die Anhänger Epikurs ja schon sehr früh verächtlich gleichgesetzt wurden (und zeitgenössische Vertreter der Lehre werden gelegentlich zum Gegenstand nicht weniger höflicher Vergleiche von seiten ihrer deutschen, französischen und englischen Gegner).

Auf Angriffe dieser Art haben die Epikureer stets geantwortet, daß nicht sie, sondern ihre Ankläger es sind, die die menschliche Natur in entwürdigendem Lichte erscheinen lassen, da die Anklage ja unterstellt, daß Menschen keiner anderen Lust fähig sind als der, deren auch Schweine fähig sind. Träfe diese Unterstellung zu, wäre der Anklage nichts entgegenzuhalten, aber sie wäre dann auch keine Bezichtigung mehr. Denn wenn die Quellen der Lust für Menschen und für Schweine genau dieselben wären, müßte die Lebensregel, die für die einen gut genug ist, auch für die anderen gut genug sein. Nur deswegen wird ja die Gleichsetzung des epikureischen Lebens mit dem tierischen als entwürdigend empfunden, weil die Lust des Tiers der menschlichen Vorstellung von Glück nicht gerecht wird. Die Menschen haben höhere Fähigkeiten als bloß tierische Gelüste und vermögen, sobald sie sich dieser einmal bewußt geworden sind, nur darin ihr Glück zu sehen, worin deren Betätigung eingeschlossen ist. Ich möchte damit nicht behaupten, daß den Epikureern bei der Ableitung von Konsequenzen aus dem utilitaristischen Prinzip keine Fehler unterlaufen wären – im Gegenteil, keine solche Ableitung kann angemessen sein, die nicht viele stoische und christliche Elemente einbezieht. Aber wir kennen keine epikureische Lebensauffassung, die nicht den Freuden des Verstandes, der Empfindung und Vorstellungskraft sowie des sittlichen Gefühls einen weit höheren Wert zuschreibt als denen der bloßen Sinnlichkeit. Es ist allerdings einzuräumen, daß die utilitaristischen Autoren die Überlegenheit der geistigen über die körperlichen Freuden im wesentlichen nur in der größeren Dauerhaftigkeit, Verläßlichkeit, Unaufwendigkeit usw. der ersteren gesehen haben, also eher in ihren äußeren Vorteilen als in ihrer inneren Beschaffenheit. In allen diesen Punkten haben die Utilitaristen ihren Standpunkt überzeugend begründet. Aber sie hätten auch diesen anderen und sozusagen höheren Grund geltend machen können, ohne sich selbst untreu zu werden. Die Anerkennung der Tatsache, daß einige *Arten* der Freude wünschenswerter und wertvoller sind als andere, ist mit dem Nützlichkeitsprinzip durchaus vereinbar. Es wäre unsinnig anzunehmen, daß der Wert einer Freude ausschließlich von der Quantität abhängen sollte, wo doch in der Wertbestimmung aller anderen Dinge neben der Quantität auch die Qualität Berücksichtigung findet.

Fragt man mich nun, was ich meine, wenn ich von der unterschiedlichen Qualität von Freuden spreche, und was eine Freude – bloß als Freude, unabhängig von ihrem größeren Betrag – wertvoller als eine andere macht, so gibt es nur eine mögliche Antwort: von zwei Freuden ist diejenige wünschenswerter, die von allen oder nahezu allen, die beide erfahren haben – ungeachtet des Gefühls, eine von beiden aus moralischen Gründen vorziehen zu müssen –, entschieden bevorzugt wird. Wird die eine von zwei Freuden von denen, die beide kennen und beurteilen können, so weit über die andere gestellt, daß sie sie auch dann noch vorziehen, wenn sie wissen, daß sie größere Unzufriedenheit verursacht, und sie gegen noch so viele andere Freuden, die sie erfahren könnten, nicht eintauschen möchten, sind wir berechtigt, jener Freude eine höhere Qualität zuzuschreiben, die die Quantität so weit übertrifft, daß diese im Vergleich nur gering ins Gewicht fällt.

Es ist nun aber eine unbestreitbare Tatsache, daß diejenigen, die mit beiden gleichermaßen bekannt und für beide gleichermaßen empfänglich sind, der Lebensweise entschieden den Vorzug geben, an der auch ihre höheren Fähigkeiten beteiligt sind. Nur wenige Menschen würden darein einwilligen, sich in eines der niederen Tiere verwandeln zu lassen, wenn man ihnen verspräche, daß sie die Befriedigungen des Tiers im vollen Umfange auskosten dürften. Kein intelligenter Mensch möchte ein Narr, kein gebildeter Mensch ein Dummkopf, keiner, der feinfühlig und gewissenhaft ist, selbstsüchtig und niederträchtig sein – auch wenn sie überzeugt wären, daß der Narr, der Dummkopf oder der Schurke mit seinem Schicksal zufriedener ist als sie mit dem ihren. Das, was sie vor ihm voraushaben, würden sie auch für die vollständigste Erfüllung all der Wünsche nicht aufgeben, die sie mit ihm gemeinsam haben. Sollte ihnen dies doch einmal in den Sinn kommen, dann nur in Fällen äußersten Unglücks, in denen sie bereit sind, fast jedes andere Schicksal in Kauf zu nehmen, wie wenig sie sich auch von ihm versprechen, nur um dem ihren zu entgehen. Ein höher begabtes Wesen verlangt mehr zu seinem Glück, ist wohl auch größeren Leidens fähig und ihm sicherlich in höherem Maße ausgesetzt als ein niedrigeres Wesen; aber trotz dieser Gefährdungen wird es niemals in jene Daseinsweise absinken wollen, die es als niedriger empfindet. Wir mögen dieses Widerstreben erklären, wie wir wollen: wir mögen es dem Stolz zuschreiben – einem Begriff, mit dem man einige der am meisten und einige der am wenigsten schätzenswerten Gefühle, deren die Menschen fähig sind, bezeichnet; wir mögen es der Freiheitsliebe und dem Streben nach Unabhängigkeit zuschreiben, woran die Stoiker appelliert und worin sie eines der wirksamsten Mittel gefunden haben, die Menschen zu diesem Widerstreben zu erziehen; der Liebe zur Macht und zur begeisterten Erregtheit, die beide darin enthalten sind. Aber am zutreffendsten wird es als ein Gefühl der Würde beschrieben, das allen Menschen in der einen oder anderen Weise und im ungefähren Verhältnis zu ihren höheren Anlagen zu eigen ist und das für die, bei denen es besonders stark ausgeprägt ist, einen so entscheidenden Teil ihres Glücks ausmacht, daß sie nichts, was mit ihm unvereinbar ist, länger als nur einen Augenblick lang zu begehren imstande sind. Wer meint, daß diese Bevorzugung des Höheren ein Opfer an Glück bedeutet – daß das höhere Wesen unter den gleichen Umständen nicht glücklicher sein könne als das niedrigere –, vermengt die zwei durchaus verschiedenen Begriffe des Glücks [happiness] und der Zufriedenheit [content]. Es ist unbestreitbar, daß ein Wesen mit geringerer Fähigkeit zum Genuß die besten Aussichten hat, voll zufriedengestellt zu werden; während ein Wesen von höheren Fähigkeiten stets das Gefühl haben wird, daß alles Glück, das es von der Welt, so wie sie beschaffen ist, erwarten kann, unvollkommen ist. Aber wenn diese Unvollkommenheiten überhaupt nur erträglich sind, kann es lernen, mit ihnen zu leben, statt die anderen zu beneiden, denen diese Unvollkommenheiten nur deshalb nicht bewußt sind, weil sie sich von den Vollkommenheiten keine Vorstellung machen können, mit denen diese verglichen werden. Es ist besser, ein unzufriedener Mensch zu sein als ein zufriedenes Schwein; besser ein unzufriedener Sokrates als ein zufriedener Narr. Und wenn der Narr oder das Schwein anderer Ansicht sind, dann deshalb, weil sie nur die eine Seite der Angelegenheit kennen. Die andere Partei hingegen kennt beide Seiten. [...]

Nach dem Prinzip des größten Glücks ist, wie oben erklärt, der letzte Zweck, bezüglich dessen und um dessentwillen alles andere wünschenswert ist (sei dies unser eigenes Wohl oder das Wohl anderer), ein Leben, das so weit wie möglich frei von Unlust und in quantitativer wie in qualitativer Hinsicht so reich wie möglich an Lust ist; wobei der Maßstab, an dem Qualität gemessen und mit der Quantität verglichen wird, die Bevorzugung derer ist, die ihrem Erfahrungshorizont nach – einschließlich Selbsterfahrung und Selbstbeobachtung – die besten Vergleichsmöglichkeiten besitzen. Indem dies nach utilitaristischer Auffassung der Endzweck des menschlichen Handelns ist, ist es notwendigerweise auch die Norm der Moral. Diese kann also definiert werden als die Gesamtheit der Handlungsregeln und Handlungsvorschriften, durch deren Befolgung ein Leben der angegebenen Art für die gesamte Menschheit im größtmöglichen Umfange erreichbar ist; und nicht nur für sie, sondern, soweit es die Umstände erlauben, für die gesamte fühlende Natur.

Gegen diese Lehre wendet sich jedoch ein anderer Kreis von Gegnern, die behaupten, daß Glück in keiner seiner Ausprägungen ein vernünftiger Zweck menschlichen Lebens und Handelns sein könne; schon deshalb nicht, weil Glück unerreichbar sei – wobei sie voller Verachtung die Frage stellen: »Hast du überhaupt ein Recht, glücklich zu sein?«, eine Frage, die Carlyle durch den Zusatz verschärft: »Welches Recht hattest du vor nicht allzu langer Zeit, überhaupt zu *sein*?« Ferner behaupten sie, daß der Mensch *ohne* Glück auskommen kann, daß alle wahrhaft edlen Menschen dies gewußt haben und all ihren Edelmut der Lektion des »Entsagens«, des Verzichts, verdanken, die, gründlich gelernt und befolgt, der erste Schritt auf dem Weg zur Tugend und ihre notwendige Voraussetzung sei.

Wäre der erste dieser Einwände stichhaltig, würde er den Nerv der Sache treffen: denn wenn es den Menschen grundsätzlich verwehrt ist, Glück zu erlangen, kann Glück nicht das Ziel eines zweckbestimmten Handelns oder gar das Ziel der Moral sein – obgleich noch in diesem Falle einiges für die utilitaristische Idee spräche, da das Nützlichkeitsprinzip ja nicht nur das Streben nach Glück, sondern auch die Verhinderung und Milderung von Unglück beinhaltet; und im Falle, daß das erstere Ziel utopisch wäre, entstünde dem letzteren nur ein um so größerer Wirkungskreis und eine um so höhere Dringlichkeit, zumindest so lange, als die Menschheit es vorzieht weiterzuleben, statt ihre Zuflucht in einem kollektiven Selbstmord zu suchen, wie ihn Novalis für bestimmte Situationen empfiehlt. Wird jedoch so leichthin behauptet, daß das menschliche Leben unmöglich glücklich sein könne, ist das wenn nicht Wortklauberei, so doch eine grobe Übertreibung. Freilich: versteht man unter Glück das Fortdauern einer im höchsten Grade lustvollen Erregung, dann ist die Unerreichbarkeit von Glück nur zu offensichtlich. Der Zustand der Überschwenglichkeit hält höchstens einige Augenblicke, in einigen Fällen – mit Unterbrechungen – auch Stunden und Tage an; er ist das gelegentliche helle Auflodern der Flamme, nicht die beständige und fortdauernde Glut. Darüber waren sich die Philosophen, die die Glückseligkeit zum Endzweck des Lebens erklärten, ebenso im klaren wie die, die ihren Spott über sie ergießen. Das Glück, das sie meinten, war nicht ein Leben überschwenglicher Verzückung, sondern einzelne Augenblicke des Überschwangs inmitten eines Daseins, das wenige und schnell vorübergehende Phasen der Unlust, viele und vielfältige Freuden enthält (mit einem deutlichen Übergewicht der aktiven über die passiven) und dessen Grundhaltung es ist, nicht mehr vom Leben zu erwarten, als es geben kann. Jedem, der ein so beschaffenes Leben führen durfte, erschien die Bezeichnung Glückseligkeit als angemessen. Und auch heute noch ist es vielen vergönnt, ein solches Dasein während eines beträchtlichen Teils ihrer Lebensdauer zu erfahren. Allein die Erbärmlichkeit der gegenwärtigen Erziehung und die elenden gesellschaftlichen Verhältnisse verhindern, daß es für nahezu alle erreichbar wird. [...]

Ich muß noch einmal auf das zurückkommen, was die Gegner des Utilitarismus nur selten zur Kenntnis nehmen wollen: daß das Glück, das den utilitaristischen Maßstab des moralisch richtigen Handelns darstellt, nicht das Glück des Handelnden selbst, sondern das Glück aller Betroffenen ist. Der Utilitarismus fordert von jedem Handelnden, zwischen seinem eigenen Glück und dem der andern mit ebenso strenger Unparteilichkeit zu entscheiden wie ein unbeteiligter und wohlwollender Zuschauer. In der goldenen Regel, die Jesus von Nazareth aufgestellt hat, finden wir den Geist der Nützlichkeitsethik vollendet ausgesprochen. Die Forderungen, sich dem andern gegenüber so zu verhalten, wie man möchte, daß er sich einem selbst gegenüber verhält, und den Nächsten zu lieben wie sich selbst, stellen die utilitaristische Moral in ihrer höchsten Vollkommenheit dar. Um sich diesem Ideal so weit wie möglich anzunähern, fordert das Nützlichkeitsprinzip erstens, daß Gesetze und gesellschaftliche Verhältnisse das Glück oder – wie man es in der Praxis auch nennen kann – die Interessen jedes einzelnen so weit wie möglich mit dem Interesse des Ganzen in Übereinstimmung bringen; und zweitens, daß Erziehung und öffentliche Meinung, die einen so gewaltigen Einfluß auf die menschlichen Gesinnungen haben, diesen Einfluß dazu verwenden, in der Seele jedes einzelnen eine unauflösliche gedankliche Verknüpfung herzustellen zwischen dem eigenen Glück und dem Wohl des Ganzen und insbesondere zwischen dem eigenen Glück und der Gewohnheit, so zu handeln, wie es die Rücksicht auf das allgemeine Glück gebietet; so daß er nicht nur unfähig wird, die Möglichkeit eines Glücks für sich selbst mit einer Handlungsweise, die dem Gemeinwohl zuwider ist, zusammenzudenken, sondern auch so, daß ein unmittelbares Motiv zur Förderung des allgemeinen Wohls in jedem einzelnen einer der gewohnheitsmäßigen Handlungsantriebe wird und die damit verbundenen Gefühle und Gesinnungen im Bewußtsein jedes Menschen einen hervorragenden Platz einnehmen. Würden die, die die utilitaristische Moral angreifen, sich diese Moral in diesem ihrem wahren Charakter vor Augen führen, wüßte ich nicht, welchen Vorzug irgendeiner anderen Moral sie an ihr vermissen könnten, welche schöneren und höheren Entfaltungen der menschlichen Natur irgendein anderes System der Ethik zu fördern imstande wäre und auf welche Handlungsantriebe, die den Utilitaristen versagt wären, sich solche Systeme stützen wollten, um ihren Forderungen Wirkung zu verleihen.

Nicht immer kann man den Gegnern des Utilitarismus den Vorwurf machen, sie stellten ihn zu abschätzig dar. Im Gegenteil bemängeln gerade jene, die eine halbwegs angemessene Vorstellung vom uneigennützigen Charakter dieser Theorie haben, daß die Norm, die sie aufstellt, für die Menschheit zu hoch sei: man fordere zuviel, sagen sie, wenn man von den Menschen verlange, ihr einziges Handlungsmotiv solle es sein, die allgemeinen Interessen der Menschheit zu fördern. Aber dabei verkennen sie die wahre Bedeutung einer moralischen Norm und verwechseln die Handlungsregeln mit dem Handlungsmotiv. Es ist Sache der Ethik, uns zu sagen, welche Pflichten wir haben und nach welchen Kriterien wir sie bestimmen können. Aber kein System der Ethik verlangt, daß das einzige Motiv für alles, was wir tun, das Pflichtgefühl sein soll. Im Gegenteil, neunundneunzig von hundert Handlungen haben andere Motive und das mit Recht, solange die Regel der Pflicht sie nicht verurteilt. Daß gerade dieses Mißverständnis ein Grund zur Kritik am Utilitarismus geworden ist, ist um so weniger berechtigt, als die Utilitaristen nachdrücklicher als praktisch alle andern behauptet haben, daß das Motiv zwar sehr viel mit dem moralischen Wert des Handelnden, aber nichts mit der moralischen Richtigkeit der Handlung zu tun hat. Wer einen Mitmenschen vor dem Ertrinken rettet, tut, was moralisch richtig ist, einerlei, ob er es aus Pflichtgefühl tut oder in der Hoffnung, für seine Mühe entschädigt zu werden. Wer einen Freund, der ihm vertraut, verrät, lädt Schuld auf sich, auch wenn es in der Absicht geschehen ist, einem anderen Freund einen Dienst zu erweisen, dem er in höherem Maße verpflichtet ist. Um aber hier zunächst nur von den Handlungen zu sprechen, die aus Pflicht und aus unmittelbarem Gehorsam gegen das Prinzip ausgeführt werden, so ist es ein Mißverständnis der utilitaristischen Denkweise, wenn man meint, sie verlange, man solle seine Gedanken auf so vage Allgemeinheiten wie die Welt oder die Gesellschaft als Ganzes richten. Die große Mehrzahl aller guten Taten hat ihren Zweck nicht im Wohl der Welt, sondern im Wohl einzelner Individuen, aus dem sich das Wohl der Welt zusammensetzt; und selbst der Tugendhafteste braucht in seinen Rücksichten nur insoweit über die jeweiligen Einzelpersonen hinauszugehen als nötig ist, um sich davon zu überzeugen, daß er durch sein Wohltun nicht die Rechte, d. h. die berechtigten und gesetzlich legitimierten Erwartungen anderer verletzt. Die Vermehrung des Glücks ist nach der utilitaristischen Ethik der Zweck der Tugend; aber die Gelegenheiten, in denen es – eine unter tausend ausgenommen – in der Macht einer einzelnen Person steht, dieses in größerem Umfange zu tun und zu einem öffentlichen Wohltäter zu werden, ergeben sich nur ausnahmsweise; und nur in solchen Fällen hat er die Pflicht, den öffentlichen Nutzen zu berücksichtigen. In allen anderen Fällen braucht er nur auf den privaten Nutzen, das Interesse oder das Glück einiger weniger Personen zu sehen. Allein diejenigen, die durch ihr Handeln auf die Gesellschaft als ganze Einfluß nehmen können, müssen sich ein so umfassendes Ziel setzen. Was schließlich die verbotenen Handlungen betrifft – das, was man sich aus moralischen Gründen verbietet, selbst wenn die Folgen im besonderen Fall günstig sind –, so wäre es eines verständigen Menschen unwürdig, nicht genau zu wissen, daß die in Frage stehende Handlung zu einer Klasse gehört, die, allgemein praktiziert, aufs Ganze gesehen schädlich wäre, und daß hierauf die Verpflichtung beruht, sich ihrer zu enthalten. Die Rücksicht auf das öffentliche Interesse, das die Anerkennung dieses Prinzips beinhaltet, reicht nicht weiter als die, die alle Systeme der Moral verlangen; denn sie alle fordern, daß man sich dessen enthalte, was für die Gesellschaft offensichtlich von Schaden ist. [...]

Ferner wird die Nützlichkeitslehre oft pauschal als unmoralisch gebrandmarkt, indem man sie mit dem Ausdruck Opportunismus belegt und sie damit unter Ausnutzung der populären Bedeutung dieses Ausdrucks dem Handeln aus Prinzip entgegengesetzt erscheinen läßt. Aber in dem Sinn, in dem es dem Rechtmäßigen entgegengesetzt ist, ist das Opportune im allgemeinen das, was dem Eigeninteresse des Handelnden selbst entspricht, etwa dann, wenn ein Minister die Interessen seines Landes preisgibt, um sich im Amt zu halten. Wenn es etwas Besseres bedeutet, dann das, was für ein kurzfristiges Ziel, einen unmittelbar vorliegenden Zweck vorteilhaft ist, dabei jedoch eine Regel verletzt, deren Befolgung in weitaus höherem Grade nützlich ist. So verstanden, ist das Opportune nicht mit dem Nützlichen identisch, sondern ein Teil des Schädlichen. So wäre es z. B. in vielen Fällen opportun zu lügen, um über eine momentane Verlegenheit hinwegzukommen oder um etwas zu erreichen, das uns oder andern einen unmittelbaren Vorteil gewährt. Aber insofern die Ausbildung und Pflege einer strikten Wahrhaftigkeitsliebe eines der nützlichsten und ihre Schwächung eines der schädlichsten Dinge ist, zu denen unser Verhalten führen kann, und insofern jede und sei es auch unbeabsichtigte Abweichung von der Wahrheit dazu beiträgt, jene Vertrauenswürdigkeit menschlicher Äußerungen zu erschüttern, von der alles gesellschaftliche Wohlergehen, das wir gegenwärtig vorfinden, abhängt und die die schlechthin unerläßliche Voraussetzung von Kultur, Sitte – kurz: allem – ist, worauf menschliches Glück im weitesten Sinne beruht, insofern fühlen wir, daß es nicht nützlich sein kann, eine Regel von so überragender Nützlichkeit um eines kurzfristigen Vorteils willen zu verletzen, und daß derjenige, der um eines Vorteils für sich selbst oder einen anderen willen das Seinige dazu beiträgt, der Menschheit den Schaden anzutun und das Gut zu nehmen, das ein Mehr oder Weniger an gegenseitigem Vertrauen bedeutet, die Rolle ihres schlimmsten Feindes spielt. Es wird jedoch von allen Ethikern zugestanden, daß selbst diese so unantastbare Regel Ausnahmen zuläßt, besonders dann, wenn das Verschweigen einer Wahrheit – indem man etwa einem Übeltäter eine Auskunft verweigert oder einem Schwerkranken eine schlechte Nachricht vorenthält – jemanden, zumal einen anderen als sich selbst, vor großem unverschuldetem Unglück bewahrt, und wenn dieses Verschweigen nur durch Ableugnen erfolgen kann. Damit die Ausnahme jedoch auf das unbedingt Notwendige beschränkt bleibt und das gegenseitige Vertrauen so wenig wie möglich geschwächt wird, sollte man sie als Ausnahme anerkennen und, wenn möglich, in ihren Grenzen bestimmen. Wenn das Nützlichkeitsprinzip zu irgend etwas gut ist, dann muß es diese sich widerstreitenden Nützlichkeiten gegeneinander abwägen und die Bereiche eingrenzen können, in denen die eine oder die andere überwiegt.

Die Vertreter des Nützlichkeitsprinzips sehen sich fernerhin immer wieder veranlaßt, auf Einwände wie etwa den zu antworten, daß vor dem Handeln nicht genügend Zeit bleibe, die Auswirkungen aller möglichen Handlungsweisen auf das allgemeine Glück zu berechnen und abzuwägen. Aber dies ist so, als wenn jemand sagen wollte, daß es unmöglich sei, unser Handeln nach dem christlichen Glauben auszurichten, da nicht in allen Situationen, in denen gehandelt werden muß, Zeit genug sei, das Alte und Neue Testament durchzulesen. Die Antwort auf diesen Einwand lautet, daß allerdings Zeit in Fülle vorhanden gewesen ist, nämlich die ganze vergangene Existenz der menschlichen Gattung. Diese ganze Zeit hindurch haben die

Menschen Erfahrungen über die Auswirkungen ihres Handelns gesammelt, und auf ihnen beruht alle Klugheit und alle Lebensweisheit. Viele reden so, als beginne dieses Sammeln von Erfahrungen erst jetzt, als müßte sich einer in dem Augenblick zum ersten Mal die Frage stellen, ob Mord und Diebstahl dem menschlichen Glück abträglich sind, in dem er sich versucht fühlt, einem anderen an Eigentum und Leben zu gehen. Aber auch in diesem Falle würde ihn die Frage wohl kaum in Verlegenheit bringen. Jedenfalls steht ihm bereits alles, was er braucht, zur Verfügung. Es wäre höchst verwunderlich, wenn die Menschen, wären sie sich einig, in der Nützlichkeit das Kriterium der Moral zu sehen, sich in keiner Weise auch darüber einig sein sollten, *was nützlich ist*, und nichts unternehmen würden, um ihre Vorstellungen von Nützlichkeit ihren Kindern beibringen zu lassen und durch Gesetzgebung und öffentliche Meinung zu bekräftigen. Es ist nicht schwer, von jedem ethischen Prinzip zu beweisen, daß es in der Praxis scheitern muß, wenn man zugleich voraussetzt, daß allgemeiner Schwachsinn herrscht. Aber unter jeder anderen Voraussetzung muß die Menschheit im Laufe der Zeit feste Überzeugungen darüber gewonnen haben, wie sich verschiedene Handlungsweisen auf ihr Glück auswirken, und in den auf diese Weise überlieferten Überzeugungen findet sowohl die Masse der Menschen als auch der Philosoph die Gebote der Moral – der letztere zumindest so lange, bis es ihm gelingt, bessere zu finden. Daß den Philosophen dies selbst heute in vielen Bereichen nicht schwerfallen dürfte, daß der geltende Sittenkodex keineswegs gottgegeben und unantastbar ist und daß die Menschen darüber, wie sich ihr Handeln auf das allgemeine Glück auswirkt, noch sehr viel lernen können, gebe ich durchaus zu oder vielmehr: möchte ich mit Bestimmtheit behaupten. Die aus dem Nützlichkeitsprinzip abgeleiteten Korollarien lassen wie die Lehrsätze jeder praktischen Disziplin unbegrenzte Verbesserungen zu und erfahren solche Verbesserungen mit jedem Fortschritt des menschlichen Geistes. Aber die Regeln der Moral für verbesserungsfähig zu halten heißt nicht, sich über die mittleren allgemeinen Prinzipien hinwegzusetzen und jede einzelne

Handlung unmittelbar am obersten Prinzip prüfen zu wollen. Es ist nicht einzusehen, warum die Anerkennung eines ersten Prinzips mit der Einbeziehung sekundärer Prinzipien unverträglich sein soll. Wenn man einem Reisenden die Lage seines Bestimmungsortes erklärt, verbietet man ihm damit nicht, sich unterwegs an die Grenzsteine und Wegweiser zu halten. Daß man das Glück zum Zweck und Ziel der Moral erklärt, heißt nicht, daß man keinen Weg angeben darf, der zu diesem Ziel führt, oder daß man dem, der dorthin will, nicht raten sollte, besser die eine Richtung als die andere einzuschlagen. Man sollte endlich aufhören, in diesem Punkte einen Unsinn zu reden, den man in anderen Dingen von praktischem Belang weit von sich weisen und dem man nicht einmal zuhören würde. Niemand wird behaupten wollen, daß die Kunst der Navigation nicht auf der Astronomie beruhen kann, weil die Seeleute ja nicht jedesmal erneut das nautische Jahrbuch berechnen können. Als die vernünftigen Wesen, die sie sind, stechen sie mit dem fertig ausgerechneten Jahrbuch in See; und alle vernünftigen Wesen, die sich auf das Meer des Lebens wagen, sind in den gewöhnlichen Fragen von Recht und Unrecht bereits ebenso entschieden wie in vielen der weitaus schwierigeren Fragen von klug und unklug. Und solange die Menschen die Fähigkeit zur Vorausschau besitzen, wird dies auch in Zukunft so sein. Welches Grundprinzip der Moral wir auch vertreten mögen, stets bedürfen wir untergeordneter Prinzipien, nach denen wir es anwenden können; und da die Unmöglichkeit, auf sie zu verzichten, allen Systemen gemeinsam ist, kann diese nicht als Argument gegen irgendein bestimmtes System herhalten; aber ernstlich so zu tun, als sei die Suche nach sekundären Prinzipien dieser Art von vornherein vergeblich, als hätte die Menschheit bis auf den heutigen Tag nicht einen einzigen allgemeinen Schluß aus ihrer Lebenserfahrung gezogen und als würde sie dies auch in Zukunft nicht tun, ist, meine ich, der höchste Gipfel des Unverstandes, der in einer philosophischen Auseinandersetzung jemals erreicht worden ist. [...]

Viertes Kapitel

Es ist bereits bemerkt worden, daß Fragen nach letzten Zwecken einen Beweis im üblichen Sinne des Wortes nicht zulassen. Die Unmöglichkeit eines Vernunftbeweises ist allen ersten Prinzipien gemeinsam, den Grundvoraussetzungen der Erkenntnis ebenso wie denen des praktischen Handelns. Doch da es sich bei den ersteren um Tatsachen handelt, wird man sich zu ihrer Begründung unmittelbar auf die Vermögen berufen können, mit denen wir über Tatsachen urteilen, nämlich unsere Sinne und unser inneres Bewußtsein. Kann man sich in der Frage der praktischen Zwecke auf dieselben Vermögen berufen? Oder welche anderen Vermögen sind es, durch die wir von ihnen Kenntnis erlangen?

Fragen nach Zwecken sind (mit anderen Worten) Fragen danach, welche Dinge wünschenswert sind. Der Utilitarismus sagt, daß Glück wünschenswert ist, daß es das einzige ist, das als Zweck wünschenswert ist, und daß alles andere nur als Mittel zu diesem Zweck wünschenswert ist. Welchen Kriterien muß diese Lehre genügen – welche Bedingungen muß sie erfüllen –, um ihrem Anspruch zu überzeugen gerecht zu werden?

Der einzige Beweis dafür, daß ein Gegenstand sichtbar [visible] ist, ist, daß man ihn tatsächlich sieht. Der einzige Beweis dafür, daß ein Ton hörbar [audible] ist, ist, daß man ihn hört. Und dasselbe gilt für die anderen Quellen unserer Erfahrung. Ebenso wird der einzige Beweis dafür, daß etwas wünschenswert [desirable] ist, der sein, daß die Menschen es tatsächlich wünschen. Wäre der Zweck, den sich die utilitaristische Theorie setzt, nicht schon in Theorie und Praxis als Zweck anerkannt, könnte einen nichts davon überzeugen, daß dies wirklich der Zweck ist. Dafür, daß das allgemeine Glück wünschenswert ist, läßt sich kein anderer Grund angeben, als daß jeder sein eigenes Glück erstrebt, insoweit er es für erreichbar hält. Da dieses jedoch eine Tatsache ist, haben wir damit nicht nur den ganzen Beweis, den der Fall zuläßt, sondern alles, was überhaupt als Beweisgrund dafür verlangt werden kann, daß Glück ein Gut ist: nämlich daß das Glück jedes einzelnen für diesen ein Gut ist und daß daher das allgemeine Glück ein Gut für die Gesamtheit der Menschen ist. Damit hat das Glück seinen Anspruch begründet, *einer* der Zwecke des Handelns und folglich eines der Kriterien der Moral zu sein.

Damit ist allerdings noch nicht bewiesen, daß es das einzige Kriterium ist. Offenbar müßte, derselben Regel entsprechend, dazu nicht nur gezeigt werden, daß die Menschen Glück wollen, sondern auch, daß sie niemals etwas anderes wollen. Nun liegt es aber auf der Hand, daß die Menschen vieles wollen, was dem gewöhnlichen Sprachgebrauch nach von Glück eindeutig verschieden ist. So streben sie z. B. nach Tugend und dem Freisein von Lastern ebenso aufrichtig wie nach Lust und dem Freisein von Schmerz. Der Wunsch nach Tugend findet sich zwar nicht so allgemein wie der Wunsch nach Glück, aber daß es ihn gibt, ist eine unbestreitbare Tatsache. Und daraus meinen die Gegner des utilitaristischen Prinzips schließen zu können, daß es außer dem Glück noch weitere Zwecke des menschlichen Handelns gibt und daß Glück nicht der Maßstab von Billigung und Mißbilligung schlechthin sein kann.

Aber bestreitet der Utilitarismus etwa, daß die Menschen nach Tugend streben, oder behauptet er etwa, daß Tugend nicht erstrebenswert sei? Im Gegenteil. Er behauptet nicht nur, daß Tugend erstrebenswert ist, sondern daß sie uneigennützig, um ihrer selbst willen erstrebt werden sollte. Was auch immer die Auffassung der Utilitaristen über die Entstehungsbedingungen der Tugend sein mag, ob sie auch meinen (wie es der Fall ist), daß Handlungen und Charaktereigenschaften nur deshalb tugendhaft sind, weil sie einem andern Zweck als der Tugend selbst dienen – dies zugestanden und angenommen, daß aufgrund solcher Erwägungen entschieden worden ist, was tugendhaft *ist*, so setzen die Utilitaristen die Tugend nicht nur an die Spitze der Dinge, die als Mittel zu jenem letzten Zweck gut sind, sondern erkennen es auch als eine psychologische Tatsache an, daß sie für den einzelnen ein an sich selbst und ohne äußeren Zweck wertvolles Gut werden kann, und behaupten sogar, daß sich das menschliche Bewußtsein nicht im richtigen – dem Nützlichkeitsprinzip gemäßen, dem allgemeinen Glück am förderlichsten – Zustand befindet, wenn es die Tugend nicht in dieser Weise liebt – als etwas, das um seiner selbst willen erstrebenswert ist, selbst wenn sie im einzelnen Fall nicht die wünschenswerten Folgen haben sollte, die sie aufs Ganze gesehen hat und deretwegen sie als Tugend gilt. Diese Auffassung stellt in keiner Weise eine Abweichung vom Prinzip des Glücks dar. Die Bestandteile des Glücks sind sehr verschiedenartig, und jeder einzelne Bestandteil ist um seiner selbst willen erstrebenswert und nicht nur insofern, als sich die Gesamtsumme durch ihn erhöht. Das Nützlichkeitsprinzip ist nicht so zu verstehen, als ob eine bestimmte Freude wie z. B. Musik oder ein bestimmtes Freisein von Schmerz wie die Gesundheit als Mittel zu einem umfassenden Etwas, genannt Glück, betrachtet werden soll und deshalb erstrebenswert ist. Vielmehr werden sie an sich selbst und um ihrer selbst willen erstrebt und sind an sich selbst und um ihrer selbst willen erstrebenswert. Sie sind nicht nur Mittel zum Zweck, sie sind auch Teile des Zwecks. Nach utilitaristischer Auffassung ist die Tugend zwar nicht ursprünglich, von Natur aus, Teil des Zwecks, aber sie kann dazu werden; und bei denen, die die Tugend ohne eigennützige Motive lieben, ist sie dazu geworden und wird von ihnen nicht als Mittel zum Glück, sondern als Teil des Glücks erstrebt und geschätzt.

Erinnern wir uns – um dies weiter zu veranschaulichen –, daß Tugend nicht das einzige ist, was ursprünglich nur Mittel ist und, wenn es nicht Mittel zu etwas anderem wäre, bedeutungslos wäre und bliebe, dann aber durch die Verknüpfung mit seinem Zweck schließlich um seiner selbst willen erstrebt wird und sogar mit der äußersten Heftigkeit. Wie verhält es sich etwa mit der Liebe zum Geld? Das Geld ist ursprünglich nicht erstrebenswerter als ein Haufen glitzernder Steine. Sein Wert ist identisch mit dem Wert der Dinge, die man mit ihm kaufen kann, der Wunsch nach ihm dasselbe wie der Wunsch nach den Dingen, zu denen es verhilft. Trotzdem ist die Liebe zum Geld nicht nur eine der stärksten Triebfedern im menschlichen Leben, sondern Geld wird vielfach auch an sich und um seiner selbst willen begehrt: der Wunsch, es zu besitzen, ist oftmals stärker als der Wunsch, davon Gebrauch zu machen, und steigert sich noch, wenn das Bedürfnis nach den Dingen, die man sich mit ihm verschaffen könnte, nachläßt. Man darf also in der Tat behaupten, daß Geld nicht nur um eines Zwecks willen, sondern auch als Teil des Zwecks begehrt wird. Zunächst ein Mittel zum Glück, wird es schließlich zu einem Hauptbestandteil der Vorstellung, die man sich von seinem Glück macht. Dasselbe läßt sich von den meisten Lebenszielen der Menschen sagen, von der Macht zum Beispiel oder vom Ruhm – wobei allerdings jedes dieser Ziele in gewissem Umfange mit einer unmittelbaren Befriedigung einhergeht, die ihnen zumindest dem Anschein nach von Natur aus eigen ist, was man vom Geld nicht sagen kann. Dennoch liegt der stärkste natürliche Anreiz sowohl der Macht als auch des Ruhms darin, daß sie die Erfüllung unserer anderen Wünsche so unermeßlich erleichtern; und die enge gedankliche Verknüpfung, die sich auf diese Weise zwischen ihnen und allen andern Wünschen herstellt, verleiht unserm unmittelbaren Streben nach ihnen jene besondere Intensität, die bei manchen Charakteren so ausgeprägt ist, daß sie alle andern Wünsche an Stärke übertrifft. In diesen Fällen sind die Mittel ein Teil des Zwecks geworden und ein wichtigerer Teil als alles, zu dem sie die Mittel sind. Was einmal als Mittel zur Erlangung von Glück begehrt wurde, wird nun um seiner selbst willen begehrt. Indem es aber um seiner selbst willen begehrt wird, wird es als *Teil* des Glücks begehrt: durch seinen bloßen Besitz wird der Mensch glücklich oder glaubt, glücklich zu werden, und wird unglücklich, wenn der Versuch, in seinen Besitz zu gelangen, mißlingt. Der Wunsch nach ihm ist von dem Wunsch nach Glück ebensowenig verschieden wie die Liebe zur Musik oder der Wunsch nach Gesundheit. Sie alle sind im Glück enthalten. Sie sind einige der Elemente, aus denen sich der Wunsch nach Glück zusammensetzt. Glück ist kein abstrakter Begriff, sondern ein konkretes Ganzes, und dies sind einige Teile dieses Ganzen. Und als solche erkennt sie die utilitaristische Norm voll und ganz an. Das Leben wäre armselig und nur dürftig mit Glücksmöglichkeiten versehen, würde die Natur nicht dafür sorgen, daß das, was ursprünglich gleichgültig, aber der Befriedigung unserer elementaren Bedürfnisse dienlich oder auf andere Weise mit ihnen verknüpft ist, an sich selbst zur Quelle einer Freude wird, die nicht nur ihrer Dauerhaftigkeit – der Lebensspanne, die sie ausfüllen kann –, sondern sogar ihrer Intensität nach wertvoller ist als jene elementaren Befriedigungen selbst.

Nach utilitaristischer Auffassung ist Tugend ein Gut dieser Art. Ursprünglich begehrte man sie nur deshalb, weil sie ein Mittel war, Lust zu erlangen, und insbesondere, vor Unlust bewahrt zu werden. Doch die gedankliche Verknüpfung, die sich auf diese Weise herstellte, bewirkte, daß sie als selbständiges Gut empfunden und als solches mit derselben Intensität begehrt werden kann wie jedes andere Gut auch – wobei sie sich von der Liebe zum Geld, zur Macht und zum Ruhm insofern unterscheidet, als diese den Menschen dazu bringen können, den übrigen Mitgliedern seiner Gesellschaft zu schaden, und dies auch immer wieder tun, während nichts so sehr den andern zur Wohltat gereicht wie die Ausbildung einer uneigennützigen Liebe zur Tugend. Deshalb gebietet die utilitaristische Norm, die zwar auch jene andern erworbenen Strebungen duldet und billigt (wiewohl nur so lange, als sie dem allgemeinen Glück nicht eher abträglich als zuträglich sind), die größtmögliche Ausbildung der Liebe zur Tugend als das, was in seiner Bedeutung für das allgemeine Glück von nichts übertroffen wird.

Es ergibt sich aus den vorangehenden Überlegungen, daß in Wirklichkeit nichts anders begehrt wird als Glück. Alles, was nicht als Mittel zu einem Zweck und letztlich als Mittel zum Glück begehrt wird, ist selbst ein Teil des Glücks und wird erst dann um seiner selbst willen begehrt, wenn es dazu geworden ist. Wer die Tugend um ihrer selbst willen erstrebt, erstrebt sie entweder deshalb, weil das Bewußtsein, sie zu besitzen, lustvoll ist oder weil das Bewußtsein, sie nicht zu besitzen, unlustvoll ist oder aus beiden Gründen zugleich – wie sich ja überhaupt Lust und Unlust nur selten allein, sondern fast immer gemeinsam finden, insofern man zugleich befriedigt ist, einen bestimmten Grad von Tugend erreicht zu haben, und unbefriedigt, nicht noch mehr erreicht zu haben. Empfände man das eine nicht als lustvoll, das andere nicht als unlustvoll, hätte man keinen Grund, nach Tugend zu streben, es sei denn um irgendwelcher anderer Vorteile willen, die sie einem selbst oder andern, an denen einem gelegen ist, verschafft.

Damit haben wir also eine Antwort auf die Frage, welcherart Beweis für das Nützlichkeitsprinzip geführt werden kann. Wenn die Auffassung, die ich soeben dargelegt habe, psychologisch richtig ist – wenn die menschliche Natur so beschaffen ist, daß sie nichts begehrt, was nicht entweder ein Teil des Glücks oder ein Mittel zum Glück ist, dann haben wir keinen anderen und benötigen keinen anderen Beweis dafür, daß dies die einzigen wünschenswerten Dinge sind. In diesem Fall ist Glück der einzige Zweck menschlichen Handelns und die Beförderung des Glücks der Maßstab, an dem alles menschliche Handeln gemessen werden muß – woraus notwendig folgt, daß es das Kriterium der Moral sein muß, da ja der Teil im Ganzen enthalten ist.

Bearbeitungsfragen:

1. Was sind die Wesensmerkmale des Utilitarismus? Weisen Sie bitte diese Merkmale im Millschen Text nach.
2. Wodurch unterscheiden sich deontologische und teleologische Moraltheorien?
3. Ist Mill ein Hedonist? (Bitte am Text belegen!) Wodurch unterscheidet sich sein Standpunkt von dem Benthams?
4. Wie läuft der Millsche Beweis des Nützlichkeitsprinzips? Überzeugt er?
5. Wodurch unterscheiden sich Regel- und Handlungsutilitarismus? Von welcher Art ist der Millsche Utilitarismus?
6. Was läßt sich gegen den Utilitarismus einwenden? Auf welche Einwände geht Mill ein?

Anhang

Biographische Angaben

Aristoteles, geboren 384 v. Chr. in Stagira (Thrakien, Nordgriechenland), war der Sohn eines Leibarztes des Großvaters von Alexander dem Großen, an dessen Erziehung er später mehrere Jahre lang beteiligt gewesen ist. Aristoteles trat mit achtzehn Jahren in Platons Akademie ein und wurde einer der bedeutendsten Schüler, alsbald selbst mit der Lehre der Rhetorik betraut. Nach Platons Tod gründete er 335 eine eigene Schule in Athen, den *Peripatos* (griechisch »Wandelgang«; sogenannte *Peripatetische Schule*). Sachlich hat sich Aristoteles im Laufe seiner Entwicklung von dem Kern der Platonischen Philosophie, der Ideenlehre, distanziert und eine eigene Seinslehre entworfen. Sein Denken ist im Umfang noch weit umfassender geworden als das Platons. Auf fast allen Wissensgebieten hat Aristoteles Abhandlungen verfaßt, die auf Jahrtausende richtungsweisend geworden sind. Sein Stil ist freilich, jedenfalls in den Werken, die von ihm erhalten sind, trockener, »wissenschaftlicher« als der Platons, dessen Streben nach absoluter und letzter Einheit der Erkenntnis er nicht geteilt hat. – Aristoteles starb 322 v. Chr. in Chalkis (auf Euböa).

Aurelius Augustinus wurde am 13.11.354 in Tagaste (Numidien, heute nordöstliches Algerien) geboren. Er gehört dem Raum an, der vom Römischen Weltreich geprägt wurde, und steht zugleich in der Zeit von dessen Untergang. Er kam in jungen Jahren nach Karthago, wurde dort Rhetoriklehrer und schloß sich den Manichäern an, einer Sekte, die dem Christentum nahestand, dieses aber dualistisch auslegte, d. h. die Welt als ein Widerspiel von Gut und Böse auffaßte, die indes beide auf *einen* geistigen Urgrund zurückgehen sollen. Seine philosophische Entwicklung führte Augustinus zur Abkehr vom Manichäismus: Er gelangte zu der platonischen Interpretation des Bösen als eines durchaus nicht in sich selbständigen Mangels an Gutem. 382 ging er nach Rom, 386 wurde er Rhetorikprofessor in Mailand. Bald hatte er einen Reihe tiefer Bekehrungserlebnisse; er änderte seinen Lebensstil von Grund auf, suchte die Askese und wandte sich dem christlichen Glauben in größtmöglicher Intensität zu. Ostern 387 erhielt er, der als Kind die Weihe zum Katechumenen empfangen hatte, vom Mailänder Bischof Ambrosius die Taufe, die ihm später als das eigentliche Erweckungserlebnis galt. 388 kehrte Augustinus nach Nordafrika zurück. 390 zum Priester geweiht, wurde er 396 Bischof von Hippo Regius im heutigen Tunesien. In dieser Zeit schrieb er seine »Bekenntnisse« (*Confessiones*), eines der tiefgründigsten Werke der Weltliteratur. Wie er hier die Hinwendung zu Christus als den Angelpunkt der eigenen Existenz darstellt, so entwarf er später in seiner großangelegten Geschichtsphilosophie, dem »Gottesstaat« (*De civitate Dei*), die Entwicklung der Menschheit als einen zeitlichen Verlauf hin zu dem Eintreten Christi in die Geschichte als Zentrum und Wendepunkt. – Augustinus starb am 28. 8. 430 in dem von Vandalen belagerten Hippo Regius.

Henri Bergson wurde am 18. 10. 1859 in Paris geboren. Aufgewachsen in der Zeit der unbeschränkten Herrschaft und des unerschütterlichen Fortschrittsglaubens der Naturwissenschaften, hat er sich umfangreich und gründlich in die biologischen, psychologischen und medizinischen Kenntnisse über den Menschen eingearbeitet und sie in allen seinen philosophischen Schriften einbezogen. Er war lange Jahre Gymnasiallehrer, ab 1888 in Paris. 1897 wurde er Professor an der Ecole Normale Supérieure, drei Jahre später am berühmten Collège de France, wo er in den folgenden Jahrzehnten große Bedeutung gewann. Seine Perspektive ging entschieden und in für die damalige Zeit unvergleichlicher Weise über die der reinen Naturwissenschaft hinaus, wenngleich er stets die Erfahrung zur Grundlage allen Wissens gemacht hat. Religiös näherte er sich immer mehr dem Katholizismus an, blieb aber bis in seine letzten, von Krankheit überschatteten Jahre Jude, um, wie er sagte, sich »nicht von denen zu trennen, die schon morgen die Verfolgten sein werden«. – Bergson ist während der deutschen Besetzung Frankreichs am 4. 1. 1941 in Paris gestorben.

Joseph Butler, geboren am 18. 5. 1692 in Wantage (Berkshire), war einer der bedeutendsten anglikanischen Theologen. 1738 wurde er Bischof von Bristol, 1750 von Durham. 1739 trat er als erster dem Methodismus entgegen. Sein Werk über »The Analogy of Religion, Natural and Revealed, to the Constitution and Course of Nature« (1736) ist bis heute die Grundlage der theologischen und philosophischen

Ausbildung vor allem der Pfarrer im angelsächsischen Raum. Die »Predigten über die menschliche Natur« (*Sermons on Human Nature*) stammen aus dem Jahre 1726. – Butler starb am 16.6.1752 in Bath (Südengland).

Epikur (geboren 341 v. Chr. auf Samos, gestorben 270 v. Chr. in Athen) gründete 306 in Athen eine eigene Schule, in der er sein Ideal vom Philosophen lehrte: ein ruhiges, immerwährender Gegenwart hingegebenes, von Zukunftssorgen befreites Leben. Das Augenblickliche, jetzt Gegebene ist die Quelle des Glücks, und alle theoretische Erkenntnis hat für Epikur den Sinn gehabt, es als das eigentlich und einzig Wirkliche aufzuweisen. Am politischen Leben beteiligte sich Epikur nicht. Ein langes Leiden, an dem er schließlich starb, ertrug er tatsächlich in der von ihm theoretisch gelehrten ruhigen, unerschütterlichen Haltung.

Johann Gottlieb Fichte wurde am 19.5.1762 in Rammenau (Oberlausitz) als Kind armer Eltern geboren, kam aber durch einen Adligen zur höheren Schulbildung, wurde Hauslehrer in Zürich und Leipzig und besuchte 1791 Kant in Königsberg, dem er seine Abhandlung über den »Versuch einer Kritik aller Offenbarung« vorlegte. Kant half ihm bei der Publizierung der Arbeit; da sie anonym erschien, wurde sie von der Öffentlichkeit für eine Schrift von Kant selbst gehalten, was dieser in einer öffentlichen Erklärung richtigstellte, durch die Fichte mit einem Schlag in Deutschland bekannt wurde. Er wurde kurzweg als Professor auf einen der bedeutendsten philosophischen Lehrstühle Deutschlands, den Karl Leonhard Reinholds in Jena, berufen, Dort kam es 1799 zu Auseinandersetzungen um den angeblichen »Atheismus« Fichtes. Die Behörden erteilten Fichte einen Verweis für philosophische Thesen, die er aufgestellt hatte, und als Konsequenz nahm er seinen Abschied. Er wirkte nun privat in verschiedenen Städten, ging jedoch 1806 in das von den Franzosen besetzte Berlin und hielt dort im Angesicht der Besatzer die berühmten »Reden an die deutsche Nation«, die für die Einigung und Befreiung der Deutschen in späterer Zeit höchste geistige Bedeutung erhalten haben. Ab 1809 war er in Berlin Professor an der neugegründeten Universität und erlebte die Befreiung von den Franzosen noch mit. Am 29.1.1814 starb er an Typhus, den er sich bei der Sanitätstätigkeit in einem Kriegslazarett zugezogen hatte.

Nicolai Hartmann, geboren am 20.2.1882 in Riga, führte ein stilles Gelehrtenleben in verschiedenen Stationen an deutschen Universitäten. In großer methodologischer Eigenständigkeit und Originalität hat er noch einmal alle philosophischen Gebiete, von der Ontologie über die Ethik und die Philosophie der Natur bis hin zur Ästhetik, in einem Gesamtentwurf überblickt. Für ihn ist Philosophie durch und durch Wissenschaft, sie dient dem allmählichen, in gemeinsamer Arbeit der Forscher vollzogenen Erkenntnisfortschritt. Konsequent auf dieser Basis errichtet, steht sein Werk gewissermaßen quer zum Grundzug der Philosophie des 20. Jahrhunderts, ohne in irgendeiner Weise historisierend auf Vergangenes zurückzugreifen. – Hartmann ist am 9.10.1950 in Göttingen gestorben.

Georg Wilhelm Friedrich Hegel, am 27.8.1770 in Stuttgart geboren und im Tübinger Stift mit Hölderlin zusammen erzogen, wirkte zunächst als Hauslehrer (u.a. in der Schweiz), dann als Privatdozent an der Universität Jena, mußte aber nach der französischen Besetzung fliehen und verbrachte mehr als zehn Jahre in Bayern (Bamberg, 1808–16 Gymnasialdirektor in Nürnberg). 1816 Professor in Heidelberg, wurde er 1818 auf den Lehrstuhl Fichtes in Berlin berufen und gelangte, fast allein aufgrund seiner dortigen Lehrtätigkeit, in den Jahren bis zu seinem Tode zu Weltruhm. Er entwarf das umfassendste und geschlossenste philosophische Lehrsystem, das ein einzelner Denker seit dem Mittelalter aufgebaut hat (u.a. »Phänomenologie des Geistes«, 1807; »Logik«, 1812 ff.; »Grundlinien der Philosophie des Rechts«, 1821; »Enzyklopädie der philosophischen Wissenschaften«, 1830). – Hegel starb am 14.11.1831 in Berlin.

Thomas Hobbes ist einer jener Philosophen, die, wie später Kant, ihr philosophisches Werk erst in vorgeschrittenem Alter in originaler Form entwickelt haben. Am 5.4.1588 in Westport (heute zu Malmesbury, Wiltshire) als Sohn eines Landpfarrers geboren, kam er früh in Berührung mit der antiken Bildung und blieb zeitlebens als Hauslehrer der Familie der Grafen von Devonshire verbunden. 1640–51 lebte er aus politischen Gründen im Exil in Frankreich, das er, wie auch Italien, schon früher bereist hatte (Bekanntschaft mit Galilei und Descartes). Sein Ziel war fortan, alle philosophischen Probleme auf der Basis rein erfahrungsmäßiger Naturwissenschaft zu lösen. Er entwarf ein rationalistisches System, in dem nur das Materielle und Körperliche als wirklich anerkannt wird. Auf dem Gebiet der politischen Philosophie ist Hobbes der Absolutist schlechthin geworden. Man hat oft darauf hingewiesen, daß die blutigen Wirren des englischen Bürgerkriegs bis zum Sieg Cromwells (1642–49) Hobbes das Anschauungsmaterial für die Zustände in einem Staat lieferten, der nicht mit harter Hand von oben geordnet wird. 1651 erschien der »Leviathan«, worin der Staat (nach einem im Alten Testament so bezeichneten Krokodil) als Ungeheuer konzipiert wird, das alle potentiellen Unruhestifter verschlingen wird. In erster Linie muß man in Hobbes' Staatsaufbau den Versuch einer Umsetzung seiner theoretischen Ideen auf praktischem Gebiet, eine Konzeption der systematischen Rechtfertigung staatlicher Gewalt aus der Natur des Menschen sehen. Erst 1658 war das theoretische Werk vollendet. – Hobbes ist am 4. 12. 1679 in Hardwick Hall (Derbyshire) gestorben.

Immanuel Kant, am 22. 4. 1724 als Sohn eines pietistischen Sattlermeisters in Königsberg geboren, stammte väterlicherseits von schottischen Einwanderern ab. Zeit seines Lebens hat er Königsberg (bzw. Ostpreußen) nicht verlassen, stand aber in Verbindung mit zahlreichen bedeutenden Gelehrten seiner Zeit (u. a. Lichtenberg). Zuerst Hauslehrer, 1755 Dozent an der Universität Königsberg, ab 1770 ordentlicher Professor für Philosophie, Mathematik und naturwissenschaftliche Disziplinen daselbst. Er ist einer der universalsten Geister gewesen, die es in der deutschen Geschichte gegeben hat. Seine erst sehr spät zur Entfaltung gekommene Philosophie – er war bereits knapp sechzig Jahre alt, als seine Hauptwerke erschienen (»Critik der reinen Vernunft«, 1781; »Grundlegung zur Metaphysik der Sitten«, 1785; »Critik der practischen Vernunft«, 1788) – hat die Blütezeit um Goethe und Schiller und auch noch die deutsche Romantik wesentlich mitgestaltet. Politisch ist Kant der Denker gewesen, der wie kein anderer die Ideen der Aufklärung in Deutschland geformt hat. Seine Entwürfe zur universalen Gestaltung des Völkerrechts, zu einem Weltbürgerrecht und zum Prinzip des Rechts überhaupt sind bis heute maßgeblich. Von Rousseaus »Emile«, so heißt es, sei Kant so begeistert gewesen, daß er zum erstenmal den täglichen Spaziergang vergaß. Er nahm in umfassender Weise die französische und englische Philosophie auf und hat wie sonst kaum ein deutscher Philosoph vor und nach ihm auf beide zurückgewirkt. – Am 12. 2. 1804 ist Kant in Königsberg gestorben.

John Stuart Mill, geboren am 20.5.1806 in London, war der älteste Sohn des englischen Philosophen und Historikers James Mill (1773–1836). Ausschließliche Unterrichtung durch den Vater (Mill konnte bereits als Achtjähriger klassische griechische Texte, u. a. von Herodot, lesen); genaue Kenntnisse der führenden Nationalökonomen (Adam Smith, David Ricardo), Bekanntschaft mit der Familie von Samuel Bentham (Bruder von Jeremy Bentham). 1823–1858 stand Mill im Dienste der East India Company. Nach seiner Pensionierung bekleidete er politische Ämter; 1865–68 Abgeordneter des Unterhauses. Mill war Positivist. In seinem philosophischen Hauptwerk, dem »System der deduktiven und induktiven Logik« (*A System of Logic*, 1843), klärte er vor allem die logischen Grundlagen des Positivismus, indem er die Induktion zur alleinigen Forschungsmethode erklärte. In der Ethik entwickelte er den Benthamschen Utilitarismus weiter. – Mill starb am 8.5.1873 in Avignon (Südfrankreich).

George Edward Moore, geboren am 4.11.1873 in London, hat ein ruhiges Gelehrtenleben geführt und bedeutende Lehrstühle in England innegehabt. Von 1925 bis 1939 war er Professor in Cambridge. Seine »Defense of Common Sense« ist einer der frühesten und richtungsweisenden Ansätze der in unserem Jahrhundert in England herrschend gewordenen »normalsprachlichen Philosophie«. Sein Hauptwerk »Principia Ethica« erschien 1903. – Moore starb am 24.10.1958 in Cambridge.

Platon wurde 427 (428?) v. Chr. in Athen (oder Ägina) geboren. Er stammte aus vornehmer Familie, erhielt eine glänzende Erziehung und entwickelte sofort großes musikalisches und dichterisches Talent. Der Philosophie wandte er sich zu, als er Sokrates traf, den immer noch geheimnisvollen, uns vor allem durch Platon bekannt gewordenen Erzieher – oder, wie seine Feinde sagten, Verderber – der athenischen Jugend. Philosophie, wie sie von Platon und durch ihn von Sokrates ausgegangen ist, bedeutet die Suche nach der größtmöglichen Verbindung und Einheit von wahrer Erkenntnis und gutem Handeln, nach einem Leben im Sinne dieser Einheit und nach ihrer weitestmöglichen Realisierung in unseren begrenzten Institutionen. Während Sokrates nichts geschrieben hat, sind von Platon die meisten seiner kunstvollen philosophischen Dialoge überliefert. Doch muß man unbedingt beachten, daß Platon betont hat, daß der Philosoph das, worauf es wirklich ankommt, niemals in Worte fassen könne, wenngleich man es ohne Worte – und ohne möglichst schöne und exakte Worte – auch nicht erreiche. Als Sokrates 399 v. Chr. in Athen zum Tode verurteilt und hingerichtet wurde, war Platon siebenundzwanzig Jahre alt. Platon hat im Dialog »Phaidon« überliefert, wie sein Lehrer das an sich ungerechte Urteil annahm, auf die mögliche Flucht verzichtete und den Schierlingsbecher trank. – Platon ging nach Sokrates' Tod für mehr als zehn Jahre auf Reisen im griechisch-unteritalienischen Raum, besonders Sizilien, wo er später bei dem Versuch, seine philosophischen Ideen in die politische Tat umzusetzen, scheitern, ja in Lebensgefahr geraten sollte (daß er in Sizilien sogar in Gefangenschaft geraten, den Spartanern ausgeliefert und von ihnen als Sklave verkauft worden sei, ist nicht gesichert). Im Jahre 387 – oder kurz danach – hat er in Athen die »Akademie« gegründet, jene berühmte Philosophenschule, die über achthundert Jahre lang bestand und mit deren Ende (Schließung durch den byzantinischen Kaiser Justinian 529 n. Chr.) bisweilen das Ende der Antike gleichgesetzt wird. – Platon starb im Jahre 347 (348?) v. Chr. in Athen.

Gustav Radbruch, geboren am 21. 11. 1878 in Lübeck, war Jurist und Rechtsphilosoph; Professor in Heidelberg, Königsberg und Kiel. In den Jahren 1921/22 und 1923 war Radbruch, der der SPD angehörte, Reichsjustizminister. Er setzte unter anderem die Zulassung der Frauen zum Richterberuf durch. Nach der Machtergreifung der Nationalsozialisten wurde er 1933 als erster deutscher Professor amtsenthoben. 1945–48 war Radbruch wieder Professor in Heidelberg, wo er am 23. 11. 1949 gestorben ist.

Jean-Jacques Rousseau wurde am 28. 6. 1712 in Genf geboren, wuchs ohne Mutter auf und riß mit sechzehn von daheim aus, um sich einige Zeit mit Gelegenheitsarbeiten und kleinen Diebstählen durchzuschlagen. Dann traf er Madame de Warens, eine wohlhabende adelige Dame, die in Annecy lebte. Sie verschaffte ihm die Möglichkeit zum Schulbesuch in Turin und nahm ihn einige Jahre später wieder bei sich auf. Er blieb zwölf Jahre und eignete sich in dieser Zeit all die Bildung an, aufgrund deren er im Frankreich Ludwigs XV. zu jener unnachahmlichen Gestalt des überromantischen, rücksichtslos egoistischen und zugleich radikal weltverbesserischen Intellektuellen geworden ist, dessen Ideen größte geschichtliche Wirkung gewonnen haben. 1741 zog er nach Paris und führte sich mit der Erfindung einer neuen Notenschrift der Musik bei der französischen Akademie ein. Er begann mit einer ganz ungebildeten Frau, Thérèse Levasseur, zusammenzuleben, die er 1768 schließlich heiratete. Die ersten beiden Kinder aus dieser Verbindung hat Rousseau ins Findelhaus gebracht. Mit 37 Jahren hatte Rousseau ein berühmt gewordenes, von ihm oft geschildertes Erlebnis, als er in freier Landschaft in einer Zeitung die Preisfrage der Akademie von Dijon las: »Hat der Fortschritt der Wissenschaft und der Kunst dazu beigetragen, die Sitten zu reinigen?« Er hatte ein regelrechtes Erweckungserlebnis, wie es sonst oft als religiöses vorgekommen ist. Alle seine Ideen standen plötzlich klar vor ihm. Er entwarf eine Abhandlung, die gegenüber der Wissenschaft und der Kunst radikal kritisch ist, er formte das Bild vom ursprünglich guten, durch Konvention und Norm erst verdorbenen menschlichen Wesen. Die Wirkung war groß: 68 Gegenschriften erschienen, und Rousseau war eine wichtige Figur im Geistesleben geworden. 1754 zog er sich nach Montmorency bei Paris zurück und verfaßte dort seine Hauptwerke, den Liebesroman »Die neue Héloïse«, das große Werk über Erziehung, »Emile«, und die politische Abhandlung »Der Gesellschaftsvertrag«. Wie vorher nur Augustin, hat Rousseau sein Leben in den großangelegten »Bekenntnissen« vor der Nachwelt ausgebreitet. Er starb am 2.7.1778 in Ermenonville (bei Paris).

Max Scheler, geboren am 22.8.1874 in München, war Professor in Köln und Frankfurt und hat im Laufe seines Denkweges mehrere schroffe Wendungen vollzogen, wodurch er philosophische Entwicklungen verschiedener und zum Teil gegensätzlicher Natur grundgelegt hat. »Der Formalismus in der Ethik und die materiale Wertethik« (1913) begründete eine neue und richtungsweisende Tradition praktischer Philosophie; »Vom Ewigen im Menschen« (1921) war von Schelers Hinwendung zum katholischen Glauben getragen; »Wesen und Formen der Sympathie« (1923) ist ein Grundwerk der philosophischen Phänomenologie. In den späteren Schriften war Schelers Metaphysik nicht mehr christlich, sondern pantheistisch-personalistisch. – Scheler starb am 19.5.1928 in Frankfurt am Main.

Thomas von Aquin gehört der Hochscholastik an. Er wurde 1224/25 auf Schloß Roccasecca bei Aquino (Latium, Mittelitalien) geboren, wurde 1243 gegen den Willen seiner adeligen Eltern Dominikanermönch und kam über Köln schließlich nach Paris. Sein Werk ist gigantisch und umfaßt neben der religiösen und theologischen Tätigkeit – insbesondere verfaßte er bedeutende Kommentare zu den Schriften des Aristoteles, die zur Grundlage der philosophischen Durchdringung und dogmatischen Fixierung der christlichen Glaubenslehre bis in unser Jahrhundert wurden – die systematische Darlegung fast aller philosophischen Lehrgebiete. Während Thomas von Aquin in seiner Zeit in der Kirche durchaus umstritten war, ist er in der Folge zum katholischen Kirchenlehrer schlechthin geworden. Er starb am 7.3.1274 in Fossanova, unweit seines Geburtsortes, auf dem Weg zum Konzil von Lyon.

Personenregister

Aristoteles 20f., 25ff., 90, 92, 104, 106, 221, 280ff., 307ff., 417ff.
Augustinus 393ff.
Bentham, Jeremy 20, 435
Bergson, Henri 181ff., 197, 254
Butler, Joseph 237ff.
Demokrit 409
Diogenes Laertios 408
Epikur 408ff.
Fichte, Johann Gottlieb 208ff.
Goethe, Johann Wolfgang 12
Gorgias 106
Hartmann, Nicolai 87ff.
Hegel, Georg Wilhelm Friedrich 208, 354ff.
Heraklit 35, 338
Hobbes, Thomas 280ff.
Hölderlin, Friedrich 208
Hume, David 16
Kant, Immanuel 16ff., 66ff., 195ff., 212ff., 252
Luther, Martin 278
Marcel, Gabriel 410
Marx, Karl 109
Mill, John Stuart 435ff.
Moore, George Edward 21, 170ff., 437
Nietzsche, Friedrich 109, 252
Nikomachos 334
Novalis 208
Paulus 243
Platon 16, 18f., 25, 34, 72, 105ff., 221, 280, 310ff., 394, 418
Radbruch, Gustav 268ff.
Rawls, John 21
Reinhold, Karl Leonhard 213
Richard von S. Victor 19
Rousseau, Jean-Jacques 379ff.
Scheler, Max 87, 252ff.
Schopenhauer, Arthur 18
Seneca 221
Sokrates 9, 10, 16
Spinoza, Baruch de 255
Stoa 51, 408
Thomas von Aquin 48ff., 221ff.
Vergil 397

Sachregister und Begriffserklärungen

Die folgenden Stellenangaben wichtiger ethischer Begriffe sollen es ermöglichen, das Buch »quer«, d. h. unter begriffssystematischem Gesichtspunkt zu lesen und auch auf diese Weise Zugang zu den Problemen zu finden. Kursiv gedruckte Seitenzahlen bezeichnen Stellen, an denen der jeweilige Begriff im Buch näher erklärt wird. Die anderen Angaben dienen dazu, ihn an sonstigen relativ wichtigen Stellen zu verfolgen. Wo es nötig erschien, sind Begriffe aber auch hier noch einmal kurz erläutert.

Antezedentien (Ausgangsbedingungen) 185 f., 193
apriori – aposteriori *80, 96,* 98, 201, 204, 213
Autonomie (sittliche Selbstbestimmung im Gegensatz zu Heteronomie) *196 f.*, 203, 207
Charakter 28, 32, 71, 335
Deduktion (Ableitung) 201
deontologisch *434 ff.*
Determinismus (Behauptung des Festgelegtseins einer Entwicklung auf unabänderliche Gesetzmäßigkeiten) 16 f., 181 ff.
Dialektik (Eigendynamik im Verhältnis philosophischer Begriffe untereinander und die Kunst, dieses Verhältnis denkerisch zu entwickeln) 106
Disposition 222
empirisch (erfahrungsmäßig) 205
Eudämonismus *417 f.*
Fatalismus (blinde Ergebung in ein als unabänderlich betrachtetes Schicksal) 213
Glückseligkeit 66, 124, 203, *221,* 336, 396, 411, 418 ff.
Gott 50, 56, 87, 394
Gutes, gut 10, 16, 50, 56, 66, 222; 72, 106, 108, 110; *Gutes und Lust* 132, 170 ff., 335, 340, 411, 418
Habitus 31, 33 f., 37 ff., 66, 222, *225,* 236, 330

Häretiker (Irrlehrer) 229
Hedonismus 417, *435*
Heteronomie *196,* 206
Hypothese (Annahme der Lösung eines bestimmten Problems) 190
Idee (nach Kant) *197*
Ideologiekritik 12
Imperativ, kategorischer *69,* 203
Implikation (Folgerung) 19
intentional *253*
Introspektion (Selbstbeobachtung) 181 f.
Kausalität 196, 199 f.
Kompromiß 12
Konsequentialismus *20 f.*
Macht 107 f., 110, 137, 152, 259, 286, 283 f., 410
Maxime (moralischer Grundsatz) 68, 70, 81, 196
Menschenrechte 15, 269, 271, 274
Metaethik (philosophisches Reden über ethische Begriffe, Forderungen und Theorien) 10, 13
Naturwissenschaft 10, 17, 66, 171, 181
Norm, normativ 19, 109
Ontologie (philosophische »Lehre vom Sein«, d. h. Theorien über die allgemeinsten Bestimmungen und Strukturen dessen, was es gibt) 19
Paradigma (Urbild) 22
Person 96, 253

Phänomen (das, was erscheint, sich zeigt) 14, 98

Pluralismus 13

Postulat (eine nicht direkt bewiesene, aber aus dem bewiesenen Zusammenhang als dessen Voraussetzung indirekt erschlossene Erkenntnis) 198

Reflexion (in der Philosophie sehr allgemein verwendeter Ausdruck für das Nachdenken über Probleme, aber auch für die denkerischen Grundleistungen unseres Bewußtseins) 211, 242

Relativismus 13ff.

Ressentiment (ablehnende Haltung gegenüber Personen und ganzen Gruppen oder Völkern, zu denen man nicht gehört, Mißgunst; vgl. oben S. 102, 108f.) 103

Schicksal 359, 408ff.

sittlich 11ff., 21ff., 27, 32, 36ff., 48, 68, 87, 89, 105, 172, 195, 199ff., 222, 267, 333ff., 393ff., 410, 415

Skepsis 98ff.

Struktur 92ff.

Syllogismus (Schlußfolgerung aus bestimmten Prämissen, d.h. Voraussetzungen) *223*

Vernunft 51, 54, 67, 415

Wahrheit 9, 55, 68

Willensfreiheit 181

Weiterführende Literatur

1. Einführende und allgemeine Werke

Derbolav, Josef: Abriß europäischer Ethik, Würzburg 1983.
Funkkolleg praktische Philosophie/Ethik, Reader 1 und 2, zwei Bände, herausgegeben von Apel, Böhler u. a., Frankfurt am Main 1983.
Funkkolleg praktische Philosophie/Ethik, Dialoge, herausgegeben von Apel, Böhler u. a., Frankfurt am Main 1984.
Korff, Wilhelm: Norm und Sittlichkeit, Mainz 1973.
Lexikon der Ethik, herausgegeben von Otfried Höffe, München 1980.
Lübbe, Hermann: Praxis der Philosophie – praktische Philosophie – Geschichtstheorie, Stuttgart 1978.
Pieper, Annemarie: Ethik und Moral, München 1985.
Ricken, Friedo: Allgemeine Ethik, Stuttgart 1983.
Schrey, Heinz-Horst: Einführung in die Ethik, Darmstadt 1972.
Schulz, Walter: Philosophie in der veränderten Welt, Pfullingen 1972.
Spaemann, Robert: Moralische Grundbegriffe, München 1982.
Spaemann, Robert: Das Natürliche und das Vernünftige, München 1987.

2. Klassische Positionen

Werke in vergleichsweise direktem Anschluß an Grundpositionen antiker und mittelalterlicher Ethik: Tugendlehre und Naturrechtsdenken.

Gadamer, Hans-Georg: Die Idee des Guten zwischen Plato und Aristoteles, Heidelberg 1978.
Jonas, Hans: Das Prinzip Verantwortung, Frankfurt am Main 1979.
Kluxen, Kurt: Philosophische Ethik bei Thomas von Aquin, Hamburg 1980.
Nink, Caspar: Metaphysik des sittlich Guten, Freiburg 1955.
Riedel, Manfred: Rehabilitierung der praktischen Philosophie, zwei Bände, Freiburg im Breisgau 1972/74.

3. Transzendentalphilosophie

Auf dem Boden der von Kant ausgegangenen Wende der Ethik und in Auseinandersetzung mit ihr stehende Ansätze.

Baumanns, Peter: Einführung in die praktische Philosophie. Stuttgart/ Bad Cannstatt 1977.
Krings, Hermann: System und Freiheit. Gesammelte Aufsätze, Freiburg im Breisgau 1980.
Lauth, Reinhard: Ethik, Stuttgart 1969.
Simon, Josef: Freiheit. Theoretische und praktische Aspekte, Freiburg 1977 (Textsammlung).

4. Wertphilosophie

Hildebrand, Dietrich von: Die Idee der sittlichen Handlung – Sittlichkeit und ethische Werterkenntnis, Darmstadt 1969.
Seifert, Josef: Was ist und was motiviert eine sittliche Handlung?, Salzburg 1976.

5. Frankfurter Schule

Gesellschaftstheorie als philosophischer Gesamtansatz auf der Basis des Denkens von Hegel und Marx; Ethik wird hier nicht mehr als eigenständiges Gebiet der Philosophie gesehen, sondern wird im Gesamtrahmen der praktischen, auf Gesellschaftsveränderung und die Errichtung herrschaftsfreier Verhältnisse unter den Menschen orientierten Aufgabe zum Gegenstand philosophischer Beschreibung.

Adorno, Theodor W.: Negative Dialektik, Frankfurt am Main 1966.
Horkheimer, Max: Kritische Theorie, Frankfurt am Main 1968.
Marcuse, Herbert: Ideen zu einer kritischen Theorie der Gesellschaft, Frankfurt am Main 1969.

6. Diskursethik (vgl. Einleitung S. 22f.)

Habermas, Jürgen: Zur Logik der Sozialwissenschaften, Beiheft 5 der Philosophischen Rundschau, Tübingen 1967.
Habermas, Jürgen: Erkenntnis und Interesse, Frankfurt am Main 1968, 2. Auflage 1973.

Habermas, Jürgen: Moralbewußtsein und kommunikatives Handeln, Frankfurt am Main 1983 (mit einem Aufsatz speziell zur »Diskursethik«).

Habermas, Jürgen und Luhmann, Niklas: Theorie der Gesellschaft oder Sozialtechnologie – Was leistet die Systemforschung?, Frankfurt am Main 1983.

7. Analytische Ethik, Utilitarismus

Ethik zunächst als Gegenstand wissenschaftlicher Beschreibung und Erklärung und sodann als wissenschaftlich fundiertes Unternehmen rationaler Steuerung von Entscheidungsprozessen.

Grewendorf, Günter und Meggle, Georg: Seminar: Sprache und Ethik. Zur Entwicklung der Metaethik, Frankfurt am Main 1974.
Hare, Richard M.: Die Sprache der Moral, Frankfurt am Main 1972.
Höffe, Otfried: Einführung in die utilitaristische Ethik, München 1975.
Patzig, Günther: Ethik ohne Metaphysik, Göttingen 1971.

8. Kritischer Rationalismus

Grundlagen des Handelns werden in einer aufgeklärten Sozialtechnologie und im Rationalitätsfortschritt der sozialen Institutionen gesucht; die individuelle Ethik tritt demgegenüber auf die Ebene faktisch hinzunehmender, zu steuernder und auszugleichender Interessenlagen zurück.

Albert, Hans: Traktat über kritische Vernunft, Tübingen 1968.
Albert, Hans: Plädoyer für kritischen Rationalismus, München 1971.
Popper, Karl: Die offene Gesellschaft und ihre Feinde, London 1951/58.

9. Erlanger Schule

Sprachphilosophische und wissenschaftstheoretische Grundlegung rationalen Handelns als Modell ethischer Entscheidungsfindung.

Kambartel, Friedrich: Praktische Philosophie und konstruktive Wissenschaftstheorie, Frankfurt am Main 1974 (Sammlung).
Lorenzen, Paul und Schwemmer, Oswald: Konstruktive Logik, Ethik und Wissenschaftstheorie, Mannheim 1975.
Schwemmer, Oswald: Philosophie der Praxis, Frankfurt am Main 1971.

10. Existenzialismus, skeptische Ethik

Frage nach dem richtigen Handeln in einer Situation, in der man selbst eine allgemeine Wahrheit beanspruchende Ethik nicht mehr für möglich hält.

Gehlen, Arnold: Moral und Hypermoral. Eine pluralistische Ethik, Frankfurt am Main/Bonn 1969.
Jaspers, Karl: Der philosophische Glaube angesichts der Offenbarung, München 1962.
Lenk, Hans: Pragmatische Philosophie, Hamburg 1975.
Weischedel, Wilhelm: Skeptische Ethik, Frankfurt am Main 1976.

Quellenangaben

I.1 Aristoteles: Nikomachische Ethik, Zweites Buch, 1–9:

Aristoteles: Nikomachische Ethik. Auf der Grundlage der Übersetzung von Eugen Rolfes herausgegeben von Günther Bien, 4., durchgesehene Auflage, © Verlag Felix Meiner, Hamburg 1985.

I.2 Thomas von Aquin: Summa Theologica, II.1, quaestio 94:

Thomas von Aquin: Summa Theologica. Übersetzt von Benediktinern Deutschlands und Österreichs, Kerle-Verlag, Heidelberg/München, und © Pustet-Verlag, Graz 1935 ff., Band 19.

I.3 Immanuel Kant: Grundlegung zur Metaphysik der Sitten, Erster Abschnitt:

Kant, Immanuel: Werke Band VII, stw 56, Herausgeber W. Weischedel, © Suhrkamp Verlag, Frankfurt am Main 1968, »Grundlegung zur Metaphysik der Sitten«, »Zwei Abschnitte der Grundlegungen«.

I.4 Nicolai Hartmann: Ethik, I/5, Kapitel 16:

Hartmann, Nicolai: Ethik, 3. Auflage, © Walter de Gruyter Verlag, Berlin 1949.

II.1 Platon: Gorgias, 482c–522e:

Platon: Sämtliche Werke, Band 1 (Klassiker), © Rowohlt Taschenbuch Verlag, Hamburg 1957.

II.2 George Edward Moore: Principia Ethica, I.5–10:

Moore, George Edward: Principia Ethica. Aus dem Englischen übersetzt und herausgegeben von Burkhard Wisser, © Verlag Philipp Reclam jun., Stuttgart 1970, S. 34–41.

III.1 Henri Bergson: Zeit und Freiheit, III. Kapitel:

Bergson, Henri: Zeit und Freiheit, Übersetzung von »Essai sur les données immédiates de la conscience«. Abdruck mit freundlicher Genehmigung der »Presses universitaires«, Paris, und des Verlags Eugen Diederichs, Köln (zuerst erschienen im Anton-Hain-Verlag 1949).

III.2 Immanuel Kant: Grundlegung zur Metaphysik der Sitten, Dritter Abschnitt:

Kant, Immanuel: Werke Band VII, stw 56, Herausgeber W. Weischedel, © Suhrkamp Verlag, Frankfurt am Main 1968, »Grundlegung zur Metaphysik der Sitten«, »Zwei Abschnitte der Grundlegungen«.

III.3 Johann Gottlieb Fichte: Das System der Sittenlehre, §16:

Fichte, Johann Gottlieb: System der Sittenlehre nach den Prinzipien der Wissenschaftslehre (1798). Text von Fritz Medicus. Mit Einleitung, Register und Literaturhinweisen von Manfred Zahn. Beigefügt die Rezension von Friedrich Schleiermacher, 2., durchgesehene Auflage, © Verlag Felix Meiner, Hamburg 1969 (PhB 257).

III.4 a) Thomas von Aquin: Über die Wahrheit, quaestio 17:

Des heiligen Thomas von Aquino Untersuchungen über die Wahrheit (Quaestiones disputatae de veritate), in deutscher Übertragung von Dr. Edith Stein, II. Teil (quaestio 14–29). Edith Steins Werke, herausgegeben von Dr. L. Gelber und P. Fr. Romaeus Leuven OCD, Band IV, © Verlag Herder, Freiburg i. Br. 1955.

III.4 b) Joseph Butler: Predigt II: Über die Natur des Menschen:

Butler, Joseph: Sermons, herausgegeben von Samuel Halifax, Oxford University Press 1844; für das vorliegende Buch übersetzt von Robert Spaemann.

III.5 Max Scheler: Vom Ewigen im Menschen, 1. Kapitel: Reue und Wiedergeburt:

Scheler, Max: Vom Ewigen im Menschen. Gesammelte Werke, Band 5, S. 29–59 (Auszüge), 5. Auflage 1968, früher: Francke-Verlag Bern/München, jetzt: Bouvier Verlag Herbert Grundmann, Bonn.

IV.1 Gustav Radbruch: Die Erneuerung des Rechts:

Radbruch, Gustav: Die Erneuerung des Rechts, in: Naturrecht oder Rechtspositivismus? Herausgegeben von Werner Maihofer, Wissenschaftliche Buchgesellschaft, Darmstadt 1966; zuerst veröffentlicht in: Die Wandlung. Eine Monatsschrift, 2. Jahrgang (1947), S. 8–16.

IV.2 Thomas Hobbes: Leviathan, 14. und 15 Kapitel:

Hobbes, Thomas: Leviathan. Herausgeber Iring Fetscher, stw 462, © Suhrkamp Verlag, Frankfurt am Main 1984, S. 99–122.

IV.3 Aristoteles: Nikomachische Ethik, Fünftes Buch, 1–9, 13–14:

siehe I.1.

V.1 Aristoteles: Nikomachische Ethik, Achtes Buch, 1–10, 14–16:

Aristoteles: Nikomachische Ethik, übersetzt und herausgegeben von Olof Gigon, © Artemis Verlag Zürich, Bibliothek der Alten Welt, 1967.

V.2 Georg Wilhelm Friedrich Hegel: Pflichtenlehre für die Unterklasse, §§ 41–70:

Hegel, Georg Wilhelm Friedrich: Pflichtenlehre für die Unterklasse. Herausgeber E. Moldenhauer und K. M. Michel, © Suhrkamp Verlag, Frankfurt am Main 1970, Werke Band IV, S. 258–272.

V.3 Jean-Jacques Rousseau: Politische Ökonomie, Abschnitt II, S. 49–73:

Rousseau, Jean-Jacques: Politische Ökonomie, herausgegeben von H.-P. Schneider und B. Schneider-Pachaly, © Verlag Vittorio Klostermann, Frankfurt am Main 1977.

VI.1 Aurelius Augustinus: Der Gottesstaat, Buch 19, Kapitel 10–13:

Augustinus, Aurelius: Der Gottesstaat, übersetzt von Carl-Johann Perl, © Verlag Ferdinand Schöningh, Paderborn/München/Wien/Zürich 1979, Band II.

VI.2 Epikur: Brief an Menoikeus:

Epikur: Philosophie der Freude, übersetzt von J. Mewaldt, © Alfred Kröner Verlag, Stuttgart 1973.

VI.3 Aristoteles: Nikomachische Ethik, Erstes Buch, 5 und 6, 8–12:

siehe V.1.

VI.4 John Stuart Mill: Der Utilitarismus, Zweites und Viertes Kapitel:

Mill, John Stuart: Der Utilitarismus. Übersetzung, Anmerkungen und Nachwort von Dieter Birnbacher, © Verlag Philipp Reclam jun., Stuttgart 1976 (durchgesehene Ausgabe 1985), S. 13–67.